New JPT 기출 2000 청해

저자 서경원

YBM 홀딩스

발행인	권오찬
펴낸곳	와이비엠홀딩스
저자	서경원
기획	고성희
마케팅	정연철, 박천산, 고영노, 박찬경, 김동진, 김윤하
디자인	이미화
초판 발행	2009년 9월 25일
초판 5쇄 발행	2013년 8월 7일
개정판 1쇄 발행	2016년 7월 4일
개정판 5쇄 발행	2023년 11월 10일
신고일자	2012년 4월 12일
신고번호	제2012–000060호
주소	서울시 종로구 종로 104
전화	(02)2000–0154
팩스	(02)2271–0172
홈페이지	www.ybmbooks.com

ISBN 978–89–6348–142–5

머리말

제가 JPT와 인연을 맺은 지도 어느덧 20년이라는 세월이 흘렀습니다. 지금까지 수많은 문제와 씨름도 하고 강의도 하면서 보낸 시간 덕분에 JPT 출제 유형에 대한 분석은 어느 정도 나름대로의 성과를 거두었다고 자부합니다.

모든 시험이 마찬가지겠지만 시험은 그 유형에 대한 정확한 분석 없이는 고득점이 불가능합니다. 어떤 유형으로 문제가 출제되며 자신에게 부족한 부분은 어디이며 앞으로 어떤 전략으로 학습해 갈 것인가에 대한 진지한 고민이 반드시 필요하다고 생각됩니다. 그러한 의미에서 유형을 철저히 분석한 본 교재야말로 학습 방향을 설정하는 데 있어서 아주 중요하다고 볼 수 있습니다.

본 교재는 모든 문제가 실제 시험에 출제된 기출 문제와 기출 문제에 비중을 둔 출제 예상 문제로 구성되어 있습니다. 우선 진단고사로 현재 자신의 일본어 실력과 수준을 파악하고 앞으로의 학습 방향을 설정합니다. 진단고사에 이어서 각 파트별 출제 유형이 나옵니다. 출제 유형은 문제만 나열한 기존의 교재와는 달리 아주 세부적으로 유형이 분석되어 있으며, 실제 시험은 대부분 이 유형 안에서 출제됩니다. 유형 분석이 끝나면 풍부한 연습문제로 실전 감각을 익히고 출제 예상 문제까지 풀어 봄으로써 각 파트별로 완벽한 대비가 가능합니다. 따라서 이 교재에 나오는 내용을 완벽하게 숙지하고 시험에 응시하신다면 지금까지 그렇게 어렵게 느껴졌던 독해 파트도 더 이상 넘을 수 없는 벽처럼 보이지는 않을 것입니다.

어학에서 가장 중요한 것은 끈기라고 생각합니다. 포기하고 싶을 때 포기하지 않는 사람만이 외국인과의 커뮤니케이션의 즐거움을 맛볼 수 있을 것입니다. 아무쪼록 이 교재가 JPT 시험에서의 성적 향상과 더불어 여러분들의 진정한 일본어 실력 향상으로도 이어지는 디딤돌이 되기를 진심으로 기원합니다.

끝으로 이 교재가 출판되기까지 아낌없는 조언을 해 주신 YBM 일본어 관계자분들께 감사하다는 말씀과 함께 제가 좋아하는 표현을 소개하면서 이 글을 맺고자 합니다.

為せば成る 하면 된다
為さねば成らぬ 하지 않으면 안 된다
何事も 무슨 일이든지
成らぬは人の 안 되는 것은 사람이
為さぬなりけり 하지 않기 때문이다

저자 서경원

목차

유형학습 — SECTION 1

SECTION 2

이 책의 구성

진단고사 | 진단고사는 말 그대로 현재 자신의 실력을 진단할 수 있는 평가를 말합니다. 이 진단고사를 통해 자신에게 현재 부족한 파트가 무엇이며 또 앞으로의 학습방향을 어떤 식으로 설정해 가야 할지를 알 수 있습니다.

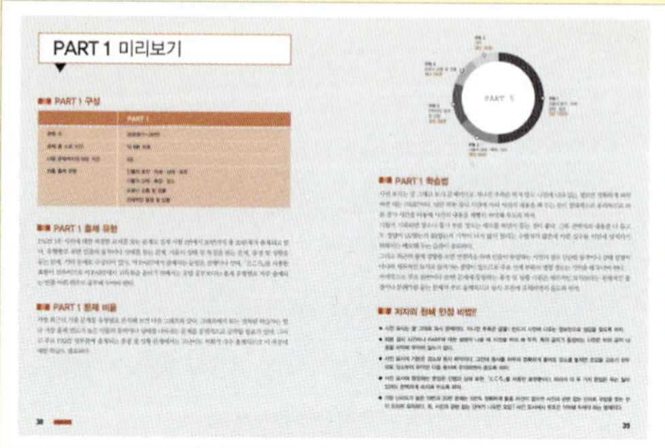

미리보기 | 지피지기면 백전백승이라고 했습니다. 각 파트의 구성과 유형, 학습법, 저자의 청해 만점 비법 등이 제시되어 있습니다. 이 미리보기를 통해 여러분들은 청해 각 파트의 유형과 함께 저자의 노하우를 고스란히 전수받을 수 있습니다.

분석 및 전략 | JPT 청해 파트에 등장하는 유형들을 꼼꼼히 분석하고, 예제를 통해 실제 시험에서는 어떻게 출제되고 있는지를 확인하는 부분입니다.

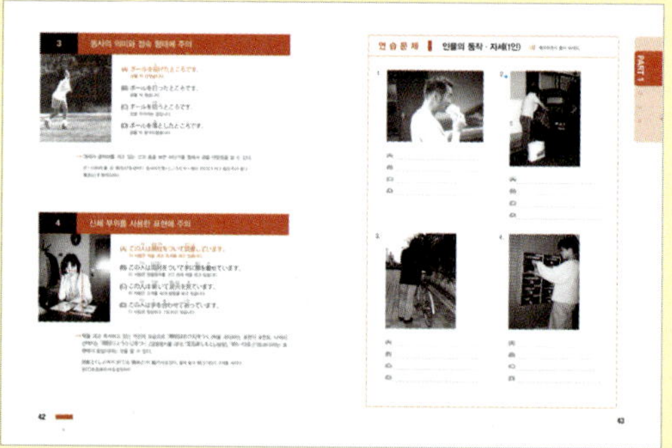

연습문제 및 출제 예상 문제 | 분석 및 전략에서 실제 시험에 출제되는 유형을 알았다면 이제 남은 건 연습입니다. 연습문제는 보통 수준의 문제와 조금 난이도가 있는 문제의 두 단계로 구분되어 있어 수준별 학습도 가능하도록 구성했습니다. 그리고 앞으로 출제가 예상되는 문제까지 풀어 봄으로써 실제 시험의 완벽한 대비가 가능합니다.

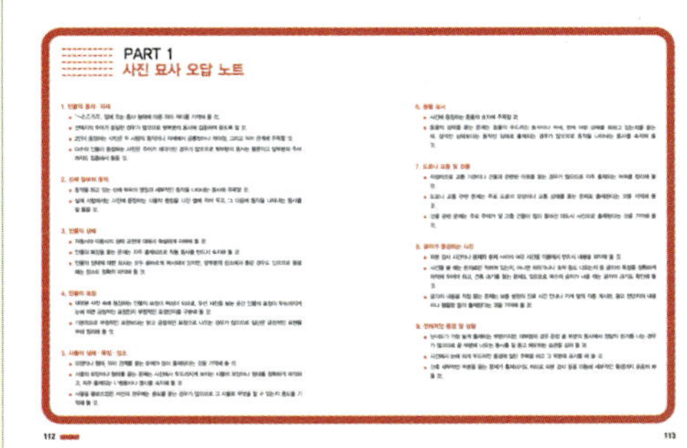

오답 노트 | 유형과 연습문제까지의 모든 학습이 끝나면 이제는 핵심정리입니다. 이 오답 노트는 시험 직전에 여러분들이 마지막으로 파트의 핵심 비법을 한눈에 볼 수 있도록 정리해 두었습니다. 시험을 보실 때마다 이 오답 노트는 반드시 확인을 하고 시험에 임하시기 바랍니다. 점수가 쑥쑥 올라갈 것입니다.

확인평가 | 각 유형을 완벽하게 숙지하고 오답 노트의 최종 복습이 끝났다면 이제는 각 파트별로 실제 시험처럼 풀어 보는 연습이 필요합니다. 이 확인평가도 연습문제와 마찬가지로 난이도에 따라 2회분이 나옵니다. 실제 시험을 본다는 기분으로 과연 자신이 얼마나 그 파트에 대해서 이해하고 있는지 점검해 봅시다.

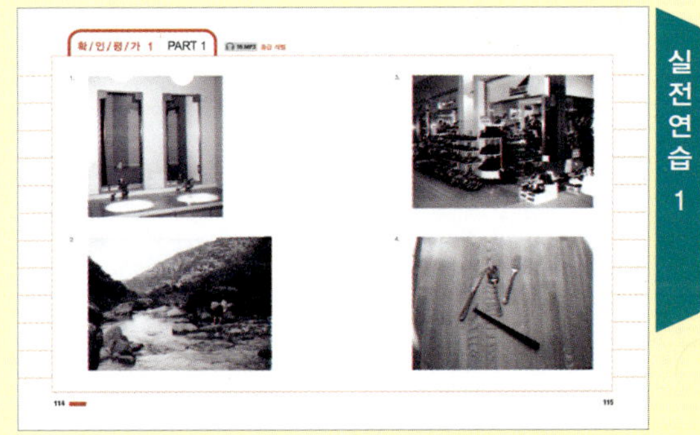

최종평가 | 모든 유형의 학습과 파트별 정리가 끝났다면 이제 실제 시험과 동일한 난이도로 구성된 청해 파트를 풀어 보는 연습이 필요합니다. 이 모의테스트에서 어느 정도 점수 획득이 가능하다면 여러분들의 고득점도 바로 눈앞에 있다고 확신합니다.

이 책의 특징

1 국내 최다 JPT 시험 응시자인 청해 만점자가 쓴 책이다!

이 교재의 저자는 국내에서 가장 많이 JPT 시험을 본 응시자입니다. 그리고 단순히 응시 경험만 많은 것이 아니라 실제 시험의 청해 파트에서 495점 만점을 받은, 자타가 인정하는 JPT 전문가입니다. 따라서 여러분들은 이 교재를 통해 저자의 만점 노하우를 모두 여러분들의 것으로 만드실 수 있습니다.

2 말이 필요 없다! 기출 문제＋출제 예상 문제!

시중에 나와 있는 많은 교재들이 나름대로 최고의 적중률이라고 선전을 하고 있습니다만, 이 교재의 문제는 유사 문제가 아니라 100% 실제 시험에 나왔던 문제들입니다. 그리고 나아가 앞으로의 시험에 나올 수 있는 내용들을 기출 문제를 근거로 철저하게 분석해 따로 문제를 만들었기 때문에 기존의 기출 문제에 대한 이해는 물론이고 앞으로의 시험 대책으로도 최적의 교재라고 자부합니다.

3 더 이상의 유형은 없다! 완벽한 유형 분석!

이 교재는 단순한 문제의 나열이 아닌 입문자부터 상급자까지 두루 볼 수 있도록 구성된 JPT 종합서입니다. 따라서 이 교재에는 다른 교재에서는 볼 수 없는 유형에 대한 분석이 완벽하게 수록되어 있습니다. 이 교재의 유형 분석만 숙지하시면 JPT 유형 분석은 완벽하게 마스터했다고 해도 과언은 아닐 것입니다.

4 단어장을 따로 구입할 필요가 없다!

이 교재는 각 유형이 끝나는 부분에 기출 어휘 중에서도 중요하고 빈도가 높은 것들을 따로 모아 둔 어휘 정리가 있습니다. 따라서 여러분들이 따로 노트에 필기하거나 단어장을 구입할 필요가 전혀 없습니다.

5 부족한 부분은 동영상강의로 완벽하게 보충!

아무리 상세히 해설이 되어 있는 문제라도 학습자에 따라서는 이해가 잘 안 되는 부분이 있을 것입니다. 그런 분들을 위해 유료 동영상강의(http://japan.ybmclass.com)가 준비되어 있습니다. 동영상강의는 교재의 문제 풀이는 물론이고 시험에서의 요령, 기타 보충 자료들이 풍부해 단기간에 점수 향상이 가능하므로 기회가 되시면 꼭 보시기 바랍니다.

JPT란(Japanese Proficiency Test)?

국제사회에서의 일본어 Communication 능력을 측정

JPT는 기존에 실시되고 있던 JLPT(일본어능력시험)의 여러 가지 문제점을 개선할 필요성에서 연구, 개발되었습니다. 즉, 학문적인 일본어 지식의 정도를 측정하기 위한 시험이 아닌 언어 본래의 기능인 Communication 능력을 측정하기 위한 시험입니다. 이를 위해 사용 빈도가 낮고 지역적이며 관용적, 학문적 어휘는 배제하고 도쿄를 중심으로 한 표준어를 중심으로 문제를 개발, 출제하고 있습니다.

수험자의 정확한 일본어 실력 평가

JPT는 청해와 독해 Test만으로도 Speaking 능력과 Writing 능력을 간접적으로 평가할 수 있게 하였으며, 각 Part별로 쉬운 문항에서 어려운 문항들을 고르게 분포시키는 등 각각의 문제에 대한 객관성, 실용성, 신뢰성을 유지하여 수험자의 언어 구사 능력을 정확히 측정하고 있습니다.

Computer 분석을 통한 문제의 변별력 검증

JPT는 국내의 권위 있는 통계처리기관의 컴퓨터 분석을 통한 각 문항별 난이도와 변별도, 타당도를 측정하게 함으로써 그 우수성을 객관적으로 입증받았습니다. 또한 이러한 검증된 결과를 바탕으로 문제를 개발, 시행함으로써 본인의 종합적인 일본어 실력을 정확히 측정할 수 있습니다.

Conversion Table

JPT는 하나의 Form에 대해서 뿐만 아니라, 각 Form마다의 상관관계 및 연관성을 조사하여 Conversion Table(성적환산표)을 작성합니다. 이 Conversion Table은 한 응시자가 여러 Form의 시험을 보더라도 응시자의 실력에 변동이 없는 한 항상 점수 결과는 같게 나오게 하는 역할을 함으로써, JPT는 어느 시험에서도 따라오지 못할 공정하고 신뢰성 있는 Test로 인정받고 있습니다.

공정한 시험의 진행, 관리

JPT는 국내 유일의 TOEIC 시험을 주관하고 있는 YBM에서 시행, 관리하고 있습니다. 이에 TOEIC 시험 진행의 Know-how인 충분한 감독자 교육, 철저한 부정행위 방지, 사후적발제도를 바탕으로 보다 공정한 시험이 되도록 노력하고 있습니다.

JPT 구성 및 JPT 점수와 JLPT 상관관계

구성	Part	Part별 내용	문항 수		시간	배점
청해	1	사진 묘사	20	100	45분	495점
	2	질의 응답	30			
	3	회화문	30			
	4	설명문	20			
독해	5	정답 찾기	20	100	50분	495점
	6	오문 정정	20			
	7	공란 메우기	30			
	8	독해	30			
Total		8 Parts	200		95분	990점

JPT 접수는 JPT 홈페이지(www.jpt.co.kr)에서 온라인상으로만 접수가 가능합니다. 홈페이지에서 매월 자세한 접수 일정과 시험 일정 등의 구체적인 정보 확인이 가능하므로, 미리 일정을 확인하여 접수하도록 합니다.

▶ 신분증 : 규정 신분증만 가능(주민등록증, 운전면허증, 공무원증, 기간 만료 전의 여권 등)
▶ 필기구 : 연필, 지우개 ※볼펜 및 사인펜은 사용 금지

09:20	입실(09:50 이후는 입실 불가)
09:30~09:45	답안지 작성에 관한 오리엔테이션
09:45~09:50	휴식
09:50~10:05	1차 신분 확인 실시, 휴대폰 본체 제출
10:05~10:10	문제지 배부 및 파본 확인
10:10~10:55	청해 평가
10:55~11:45	독해 평가(2차 신분 확인 실시)

시험 성적 결과는 일요일 시험인 경우 시험일 이후 8일째 되는 날, 토요일 시험은 9일째 되는 날 오후 3시부터 JPT 홈페이지(www.jpt.co.kr)와 ARS(060-800-0515)를 통해 확인이 가능하며, 우편 통보는 일주일 정도 소요됩니다. 성적 조회 시 반드시 수험자의 수험번호와 Password를 입력해야 하므로, 시험 접수 시 기재한 Password는 정확히 기억해 둡시다.

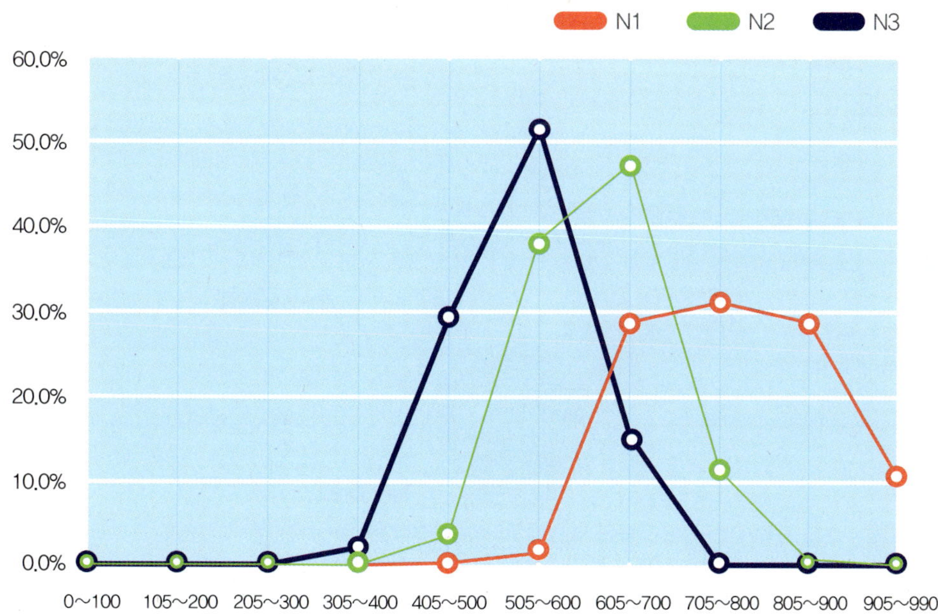

※위 성적별 인원 분포도와 같이, JLPT N1은 JPT 605점부터, N2는 JPT 505점부터, N3는 JPT 405점부터 높은 인원 분포를 보이고 있습니다

JPT 파트별 설명

청해

사진 묘사(20문항)

청해의 첫 도입부로 대상자가 Non-native인 점을 염두에 두고 의도적으로 사진이라는 시각적인 수단과 음성 언어를 통해 응시자의 청취에 대한 심적 부담을 덜어줌과 동시에 음성이 귀에 익숙해지도록 하기 위한 것으로 청취력 및 순간적인 판단력을 평가할 수 있습니다.

회화문(30문항)

회화문을 들으며 동시에 그 회화가 진행되고 있는 장면, 이야기 내용 등의 개괄적 혹은 구체적인 정보나 사실을 짧은 대화 중에서 정확하게 청취하는 능력과 대화에서 결론을 추론해 내는 능력을 평가할 수 있습니다.

질의 응답(30문항)

질의 응답은 간단한 회화 문장으로 연이어 이어지는 문장의 의미를 파악, 순간적인 판단 능력을 요구하는 것으로써 자신이 대화에 직접 참여하여 상대방의 말이나 물음에 적절한 대답을 하거나 긍정 또는 부정을 나타내어 자신의 생각을 상대방에게 전달할 수 있는 능력까지 평가할 수 있습니다.

설명문(20문항)

설명문은 청해 문제 중 가장 어려운 부분에 속합니다. Part 1, 2에서는 간단한 구어체로써 일본어의 이해도를 테스트하고, 이어 Part 3에서는 일상 회화 능력을 시험할 수 있으며, Part 4에 이르러서는 설명문을 읽어 주고 그것을 바탕으로 한 3~4개의 질문을 제시함으로써 상당한 수준의 종합적인 일본어 능력을 테스트할 수 있습니다.

독해

정답 찾기(20문항)

일본어에 있어 기본이 되는 한자 및 표기 능력을 통해 한자의 자체와 음, 훈에 관한 올바른 이해와 전반적인 문법, 어휘를 통한 일본어 문장 작성의 기초적인 능력을 평가함으로써 일본어 전반에 걸친 지식이 골고루 학습되어 있는가를 평가할 수 있습니다.

공란 메우기(30문항)

불완전한 문장을 문장 속에서 전후 관계를 정확히 파악해 완전한 문장으로 완성시킬 수 있는가를 평가함으로써 표현력과 문법 그리고 간접적인 작문 능력을 평가할 수 있습니다.

오문 정정(20문항)

틀린 곳이나 부적절한 부분을 지적한다는 것은 잘못된 부분이 왜 잘못되어 있는가를 모르고서는 정확히 틀린 곳을 지적할 수 없으므로 단순한 독해력 테스트가 아닌 표현 능력, 즉 간접적인 작문 능력을 평가할 수 있습니다.

독해(30문항)

표면적인 이해력보다는 일상생활 속에서 문자를 매체로 정보를 얼마나 빨리 그리고 정확히 파악할 수 있는가를 평가할 수 있습니다. 또한 독해력의 종합적인 면으로써 그 내용에서 결론을 추론해 낼 수 있는가, 즉 그 글의 지향하는 바가 무엇인가를 파악함으로써 사고력, 판단력, 분석력을 종합적으로 평가할 수 있습니다.

Proficiency Scale

LEVEL A — **880점 이상**

어떠한 상황에서도 정확한 의사 소통이 가능할 만큼 우수한 일본어 능력을 갖추고 있습니다.

청해
- 표현의 미묘한 차이를 간파할 수 있으며 정확한 의사 전달과 이해가 가능합니다.
- 회의, 교섭, 전화 응대 등 상대방이 말하는 내용을 정확히 이해할 수 있습니다.
- 대인 관계에 맞게 유창하고 적절한 언어 표현 사용이 가능합니다.
- 어휘와 대화 내용에 정확성이 있습니다.

독해
- 일본어에 대한 정확한 지식과 운용 능력이 있습니다.
- 어떠한 비즈니스 문서라도 정확한 이해가 가능합니다.
- 문법, 어휘에 관한 지식이 풍부합니다.
- 문법상 오류는 거의 없습니다.

LEVEL B — **740점 이상**

일본어와 접할 수 있는 여러 상황 하에서 완벽하지는 않지만 적절히 대응할 수 있는 커뮤니케이션 능력을 갖고 있습니다.

청해
- 다수의 사람들이 최근의 시사 문제에 대해 토론하는 것을 듣고 이해할 수 있습니다.
- 관심 있는 주제에 관해 미리 준비된 원고를 여러 사람 앞에서 발표할 수 있습니다.
- 회의, 교섭, 전화 응대 등 상대방이 말하는 내용을 거의 이해하고 답할 수 있습니다.

독해
- 어휘와 문법에 대한 지식은 풍부하지만 약간의 오류는 있습니다.
- 최근에 참석했던 회의의 주요 내용을 요약하여 적을 수 있습니다.
- 상반되는 의견이나 견해 차이를 파악하고 이해할 수 있습니다.

LEVEL C — **610점 이상**

제한적 범위에서 이루어지는 일상 회화 정도의 의사소통이라면 무리 없이 진행할 수 있습니다.

청해
- 일상 회화를 대강 이해할 수 있습니다.
- 회의 진행이나 교섭 등 복잡한 문제에 대해 곤란을 겪을 수 있습니다.
- 상황에 어울리지 않는 부적절한 표현을 사용하는 경우가 있을 수 있습니다.

독해
- 지시문이나 문서를 이해함에 있어 정확한 해석에 곤란을 겪을 수 있습니다.
- 부분적으로 일본어다운 표현과 어휘 선택에 미숙함이 있을 수 있습니다.
- 문법 지식이 다소 부족합니다.

LEVEL D — **460점 이상**

단순한 내용을 소재로 하는 대화를 진행할 수 있으나 듣고 말하는 데 있어 정확성 등에 오류가 발생합니다.

청해
- 일상 회화에 있어 간단한 내용만 이해 가능합니다.
- 취미, 가족, 날씨 등 일반적인 화제에 대해서 쉬운 일본어로 표현이 가능합니다.
- 자신과 관련된 분야에 대해 간략한 소개 정도는 가능합니다.

독해
- 쉽고 간단하게 작성된 지시문이나 문서 등을 읽고 이해할 수 있습니다.
- 자신에게 필요한 자료를 찾거나 문서를 작성하기에는 무리가 있습니다.
- 어휘, 문법, 한자 등의 학습을 좀 더 필요로 합니다.

LEVEL E — **315점 이상**

기본적인 인사말과 자기소개가 가능하며 의사소통 능력은 초보 수준입니다.

청해
- 취미, 가족 등 상대방이 배려하여 천천히 말하면 이해할 수 있습니다.
- 만날 때나 헤어질 때 사용하는 기본적인 인사말을 할 수 있습니다.
- 자신의 일상생활을 간단히 이야기할 수 있습니다.

독해
- 기본적인 단어와 구문에 대해서만 인지하고 있습니다.
- 단편적인 일본어 지식밖에 없습니다.
- 간단한 메모 등의 이해만 가능합니다.

LEVEL F — **315점 미만**

의사소통 및 독해는 불가능한 수준입니다.

청해 총괄전략 분석

<table>
<tr><td rowspan="2">PART
1</td><td>문항 수</td><td>20문항(1~20번)</td></tr>
<tr><td>빈출 유형</td><td>인물의 동작 · 자세 · 상태 · 표정(10문항)
사물의 상태 · 특징 · 장소(3문항)
전체적인 풍경 · 상황(3문항)
도로나 교통 및 건물(2문항)
기타(2문항)</td></tr>
</table>

사진 묘사

개요

사진에 대한 묘사로 적절한 설명을 고르는 형식으로, 청취력과 더불어 순간적인 판단력이 요구되는 파트입니다. 사진 묘사는 크게 1인 등장 사진, 2인 이상 등장 사진, 사물 및 동물 등장 사진, 풍경 및 상황 묘사 사진의 4개 유형으로 나눌 수 있습니다. 그 중 인물 등장 사진이 가장 많이 출제되므로, 자동사와 타동사별로 진행이나 상태를 나타내는 문법 정리가 필요하고 「ところ」 앞의 동사 형태에 따른 의미 차이를 정리해 두어야 합니다. 이 파트는 어휘나 표현의 숙지 여부에 따라 점수에 큰 차이가 나므로, 문법 공부보다는 유형별로 빈출 어휘나 표현을 정리해 두어야 고득점이 가능합니다.

예제

(A) この人は本を読んでいます。
(B) この人は掃除をしています。
(C) この人は電話をしています。
(D) この人はビールを飲んでいます。

(A) 이 사람은 책을 읽고 있습니다.
(B) 이 사람은 청소를 하고 있습니다.
(C) 이 사람은 전화를 하고 있습니다.
(D) 이 사람은 맥주를 마시고 있습니다.

▶ 이 사람의 동작에 주목할 것. 전화 통화를 하고 있으므로, 「電話(でんわ)」(전화)라는 단어를 연상할 수 있다. 정답은 (C)로, 나머지 선택지의 「本(ほん)を読(よ)む」(책을 읽다), 「掃除(そうじ)をする」(청소를 하다), 「ビールを飲(の)む」(맥주를 마시다)는 사진과 관련이 없는 표현이다.

<table>
<tr><td>**PART**
2</td><td>**문항 수**</td><td>30문항(21~50번)</td></tr>
<tr><td></td><td>**빈출 유형**</td><td>의문사형 질문(5문항)
예/아니요형 질문(3문항)
정보 전달 및 정보 확인(7문항)
일상생활(10문항)
비즈니스 및 경제 표현(3문항)
기타(2문항)</td></tr>
</table>

질의 응답

개요

질문에 대한 적절한 응답을 찾는 형식으로, 문제지에 문제가 인쇄되어 있지 않습니다. 따라서 오로지 방송에서 나오는 일본인의 음성만 듣고 풀어야 하기 때문에 응시자가 청해 파트 중 가장 어려워하는 파트입니다. 주요 출제 유형으로는 의문사형 질문, 예/아니요형 질문, 인사 표현 및 정해진 문구, 일상생활 표현, 업무 및 비즈니스 표현의 5개 유형을 들 수 있습니다. 특히 40번 문제 이후에 출제되는 업무 및 비즈니스 표현은 평소 접해 보지 못한 어휘나 관용 표현 등이 많이 나오므로, 고득점을 위해서는 이 부분에 대한 집중적인 학습이 필요합니다. 또한 최근 시험에서는 속도가 점점 빨라지고 있는 추세이므로, 일상적인 구어체 대화 속도에 익숙해지도록 일본 드라마나 영화를 많이 보는 노력이 필요합니다.

예제

明日は何をしますか。	내일은 무엇을 하나요?
(A) 土曜日です。	(A) 토요일이에요.
(B) 朝ご飯の後にします。	(B) 아침 식사 후에 해요.
(C) 友達の家に行きます。	(C) 친구 집에 가요.
(D) テニスをしました。	(D) 테니스를 쳤어요.

▶ 「何(なに)」(무엇)라는 의문사가 나오는 의문사형 문제이다. 여기서 「何(なに)」(무엇)는 상대방의 동작을 묻고 있고 시제는 미래이므로, 과거형으로 답한 (D)는 답이 될 수 없다. 정답은 친구 집에 간다고 한 (C)가 된다.

PART	문항 수	30문항(51~80번)

PART

3

회화문

문항 수	30문항(51~80번)
빈출 유형	숫자 청취 및 계산(2문항)
	장소·사물·대상 파악(2문항)
	인물 관련(3문항)
	일상생활(7문항)
	성별에 따른 의견·행동 구분(4문항)
	비즈니스 및 업무(6문항)
	뉴스 및 이슈(2문항)
	기타(4문항)

개요

남녀 간의 대화를 듣고 문제지에 수록된 문제를 읽고 푸는 형식으로, 짧은 대화를 듣고 바로 문제지에 있는 문제를 읽고 풀어야 하므로 속독 능력이 필요한 파트입니다. 초반부에는 숫자 청취 및 인물을 설명하는 문제가 주로 나오고, 중반부에는 성별에 따른 의견 및 행동 구분과 대화 내용에 대한 이해 문제가, 후반부에는 업무 및 비즈니스에 관한 내용을 묻는 문제가 나옵니다. 문제지에 문제가 인쇄되어 있으므로, 문제를 미리 읽고 대화를 들으면 절대적으로 유리한 파트입니다. 따라서 파본 검사나 문제와 문제 사이의 시간을 잘 활용해 문제를 미리 읽고 들으면 좀 더 쉽게 정답을 찾을 수 있습니다. 그리고 남녀의 대화는 기본적으로 4문장으로 구성되어 있는데, 앞의 대화보다 뒤의 대화에서 정답과 관련된 내용이 많이 나오므로, 뒷부분을 집중해서 듣도록 합니다.

예제

女: すみません。この近くに本屋があり ますか。
男: はい、駅の前にありますよ。
女: 郵便局も本屋のそばにありますか。
男: いいえ。郵便局はあのデパートのとなりです。

郵便局はどこにありますか。
(A) 駅の前　　(B) 本屋のとなり
(C) 本屋の前　(D) デパートのとなり

여: 저기요. 이 근처에 서점이 있나요?
남: 예, 역 앞에 있어요.
여: 우체국도 서점 옆에 있나요?
남: 아니요. 우체국은 저 백화점 옆이에요.

우체국은 어디에 있나요?
(A) 역 앞　　　(B) 서점 옆
(C) 서점 앞　　(D) 백화점 옆

▶ 대화문을 듣기 전에 문제를 먼저 읽어 둔다. 문제는 「郵便局(ゆうびんきょく)」(우체국)의 위치를 묻고 있으므로, 남자의 말에 주목한다. 남자는 두 번째 대화에서 우체국은 백화점 옆에 있다고 했으므로, 정답은 (D)가 된다.

문항 수	20문항(81~100번)
빈출 유형	소개문(2개 지문 7문항) 화자의 경험(2개 지문 6문항) 공지 및 안내(1개 지문 3문항) 뉴스 및 기사(1개 지문 4문항)

개요

30초 내외의 지문을 듣고 3문항 또는 4문항에 답하는 형식으로, 4문항짜리 지문이 2개, 3문항짜리 지문이 4개로 총 6개의 지문이 출제됩니다. 주요 출제 유형으로는 인물 소개 및 일상생활, 공지 · 안내 및 소개, 뉴스 · 기사 및 이슈의 3개 유형을 들 수 있는데, 다른 파트와 마찬가지로 뒷부분으로 갈수록 난이도가 높아집니다. 설명문은 30초 내외의 지문을 듣고 한 번에 3문제에서 4문제를 풀어야 하기 때문에 집중력 유지가 고득점의 관건입니다. 그리고 파트 3 회화문과 마찬가지로 문제지에 문제가 인쇄되어 있으므로, 문제를 미리 읽고 지문을 들으면 절대적으로 유리한 파트입니다. 따라서 지문에서 문제에 해당하는 내용이 들리면 지문 청취와 동시에 문제를 풀 수 있도록 합니다.

예제

山田さんは、もう8年間銀行に勤めています。去年結婚してから、奥さんと2人でテニスを始めました。日曜日の朝は、いつも近くの公園で練習しています。

야마다 씨는 벌써 8년간 은행에 근무하고 있습니다. 작년에 결혼하고 나서 부인과 둘이서 테니스를 시작했습니다. 일요일 아침은 항상 근처 공원에서 연습합니다.

山田さんは何年間銀行に勤めていますか。	야마다 씨는 몇 년간 은행에 근무하고 있나요?
(A) 4年間	(A) 4년간
(B) 6年間	(B) 6년간
(C) 8年間	(C) 8년간
(D) 10年間	(D) 10년간

▶ 문제에 「何年間(なんねんかん)」(몇 년간)이라는 기간을 묻는 의문사가 있으므로 지문을 들을 때 숫자에 특히 주의해서 들어야 한다. 첫 번째 문장에서 「8年間(はちねんかん)」(8년간)이라는 표현이 등장하므로, 정답은 (C)가 된다.

수준별 학습 방법

LEVEL 1

**JPT 출제 유형을
잘 모르는
왕초보!**

현재 당신의 실력은 JPT 입문자! 하지만 걱정하지 마시기 바랍니다. 이 교재로 공부하시면 여러분들도 충분히 고득점이 가능합니다. 일단 JPT 입문자는 유형 파악이 급선무입니다. 시험 진행 방식은 기본이고 파트별로 문제가 어떻게 출제되고 무엇을 묻는지를 알고 있어야 합니다. 이 유형 파악 없이는 공부를 해도 점수가 잘 오르지 않습니다. 따라서 다시 시작하는 마음으로 출제 유형부터 확실하게 파악을 하시고 학습 스케줄에 따라 학습을 하시면 JPT 시험에서의 자신감은 물론이고 점수도 비약적으로 향상될 것입니다. 이제부터가 시작입니다. 유형을 반복해서 연습하시고 또 연습하시기 바랍니다.

LEVEL 2

**아직까지 다른
사람에게 보여
주기는 부끄러운
성적표!**

이 점수대라면 성적이 조금씩 오르는 것 같다가 한동안 정체기인 중급 정도의 수험자라고 할 수 있겠군요. 대략적인 유형은 파악했지만 아직까지 파트에 대한 확신이 없는 단계라고 볼 수 있습니다. 입문자들에게 필요한 것이 유형 파악이라면 중급 정도의 수험자들에게 필요한 것은 반복 연습입니다. 즉, 많은 문제를 통해 각 파트에 대한 감각을 지속적으로 유지하셔야 합니다. 그리고 필요한 것이 어휘력 증강입니다. 확실히 오답인 선택지 하나 정도는 가려낼 수 있지만 나머지 선택지에서 망설여지는 단계이므로 많은 어휘 학습이 필요합니다. 그럼, 단어장을 구입해야 하느냐고요? 그럴 필요가 전혀 없습니다. 이 교재는 UNIT별로 어휘가 모두 정리되어 있으므로 어휘 정리 부분에 중점적으로 시간을 투자해 보세요. 곧 여러분들의 성적표가 달라질 것입니다.

잘하는 편이지만 경쟁력이 조금 부족한 성적표!

Q. 진단고사 50문항 중 36~45개를 맞혔나요?

어느 정도 성적이 나오지만 아직까지 고득점이라고 말하기엔 조금 부족한 분들을 위한 학습 방법을 소개하겠습니다. 이 수준의 수험자들은 단기간에 달성 가능한 나름대로의 목표점을 정하고 그 점수에 맞는 방식으로 공부하시길 권합니다. 현재 점수가 800점대인데 공부는 990점에 맞춰서 하고 있지는 않으십니까? 기본적인 출제 유형은 이미 숙지가 된 상태이므로 확인평가나 모의테스트 문제 등을 집중적으로 분석하고 풀어 보시기 바랍니다. 그리고 이 점수대 수험자들에게 가장 중요한 것은 끈기입니다. 나름대로 열심히 공부했지만 점수는 조금밖에 오르지 않는 경우를 종종 보게 되는데 포기하면 더 이상의 고득점은 없습니다. 힘들더라도 조금 더 힘을 내어 지금까지 공부한 내용을 정리하면서 꾸준히 문제를 풀어 보시기 바랍니다.

당신은 초절정 고수! 이제 JPT와 작별 인사를….

Q. 진단고사 50문항 중 46~50개를 맞혔나요?

축하합니다. 득점수로 보아 실제 시험에서 950점 이상의 고득점을 목표로 하는 수험자들이 여기에 속한다고 볼 수 있습니다. 이 점수대의 수험자들은 출제 유형도 대부분 알고 있고 실제 시험에서도 문제 풀이에 어려움을 느끼지 않지만, 단 5점이나 10점 올리기가 아주 힘든 단계라고 볼 수 있습니다. 일단 집중력이 관건입니다. 다른 점수대의 수험자들도 마찬가지겠지만 집중력 저하는 점수와 바로 직결되므로 시험에서는 항상 집중력을 유지하셔야 합니다. 그리고 이 점수대의 수험자들은 예전에 틀렸던 문제를 다시 틀릴 가능성이 높다고 볼 수 있습니다. 따라서 오답 노트를 만들어 자신이 틀린 문제를 최종적으로 정리하고 실제 시험에서 그 유형과 유사하게 출제가 되더라도 이제는 실수하지 않아야 합니다. 집중력을 유지하고 오답 노트로 틀린 문제들을 잘 정리해 두면 990점도 더 이상 꿈의 점수가 아닐 것입니다.

5주 완성 학습 스케줄

주차	Mon.	Tue.	Wed.	Thu.	Fri.
1주차	진단고사	PART 1 UNIT 01~04	PART 1 UNIT 05~08	PART 1 UNIT 09~11	PART 1 확인평가 1
2주차	PART 1 확인평가 2	PART 2 UNIT 01~04	PART 2 UNIT 05~08	PART 2 UNIT 09~12	PART 2 UNIT 13~16
3주차	PART 2 UNIT 17~19	PART 2 확인평가 1	PART 2 확인평가 2	PART 3 UNIT 01~04	PART 3 UNIT 05~08
4주차	PART 3 UNIT 09~11	PART 3 UNIT 12~14	PART 3 확인평가 1	PART 3 확인평가 2	PART 4 UNIT 01~02
5주차	PART 4 UNIT 03~04	PART 4 확인평가 1	PART 4 확인평가 2	최종평가 1회	최종평가 2회

점수  환산표

JPT 점수는 청해 점수와 독해 점수를 합한 점수가 되며, 각 부분의 점수는 각각 최저 점수가 5점, 최고 점수가 495점으로, 총점은 최저 10점에서 최고 990점이 됩니다. 실제 JPT에서는 총 정답 수로 채점되는 것이 아니라, 특정한 통계 처리에 의해 상대 평가 방식으로 채점됩니다. 그러나 총 정답 수를 기준으로 점수 환산표를 통해 대략적인 점수를 알아볼 수는 있습니다.

1. 자신의 답안을 채점한 후, 각 파트별 정답 수를 아래의 표에 기입합니다.
2. 각 파트별 정답 수를 합산하여 총 정답 수를 산출합니다.
3. 총 정답 수를 근거로 아래의 점수 환산표로 대강의 환산 점수대를 알아봅니다.

PART 1 / 20문	PART 2 / 30문	PART 3 / 30문	PART 4 / 20문	총 정답 수 / 100문	청해 환산 점수대 ~

청해	정답 수	환산 점수대
	96 ~ 100	480 ~ 495
	91 ~ 95	450 ~ 475
	86 ~ 90	420 ~ 445
	81 ~ 85	390 ~ 415
	76 ~ 80	360 ~ 385
	71 ~ 75	330 ~ 355
	66 ~ 70	300 ~ 325
	61 ~ 65	270 ~ 295
	56 ~ 60	240 ~ 265
	51 ~ 55	220 ~ 235
	46 ~ 50	190 ~ 215
	41 ~ 45	160 ~ 185
	36 ~ 40	130 ~ 155
	31 ~ 35	110 ~ 125
	26 ~ 30	90 ~ 105
	21 ~ 25	70 ~ 85
	16 ~ 20	50 ~ 65
	11 ~ 15	30 ~ 45
	6 ~ 10	10 ~ 25
	1 ~ 5	5
	0	5

진단고사

I. 次の写真を見て、その内容に合っている表現を(A)から(D)の中で一つ選びなさい。

1.

2.

3.

4.

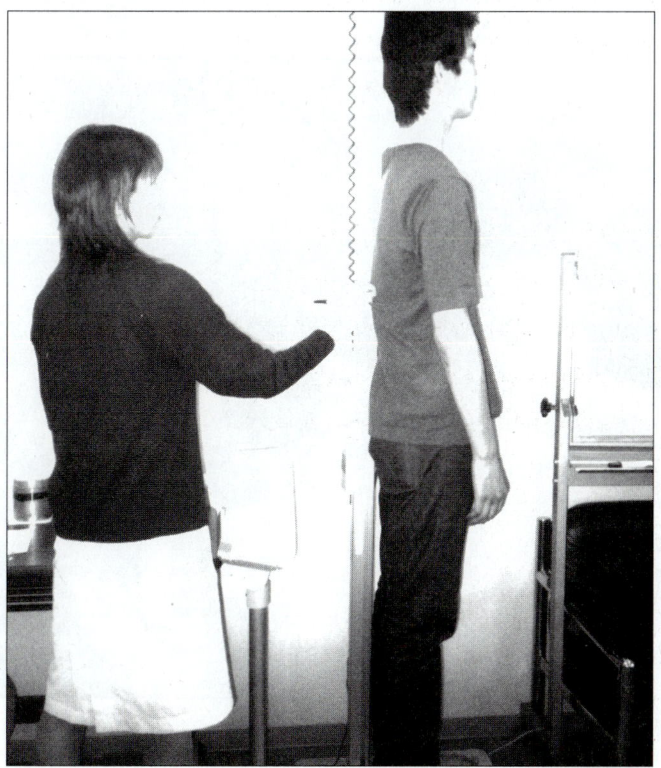

次のページに続く

5.

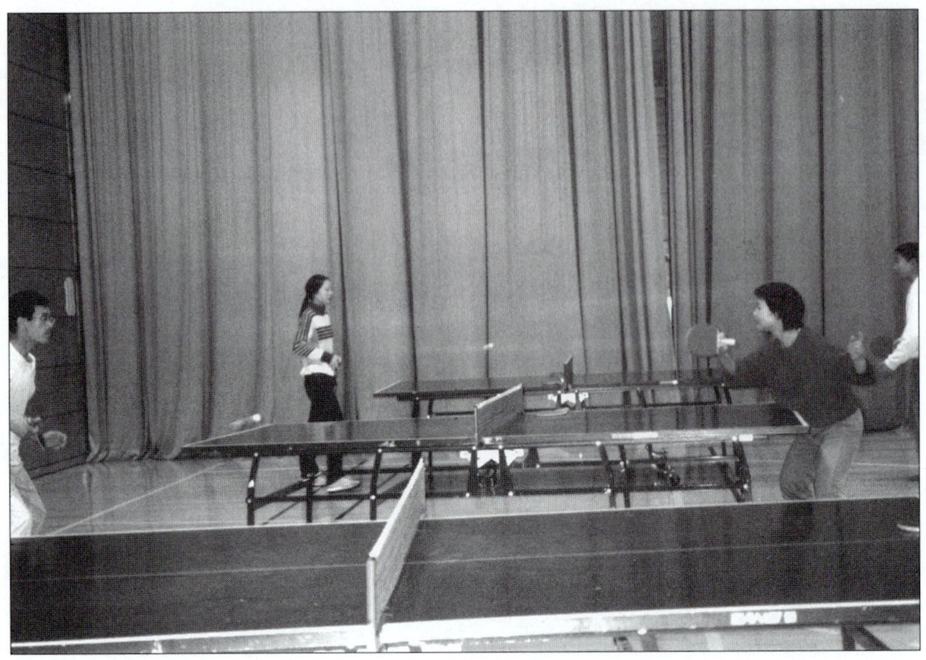

6.

7.

8.

次のページに続く

9.

10.

🎧 **02.MP3**

II. 次の言葉の返事として、もっとも適したものを(A)から(D)の中で一つ選びなさい。

11. 答えを答案用紙に書き入れなさい。

12. 答えを答案用紙に書き入れなさい。

13. 答えを答案用紙に書き入れなさい。

14. 答えを答案用紙に書き入れなさい。

15. 答えを答案用紙に書き入れなさい。

16. 答えを答案用紙に書き入れなさい。

17. 答えを答案用紙に書き入れなさい。

18. 答えを答案用紙に書き入れなさい。

19. 答えを答案用紙に書き入れなさい。

20. 答えを答案用紙に書き入れなさい。

21. 答えを答案用紙に書き入れなさい。

22. 答えを答案用紙に書き入れなさい。

23. 答えを答案用紙に書き入れなさい。

24. 答えを答案用紙に書き入れなさい。

25. 答えを答案用紙に書き入れなさい。

次のページに続く

III. 次の会話をよく聞いて、後の問いにもっとも適したものを(A)から(D)の中で一つ選びなさい。

26. 新しい家はどうですか。

(A) きれいで広い。
(B) 広くないが、きれいだ。
(C) 広いが、汚い。
(D) 汚くて狭い。

27. 男の人は女の人に何を渡しましたか。

(A) 小さいノートと万年筆
(B) 大きいノートと茶色い封筒
(C) 白い封筒と小さいノート
(D) 茶色い封筒と万年筆

28. 女の人は公園に何をしに行きましたか。

(A) 写真を撮りに行った。
(B) 花を見に行った。
(C) 散歩をしに行った。
(D) 絵を描きに行った。

29. 女の人の風邪はどうですか。

(A) まだ熱がある。
(B) 熱は下がったが、咳が出る。
(C) まだ熱があって、咳も出る。
(D) もう治った。

30. 男の人はどうして花を買いますか。

(A) お母さんの誕生日だから
(B) 結婚記念日だから
(C) 友達が結婚するから
(D) 奥さんの誕生日だから

31. 男の人がしないスポーツは何ですか。

(A) テニス
(B) スキー
(C) 野球
(D) 水泳

32. 次の電車は何時に来る予定ですか。

(A) 11時18分
(B) 11時20分
(C) 11時23分
(D) 11時25分

33. 今春、組合は会社側に何を要求しますか。

(A) 労働時間の短縮
(B) 給料の値上げ
(C) 年間休暇の増加
(D) 退職金制度の見直し

34. なぜ女の人は会社を退職しますか。

   (A) 妊娠したため
   (B) 転職するため
   (C) 夫が転勤するため
   (D) 両親の経営する店を手伝うため

35. 女の人は男の人に対して何がよくないと言っていますか。

   (A) 12時まで残業していたこと
   (B) 会議の最中にあくびをしたこと
   (C) 連日お酒を飲んでいたこと
   (D) 徹夜をしたこと

36. 週末の天気はどうなりそうですか。

   (A) 雨が降らず、空気が乾燥する。
   (B) 雪が降って一段と寒さが増す。
   (C) 雷を伴った夕立がある。
   (D) 晴れて暖かくなる。

37. どうして男の人は学会に出席しなかったのですか。

   (A) 自分の研究が忙しくなったため
   (B) 全国規模の学会ではなかったため
   (C) 学会が開催中止になったため
   (D) 同行するはずの教授が急病になったため

38. 銀行側の利点として2人が言っていないことは何ですか。

   (A) 店舗数の拡大が見込めること
   (B) 営業時間外の利用者が増えること
   (C) 店舗の開設費用が抑えられること
   (D) 人件費の削減が可能になること

39. 取引先の専務はどうしたのですか。

   (A) 他界した。
   (B) 子会社に転勤になった。
   (C) 還暦を迎えた。
   (D) 栄転した。

40. 男の人は何をしますか。

   (A) 商品の在庫数の調査
   (B) 商品在庫の台帳の作成
   (C) 商品の陳列棚の入れ替え
   (D) 破損している商品の返品

次のページに続く

Ⅳ. 次の文章をよく聞いて、後の問いにもっとも適したものを(A)から(D)の中で一つ選びなさい。

41. 加藤さんは何歳ですか。

(A) 40歳
(B) 45歳
(C) 50歳
(D) 55歳

42. 加藤さんの部屋は何階にありますか。

(A) 5階
(B) 7階
(C) 9階
(D) 10階

43. 加藤さんの部屋には何がありませんか。

(A) 大きい机
(B) テーブル
(C) 灰皿
(D) 家族の写真

44. 加藤さんは何時に仕事を始めますか。

(A) 7時
(B) 8時
(C) 9時
(D) 10時

45. どんな料理教室について話していますか。

(A) 子供が好きな料理を作る教室
(B) お酒に合う料理を作る教室
(C) 男の人だけの料理教室
(D) 女の人の好きな料理を作る教室

46. この料理教室はいつやっていますか。

(A) 毎週水曜日、午後2時から
(B) 毎週水曜日、午後4時から
(C) 毎月2回、午前10時から
(D) 毎月2回、午後2時から

47. この料理教室のメンバーの人達はどんなことを言っていますか。

(A) 家内に料理をほめられた。
(B) 家内の仕事の大変さがよくわかった。
(C) プロになれるように頑張りたい。
(D) 病気だったのに、元気になってきた。

48. 渋谷にどんな喫茶店ができましたか。

(A) スポーツを見ながら食事ができる喫茶
店

(B) 店が日本で一番広い喫茶店

(C) 音楽やスポーツで有名な人に会える喫
茶店

(D) ゲームをしながら食事ができる喫茶店

49. この喫茶店に席はいくつありますか。

(A) 20席

(B) 50席

(C) 70席

(D) 120席

50. スポーツが好きな人達にとって夢のような
こととは何だと言っていますか。

(A) 世界中のスポーツの試合に招待しても
らえること

(B) テレビを使って有名な人と話ができる
こと

(C) 有名なスポーツ選手が自分の前で話す
のを聞けること

(D) 有名な人の使ったスポーツの道具が見
られること

SECTION
1
유형학습
고득점과 직결되는
최강 유형분석

PART 1

PART 1 사진 묘사는 다음과 같이 크게 일곱 가지로 구분될 수 있다.

1. 인물의 동작·자세(1인, 2인, 다수의 인물)   2. 신체 일부의 동작·인물의 상태·표정

3. 사물의 상태·특징·장소 4. 동물 묘사

5. 도로나 교통 및 건물   6. 글자가 등장하는 사진

7. 전체적인 풍경 및 상황

위의 유형에서 알 수 있듯이 실제 시험에서는 인물 관련 문제가 평균 10문항 정도로 가장 출제 빈도 가 높다. 그리고 최근 시험에서는 사진에서의 두드러진 특징 이외에 세부적인 묘사 문제 비중이 점점 증가하고 있으므로 사진을 볼 때 등장하는 사물이나 주변 배경도 유심히 잘 봐 두어야 한다.

PART 1 미리보기

■■ PART 1 구성

	PART 1
문항 수	20문항(1~20번)
문제 총 소요 시간	약 8분 10초
다음 문제까지의 여유 시간	4초
빈출 출제 유형	인물의 동작 · 자세 · 상태 · 표정 사물의 상태 · 특징 · 장소 도로나 교통 및 건물 전체적인 풍경 및 상황

■■ PART 1 출제 유형

PART 1은 사진에 대한 적절한 묘사를 찾는 문제로 실제 시험 1번에서 20번까지 총 20문제가 출제되고 있다. 유형별로 보면 인물의 동작이나 상태를 묻는 문제, 사물의 상태 및 특징을 묻는 문제, 풍경 및 상황을 묻는 문제, 기타 문제로 구성되어 있다. 이 PART에서 출제되는 문법은 진행이나 상태, 「ところ」를 사용한 표현이 전부이므로 이 PART에서 고득점을 올리기 위해서는 문법 공부보다는 출제 유형별로 자주 출제되는 빈출 어휘 위주로 공부해 두어야 한다.

■■ PART 1 문제 비율

가장 최근의 기출 문제를 유형별로 분석해 보면 다음 그래프와 같다. 그래프에서 보는 것처럼 학습자는 일단 가장 출제 빈도가 높은 인물의 동작이나 상태를 나타내는 문제를 중점적으로 공략할 필요가 있다. 그리고 주로 PART 뒷부분에 출제되는 풍경 및 상황 문제에서는 고난이도 어휘가 자주 출제되므로 이 부분에 대한 학습도 필요하다.

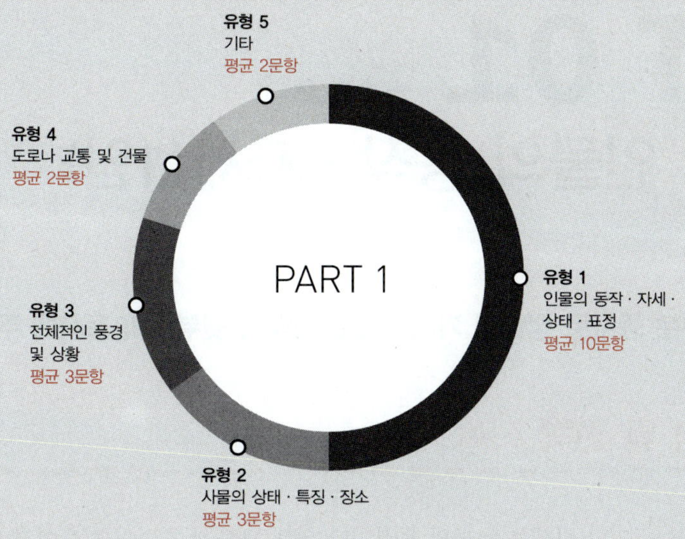

■■■ PART 1 학습법

사진 묘사는 말 그대로 묘사 문제이므로 지나친 추측은 하지 말고 사진에 나와 있는 정보만 정확하게 파악하면 되는 PART이다. 일단 파본 검사 시간에 미리 사진의 내용을 봐 두는 것이 절대적으로 유리하므로 파본 검사 시간을 이용해 사진의 내용을 재빨리 파악해 두도록 하자.

시험이 시작되면 장소나 동사 부분 정도는 메모를 하면서 듣는 것이 좋다. 간혹 선택지의 내용을 다 듣고도 정답이 (A)였는지 (B)였는지 기억이 나지 않아 틀리는 수험자가 많은데 이런 실수를 미연에 방지하기 위해서는 메모해 두는 습관이 중요하다.

그리고 최근의 출제 경향을 보면 변별력을 위해 인물이 등장하는 사진의 경우 단순한 동작이나 상태 설명이 아니라 세부적인 묘사로 들어가는 경향이 있으므로 주요 신체 부위의 명칭 정도는 기억을 해 두어야 한다.

마지막으로 주로 19번이나 20번 문제에 등장하는 풍경 및 상황 사진은 세부적인 묘사보다는 전체적인 풍경이나 분위기를 묻는 문제가 주로 출제되므로 동사 부분에 유의하면서 듣도록 하자.

■■■ 저자의 청해 만점 비법!!

◆ 사진 묘사는 말 그대로 묘사 문제이다. 지나친 추측은 금물! 반드시 사진에 나오는 정보만으로 정답을 찾도록 하자.

◆ 파본 검사 시간이나 PART에 대한 설명이 나올 때 사진을 미리 봐 두자. 특히 글자가 등장하는 사진은 미리 글자 내용을 파악해 두어야 실수가 없다.

◆ 사진 묘사의 기본은 장소와 동사 파악이다. 그런데 동사를 아무리 정확하게 들어도 장소를 놓치면 오답을 고르기 쉬우므로 장소부터 파악한 다음 동사에 주의하면서 듣도록 하자.

◆ 사진 묘사에 등장하는 문법은 진행과 상태 표현, 「ところ」를 사용한 표현뿐이다. 따라서 이 두 가지 문법은 무슨 일이 있어도 완벽하게 숙지해 두도록 하자.

◆ 가장 난이도가 높은 19번과 20번 문제는 100% 정확하게 들을 자신이 없으면 사진과 관련 없는 단어로 오답을 찾는 것이 오히려 유리하다. 즉, 사진과 관련 없는 단어가 나오면 오답! 사진 묘사에서 무조건 기억해 두어야 하는 명제이다.

UNIT 01 🎧 05.MP3
▶ 유형1 인물의 동작 · 자세(1인)

 대부분 동사로 정답이 가려지므로 선택지 뒷부분의 동사에 주의할 것!

분석 및 전략

1인의 동작이나 자세는 인물의 동작이나 상태 묘사에 초점이 맞추어져 있는데 주어를 동일하게 제시하는 경우가 대부분이다. 예를 들어 「この人(ひと)は〜」(이 사람은〜), 「女(おんな)の人(ひと)は〜/男(おとこ)の人(ひと)は〜」(여자는〜/남자는〜) 식으로 선택지 첫 부분의 주어가 모두 동일하게 나온다면 뒷부분의 동사를 주의 깊게 듣도록 하자.

이 외에 비슷한 모양의 어구들, 예를 들면 「동사의 진행형+ところです」(〜하고 있는 중입니다)나 「동사의 기본형+ところです」(〜하려던 참입니다) 등과 같은 경우에는 모양이 비슷해서 혼동할 수 있으므로 항상 동사의 의미뿐만 아니라 동사의 접속 형태에도 주의를 기울여 듣도록 한다.

마지막으로 동작이나 자세를 묘사하는 문제들은 문장 앞부분의 설명이 맞더라도 뒷부분에서 정답과 오답이 가려지는 경우가 많다. 예를 들어 「この人(ひと)は両肘(りょうひじ)をついて読書(どくしょ)をしています」(이 사람은 양팔꿈치를 괴고 독서를 하고 있습니다)라는 문장에서 '양팔꿈치를 괴고' 까지는 맞는 표현인데 뒷부분이 틀린 설명이 될 수 있기 때문이다. 따라서 이런 유형의 문제는 동사는 기본이고 신체 부위별 명사 어휘도 파악하고 있어야 정답을 찾을 수 있다.

1 여자의 동작과 보고 있는 대상에 주목

(A) 女の人は何か飲みながらテレビを見ています。
여자는 뭔가 마시면서 텔레비전을 보고 있습니다.

(B) 女の人は本を読みながらパンを食べています。
여자는 책을 읽으면서 빵을 먹고 있습니다.

(C) 女の人は何か飲みながら本を読んでいます。
여자는 뭔가 마시면서 책을 읽고 있습니다.

(D) 女の人はお菓子を食べながら新聞を読んでいます。
여자는 과자를 먹으면서 신문을 읽고 있습니다.

⋯ 여자가 뭔가를 마시면서 책을 읽고 있는 사진으로 「飲(の)む」(마시다)와 「読(よ)む」(읽다)라는 동사가 포인트. 따라서 정답은 (C)가 되는데 나머지 선택지는 동작이나 대상이 모두 틀렸다.

見(み)る 보다　本(ほん) 책　パン(포르투갈어 pão) 빵　お菓子(かし) 과자　食(た)べる 먹다　新聞(しんぶん) 신문

2 동사의 의미와 접속 형태에 주의

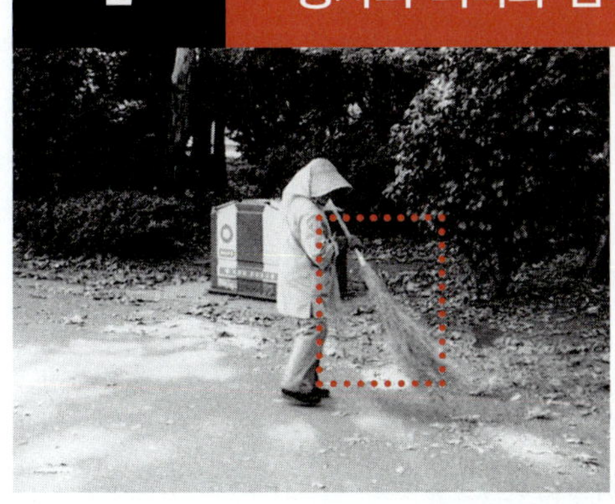

(A) ごみを袋に入れているところです。
쓰레기를 봉투에 넣고 있는 중입니다.

(B) 木を植えているところです。
나무를 심고 있는 중입니다.

(C) 外を掃いているところです。
밖을 쓸고 있는 중입니다.

(D) 帽子を被るところです。
모자를 쓰려던 참입니다.

⋯ 인물의 동작에 주목해야 정답을 찾을 수 있는 문제로 「掃(は)く」(쓸다)라는 동사가 포인트. 사진의 인물은 지금 길을 쓸고 있으므로 정답은 (C)가 된다. 참고로 (D)의 「동사의 기본형+ところだ」는 '~하려던 참이다' 라는 의미이므로 (D)를 정답으로 고르는 일이 없도록 주의하자.

ごみ 쓰레기　袋(ふくろ) 봉투　入(い)れる 넣다　木(き) 나무　植(う)える 심다　外(そと) 밖
帽子(ぼうし)を被(かぶ)る 모자를 쓰다

(A) ボールを投げたところです。
공을 막 던졌습니다.

(B) ボールを打ったところです。
공을 막 쳤습니다.

(C) ボールを拾うところです。
공을 주우려는 참입니다.

(D) ボールを落としたところです。
공을 막 떨어뜨렸습니다.

⋯➤ 여자가 글러브를 끼고 있는 것과 폼을 보면 어딘가를 향해서 공을 던졌음을 알 수 있다.

ボール(ball) 볼. 공　投(な)げる 던지다　동사의 た형＋ところだ 막 ～했다　打(う)つ 치다　拾(ひろ)う 줍다
落(お)とす 떨어뜨리다

(A) この人は頬杖をついて読書しています。
이 사람은 턱을 괴고 독서를 하고 있습니다.

(B) この人は両肘をついて手に顎を載せています。
이 사람은 양팔꿈치를 괴고 손에 턱을 얹고 있습니다.

(C) この人は俯いて足元を見ています。
이 사람은 고개를 숙여 발밑을 보고 있습니다.

(D) この人は手を合わせて祈っています。
이 사람은 합장하고 기도하고 있습니다.

⋯➤ 턱을 괴고 독서하고 있는 여성의 모습으로 「頬杖(ほおづえ)をつく」(턱을 괴다)라는 표현이 포인트. 나머지 선택지는 「両肘(りょうひじ)をつく」(양팔꿈치를 괴다), 「足元(あしもと)」(발밑), 「祈(いの)る」(기도하다)라는 표현에서 오답이라는 것을 알 수 있다.

読書(どくしょ) 독서　手(て) 손　顎(あご) 턱　載(の)せる 얹다. 올려 놓다　俯(うつむ)く 고개를 숙이다
手(て)を合(あ)わせる 합장하다

1.

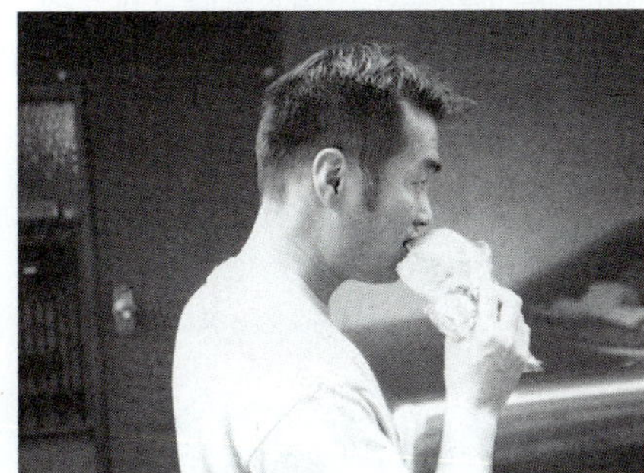

(A) _______________________________

(B) _______________________________

(C) _______________________________

(D) _______________________________

2.

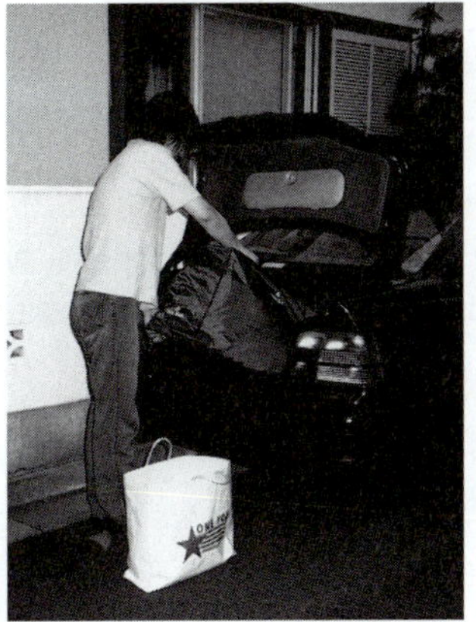

(A) _______________________________

(B) _______________________________

(C) _______________________________

(D) _______________________________

3.

(A) _______________________________

(B) _______________________________

(C) _______________________________

(D) _______________________________

4.

(A) _______________________________

(B) _______________________________

(C) _______________________________

(D) _______________________________

1. (A) 男の人は何も持っていません。
(B) 男の人は雑誌を読んでいます。
(C) 男の人は何か食べています。
(D) 男の人は写真を撮っています。

(A) 남자는 아무것도 들고 있지 않습니다.
(B) 남자는 잡지를 읽고 있습니다.
(C) 남자는 뭔가 먹고 있습니다.
(D) 남자는 사진을 찍고 있습니다.

해설 동사를 잘 듣고 정답을 골라야 한다. 사진 속의 남자는 뭔가를 먹고 있으므로 정답은 (C)가 된다.

어휘 持(も)つ 가지다, 들다 雑誌(ざっし) 잡지 読(よ)む 읽다 食(た)べる 먹다 写真(しゃしん)を撮(と)る 사진을 찍다

2. (A) この人はコートを着ています。
(B) この人の横に箱があります。
(C) この人は車から荷物を出しています。
(D) この人は車を磨いています。

(A) 이 사람은 코트를 입고 있습니다.
(B) 이 사람 옆에 상자가 있습니다.
(C) 이 사람은 자동차에서 짐을 꺼내고 있습니다.
(D) 이 사람은 자동차를 닦고 있습니다.

해설 사진 속의 인물은 트렁크에서 짐을 꺼내고 있다. 코트를 입고 있지 않으므로 (A)는 오답이고, 이 사람 옆에 놓여 있는 것은 종이 봉투이므로 (B) 역시 오답이다. 그리고 자동차를 닦고 있는 상황도 아니므로 (D)도 정답과는 거리가 멀다.

어휘 コート(coat) 코트 着(き)る 입다 横(よこ) 옆 箱(はこ) 상자 車(くるま) 차, 자동차 荷物(にもつ) 짐 出(だ)す 꺼내다
磨(みが)く 닦다, 광을 내다

3. (A) この人は倒れた自転車を起こそうとしています。
(B) この人は自転車から降りようとしています。
(C) この人は自転車を降りて階段を上っています。
(D) この人は自転車に乗らないで引いています。

(A) 이 사람은 넘어진 자전거를 일으키려 하고 있습니다.
(B) 이 사람은 자전거에서 내리려 하고 있습니다.
(C) 이 사람은 자전거에서 내려 계단을 오르고 있습니다.
(D) 이 사람은 자전거를 타지 않고 끌고 있습니다.

해설 남자가 자전거를 끌면서 위쪽으로 올라가고 있는 사진이다. 「倒(たお)れる」(쓰러지다, 넘어지다), 「降(お)りる」(내리다), 「階段(かいだん)」(계단) 등의 어휘로 보아 (A), (B), (C)는 모두 오답이라는 것을 알 수 있다.

어휘 自転車(じてんしゃ) 자전거 起(お)こす 일으키다 上(のぼ)る 오르다 ～に乗(の)る ～을 타다 引(ひ)く 끌다

4. (A) この人は郵便局の前に立っています。
(B) この人は郵便屋さんから郵便をもらうところです。
(C) この人は郵便局で手紙を出しています。
(D) この人は郵便受けから何かを出しています。

(A) 이 사람은 우체국 앞에 서 있습니다.
(B) 이 사람은 우체부에게서 우편물을 받으려는 참입니다.
(C) 이 사람은 우체국에서 편지를 부치고 있습니다.
(D) 이 사람은 우편함에서 뭔가를 꺼내고 있습니다.

해설 남자가 우편함에서 뭔가를 꺼내고 있는 사진. 사진의 장소는 우체국이 아니므로 (A)와 (C)는 오답. 그리고 우체부에게서 우편물을 받는 상황도 아니므로 (B) 역시 사진과는 거리가 먼 표현이 된다.

어휘 郵便局(ゆうびんきょく) 우체국 郵便屋(ゆうびんや) 우체부 手紙(てがみ)を出(だ)す 편지를 부치다
郵便受(ゆうびんう)け 우편함

주요 어휘 정리

한자	읽기	의미
☐ 本	ほん	책
☐ お菓子	おかし	과자
☐ 袋	ふくろ	봉투
☐ 植える	うえる	심다
☐ 帽子を被る	ぼうしをかぶる	모자를 쓰다
☐ 投げる	なげる	던지다
☐ 打つ	うつ	치다
☐ 拾う	ひろう	줍다
☐ 落とす	おとす	떨어뜨리다
☐ 頬杖をつく	ほおづえをつく	턱을 괴다
☐ 両肘をつく	りょうひじをつく	양팔꿈치를 괴다
☐ 足元	あしもと	발밑
☐ 祈る	いのる	기도하다
☐ 雑誌	ざっし	잡지
☐ 写真を撮る	しゃしんをとる	사진을 찍다
☐ 着る	きる	입다
☐ 荷物	にもつ	짐
☐ 磨く	みがく	닦다, 광을 내다
☐ 降りる	おりる	내리다
☐ 階段	かいだん	계단

UNIT 02 🎧 06.MP3
▶ 유형 2 인물의 동작 · 자세(2인)

POINT 두 사람의 동작이나 자세에서 공통점이나 차이점, 위치 관계에 주목할 것!

분석 및 전략

2인이 등장하는 사진은 1인이 등장하는 문제에 비해 선택지의 주어가 다양해지고 난이도가 높아진다. 이 유형의 문제들은 두 사람의 동작이나 자세에서 공통점이나 차이점이 정답인 경우가 대부분이지만, 간혹 두 사람의 위치 관계나 주변 배경으로 나오는 사물 및 풍경을 묻는 문제가 나오는 경우도 있으므로 두 인물의 특징에 대한 파악이 끝나면 사진의 배경도 유심히 봐 두어야 한다.

우선 2인 사진에서 공통점을 묻는 경우에 주어 부분은 보통 「2人(ふたり)は〜」(두 사람은 〜), 「この人(ひと)たちは〜」(이 사람들은〜), 「2人(ふたり)とも〜」(두 사람 모두〜)등의 형태로 제시되는 경우가 많은데 '모두, 다' 라는 의미의 조사 「とも」를 기억해 두어야 한다.

반대로 차이점을 묻는 경우에는 항상 위치 관계 파악에 주의해야 한다. 인물이 등장하는 사진과 사물이 등장하는 사진에서 위치 관계 파악을 혼동하는 수험자가 많은데, 인물은 동작이나 자세를 취하는 사람을 기준으로 방향을 봐야 하고 사물은 수험자의 시선을 기준으로 위치 관계를 파악해야 한다. 예를 들어 사진 속의 남자가 왼손을 들고 있으면 수험자의 시선으로 보면 오른쪽 방향의 손을 들고 있지만 동작을 하는 사람은 왼손을 들고 있으므로 왼손을 들고 있다고 해야 올바른 표현이 된다. 하지만 사물의 경우에는 만약 사진에서 '전화기A–전화기B' 순으로 사물이 놓여 있다고 할 때, '왼쪽 전화기는〜' 이라는 설명이 나오면 수험자 시선이 기준이므로 왼쪽 전화기는 전화기A가 된다.

1 두 인물의 동작에 주목

(A) 犬は2人の後ろを歩いています。
개는 두 사람의 뒤를 걷고 있습니다.

(B) 2人は犬を散歩させています。
두 사람은 개를 산책시키고 있습니다.

(C) 2人は公園に子供を連れて来ています。
두 사람은 공원에 아이를 데리고 와 있습니다.

(D) 2人とも何も持っていません。
두 사람 모두 아무것도 들고 있지 않습니다.

⋯▸ 두 사람이 공원에서 개를 산책시키고 있는 사진이므로 정답은 (B)가 된다. (A)는 위치 관계로 보아 개가
사람의 앞쪽에 가고 있으므로 오답이 되고, (C)는 산책시키고 있는 대상이 아이가 아니라 개이므로 역시
정답과는 거리가 멀다. 그리고 사진에서 왼쪽의 남성은 오른손에 뭔가를 들고 있으므로 (D) 역시 오답이
된다.

犬(いぬ) 개   後(うし)ろ 뒤   歩(ある)く 걷다   散歩(さんぽ) 산책   公園(こうえん) 공원   連(つ)れる 데리고 가다
~とも ~다. ~모두   持(も)つ 가지다. 들다

2 두 인물의 동작과 보고 있는 사물에 주목

(A) 2人はマイクを握って歌を歌っています。
두 사람은 마이크를 잡고 노래를 부르고 있습니다.

(B) 2人は向き合って議論しています。
두 사람은 마주 보고 논의하고 있습니다.

(C) 2人はコンピューターに向かって仕事中です。
두 사람은 컴퓨터를 향해서 일을 하고 있는 중입니다.

(D) 2人は見詰め合い、手を握っています。
두 사람은 서로 응시하며 손을 잡고 있습니다.

⋯▸ 노래방에서 남자와 여자가 함께 노래를 부르고 있는 모습이다. 둘이 마주 보거나 손을 잡고 있지 않으므로
(B)와 (D)는 오답. 또한 두 사람이 컴퓨터 앞에서 일을 하고 있는 것도 아니므로 (C)도 틀린 설명이다.

マイク 마이크 ＊「マイクロホン」(microphone)의 준말   握(にぎ)る 잡다. 쥐다   歌(うた)を歌(うた)う 노래를 부르다
向(む)き合(あ)う 마주 보다   議論(ぎろん) 의논. 논의   ～に向(む)かう ～을 향하다   仕事(しごと) 일. 업무
見詰(みつ)める 응시하다   동사의 ます형+合(あ)う 서로 ～하다 ＊서로 같은 행동을 하는 것을 나타냄

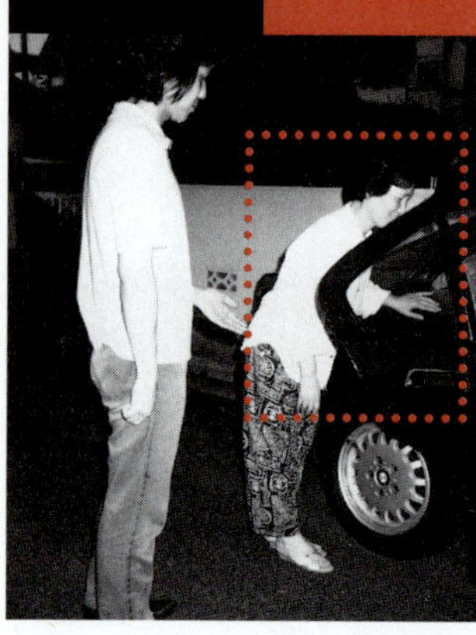

(A) 左の人は上を向いています。
왼쪽 사람은 위를 올려다보고 있습니다.

(B) 左の人はドアを開けてあげています。
왼쪽 사람은 문을 열어 주고 있습니다.

(C) 右の人は足を車に掛けています。
오른쪽 사람은 다리를 자동차에 걸치고 있습니다.

(D) 右の人は体を少し前に曲げています。
오른쪽 사람은 몸을 조금 앞쪽으로 구부리고 있습니다.

⋯▶ 두 인물의 동작과 방향에 주목할 것. 우선 왼쪽에 있는 사람은 위를 올려다보고 있지 않고 문을 열어 주고 있는 상황도 아니므로 (A)와 (B)는 오답. 또한 오른쪽에 있는 사람은 다리를 자동차에 걸치고 있는 상황이 아니므로 (C) 역시 오답이 된다. 정답은 오른쪽에 있는 사람이 몸을 조금 앞쪽으로 구부리고 있다고 한 (D)가 된다.

左(ひだり) 왼쪽 上(うえ) 위 向(む)く 향하다. 보다 ドア(door) 문 開(あ)ける 열다 ～てあげる ～해 주다
右(みぎ) 오른쪽 足(あし) 다리. 발 車(くるま) 차. 자동차 掛(か)ける 걸치다 体(からだ) 몸 少(すこ)し 조금
前(まえ) 앞 曲(ま)げる 구부리다

(A) この人たちは横に並んで山道を走っています。
이 사람들은 옆으로 나란히 서서 산길을 달리고 있습니다.

(B) この人たちは急な下り坂を駆け降りています。
이 사람들은 가파른 내리막길을 달려 내려오고 있습니다.

(C) この人たちは自転車を降りて休憩しています。
이 사람들은 자전거에서 내려서 쉬고 있습니다.

(D) この人たちは砂利道を自転車で走っています。
이 사람들은 자갈길을 자전거로 달리고 있습니다.

⋯▶ (A), (B)는 자전거를 타고 있지 않은 것이 되므로 우선 정답에서 제외된다. (C)는 자전거에서 내려 쉬고 있다고 했으므로 동작 설명이 틀렸다.

横(よこ) 옆. 곁 並(なら)ぶ 나란히 서다 山道(やまみち) 산길 走(はし)る 달리다 急(きゅう) 가파름
下(くだ)り坂(ざか) 내리막길 駆(か)け降(お)りる 달려 내려오다 自転車(じてんしゃ) 자전거
降(お)りる 내리다 休憩(きゅうけい) 휴게. 휴식 砂利道(じゃりみち) 자갈길

연습문제 ▌ 인물의 동작·자세(2인) 🔊 메모하면서 들어 보세요.

1.

(A) ________________________________

(B) ________________________________

(C) ________________________________

(D) ________________________________

2.

(A) ________________________________

(B) ________________________________

(C) ________________________________

(D) ________________________________

3.

(A) ________________________________

(B) ________________________________

(C) ________________________________

(D) ________________________________

4.

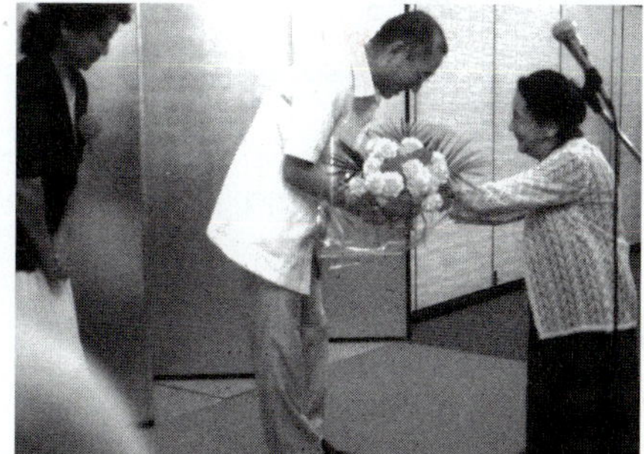

(A) ________________________________

(B) ________________________________

(C) ________________________________

(D) ________________________________

1. (A) 2人は帽子を被っています。
(B) 2人は右の手で飲み物を持っています。
(C) 2人はパンを食べています。
(D) 2人は何か飲んでいます。

(A) 두 사람은 모자를 쓰고 있습니다.
(B) 두 사람은 오른손으로 음료수를 들고 있습니다.
(C) 두 사람은 빵을 먹고 있습니다.
(D) 두 사람은 뭔가 마시고 있습니다.

해설 여자와 아이가 뭔가를 마시고 있는 동작에 주목할 것. 두 사람 모두 모자를 쓰고 있지 않으므로 (A)는 오답이 되고, 음료는 여자는 왼손, 아이는 양손으로 들고 있으므로 (B) 역시 오답이다. 그리고 두 사람은 빵을 먹고 있는 것이 아니라 뭔가를 마시고 있으므로 (C)도 틀렸다는 것을 알 수 있다.

어휘 帽子(ぼうし)を被(かぶ)る 모자를 쓰다　右(みぎ)の手(て) 오른손　飲(の)み物(もの) 음료, 마실것　持(も)つ 가지다, 들다
パン(포르투갈어 pão) 빵　食(た)べる 먹다　飲(の)む 마시다

2. (A) この人たちは階段を上っているところです。
(B) この人たちは家に入るところです。
(C) この人たちは階段を降りているところです。
(D) この人たちは家の玄関を出るところです。

(A) 이 사람들은 계단을 오르고 있는 중입니다.
(B) 이 사람들은 집에 들어가려던 참입니다.
(C) 이 사람들은 계단을 내려오고 있는 중입니다.
(D) 이 사람들은 집 현관을 나오려던 참입니다.

해설 인물의 동작에 주목하면 정답이 쉽게 나오는 문제로, 두 인물은 계단을 내려오고 있는 중이다. 따라서 정답은 (C)가 된다.

어휘 階段(かいだん) 계단　上(のぼ)る 오르다　入(はい)る 들어가다　降(お)りる 내려오다　玄関(げんかん) 현관　出(で)る 나오다

3. (A) 背の高い方の男性は腕を組んでいます。
(B) 左側の男性はメモを取っています。
(C) 2人は同じ姿勢をしています。
(D) 2人は見詰め合っています。

(A) 키가 큰 남성은 팔짱을 끼고 있습니다.
(B) 왼쪽 남성은 메모를 하고 있습니다.
(C) 두 사람은 같은 자세를 취하고 있습니다.
(D) 두 사람은 서로 응시하고 있습니다.

해설 두 인물의 차이점에 주목을 해야 하는 문제로, 왼쪽 남성은 메모를 하고 있고 오른쪽 남성은 허리에 손을 대고 서 있다. 따라서 정답은 (B)가 된다.

어휘 背(せ)が高(たか)い 키가 크다　男性(だんせい) 남성　腕(うで)を組(く)む 팔짱을 끼다　左側(ひだりがわ) 왼쪽
メモ(memo)を取(と)る 메모를 하다　同(おな)じ 같음　姿勢(しせい) 자세

4. (A) 花束を抱えた男性が着席するところです。
(B) 花束の贈呈が行われているところです。
(C) 贈呈する花束の形を整えているところです。
(D) 男性は贈られた花束を眺めているところです。

(A) 꽃다발을 안은 남성이 착석하려는 참입니다.
(B) 꽃다발 증정이 이뤄지고 있는 중입니다.
(C) 증정할 꽃다발의 모양을 가지런히 하고 있는 중입니다.
(D) 남성은 선물 받은 꽃다발을 바라보고 있는 중입니다.

해설 여자가 남자에게 꽃다발을 증정하고 있는 상황으로 「贈呈(ぞうてい)」(증정)라는 한자어가 포인트.

어휘 花束(はなたば) 꽃다발　抱(かか)える 안다　着席(ちゃくせき) 착석　行(おこな)う 행하다, 실시하다
동사의 진행형+ところだ ~하고 있는 중이다　形(かたち) 모양, 형태　整(ととの)える 가지런히 하다
贈(おく)る 선물하다　眺(なが)める 바라보다

주요 어휘 정리

한자	읽기	의미
☐ 歩く	あるく	걷다
☐ 公園	こうえん	공원
☐ 連れる	つれる	데리고 가다
☐ 握る	にぎる	잡다, 쥐다
☐ 歌を歌う	うたをうたう	노래를 부르다
☐ 向き合う	むきあう	마주 보다
☐ 議論	ぎろん	의논, 논의
☐ 見詰める	みつめる	응시하다
☐ 開ける	あける	열다
☐ 曲げる	まげる	구부리다
☐ 山道	やまみち	산길
☐ 急	きゅう	가파름
☐ 下り坂	くだりざか	내리막길
☐ 駆け降りる	かけおりる	달려 내려오다
☐ 休憩	きゅうけい	휴게, 휴식
☐ 砂利道	じゃりみち	자갈길
☐ 玄関	げんかん	현관
☐ 姿勢	しせい	자세
☐ 抱える	かかえる	안다
☐ 整える	ととのえる	가지런히 하다

UNIT 03 🎧 07.MP3

▶ 유형 3 인물의 동작 · 자세(다수의 인물)

POINT 차이점보다는 공통점을 묻는 경우가 많으므로 공통적인 동작이나 자세에 주목할 것!

분석 및 전략

다수의 인물이 등장하는 문제는 선택지의 주어가 모두 제각각인 경우가 많아서 뒷부분의 동사는 물론이고 앞부분의 주어까지도 집중해서 들어야 한다. 그리고 간혹 배경에 등장하는 사물이나 인물 주변의 풍경을 묻는 문제도 등장하므로 이 부분도 신경을 써야 한다.

또한 인물들의 공통적인 동작이나 자세가 정답인 경우가 많으므로 우선 사진에서 공통점에 주목을 해야 한다. 그런데 이따금 여러 인물들 중에서 두드러진 동작이나 자세를 하고 있는 인물이 있다면 그 인물에 대해서만 선택지가 나오는 경우도 있으므로 다른 사람과는 다른 두드러진 동작이나 자세를 취한 인물이 있다면 선택지가 나올 때 주의 깊게 들어야 한다.

다수의 인물이 등장하는 사진은 메모를 확실히 해 두지 않으면 오답을 고르기 쉬운 유형이다. 메모를 할 때는 공통점이 보이는 인물의 인원수도 정확히 파악해야 한다. 예를 들어 사진 속의 인물들 중에서 한 사람만 모자를 쓰고 있는 사진이 있다고 하면 「帽子(ぼうし)を被(かぶ)っている人(ひと)は1人(ひとり)もいません」(모자를 쓰고 있는 사람은 한 명도 없습니다)이라든지 「帽子(ぼうし)を被(かぶ)っている人(ひと)は2人(ふたり)だけです」(모자를 쓰고 있는 사람은 두 사람뿐입니다)라고 선택지에 나오는 경우가 있으므로 「帽子(ぼうし)を被(かぶ)っている」(모자를 쓰고 있다)만 듣고 정답으로 고르는 일이 없도록 주의하자.

1 | 다수 인물의 공통점과 차이점에 주목

(A) みんな立って話をしています。
모두 서서 이야기를 하고 있습니다.

(B) 立っている人は手に飲み物を持っています。
서 있는 사람은 손에 음료수를 들고 있습니다.

(C) 立っている人は隣の人と話しています。
서 있는 사람은 옆 사람과 이야기하고 있습니다.

(D) 座っている人は1人です。
앉아 있는 사람은 한 명입니다.

⋯▶ 한 사람 한 사람의 동작에 주의하며 듣는다. 한 사람만 서 있고 나머지 네 사람은 앉아 있으므로 (A), (D)는 오답. 서 있는 사람은 옆 사람한테만 이야기를 하고 있는 것이 아니라 모두에게 이야기를 하고 있으므로 (C)도 정답에서 제외된다. 따라서 서 있는 사람이 손에 음료수를 들고 있다고 한 (B)가 정답.

立(た)つ 서다　話(はなし) 이야기　飲(の)み物(もの) 음료, 마실것　持(も)つ 가지다, 들다
隣(となり) 옆　話(はな)す 말하다, 이야기하다　座(すわ)る 앉다

2 | 장소 및 인물의 인원수와 동작에 주의

(A) 公園で子供たちが遊んでいます。
공원에서 아이들이 놀고 있습니다.

(B) 部屋の中でパーティーをしています。
방 안에서 파티를 하고 있습니다.

(C) 子供たちはピンポンをしています。
아이들은 탁구를 하고 있습니다.

(D) 子供は2人しかいません。
아이는 두 명밖에 없습니다.

⋯▶ 공원에서 아이들이 놀고 있는 사진. (B)와 (C)는 장소와 동작 설명이 틀렸다. 아이는 두 명 이상이므로 (D) 역시 오답이 된다.

公園(こうえん) 공원　子供(こども) 아이　遊(あそ)ぶ 놀다　部屋(へや) 방　パーティー(party) 파티
ピンポン(ping-pong) 탁구　〜しか 〜밖에

(A) みんなで万歳をしています。
모두 함께 만세를 하고 있습니다.

(B) みんなで力一杯綱を引っ張っています。
모두 함께 힘껏 밧줄을 당기고 있습니다.

(C) みんなで手を繋ぎ合っています。
모두 함께 서로 손을 잡고 있습니다.

(D) みんなで棒を押し倒しています。
모두 함께 막대기를 밀어 넘어뜨리고 있습니다.

··· 줄다리기를 하고 있는 사진으로 「綱(つな)を引(ひ)っ張(ぱ)る」(밧줄을 잡아당기다)라는 표현을 알아듣는 것이 포인트. 만세를 하고 있는 상황이 아니므로 (A)는 오답. 서로 손을 잡고 있거나 막대기를 밀어 넘어뜨리고 있는 상황도 아니므로 (C)와 (D) 역시 오답이 된다.

万歳(ばんざい) 만세　力一杯(ちからいっぱい) 힘껏　繋(つな)ぐ 잇다, 연결하다　동사의 ます형+合(あ)う 서로 ～하다
棒(ぼう) 봉, 막대기　押(お)し倒(たお)す 밀어 넘어뜨리다

(A) 数十人の走者の集団がカーブに差し掛かったところ
です。수십 명의 주자 집단이 커브에 막 다다랐습니다.

(B) 1人際立って速い走者がいます。
두드러지게 빠른 주자가 한 명 있습니다.

(C) コースをはみ出している走者はいません。
코스를 벗어나 있는 주자는 없습니다.

(D) コースの間隔が狭く、肩が触れ合うほど窮屈な状況
です。코스의 간격이 좁아 어깨가 맞닿을 정도로 비좁은 상황입니다.

··· 달리고 있는 아이들의 모습에 주목해야 한다. 아이들은 직선 코스를 달리고 있고, 두드러지게 앞서 달리고 있는 주자도 없으므로 (A)와 (B)는 오답. 코스는 한 사람이 달릴 수 있는 간격이 충분히 확보되어 있으므로 (D)도 오답이 된다.

走者(そうしゃ) 주자　集団(しゅうだん) 집단　カーブ(curve) 커브　差(さ)し掛(か)かる 다다르다
동사의 た형+ところだ 막 ～했다　際立(きわだ)つ 두드러지다, 눈에 띄다　速(はや)い 빠르다
コース(course) 코스　はみ出(だ)す 비어져 나오다, 불거져 나오다　間隔(かんかく) 간격　狭(せま)い 좁다
肩(かた) 어깨　触(ふ)れ合(あ)う 맞닿다, 스치다　窮屈(きゅうくつ) 비좁아 갑갑함　状況(じょうきょう) 상황

1.

(A) _______________________
(B) _______________________
(C) _______________________
(D) _______________________

2.

(A) _______________________
(B) _______________________
(C) _______________________
(D) _______________________

3.

(A) _______________________
(B) _______________________
(C) _______________________
(D) _______________________

4.

(A) _______________________
(B) _______________________
(C) _______________________
(D) _______________________

1. (A) ピンポンをしているのを見ている人がいます。

(B) 3人でゲームをしています。

(C) みんなでテニスをしています。

(D) みんなが持っているのはテニスラケットです。

(A) 탁구 치는 것을 보고 있는 사람이 있습니다.
(B) 셋이서 게임을 하고 있습니다.
(C) 모두 함께 테니스를 치고 있습니다.
(D) 모두가 들고 있는 것은 테니스 라켓입니다.

해설 탁구장 풍경으로 옆에서 지켜보고 있는 사람이 한 명 보인다. 따라서 정답은 (A)가 된다.

어휘 ピンポン(ping-pong) 탁구　ゲーム(game) 게임　テニス(tennis) 테니스　ラケット(racket) 라켓

2. (A) 男性は食べ物を勧めています。

(B) 男性は食器を何枚も重ねて持っています。

(C) 4人はめいめい、お皿を膝に載せています。

(D) 4人で食事の支度をするところです。

(A) 남성은 음식을 권하고 있습니다.
(B) 남성은 식기를 몇 장이나 겹쳐서 들고 있습니다.
(C) 네 사람은 각자 접시를 무릎에 올려놓고 있습니다.
(D) 넷이서 식사 준비를 하려 하고 있습니다.

해설 남성이 앉아 있는 여성에게 음식을 권하고 있는 사진으로 「勧(すす)める」(권하다)라는 동사를 알아듣는 것이 포인트.

어휘 食(た)べ物(もの) 음식　食器(しょっき) 식기　重(かさ)ねる 겹치다　めいめい 각자, 제각기　お皿(さら) 접시　膝(ひざ) 무릎　載(の)せる 얹다, 올려놓다　食事(しょくじ) 식사　支度(したく) 준비

3. (A) 3人はロープにぶらさがって遊んでいます。

(B) 3人は木にロープを結び付けているところです。

(C) 3人はロープに捕まって登っています。

(D) 3人は体にロープを縛って登山をしています。

(A) 세 사람은 로프에 매달려 놀고 있습니다.
(B) 세 사람은 나무에 로프를 묶고 있는 중입니다.
(C) 세 사람은 로프를 붙잡고 오르고 있습니다.
(D) 세 사람은 몸에 로프를 묶고 등산을 하고 있습니다.

해설 로프를 붙잡고 오르고 있는 사진으로 「捕(つか)まる」(붙잡다)와 「登(のぼ)る」(오르다)라는 동사를 알아듣는 것이 포인트.

어휘 ロープ(rope) 로프, 밧줄　ぶらさがる 매달리다　遊(あそ)ぶ 놀다　結(むす)び付(つ)ける 잡아매다, 묶다　体(からだ) 몸　縛(しば)る 묶다　登山(とざん) 등산

4. (A) 時代劇が上演されているところです。

(B) 人々は展覧会の会場の掃除を行っています。

(C) 戦争の記録映画の上映中です。

(D) 人々は展示物を覗き込んでいます。

(A) 시대극이 상연되고 있는 중입니다.
(B) 사람들은 전람회장 청소를 하고 있습니다.
(C) 전쟁 기록 영화를 상영 중입니다.
(D) 사람들은 전시물을 들여다보고 있습니다.

해설 사람들이 전시물을 들여다보고 있는 모습이므로 정답은 (D)가 된다. 시대극을 상연하거나 청소를 하고 있는 상황도 아니고 전쟁 기록 영화를 상영 중인 것도 아니므로 나머지 선택지는 부적절하다.

어휘 時代劇(じだいげき) 시대극　上演(じょうえん) 상연　展覧会(てんらんかい) 전람회　会場(かいじょう) 회장　掃除(そうじ) 청소　戦争(せんそう) 전쟁　記録(きろく) 기록　映画(えいが) 영화　上映(じょうえい) 상영　展示物(てんじぶつ) 전시물　覗(のぞ)き込(こ)む 들여다보다

주요 어휘 정리

한자	읽기	의미
☐ 隣	となり	옆
☐ 座る	すわる	앉다
☐ 遊ぶ	あそぶ	놀다
☐ 部屋	へや	방
☐ 万歳	ばんざい	만세
☐ 綱	つな	밧줄
☐ 引っ張る	ひっぱる	잡아당기다
☐ 繋ぐ	つなぐ	잇다, 연결하다
☐ 棒	ぼう	봉, 막대기
☐ 押し倒す	おしたおす	밀어 넘어뜨리다
☐ 走者	そうしゃ	주자
☐ 集団	しゅうだん	집단
☐ 際立つ	きわだつ	두드러지다, 눈에 띄다
☐ 触れ合う	ふれあう	맞닿다, 스치다
☐ 窮屈	きゅうくつ	비좁아 갑갑함
☐ 状況	じょうきょう	상황
☐ 重ねる	かさねる	겹치다
☐ 載せる	のせる	얹다, 올려놓다
☐ 結び付ける	むすびつける	잡아매다, 묶다
☐ 展示物	てんじぶつ	전시물

UNIT 04 🎧 08.MP3
▶ 유형 4 신체 일부의 동작

 세부적인 동작을 나타내는 동사에 주목해서 들을 것!

분석 및 전략

신체 일부의 동작을 묻는 문제는 동작을 하고 있는 신체 부위의 명칭과 세부적인 동작을 나타내는 동사가 포인트가 된다. 우선 자주 출제되는 신체 부위로는 「手(て)」(손), 「足(あし)」(다리), 「肘(ひじ)」(팔꿈치), 「腰(こし)」(허리), 「膝(ひざ)」(무릎) 등이 있고, 간혹 「踵(かかと)」(발뒤꿈치)라든지 「後頭部(こうとうぶ)」(머리 뒷부분) 등이 등장하는 경우도 있으므로 일단은 신체 부위의 명칭을 정확히 기억해 두어야 한다.

신체 일부의 동작은 우선 사진에 등장하는 사물만 잘 들어도 오답을 몇 개는 가려낼 수 있다. 따라서 문제를 풀 때는 사진에 등장하는 사물의 명칭을 옆에 적어 두고 그 다음에 동작을 나타내는 동사를 잘 들으면 된다. 최근의 출제 경향을 보면 신체 부위와 함께 사용할 수 있는 동사들은 다양한 형태로 등장하고 있다. 예를 들어 「手(て)」(손)의 경우에는 「手(て)を握(にぎ)る」(손을 쥐다), 「手(て)を繋(つな)ぐ」(손을 잡다), 「手(て)を振(ふ)る」(손을 흔들다)처럼 뒷부분의 동사에 따라 전혀 다른 동작을 나타내게 되므로 신체 부위에 동사를 묶어서 하나의 표현처럼 암기해 두도록 하자.

<table>
<tr><td>**1**</td><td>## 사물과 인물의 손동작에 주목</td></tr>
</table>

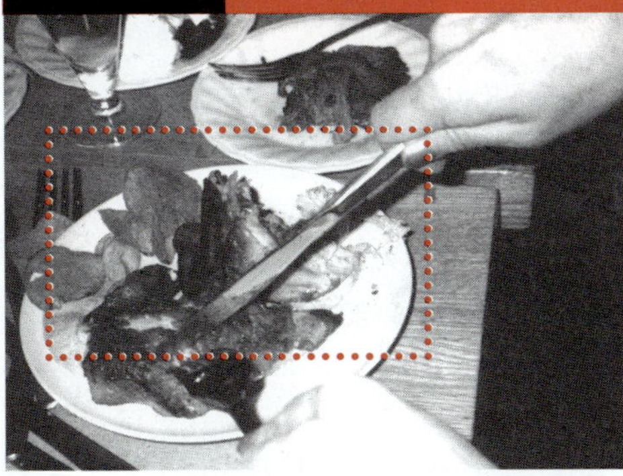

(A) 手を洗っています。
손을 씻고 있습니다.

(B) ナイフで肉を切っています。
나이프로 고기를 자르고 있습니다.

(C) 台所で料理を作っています。
부엌에서 요리를 하고 있습니다.

(D) 野菜を洗っています。
채소를 씻고 있습니다.

···▶ 포크와 나이프로 고기를 자르고 있는 사진으로 「切(き)る」(자르다)라는 동사가 포인트. 손을 씻고 있는 상황이 아니므로 (A)는 오답이 되고, 요리를 하고 있는 것이 아니라 먹으려 하고 있으므로 (C) 역시 정답과는 거리가 멀다. 또한 채소를 씻고 있는 상황도 아니므로 (D) 역시 오답이다.

手(て)を洗(あら)う 손을 씻다　ナイフ(knife) 나이프　肉(にく) 고기　台所(だいどころ) 부엌
料理(りょうり)を作(つく)る 요리를 만들다　野菜(やさい) 채소, 야채

<table>
<tr><td>**2**</td><td>## 사물과 인물의 손 위치에 주목</td></tr>
</table>

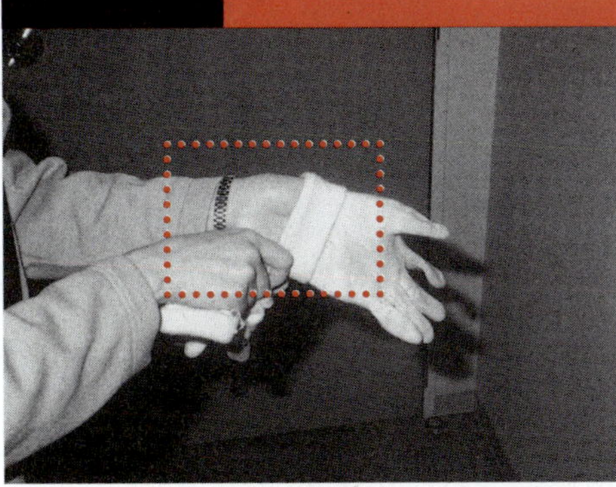

(A) 両方の手に手袋をしています。
양쪽 손에 장갑을 끼고 있습니다.

(B) 右手にアクセサリーをしています。
오른손에 액세서리를 하고 있습니다.

(C) 右手に手袋をしています。
오른손에 장갑을 끼고 있습니다.

(D) 手袋をするところです。
장갑을 끼려던 참입니다.

···▶ 동작을 하는 인물의 손이 왼손인지 오른손인지, 그리고 등장하는 사물이 무엇인지 잘 들어야 하는 문제이다. 선택지 (A)는 양쪽 손에 장갑을 끼고 있다고 했으므로 오답. 오른손에는 아무것도 하고 있지 않으므로 오른손에 액세서리를 하고 있다고 한 (B) 역시 오답이다. 오른손이 아니라 왼손에 장갑을 끼고 있으므로 (C)는 손의 위치 설명이 틀렸다. 따라서 정답은 장갑을 끼려던 참이라고 한 (D)가 된다.

両方(りょうほう) 양쪽　手袋(てぶくろ) 장갑　右手(みぎて) 오른손　アクセサリー(accessory) 액세서리
동사의 기본형+ところだ ～하려던 참이다

(A) キャッシュカードにサインをしています。
현금 인출 카드에 사인을 하고 있습니다.

(B) お金を右手に握り締めています。
돈을 오른손에 움켜쥐고 있습니다.

(C) 両手で小銭を掻き集めています。
양손으로 잔돈을 그러모으고 있습니다.

(D) お札を数えているところです。
지폐를 세고 있는 중입니다.

⋯▶ 인물의 동작에 주목할 것. 사진에 현금 인출 카드와 잔돈은 보이지 않으므로 (A), (C)는 제외. (B)는 돈을 오른손에 움켜쥐고 있다고 했는데 사진의 동작은 돈을 세고 있는 중이므로 역시 정답과는 거리가 먼 설명이다. 따라서 정답은 지폐를 세고 있는 중이라고 한 (D)가 된다.

キャッシュカード(cash card) 현금 인출 카드　サイン(sign) 사인　握(にぎ)り締(し)める 꽉 쥐다. 움켜쥐다
両手(りょうて) 양손　小銭(こぜに) 잔돈　掻(か)き集(あつ)める 그러모으다　お札(さつ) 지폐　数(かぞ)える 세다
동사의 진행형＋ところだ ～하고 있는 중이다

(A) 写真撮影の最中です。
한창 사진 촬영을 하고 있는 중입니다.

(B) 左手は画面に触れています。
왼손은 화면을 만지고 있습니다.

(C) タイプライターで書類を作成しています。
타이프라이터로 서류를 작성하고 있습니다.

(D) 右手はマウスを握っています。
오른손은 마우스를 쥐고 있습니다.

⋯▶ 인물의 손 위치에 따른 동작에 주목해야 한다. 사진 촬영을 하는 상황은 아니므로 (A)는 오답. 왼손은 키보드를 만지고 있으므로 (B) 역시 오답이 된다. 타이프라이터로 서류를 작성하는 것도 아니므로 (C)도 답이 될 수 없다. 정답은 오른손은 마우스를 쥐고 있다고 한 (D)가 된다.

写真(しゃしん) 사진　撮影(さつえい) 촬영　～最中(さいちゅう) 한창 ～중　左手(ひだりて) 왼손　画面(がめん) 화면
触(ふ)れる 만지다　タイプライター(typewriter) 타이프라이터　書類(しょるい) 서류　作成(さくせい) 작성
マウス(mouse) 마우스　握(にぎ)る 잡다. 쥐다

1.

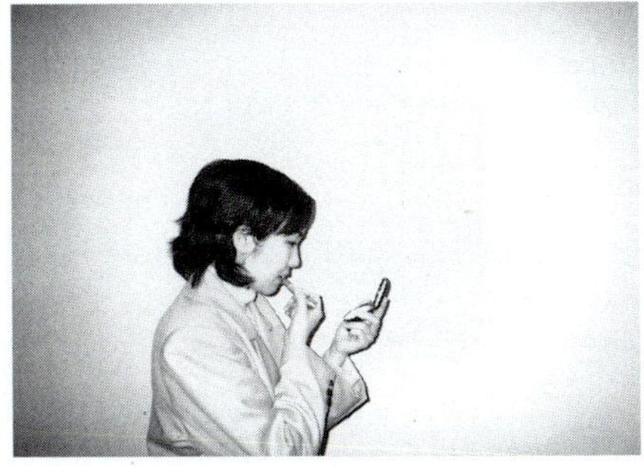

(A) _______________________
(B) _______________________
(C) _______________________
(D) _______________________

2.

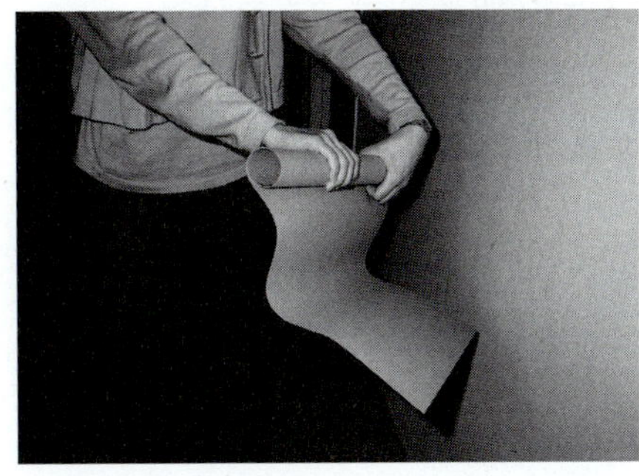

(A) _______________________
(B) _______________________
(C) _______________________
(D) _______________________

3.

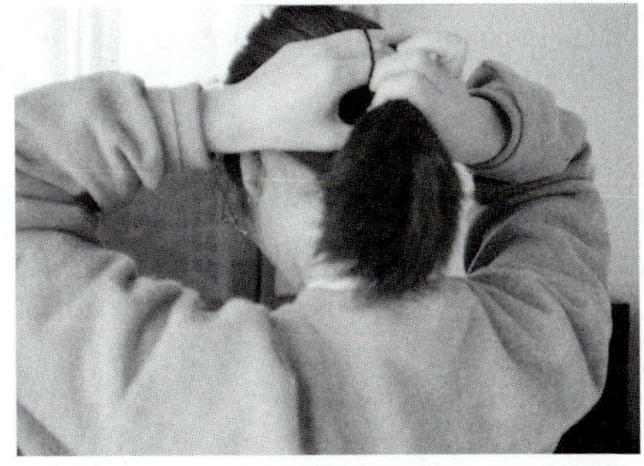

(A) _______________________
(B) _______________________
(C) _______________________
(D) _______________________

4.

(A) _______________________
(B) _______________________
(C) _______________________
(D) _______________________

1. (A) この人は涙を拭いています。

(B) この人は化粧をしています。

(C) この人は顔を洗っています。

(D) この人は髪の毛にリボンを付けるところです。

(A) 이 사람은 눈물을 닦고 있습니다.
(B) 이 사람은 화장을 하고 있습니다.
(C) 이 사람은 세수를 하고 있습니다.
(D) 이 사람은 머리에 리본을 달려던 참입니다.

해설 화장을 하고 있는 여성의 사진으로 「化粧(けしょう)」(화장)라는 단어가 포인트. 정답은 (B)로. 나머지 선택지는 동작 설명이 틀렸다.

어휘 涙(なみだ) 눈물 拭(ふ)く 닦다 顔(かお)を洗(あら)う 세수를 하다 髪(かみ)の毛(け) 머리카락 リボン(ribbon) 리본 付(つ)ける 달다 동사의 기본형+ところだ ～하려던 참이다

2. (A) 紙を破っています。

(B) 紙を巻いています。

(C) 紙を畳んでいます。

(D) 紙を細かく切っています。

(A) 종이를 찢고 있습니다.
(B) 종이를 말고 있습니다.
(C) 종이를 접고 있습니다.
(D) 종이를 잘게 자르고 있습니다.

해설 종이를 말고 있는 사진으로 「巻(ま)く」(말다)라는 동사를 알아듣는 것이 포인트.

어휘 紙(かみ) 종이 破(やぶ)る 찢다 畳(たた)む 접다 細(こま)かい 세세하다. 잘다 切(き)る 자르다

3. (A) 髪の毛を一つにまとめようとしています。

(B) 髪の毛を解かしています。

(C) 前髪をピンで留めています。

(D) 髪の毛を結んでもらっているところです。

(A) 머리를 하나로 묶으려 하고 있습니다.
(B) 머리를 빗고 있습니다.
(C) 앞머리를 핀으로 고정시키고 있습니다.
(D) (누군가가) 머리를 묶어 주고 있는 중입니다.

해설 뒤로 머리를 묶고 있는 여자의 손동작에 주목. 정답은 (A)로, (D)는 누군가가 여자의 머리를 묶어 주고 있다는 의미가 되므로 오답이 된다.

어휘 髪(かみ)の毛(け) 머리카락 まとめる 한데 모으다. 합치다 解(と)かす (머리를) 빗다 前髪(まえがみ) 앞머리 ピン(pin) 핀 留(と)める 고정시키다 結(むす)ぶ 묶다

4. (A) 郵便物をポストに投函しているところです。

(B) ポストの周辺の清掃を行っているところです。

(C) 郵便物に宛名などを記載しているところです。

(D) 郵便局の職員が郵便物の回収を行っているところです。

(A) 우편물을 우체통에 넣고 있는 중입니다.
(B) 우체통 주변을 청소하고 있는 중입니다.
(C) 우편물에 수신인 주소와 성명 등을 기재하고 있는 중입니다.
(D) 우체국 직원이 우편물 회수를 하고 있는 중입니다.

해설 남자의 손동작으로 보아 우체통에 우편물을 넣고 있다는 것을 알 수 있다.

어휘 郵便物(ゆうびんぶつ) 우편물 ポスト(post) 우체통 投函(とうかん) 투함. 집어넣음 周辺(しゅうへん) 주변 清掃(せいそう) 청소 宛名(あてな) 수신인의 주소와 성명 記載(きさい) 기재 職員(しょくいん) 직원 回収(かいしゅう) 회수

주요 어휘 정리

한자	읽기	의미
☐ 手を洗う	てをあらう	손을 씻다
☐ 台所	だいどころ	부엌
☐ 料理を作る	りょうりをつくる	요리를 만들다
☐ 手袋	てぶくろ	장갑
☐ 握り締める	にぎりしめる	꽉 쥐다, 움켜쥐다
☐ 小銭	こぜに	잔돈
☐ 数える	かぞえる	세다
☐ 撮影	さつえい	촬영
☐ 画面	がめん	화면
☐ 作成	さくせい	작성
☐ 拭く	ふく	닦다
☐ 破る	やぶる	찢다
☐ 畳む	たたむ	접다
☐ 細かい	こまかい	세세하다, 잘다
☐ 郵便物	ゆうびんぶつ	우편물
☐ 投函	とうかん	투함, 집어넣음
☐ 周辺	しゅうへん	주변
☐ 清掃	せいそう	청소
☐ 宛名	あてな	수신인의 주소와 성명
☐ 回収	かいしゅう	회수

UNIT 05　　🎧 09.MP3

▶ 유형 5　인물의 상태

POINT　복장의 특징이나 장소 등에 주의하면서 들을 것!

분석 및 전략

인물의 상태를 나타내는 문제는 우선 진행과 상태 표현에 대한 이해가 필요하다. 특히 상태 표현이 시험에 자주 출제되는데 일본어의 상태 표현은 다음의 두 가지 형태로 나타낸다.

> ▶ 자동사의 상태 표현 → 「～ている」
> ▶ 타동사의 상태 표현 → 「～てある」

따라서 선택지에 등장하는 동사를 듣고 우선 자동사인지 타동사인지 판별이 가능해야 진행인지 상태인지 구분이 가능하므로 자동사와 타동사를 평소에 정확히 구분해 두어야 한다.

인물의 상태를 물을 때 보통 묻는 것이 복장인데, 이 복장은 흔히 말하는 착용 동사를 알고 있어야 정답을 고를 수 있다. 자주 출제되는 착용 동사로는 「着(き)る」((옷을) 입다), 「掛(か)ける」((안경을) 쓰다), 「被(かぶ)る」((모자를) 쓰다), 「しめる」((넥타이를) 매다), 「はめる」((반지를) 끼다), 「履(は)く」((신발을) 신다) 등이 있는데, 이런 동사들은 간혹 뒷부분을 살짝 부정문으로 바꿔서 수험자들을 당황하게 만드는 경우가 있다. 예를 들어 여자가 안경을 쓰고 있는 사진이 있다고 하면 「女(おんな)の人(ひと)は眼鏡(めがね)をかけていません」(여자는 안경을 쓰고 있지 않습니다)라고 뒷부분을 부정문으로 제시해 주의 깊게 듣지 않으면 실수를 하도록 유도하는 유형의 문제를 말한다.

그 외에 인물의 상태를 나타내는 문제는 장소 파악에도 주의해야 한다. 인물의 상태에 대한 묘사는 모두 올바르게 제시되어 있지만, 장소에서 틀린 경우도 있으므로 들을 때는 장소도 정확히 파악해 두도록 하자. 정리하자면 인물의 상태를 묻는 문제는 우선 장소를 정확히 파악하고, 인물의 복장이나 상태를 나타내는 표현을 숙지하고 있어야 하며, 뒷부분이 부정문인지 아닌지 유심히 들어야 한다.

1 인물의 복장과 손동작에 주목

(A) この人は長袖シャツを着ています。
이 사람은 긴소매 셔츠를 입고 있습니다.

(B) この人は眼鏡を掛けています。
이 사람은 안경을 쓰고 있습니다.

(C) この人は左手で本を持っています。
이 사람은 왼손으로 책을 들고 있습니다.

(D) この人はノートに何か書いています。
이 사람은 노트에 뭔가 쓰고 있습니다.

··→ 여자의 옷차림과 동작에 주의하며 듣는다. 사진에는 왼손이 보이지 않으므로 우선 (C)는 정답에서 제외. 여자는 반소매 셔츠를 입고 있으며 안경을 쓰고 있지 않으므로 (A), (B) 역시 오답이 된다. 따라서 정답은 이 사람이 노트에 뭔가를 적고 있다고 한 (D)가 된다.

長袖(ながそで) 긴소매 シャツ(shirt) 셔츠 着(き)る 입다 眼鏡(めがね)を掛(か)ける 안경을 쓰다 本(ほん) 책
持(も)つ 가지다. 들다 ノート(note) 노트 書(か)く 쓰다

2 인물의 상태와 장소 파악에 주의

(A) この人たちは会社で仕事をしています。
이 사람들은 회사에서 일을 하고 있습니다.

(B) この人たちはスーツを着ています。
이 사람들은 양복을 입고 있습니다.

(C) この人たちは電車に乗っています。
이 사람들은 전철을 타고 있습니다.

(D) この人たちは美術館にいます。
이 사람들은 미술관에 있습니다.

··→ 직장인들의 회식 장소 사진으로 (A), (C), (D) 모두 사람들이 모여 있는 장소와 동작 설명이 틀렸다. 정답은 이 사람들은 양복을 입고 있다고 한 (B)가 된다.

会社(かいしゃ) 회사 仕事(しごと) 일. 업무 スーツ(suit) 양복 電車(でんしゃ) 전철 ～に乗(の)る ～을 타다
美術館(びじゅつかん) 미술관

(A) 人々は5列になって並んでいます。
사람들은 다섯 줄로 늘어서 있습니다.

(B) 店先に列が出来ています。
가게 앞에 줄이 생겨 있습니다.

(C) 人々は自転車に乗ったまま順番を待っています。
사람들은 자전거에 탄 채로 차례를 기다리고 있습니다.

(D) 一番後ろの人はしゃがんでいます。
맨 뒤에 있는 사람은 쭈그려 앉아 있습니다.

⋯▶ 가게 앞에 줄이 생겨 있는 풍경으로 「列(れつ)が出来(でき)る」(줄이 생기다)라는 표현을 알아듣는 것이 포인트. (A)는 다섯 줄로 늘어서 있다고 했으므로 오답이 되고, 자전거를 탄 채로 순서를 기다리고 있는 사람의 모습도 보이지 않으므로 (C) 역시 답이 아니다. (D)는 맨 뒤에 있는 사람은 서 있는데 쭈그려 앉아 있다고 했으므로 정답과는 거리가 먼 설명이다.

並(なら)ぶ 늘어서다　店先(みせさき) 가게 앞　自転車(じてんしゃ) 자전거　동사의 た형+まま ~한 채로
順番(じゅんばん) 순번, 차례　待(ま)つ 기다리다　一番(いちばん) 가장, 제일
後(うし)ろ 뒤　しゃがむ 쭈그려 앉다

(A) 男女が互い違いに並んで祝杯をあげています。
남녀가 번갈아 늘어서서 축배를 들고 있습니다.

(B) 全員着席して和やかに歓談中です。
전원 착석해서 화기애애하게 환담 중입니다.

(C) 人々の視線は乾杯の音頭を取る人に集中しています。
사람들의 시선은 건배를 선창하는 사람에게 집중되어 있습니다.

(D) めいめいグラスを手に起立しています。
각자 유리컵을 손에 들고 서 있습니다.

⋯▶ 사람들이 각자 컵을 손에 들고 서 있는 상황이다. 남녀가 번갈아 늘어서 있지는 않으므로 (A)는 오답. 모두들 서 있으므로 (B) 역시 오답이 된다. 사람들의 시선은 한곳에 집중되어 있지 않으므로 (C)도 틀린 설명이다.

男女(だんじょ) 남녀　互(たが)い違(ちが)い 엇갈림, 번갈아 함　祝杯(しゅくはい)をあげる 축배를 들다
全員(ぜんいん) 전원　着席(ちゃくせき) 착석　和(なご)やか 부드러움, 화기애애함　歓談(かんだん) 환담
視線(しせん) 시선　乾杯(かんぱい) 건배　音頭(おんど)を取(と)る 선창하다　集中(しゅうちゅう) 집중
めいめい 각자, 제각각　グラス(glass) 유리컵　起立(きりつ) 기립

연 습 문 제 ▌ 인물의 상태 메모하면서 들어 보세요.

1.

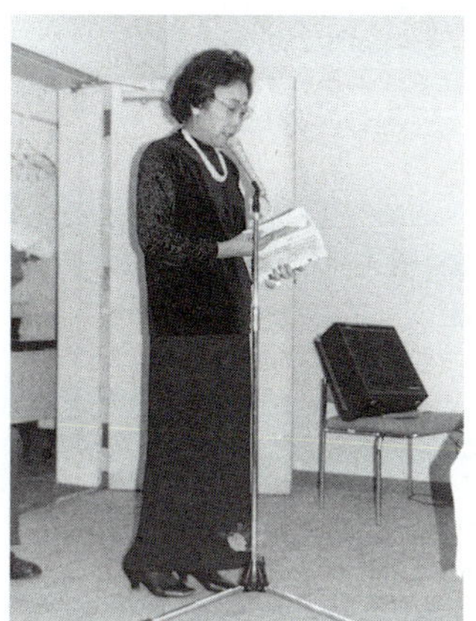

(A) ________________________________
(B) ________________________________
(C) ________________________________
(D) ________________________________

2.

(A) ________________________________
(B) ________________________________
(C) ________________________________
(D) ________________________________

3.

(A) ________________________________
(B) ________________________________
(C) ________________________________
(D) ________________________________

4.

(A) ________________________________
(B) ________________________________
(C) ________________________________
(D) ________________________________

1. (A) この人は帽子を被っています。
(B) この人は椅子に掛けています。
(C) この人は眼鏡を掛けています。
(D) この人は靴を履いていません。

(A) 이 사람은 모자를 쓰고 있습니다.
(B) 이 사람은 의자에 앉아 있습니다.
(C) 이 사람은 안경을 쓰고 있습니다.
(D) 이 사람은 구두를 신고 있지 않습니다.

해설 안경을 쓴 여자가 마이크 앞에 서 있는 사진으로 인물의 복장이나 상태에 주목할 것. 정답은 안경을 쓰고 있다고 한 (C)가 된다.

어휘 帽子(ぼうし)を被(かぶ)る 모자를 쓰다 椅子(いす) 의자 掛(か)ける 앉다 靴(くつ)を履(は)く 구두를 신다

2. (A) みんなで立って話をしています。
(B) 前を見ている人はいません。
(C) この部屋には地図が貼ってあります。
(D) テーブルの上に料理がたくさんあります。

(A) 모두 서서 이야기를 하고 있습니다.
(B) 앞을 보고 있는 사람은 없습니다.
(C) 이 방에는 지도가 붙어 있습니다.
(D) 테이블 위에 요리가 많이 있습니다.

해설 다수의 인물이 나올 때는 공통점이나 차이점에 주목해야 한다. 서 있는 사람은 보이지 않고 벽에 붙어 있는 것은 지도가 아니므로 (A)와 (C)는 오답. 테이블 위에는 요리가 아닌 음료가 보이므로 (D) 역시 틀린 설명.

어휘 立(た)つ 서다 話(はなし) 이야기 前(まえ) 앞 部屋(へや) 방 地図(ちず) 지도 貼(は)る 붙이다 타동사+てある ~해져 있다
料理(りょうり) 요리

3. (A) この人は傘をさしています。
(B) この人は自転車に乗っています。
(C) この人は右手で鞄を持っています。
(D) この人のそばに子供がいます。

(A) 이 사람은 우산을 쓰고 있습니다.
(B) 이 사람은 자전거를 타고 있습니다.
(C) 이 사람은 오른손으로 가방을 들고 있습니다.
(D) 이 사람 옆에 아이가 있습니다.

해설 여자가 우산을 쓰고 서 있는 모습으로 「傘(かさ)をさす」(우산을 쓰다)라는 표현을 알아듣는 것이 포인트.

어휘 自転車(じてんしゃ) 자전거 ~に乗(の)る ~을 타다 右手(みぎて) 오른손 鞄(かばん) 가방 持(も)つ 가지다, 들다 そば 옆

4. (A) 一番左の人は帽子を被っています。
(B) 時計をしている人はいません。
(C) 4人で1本の傘に入っています。
(D) 4人ともシャツをズボンの上に出しています。

(A) 맨 왼쪽의 사람은 모자를 쓰고 있습니다.
(B) 시계를 차고 있는 사람은 없습니다.
(C) 네 사람이 한 우산 안에 들어가 있습니다.
(D) 네 사람 모두 셔츠를 바지 위에 내놓고 있습니다.

해설 맨 왼쪽에 있는 남자는 모자를 쓰고 있고 시계를 차고 있는 사람도 몇 사람 보인다. 그리고 우산 안에는 두 사람이 들어가 있고
셔츠를 바지 위에 내놓고 있는 사람도 한 사람 보인다. 따라서 정답은 (A)가 된다.

어휘 一番(いちばん) 가장, 제일 時計(とけい) 시계 ~本(ほん) ~개 *가늘고 긴 것을 세는 단위 シャツ(shirt) 셔츠
ズボン(프랑스어 jupon) 바지 出(だ)す 내놓다

5.

(A) __________________________
(B) __________________________
(C) __________________________
(D) __________________________

6.

(A) __________________________
(B) __________________________
(C) __________________________
(D) __________________________

7.

(A) __________________________
(B) __________________________
(C) __________________________
(D) __________________________

8.

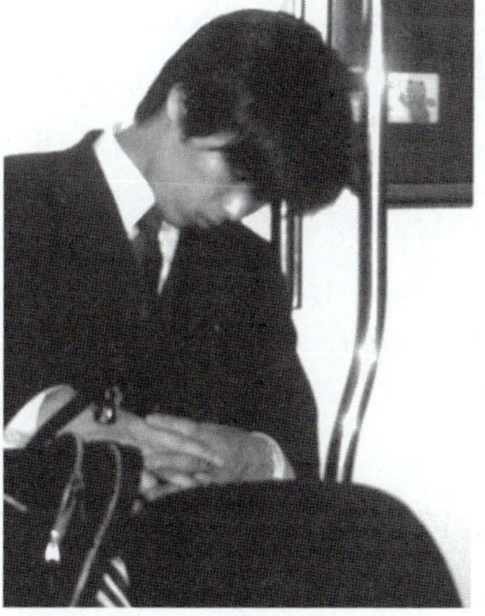

(A) __________________________
(B) __________________________
(C) __________________________
(D) __________________________

5. (A) 女の人がタクシーを止めようとして手を挙げています。

(B) 女の人がタクシーから降りようとしています。

(C) 客がタクシーに乗り込んだところです。

(D) タクシーの後ろを開けて中を見ている人がいます。

(A) 여자가 택시를 세우려고 손을 들고 있습니다.
(B) 여자가 택시에서 내리려 하고 있습니다.
(C) 손님이 택시를 막 탔습니다.
(D) 택시 뒤를 열고 안을 보고 있는 사람이 있습니다.

해설 인물의 상태를 정확히 파악해야 하는 문제이다. 택시는 이미 정차해 있고 여자가 택시에서 내리는 상황도 아니므로 (A), (B)는 오답이 된다. 그리고 택시 안에 승객의 모습은 보이지 않으므로 (C) 역시 오답이 된다.

어휘 止(と)める 세우다 手(て)を挙(あ)げる 손을 들다 降(お)りる 내리다 客(きゃく) 손님 乗(の)り込(こ)む 올라타다, 승차하다 동사의 た형+ところだ 막 ~했다 後(うし)ろ 뒤 開(あ)ける 열다

6. (A) どのベンチも人でいっぱいでもう掛けられません。

(B) ベンチの後ろには人の背の高さぐらいの塀があります。

(C) この人はベンチに寝転んでいます。

(D) この人は一人でベンチに腰掛けています。

(A) 어느 벤치나 사람으로 가득 차서 이제 앉을 수 없습니다.
(B) 벤치 뒤에는 사람 키 높이 정도의 담장이 있습니다.
(C) 이 사람은 벤치에 아무렇게나 드러누워 있습니다.
(D) 이 사람은 혼자서 벤치에 걸터앉아 있습니다.

해설 여자 혼자서 벤치에 앉아 있는 사진으로 뒤에 있는 울타리는 사람 키만큼 높지는 않다. 따라서 정답은 (D)가 된다.

어휘 ベンチ(bench) 벤치 掛(か)ける 앉다 背(せ) 키 高(たか)さ 높이 塀(へい) 담장, 울타리 寝転(ねころ)ぶ 아무렇게나 드러눕다 腰掛(こしか)ける 걸터앉다

7. (A) この人たちは部屋の電気を取り換えています。

(B) この人たちは台所で炊事をしています。

(C) この人たちは植木の手入れをしています。

(D) この人たちは部屋の中で工事をしています。

(A) 이 사람들은 방의 전등을 갈고 있습니다.
(B) 이 사람들은 부엌에서 취사를 하고 있습니다.
(C) 이 사람들은 정원수 손질을 하고 있습니다.
(D) 이 사람들은 방 안에서 공사를 하고 있습니다.

해설 사람들이 실내에서 뭔가 공사를 하고 있는 사진으로 「工事(こうじ)」(공사)라는 단어를 알아듣는 것이 포인트.

어휘 電気(でんき)を取(と)り換(か)える 전등을 갈다 台所(だいどころ) 부엌 炊事(すいじ) 취사 植木(うえき) 정원수 手入(てい)れ 손질

8. (A) この人は口を開けっぱなしで眠っています。

(B) この人は壁に寄りかかっています。

(C) この人は手を組んで居眠りしています。

(D) この人は膝を抱えて座っています。

(A) 이 사람은 입을 벌린 채로 자고 있습니다.
(B) 이 사람은 벽에 기대어 있습니다.
(C) 이 사람은 깍지를 끼고 졸고 있습니다.
(D) 이 사람은 무릎을 감싸안고 앉아 있습니다.

해설 남자가 깍지를 끼고 졸고 있다. 입은 벌리고 있지 않으므로 (A)는 오답이 되고, 남자는 벽에 기대어 있지도 않고 무릎을 감싸안고 있지도 않으므로 (B)와 (D) 역시 오답이다.

어휘 口(くち) 입 開(あ)ける 열다 동사의 ます형+っぱなし ~한 채임 眠(ねむ)る 자다 壁(かべ) 벽 寄(よ)りかかる 기대다 手(て)を組(く)む 깍지를 끼다 居眠(いねむ)り 앉아서 졺 膝(ひざ) 무릎 抱(かか)える 안다 座(すわ)る 앉다

주요 어휘 정리

한자	읽기	의미
☐ 長袖	ながそで	긴소매
☐ 眼鏡を掛ける	めがねをかける	안경을 쓰다
☐ ～に乗る	～にのる	～을 타다
☐ 美術館	びじゅつかん	미술관
☐ 並ぶ	ならぶ	늘어서다
☐ 店先	みせさき	가게 앞
☐ 自転車	じてんしゃ	자전거
☐ 順番	じゅんばん	순번, 차례
☐ 互い違い	たがいちがい	엇갈림, 번갈아 함
☐ 着席	ちゃくせき	착석
☐ 和やか	なごやか	부드러움, 화기애애함
☐ 音頭を取る	おんどをとる	선창하다
☐ 集中	しゅうちゅう	집중
☐ 起立	きりつ	기립
☐ 地図	ちず	지도
☐ 乗り込む	のりこむ	올라타다, 승차하다
☐ 寝転ぶ	ねころぶ	아무렇게나 드러눕다
☐ 腰掛ける	こしかける	걸터앉다
☐ 炊事	すいじ	취사
☐ 居眠り	いねむり	앉아서 졺

UNIT 06 🎧 10.MP3
▶ 유형 6 인물의 표정

POINT 부정적인 표정보다는 밝고 긍정적인 표정을 나타내는 표현을 기억해 둘 것!

분석 및 전략

인물의 표정을 묻는 문제는 문항수는 다소 적은 편이지만 꾸준히 출제되고 있는 유형이다. 인물의 표정은 기본적으로 부정적인 표정보다는 밝고 긍정적인 표정으로 나오는 경우가 많으므로 일단은 긍정적인 표현들부터 정리해 둘 필요가 있다. 긍정적인 표현들 중에서 자주 출제되는 표현으로는 「笑(わら)う」(웃다), 「にこにこ」(생긋생긋), 「楽(たの)しい」(즐겁다), 「笑(え)みを浮(う)かべる」(미소를 띠다) 등이 있다. 그리고 항상 오답으로 부정적인 표현도 동시에 제시되므로 「泣(な)く」(울다), 「怒(おこ)る」(화를 내다), 「険悪(けんあく)な表情(ひょうじょう)」(험악한 표정), 「険(けわ)しい」(험악하다) 등과 같은 표현들도 함께 숙지해 둘 필요가 있다.

이런 유형의 문제는 대부분 사진 속에 등장하는 인물의 표정이 핵심이 되므로 우선 사진을 보는 순간 인물의 표정이 두드러지게 눈에 띄면 긍정적인 표정인지 부정적인 표정인지를 구분한 후에 선택지를 잘 듣고 정답을 고르면 된다. 자주 출제되는 표현들만 정리해도 크게 어렵지 않게 정답을 찾을 수 있는 문제들이므로 이번 기회에 표정과 관련된 어휘들을 정리해 두도록 하자.

1   웃고 있는 여자의 표정에 주목

(A) 女の人は怒った顔をしています。
여자는 화난 얼굴을 하고 있습니다.

(B) 女の人は迷惑そうです。
여자는 귀찮아 보입니다.

(C) 女の人は苦しそうです。
여자는 괴로워 보입니다.

(D) 女の人は楽しそうです。
여자는 즐거워 보입니다.

⋯▸ 활을 잡고 있는 여자는 방긋 웃으면서 매우 즐거워 보이는 표정을 짓고 있다. 따라서 정답은 (D)가 되는 데, 나머지 선택지에 나오는 표정을 나타내는 어휘들도 함께 기억해 두도록 하자.

怒(おこ)る 화를 내다 顔(かお) 얼굴, 표정 迷惑(めいわく) 귀찮음, 성가심
い형용사・な형용사의 어간+そうだ ~해 보이다 苦(くる)しい 괴롭다 楽(たの)しい 즐겁다

2   웃고 있는 할머니의 표정에 주목

(A) この人はにこにこしています。
이 사람은 생긋생긋 웃고 있습니다.

(B) この人は泣き出しそうです。
이 사람은 울음을 터뜨릴 것 같습니다.

(C) この人は心配そうです。
이 사람은 걱정스러워 보입니다.

(D) この人は疲れた顔をしています。
이 사람은 피곤한 얼굴을 하고 있습니다.

⋯▸ 할머니가 환하게 웃고 있다. (B), (C), (D)는 할머니의 표정을 잘못 말하고 있다.

にこにこする 생긋생긋 웃다 泣(な)き出(だ)す 울음을 터뜨리다
い형용사・な형용사의 어간+そうだ ~할 것 같다, ~인 것 같다 心配(しんぱい) 걱정
疲(つか)れる 지치다, 피로해지다

73

(A) この人は激しく怒っています。
이 사람은 심하게 화를 내고 있습니다.

(B) この人は恥ずかしそうに下を向いています。
이 사람은 부끄러운 듯이 아래를 보고 있습니다.

(C) この人は悲しそうに泣いています。
이 사람은 슬픈 듯이 울고 있습니다.

(D) この人は楽しそうに笑っています。
이 사람은 즐거운 듯이 웃고 있습니다.

⋯ 여자가 환하게 웃으면서 전화를 하고 있는 사진이므로 정답은 (D)가 된다. 화를 내고 있는 상황도 아니고 아래를 보거나 울고 있지도 않으므로 나머지 선택지는 모두 오답이 된다.

激(はげ)しい 심하다　恥(は)ずかしい 부끄럽다　下(した) 아래　向(む)く 향하다, 보다　悲(かな)しい 슬프다
泣(な)く 울다　笑(わら)う 웃다

(A) 席は一つ残らず埋まっています。
자리는 하나도 남김없이 메워져 있습니다.

(B) 会場は空席が目立っています。
회장은 빈자리가 눈에 띕니다.

(C) 人々は起立してにこやかな笑みを浮かべています。
사람들은 기립해서 싱글벙글한 미소를 띠고 있습니다.

(D) みな真剣な面持ちで着席しています。
모두 진지한 표정으로 착석해 있습니다.

⋯ 모두 진지한 표정으로 앉아 있으므로 「真剣(しんけん)な面持(おもも)ち」(진지한 표정)라는 표현을 알아듣는 것이 포인트. 정답은 (D)가 되는데, 참고로 (B)의 「目立(めだ)つ」(눈에 띄다)라는 동사를 듣고 정답으로 고르지 않도록 주의한다. (B)는 '빈자리가 많아서 눈에 띈다' 는 의미로 사진처럼 빈자리가 하나만 있는 경우에는 「目立つ」라고 하지 않으므로 주의해야 한다.

席(せき) 자리　残(のこ)る 남다　埋(う)まる 가득 차다, 메워지다　会場(かいじょう) 회장　空席(くうせき) 빈자리
起立(きりつ) 기립　にこやか 싱글벙글함, 상냥함　笑(え)みを浮(う)かべる 미소를 띠다　着席(ちゃくせき) 착석

연 습 문 제 ❙ 인물의 표정  메모하면서 들어 보세요.

1.

(A) _______________________

(B) _______________________

(C) _______________________

(D) _______________________

2.

(A) _______________________

(B) _______________________

(C) _______________________

(D) _______________________

3.

(A) _______________________

(B) _______________________

(C) _______________________

(D) _______________________

4.

(A) _______________________

(B) _______________________

(C) _______________________

(D) _______________________

1. (A) みんな怒った顔をしています。

    (B) みんなとても楽しそうです。

    (C) どの人もとても疲れた顔をしています。

    (D) この人たちは泣きそうな顔をしています。

(A) 모두 화난 얼굴을 하고 있습니다.
(B) 모두 아주 즐거워 보입니다.
(C) 모두 아주 피곤한 얼굴을 하고 있습니다.
(D) 이 사람들은 울 것 같은 얼굴을 하고 있습니다.

해설 인물의 표정에 주목하면 정답이 쉽게 나오는 문제이다. 모두 환하게 웃고 있으므로 정답은 (B)가 된다.

어휘 怒(おこ)る 화를 내다 顔(かお)をする 표정을 짓다 楽(たの)しい 즐겁다 疲(つか)れる 지치다, 피로해지다 泣(な)く 울다

2. (A) 座っている人は車を運転しています。

    (B) 窓のカーテンは閉まっています。

    (C) 棚に鞄が載せてあります。

    (D) みんな椅子に座っています。

(A) 앉아 있는 사람은 차를 운전하고 있습니다.
(B) 창문의 커튼은 닫혀 있습니다.
(C) 선반에 가방이 올려져 있습니다.
(D) 모두 의자에 앉아 있습니다.

해설 인물 주변의 사물까지 잘 관찰해야 정답을 찾을 수 있는 문제. 유리창에 커튼은 닫혀져 있지 않으므로 (B)는 오답이 되고, (A)와 (D)는 인물의 동작 설명이 틀렸다.

어휘 座(すわ)る 앉다 運転(うんてん) 운전 窓(まど) 창문 閉(し)まる 닫히다 棚(たな) 선반 鞄(かばん) 가방
載(の)せる 얹다, 올려놓다 椅子(いす) 의자

3. (A) 2人は嬉しそうな顔をしています。

    (B) 2人は真面目な顔をしています。

    (C) 2人は怒った顔をしています。

    (D) 2人は悲しそうな顔をしています。

(A) 두 사람은 기쁜 듯한 얼굴을 하고 있습니다.
(B) 두 사람은 진지한 얼굴을 하고 있습니다.
(C) 두 사람은 화난 얼굴을 하고 있습니다.
(D) 두 사람은 슬픈 듯한 얼굴을 하고 있습니다.

해설 두 사람은 카메라를 향해 건배를 하며 환하게 웃고 있으므로 (B), (C), (D)의 설명과는 거리가 멀다는 것을 알 수 있다. 따라서 정답은 (A)가 된다.

어휘 嬉(うれ)しい 기쁘다 真面目(まじめ) 진지함 悲(かな)しい 슬프다

4. (A) みんなで笑いながら握手をしています。

    (B) みんなは四角いテーブルのそばに集まっています。

    (C) コップを持ってこちらを見ている人がいます。

    (D) この人たちの後ろには絵がかかっています。

(A) 모두 함께 웃으면서 악수를 하고 있습니다.
(B) 모두는 네모난 테이블 옆에 모여 있습니다.
(C) 컵을 들고 이쪽을 보고 있는 사람이 있습니다.
(D) 이 사람들 뒤에는 그림이 걸려 있습니다.

해설 둥근 테이블 주위에 사람들이 둘러앉아 뭔가를 먹으면서 술을 마시고 있는 모습. (A)는 악수를 하고 있다고 했으므로 오답이고, 테이블은 둥근 모양이므로 (B) 역시 오답이 된다. 또한 이 사람들 뒤에는 아무것도 걸려 있지 않으므로 (D)도 정답과 거리가 먼 표현이다.

어휘 笑(わら)う 웃다 握手(あくしゅ) 악수 四角(しかく)い 네모지다 集(あつ)まる 모이다 コップ(네덜란드어 kop) 컵
後(うし)ろ 뒤 絵(え) 그림 かかる 걸리다

주요 어휘 정리

한자	읽기	의미
☐ 怒る	おこる	화를 내다
☐ 迷惑	めいわく	귀찮음, 성가심
☐ 苦しい	くるしい	괴롭다
☐ 楽しい	たのしい	즐겁다
☐ 泣き出す	なきだす	울음을 터뜨리다
☐ 疲れる	つかれる	지치다, 피로해지다
☐ 激しい	はげしい	심하다
☐ 恥ずかしい	はずかしい	부끄럽다
☐ 悲しい	かなしい	슬프다
☐ 泣く	なく	울다
☐ 笑う	わらう	웃다
☐ 残る	のこる	남다
☐ 埋まる	うまる	가득 차다, 메워지다
☐ 空席	くうせき	빈자리
☐ 目立つ	めだつ	눈에 띄다
☐ 笑みを浮かべる	えみをうかべる	미소를 띠다
☐ 閉まる	しまる	닫히다
☐ 真面目	まじめ	진지함
☐ 握手	あくしゅ	악수
☐ 集まる	あつまる	모이다

UNIT 07　🎧 11.MP3
▶ 유형 7　사물의 상태 · 특징 · 장소

POINT　사물의 모양이나 형태, 방향, 위치 관계, 용도 등에 주목할 것!

분석 및 전략

사물이 등장하는 사진은 기본적으로 모양이나 형태, 위치 관계를 묻는 문제가 대부분이다. 시험에 자주 출제되는 사물로는 침실이나 실내의 사물, 자판기, 현금 지급기, 매표소 등이 있는데, 쉽게 출제되는 경우에는 '~위에 ~가 있다'나 '~옆에 ~이 있다' 등의 형태로 위치 관계를 묻는 문제가 많다.

사물의 모양이나 형태를 묻는 문제는 사진에서 두드러지게 보이는 사물의 모양이나 형태를 정확하게 파악해야 실수가 없다. 자주 출제되는 표현으로는 「丸(まる)い」(둥글다), 「円形(えんけい)」(원형), 「三角(さんかく)」(삼각), 「四角(しかく)い」(네모지다, 네모나다), 「円錐形(えんすいけい)」(원뿔 모양), 「菱形(ひしがた)」(마름모 모양), 「正方形(せいほうけい)」(정사각형), 「長方形(ちょうほうけい)」(직사각형) 등이 있다.

그리고 방향이나 위치 관계를 묻는 문제는 「上(うえ)」(위), 「下(した)」(아래), 「隣(となり)」(옆) 정도는 기본적으로 알고 있어야 하고, 조금 어려운 표현인 「斜(なな)め」(비스듬함)라는 표현도 함께 숙지해 두어야 한다.

사물의 용도를 묻는 문제는 출제 빈도는 낮은 편이지만 사진에 나오는 사물로 무엇을 할 수 있는지, 혹은 무엇을 할 수 있는 곳인지 장소를 묻는 문제가 이에 해당한다. 이런 유형의 문제에 익숙해지기 위해서는 일상생활에서 볼 수 있는 사물들을 일본어로 설명하는 연습을 충분히 해 두어야 한다.

1 실내 풍경에 등장하는 사물에 주목

(A) 机の上にコンピューターがありません。
책상 위에 컴퓨터가 없습니다.

(B) 窓が全部開いています。
창문이 전부 열려 있습니다.

(C) 部屋の電気が付いています。
방에 불이 켜져 있습니다.

(D) この部屋には誰もいません。
이 방에는 아무도 없습니다.

··➤ 블라인드가 쳐져 있어서 창문이 전부 열려 있는지 어떤지는 알 수 없으므로 (B)는 정답에서 제외. 남자가 책상 위의 컴퓨터를 보고 있으므로 책상 위에 컴퓨터가 없다고 한 (A)와 방에 아무도 없다고 한 (D) 역시 오답이다.

机(つくえ) 책상　窓(まど) 창문　全部(ぜんぶ) 전부　開(あ)く 열리다　部屋(へや) 방
電気(でんき)が付(つ)く 불[전등]이 켜지다

2 사물의 상태에 주목

(A) 庭に花が植えてあります。
정원에 꽃이 심어져 있습니다.

(B) 花は一つも咲いていません。
꽃은 하나도 피어 있지 않습니다.

(C) ほとんどの花が咲いています。
대부분의 꽃이 피어 있습니다.

(D) 花は花瓶にさしてあります。
꽃은 꽃병에 꽂혀 있습니다.

··➤ 화분의 꽃의 대부분이 피어 있는 사진이므로 정답은 (C)가 된다. (A)는 정원이라는 장소 설명이 틀렸고, (B)는 꽃이 하나도 피어 있지 않다고 했으므로 상태 설명이 틀렸다. 그리고 꽃이 꽃병에 꽂혀 있는 것이 아니라 화분이므로 (D)는 사물 설명이 잘못되었다.

庭(にわ) 정원　植(う)える 심다　花(はな) 꽃　咲(さ)く 피다　ほとんど 거의, 대부분　花瓶(かびん) 꽃병
さす 꽂다

그릇 모양과 담겨진 요리에 주목

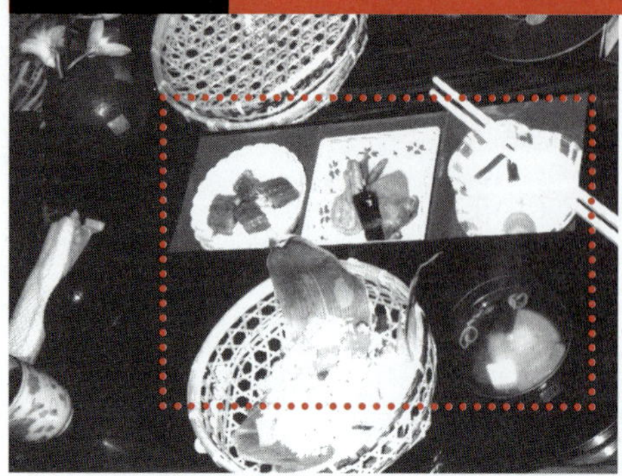

(A) これは洋食のレストランでよく出される料理です。
이것은 양식 레스토랑에서 자주 나오는 요리입니다.

(B) 様々な種類のケーキが美しく並べてあります。
여러 종류의 케이크가 아름답게 나란히 놓여 있습니다.

(C) 様々な種類の食器に料理が盛り付けてあります。
여러 종류의 식기에 요리가 먹음직스럽게 담겨 있습니다.

(D) 同じ形の食器に色々な料理が載っています。
같은 모양의 식기에 여러 가지 요리가 놓여 있습니다.

··· 일본 요리를 찍은 사진이므로 양식이라고 한 (A)와 케이크라고 한 (B)는 정답에서 제외된다. 그리고 그릇 모양이 다양하므로 (D) 역시 오답이다. 정답은 여러 종류의 식기에 요리가 담겨 있다고 한 (C)가 된다.

洋食(ようしょく) 양식　よく 자주, 잘　出(だ)す 내놓다　様々(さまざま) 여러 가지　種類(しゅるい) 종류
ケーキ(cake) 케이크　並(なら)べる 나란히 놓다　食器(しょっき) 식기　盛(も)り付(つ)ける 먹음직스럽게 담다
載(の)る (위에) 놓이다

장소 파악 및 사물의 명칭에 주의

(A) ここは新型車の展示会場です。
여기는 신형차의 전시회장입니다.

(B) 農産物の産地直売会場です。
농산물의 산지 직매장입니다.

(C) この会場は黒山の人だかりです。
이 회장은 사람들이 구름처럼 많이 모여 있습니다.

(D) ここには様々な器や置物などが展示されています。
이곳에는 다양한 그릇과 장식물 등이 전시되어 있습니다.

··· 박물관에 전시되어 있는 유물을 찍은 사진이므로 다양한 그릇과 장식물 등이 전시되어 있다고 한 (D)가 정답이 된다. 나머지 선택지는 사진에 등장하지 않는 명사가 나오므로 오답이다.

新型車(しんがたしゃ) 신형차　展示会場(てんじかいじょう) 전시회장　農産物(のうさんぶつ) 농산물
産地(さんち) 산지　直売(ちょくばい) 직매　黒山(くろやま)の人(ひと)だかり 사람이 많이 모여 있음
器(うつわ) 그릇　置物(おきもの) (거실이나 책상 등에 놓는) 장식물

연 습 문 제 ┃ · 사물의 상태 · 특징 · 장소   🔊 메모하면서 들어 보세요.

1.
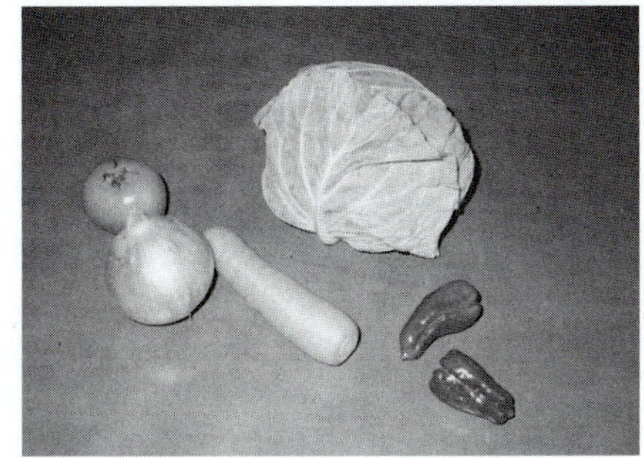

(A) ______________________________________

(B) ______________________________________

(C) ______________________________________

(D) ______________________________________

2.

(A) ______________________________________

(B) ______________________________________

(C) ______________________________________

(D) ______________________________________

3.

(A) ______________________________________

(B) ______________________________________

(C) ______________________________________

(D) ______________________________________

4.

(A) ______________________________________

(B) ______________________________________

(C) ______________________________________

(D) ______________________________________

1. (A) この中に野菜はありません。
(B) 色々な野菜があります。
(C) 細かく切った野菜が置いてあります。
(D) ここにあるのは全部果物です。

(A) 이 안에 채소는 없습니다.
(B) 여러 가지 채소가 있습니다.
(C) 잘게 썬 채소가 놓여 있습니다.
(D) 여기에 있는 것은 전부 과일입니다.

해설 여러 가지 채소가 놓여 있으므로 일단 (A)는 정답에서 제외. 채소는 잘게 썰어져 있지 않으므로 (C)는 오답이 되고, (D)는 「果物 (くだもの)」(과일)라고 했으므로 사물 설명이 틀렸다.

어휘 野菜(やさい) 채소, 야채 細(こま)かい 잘다 切(き)る 자르다 置(お)く 두다., 놓다 全部(ぜんぶ) 전부

2. (A) 水は全然出ていません。
(B) 水道の水が少し出ています。
(C) 水がざあざあ流れています。
(D) 水がコップからこぼれています。

(A) 물은 전혀 나오지 않습니다.
(B) 수돗물이 조금 나오고 있습니다.
(C) 물이 콸콸 흘러내리고 있습니다.
(D) 물이 컵에서 넘쳐흐르고 있습니다.

해설 수도꼭지에서 물이 조금 나오고 있는 사진이므로 정답은 (B)가 된다.

어휘 水(みず) 물 全然(ぜんぜん) 전혀 出(で)る 나오다 水道(すいどう) 수도 少(すこ)し 조금 ざあざあ 콸콸
流(なが)れる 흐르다. 흘러내리다 コップ(네덜란드어 kop) 컵 こぼれる 넘쳐흐르다

3. (A) 電話のボタンに数字が書いてあります。
(B) 電話は畳の上に置かれています。
(C) 電話の下に何かが敷いてあります。
(D) 電話の側にメモが置いてあります。

(A) 전화기 버튼에 숫자가 쓰여 있습니다.
(B) 전화기는 다다미 위에 놓여 있습니다.
(C) 전화기 아래에 뭔가가 깔려 있습니다.
(D) 전화기 옆에 메모가 놓여 있습니다.

해설 마루 바닥 위에 전화기가 놓여 있는 사진으로 정답은 버튼에 숫자가 쓰여 있다고 한 (A)가 된다. (B)는 장소, (C)와 (D)는 사물의 상태 설명이 틀렸다.

어휘 電話(でんわ) 전화, 전화기 ボタン(button) 버튼 数字(すうじ) 숫자 畳(たたみ) 다다미 敷(し)く 깔다 側(そば) 옆
メモ(memo) 메모

4. (A) ポスターが何枚も貼ってあります。
(B) カレンダーが柱に掛けてあります。
(C) 壁には何も貼られていません。
(D) ここには絵が1枚しか飾ってありません。

(A) 포스터가 몇 장이나 붙어 있습니다.
(B) 달력이 기둥에 걸려 있습니다.
(C) 벽에는 아무것도 붙어 있지 않습니다.
(D) 여기에는 그림이 한 장밖에 진열되어 있지 않습니다.

해설 벽에 그림이 하나 걸려 있는 사진이다. (A)는 포스터라고 했으므로 오답이 되고, 달력이 기둥에 걸려 있는 것도 아니므로 (B) 역시 오답. 또한 벽에는 아무것도 붙어 있지 않다고 한 (C)도 정답과는 거리가 멀다.

어휘 ポスター(poster) 포스터 貼(は)る 붙이다 カレンダー(calendar) 달력 柱(はしら) 기둥 掛(か)ける 걸다 壁(かべ) 벽
絵(え) 그림 飾(かざ)る 진열하다. 장식하다

연 습 문 제　┃　사물의 상태 · 특징 · 장소　◁)) 메모하면서 들어 보세요.

5. 

(A) __________________________

(B) __________________________

(C) __________________________

(D) __________________________

6. 

(A) __________________________

(B) __________________________

(C) __________________________

(D) __________________________

7. 

(A) __________________________

(B) __________________________

(C) __________________________

(D) __________________________

8. 

(A) __________________________

(B) __________________________

(C) __________________________

(D) __________________________

5. (A) ガス台に鍋がかかっています。

(B) ストーブの上に鍋があります。

(C) やかんで湯を沸かしています。

(D) 鍋には握るところがありません。

(A) 가스대에 냄비가 올려져 있습니다.
(B) 난로 위에 냄비가 있습니다.
(C) 주전자로 물을 끓이고 있습니다.
(D) 냄비에는 쥘 곳이 없습니다.

해설 가스레인지 위에 냄비가 올려져 있는 사진이므로 (A)가 정답이 된다. 난로는 보이지 않으므로 (B)는 오답이 되고, 사진의 사물은 주전자가 아니므로 (C) 역시 오답이다. 그리고 냄비는 쥘 곳이 있으므로 (D) 역시 틀린 표현이라는 것을 알 수 있다.

어휘 ガス台(だい) 가스대　鍋(なべ) 냄비　かかる 얹히다　ストーブ(stove) 스토브, 난로　やかん 주전자
湯(ゆ)を沸(わ)かす 물을 끓이다　握(にぎ)る 잡다, 쥐다

6. (A) 後ろのタイヤが外れています。

(B) 片方の車輪が溝に落ちています。

(C) 車は歩道に乗り上げて止まっています。

(D) 道路にブレーキの跡がはっきり残っています。

(A) 뒷타이어가 빠져 있습니다.
(B) 한쪽 바퀴가 도랑에 떨어져 있습니다.
(C) 자동차는 보도에 올라앉아 서 있습니다.
(D) 도로에 브레이크 자국이 선명하게 남아 있습니다.

해설 보도에 올라앉아 서 있는 자동차의 상태에 주목할 것.

어휘 後(うし)ろ 뒤　タイヤ(tire) 타이어　外(はず)れる 빠지다, 벗겨지다　片方(かたほう) 한쪽　車輪(しゃりん) 차바퀴
溝(みぞ) 도랑, 수채　落(お)ちる 떨어지다　歩道(ほどう) 보도, 인도　乗(の)り上(あ)げる 올라앉다　道路(どうろ) 도로
ブレーキ(brake) 브레이크　跡(あと) 흔적, 자국　はっきり 확실하게, 선명하게　残(のこ)る 남다

7. (A) おもちゃはきちんと整理されています。

(B) おもちゃが山のように積まれています。

(C) おもちゃは部屋の隅に寄せてあります。

(D) おもちゃがそこら中に散らかっています。

(A) 장난감은 깔끔히 정리되어 있습니다.
(B) 장난감이 산더미처럼 쌓여 있습니다.
(C) 장난감은 방구석에 모아져 있습니다.
(D) 장난감이 여기저기에 어질러져 있습니다.

해설 장난감이 여기저기 어질러져 있는 사진으로 「散(ち)らかる」(흩어지다, 널브러지다)라는 동사가 포인트.

어휘 おもちゃ 장난감　きちんと 깔끔히　整理(せいり) 정리　積(つ)む 쌓다　隅(すみ) 구석　寄(よ)せる 한데 모으다
そこら 그 근처

8. (A) 祭壇が設けられています。

(B) 記念碑には大きな文字で「未来への栄光」と記されています。

(C) 記念碑の周りは囲いがあり、立ち入ることは出来ません。

(D) 記念碑の上部は銅像になっています。

(A) 제단이 설치되어 있습니다.
(B) 기념비에는 큰 글씨로 '미래의 영광'이라고 적혀 있습니다.
(C) 기념비 주위는 울타리가 있어 들어갈 수는 없습니다.
(D) 기념비의 위쪽은 동상으로 되어 있습니다.

해설 기념비의 모양이나 형태에 주목할 것. 기념비에는 「平和(へいわ)への祈(いの)り」(평화 기원)라고 적혀 있고 위쪽에는 동상이 있다.

어휘 祭壇(さいだん) 제단　設(もう)ける 설치하다　記念碑(きねんひ) 기념비　文字(もじ) 문자, 글자　未来(みらい) 미래
栄光(えいこう) 영광　記(しる)す 적다, 기록하다　囲(かこ)い 울타리, 담　立(た)ち入(い)る 들어가다　上部(じょうぶ) 상부
銅像(どうぞう) 동상

주요 어휘 정리

한자	읽기	의미
☐ 窓	まど	창문
☐ 開く	あく	열리다
☐ 植える	うえる	심다
☐ 食器	しょっき	식기
☐ 盛り付ける	もりつける	먹음직스럽게 담다
☐ 新型車	しんがたしゃ	신형차
☐ 農産物	のうさんぶつ	농산물
☐ 直売	ちょくばい	직매
☐ 黒山の人だかり	くろやまのひとだかり	사람이 많이 모여 있음
☐ 器	うつわ	그릇
☐ 水道	すいどう	수도
☐ 流れる	ながれる	흐르다, 흘러내리다
☐ 敷く	しく	깔다
☐ 貼る	はる	붙이다
☐ 柱	はしら	기둥
☐ 飾る	かざる	진열하다, 장식하다
☐ 鍋	なべ	냄비
☐ 湯を沸かす	ゆをわかす	물을 끓이다
☐ 外れる	はずれる	빠지다, 벗겨지다
☐ 積む	つむ	쌓다

UNIT 08 🎧 12.MP3
▶ 유형 8 동물 묘사

분석 및 전략

동물 묘사는 1년에 대략 한 문제 내외가 출제되므로 빈도 면에서 보면 상당히 낮은 출제 유형이다. 그리고 동물의 이름을 모르더라도 대부분 대표적인 명사로 제시를 하기 때문에 쉽게 정답을 찾을 수 있다. 예를 들어 어떤 종류의 새가 사진에 등장했다고 하면 만약 구체적인 새 이름으로 제시를 한다면 (A)~(D) 모든 선택지에 동일한 명사가 제시되므로 이름을 모르더라도 정답을 찾는 데는 지장이 없다.

동물 묘사는 우선 사진에 등장하는 동물의 숫자에 주목해야 한다. 특히 셀 수 없을 만큼 많은 경우에는 「数多(かずおお)く」(수없이, 많이), 「群(む)れをなして」(무리를 지어), 「群(むら)がって」(떼지어 모여) 등의 표현이 나오는 경우가 많으므로 기억해 두도록 하자.

그리고 동물의 현재 상태를 묻는 문제도 간혹 출제되기도 하는데, 가장 많이 등장한 사진이 비둘기 관련 사진이고 그 다음으로 고양이나 개 등 애완동물 관련 사진이다. 아무래도 다른 동물의 경우에는 사진 촬영의 한계 때문에 거의 시험에는 출제되지 않는다고 봐도 무방하다. 이런 동물의 상태를 묻는 문제는 동물의 두드러진 동작이나 자세, 현재 어떤 상태인지를 묻는데, 정적인 상태보다는 움직이는 동적인 상태로 출제되는 경우가 많으므로 「飛(と)ぶ」(날다), 「走(はし)る」(달리다), 「浮(う)かぶ」(뜨다) 등 동작을 나타내는 동사를 숙지해 두도록 하자.

1　인물 주위에 모여 있는 비둘기에 주목

(A) 鳥がたくさん空を飛んでいます。
새가 많이 하늘을 날고 있습니다.

(B) 真ん中の2人は椅子に座っています。
한가운데의 두 사람은 의자에 앉아 있습니다.

(C) この公園の中には鳥はいません。
이 공원 안에는 새는 없습니다.

(D) 人の近くまで鳥が来ています。
사람 근처까지 새가 와 있습니다.

⋯ 날고 있는 새는 보이지 않으므로 (A)는 정답에서 제외된다. (C)는 새가 없다고 했으므로 오답이 되고, 여자들이 앉아 있는 곳은 의자가 아니므로 (B)도 틀렸다. 따라서 정답은 사람 근처까지 새가 와 있다고 한 (D)가 된다.

鳥(とり) 새　空(そら) 하늘　飛(と)ぶ 날다　真(ま)ん中(なか) 한가운데　椅子(いす) 의자　座(すわ)る 앉다
公園(こうえん) 공원　近(ちか)く 근처

2　아이의 동작과 새의 상태에 주목

(A) 子供は座って下を見ています。
아이는 앉아서 아래를 보고 있습니다.

(B) 子供の周りに鳥がたくさんいます。
아이 주위에 새가 많이 있습니다.

(C) 鳥が空を飛んでいます。
새가 하늘을 날고 있습니다.

(D) 木に鳥が止まっています。
나무에 새가 앉아 있습니다.

⋯ 아이 주위에 새가 많이 모여 있는 사진이므로 (B)가 정답이 된다. 아이는 고개를 숙이고 있지 않으므로 (A)는 오답이 되고, 새가 하늘을 날고 있는 상황도 아니므로 (C) 역시 답이 될 수 없다. 그리고 나무에 새가 앉아 있는 것도 아니므로 (D)도 정답과는 거리가 먼 설명이다.

下(した) 아래. 밑　周(まわ)り 주위　木(き) 나무　止(と)まる (새 등이) 앉다

(A) 馬は人を乗せています。
말은 사람을 태우고 있습니다.

(B) 馬は食べ物をもらっているところです。
말에게 먹이를 주고 있는 중입니다.

(C) 2人の人が馬を連れて歩いています。
두 사람이 말을 데리고 걷고 있습니다.

(D) 2人で一緒に馬に乗っています。
둘이서 함께 말을 타고 있습니다.

⋯ 여자가 말에 타고 있고 남자가 앞쪽에서 말고삐를 잡고 걷고 있는 사진이므로 정답은 (A)가 된다. 말은 먹이를 먹고 있지 않으므로 (B)는 오답이 되고, 여자가 말을 타고 있으므로 (C)는 틀린 설명이다. 말을 탄 사람은 여자뿐이므로 (D)도 역시 틀린 설명이 된다.

馬(うま) 말　乗(の)せる 태우다　食(た)べ物(もの) 음식, 먹이　連(つ)れる 데리고 가다　歩(ある)く 걷다
一緒(いっしょ)に 같이, 함께　乗(の)る 타다

(A) 2頭の動物は腹を水面に出して浮かんでいます。
두 마리의 동물은 배를 수면에 내놓고 떠 있습니다.

(B) 2頭は向かい合って顔を寄せ合っています。
두 마리는 마주 보고 얼굴을 서로 가까이 대고 있습니다.

(C) 2頭はそれぞれ水の中と岩の上で睨み合っています。
두 마리는 각각 물속과 바위 위에서 서로 노려보고 있습니다.

(D) 2頭はお互いに背を向け合っています。
두 마리는 서로 등을 돌리고 있습니다.

⋯ 곰 두 마리가 마주 보고 얼굴을 가까이 대고 있는 사진으로 「向(む)かい合(あ)う」(마주 보다, 마주 대하다)와 「寄(よ)せ合(あ)う」(서로 가까이 대다)라는 동사를 알아듣는 것이 포인트. 정답은 두 마리가 마주 보고 얼굴을 가까이 대고 있다고 한 (B)가 된다.

～頭(とう) ～마리　動物(どうぶつ) 동물　腹(はら) 배　水面(すいめん) 수면　出(だ)す 내놓다　浮(う)かぶ 뜨다
顔(かお) 얼굴　寄(よ)せる 가까이 대다　동사의 ます형+合(あ)う 서로 ～하다　それぞれ 각각　水(みず) 물
岩(いわ) 바위　睨(にら)む 노려보다　お互(たが)いに 서로　背(せ) 등　向(む)ける (어느 방향으로) 돌리다

연 습 문 제 ▌ 동물 묘사   메모하면서 들어 보세요.

1.

(A) _______________________
(B) _______________________
(C) _______________________
(D) _______________________

2.

(A) _______________________
(B) _______________________
(C) _______________________
(D) _______________________

3.

(A) _______________________
(B) _______________________
(C) _______________________
(D) _______________________

4.

(A) _______________________
(B) _______________________
(C) _______________________
(D) _______________________

1. (A) この人は犬と散歩中です。
(B) この人は犬を連れて買い物をしています。
(C) この人は犬を川で泳がせています。
(D) この人は犬を連れて川を渡っているところです。

(A) 이 사람은 개와 산책 중입니다.
(B) 이 사람은 개를 데리고 쇼핑을 하고 있습니다.
(C) 이 사람은 개를 강에서 헤엄치게 하고 있습니다.
(D) 이 사람은 개를 데리고 강을 건너고 있는 중입니다.

해설 남자가 개를 데리고 산책하고 있는 사진. (B)는 「買(か)い物(もの)」(쇼핑)라는 어휘에서 오답임을 알 수 있고, 사진의 장소는 「川(かわ)」(강)가 아니므로 (C)와 (D) 역시 오답이 된다.

어휘 犬(いぬ) 개　散歩(さんぽ) 산책　連(つ)れる 데리고 가다. 동반하다　買(か)い物(もの) 쇼핑. 장을 봄　泳(およ)ぐ 헤엄치다　渡(わた)る 건너다　동사의 진행형+ところだ ~하고 있는 중이다

2. (A) 動物が2匹走っています。
(B) 動物は今、寝ています。
(C) 動物は1匹しかいません。
(D) 動物は人のすぐそばまで来ています。

(A) 동물이 두 마리 달리고 있습니다.
(B) 동물은 지금 자고 있습니다.
(C) 동물은 한 마리밖에 없습니다.
(D) 동물은 사람 바로 옆까지 와 있습니다.

해설 염소 두 마리가 여자가 주는 먹이를 먹으려고 여자 바로 옆까지 와 있는 사진이므로 정답은 (D)가 된다.

어휘 動物(どうぶつ) 동물　~匹(ひき) ~마리 *동물 등을 세는 단위　走(はし)る 달리다　寝(ね)る 자다　~しか ~밖에　すぐ 바로

3. (A) 池に魚が一匹だけいます。
(B) 池で子供が泳いでいます。
(C) 池には水が全然入っていません。
(D) 池には魚が何匹かいます。

(A) 연못에 물고기가 한 마리만 있습니다.
(B) 연못에서 아이가 헤엄치고 있습니다.
(C) 연못에는 물이 전혀 들어 있지 않습니다.
(D) 연못에는 물고기가 몇 마리인가 있습니다.

해설 사진은 연못에 물고기가 몇 마리 헤엄치고 있는 풍경이다. (A)는 한 마리만 있다고 했으므로 오답이 되고, 사진 속에 아이의 모습은 보이지 않으므로 (B) 역시 틀린 설명이다. 그리고 (C)는 연못에 물이 전혀 없다고 했으므로 정답과는 거리가 먼 설명이 된다.

어휘 池(いけ) 연못　魚(さかな) 물고기　水(みず) 물　全然(ぜんぜん) 전혀　入(はい)る 들다

4. (A) 鳥が空を飛んでいます。
(B) 鳥が池の前を歩いています。
(C) 鳥が水の中にいます。
(D) 池のそばに男の子がいます。

(A) 새가 하늘을 날고 있습니다.
(B) 새가 연못 앞을 걷고 있습니다.
(C) 새가 물속에 있습니다.
(D) 연못 옆에 남자아이가 있습니다.

해설 장소와 새의 동작에 주목을 해야 한다. 사진에 등장하는 새는 지금 물속을 거닐고 있으므로 정답은 (C)가 된다. 나머지 선택지는 모두 장소와 동작, 대상 설명이 틀렸다.

어휘 歩(ある)く 걷다

주요 어휘 정리

한자	읽기	의미
☐ 空	そら	하늘
☐ 飛ぶ	とぶ	날다
☐ 近く	ちかく	근처
☐ 周り	まわり	주위
☐ 止まる	とまる	(새 등이) 앉다
☐ 馬	うま	말
☐ 乗せる	のせる	태우다
☐ 食べ物	たべもの	음식, 먹이
☐ 動物	どうぶつ	동물
☐ 腹	はら	배
☐ 水面	すいめん	수면
☐ 浮かぶ	うかぶ	뜨다
☐ 岩	いわ	바위
☐ 睨む	にらむ	노려보다
☐ 背	せ	등
☐ 泳ぐ	およぐ	헤엄치다, 수영하다
☐ 走る	はしる	달리다
☐ 池	いけ	연못
☐ 魚	さかな	물고기
☐ 水	みず	물

UNIT 09 🎧 13.MP3
▶ 유형 9 도로나 교통 및 건물

POINT 도로의 모양이나 교통 상태, 건물의 모양에 주목할 것!

분석 및 전략

도로나 교통 및 건물과 관련된 사진은 직접적으로 교통 기관이나 건물과 관련된 어휘를 묻는 경우가 많으므로 자주 출제되는 어휘를 정리해 두어야 한다.

우선 도로나 교통 관련 문제는 도로의 모양이나 교통 상황을 묻는 문제가 주로 출제된다. 도로의 모양은 직선 도로와 곡선 도로의 구분 및 도로의 폭, 도로의 현재 상태 등을 묻는 문제로 출제된다. 자주 나오는 어휘로는 「直線(ちょくせん)」(직선), 「曲線(きょくせん)」(곡선), 「曲(ま)がる」(구부러지다), 「細長(ほそなが)い」(좁고 길다) 등의 표현이 있다. 그리고 교통 상황은 한산한 도로보다는 막혀 있는 도로로 출제되는 경우가 많으므로 「渋滞(じゅうたい)」(정체), 「混(こ)む」(붐비다, 혼잡하다) 등의 표현은 기본적으로 숙지하고 있어야 한다.

건물 관련 사진은 주로 주택가 및 고층 건물이 많이 들어선 대도시 풍경으로 출제가 된다. 특히 주택가 건물의 사진은 건물 하나하나의 특징 파악은 물론이고, 주택가 전체의 상황 및 분위기도 잘 파악해야 한다. 대도시 건물 풍경은 '우뚝 솟다'라는 의미인 「そびえ立(た)つ」나 '늘어서다'라는 의미인 「立(た)ち並(なら)ぶ」 등 건물의 특징을 나타내는 동사들을 숙지하고 있어야 정답을 고를 수 있다.

1 　 도로에 정차해 있는 택시에 주목

(A) バスが止まっています。
버스가 멈춰 있습니다.

(B) 車が3台並んでいます。
자동차가 3대 늘어서 있습니다.

(C) 電車が止まっています。
전철이 멈춰 있습니다.

(D) 道が混んでいます。
길이 붐비고 있습니다.

··· 택시 승강장에 택시가 3대 늘어서 있는 사진. (A)와 (C)는 버스와 전철이라고 했으므로 오답이고, 길은 붐비고 있지 않으므로 (D) 역시 오답이 된다.

止(と)まる 멈추다　車(くるま) 차, 자동차　〜台(だい) 〜대　並(なら)ぶ 늘어서다　電車(でんしゃ) 전철
道(みち) 길, 도로　混(こ)む 붐비다, 혼잡하다

2 　 도로의 상태에 주목

(A) この道路を走っているのはトラックばかりです。
이 도로를 달리고 있는 것은 트럭뿐입니다.

(B) この道路は畑の真ん中にあります。
이 도로는 밭 한가운데에 있습니다.

(C) この道路は混んでいます。
이 도로는 붐비고 있습니다.

(D) この道路の周りにビルはありません。
이 도로 주변에 빌딩은 없습니다.

··· 붐비고 있는 도로 풍경. (A)는 도로를 달리고 있는 것은 트럭뿐이라고 했으므로 오답. 사진에 밭은 보이지 않으므로 (B) 역시 오답이다. 도로 주변에 빌딩이 많이 보이므로 (D) 역시 정답과는 거리가 멀다.

道路(どうろ) 도로　走(はし)る 달리다　トラック(truck) 트럭　〜ばかり 〜뿐, 〜만　畑(はたけ) 밭
真(ま)ん中(なか) 한가운데　周(まわ)り 주위, 주변　ビル 빌딩

(A) すっきりと晴れ、遠くの山々が見えています。
상쾌하게 개어 먼 곳의 산들이 보이고 있습니다.

(B) 中央の高いビルは上の部分が階段状になっています。
중앙의 높은 빌딩은 윗부분이 계단 모양으로 되어 있습니다.

(C) この辺は木造家屋が並ぶ住宅地です。
이 근처는 목조가옥이 늘어선 주택지입니다.

(D) 一番手前のビルは辺りで最も高い建物です。
맨 앞에 있는 빌딩은 부근에서 가장 높은 건물입니다.

⋯ 중앙에 보이는 상층부가 계단 모양으로 되어 있는 빌딩에 주목할 것. 산은 보이지 않으므로 (A)는 오답이고, 목조 가옥이 늘어선 주택지라고 한 (C) 역시 오답이다. 그리고 가장 앞쪽에 보이는 빌딩보다 사진 중앙에 보이는 빌딩이 높으므로 (D) 역시 정답이 아니다.

すっきりと 상쾌하게   晴(は)れる 맑다, 개다   遠(とお)く 먼 곳   山々(やまやま) 많은 산, 산들
中央(ちゅうおう) 중앙   高(たか)い 높다   部分(ぶぶん) 부분   階段(かいだん) 계단   ～状(じょう) ～모양
木造(もくぞう) 목조   家屋(かおく) 가옥   住宅地(じゅうたくち) 주택지   一番(いちばん) 가장, 제일
手前(てまえ) 바로 앞   辺(あた)り 주위, 부근   最(もっと)も 가장, 제일   建物(たてもの) 건물

(A) この道は急なカーブが連続しています。
이 길은 급한 커브가 연속되어 있습니다.

(B) ここは見通しのいい直線道路です。
여기는 전망이 좋은 직선도로입니다.

(C) この道は車が繋がっています。
이 길은 자동차가 줄을 잇고 있습니다.

(D) 両車線の境に木が植えられています。
양차선의 경계에 나무가 심어져 있습니다.

⋯ 직선으로 뻗어 있는 도로 사진이므로 전망이 좋은 직선도로라고 한 (B)가 정답이 된다. (A)는 급한 커브가 연속되어 있다고 했으므로 오답이 되고, 자동차가 줄을 잇고 있는 상황도 아니므로 (C) 역시 정답과는 거리가 멀다. 양차선의 경계 부분에는 아무것도 보이지 않고 나무는 도로 밖에 심어져 있으므로 (D)도 틀린 설명이 된다.

急(きゅう) 경사가 급함   カーブ(curve) 커브   連続(れんぞく) 연속   見通(みとお)し 전망
直線(ちょくせん) 직선   繋(つな)がる 연잇다, 계속되다   車線(しゃせん) 차선   境(さかい) 경계   植(う)える 심다

연습문제 | 도로나 교통 및 건물

메모하면서 들어 보세요.

1.

(A) _______________________
(B) _______________________
(C) _______________________
(D) _______________________

2.

(A) _______________________
(B) _______________________
(C) _______________________
(D) _______________________

3.

(A) _______________________
(B) _______________________
(C) _______________________
(D) _______________________

4.

(A) _______________________
(B) _______________________
(C) _______________________
(D) _______________________

1. (A) 人々は道を渡っています。
(B) 横断歩道を歩いている人はいません。
(C) 人々は踏み切りの前に立っています。
(D) 人々は角を曲がるところです。

(A) 사람들은 길을 건너고 있습니다.
(B) 횡단보도를 걷고 있는 사람은 없습니다.
(C) 사람들은 철도 건널목 앞에 서 있습니다.
(D) 사람들은 모퉁이를 돌려던 참입니다.

해설 사람들이 횡단보도를 건너고 있는 사진으로 「渡(わた)る」(건너다)라는 동사를 알아듣는 것이 포인트.

어휘 道(みち) 길, 도로　横断歩道(おうだんほどう) 횡단보도　歩(ある)く 걷다　踏(ふ)み切(き)り 철도 건널목　立(た)つ 서다
角(かど) 모퉁이　曲(ま)がる 돌다　동사의 기본형+ところだ ～하려던 참이다

2. (A) 電車からたくさんの人が降りてきています。
(B) 電車の窓から手を振っている人がいます。
(C) 電車に乗る人が大勢待っています。
(D) 電車のホームにはあまり人がいません。

(A) 전철에서 많은 사람들이 내리고 있습니다.
(B) 전철 창문에서 손을 흔들고 있는 사람이 있습니다.
(C) 전철을 탈 사람이 많이 기다리고 있습니다.
(D) 전철 플랫폼에는 별로 사람이 없습니다.

해설 전철 플랫폼 풍경으로 타고 내리는 사람은 없고 플랫폼에는 한 사람밖에 보이지 않는다. 따라서 정답은 (D)가 된다.

어휘 電車(でんしゃ) 전철　降(お)りる 내리다　窓(まど) 창문　手(て)を振(ふ)る 손을 흔들다　大勢(おおぜい) 많은 사람
待(ま)つ 기다리다　ホーム 플랫폼　＊「プラットホーム」(platform)의 준말　あまり 그다지, 별로

3. (A) 船は橋のすぐ下を通過しています。
(B) バランスが悪く、船は大きく傾いています。
(C) 海は嵐の時のように荒れています。
(D) 船着場に近付いている船は一隻のみです。

(A) 배는 다리 바로 아래를 통과하고 있습니다.
(B) 균형이 좋지 않아 배는 크게 기울어 있습니다.
(C) 바다는 폭풍우 때처럼 거칩니다.
(D) 선착장으로 다가오고 있는 배는 한 척뿐입니다.

해설 선착장으로 배가 한 척 다가오고 있다. (A)와 (B)는 모두 배와 관련된 표현이지만, 다리를 통과하고 있거나 기울어져 있지 않으므로 부적절. 사진은 바다가 아니라 강의 모습이며 또한 파도가 잔잔하므로 (C) 역시 오답이다.

어휘 船(ふね) 배　橋(はし) 다리　通過(つうか) 통과　バランス(balance) 균형　傾(かたむ)く 기울다　海(うみ) 바다
嵐(あらし) 폭풍우　荒(あ)れる 거칠다　船着場(ふなつきば) 선착장　近付(ちかづ)く 다가오다, 접근하다　～隻(せき) ～척
～のみ ～만, ～뿐

4. (A) この敷地内に植木は一切ありません。
(B) 工事現場に大型トラックが止まっています。
(C) この敷地内の一部はまだ工事の途中です。
(D) ビルの内装工事が行われています。

(A) 이 부지 내에 정원수는 전혀 없습니다.
(B) 공사 현장에 대형 트럭이 멈춰 있습니다.
(C) 이 부지 내의 일부는 아직 공사 중입니다.
(D) 빌딩의 내장 공사가 진행되고 있습니다.

해설 전체적인 풍경에 주목해야 하는 문제. 부지 내에 정원수가 보이므로 일단 (A)는 오답이고, 공사 현장에 대형 트럭도 보이지 않으므로 (B) 역시 오답이 된다. (D)는 빌딩 내장 공사라고 했으므로 사진과는 거리가 먼 설명이다.

어휘 敷地(しきち) 부지　植木(うえき) 정원수　一切(いっさい) 일절, 전혀　工事(こうじ) 공사　現場(げんば) 현장
大型(おおがた) 대형　トラック(truck) 트럭　途中(とちゅう) 도중　内装(ないそう) 내장　行(おこな)う 행하다, 실시하다

한자	읽기	의미
☐ 混む	こむ	붐비다, 혼잡하다
☐ 道路	どうろ	도로
☐ 畑	はたけ	밭
☐ 晴れる	はれる	맑다, 개다
☐ 山々	やまやま	많은 산, 산들
☐ 木造	もくぞう	목조
☐ 家屋	かおく	가옥
☐ 住宅地	じゅうたくち	주택지
☐ 手前	てまえ	바로 앞
☐ 最も	もっとも	가장, 제일
☐ 連続	れんぞく	연속
☐ 見通し	みとおし	전망
☐ 直線	ちょくせん	직선
☐ 繋がる	つながる	연잇다, 계속되다
☐ 車線	しゃせん	차선
☐ 境	さかい	경계
☐ 踏み切り	ふみきり	철도 건널목
☐ 通過	つうか	통과
☐ 嵐	あらし	폭풍우
☐ 大型	おおがた	대형

UNIT 10 🎧 14.MP3
▶ 유형 10 글자가 등장하는 사진

 파본 검사 시간에 글자체의 특징이나 내용을 미리 파악해 둘 것!

분석 및 전략

글자가 등장하는 사진은 파본 검사 시간이나 문제와 문제 사이의 여유 시간을 이용해서 반드시 미리 봐 두어야 하는 문제 유형이다. 왜냐하면 선택지의 설명을 듣고 사진을 통해 확인하려는 순간, 이미 다음 선택지가 나와 버리기 때문이다. 즉, 듣고 사진으로 바로 확인하기에는 시간이 부족하므로 미리 글자 및 내용을 파악해 두어야 정답을 찾을 수 있다는 말이다.

글자가 등장하는 사진은 우선 글자의 특징에 주목해야 한다. 한자로만 적혀 있는지, 아니면 히라가나나 숫자 등도 나오는지 등, 그 특징을 정확하게 파악해 두어야 하고 간혹 크기를 묻는 문제도 있으므로 복수의 글자가 나올 때는 글자 크기도 확인해 두도록 하자.

그 다음으로 나오는 것이 글의 내용을 직접 묻는 문제인데 보통 병원의 진료 시간 안내나 가게 앞의 각종 게시판, 광고 전단지의 내용이나 팸플릿 등이 출제되고 있다. 사진에서 글의 내용이 아주 많은 경우에는 세부적인 설명을 찾는 문제보다는 그 내용 전체를 포괄하는 문제로 출제되므로 오히려 문제가 쉽게 느껴질 수도 있다. 따라서 글의 내용이 많을 때는 무엇에 관한 설명인지 정도만 미리 파악해 두고 문제를 듣도록 하자.

1 글자의 종류에 주목

(A) 漢字しか書いてありません。
한자밖에 쓰여 있지 않습니다.

(B) ひらがなが書いてあります。
히라가나가 쓰여 있습니다.

(C) 絵だけ描いてあります。
그림만 그려져 있습니다.

(D) 漢字やカタカナが書いてあります。
한자나 가타카나가 쓰여 있습니다.

⋯▸ 사진의 글자는 한자와 가타카나, 영어가 복합적으로 표기되어 있다. 따라서 정답은 (D)가 된다.

漢字(かんじ) 한자　～しか ～밖에　書(か)く 쓰다　絵(え) 그림　描(か)く 그리다

2 글의 내용에 주목

(A) 看板は自転車に乗って来た人へ注意を促しています。
간판은 자전거를 타고 온 사람에게 주의를 촉구하고 있습니다.

(B) この場所は自転車に限り置けることになっています。
이 장소는 자전거에 한해 둘 수 있게 되어 있습니다.

(C) ここに置けるのは自転車だけに制限されています。
여기에 둘 수 있는 것은 자전거만으로 제한되어 있습니다.

(D) ここに自転車を置くには届けが必要だと書かれています。
여기에 자전거를 두기 위해서는 신고가 필요하다고 쓰여 있습니다.

⋯▸ 기둥의 글은 '여기에 자전거를 두지 마십시오' 라는 의미이다. 따라서 이곳에 자전거에 한해 둘 수 있다고 한 (B)와 여기에 둘 수 있는 것은 자전거만으로 제한되어 있다고 한 (C)는 오답. 자전거를 두기 위해서 신고가 필요하다는 말은 없으므로 (D) 역시 오답이 된다.

看板(かんばん) 간판　自転車(じてんしゃ) 자전거　乗(の)る 타다　注意(ちゅうい) 주의
促(うなが)す 재촉하다. 촉구하다　場所(ばしょ) 장소　～に限(かぎ)り ～에 한해　置(お)く 두다. 놓다
制限(せいげん) 제한　届(とど)け 신고　必要(ひつよう) 필요

(A) これは再生可能な容器を回収する箱です。
이것은 재생 가능한 용기를 회수하는 상자입니다.

(B) これは返却する書籍を入れる箱です。
이것은 반납할 서적을 넣는 상자입니다.

(C) これは寄付金を募るために置かれた箱です。
이것은 기부금을 모으기 위해 놓여진 상자입니다.

(D) これはお金を崩すのに使う両替機です。
이것은 잔돈으로 바꿀 때 사용하는 환전기입니다.

⋯⋯「募金箱(ぼきんばこ)」(모금함)라는 글자를 보면 이것이 무엇을 하기 위해 놓여 있는 것인지 쉽게 알 수 있다. 재생 가능한 용기를 회수하는 상자나 반납할 서적을 넣는 상자도 아니므로 (A), (B)는 오답이다. 그리고 잔돈으로 바꿀 때 사용하는 환전기도 아니므로 (D)도 정답과는 거리가 먼 설명이다.

再生(さいせい) 재생　可能(かのう) 가능　容器(ようき) 용기, 그릇　回収(かいしゅう) 회수　箱(はこ) 상자

返却(へんきゃく) 반납　書籍(しょせき) 서적　入(い)れる 넣다　寄付金(きふきん) 기부금

募(つの)る 모으다, 모집하다　お金(かね)を崩(くず)す 잔돈으로 바꾸다　両替機(りょうがえき) 환전기

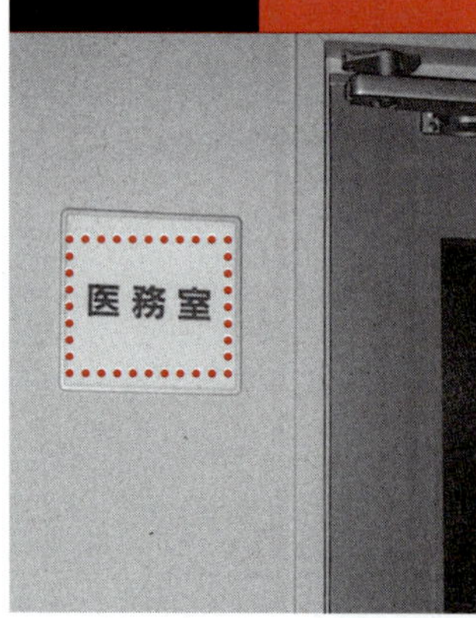

(A) 重症患者が治療を受ける部屋です。
중증 환자가 치료를 받는 방입니다.

(B) 医療器具や医薬品の収納庫です。
의료기구나 의약품의 수납고입니다.

(C) 人体を解剖する際に、この部屋を使用します。
인체를 해부할 때에 이 방을 사용합니다.

(D) 急病人や体調が思わしくない人の手当をする部屋です。
응급 환자나 몸 상태가 좋지 않은 사람의 치료를 하는 방입니다.

⋯⋯「医務室(いむしつ)」(의무실)라는 글자에 주목할 것. 정답은 응급 환자나 몸 상태가 좋지 않은 사람의 치료를 하는 방이라고 한 (D)가 된다. 나머지 선택지는 장소나 방의 용도에 대한 설명이 틀렸다.

重症(じゅうしょう) 중증　患者(かんじゃ) 환자　治療(ちりょう)を受(う)ける 치료를 받다

医療器具(いりょうきぐ) 의료기구　医薬品(いやくひん) 의약품　収納庫(しゅうのうこ) 수납고　人体(じんたい) 인체

解剖(かいぼう) 해부　～際(さい) ~할 때　使用(しよう) 사용　急病人(きゅうびょうにん) 응급 환자

体調(たいちょう) 몸 상태　思(おも)わしい 바람직하다, 좋다고 생각되다　手当(てあて) 치료, 처치

1.

(A) _______________________

(B) _______________________

(C) _______________________

(D) _______________________

2.

(A) _______________________

(B) _______________________

(C) _______________________

(D) _______________________

3.

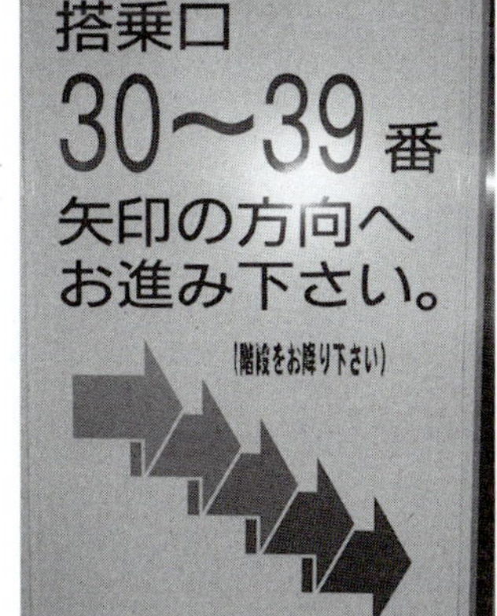

(A) _______________________

(B) _______________________

(C) _______________________

(D) _______________________

4.

(A) _______________________

(B) _______________________

(C) _______________________

(D) _______________________

1. (A) 全部カタカナで書いてあります。
(B) 漢字だけが書いてあります。
(C) 地図が描いてあります。
(D) 漢字や平仮名などが書いてあります。

(A) 전부 가타카나로 쓰여 있습니다.
(B) 한자만 쓰여 있습니다.
(C) 지도가 그려져 있습니다.
(D) 한자나 히라가나 등이 쓰여 있습니다.

해설 책을 클로즈업해서 찍은 사진으로 한자, 히라가나, 가타카나 등이 보인다. 따라서 정답은 (D)가 된다.

어휘 全部(ぜんぶ) 전부　書(か)く 쓰다　漢字(かんじ) 한자　地図(ちず) 지도　描(か)く 그리다　～など ～등

2. (A) ここから先に立入ることは禁止されています。
(B) 道路の左側で交通整理をしている人がいます。
(C) 看板にはここから先の登山は禁止と書かれています。
(D) 道路が渋滞していてここから先に進めません。

(A) 여기에서 앞쪽으로 들어가는 것은 금지되어 있습니다.
(B) 도로 왼쪽에서 교통정리를 하고 있는 사람이 있습니다.
(C) 간판에는 여기서부터 앞쪽은 등산 금지라고 쓰여 있습니다.
(D) 도로가 정체되어 여기에서 앞으로 나아갈 수 없습니다.

해설 입간판에는 「この道路(どうろ)は廃道(はいどう)ですので立入(たちい)らないで下(くだ)さい」라고 쓰여 있는데, 이는 '이 도로는 폐도이므로 진입하지 마십시오'라는 의미이다.

어휘 立入(たちい)る 들어가다　禁止(きんし) 금지　道路(どうろ) 도로　交通整理(こうつうせいり) 교통정리　看板(かんばん) 간판
登山(とざん) 등산　渋滞(じゅうたい) 정체　進(すす)む 나아가다, 전진하다

3. (A) 駐車料金は1時間単位で決められています。
(B) ここには無料で駐車できます。
(C) 駐車できる時間は限られています。
(D) 駐車する車の重さに制限はありません。

(A) 주차 요금은 1시간 단위로 정해져 있습니다.
(B) 여기에는 무료로 주차할 수 있습니다.
(C) 주차할 수 있는 시간은 한정되어 있습니다.
(D) 주차하는 자동차의 무게에 제한은 없습니다.

해설 유료 주차 안내판 사진으로 내용을 살펴보면 이용 시간은 오전 7시부터 밤 11시까지이고, 이용할 수 있는 자동차는 「長(なが)さ」(길이), 「幅(はば)」(폭), 「高(たか)さ」(높이), 「重量(じゅうりょう)」(중량)에 제한이 있다. 그리고 주차 요금은 30분당 300엔이다. 따라서 사진에 대한 적절한 설명은 (C)가 된다.

어휘 駐車(ちゅうしゃ) 주차　料金(りょうきん) 요금　単位(たんい) 단위　決(き)める 정하다　無料(むりょう) 무료
限(かぎ)る 한정하다　重(おも)さ 무게　制限(せいげん) 제한

4. (A) 到着便の案内が表示されています。
(B) 搭乗口への順路が示されています。
(C) 搭乗手続きの開始を告げる案内板です。
(D) 非常の際の出入り口を知らせる表示です。

(A) 도착편 안내가 표시되어 있습니다.
(B) 탑승구로 가는 길의 순서가 표시되어 있습니다.
(C) 탑승 수속 개시를 알리는 안내판입니다.
(D) 비상시의 출입구를 알리는 표시입니다.

해설 사진에는 「搭乗口(とうじょうぐち)30～39番(ばん)矢印(やじるし)の方向(ほうこう)へお進(すす)み下(くだ)さい」라고 쓰여 있다. 이는 '탑승구 30～39번 화살표 방향으로 진행하십시오'라는 뜻. 즉, 탑승구로 가는 길을 알려 주는 안내판이라는 것을 알 수 있다. 도착편 안내나 탑승 수속, 비상시의 출입구 표시는 사진과는 거리가 먼 설명이므로 정답은 (B)가 된다.

어휘 到着便(とうちゃくびん) 도착편, 도착 비행기　案内(あんない) 안내　表示(ひょうじ) 표시　搭乗口(とうじょうぐち) 탑승구
順路(じゅんろ) 길의 순서　示(しめ)す 나타내다　手続(てつづ)き 수속　開始(かいし) 개시　告(つ)げる 고하다, 알리다
案内板(あんないばん) 안내판　非常(ひじょう) 비상　～際(さい) ～때, 시　出入(でい)り口(ぐち) 출입구　知(し)らせる 알리다

한자	읽기	의미
☐ 漢字	かんじ	한자
☐ 絵	え	그림
☐ 描く	かく	그리다
☐ 看板	かんばん	간판
☐ 注意	ちゅうい	주의
☐ 促す	うながす	재촉하다, 촉구하다
☐ 場所	ばしょ	장소
☐ 制限	せいげん	제한
☐ 容器	ようき	용기, 그릇
☐ 返却	へんきゃく	반납
☐ 募る	つのる	모으다, 모집하다
☐ 両替機	りょうがえき	환전기
☐ 医薬品	いやくひん	의약품
☐ 手当	てあて	치료, 처치
☐ 渋滞	じゅうたい	정체
☐ 駐車	ちゅうしゃ	주차
☐ 限る	かぎる	한정하다
☐ 表示	ひょうじ	표시
☐ 搭乗口	とうじょうぐち	탑승구
☐ 手続き	てつづき	수속

UNIT 11 🎧 15.MP3

▶ 유형 11 전체적인 풍경 및 상황

분석 및 전략

PART 1의 뒷부분에 출제되는 유형은 전체적인 풍경 및 상황 묘사 문제이다. 보통 18번에서 20번까지 평균 3문항 정도가 출제되는데, 사진 묘사에서 가장 난이도가 높은 부분이므로 고득점을 받기 위해서는 집중적으로 공략해야 하는 부분이기도 하다.

가장 높은 난이도로 출제되는 전체적인 풍경 및 상황 묘사 문제는 일단 문장 길이 자체가 앞의 문제들에 비해 상당히 길고, 표현 또한 고난이도 어휘들이 많이 출제된다. 하지만 대부분의 경우 문장 끝 부분의 동사에서 정답이 판가름 나는 경우가 많으므로 끝 부분에 나오는 동사를 잘 듣고 메모하는 습관을 길러야 한다.

문제 풀이 요령은 우선 사진에서 눈에 띄게 두드러진 풍경에 주목을 하고 그 부분에 표시를 해 두면 문제를 들을 때 상당히 도움이 된다. 그리고 간혹 세부적인 부분을 묻는 문제가 출제되기도 하는데, 이 부분은 파본 검사 시간 등을 이용해 꼼꼼히 봐 둘 필요가 있다.

전체적인 풍경 및 상황 묘사는 위에서도 언급을 했듯이 어휘가 상당히 까다로운데 모든 표현을 알아들으려 하지 말고, 사진과 전혀 관련이 없는 한 단어를 듣고 오답을 가려내는 연습을 해 두는 것도 좋은 수험 전략이라고 할 수 있다.

1 인물들의 상태에 주목

(A) この人たちは窓から外を見ています。
이 사람들은 창문에서 밖을 보고 있습니다.

(B) この人たちは食べながら話しています。
이 사람들은 먹으면서 이야기하고 있습니다.

(C) この人たちは部屋の掃除をしています。
이 사람들은 방 청소를 하고 있습니다.

(D) この人たちは座って何か飲んでいます。
이 사람들은 앉아서 뭔가 마시고 있습니다.

⋯▸ 여러 사람이 모여 뭔가를 먹으면서 이야기를 하고 있는 상황이므로 정답은 (B)가 된다. 창밖을 보고 있는 사람은 보이지 않으므로 (A)는 오답. 청소를 하는 상황도 아니고, 앉아서 뭔가를 마시고 있는 상황도 아니므로 (C)와 (D) 역시 오답이 된다.

窓(まど) 창문　外(そと) 밖　食(た)べる 먹다　동사의 ます형+ながら ～하면서　部屋(へや) 방　掃除(そうじ) 청소
座(すわ)る 앉다　飲(の)む 마시다

2 숲 속에 보이는 탑에 주목

(A) 塔は深い森に囲まれています。
탑은 깊은 숲에 둘러싸여 있습니다.

(B) 険しい崖の縁に塔が立っています。
험준한 절벽 끝에 탑이 서 있습니다.

(C) 塔は傾き、今にも倒れそうです。
탑은 기울어 금방이라도 쓰러질 것 같습니다.

(D) 見渡す限り高原が広がっています。
눈에 보이는 것은 모두 고원이 펼쳐져 있습니다.

⋯▸ 숲 속에 있는 탑에 주목할 것. (B)는 험준한 절벽 끝에 탑이 서 있다고 했으므로 오답이고, 탑은 기울어져 있지 않으므로 (C) 역시 오답이다. 눈에 보이는 것은 모두 고원이 펼쳐져 있다고 한 (D)도 틀린 설명이다.

塔(とう) 탑　深(ふか)い 깊다　森(もり) 숲　囲(かこ)む 둘러싸다　険(けわ)しい 험하다, 험준하다
崖(がけ) 벼랑, 절벽　縁(ふち) 가장자리, 끝　傾(かたむ)く 기울다　今(いま)にも 당장이라도, 금방이라도
倒(たお)れる 쓰러지다　見渡(みわた)す限(かぎ)り 눈에 보이는 것은 모두　高原(こうげん) 고원
広(ひろ)がる 펼쳐지다

(A) 高層マンションが立ち並ぶ都心の住宅地です。
고층 맨션이 죽 늘어선 도심의 주택지입니다.

(B) 住宅が密集した海岸沿いの町です。
주택이 밀집한 해안가 마을입니다.

(C) 手前の広場には大型観光バスが何台も駐車しています。 앞쪽 광장에는 대형 관광버스가 몇 대나 주차되어 있습니다.

(D) 人里離れた山村の風景です。
마을에서 떨어진 산촌의 풍경입니다.

⋯ (A)와 (D)는 장소의 설명이 틀렸다. 광장에 주차되어 있는 차는 그다지 많지 않으며 대형 관광버스도 없으므로 (C) 역시 오답이다. 따라서 정답은 주택이 밀집한 해안가의 마을이라고 한 (B)가 된다.

高層(こうそう) 고층　マンション(mansion) 맨션, 중·고층의 고급 아파트　立(た)ち並(なら)ぶ 늘어서다
都心(としん) 도심　住宅地(じゅうたくち) 주택지　密集(みっしゅう) 밀집　海岸(かいがん) 해안
명사+沿(ぞ)い ～따라, ～가　町(まち) 마을　手前(てまえ) (자기의) 바로 앞　広場(ひろば) 광장
大型(おおがた) 대형　観光(かんこう) 관광　駐車(ちゅうしゃ) 주차　人里(ひとざと) 사람이 사는 마을
離(はな)れる 떨어지다　山村(さんそん) 산촌　風景(ふうけい) 풍경

(A) 人々は観客席でスポーツの観戦中です。
사람들은 관람석에서 스포츠를 관전 중입니다.

(B) 木の下で全員が輪になって歓談中です。
나무 아래에서 전원이 둥글게 모여 환담 중입니다.

(C) 木の下にシートを敷いて寛いでいる人たちがいます。
나무 아래에 시트를 깔고 편히 쉬고 있는 사람들이 있습니다.

(D) 芝生の刈り込みが行われている最中です。
한창 잔디를 깎아 다듬고 있는 중입니다.

⋯ 나무 아래에 돗자리를 깔고 쉬고 있는 사람들에 주목해야 하는 문제. (A)는 장소와 인물의 동작, (B)는 인물의 상태, (D)는 인물의 동작이 사진과는 맞지 않는 설명들이다.

観客席(かんきゃくせき) 관객석, 관람석　観戦(かんせん) 관전　全員(ぜんいん) 전원　輪(わ)になる 원형을 이루다
歓談(かんだん) 환담　シート(sheet) 시트　敷(し)く 깔다　寛(くつろ)ぐ 편히 쉬다　芝生(しばふ) 잔디
刈(か)り込(こ)み 깎아 다듬음　行(おこな)う 행하다, 실시하다　～最中(さいちゅう) 한창 ～중

연습문제 ▌ 전체적인 풍경 및 상황   🔊 메모하면서 들어 보세요.

1.

(A) ______________________________

(B) ______________________________

(C) ______________________________

(D) ______________________________

2.

(A) ______________________________

(B) ______________________________

(C) ______________________________

(D) ______________________________

3.

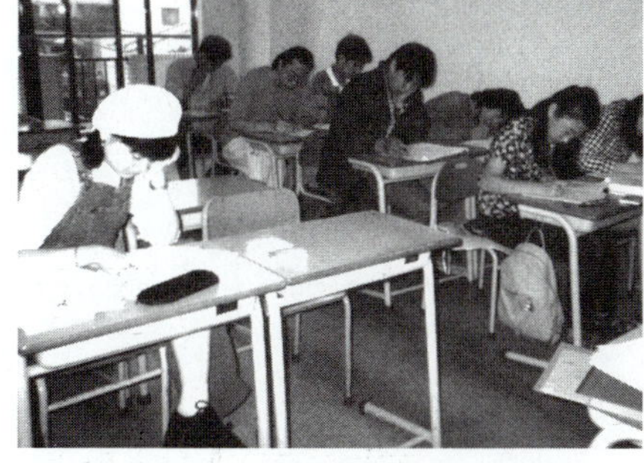

(A) ______________________________

(B) ______________________________

(C) ______________________________

(D) ______________________________

4.

(A) ______________________________

(B) ______________________________

(C) ______________________________

(D) ______________________________

1. (A) 子供たちは部屋で勉強しています。
(B) 子供たちは建物の外にいます。
(C) 子供たちは道路で遊んでいます。
(D) 子供たちはプールに入っています。

(A) 아이들은 방에서 공부하고 있습니다.
(B) 아이들은 건물 밖에 있습니다.
(C) 아이들은 도로에서 놀고 있습니다.
(D) 아이들은 수영장에 들어가 있습니다.

해설 아이들이 운동장에서 놀고 있는 모습이다. (A)는 방에서 공부하고 있다고 했으므로 사진의 설명과는 거리가 있다. 그리고 (C)와 (D)는 장소 설명이 틀렸다.

어휘 子供(こども) 아이　部屋(へや) 방　勉強(べんきょう) 공부　建物(たてもの) 건물　外(そと) 밖　道路(どうろ) 도로
遊(あそ)ぶ 놀다　プール(pool) 수영장

2. (A) 丸くて大きいテーブルがあります。
(B) テーブルのそばに人が10人ぐらい立っています。
(C) どのテーブルの上にもたくさんの本があります。
(D) 長いテーブルに食べ物が並んでいます。

(A) 둥글고 큰 테이블이 있습니다.
(B) 테이블 옆에 사람이 열 명 정도 서 있습니다.
(C) 모든 테이블 위에 책들이 많이 있습니다.
(D) 긴 테이블에 음식이 차려져 있습니다.

해설 긴 테이블 위에 여러 가지 음식이 차려져 있는 사진으로 대부분의 사람들은 의자에 앉아 있고 한 사람만 서 있다. (A)는 테이블의 모양이 틀렸고, (B)는 테이블 옆에는 한 사람만 서 있으므로 역시 오답이다. 테이블 위에 있는 것은 책이 아니라 음식이므로 (C) 역시 부적절.

어휘 丸(まる)い 둥글다　大(おお)きい 크다　テーブル(table) 테이블　立(た)つ 서다　本(ほん) 책　長(なが)い 길다
食(た)べ物(もの) 음식　並(なら)ぶ 늘어서다

3. (A) 誰も座っていない椅子があります。
(B) 立っている人は1人しかいません。
(C) 机の上に大きいテープレコーダーがあります。
(D) この人たちは座ってテレビを見ています。

(A) 아무도 앉아 있지 않는 의자가 있습니다.
(B) 서 있는 사람은 한 사람밖에 없습니다.
(C) 책상 위에 큰 녹음기가 있습니다.
(D) 이 사람들은 앉아서 텔레비전을 보고 있습니다.

해설 교실 안 풍경으로 모두 자리에 앉아 공부를 하고 있고 빈자리가 몇 개 보인다. 따라서 정답은 아무도 앉아 있지 않는 의자가 있다고 한 (A)가 된다.

어휘 誰(だれ)も 아무도　座(すわ)る 앉다　椅子(いす) 의자　机(つくえ) 책상
テープレコーダー(tape recorder) 테이프 리코더, 녹음기

4. (A) 窓が閉まっています。
(B) 窓の下に絵が掛けてあります。
(C) 窓の向こうに人がいます。
(D) 女の人が窓を閉めています。

(A) 창문이 닫혀 있습니다.
(B) 창문 아래에 그림이 걸려 있습니다.
(C) 창문 너머에 사람이 있습니다.
(D) 여자가 창문을 닫고 있습니다.

해설 인물과 사물의 위치에 주목해야 하는 문제로 창문 너머로 사람이 보이고, 위쪽에 그림이 걸려 있는 사진이므로 정답은 (C)가 된다.

어휘 窓(まど) 창문　閉(し)まる 닫히다　絵(え) 그림　向(む)こう 맞은편, 건너편　閉(し)める 닫다

5.

(A) ___________________________

(B) ___________________________

(C) ___________________________

(D) ___________________________

6.

(A) ___________________________

(B) ___________________________

(C) ___________________________

(D) ___________________________

7.

(A) ___________________________

(B) ___________________________

(C) ___________________________

(D) ___________________________

8.

(A) ___________________________

(B) ___________________________

(C) ___________________________

(D) ___________________________

5. (A) 引き出しが開いたままです。
(B) 押し入れの中に物がたくさん入っています。
(C) 洋服ダンスに服が掛けてあります。
(D) 棚の上に箱が置いてあります。

(A) 서랍이 열린 채로 있습니다.
(B) 벽장 안에 물건이 많이 들어 있습니다.
(C) 옷장에 옷이 걸려 있습니다.
(D) 선반 위에 상자가 놓여 있습니다.

해설 주방 풍경으로 서랍과 식기 수납장의 문이 열려 있는 것에 주목해야 한다. (B)는 사물의 명칭이 틀렸고, (C)와 (D)는 사물의 명칭과 상태 설명이 모두 잘못되었다.

어휘 引(ひ)き出(だ)し 서랍 開(あ)く 열리다 동사의 た형+まま ~한 채임 押(お)し入(い)れ 벽장, 붙박이장
洋服(ようふく)ダンス 옷장 服(ふく) 옷 掛(か)ける 걸다 棚(たな) 선반 箱(はこ) 상자 置(お)く 두다, 놓다

6. (A) 奥の部屋は台所です。
(B) ベッドのそばの電気が付いています。
(C) 壁に大きい鏡が掛けてあります。
(D) テーブルの上には何も置いてありません。

(A) 안쪽 방은 부엌입니다.
(B) 침대 옆의 전등이 켜져 있습니다.
(C) 벽에 큰 거울이 걸려 있습니다.
(D) 테이블 위에는 아무것도 놓여 있지 않습니다.

해설 실내 풍경 사진으로 사진 안쪽에 보이는 방은 침실이고 침대 옆에 전등이 켜져 있다. 그리고 벽에는 아무것도 걸려 있지 않으며, 테이블 위에는 자질구레한 물건들이 놓여 있다. 따라서 정답은 (B)가 된다.

어휘 奥(おく) 안쪽, 구석 部屋(へや) 방 台所(だいどころ) 부엌 ベッド(bed) 침대 電気(でんき)が付(つ)く 불[전등]이 켜지다
壁(かべ) 벽 鏡(かがみ) 거울

7. (A) みんな揃いの履き物を履いています。
(B) みんなで草の上に寝転んでいます。
(C) リュックを背負っている人はいません。
(D) 全員で大通りを行進しています。

(A) 모두 같은 신발을 신고 있습니다.
(B) 모두 풀 위에 누워 뒹굴고 있습니다.
(C) 배낭을 메고 있는 사람은 없습니다.
(D) 전원이 대로를 행진하고 있습니다.

해설 사진에 등장하는 인물들의 복장에 주목을 해야 정답을 찾을 수 있는 문제이다. 사진의 인물들은 모두 같은 신발을 신고 풀 위를 걷고 있는데 베낭을 메고 있는 사람도 몇 명 보인다. 따라서 정답은 (A)가 된다.

어휘 揃(そろ)い (색, 무늬 등이) 같음 履(は)き物(もの) 신발 履(は)く 신다 草(くさ) 풀 寝転(ねころ)ぶ 누워 뒹굴다
リュック 배낭 *「リュックサック」(독일어 Rucksack)의 준말 背負(せお)う 메다 全員(ぜんいん) 전원 大通(おおどお)り 대로
行進(こうしん) 행진

8. (A) 木の下に腰を下ろせるところがあります。
(B) 広場の真ん中には滝のように水が流れています。
(C) 木には様々な飾りが付けられています。
(D) 空いている席は見当たりません。

(A) 나무 아래에 앉을 수 있는 곳이 있습니다.
(B) 광장 한가운데에는 폭포처럼 물이 흐르고 있습니다.
(C) 나무에는 여러 가지 장식이 달려 있습니다.
(D) 비어 있는 자리는 눈에 띄지 않습니다.

해설 나무 아래에 사람들이 앉아서 쉴 수 있는 좌석이 많이 마련되어 있는 풍경으로 「腰(こし)を下(お)ろす」(앉다)라는 표현을 알아듣는 것이 포인트.

어휘 広場(ひろば) 광장 真(ま)ん中(なか) 한가운데 滝(たき) 폭포 水(みず) 물 流(なが)れる 흐르다 飾(かざ)り 장식
付(つ)ける 달다, 붙이다 空(あ)く 비다 席(せき) 좌석, 자리 見当(みあ)たる 눈에 띄다

주요 어휘 정리

한자	읽기	의미
☐ 掃除	そうじ	청소
☐ 塔	とう	탑
☐ 深い	ふかい	깊다
☐ 囲む	かこむ	둘러싸다
☐ 険しい	けわしい	험하다, 험준하다
☐ 崖	がけ	벼랑, 절벽
☐ 傾く	かたむく	기울다
☐ 倒れる	たおれる	쓰러지다
☐ 海岸	かいがん	해안
☐ 離れる	はなれる	떨어지다
☐ 輪になる	わになる	원형을 이루다
☐ 芝生	しばふ	잔디
☐ 刈り込み	かりこみ	깎아 다듬음
☐ 丸い	まるい	둥글다
☐ 引き出し	ひきだし	서랍
☐ 押し入れ	おしいれ	벽장, 붙박이장
☐ 履き物	はきもの	신발
☐ 背負う	せおう	메다
☐ 大通り	おおどおり	대로
☐ 広場	ひろば	광장

PART 1
사진 묘사 오답 노트

1. 인물의 동작 · 자세

- 「〜ところだ」 앞에 오는 동사 형태에 따른 의미 차이를 기억해 둘 것.

- 선택지의 주어가 동일한 경우가 많으므로 뒷부분의 동사에 집중하여 듣도록 할 것.

- 2인이 등장하는 사진은 두 사람의 동작이나 자세에서 공통점이나 차이점, 그리고 위치 관계에 주목할 것.

- 다수의 인물이 등장하는 사진은 주어가 제각각인 경우가 많으므로 뒷부분의 동사는 물론이고 앞부분의 주어까지도 집중해서 들을 것.

2. 신체 일부의 동작

- 동작을 하고 있는 신체 부위의 명칭과 세부적인 동작을 나타내는 동사에 주목할 것.

- 실제 시험에서는 사진에 등장하는 사물의 명칭을 사진 옆에 적어 두고, 그 다음에 동작을 나타내는 동사를 잘 들을 것.

3. 인물의 상태

- 자동사와 타동사의 상태 표현에 대해서 확실하게 이해해 둘 것.

- 인물의 복장을 묻는 문제는 자주 출제되므로 착용 동사를 반드시 숙지해 둘 것.

- 인물의 상태에 대한 묘사는 모두 올바르게 제시되어 있지만, 앞부분의 장소에서 틀린 경우도 있으므로 들을 때는 장소도 정확히 파악해 둘 것.

4. 인물의 표정

- 대부분 사진 속에 등장하는 인물의 표정이 핵심이 되므로, 우선 사진을 보는 순간 인물의 표정이 두드러지게 눈에 띄면 긍정적인 표정인지 부정적인 표정인지를 구분해 둘 것.

- 기본적으로 부정적인 표현보다는 밝고 긍정적인 표정으로 나오는 경우가 많으므로 일단은 긍정적인 표현들부터 정리해 둘 것.

5. 사물의 상태 · 특징 · 장소

- 모양이나 형태, 위치 관계를 묻는 문제가 많이 출제된다는 것을 기억해 둘 것.

- 사물의 모양이나 형태를 묻는 문제는 사진에서 두드러지게 보이는 사물의 모양이나 형태를 정확하게 파악하고, 자주 출제되는 い형용사나 명사를 숙지해 둘 것.

- 사물을 클로즈업한 사진의 경우에는 용도를 묻는 경우가 많으므로 그 사물로 무엇을 할 수 있는지 용도를 기억해 둘 것.

6. 동물 묘사

- 사진에 등장하는 동물의 숫자에 주목할 것.
- 동물의 상태를 묻는 문제는 동물의 두드러진 동작이나 자세, 현재 어떤 상태를 취하고 있는지를 묻는데, 정적인 상태보다는 동적인 상태로 출제되는 경우가 많으므로 동작을 나타내는 동사를 숙지해 둘 것.

7. 도로나 교통 및 건물

- 직접적으로 교통 기관이나 건물과 관련된 어휘를 묻는 경우가 많으므로 자주 출제되는 어휘를 정리해 둘 것.
- 도로나 교통 관련 문제는 주로 도로의 모양이나 교통 상태를 묻는 문제로 출제된다는 것을 기억해 둘 것.
- 건물 관련 문제는 주로 주택가 및 고층 건물이 많이 들어선 대도시 사진으로 출제된다는 것을 기억해 둘 것.

8. 글자가 등장하는 사진

- 파본 검사 시간이나 문제와 문제 사이의 여유 시간을 이용해서 반드시 내용을 파악해 둘 것.
- 사진을 볼 때는 한자로만 적혀져 있는지, 아니면 히라가나나 숫자 등도 나오는지 등 글자의 특징을 정확하게 파악해 두어야 하고, 간혹 크기를 묻는 문제도 있으므로 복수의 글자가 나올 때는 글자의 크기도 확인해 둘 것.
- 글자의 내용을 직접 묻는 문제는 보통 병원의 진료 시간 안내나 가게 앞의 각종 게시판, 광고 전단지의 내용이나 팸플릿 등이 출제된다는 것을 기억해 둘 것.

9. 전체적인 풍경 및 상황

- 난이도가 가장 높게 출제되는 부분이지만, 대부분의 경우 문장 끝 부분의 동사에서 정답이 판가름 나는 경우가 많으므로 끝 부분에 나오는 동사를 잘 듣고 메모하는 습관을 길러 둘 것.
- 사진에서 눈에 띄게 두드러진 풍경에 일단 주목을 하고 그 부분에 표시를 해 둘 것.
- 간혹 세부적인 부분을 묻는 문제가 출제되기도 하므로 파본 검사 등을 이용해 세부적인 풍경까지 꼼꼼히 봐 둘 것.

1.

2.

3.

4.

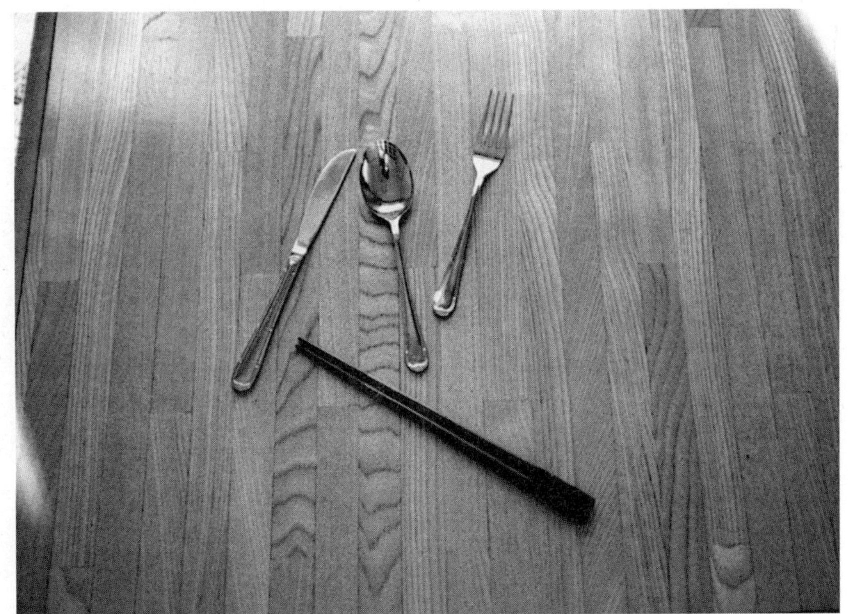

5.

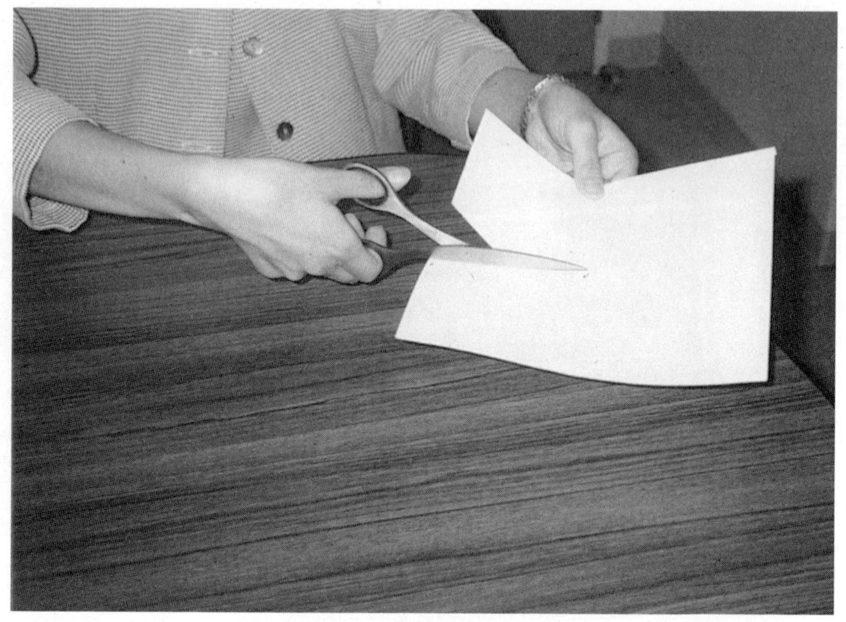

6.

7.

8.

9.

10.

11.

12.

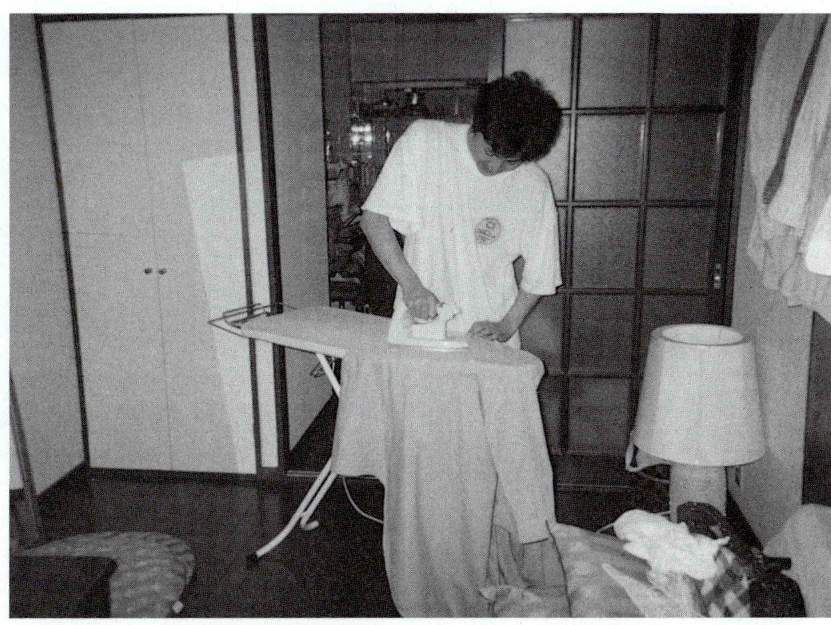

13.

14.

15.

16.

17.

18.

19.

20.

1.

2.

3.

4.

5.

6.

7.

8.

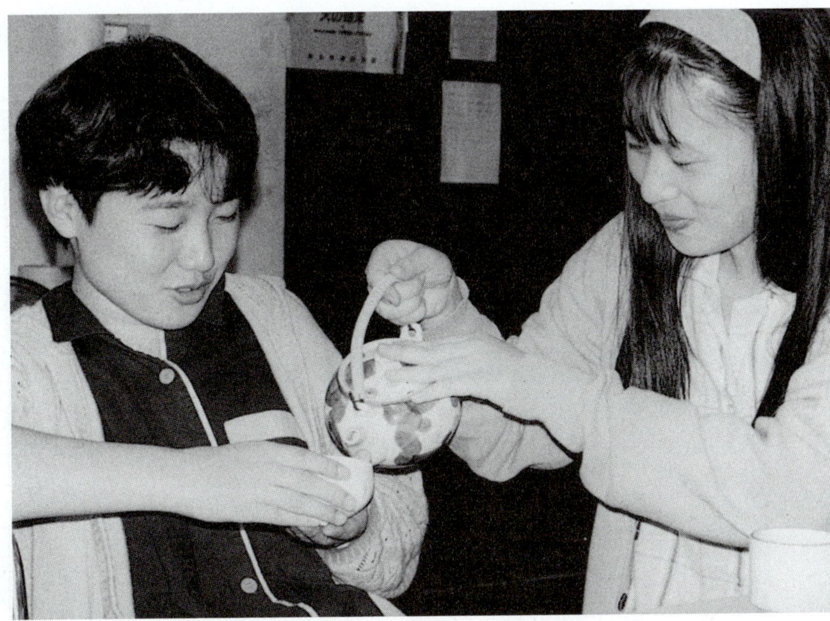

9.

10.

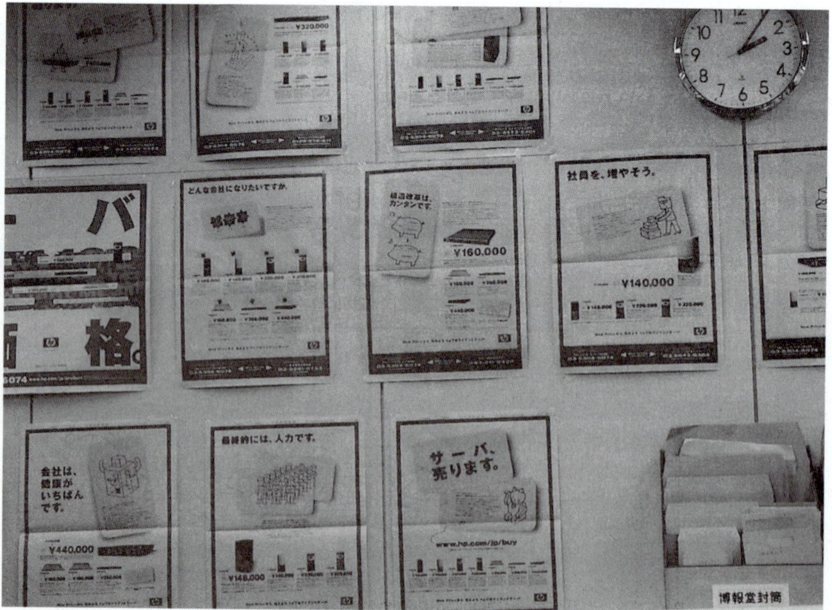

11.

危険です
警報機がなりはじめてから、または
しゃだんきのしまっているあいだは
踏切内には絶対にはいらないでください
武蔵野警察署
京王帝都電鉄株

12.

13.

東北・山形・秋田新幹線発車時刻
Tōhoku・Yamagata・Akita Shinkansen Departure Time
種別　番号　時　分　行　先　のりば　記　事
Train name　Number　Hour　Minute　for　Tracks　Remarks
やまびこ・こまち　7　8:52　盛岡・秋田　23　やまびこ1~3自由席号車　こまち15.16
Maxやまびこ　35　9:00　盛岡　22　自由席1~3.9・11号車
Maxやまびこ　つばさ183　9:08　仙台山形新庄　22　やまびこ1~3自由席号車　つばさ16.17
なすの235　9:20　那須塩原　23　自由席1~6号車

14.

15.

16.

17.

18.

19.

20.

PART 2

청해 파트에서 수험자들이 가장 어려워하는 파트로 문제 유형은 다음과 같이 일곱 가지로 구분된다.

1. 의문사형 질문   2. 예/아니요형 질문   3. 인사 표현   4. 정보 전달 및 정보 확인
5. 일상생활   6. 비즈니스 및 경제 표현   7. 관용 표현

문제에 대한 사전 정보 없이 순수하게 자신의 청취력에만 의존해야 하는 파트이므로 메모는 필수다. 매월 약간의 차이는 있지만 의문사형 질문과 예/아니요형 질문이 보통 파트 앞부분에 위치하고 중반부는 가장 많은 문항을 차지하는 일상생활 관련 표현이 출제된다. 40번대를 넘어서면서 비즈니스 및 경제 표현이 등장하기 시작하고 관용 표현은 보통 후반부 문제로 출제된다. 최근 시험에서는 일상생활 표현의 문항 비율이 조금 줄고 비즈니스 표현의 문제 비율이 증가하고 있는 추세이므로 이 부분에 대한 학습이 필요하다.

PART 2 미리보기

PART 2 구성

	PART 2
문항 수	30문항(21~50번)
문제 총 소요 시간	약 13분 10초
다음 문제까지의 여유 시간	4초
빈출 출제 유형	의문사형 질문 예/아니요형 질문 정보 전달 및 정보 확인 일상생활 비즈니스 및 경제 표현

PART 2 출제 유형

PART 2 질의응답은 질문에 대한 적절한 응답을 찾는 문제로 오로지 자신의 청취 능력에만 의지해서 문제를 풀어야 하는 PART이다. 이 PART에서는 의문사형 질문부터 시작해 예/아니요형 질문, 정보 전달 및 정보 확인, 일상생활, 비즈니스 및 경제 표현 등이 자주 출제되는데 최근의 기출 문제를 분석해 보면 틀에 박힌 응답보다는 좀 더 세분화된 다양한 응답의 형태로 출제되고 있으므로 여러 가지 상황을 종합적으로 고려해 정답을 찾아야 실수가 없다. 그리고 속도 또한 빨라지고 있는 추세이므로 일본인의 일상적인 구어체 대화 속도에 익숙해질 필요가 있다.

PART 2 문제 비율

최근의 기출 문제를 유형별로 분석해 보면 다음 그래프와 같다. 그래프에서 보는 것처럼 일상생활 표현이 가장 많이 출제되고 있고 다음으로 정보 전달 및 정보 확인, 의문사형 질문, 비즈니스 및 경제 표현 순으로 출제된다. 이 PART에서 고득점을 받기 위해서는 PART 앞부분에 출제되는 의문사형 질문과 예/아니요형 질문은 무조건 맞춰야 하고 주로 45번 이후에 출제되고 있는 난이도가 가장 높은 비즈니스 및 경제 표현을 집중적으로 학습해 둘 필요가 있다.

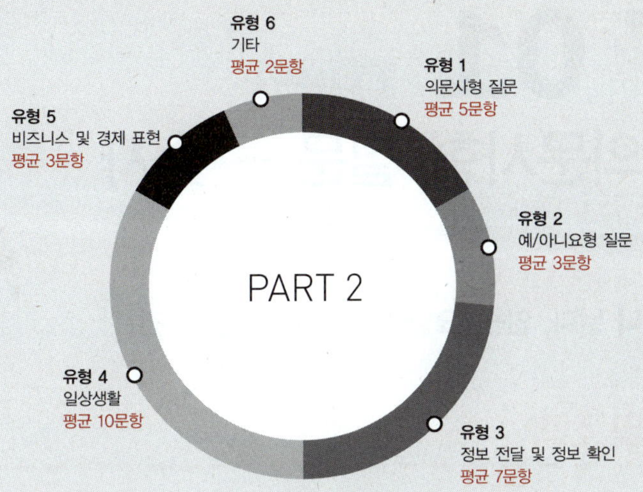

■■ PART 2 학습법

JPT 시험 응시자들이 가장 어려워하는 PART가 질의응답이다. 이 PART는 정답을 찾을 만한 정보가 사전에 전혀 제시되지 않기 때문에 집중력이 부족한 학습자들에게는 더욱 어렵게 여겨지는 PART이다. 특히 시제나 요일, 날짜 등을 정확하게 메모하면서 풀지 않으면 내용을 다 듣고도 엉뚱한 선택지를 정답으로 고르는 경우도 생기므로 평소에 메모하면서 문제를 푸는 습관이 필요하다. 난이도가 가장 높게 출제되는 비즈니스 및 경제 표현은 학습자들이 일상생활에서는 거의 사용할 일이 없는 표현들이 출제되는 경우도 많으므로 꾸준히 다양한 어휘를 접해 둘 필요가 있다.

■■ 저자의 청해 만점 비법!!

◆ 메모는 필수! 문제와 선택지가 문제지에 인쇄되어 있지 않은 오로지 자신의 청취 능력에 의지해서 문제를 풀어야 하는 PART이기 때문에 반드시 메모가 필요하다.

◆ 문제의 대략적인 출제 유형 순서를 기억해 미리 준비를 하고 들으면 정답을 찾기가 조금은 용이하다. 대체적으로 의문사형 질문 및 예/아니요형 질문(21번~30번), 정보 전달 및 정보 확인·일상생활(31번~45번), 비즈니스 및 경제 표현(46번~50번)의 순서로 출제되므로 출제 유형의 순서를 기억해 두자.

◆ 고득점을 좌우하는 40번 이후의 문제들은 어휘력이 부족하면 절대 풀 수 없는 문제들이다. 평소에 관용 표현, 의태어, 비즈니스 및 경제 표현 등을 꾸준히 암기해 두도록 하자.

◆ 가장 난이도가 높은 비즈니스 및 경제 표현은 문제에 등장하는 어휘와 비슷한 발음이 선택지에 나오는 경우에는 오답일 가능성이 높으므로 그런 선택지부터 소거법으로 제거하면서 풀도록 하자.

◆ 찍는 것도 요령이다. 문제를 들을 때 선택지 옆에 정답이 확실하면 ○, 애매하면 △, 오답이면 × 표시를 해 두면 시간에 쫓겨 미처 정답을 찾지 못하더라도 오답을 고를 확률을 줄일 수 있다.

UNIT 01 🎧 18.MP3

▶ 유형 1 의문사형 질문 – 숫자

 시간이나 날짜, 인원, 요일에 주의하면서 들을 것!

분석 및 전략

의문사형 질문 중에서 숫자 관련 문제는 주로 「いつ」(언제), 「何時(なんじ)」(몇 시) 등이 포함된 질문을 말한다. 대답 방법으로는 시간이나 날짜, 인원, 요일로 대답하는 것이 보통인데 의문사 다음에 나오는 조사에도 주의를 하면서 들어야 실수가 없다.

그리고 항상 오답으로 나오는 것이 시제를 틀리게 해서 제시하는 유형이다. 예를 들어 「今日(きょう)の会議(かいぎ)は何時(なんじ)から始(はじ)まりますか」(오늘 회의는 몇 시부터 시작되나요?)라는 질문이 있다고 하면 오답으로 주로 나오는 것이 「昨日(きのう)開(ひら)かれました」(어제 열렸어요)처럼 시제를 과거형으로 제시한 보기가 자주 등장하므로 문제 문장을 들을 때는 시제에 주의하도록 하자.

기타 오답으로 장소나 과거의 경험 등을 나타내는 표현들도 자주 등장하므로 이런 유형도 함께 기억해 두어야 한다.

1 「いつ」(언제) – 시간 & 때

いつなら都合（つごう）がいいですか。

(A) 2時（じ）までは暇（ひま）です。

(B) 今（いま）、会議中（かいぎちゅう）です。

(C) 昨日（きのう）は会社（かいしゃ）を休（やす）みました。

(D) 1回（かい）会（あ）ったことがあります。

언제라면 사정이 괜찮습니까?
(A) 2시까지는 한가합니다.
(B) 지금 회의 중입니다.
(C) 어제는 회사를 쉬었습니다.
(D) 한 번 만난 적이 있습니다.

⋯▶ 언제 형편이 좋은지 묻고 있으므로 「2時(じ)まで」(2시까지)라는 시간이 명시되어 있는 (A)가 정답. (B) 와 (C)는 각각 지금 무엇을 하고 있는지와 어제 무엇을 했는지에 대한 대답이다. (D)는 누군가를 만난 적이 있는가 하는 과거의 경험을 묻는 질문에 대한 응답이다.

~なら ~(이)라면　都合(つごう)がいい 사정이 좋다. 형편이 좋다　暇(ひま) 한가함
会議(かいぎ) 회의　休(やす)む 쉬다　동사의 た형+ことがある ~한 적이 있다(경험)

2 「いつ」(언제) – 날짜

パーティーはいつですか。
(A) 来週（らいしゅう）の金曜日（きんようび）です。

(B) 会社（かいしゃ）のそばのホテルです。

(C) 日本料理（にほんりょうり）です。

(D) 1人（ひとり）5千円（せんえん）です。

파티는 언제인가요?
(A) 다음 주 금요일이에요.
(B) 회사 옆에 있는 호텔이에요.
(C) 일본 요리예요.
(D) 한 사람에 오천 엔이에요.

⋯▶ 파티가 언제인지 물었으므로 적절한 응답은 구체적인 날을 언급한 (A)가 된다. 나머지 선택지는 각각 파티 장소, 파티에 나오는 요리, 파티 참가비를 물었을 때 할 수 있는 대답이다.

パーティー(party) 파티　来週(らいしゅう) 다음 주　金曜日(きんようび) 금요일　そば 옆　料理(りょうり) 요리

いつたばこを止めたんですか。

(A) 半年前に子供が生まれてから吸っていません。

(B) 二十歳の時吸い始めました。

(C) 会社に入って吸う量が増えました。

(D) さっき昼ご飯の後で買ってきました。

언제 담배를 끊었나요?

(A) 반년 전에 아이가 태어난 후로 안 피웠어요.

(B) 스무 살 때 피우기 시작했어요.

(C) 회사에 들어가 피우는 양이 늘었어요.

(D) 조금 전 점심 식사 후에 사 왔어요.

⋯▶ 「いつ」(언제)라는 의문사와 「止(や)める」(그만두다, 끊다)라는 동사가 포인트. 담배를 끊은 시기를 물었으므로 적절한 응답은 (A)가 된다.

たばこ 담배　半年(はんとし) 반년　生(う)まれる 태어나다　〜てから 〜하고 나서, 〜한 후로
吸(す)う (담배를) 피우다　동사의 ます형+始(はじ)める 〜하기 시작하다　会社(かいしゃ) 회사
量(りょう) 양　増(ふ)える 늘다　さっき 조금 전　昼(ひる)ご飯(はん) 점심 식사　買(か)う 사다

お客様は何時にいらっしゃるんですか。

(A) 1人でいらっしゃるそうです。

(B) 4時にお見えになるそうです。

(C) こちらに来てくださるそうです。

(D) 一緒に食事をします。

손님은 몇 시에 오시나요?

(A) 혼자서 오신대요.

(B) 4시에 오신대요.

(C) 이쪽으로 와 주신대요.

(D) 함께 식사를 합니다.

⋯▶ 손님이 오는 시간을 묻고 있으므로 시간을 언급한 (B)가 어울리는 응답이지만, 여기서는 「お見(み)えになる」(오시다)의 뜻을 알아야 (B)를 정답으로 고를 수 있다. (A)는 손님이 몇 명 오는지에 대한 대답이고, (C)는 어디로 오는지에 대한 대답이므로 정답이 될 수 없다. 또한 (D)는 질문에 전혀 어울리지 않는 응답이다.

お客様(きゃくさま) 손님　いらっしゃる 오시다, 가시다　동사의 기본형+そうだ 〜라고 한다
一緒(いっしょ)に 함께, 같이　食事(しょくじ) 식사

1.

  (A) _______________________________ (○ · ×)

  (B) _______________________________ (○ · ×)

  (C) _______________________________ (○ · ×)

  (D) _______________________________ (○ · ×)

2.

  (A) _______________________________ (○ · ×)

  (B) _______________________________ (○ · ×)

  (C) _______________________________ (○ · ×)

  (D) _______________________________ (○ · ×)

3.

  (A) _______________________________ (○ · ×)

  (B) _______________________________ (○ · ×)

  (C) _______________________________ (○ · ×)

  (D) _______________________________ (○ · ×)

PART 2

연 습 문 제 █ 의문사형 질문 – 숫자 ◁))) 메모하면서 들어 보세요.

1. すみません。今何時ですか。

(A) いいえ。何もしませんでした。

(B) 今日は木曜日です。

(C) 今10時35分です。

(D) ここに五つありますよ。

실례합니다. 지금 몇 시인가요?
(A) 아니요. 아무것도 하지 않았어요.
(B) 오늘은 목요일이에요.
(C) 지금 10시 35분이에요.
(D) 여기에 다섯 개 있어요.

해설 「何時(なんじ)」(몇 시)라는 의문사의 의미를 알고 있다면 정답이 쉽게 나오는 문제이다. 지금 몇 시냐고 물었으므로 시간으로 대답한 선택지를 고르면 된다.

어휘 今(いま) 지금 今日(きょう) 오늘 木曜日(もくようび) 목요일 五(いつ)つ 다섯 개

2. 今日は何人で会議をしましたか。

(A) 7人でしました。

(B) 2階の部屋です。

(C) 明後日あります。

(D) 10時からです。

오늘은 몇 명이서 회의를 했나요?
(A) 7명이서 했어요.
(B) 2층에 있는 방이에요.
(C) 모레 있어요.
(D) 10시부터예요.

해설 「何人(なんにん)」(몇 사람)이라는 의문사가 나오므로 인원수로 대답해야 한다는 것을 알 수 있다. (B)는 회의 장소. (C)와 (D)는 회의 시간을 물었을 때 할 수 있는 응답이다.

어휘 会議(かいぎ) 회의 ～階(かい) ～층 部屋(へや) 방 明後日(あさって) 모레

3. 佐藤さん、お子さんは何人いますか。

(A) 子供は今8歳です。

(B) 妻はとても若いですよ。

(C) お菓子がとても好きです。

(D) 男の子と女の子が1人ずつです。

사토 씨, 자제분은 몇 명인가요?
(A) 아이는 지금 여덟 살이에요.
(B) 아내는 아주 젊어요.
(C) 과자를 아주 좋아해요.
(D) 남자아이와 여자아이가 한 명씩이에요.

해설 아이가 몇 명인지 묻고 있는 상황이다. (A), (B), (C)는 각각 아이의 나이, 아내, 좋아하는 음식에 대해서 이야기하고 있으므로 정답과는 거리가 먼 응답들이다. 따라서 정답은 (D)가 된다.

어휘 子供(こども) 아이 妻(つま) 아내 若(わか)い 젊다. 어리다 お菓子(かし) 과자 好(す)き 좋아함

4.

    (A) _______________________________________ (O · X)

    (B) _______________________________________ (O · X)

    (C) _______________________________________ (O · X)

    (D) _______________________________________ (O · X)

5.

    (A) _______________________________________ (O · X)

    (B) _______________________________________ (O · X)

    (C) _______________________________________ (O · X)

    (D) _______________________________________ (O · X)

6.

    (A) _______________________________________ (O · X)

    (B) _______________________________________ (O · X)

    (C) _______________________________________ (O · X)

    (D) _______________________________________ (O · X)

PART 2

4. 息子さんは今おいくつですか。

(A) 4人もいるんですよ。

(B) 娘は去年大学を卒業しました。

(C) やっと1歳になったばかりです。

(D) 東京で一人暮らしをしています。

아드님은 지금 몇 살인가요?
(A) 네 명이나 있어요.
(B) 딸은 작년에 대학을 졸업했어요.
(C) 이제 겨우 한 살이 되었어요.
(D) 도쿄에서 혼자 살고 있어요.

해설 「いくつ」는 '몇 개' 라는 의미의 의문사지만, 「おいくつ」가 되면 상대방에게 나이를 물을 때 사용하는 표현이 된다. 선택지 중에서 나이로 대답한 선택지는 (C)뿐이다.

어휘 息子(むすこ) 아들 娘(むすめ) 딸 去年(きょねん) 작년 大学(だいがく) 대학 卒業(そつぎょう) 졸업 やっと 겨우, 간신히 동사의 た형+ばかりだ 막 ~했다 一人暮(ひとりぐ)らし 혼자서 삶, 독신생활

5. このきれいな紙は1枚いくらですか。

(A) 10円ですが、100枚で850円です。

(B) 私もこの紙が好きです。

(C) 本当にきれいですよ。

(D) このデパートの7階にあります。

이 예쁜 종이는 한 장에 얼마인가요?
(A) 10엔이지만 100장에 850엔이에요.
(B) 저도 이 종이를 좋아해요.
(C) 정말로 예뻐요.
(D) 이 백화점 7층에 있어요.

해설 「いくら」는 '얼마' 라는 의미의 의문사이므로 가격으로 대답한 선택지를 골라야 한다. (D)는 종이를 파는 장소에 대해 물었을 때 어울리는 응답이다.

어휘 きれい 예쁨, 아름다움 紙(かみ) 종이 ~枚(まい) ~장, ~매 本当(ほんとう)に 정말로 デパート 백화점

6. 今日そちらの病院は何時までですか。

(A) 診察は9時からですが。

(B) 内科と婦人科がございます。

(C) 5時まで受け付けていますよ。

(D) 入院は別の受付に書類があります。

오늘 그쪽 병원은 몇 시까지인가요?
(A) 진찰은 9시부터입니다만.
(B) 내과와 부인과가 있습니다.
(C) 5시까지 접수하고 있습니다.
(D) 입원은 다른 접수처에 서류가 있습니다.

해설 병원이 몇 시까지 진찰하는지를 묻고 있으므로 가장 적절한 응답은 (C)가 된다. (A)는 몇 시부터 진찰을 시작하는지 물었을 때, (B)는 진료 과목을 물었을 때 나올 수 있는 응답이다. 그리고 (D)는 입원 절차를 물었을 때 할 수 있는 응답이므로 답이 될 수 없다.

어휘 病院(びょういん) 병원 診察(しんさつ) 진찰 内科(ないか) 내과 婦人科(ふじんか) 부인과 受(う)け付(つ)ける 접수하다 入院(にゅういん) 입원 別(べつ) 다름 受付(うけつけ) 접수처 書類(しょるい) 서류

주요 어휘 정리

한자	읽기	의미
☐ 暇	ひま	한가함
☐ 会議	かいぎ	회의
☐ 休む	やすむ	쉬다
☐ 来週	らいしゅう	다음 주
☐ 料理	りょうり	요리
☐ 吸う	すう	(담배를) 피우다
☐ 量	りょう	양
☐ お見えになる	おみえになる	오시다
☐ 一緒に	いっしょに	함께, 같이
☐ 食事	しょくじ	식사
☐ 部屋	へや	방
☐ 明後日	あさって	모레
☐ 妻	つま	아내
☐ 若い	わかい	젊다, 어리다
☐ お菓子	おかし	과자
☐ 好き	すき	좋아함
☐ 息子	むすこ	아들
☐ 娘	むすめ	딸
☐ 卒業	そつぎょう	졸업
☐ 紙	かみ	종이
☐ 診察	しんさつ	진찰

UNIT 02 🎧 19.MP3
▶ 유형 2 의문사형 질문 – 장소

POINT 장소 파악과 함께 「どこ」 다음에 오는 조사와 동사에 주의할 것!

분석 및 전략

의문사형 질문 중에서 장소를 묻는 문제는 「どこ」(어디)라는 의문사로 제시되는 유형을 말하는데, 「どこ」 다음에 나오는 조사와 뒷부분의 동사에 따라 정답이 달라지므로 조사에 주의를 해야 한다. 예를 들어 「どこで会(あ)いますか」(어디서 만나요?)라는 질문의 경우 만나는 장소로 대답하면 되지만, 「どこにありますか」(어디에 있나요?)라는 질문의 경우에는 둔 장소나 현재의 위치를 나타내는 선택지를 골라야 한다.

장소 관련 의문사형 질문은 오답으로 선택지에 자주 등장하는 것이 시간을 나타내는 표현이므로 이 오답 유형에 익숙해질 필요가 있다. 그리고 다른 의문사 관련 질문도 마찬가지지만 의문사형 질문은 절대 '예' 나 '아니요' 로 대답할 수 없다는 것도 함께 기억해 두도록 하자.

1 「どこ」(어디) – 약속 장소

どこで会いましょうか。

(A) 時々駅で会います。

(B) 7時に駅ではどうですか。

(C) 明日はどうですか。

(D) 仕事の後がいいです。

어디서 만날까요?
(A) 가끔 역에서 만나요.
(B) 7시에 역에서는 어때요?
(C) 내일은 어때요?
(D) 일이 끝난 뒤가 좋아요.

⋯→ 어디서 만날 것인지 상대방의 의견을 묻고 있다. 선택지 중 만날 장소가 나온 것은 (A)와 (B)인데, (A)는 「時々(ときどき)」(가끔, 때때로)라는 부사가 쓰이고 있고 현재형이므로 습관이나 반복적인 동작을 나타낸다. 따라서 시간과 장소를 제시하며 질문한 사람에게 의향을 되물은 (B)가 적절한 응답이다. (C)와 (D)는 언제 만날지에 대한 대답이다.

会(あ)う 만나다　駅(えき) 역　仕事(しごと) 일, 업무　後(あと) 뒤, 후

2 「どこ」(어디) – 사물의 위치

写真をどこに置きましたか。

(A) 公園で撮りました。

(B) 机の上ですよ。

(C) 時々友達に見せます。

(D) 家族の写真です。

사진을 어디에 뒀나요?
(A) 공원에서 찍었어요.
(B) 책상 위에요.
(C) 가끔 친구에게 보여 줘요.
(D) 가족 사진이에요.

⋯→ 사진을 어디에 뒀는지 묻고 있으므로 장소로 대답해야 한다는 것을 알 수 있다. (A)는 사진을 둔 장소가 아니라 찍은 장소이므로 오답이고 (C)와 (D)는 질문과는 거리가 먼 대답들이다.

写真(しゃしん) 사진　置(お)く 두다　公園(こうえん) 공원　撮(と)る (사진을) 찍다　机(つくえ) 책상
友達(ともだち) 친구　見(み)せる 보이다　家族(かぞく) 가족

それ、どこで手（て）に入（い）れたの。

(A) どこにもなくて諦（あきら）めちゃった。

(B) デパートの安売（やすう）りで見（み）つけたんだ。

(C) 僕（ぼく）には少（すこ）し大（おお）きいから、止（や）めておこうかな。

(D) サイズがぴったりだったから、買（か）ったんだ。

그거 어디서 손에 넣었어?
(A) 아무데도 없어서 포기해 버렸어.
(B) 백화점 염가 판매에서 발견했어.
(C) 나한텐 좀 크니까 그만둘까.
(D) 사이즈가 딱 맞아서 샀어.

… 물건을 구입한 장소를 묻고 있다. (A)와 (D)는 포기한 이유와 구입한 이유를 말하고 있으므로 정답이 될 수 없다. (C)도 살까 말까 망설이고 있으므로 질문에 어울리지 않는 대답이다. 따라서 구체적인 장소를 밝히고 있는 (B)가 정답이다.

手（て）に入（い）れる 손에 넣다, 입수하다　諦（あきら）める 포기하다. 단념하다
～ちゃう ～해 버리다 ＊「～てしまう」의 축약 표현　デパート 백화점　安売（やすう）り 싸게 팖. 염가 판매
見（み）つける 찾아내다. 발견하다　大（おお）きい 크다　止（や）める 그만두다　サイズ(size) 사이즈　ぴったり 딱. 꼭

すみません。地下鉄（ちかてつ）の乗（の）り換（か）え口（ぐち）はどこですか。

(A) 改札口（かいさつぐち）の側（そば）に窓口（まどぐち）がありますよ。

(B) 次（つぎ）の駅（えき）でも同（おな）じ線（せん）に乗（の）れますよ。

(C) 反対側（はんたいがわ）の階段（かいだん）を降（お）りて右側（みぎがわ）にあります。

(D) プラットホームは18番線（ばんせん）です。

실례합니다. 지하철 환승구는 어디인가요?
(A) 개찰구 옆에 창구가 있어요.
(B) 다음 역에서도 같은 선을 탈 수 있어요.
(C) 반대쪽 계단을 내려가 오른쪽에 있어요.
(D) 플랫폼은 18번선이에요.

… 지하철 환승구의 위치를 묻는 문제이다. 선택지 중에서 환승구로 가는 방법을 설명한 선택지를 고르면 되므로 정답은 (C)가 된다.

地下鉄（ちかてつ）지하철　乗（の）り換（か）え口（ぐち）환승구　改札口（かいさつぐち）개찰구　窓口（まどぐち）창구
次（つぎ）다음　駅（えき）역　同（おな）じ 똑같음　線（せん）선　乗（の）る 타다　反対側（はんたいがわ）반대쪽
階段（かいだん）계단　降（お）りる 내려가다　右側（みぎがわ）오른쪽　プラットホーム (platform) 플랫폼

1.

(A) _______________________________________ (O · X)

(B) _______________________________________ (O · X)

(C) _______________________________________ (O · X)

(D) _______________________________________ (O · X)

2.

(A) _______________________________________ (O · X)

(B) _______________________________________ (O · X)

(C) _______________________________________ (O · X)

(D) _______________________________________ (O · X)

3.

(A) _______________________________________ (O · X)

(B) _______________________________________ (O · X)

(C) _______________________________________ (O · X)

(D) _______________________________________ (O · X)

PART 2

1. 本屋はどこにありますか。

(A) 歩いて行きました。

(B) 駅の前にあります。

(C) 鞄の中にあります。

(D) 本屋は休みでした。

서점은 어디에 있나요?
(A) 걸어서 갔어요.
(B) 역 앞에 있어요.
(C) 가방 안에 있어요.
(D) 서점은 쉬는 날이었어요.

해설 「どこ」(어디)라는 의문사가 있는 것으로 보아 장소로 대답한 선택지를 골라야 한다는 것을 알 수 있다. 서점의 위치를 물었으므로, 정답은 역 앞에 있다고 한 (B)가 된다.

어휘 本屋(ほんや) 서점 歩(ある)く 걷다 駅(えき) 역 鞄(かばん) 가방 休(やす)み 휴일, 쉬는 날

2. どこかへ旅行したいですね。

(A) あの新しいレストランはどうですか。

(B) 私はフランスがいいです。

(C) では、公園に行きましょう。

(D) どうぞ台所を使ってください。

어딘가로 여행하고 싶군요.
(A) 저 새 레스토랑은 어때요?
(B) 저는 프랑스가 좋아요.
(C) 그럼 공원에 가죠.
(D) 어서 부엌을 사용하세요.

해설 문제 문장에서 「どこ」(어디)라는 장소를 나타내는 의문사가 있으므로 일단 장소로 대답한 선택지를 골라야 한다. 선택지는 모두 장소로 대답했지만, 문제 문장의 「旅行(りょこう)」(여행)라는 단어로 보아 가장 적절한 응답은 (B)라는 것을 알 수 있다.

어휘 新(あたら)しい 새롭다 レストラン(프랑스어 restaurant) 레스토랑 フランス(France) 프랑스 公園(こうえん) 공원
どうぞ 어서, 사양 말고 *상대방에게 무엇을 권하거나 허락할 때 쓰는 말 台所(だいどころ) 부엌 使(つか)う 사용하다

3. 今日の会議はどこでやることになったの。

(A) 始まる時間はまだ聞いていないんだ。

(B) 私と鈴木さんが出席することになったんだ。

(C) もうすぐ終わると思うから、少し待っていたら。

(D) 小林さんが知っているはずだけど。

오늘 회의는 어디서 하게 됐어?
(A) 시작되는 시간은 아직 못 들었어.
(B) 나와 스즈키 씨가 참석하게 되었어.
(C) 이제 곧 끝날 테니까 조금 기다리는 게 어때?
(D) 고바야시 씨가 알고 있을 텐데.

해설 「どこ」(어디)라는 의문사가 나왔다고 해서 무조건 장소로 대답한다고 생각하면 정답을 놓칠 수도 있는 문제이다. 오늘 회의를 어디서 하게 되었는지 묻고 있지만, 선택지 중에는 장소를 언급한 것이 없으므로 일일이 잘 듣고 판단하는 수밖에 없다. (A)와 (B)는 각각 시작되는 시간과 참석자에 관한 대답이므로 오답이고, (C)는 회의가 이미 시작된 상태에서 할 수 있는 대답이므로 역시 오답이 된다. 정답은 (D)로, 고바야시 씨가 회의 장소를 알고 있을 거라는 의미이다.

어휘 会議(かいぎ) 회의 やる 하다 始(はじ)まる 시작되다 時間(じかん) 시간 出席(しゅっせき) 출석, 참석 終(お)わる 끝나다
待(ま)つ 기다리다 知(し)る 알다 〜はずだ 〜일 터이다, 〜일 것이다

4.

(A) __________________________________ (○ · ✕)

(B) __________________________________ (○ · ✕)

(C) __________________________________ (○ · ✕)

(D) __________________________________ (○ · ✕)

5.

(A) __________________________________ (○ · ✕)

(B) __________________________________ (○ · ✕)

(C) __________________________________ (○ · ✕)

(D) __________________________________ (○ · ✕)

6.

(A) __________________________________ (○ · ✕)

(B) __________________________________ (○ · ✕)

(C) __________________________________ (○ · ✕)

(D) __________________________________ (○ · ✕)

연 습 문 제 ▌ 의문사형 질문 – 장소

4. あちらではどんな所にお泊まりになりたいですか。

(A) ホテルを出発するのは10時頃になりそうです。

(B) とても景色のいい所でしたよ。

(C) 旅館に2日泊まりました。

(D) できたら駅の近くがいいですね。

그곳에서는 어떤 곳에 묵고 싶으신가요?

(A) 호텔을 출발하는 건 10시쯤이 될 것 같아요.

(B) 아주 경치가 좋은 곳이었어요.

(C) 여관에서 이틀 묵었어요.

(D) 가능하면 역 근처가 좋겠어요.

해설 어떤 곳에 묵고 싶냐는 물음에 대한 적절한 응답을 찾는 문제이다. (A)는 출발 시간에 대해서 이야기했으므로 오답이 되고, (B)와 (C)는 장소로 대답은 했지만, 질문과는 거리가 먼 응답들이다. 정답은 가능하다면 역 근처가 좋겠다고 한 (D)가 된다.

어휘 泊(と)まる 묵다, 숙박하다 お+동사의 ます형+になる ~하시다(존경) 出発(しゅっぱつ) 출발 とても 아주, 매우 景色(けしき) 경치 旅館(りょかん) 여관 駅(えき) 역 近(ちか)く 근처

5. その時計はどこに行ったら買えますか。

(A) 明日行こうと思っています。

(B) 妹と一緒に行きました。

(C) 思ったより高かったです。

(D) デパートに行けばありますよ。

그 시계는 어디에 가면 살 수 있나요?

(A) 내일 가려고 생각하고 있어요.

(B) 여동생과 함께 갔어요.

(C) 생각했던 것보다 비쌌어요.

(D) 백화점에 가면 있어요.

해설 그 시계를 어디에 가면 살 수 있냐고 물었으므로 파는 장소로 대답한 선택지를 고르면 된다. 따라서 정답은 백화점에 가면 있다고 한 (D)가 된다.

어휘 時計(とけい) 시계 買(か)う 사다 妹(いもうと) 여동생 一緒(いっしょ)に 함께, 같이 ~より ~보다 高(たか)い 비싸다

6. 落し物の受け取りはどこに行けばいいですか。

(A) まず、警察に盗難届けを出してください。

(B) 遺失物は1番線の駅員室で預かっています。

(C) 貴重品はフロントでお預かりできますが。

(D) 1年間持ち主が現れなかった場合、ご連絡します。

분실물 수령은 어디로 가면 되나요?

(A) 우선 경찰에 도난 신고를 내 주세요.

(B) 유실물은 1번선의 역무원실에서 보관하고 있습니다.

(C) 귀중품은 프런트에 맡기실 수 있습니다만.

(D) 1년 동안 주인이 나타나지 않은 경우 연락드리겠습니다.

해설 분실물을 수령하려면 어디로 가야 되는지 묻고 있는 상황으로 「受(う)け取(と)り」(수령, 수취)라는 한자어가 포인트. (A)는 도난 신고를 내라고 했으므로 오답이 되고 (C)는 귀중품 보관에 대해서 말하고 있으므로 역시 오답이 된다. 그리고 (D)도 물건을 주운 사람에게 할 수 있는 말이므로, 문제의 질문과는 거리가 먼 응답이다.

어휘 落(おと)し物(もの) 분실물 警察(けいさつ) 경찰 盗難届(とうなんとど)け 도난 신고 遺失物(いしつぶつ) 유실물 駅員室(えきいんしつ) 역무원실 預(あず)かる 보관하다, 맡다 貴重品(きちょうひん) 귀중품 フロント(front) 프런트 持(も)ち主(ぬし) 소유주, 주인 現(あらわ)れる 나타나다 場合(ばあい) 경우 連絡(れんらく) 연락 ご+명사+する ~하다(겸양)

주요 어휘 정리

한자	읽기	의미
☐ 駅	えき	역
☐ 写真	しゃしん	사진
☐ 置く	おく	두다
☐ 公園	こうえん	공원
☐ 撮る	とる	(사진을) 찍다
☐ 家族	かぞく	가족
☐ 手に入れる	てにいれる	손에 넣다, 입수하다
☐ 諦める	あきらめる	포기하다, 단념하다
☐ 安売り	やすうり	싸게 팖, 염가 판매
☐ 見つける	みつける	찾아내다, 발견하다
☐ 地下鉄	ちかてつ	지하철
☐ 改札口	かいさつぐち	개찰구
☐ 窓口	まどぐち	창구
☐ 本屋	ほんや	서점
☐ 泊まる	とまる	묵다, 숙박하다
☐ 落し物	おとしもの	분실물
☐ 受け取り	うけとり	수령, 수취
☐ 盗難届け	とうなんとどけ	도난 신고
☐ 遺失物	いしつぶつ	유실물
☐ 持ち主	もちぬし	소유주, 주인

UNIT 03 

▶ 유형 3 의문사형 질문 – 무엇

POINT 「何(なに・なん)」 다음에 오는 표현에 주목하면서 들을 것!

분석 및 전략

의문사형 질문 중에서도 난이도가 높은 것이 '무엇'을 묻는 의문사형 질문이다. 보통 「何(なに)」로 제시되는 유형을 말하는데 이유나 원인에 대한 설명이 응답으로 제시된다. 예전에는 대상을 바로 묻는 문제가 대부분이었지만, 최근 시험에서는 직접적으로 대상을 묻는 문제보다는 「何(なに)」가 문제 문장 속에 나오지만 전후의 표현이나 문맥을 정확하게 파악해야 정답을 찾을 수 있는 문제로 꼬아서 출제되는 경우가 많다.

'무엇'을 묻는 의문사형 질문은 「何」의 발음에도 주의를 해야 한다. 예를 들어 「何(なに)で行(い)きますか」(무엇을 타고 갑니까?)라고 하면 교통 수단을 묻는 문제가 되지만, 「何(なん)で行(い)きますか」는 '왜 갑니까?' 라는 의미로 이유를 묻는 문제가 된다. 따라서 다른 의문사형 질문과 마찬가지로 「何」 다음에 오는 조사도 주의를 해야 하며 발음에 따라 전혀 다른 질문이 될 수 있다는 것도 기억해 두도록 하자.

<table><tr><td>**1**</td><td>「何(なに)」(무엇) – 갖고 싶은 것</td></tr></table>

何がほしいですか。

(A) ええ。ほしいですが、お金がありません。

(B) いいえ。あまりほしくないです。

(C) 新しいシャツがほしいです。

(D) 京都へ行きたいです。

뭘 갖고 싶나요?
(A) 네. 갖고 싶지만, 돈이 없어요.
(B) 아니요. 별로 갖고 싶지 않아요.
(C) 새 셔츠를 갖고 싶어요.
(D) 교토에 가고 싶어요.

⋯▸ 갖고 싶은 것이 무엇인지를 묻는 질문. (A), (B), (C) 모두 「ほしい」(갖고 싶다, 원하다)라는 단어가 쓰이고 있지만, (A)와 (B)는 각각 「ええ」(네), 「いいえ」(아니요)로 대답했으므로 정답에서 제외된다. 의문사로 물어본 경우에는 '예/아니요'의 답은 나올 수 없다는 것을 유념해 두자. (D)는 어디에 가고 싶은지에 대한 대답이므로, 정답은 (C)가 된다.

お金(かね) 돈　あまり 그다지, 별로　新(あたら)しい 새롭다　シャツ(shirt) 셔츠

<table><tr><td>**2**</td><td>「何(なに)」(무엇) – 과거의 직업</td></tr></table>

この会社に入る前は何をなさっていたんですか。

(A) デパートで働いています。

(B) 喫茶店でお茶を飲むんです。

(C) コンピューター会社の受付をしていました。

(D) テストを4回もさせられました。

이 회사에 들어오기 전에는 뭘 하셨나요?
(A) 백화점에서 일하고 있어요.
(B) 찻집에서 차를 마셔요.
(C) 컴퓨터 회사의 접수처에서 일했어요.
(D) 시험을 네 번이나 쳐야 했어요.

⋯▸ 회사에 들어오기 전에 무엇을 했는지 과거의 직업을 묻고 있으므로 과거 시제로 대답해야 한다. 선택지 중 시제가 과거인 것은 (C)와 (D)인데, (D)는 주제에서 벗어난 내용이다.

入(はい)る 들어오다　なさる 하시다　働(はたら)く 일하다　喫茶店(きっさてん) 찻집　お茶(ちゃ) 차
飲(の)む 마시다　コンピューター会社(がいしゃ) 컴퓨터 회사　受付(うけつけ) 접수, 접수처

ボーナスは何_{なに}に使_{つか}うつもりなの。

(A) テレビを買_かって残_{のこ}りは貯金_{ちょきん}に回_{まわ}すんだ。

(B) 毎月家賃_{まいつき や ちん}や食費_{しょく ひ}でほとんど残_{のこ}らないよ。

(C) 早_{はや}ければ今月末_{こんげつまつ}にもらえるよ。

(D) 皆待_{みな ま}ち遠_{どお}しいだろうね。

보너스는 뭐에 쓸 생각이야?

(A) 텔레비전을 사고 나머지는 저금으로 돌릴 거야.

(B) 매달 집세나 식비로 거의 남지 않아.

(C) 빠르면 이달 말에 받을 수 있어.

(D) 모두 몹시 기다려질 거야.

⋯ 보너스를 무엇에 사용할지 물었으므로 사용 용도를 말한 선택지를 고르면 된다.

ボーナス(bonus) 보너스　使(つか)う 쓰다, 사용하다　つもり 생각, 작정　残(のこ)り 남음, 나머지
貯金(ちょきん) 저금　回(まわ)す 돌리다　家賃(やちん) 집세　食費(しょくひ) 식비　ほとんど 거의, 대부분
残(のこ)る 남다　早(はや)い 이르다, 빠르다　待(ま)ち遠(どお)しい 몹시 기다려지다

出張費_{しゅっちょう ひ}についてこれまでと変_かわった点_{てん}は何_{なん}ですか。

(A) 通勤手当_{つうきん て あ}ては給料_{きゅうりょう}と別_{べつ}に、毎月末_{まいつきすえ}に支払_{し はら}われます。

(B) 口座振_{こうざ ふ}り替_かえで支払_{し はら}われることになりました。

(C) 5時以降_{じ いこう}に社内_{しゃない}で会議_{かい ぎ}があった場合_{ば あい}、残業手当_{ざんぎょう て あ}てが支給_{し きゅう}されます。

(D) 休暇_{きゅう か}は祝祭日以外_{しゅくさいじつ い がい}に年間_{ねんかんじゅうよっか}14日取_とることができます。

출장비에 관해서 지금까지와 달라진 점은 뭡니까?

(A) 출퇴근수당은 급여와 별도로 매달 말에 지급됩니다.

(B) 계좌 이체로 지급되게 되었습니다.

(C) 5시 이후에 사내에서 회의가 있었을 경우 잔업수당이 지급됩니다.

(D) 휴가는 공휴일 이외에 연간 14일 받을 수 있습니다.

⋯ 출장비에 관해 바뀐 점을 구체적으로 말하고 있는 선택지를 골라야 한다. (A), (C), (D)는 각각 출퇴근수당, 잔업수당, 휴가에 관한 설명이므로 답이 될 수 없다.

出張費(しゅっちょうひ) 출장비　～について ～에 관하여　変(か)わる 바뀌다　通勤(つうきん) 통근, 출퇴근
手当(てあ)て 수당　給料(きゅうりょう) 급여, 월급　～と別(べつ)に ～와 별도로　～末(すえ) ～말
支払(しはら)う 지불하다　口座(こうざ)振(ふ)り替(か)え 계좌 이체　동사의 종지형+ことになる ～하게 되다
以降(いこう) 이후　残業(ざんぎょう) 잔업　支給(しきゅう) 지급　休暇(きゅうか) 휴가
祝祭日(しゅくさいじつ) 공휴일　以外(いがい) 이외　年間(ねんかん) 연간

1.

(A) _______________________ (○ · ×)

(B) _______________________ (○ · ×)

(C) _______________________ (○ · ×)

(D) _______________________ (○ · ×)

2.

(A) _______________________ (○ · ×)

(B) _______________________ (○ · ×)

(C) _______________________ (○ · ×)

(D) _______________________ (○ · ×)

3.

(A) _______________________ (○ · ×)

(B) _______________________ (○ · ×)

(C) _______________________ (○ · ×)

(D) _______________________ (○ · ×)

1. 仕事の後で何をしますか。

(A) 今朝は新聞を読みました。

(B) 車で会社に来ます。

(C) お茶を入れてください。

(D) 友達とお酒を飲みます。

업무가 끝난 후에 뭘 하나요?
(A) 오늘 아침에는 신문을 읽었어요.
(B) 자동차로 회사에 와요.
(C) 차를 끓여 주세요.
(D) 친구와 술을 마셔요.

해설 업무가 끝난 후에 하는 일로 대답한 선택지를 찾으면 된다. 따라서 정답은 친구와 술을 마신다고 한 (D)가 된다.

어휘 仕事(しごと) 일, 업무 後(あと) 후 今朝(けさ) 오늘 아침 新聞(しんぶん)を読(よ)む 신문을 읽다 車(くるま) 차, 자동차 お茶(ちゃ)を入(い)れる 차를 끓이다 友達(ともだち) 친구 お酒(さけ)を飲(の)む 술을 마시다

2. 田中さんは何か習っていますか。

(A) はい。英語の勉強をしています。

(B) はい。ピアノを教えています。

(C) いいえ。何も頼んでいません。

(D) いいえ。会社ではありません。

다나카 씨는 뭔가 배우고 있나요?
(A) 예. 영어 공부를 하고 있어요.
(B) 예. 피아노를 가르치고 있어요.
(C) 아니요, 아무것도 부탁하지 않았어요.
(D) 아니요, 회사가 아니에요.

해설 뭔가를 배우고 있는지 묻고 있으므로, 배우고 있는 것을 말한 (A)가 정답이 된다.

어휘 習(なら)う 배우다 英語(えいご) 영어 勉強(べんきょう) 공부 ピアノ(piano) 피아노 教(おし)える 가르치다 頼(たの)む 부탁하다

3. 山下さん、プレゼントは何が欲しいですか。

(A) お金をあげましょう。

(B) レストランでしたいです。

(C) そうですね。時計がいいです。

(D) デパートで買いませんか。

야마시타 씨, 선물은 뭐가 갖고 싶으세요?
(A) 돈을 드리죠.
(B) 레스토랑에서 하고 싶어요.
(C) 글쎄요, 시계가 좋아요.
(D) 백화점에서 사지 않을래요?

해설 선물로 무엇을 갖고 싶은지 묻는 상황이다. (A)는 돈을 주겠다고 했으므로 오답이 되고, (B)는 뭔가를 하는 장소, (D)는 물건을 사는 장소에 대해 말하고 있으므로 역시 답이 될 수 없다.

어휘 プレゼント(present) 선물 欲(ほ)しい 갖고 싶다 お金(かね) 돈 あげる 드리다, 주다 レストラン(프랑스어 restaurant) 레스토랑 時計(とけい) 시계 買(か)う 사다

4.

(A) ____ (O · X)

(B) ____ (O · X)

(C) ____ (O · X)

(D) ____ (O · X)

5.

(A) ____ (O · X)

(B) ____ (O · X)

(C) ____ (O · X)

(D) ____ (O · X)

6.

(A) ____ (O · X)

(B) ____ (O · X)

(C) ____ (O · X)

(D) ____ (O · X)

4. 毎朝仕事を始める前に何をしますか。

매일 아침 업무를 시작하기 전에 뭘 하나요?

(A) コーヒーを入れます。

(B) 掃除をして帰ります。

(C) 8時に会社に着きます。

(D) 仕事は9時に始まります。

(A) 커피를 끓여요.
(B) 청소를 하고 돌아가요.
(C) 8시에 회사에 도착해요.
(D) 업무는 9시에 시작돼요.

해설 매일 아침 업무를 시작하기 전에 무엇을 하는지 물었으므로 하는 일로 대답한 선택지를 고르면 된다.

어휘 始(はじ)める 시작하다　～前(まえ)に ～하기 전에　コーヒー(coffee)を入(い)れる 커피를 끓이다　掃除(そうじ) 청소 帰(かえ)る 돌아가다　着(つ)く 도착하다　始(はじ)まる 시작되다

5. あなたは何のために貯金していますか。

당신은 무엇을 위해서 저금하고 있나요?

(A) 会社が使っている銀行です。

(B) 給料の20％ぐらいですかね。

(C) 結婚したり家を買ったりするためです。

(D) 健康のために毎朝しています。

(A) 회사가 이용하고 있는 은행이에요.
(B) 월급의 20% 정도 될까요?
(C) 결혼하거나 집을 사거나 하기 위해서예요.
(D) 건강을 위해서 매일 아침 하고 있어요.

해설 무엇을 위해서 저금하고 있는지 물었으므로 저금하고 있는 이유로 대답한 선택지를 고르면 된다. (B)는 저금 액수를 묻는 질문에 대한 답이다.

어휘 ～ために ～위해서　貯金(ちょきん) 저금　使(つか)う 이용하다　銀行(ぎんこう) 은행　給料(きゅうりょう) 급여. 월급 結婚(けっこん)する 결혼하다　家(いえ) 집　健康(けんこう) 건강

6. 何を組み立てているの。

뭘 조립하고 있어?

(A) 今度引っ越す家だよ。

(B) 椅子が倒れていたんだ。

(C) 今年の夏休みの計画だよ。

(D) 壊れた時計を修理しているんだ。

(A) 이번에 이사할 집이야.
(B) 의자가 넘어져 있었어.
(C) 올여름 휴가 계획이야.
(D) 고장 난 시계를 수리하고 있어.

해설 무엇을 조립하고 있는지 묻고 있는 상황이다. 따라서 그 대상으로 대답한 선택지를 고르면 되는데 (A)는 이번에 이사할 집이라고 했으므로 오답이 되고 (B)는 의자가 넘어져 있는 상황에 대해서 말하고 있으므로 역시 오답이다. (C)도 질문과는 전혀 관련이 없는 응답이므로 정답은 고장 난 시계를 수리하고 있다고 한 (D)가 된다.

어휘 組(く)み立(た)てる 조립하다　引(ひ)っ越(こ)す 이사하다　椅子(いす) 의자　倒(たお)れる 넘어지다 夏休(なつやす)み 여름 휴가, 여름 방학　計画(けいかく) 계획　壊(こわ)れる 고장 나다　時計(とけい) 시계　修理(しゅうり) 수리

주요 어휘 정리

한자	읽기	의미
☐ 喫茶店	きっさてん	찻집
☐ 受付	うけつけ	접수, 접수처
☐ 使う	つかう	쓰다, 사용하다
☐ 家賃	やちん	집세
☐ 食費	しょくひ	식비
☐ 待ち遠しい	まちどおしい	몹시 기다려지다
☐ 通勤	つうきん	통근, 출퇴근
☐ 給料	きゅうりょう	급여, 월급
☐ 支払う	しはらう	지불하다
☐ 口座振り替え	こうざふりかえ	계좌 이체
☐ 支給	しきゅう	지급
☐ 以外	いがい	이외
☐ 習う	ならう	배우다
☐ 教える	おしえる	가르치다
☐ 頼む	たのむ	부탁하다
☐ 掃除	そうじ	청소
☐ 貯金	ちょきん	저금
☐ 健康	けんこう	건강
☐ 組み立てる	くみたてる	조립하다
☐ 倒れる	たおれる	넘어지다

UNIT 04 🎧 21.MP3

▶ 유형 3 의문사형 질문 – 내용이나 방법

POINT 「どう」 앞에 등장하는 명사에 주목할 것!

분석 및 전략

의문사형 질문 중에서 가장 난이도가 높은 것이 내용이나 방법을 묻는 질문이다. 이 유형은 의문사 단독으로 물을 경우에는 수단이나 방법, 상태에 관한 질문이 되고 뒷부분의 표현에 따라 시간이나 길이, 가격이나 양, 빈도 등을 묻는 문장이 된다. 예를 들어 「どうやって行(い)きますか」(어떻게 갑니까?)는 수단이나 방법을 묻는 문제가 되고, 「どうなったの」(어떻게 됐어?)는 상태를 묻는 문제가 된다.

내용이나 방법을 묻는 의문사형 질문은 일단 문제의 질문 내용에 주목할 필요가 있다. 그리고 의문사 뒷부분보다는 앞에 나오는 명사에 따라 정답이 달라지는 경우가 대부분이므로, 실제 시험에서는 「どう」(어떻게) 앞에 등장하는 명사와 함께 무엇을 묻는 문장인지 질문의 의도를 정확히 파악하고 들어야 실수가 없다.

1 「どう」(어떻게) – 감상

旅行（りょこう）はどうでしたか。
(A) 北海道（ほっかいどう）へ行（い）きたいです。
(B) 切符（きっぷ）を2枚（まいか）買（か）います。
(C) とても楽（たの）しかったです。
(D) 夏休（なつやす）みがいいです。

여행은 어땠나요?
(A) 홋카이도에 가고 싶어요.
(B) 표를 두 장 사요.
(C) 아주 즐거웠어요.
(D) 여름 방학이 좋아요.

···▶ 여행이 어땠냐고 묻고 있으므로 구체적인 감상을 말한 (C)가 정답이 된다. (A)는 어디로 가고 싶은지에 대한 대답이고, (D)는 언제가 좋은지에 대한 대답이다. (B)는 질문에 전혀 어울리지 않는 대답이다.

旅行(りょこう) 여행　切符(きっぷ) 표　〜枚(まい) 〜장, 〜매　買(か)う 사다　楽(たの)しい 즐겁다
夏休(なつやす)み 여름 방학

2 「どう」(어떻게) – 날씨

旅行（りょこう）をした時（とき）、天気（てんき）はどうでしたか。
(A) 傘（かさ）を持（も）っていませんでした。
(B) 毎日（まいにち）晴（は）れていました。
(C) 雨（あめ）が降（ふ）っていますよ。
(D) 山（やま）に登（のぼ）りたいです。

여행 갔을 때 날씨는 어땠나요?
(A) 우산을 갖고 있지 않았어요.
(B) 매일 날씨가 좋았어요.
(C) 비가 내리고 있어요.
(D) 산에 오르고 싶어요.

···▶ 여행 갔을 때 날씨가 어땠는지 물었으므로 날씨로 대답한 선택지를 고르면 된다. 따라서 정답은 (B)가 되는데, 참고로 (C)는 과거형이라면 답이 될 수 있다.

天気(てんき) 날씨　傘(かさ) 우산　持(も)つ 가지다, 들다　晴(は)れる 맑다, 개다　雨(あめ) 비
降(ふ)る 내리다, 오다　山(やま)に登(のぼ)る 산에 오르다, 등산하다

出発の予定が変更になった場合はどうすればいいの。

(A) 日程が変わったの、知らなかったよ。

(B) 変更が利かないのは困るよ。

(C) スケジュール通りに出発できてよかったよ。

(D) その時は僕に連絡してくれればいいよ。

출발 예정이 변경됐을 경우는 어떻게 하면 돼?

(A) 일정이 바뀐 거 몰랐어.

(B) 변경이 안 되는 건 곤란해.

(C) 스케줄대로 출발할 수 있어서 다행이야.

(D) 그때는 나한테 연락해 주면 돼.

⋯ 출발 예정이 변경되었을 때 취해야 할 행동을 묻고 있으므로 그에 대한 구체적인 방법을 제시하고 있는 (D)가 정답이다. (A)는 질문과는 상관이 없는 응답이고, (B)와 (C)는 질문에 나왔던 「変更(へんこう)」(변경)와 「出発(しゅっぱつ)」(출발)를 이용한 함정. 특히 (B)는 뭔가가 변경이 되지 않는다는 말에 대한 반응이므로 정답으로 고르지 않도록 주의해야 한다.

予定(よてい) 예정　場合(ばあい) 경우　日程(にってい) 일정　変(か)わる 바뀌다　利(き)く 가능하다, 할 수 있다
困(こま)る 곤란하다　명사+通(どお)り 〜대로　連絡(れんらく) 연락

昨日故障したファックスはどうなったの。

(A) 電話とファックスは同じ番号だよ。

(B) 去年3万円で買ったんだ。

(C) まだ修理中で使えないんだ。

(D) 電話番号がわからないんだ。

어제 고장 난 팩스는 어떻게 됐어?

(A) 전화와 팩스는 번호가 같아.

(B) 작년에 3만 엔에 샀어.

(C) 아직 수리 중이어서 사용할 수 없어.

(D) 전화번호를 몰라.

⋯ 고장 난 팩스가 어떻게 됐는지 묻고 있다. (A)는 팩스번호를 묻는 질문에 어울리는 대답이고, (B)는 언제 얼마에 샀는지에 대한 대답이다. (D)는 질문과 관계 없는 전화번호에 대한 내용이다.

故障(こしょう)する 고장 나다　ファックス(fax) 팩스　電話(でんわ) 전화　同(おな)じ 같음　番号(ばんごう) 번호
去年(きょねん) 작년　修理(しゅうり) 수리　使(つか)う 사용하다

1.

(A)____ (○ · ×)

(B)____ (○ · ×)

(C)____ (○ · ×)

(D)____ (○ · ×)

2.

(A)____ (○ · ×)

(B)____ (○ · ×)

(C)____ (○ · ×)

(D)____ (○ · ×)

3.

(A)____ (○ · ×)

(B)____ (○ · ×)

(C)____ (○ · ×)

(D)____ (○ · ×)

연 습 문 제　■　의문사형 질문 – 내용이나 방법

1. 旅行はどうでしたか。

(A) とても楽しかったです。

(B) 来月はあまり高くないです。

(C) 7日間です。

(D) スペインに行きます。

여행은 어땠나요?

(A) 아주 즐거웠어요.
(B) 다음 달은 그다지 비싸지 않아요.
(C) 7일간이에요.
(D) 스페인에 가요.

해설 여행은 어땠는지 묻고 있으므로 적절한 응답은 (A)가 된다. 나머지 선택지는 여행 경비, 여행 기간, 여행지에 대한 내용이므로 답이 될 수 없다.

어휘 旅行(りょこう) 여행 とても 아주, 매우 楽(たの)しい 즐겁다 あまり 그다지, 별로 高(たか)い 비싸다
スペイン(Spain) 스페인

2. 新しい仕事はどうですか。

(A) 忙しいですが、楽しいです。

(B) もう10年間働いています。

(C) きれいで静かです。

(D) 学校の先生です。

새로운 일은 어때요?

(A) 바쁘지만 즐거워요.
(B) 벌써 10년간 일하고 있어요.
(C) 깨끗하고 조용해요.
(D) 학교 선생님입니다.

해설 새로운 일이 어떤지 묻고 있으므로 바쁘지만 즐겁다고 한 (A)가 정답. (B)는 근무 연수를 물었을 때 할 수 있는 대답이고, (C)는 주변 환경, (D)는 어떤 일을 하고 있는지 물었을 때 할 수 있는 대답이다.

어휘 新(あたら)しい 새롭다 忙(いそが)しい 바쁘다 もう 벌써, 이미 働(はたら)く 일하다 きれい 깨끗함 静(しず)か 조용함
学校(がっこう) 학교 先生(せんせい) 선생(님)

3. 今年のゴールデンウイークはどう過ごしますか。

(A) 海外に出かける人達も多かったですよ。

(B) 今年は4月27日に始まりますよ。

(C) 毎年10日前後の連休になります。

(D) たまっている本を読むのに当てたいですね。

올해 황금연휴는 어떻게 보낼 거예요?

(A) 해외로 나가는 사람들도 많았어요.
(B) 올해는 4월 27일에 시작돼요.
(C) 매년 열흘 전후의 연휴가 돼요.
(D) 쌓여 있는 책을 읽는 데 쓰고 싶어요.

해설 황금연휴를 어떻게 보낼지 묻고 있으므로 보내는 방법으로 대답한 선택지를 고르면 된다. (A)는 이미 황금연휴가 끝난 상황이고, (B)는 황금연휴가 시작되는 날, (C)는 황금연휴에 대한 설명에 해당하므로 답이 될 수 없다. 정답은 연휴를 어떻게 보낼지 대답한 (D)가 된다.

어휘 ゴールデンウイーク(일본어 golden+week) 골든위크, 황금연휴 *4월 말부터 5월 초에 이르는 1년 중 휴일이 가장 많은 주간
過(す)ごす 보내다 海外(かいがい) 해외 出(で)かける 외출하다, 나가다 多(おお)い 많다 始(はじ)まる 시작되다
前後(ぜんご) 전후 連休(れんきゅう) 연휴 たまる 쌓이다 読(よ)む 읽다 当(あ)てる 어떤 용도에 쓰다

4.

(A) _______________________________ (O · ×)

(B) _______________________________ (O · ×)

(C) _______________________________ (O · ×)

(D) _______________________________ (O · ×)

5.

(A) _______________________________ (O · ×)

(B) _______________________________ (O · ×)

(C) _______________________________ (O · ×)

(D) _______________________________ (O · ×)

6.

(A) _______________________________ (O · ×)

(B) _______________________________ (O · ×)

(C) _______________________________ (O · ×)

(D) _______________________________ (O · ×)

4. セミナーの代金はどうすればいいんですか。

(A) 銀行で払い込んでください。

(B) スケジュール表に日程が書かれています。

(C) すみませんが、両替はできません。

(D) 現金は持ち歩かないんですよ。

세미나 대금은 어떻게 하면 되나요?

(A) 은행에서 납부해 주세요.
(B) 스케줄표에 일정이 쓰여 있어요.
(C) 죄송하지만, 환전은 안 됩니다.
(D) 현금은 갖고 다니지 않아요.

해설 세미나 대금을 어떻게 납부하면 되는지 묻고 있는 상황이다. (B)는 일정, (C)는 환전 가능 여부, (D)는 현금 소지 여부를 물었을 때 나올 수 있는 응답이므로, 정답은 은행에서 납부해 달라고 한 (A)가 된다.

어휘 セミナー(seminar) 세미나 代金(だいきん) 대금 銀行(ぎんこう) 은행 払(はら)い込(こ)む 납부하다
スケジュール(schedule) 表(ひょう) 스케줄표 日程(にってい) 일정 両替(りょうがえ) 환전 現金(げんきん) 현금
持(も)ち歩(ある)く 갖고 다니다

5. 今回の調査結果をどう受け止めていますか。

(A) 数字が明らかになり次第発表します。

(B) 調査会社に依頼して行いました。

(C) あまりに意外な結果で、ショックを受けました。

(D) 外部への公開はできないことになっています。

이번 조사 결과를 어떻게 받아들이고 있나요?

(A) 수치가 드러나는 대로 발표하겠습니다.
(B) 조사 회사에 의뢰해서 실시했습니다.
(C) 너무 의외의 결과여서 충격을 받았습니다.
(D) 외부로의 공개는 할 수 없게 되어 있습니다.

해설 조사 결과를 어떻게 받아들이고 있는지 물었으므로, 조사 결과에 대해서 나름대로 의견을 말한 선택지를 고르면 된다. 정답은 (C)로, 생각지도 못한 결과여서 충격을 받았다는 의미.

어휘 調査(ちょうさ) 조사 結果(けっか) 결과 受(う)け止(と)める 받아들이다 数字(すうじ) 숫자, 수치
明(あき)らかになる 밝혀지다, 드러나다 동사의 ます형+次第(しだい) ~하자마자 発表(はっぴょう) 발표 依頼(いらい) 의뢰
行(おこな)う 행하다, 실시하다 あまりに 너무, 아주 意外(いがい) 의외 ショック(shock)を受(う)ける 충격을 받다
外部(がいぶ) 외부 公開(こうかい) 공개

6. 先日お泊まりになった旅館はいかがでしたか。

(A) 何か行き届いていない点がありましたか。

(B) 支配人の顔を見に立ち寄るつもりです。

(C) 食事もサービスも申し分ありませんでした。

(D) あまりに設備が古いのはお断りです。

일전에 머무르신 여관은 어떠셨나요?

(A) 뭔가 주의가 미치지 못한 점이 있었나요?
(B) 지배인 얼굴을 보러 들를 생각이에요.
(C) 식사도 서비스도 나무랄 데 없었어요.
(D) 너무 설비가 오래된 건 사절이에요.

해설 일전에 묵은 여관이 어땠는지 묻고 있는 상황이다. 정답은 식사도 서비스도 나무랄 데 없었다고 한 (C)가 된다.

어휘 泊(と)まる 묵다, 숙박하다 お+동사의 ます형+になる ~하시다(존경) 旅館(りょかん) 여관
いかが 어떻게 ＊상대의 기분 등을 묻는 말 行(い)き届(とど)く (주의가) 두루 미치다 支配人(しはいにん) 지배인
立(た)ち寄(よ)る 들르다 食事(しょくじ) 식사 サービス(service) 서비스 申(もう)し分(ぶん)ない 나무랄 데 없다
設備(せつび) 설비 古(ふる)い 오래되다 断(ことわ)り 거절, 사절

주요 어휘 정리

한자	읽기	의미
☐ 旅行	りょこう	여행
☐ 傘	かさ	우산
☐ 晴れる	はれる	맑다, 개다
☐ 日程	にってい	일정
☐ 利く	きく	가능하다, 할 수 있다
☐ 連絡	れんらく	연락
☐ 故障する	こしょうする	고장 나다
☐ 番号	ばんごう	번호
☐ 修理	しゅうり	수리
☐ 忙しい	いそがしい	바쁘다
☐ 静か	しずか	조용함
☐ 海外	かいがい	해외
☐ 連休	れんきゅう	연휴
☐ 代金	だいきん	대금
☐ 両替	りょうがえ	환전
☐ 受け止める	うけとめる	받아들이다
☐ 依頼	いらい	의뢰
☐ 公開	こうかい	공개
☐ 立ち寄る	たちよる	들르다
☐ 設備	せつび	설비

UNIT 05 

▶ 유형 5 의문사형 질문 – 성질이나 상태

POINT 「どんな」의 수식을 받는 것의 성질이나 상태를 잘 들을 것!

분석 및 전략

성질이나 상태를 묻는 의문사형 질문은 「どんな」(어떤) 다음에 나오는 표현으로 정답을 가릴 수 있는 문제가 대부분이므로 일단 「どんな」 다음에 나오는 표현에 주목해야 한다. 「どんな」의 뒷부분에 오는 표현은 전부 명사인데 결국에는 마지막 부분에 나오는 용언에 따라 질문의 형태가 달라진다. 예를 들어 「どんな本(ほん)が好(す)きですか」(어떤 책을 좋아하나요?)라는 질문이 있다면 결국 핵심이 되는 어휘는 「本(ほん)」(책)과 「好(す)きだ」(좋아하다)이므로 좋아하는 책 종류로 대답하면 된다.

성질이나 상태를 나타내는 의문사는 문제에 등장하는 어휘나 그 어휘로 연상이 가능한 것을 오답으로 종종 제시하므로 일단 문제에 등장하는 어휘와 동일한 발음이나 연상 가능한 어휘가 선택지에 등장하면 오답일 가능성이 높아진다. 따라서 이런 선택지가 나오면 일단은 정답에서 제외시키도록 하자.

今どんな本が売れてるか知ってる。

(A) これが断然読まれてるらしいよ。

(B) 何と言ってもベストセラーだから面白いよ。

(C) 売り上げは一時ほど落ち込んでないみたいだね。

(D) 最近は推理小説に凝ってるんだ。

지금 어떤 책이 잘 팔리고 있는지 알아?

(A) 이게 월등히 많이 읽히고 있는 것 같아.

(B) 뭐니 뭐니 해도 베스트셀러니까 재미있어.

(C) 매상은 한때만큼 뚝 떨어지지는 않은 것 같네.

(D) 요즘에는 추리소설에 빠져 있어.

···▸ 지금 어떤 책이 잘 팔리고 있는지 묻고 있다. (A)는 '이게 월등히 많이 읽히고 있는 것 같아'라고 했는데, 많이 읽힌다는 것에는 많이 팔린다는 의미를 내포하고 있으므로 (A)가 정답. (B)와 (D)는 책과 관련이 있는 단어인 「ベストセラー」(베스트셀러)와 「推理小説(すいりしょうせつ)」(추리소설)를 이용한 함정이다. (C)는 「売(う)り上(あ)げ」(매상)에 관한 내용이므로 질문과는 어울리지 않는 응답이다.

売(う)れる 팔리다　断然(だんぜん) 단연, 월등히　何(なん)と言(い)っても 뭐니 뭐니 해도
面白(おもしろ)い 재미있다　一時(いっとき) (과거의) 일시, 한때, 그때　～ほど ～만큼
落(お)ち込(こ)む (실적 등이) 뚝 떨어지다　～みたいだ ～인 것 같다　～に凝(こ)る ～에 빠지다, ～에 미치다

部長がどんなご趣味をお持ちか知ってる。

(A) 僕は陸上競技は苦手で、一切やらないんだ。

(B) 歌舞伎なんかの伝統的なものがお好きなようだね。

(C) 最近は何が流行しているのかわからないな。

(D) 何だか今日はご機嫌がいいみたいだね。

부장님이 어떤 취미를 갖고 계신지 알고 있어?

(A) 난 육상경기는 서툴러서 전혀 하지 않아.

(B) 가부키 같은 전통적인 것을 좋아하시는 것 같아.

(C) 요즘에는 뭐가 유행하고 있는지 몰라.

(D) 왠지 오늘은 기분이 좋으신 것 같네.

···▸ 「どんなご趣味(しゅみ)」(어떤 취미)의 「どんな」에 대해 「歌舞伎(かぶき)なんかの伝統的(でんとうてき)なもの」(가부키 같은 전통적인 것)라고 구체적으로 설명한 (B)가 정답이 된다. (A)는 육상경기를 잘하는지, (C)는 요즘 무엇이 유행하고 있는지 아느냐는 질문에 대한 답변이다. (D)는 부장의 기분에 대해 말하고 있다.

陸上競技(りくじょうきょうぎ) 육상경기　苦手(にがて) 서투름　一切(いっさい) 일절, 전혀　やる 하다
歌舞伎(かぶき) 가부키 ＊일본의 전통연극　なんか ～등, ～같은 것　伝統的(でんとうてき) 전통적
流行(りゅうこう) 유행　何(なん)だか 왠지, 어쩐지　機嫌(きげん)がいい 기분이 좋다

今度配属された部門ではどんなことやってるの。

(A) 在庫管理の業務は、ずいぶん経験を積んだと思うね。

(B) ソフトウェアを変えたら、処理がスムーズになったね。

(C) 販売部門がいいんだけど、希望が通るかな。

(D) 人事だけど、頻繁に来客があるからけっこう忙しいよ。

이번에 배속된 부문에서는 어떤 일을 하고 있어?

(A) 재고 관리 업무는 꽤 경험을 쌓았다고 생각해.

(B) 소프트웨어를 바꿨더니 처리가 원활해졌네.

(C) 판매 부문이 좋지만, 희망이 받아들여질까?

(D) 인사 (업무)인데 빈번히 방문객이 있어서 꽤 바빠.

····▸ 배속된 부문에서 하고 있는 일이 무엇인지를 묻고 있다. (A)와 (C)에는 「在庫管理(ざいこかんり)の業務(ぎょうむ)」(재고 관리 업무)와 「販売部門(はんばいぶもん)」(판매 부문)이라는 단어가 나오지만 질문과는 전혀 관계 없는 내용이므로 함정임에 주의. 또한 (B)도 질문 내용과 관련이 없으므로 정답이 될 수 없다. 정답은 (D)로, 여기서는 「人事(じんじ)」가 '인사 관련 업무' 라는 뜻으로 쓰였다는 것에 주의해야 한다.

配属(はいぞく) 배속　部門(ぶもん) 부문　ずいぶん 꽤, 상당히　経験(けいけん)を積(つ)む 경험을 쌓다
処理(しょり) 처리　スムーズ(smooth) 원활함　希望(きぼう)が通(とお)る 희망이 받아들여지다
頻繁(ひんぱん)に 빈번히　来客(らいきゃく) 내객, 방문객　けっこう 꽤, 상당히　忙(いそが)しい 바쁘다

연습 문제 · 의문사형 질문 – 성질이나 상태

 메모하면서 들어 보세요.

1.
   (A) ________________________ (O · X)
   (B) ________________________ (O · X)
   (C) ________________________ (O · X)
   (D) ________________________ (O · X)

2.
   (A) ________________________ (O · X)
   (B) ________________________ (O · X)
   (C) ________________________ (O · X)
   (D) ________________________ (O · X)

3.
   (A) ________________________ (O · X)
   (B) ________________________ (O · X)
   (C) ________________________ (O · X)
   (D) ________________________ (O · X)

1. あなたはどんなアルバイトをしていますか。

(A) 今、お茶を飲んでいます。

(B) 毎週水曜日と金曜日です。

(C) 一日2時間だけです。

(D) レストランで働いています。

당신은 어떤 아르바이트를 하고 있나요?
(A) 지금 차를 마시고 있어요.
(B) 매주 수요일과 금요일이에요.
(C) 하루에 2시간뿐이에요.
(D) 레스토랑에서 일하고 있어요.

해설 어떤 아르바이트를 하고 있는지 물었으므로 일하고 있는 내용으로 대답한 선택지를 골라야 한다. 따라서 정답은 레스토랑에서 일하고 있다고 한 (D)가 된다.

어휘 アルバイト(독일어 Arbeit) 아르바이트 お茶(ちゃ)を飲(の)む 차를 마시다 一日(いちにち) 하루 ～だけ ～만, ～뿐 働(はたら)く 일하다

2. 入学祝いにはどんなものがいいでしょうか。

(A) 去年卒業しました。

(B) 万年筆はどうでしょうか。

(C) 新しい鞄を買いました。

(D) それはおめでとうございます。

입학 축하 선물로는 어떤 게 좋을까요?
(A) 작년에 졸업했어요.
(B) 만년필은 어떨까요?
(C) 새 가방을 샀어요.
(D) 정말 축하드려요.

해설 입학 축하 선물로 어떤 것이 좋을지 묻고 있다. (A)와 (C)는 졸업한 시기나 이미 구입한 물건에 대해서 말하고 있으므로 오답이 되고, (D)는 질문과는 전혀 관련이 없는 응답이다. 정답은 만년필을 추천하고 있는 (B)가 된다.

어휘 入学(にゅうがく) 입학 祝(いわ)い 축하, 축하 선물 卒業(そつぎょう) 졸업 万年筆(まんねんひつ) 만년필
新(あたら)しい 새롭다 鞄(かばん) 가방 それは 정말, 참으로

3. どんな靴がほしいですか。

(A) デパートで売っていました。

(B) きれいですが、大きかったです。

(C) 白い靴を履いています。

(D) 軽くて丈夫なのがいいです。

어떤 구두를 갖고 싶나요?
(A) 백화점에서 팔고 있었어요.
(B) 예쁘지만, 컸어요.
(C) 흰 구두를 신고 있어요.
(D) 가볍고 튼튼한 게 좋아요.

해설 어떤 구두를 갖고 싶은지 묻고 있으므로 갖고 싶은 구두에 대해서 설명한 선택지를 고르면 된다. 따라서 정답은 가볍고 튼튼한 구두가 좋다고 한 (D)가 된다.

어휘 靴(くつ) 구두 ほしい 갖고 싶다 売(う)る 팔다 きれい 예쁨 大(おお)きい 크다 白(しろ)い 하얗다 履(は)く (신을) 신다
軽(かる)い 가볍다 丈夫(じょうぶ) 견고함, 튼튼함

4.

(A) _______________________________ (O · ×)

(B) _______________________________ (O · ×)

(C) _______________________________ (O · ×)

(D) _______________________________ (O · ×)

5.

(A) _______________________________ (O · ×)

(B) _______________________________ (O · ×)

(C) _______________________________ (O · ×)

(D) _______________________________ (O · ×)

6.

(A) _______________________________ (O · ×)

(B) _______________________________ (O · ×)

(C) _______________________________ (O · ×)

(D) _______________________________ (O · ×)

연 습 문 제 | 의문사형 질문 – 성질이나 상태 메모하면서 들어 보세요.

4. 明日の午後はどんな予定なの。

(A) 今日もなかなか仕事が片付かないね。

(B) 2時頃から雨が降るって言ってたよ。

(C) 一日ずっと家にいたよ。

(D) 夕方から野球を見に行くつもりだけど。

내일 오후에는 어떤 예정이 있어?
(A) 오늘도 좀처럼 일이 끝나지 않네.
(B) 2시쯤부터 비가 내린다고 했어.
(C) 하루 종일 집에 있었어.
(D) 저녁때 야구를 보러 갈 생각인데.

해설 「予定(よてい)」(예정)라는 단어에 주목하면 정답이 쉽게 나오는 문제이다. 내일 오후의 예정에 대해 물었으므로, 저녁에 야구를 보러 갈 생각이라고 말한 (D)가 정답이 된다.

어휘 午後(ごご) 오후 なかなか 좀처럼 片付(かたづ)く 해결되다, 끝나다 雨(あめ)が降(ふ)る 비가 내리다 ~って ~(이)라고 ずっと 쭉, 계속 夕方(ゆうがた) 저녁때, 해질녘 野球(やきゅう) 야구

5. そのお店ではどんなものが買えるんですか。

(A) とても安かったから、買っちゃいましたよ。

(B) お酒なら何でも売ってますよ。

(C) 今年から毎週水曜日が休みになりました。

(D) 駅から近くて便利ですよ。

그 가게에서는 어떤 물건을 살 수 있나요?
(A) 너무 싸서 사 버렸어요.
(B) 술이라면 뭐든지 팔고 있어요.
(C) 올해부터 매주 수요일이 휴일이 되었어요.
(D) 역에서 가까워서 편리해요.

해설 그 가게에서 살 수 있는 것이 구체적으로 어떤 것인지를 묻고 있다. 정답은 술이란 술은 다 팔고 있다고 한 (B)가 된다.

어휘 店(みせ) 가게 買(か)う 사다 安(やす)い 싸다 お酒(さけ) 술 ~なら ~라면 何(なん)でも 무엇이든지 売(う)る 팔다 休(やす)み 휴일 駅(えき) 역 近(ちか)い 가깝다 便利(べんり) 편리함

6. 結婚するなら、どんな女性がいいですか。

(A) やはり男らしさが求められるでしょうね。

(B) 思いやりのある人がいいですね。

(C) 遅くても30代前半にはしたいですね。

(D) あまり派手な式はしたくないですね。

결혼을 한다면 어떤 여성이 좋아요?
(A) 역시 남자다움이 요구되겠군요.
(B) 배려심이 있는 사람이 좋아요.
(C) 늦어도 30대 전반에는 하고 싶어요.
(D) 그다지 화려한 식은 하고 싶지 않네요.

해설 결혼을 한다면 어떤 여성이 좋은지 묻고 있다. (A)는 남자다움이 요구되겠다고 했으므로 오답이 되고, (C)는 결혼하고 싶은 시기, (D)는 결혼식에 대해서 말하고 있으므로 정답과는 거리가 먼 응답들이다.

어휘 結婚(けっこん) 결혼 女性(じょせい) 여성 やはり 역시 男(おとこ)らしさ 남자다움 求(もと)める 구하다, 요구하다 思(おも)いやり 배려 遅(おそ)い 늦다 前半(ぜんはん) 전반 派手(はで) 화려함 式(しき) 식

주요 어휘 정리

한자	읽기	의미
☐ 売れる	うれる	팔리다
☐ 断然	だんぜん	단연, 월등히
☐ 一時	いっとき	(과거의) 일시, 한때, 그때
☐ 落ち込む	おちこむ	(실적 등이) 뚝 떨어지다
☐ 苦手	にがて	서투름
☐ 機嫌がいい	きげんがいい	기분이 좋다
☐ 配属	はいぞく	배속
☐ 経験を積む	けいけんをつむ	경험을 쌓다
☐ 処理	しょり	처리
☐ 希望が通る	きぼうがとおる	희망이 받아들여지다
☐ 入学	にゅうがく	입학
☐ 万年筆	まんねんひつ	만년필
☐ 履く	はく	(신을) 신다
☐ 軽い	かるい	가볍다
☐ 丈夫	じょうぶ	견고함, 튼튼함
☐ 午後	ごご	오후
☐ 雨が降る	あめがふる	비가 내리다
☐ 近い	ちかい	가깝다
☐ 結婚	けっこん	결혼
☐ 求める	もとめる	구하다, 요구하다

UNIT 06 🎧 23.MP3
▶ 유형 6 의문사형 질문 – 정도

분석 및 전략

정도를 묻는 의문사형 질문은 「どのくらい」(어느 정도, 얼마나)로 제시되는 질문을 말하는데, 다른 의문사형 질문과 마찬가지로 의문사 다음에 등장하는 동사나 명사에 의해 정답이 좌우된다. 따라서 무엇의 정도를 묻는 그 대상을 정확하게 청취할 필요가 있다. 주로 출제되는 대답 방법으로는 시간이나 거리, 가격이나 범위를 나타내는 것이 대부분이다.

정도를 묻는 의문사형 질문에서 항상 오답으로 등장하는 것이 '예/아니요' 형 대답이다. 정도를 묻는 의문사형 질문은 절대로 '예' 나 '아니요' 로 대답할 수 없다는 것을 명심해 두도록 하자.

1　どのくらい(어느 정도) – 근무 시간

毎日(まいにち)どのくらい働(はたら)きますか。

(A) 9時間(じかん)くらいです。

(B) 一日(いちにち)に3回(かい)くらいです。

(C) はい。月曜日(げつようび)から金曜日(きんようび)まで仕事(しごと)をします。

(D) はい。毎日会社(まいにちかいしゃ)で働(はたら)きます。

매일 어느 정도 일하나요?

(A) 9시간 정도요.

(B) 하루에 세 번 정도요.

(C) 예. 월요일부터 금요일까지 일을 해요.

(D) 예. 매일 회사에서 일해요.

⋯→ 매일 어느 정도 일하는지를 묻는 질문이므로 「くらい」(정도)라는 말이 들어 있는 선택지 (A), (B) 중 하나가 정답이 된다. 그런데 (B)는 뭔가를 하루에 몇 번 정도 하는지에 대한 답변이므로 (A)가 정답이다. (C)와 (D)는 「はい」(예)로 대답하고 있으므로 답이 될 수 없다.

毎日(まいにち) 매일　働(はたら)く 일하다　~回(かい) ~회, ~번　仕事(しごと) 일, 업무

2　どのくらい(어느 정도) – 거리

今日(きょう)はどのくらい泳(およ)ぎましたか。

(A) 家(うち)のそばのプールに行(い)きました。

(B) 午前中泳(ごぜんちゅうおよ)ぎました。

(C) 土曜日(どようび)と日曜日(にちようび)ですね。

(D) 800メートルくらいですね。

오늘은 어느 정도 수영했나요?

(A) 집 근처에 있는 수영장에 갔었어요.

(B) 오전 중에 수영했어요.

(C) 토요일과 일요일이요.

(D) 800m 정도요.

⋯→ 어느 정도 수영했는지 물었으므로 수영한 거리로 대답해야 한다는 것을 알 수 있다. 따라서 정답은 (D)가 되는데 (A)는 어디로 수영하러 갔는지에 대한 대답이고, (B)는 언제 수영을 했는지, (C)는 무슨 요일에 하는지에 대한 대답이므로 질문과는 거리가 먼 대답들이다.

泳(およ)ぐ 헤엄치다, 수영하다　そば 근처　プール(pool) 수영장　午前(ごぜん) 오전
メートル(프랑스어 mètre) 미터, m

このアパートの家賃<ruby>家賃<rt>やちん</rt></ruby>はどのくらいですか。

(A) 1か月<ruby>月<rt>げつ</rt></ruby>8万円<ruby>万円<rt>まんえん</rt></ruby>です。

(B) 部屋<ruby>部屋<rt>へや</rt></ruby>は全部<ruby>全部<rt>ぜんぶ</rt></ruby>で三つ<ruby>三<rt>みっ</rt></ruby>つです。

(C) 駅<ruby>駅<rt>えき</rt></ruby>までバスか自転車<ruby>自転車<rt>じてんしゃ</rt></ruby>ですね。

(D) 大<ruby>大<rt>おお</rt></ruby>きいスーパーがあって便利<ruby>便利<rt>べんり</rt></ruby>です。

이 아파트의 집세는 어느 정도인가요?
(A) 한 달에 8만 엔이에요.
(B) 방은 전부 해서 세 개 있어요.
(C) 역까지 버스나 자전거로 가요.
(D) 큰 슈퍼가 있어서 편리해요.

⋯ 아파트의 집세가 어느 정도 되냐고 물었으므로 금액으로 대답을 해야 한다는 것을 알 수 있다. 따라서 정답은 (A)가 되는데, (B)는 방의 개수, (C)는 역까지 가는 방법, (D)는 주변 환경에 대해 물었을 때 나올 수 있는 대답들이다.

家賃(やちん) 집세　部屋(へや) 방　全部(ぜんぶ) 전부　駅(えき) 역　バス(bus) 버스
自転車(じてんしゃ) 자전거　大(おお)きい 크다　スーパー 슈퍼　便利(べんり) 편리함

ここでどのくらい待<ruby>待<rt>ま</rt></ruby>ちましたか。

(A) 10分<ruby>分<rt>ぶん</rt></ruby>で行<ruby>行<rt>い</rt></ruby>けますよ。

(B) じゃ、もうちょっと待<ruby>待<rt>ま</rt></ruby>ちましょうか。

(C) 少<ruby>少<rt>すく</rt></ruby>なくとも1時間<ruby>時間<rt>じかん</rt></ruby>はかかるでしょう。

(D) 実<ruby>実<rt>じつ</rt></ruby>は私<ruby>私<rt>わたし</rt></ruby>も着<ruby>着<rt>つ</rt></ruby>いたばかりです。

여기에서 어느 정도 기다렸나요?
(A) 10분이면 갈 수 있어요.
(B) 그럼, 좀 더 기다릴까요?
(C) 적어도 1시간은 걸리겠죠.
(D) 실은 저도 막 도착했어요.

⋯ 이곳에서 어느 정도 기다렸는지 물었으므로 기다린 시간으로 대답한 선택지를 고르면 된다.

待(ま)つ 기다리다　少(すく)なくとも 적어도　時間(じかん) 시간　かかる (시간 등이) 걸리다　実(じつ)は 실은
着(つ)く 도착하다　동사의 た형+ばかりだ 막 ~했다

1.

(A) _______________________________________ (O · X)

(B) _______________________________________ (O · X)

(C) _______________________________________ (O · X)

(D) _______________________________________ (O · X)

2.

(A) _______________________________________ (O · X)

(B) _______________________________________ (O · X)

(C) _______________________________________ (O · X)

(D) _______________________________________ (O · X)

3.

(A) _______________________________________ (O · X)

(B) _______________________________________ (O · X)

(C) _______________________________________ (O · X)

(D) _______________________________________ (O · X)

연 습 문 제 의문사형 질문 – 정도 메모하면서 들어 보세요.

1. ここから図書館までどのくらいかかりますか。

　(A) 歩いて15分くらいです。

　(B) タクシーで行けますよ。

　(C) バスが便利ですね。

　(D) 明後日までです。

여기에서 도서관까지 어느 정도 걸리나요?
(A) 걸어서 15분 정도예요.
(B) 택시로 갈 수 있어요.
(C) 버스가 편리해요.
(D) 모레까지예요.

해설 여기에서 도서관까지 걸리는 시간을 묻고 있다. (A)는 가는 방법과 걸리는 시간, (B)와 (C)는 교통 수단, (D)는 기한에 대해서 말하고 있으므로 정답은 (A)가 된다.

어휘 図書館(としょかん) 도서관　歩(ある)く 걷다　タクシー(taxi) 택시　便利(べんり) 편리함　明後日(あさって) 모레

2. ここでどれくらい待ちましたか。

　(A) 後15分待ちます。

　(B) 駅からバスで15分くらいです。

　(C) 20分くらい待ちました。

　(D) ここまで30分かかりました。

여기에서 어느 정도 기다렸나요?
(A) 앞으로 15분 기다릴게요.
(B) 역에서 버스로 15분 정도예요.
(C) 20분쯤 기다렸어요.
(D) 여기까지 30분 걸렸어요.

해설 어느 정도 기다렸는지 물었으므로 기다린 시간으로 대답한 선택지를 고르면 된다.

어휘 待(ま)つ 기다리다　後(あと) 앞으로　駅(えき) 역

3. そこまでは往復でどのくらいかかりますか。

　(A) 往復するとかなり疲れます。

　(B) たぶん2メートル50センチくらいでしょう。

　(C) 8時に出発すれば9時前に着くでしょう。

　(D) 片道30分ですから、1時間くらいでしょう。

거기까지는 왕복으로 어느 정도 걸리나요?
(A) 왕복하면 상당히 피곤해요.
(B) 아마 2m 50cm 정도일 거예요.
(C) 8시에 출발하면 9시 전에 도착하겠죠.
(D) 편도 30분이니까 1시간 정도일 거예요.

해설 왕복으로 어느 정도 걸리는지 물었으므로 걸리는 시간으로 대답한 선택지를 고르면 된다. 정답은 (D)로, 편도일 경우 30분 소요되므로 왕복하면 1시간 가량 걸릴 것이라는 의미.

어휘 往復(おうふく) 왕복　かなり 상당히, 꽤　疲(つか)れる 피곤하다, 지치다　たぶん 아마　出発(しゅっぱつ) 출발　着(つ)く 도착하다　片道(かたみち) 편도

4.

   (A) _______________________________________ (O · X)

   (B) _______________________________________ (O · X)

   (C) _______________________________________ (O · X)

   (D) _______________________________________ (O · X)

5.

   (A) _______________________________________ (O · X)

   (B) _______________________________________ (O · X)

   (C) _______________________________________ (O · X)

   (D) _______________________________________ (O · X)

6.

   (A) _______________________________________ (O · X)

   (B) _______________________________________ (O · X)

   (C) _______________________________________ (O · X)

   (D) _______________________________________ (O · X)

4. 今日はどのくらい勉強しましたか。

(A) 昨日は全然勉強しませんでした。

(B) 時間がなくて行けませんでした。

(C) 朝早く図書館に行って勉強するつもりです。

(D) 突然友達に来られてしまって、できませんでした。

오늘은 어느 정도 공부했나요?
(A) 어제는 전혀 공부하지 않았어요.
(B) 시간이 없어서 못 갔어요.
(C) 아침 일찍 도서관에 가서 공부할 생각이에요.
(D) 갑자기 친구가 찾아오는 바람에 못했어요.

해설 공부한 양에 대해서 묻고 있는데 시간으로 대답한 선택지가 나오기를 기다리면서 들으면 정답을 놓칠 수도 있는 문제이다. 정답은 갑자기 친구가 오는 바람에 공부할 시간이 없었다고 한 (D)가 된다.

어휘 勉強(べんきょう) 공부 全然(ぜんぜん) 전연, 전혀 時間(じかん) 시간 무(はや)い 이르다, 빠르다 図書館(としょかん) 도서관
突然(とつぜん) 돌연, 갑자기

5. 毎日どのくらい運動していますか。

(A) 毎日公園で30分くらいジョギングをしています。

(B) 恥ずかしいですが、運動は苦手です。

(C) 毎日新聞を読むのは欠かせませんよ。

(D) そうですね。運動しなければなりませんね。

매일 어느 정도 운동하고 있나요?
(A) 매일 공원에서 30분 정도 조깅을 하고 있어요.
(B) 부끄럽지만 운동은 잘 못해요.
(C) 매일 신문을 읽는 건 빠뜨릴 수 없어요.
(D) 그러네요. 운동해야겠군요.

해설 매일 어느 정도 운동을 하고 있는지 물었으므로 운동량으로 대답한 선택지를 고르면 된다. 따라서 정답은 매일 공원에서 30분 정도 조깅을 하고 있다고 한 (A)가 된다.

어휘 運動(うんどう) 운동 公園(こうえん) 공원 ジョギング(jogging) 조깅 恥(は)ずかしい 부끄럽다 苦手(にがて) 서투름
新聞(しんぶん) 신문 読(よ)む 읽다 欠(か)かす 빠뜨리다 ～なければならない ～하지 않으면 안 된다, ～해야 한다

6. 今日はどのくらいできましたか。

(A) 君なら十分できると思いますよ。

(B) できるかどうかよくわかりません。

(C) なかなかはかどらなくてこれしかできませんでした。

(D) 今日はちょっと都合が悪いですが、明日ならできる
と思います。

오늘은 얼마나 했나요?
(A) 당신이라면 충분히 할 수 있을 거라고 생각해요.
(B) 할 수 있을지 어떨지 잘 모르겠어요.
(C) 좀처럼 진척되지 않아서 이것밖에 못했어요.
(D) 오늘은 좀 사정이 있지만 내일이라면 가능할 겁니다.

해설 일을 어느 정도 진행했는지 묻고 있다. 정답은 좀처럼 진척되지 않아서 이것밖에 못했다고 한 (C)가 되는데, 나머지 선택지는 모두 「できる」(할 수 있다, 가능하다)라는 동사를 사용해 오답을 유도하는 응답들이다.

어휘 十分(じゅうぶん) 충분히 ～かどうか ～일지 어떨지 なかなか 좀처럼 はかどる 진척되다 ～しか ～밖에
都合(つごう)が悪(わる)い 상황이 나쁘다, 사정이 있다

한자	읽기	의미
☐ 働く	はたらく	일하다
☐ 泳ぐ	およぐ	헤엄치다, 수영하다
☐ 午前	ごぜん	오전
☐ 部屋	へや	방
☐ 自転車	じてんしゃ	자전거
☐ 便利	べんり	편리함
☐ 待つ	まつ	기다리다
☐ 少なくとも	すくなくとも	적어도
☐ 着く	つく	도착하다
☐ 図書館	としょかん	도서관
☐ 往復	おうふく	왕복
☐ 疲れる	つかれる	피곤하다, 지치다
☐ 出発	しゅっぱつ	출발
☐ 片道	かたみち	편도
☐ 突然	とつぜん	돌연, 갑자기
☐ 運動	うんどう	운동
☐ 恥ずかしい	はずかしい	부끄럽다
☐ 欠かす	かかす	빠뜨리다
☐ 十分	じゅうぶん	충분히
☐ 都合が悪い	つごうがわるい	상황이 나쁘다, 사정이 있다

UNIT 07 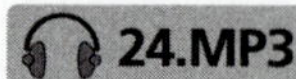

▶ 유형 7 의문사형 질문 – 누구

POINT 「誰」 다음에 나오는 조사와 끝 부분의 동사에 주의할 것!

분석 및 전략

의문사형 질문 중에서 '누구' 인지를 묻는 문제는 「誰(だれ)」(누구)나 「どなた」(어느 분)로 제시되는 문제 형태를 말하는데, 의문사 다음에 나오는 조사를 놓치면 오답을 고르기 쉬운 유형이다. 예를 들어 「その書類(しょるい)は誰(だれ)にあげましたか」(그 서류는 누구에게 줬나요?)라는 질문은 「山田君(やまだくん)にあげました」(야마다 군에게 줬어요)처럼 준 대상으로 대답을 하면 되겠지만, 「彼(かれ)が行(い)きます」(그 사람이 가요)나 「昨日(きのう)妹(いもうと)にもらいました」(어제 여동생한테 받았어요)처럼 사람이 선택지에 등장하지만, 문제 문장과는 맞지 않는 동작을 하거나 상황을 나타내는 표현이 반드시 오답으로 등장한다. 따라서 '누구' 인지를 묻는 의문사는 일단 의문사 다음에 나오는 조사에 주의를 해야 하고, 누가 어떤 동작이나 작용을 하는지 끝 부분의 동사를 잘 들어야 실수가 없다.

<table><tr><td>**1**</td><td>「誰（だれ）」(누구) – 셔츠를 산 사람</td></tr></table>

このシャツは誰が買いましたか。

(A) その赤いのを買いました。

(B) 先週の日曜日に買いました。

(C) それは私が買いました。

(D) 全部で2千円でした。

이 셔츠는 누가 샀나요?
(A) 그 빨간색을 샀어요.
(B) 지난주 일요일에 샀어요.
(C) 그건 제가 샀어요.
(D) 전부 해서 2천 엔이었어요.

···〉 이 셔츠를 누가 샀는지 묻고 있으므로 사람으로 대답한 선택지를 고르면 된다. (A)는 산 색깔, (B)는 산 날짜, (D)는 금액을 물을 때 할 수 있는 응답이므로, 정답은 자신이 샀다고 대답한 (C)가 된다.

シャツ(shirt) 셔츠　買(か)う 사다　赤(あか)い 빨갛다　先週(せんしゅう) 지난주　全部(ぜんぶ) 전부

<table><tr><td>**2**</td><td>「誰（だれ）」(누구) – 만년필의 주인</td></tr></table>

机の上の万年筆は誰のですか。

(A) 眼鏡です。

(B) 私のです。

(C) 誰もいません。

(D) 友達です。

책상 위의 만년필은 누구 건가요?
(A) 안경이에요.
(B) 제 거예요.
(C) 아무도 없어요.
(D) 친구예요.

···〉 책상 위에 있는 만년필이 누구 것인지 묻고 있다. 적절한 응답은 자신의 것이라고 한 (B)가 된다.

机(つくえ) 책상　万年筆(まんねんひつ) 만년필　眼鏡(めがね) 안경　友達(ともだち) 친구

どなたにプレゼントを買ったんですか。

(A) 安いんですが、ネックレスです。

(B) 今晩、お祝いをする予定なんです。

(C) 妻に誕生日の贈り物です。

(D) いや、自分で使うんじゃないんです。

어느 분에게 (줄) 선물을 샀나요?
(A) 싸지만, 목걸이예요.
(B) 오늘 밤 축하를 할 예정이에요.
(C) 아내에게 (줄) 생일 선물이에요.
(D) 아뇨, 제가 쓸 게 아니에요.

···▶ 「どなた」(어느 분)라는 의문사의 의미만 알고 있다면 정답이 쉽게 나오는 문제이다. 누구한테 줄 선물을 샀냐는 의미이므로 그 대상을 말한 (C)가 정답.

安(やす)い 싸다　ネックレス(necklace) 목걸이　今晩(こんばん) 오늘 밤　お祝(いわ)いをする 축하를 하다
予定(よてい) 예정　妻(つま) 아내　誕生日(たんじょうび) 생일　贈(おく)り物(もの) 선물
使(つか)う 사용하다. 쓰다

誰が野球を教えてくれたの。

(A) 今、サッカーの方が人気があるね。

(B) 小学生の時、近所の人に習ったんだ。

(C) 時々近くの子供を集めてやるんだよ。

(D) じゃあ、君にも教えてあげるよ。

누가 야구를 가르쳐 줬어?
(A) 지금 축구 쪽이 인기가 있군.
(B) 초등학생 때 이웃 사람에게 배웠어.
(C) 가끔 근처에 사는 아이들을 모아서 해.
(D) 그럼, 너한테도 가르쳐 줄게.

···▶ 누가 야구를 가르쳐 줬는지 묻고 있으므로 가르쳐 준 사람으로 대답해야 한다는 것을 알 수 있다.

野球(やきゅう) 야구　教(おし)える 가르치다　〜てくれる (남이 나에게) 〜해 주다　サッカー(soccer) 축구
人気(にんき) 인기　近所(きんじょ) 이웃　習(なら)う 배우다　時々(ときどき) 가끔. 때때로　近(ちか)く 근처
集(あつ)める 모으다　やる 하다　〜てあげる (내가 남에게) 〜해 주다

1.

(A) _________________________________ (O · X)

(B) _________________________________ (O · X)

(C) _________________________________ (O · X)

(D) _________________________________ (O · X)

2.

(A) _________________________________ (O · X)

(B) _________________________________ (O · X)

(C) _________________________________ (O · X)

(D) _________________________________ (O · X)

3.

(A) _________________________________ (O · X)

(B) _________________________________ (O · X)

(C) _________________________________ (O · X)

(D) _________________________________ (O · X)

1. これは誰の鉛筆ですか。

(A) 鉛筆です。

(B) 弟のです。

(C) 鉛筆で書きました。

(D) 妹が書きました。

이건 누구 연필인가요?

(A) 연필이에요.

(B) 남동생 거예요.

(C) 연필로 썼어요.

(D) 여동생이 썼어요.

해설 「誰(だれ)」(누구)라는 의문사의 의미를 알고 있다면 정답이 쉽게 나오는 문제이다. 누구의 연필인지 묻고 있으므로 정답은 남동생 것이라고 한 (B)가 된다.

어휘 鉛筆(えんぴつ) 연필 弟(おとうと) 남동생 書(か)く 쓰다 妹(いもうと) 여동생

2. 誰と東京に行きますか。

(A) 一人で行きます。

(B) 東京に友達がいます。

(C) 去年行きました。

(D) 東京から来ました。

누구랑 도쿄에 가나요?

(A) 혼자서 가요.

(B) 도쿄에 친구가 있어요.

(C) 작년에 갔어요.

(D) 도쿄에서 왔어요.

해설 누구와 도쿄에 가는지 묻고 있다. 정답은 혼자서 간다고 한 (A)가 되는데, (B)는 질문과는 전혀 거리가 먼 응답이고, (C)는 간 시기, (D)는 온 곳에 대해서 말하고 있으므로 역시 오답이 된다.

어휘 行(い)く 가다 友達(ともだち) 친구 去年(きょねん) 작년 来(く)る 오다

3. 今度の出張は誰が行くことになったんですか。

(A) 出張が多くて大変です。

(B) 鈴木さんなら明日来るでしょう。

(C) 彼ならできると思いますが。

(D) それがまだ決まっていないそうです。

이번 출장은 누가 가게 됐나요?

(A) 출장이 많아서 힘들어요.

(B) 스즈키 씨라면 내일 오겠죠.

(C) 그 사람이라면 할 수 있을 거라고 생각합니다만.

(D) 그게 아직 정해지지 않았다네요.

해설 「誰(だれ)」(누구)로 물었다고 해서 가는 사람으로 대답한 선택지가 나오기만을 기다려서는 안 된다. (D)와 같이 아직 결정되지 않았다는 식의 응답이 나올 수도 있음을 알아 두자.

어휘 今度(こんど) 이번 出張(しゅっちょう) 출장 동사의 종지형＋ことになる ～하게 되다 多(おお)い 많다 大変(たいへん) 힘듦 ～なら ～라면 まだ 아직 決(き)まる 정해지다, 결정되다

4.

(A) ____ (O · X)

(B) ____ (O · X)

(C) ____ (O · X)

(D) ____ (O · X)

5.

(A) ____ (O · X)

(B) ____ (O · X)

(C) ____ (O · X)

(D) ____ (O · X)

6.

(A) ____ (O · X)

(B) ____ (O · X)

(C) ____ (O · X)

(D) ____ (O · X)

PART 2

4. 旅行は誰と行くつもりなの。

(A) 先週行ってきたよ。

(B) 彼が参加するはずがないよ。

(C) 今度は一人で行こうと思っているんだ。

(D) やっぱり一人で行かせるのはちょっと心細いね。

여행은 누구랑 갈 생각이야?

(A) 지난주에 갔다 왔어.

(B) 그 사람이 참가할 리가 없어.

(C) 이번에는 혼자서 가려고 생각하고 있어.

(D) 역시 혼자 보내는 건 좀 불안하군.

해설 누구와 여행을 갈 생각인지 묻고 있다. (A)는 갔다 온 시기에 대해서 말하고 있으므로 오답이 되고, (B)는 정답과는 거리가 먼 응답이다. (D) 역시 혼자 보내는 건 조금 불안하다고 했으므로 답이 될 수 없다.

어휘 旅行(りょこう) 여행　参加(さんか) 참가　～はずがない ～일 리가 없다　一人(ひとり)で 혼자서　やっぱり 역시
心細(こころぼそ)い 불안하다

5. その噂は誰に聞いたの。

(A) 今度転勤するって専らの噂だよ。

(B) そんな噂、聞いたこともないよ。

(C) 絶対言わないと約束したから、言えないよ。

(D) 聞く耳を持たない彼のことだから、無理もないよ。

그 소문은 누구한테 들었어?

(A) 이번에 전근 간다고 소문이 자자해.

(B) 그런 소문, 들은 적도 없어.

(C) 절대로 말하지 않는다고 약속했기 때문에 말할 수 없어.

(D) 남의 이야기를 경청하지 않는 그 사람이니까 무리도 아니야.

해설 그 소문을 누구한테 들었는지 출처를 묻고 있는 질문이다. 정답은 절대로 말하지 않는다고 약속했기 때문에 말할 수 없다고 한 (C)가 된다. 나머지 선택지들은 질문과는 상관없는 응답들이다.

어휘 噂(うわさ) 소문　転勤(てんきん) 전근　専(もっぱ)らの噂(うわさ) 소문이 자자함　絶対(ぜったい) 절대로　約束(やくそく) 약속
聞(き)く耳(みみ)を持(も)たない 남의 이야기를 경청하지 않다　無理(むり) 무리

6. 誰か相撲の解説ができる人、知らない。

(A) 知り合いの中に専門家がいるけど、紹介しようか。

(B) 彼の解説は本当にわかりやすいね。

(C) 西洋美術に詳しい人に聞いてみたら。

(D) 日本の代表的な伝統文化の一つだよ。

누군가 스모 해설이 가능한 사람, 몰라?

(A) 아는 사람 중에 전문가가 있는데 소개해 줄까?

(B) 그의 해설은 정말로 이해하기 쉽군.

(C) 서양 미술에 정통한 사람에게 물어 보는 게 어때?

(D) 일본의 대표적인 전통 문화 중 하나야.

해설 스모 해설이 가능한 사람을 알고 있는지 물었으므로, 가장 적절한 응답은 아는 사람 중에 전문가가 있는데 소개해 줄까 라고 되물은 (A)가 된다.

어휘 相撲(すもう) 스모　解説(かいせつ) 해설　知(し)る 알다　知(し)り合(あ)い 아는 사람, 지인　専門家(せんもんか) 전문가
紹介(しょうかい) 소개　동사의 ます형+やすい ～하기 쉽다　西洋(せいよう) 서양　美術(びじゅつ) 미술
詳(くわ)しい 잘 알고 있다, 정통하다　代表的(だいひょうてき) 대표적　伝統文化(でんとうぶんか) 전통 문화

한자	읽기	의미
☐ 机	つくえ	책상
☐ 眼鏡	めがね	안경
☐ 安い	やすい	싸다
☐ お祝いをする	おいわいをする	축하를 하다
☐ 予定	よてい	예정
☐ 妻	つま	아내
☐ 贈り物	おくりもの	선물
☐ 野球	やきゅう	야구
☐ 教える	おしえる	가르치다
☐ 近所	きんじょ	이웃
☐ 妹	いもうと	여동생
☐ 出張	しゅっちょう	출장
☐ 決まる	きまる	정해지다, 결정되다
☐ 参加	さんか	참가
☐ 心細い	こころぼそい	불안하다
☐ 転勤	てんきん	전근
☐ 専らの噂	もっぱらのうわさ	소문이 자자함
☐ 詳しい	くわしい	잘 알고 있다, 정통하다
☐ 解説	かいせつ	해설
☐ 専門家	せんもんか	전문가

UNIT 08 🎧 25.MP3
▶ 유형 8 예/아니요형 질문

 부정문으로 묻는 의문문은 대답 방법에 주의할 것!

분석 및 전략

'예/아니요' 형 질문은 의문문의 형태의 질문에, '예' 나 '아니요' 로 대답하는 의문문을 말한다. 이런 '예/아니요' 형 질문에서 실수를 하지 않기 위해서는 우선 질문의 시제와 선택지의 시제가 일치하는지 따져 보아야 한다. 내용이 적절하더라도 시제가 일치하지 않으면 오답이 되므로 들을 때는 항상 시제에 주의하면서 듣도록 하자. 그리고 최근의 출제 경향을 보면 선택지에서 '예' 나 '아니요' 가 생략되어 나오는 경우도 있기 때문에 이런 경우에는 '예' 나 '아니요' 가 나오기를 기다리지 말고 선택지의 내용을 메모하면서 정확한 응답을 가려내도록 하자.

'예/아니요' 형 질문은 부정문으로 물었을 경우에는 '예' 나 '아니요' 의 대답 방법이 달라지므로 주의를 요한다. 예를 들어 「～行(い)きませんでしたか」(～가지 않았나요?)라는 질문일 경우, 만약 갔으면 대답은 「いいえ」(아니요)로 나와야 하고 가지 않았으면 「はい」(예)로 나와야 한다. 이처럼 부정문으로 묻는 경우에는 '예' 나 '아니요' 를 놓치면 오답을 고르기 쉬우므로 주의하도록 하자.

1 커피를 마셨는지 여부

田中さん、もうコーヒーを飲みましたか。

(A) はい。コーヒーがいいです。

(B) はい。飲みませんでした。

(C) いいえ。あまり美味しくありませんでした。

(D) いいえ。まだです。

다나카 씨, 벌써 커피를 마셨나요?
(A) 예. 커피가 좋아요.
(B) 예. 마시지 않았어요.
(C) 아니요. 별로 맛이 없었어요.
(D) 아니요. 아직이요.

…▶ 커피를 마셨는지 여부를 묻는 질문이다. 마셨으면 「はい」(예)로 대답하고, 마시지 않았으면 「いいえ」(아니요)로 대답한다. 따라서 적절한 응답은 (D)가 되는데, 마시지 않았다는 것을 「まだです」(아직이요)라고 표현한 것에 주의. (A)는 무엇을 마시고 싶은지에 대한 대답이고, (C)는 맛있었는지에 대한 대답이므로 정답이 될 수 없다. (B)는 마시지 않았다고 했으므로 「いいえ」라고 해야 하는데 「はい」라고 했으므로 오답이다.

もう 벌써, 이제　コーヒー(coffee) 커피　飲(の)む 마시다　美味(おい)しい 맛있다　まだ 아직

2 회의 일정의 변경 여부

会議の予定が変わったの、ご存じでしたか。

(A) あれっ、どこにあったんですか。

(B) いや。ちっとも知りませんでしたよ。

(C) いえ。まだ終わっていません。

(D) できれば明日までにお願いします。

회의 일정이 바뀐 것 알고 계셨나요?
(A) 어라, 어디에 있었나요?
(B) 아니요. 전혀 몰랐어요.
(C) 아뇨. 아직 끝나지 않았어요.
(D) 가능하면 내일까지 부탁해요.

…▶ 회의 일정이 바뀐 걸 알고 있었는지를 묻는 질문이므로 「いや」(아니요, 아니)라고 대답하고 전혀 몰랐다고 한 (B)가 적절한 응답. (C)는 「いえ」(아니요, 아뇨)라고 대답하고 있지만, 뒷부분이 '아직 끝나지 않았어요'이므로 질문과 어울리지 않는 내용이다. (A)와 (D)는 각각 장소와 기간을 화제로 삼고 있으므로 질문에 대한 답변으로는 부적절하다.

会議(かいぎ) 회의　予定(よてい) 예정　ご存(ぞん)じ 알고 계심　あれっ 어, 어라 ＊「あれ」의 힘줌말
ちっとも 조금도, 전혀　知(し)る 알다　終(お)わる 끝나다　お願(ねが)いする 부탁하다

今、彼を紹介してもかまいませんか。

(A) ご紹介いただいた鈴木です。

(B) いいえ。お名前まではちょっと…。

(C) はい。昨日お目にかかりました。

(D) はい。お願いします。

지금 그 사람을 소개해도 상관없나요?
(A) 소개받은 스즈키입니다.
(B) 아니요. 이름까지는 좀….
(C) 예. 어제 만나 뵈었습니다.
(D) 예. 부탁해요.

┈▶ 「～てもかまいませんか」는 '～해도 상관없습니까?'라는 의미로, 허가나 승낙을 요구할 때 사용하는 표현이다. 따라서 질문에 대한 적절한 응답은 (D)가 된다.

紹介(しょうかい) 소개　名前(なまえ) 이름　お目(め)にかかる 만나 뵙다

お正月は故郷で過ごしたんですか。

(A) 故郷のことが時々懐かしくなります。

(B) それが、あいにくの雨で中止になっちゃったんです。

(C) 正月というと、決まって従兄弟たちと遊んだものです。

(D) ええ。実は3年ぶりに帰省したんですよ。

설은 고향에서 보냈나요?
(A) 고향이 가끔 그리워집니다.
(B) 그게 공교롭게도 비가 와서 중지되고 말았어요.
(C) 설이면 늘 사촌들과 놀곤 했죠.
(D) 네. 실은 3년 만에 고향에 갔어요.

┈▶ 설을 고향에서 보냈는지 여부를 묻고 있다. (A)는 질문에 어울리지 않는 대답일 뿐만 아니라, 시제도 맞지 않다. 일본어의 현재형은 현재와 미래를 나타내는데 (A)와 같은 경우는 습관이나 반복적인 동작으로 해석이 된다. (B)는 비가 온다고 해서 설을 고향에서 보내지 못하는 것은 아니므로 질문에 대한 응답으로는 적절치 못하다. (C)에는 「正月(しょうがつ)」(설)라는 단어가 나와 정답으로 고르기 쉬우나, 문장 끝이 「동사의 た형+ものだ」(～하곤 했다)로 과거를 회상하는 문장이 되므로 정답이 될 수 없다.

お正月(しょうがつ) 설(날)　故郷(こきょう) 고향　過(す)ごす 지내다, 보내다　懐(なつ)かしい 그립다
あいにく 공교롭게도　中止(ちゅうし) 중지　～というと ～라고 하면　決(き)まって 언제나, 늘　従兄弟(いとこ) 사촌
実(じつ)は 실은　～ぶりに ～만에　帰省(きせい) 귀성, 귀향

1.

(A) _________________________________ (○ · ✕)

(B) _________________________________ (○ · ✕)

(C) _________________________________ (○ · ✕)

(D) _________________________________ (○ · ✕)

2.

(A) _________________________________ (○ · ✕)

(B) _________________________________ (○ · ✕)

(C) _________________________________ (○ · ✕)

(D) _________________________________ (○ · ✕)

3.

(A) _________________________________ (○ · ✕)

(B) _________________________________ (○ · ✕)

(C) _________________________________ (○ · ✕)

(D) _________________________________ (○ · ✕)

1. あなたのお姉さんは歌が上手ですか。

당신 누님은 노래를 잘하나요?

(A) いいえ。私は兄はいません。

(B) はい。姉は歌が上手です。

(C) いいえ。私は歌が上手ではありません。

(D) はい。妹は音楽が好きですから。

(A) 아니요. 저는 형은 없어요.
(B) 예. 누나는 노래를 잘해요.
(C) 아니요. 저는 노래를 못해요.
(D) 예. 여동생은 음악을 좋아하니까요.

해설 「はい」(예)나 「いいえ」(아니요) 다음에 이어지는 문장의 주어가 누구인지 주의 깊게 들으면 답을 쉽게 고를 수 있다. 상대방의 누나가 노래를 잘하는지 물었으므로 정답은 (B)가 된다. 참고로 선택지 (C)는 주어가 「姉(あね)」라면 정답이 될 수 있다.

어휘 お姉(ねえ)さん 누님, 언니 歌(うた) 노래 上手(じょうず) 잘함, 능숙함 兄(あに) 형, 오빠 姉(あね) 누나, 언니
妹(いもうと) 여동생 音楽(おんがく) 음악 好(す)き 좋아함

2. 佐藤さん、帰るんですか。

사토 씨, 돌아가는 거예요?

(A) はい。そろそろ失礼します。

(B) はい。さっき出ていきましたよ。

(C) いいえ。会社に戻っていません。

(D) いいえ。今日は用事があるので。

(A) 예. 이제 그만 실례하겠습니다.
(B) 예. 조금 전에 나갔어요.
(C) 아니요. 회사에 돌아오지 않았어요.
(D) 아니요. 오늘은 볼일이 있어서.

해설 남자가 돌아가는지 묻고 있으므로 정답은 이제 그만 돌아가겠다고 한 (A)가 된다. (D)는 「はい」(예)로 답하면 답이 될 수 있다.

어휘 帰(かえ)る 돌아가다 そろそろ 슬슬, 이제 그만 失礼(しつれい) 실례 さっき 조금 전, 아까 出(で)る 나가다
戻(もど)る 돌아오다 用事(ようじ) 볼일

3. 会議はまだ続いているんですか。

회의는 아직 계속되고 있나요?

(A) ええ。でも、もうすぐ終わりそうですよ。

(B) いいえ。今全員やってきたところです。

(C) ええ。もう少し続けましょう。

(D) ええ。まだ始まりそうもありません。

(A) 네. 하지만 이제 곧 끝날 것 같아요.
(B) 아니요. 지금 전원 막 하고 왔어요.
(C) 네. 좀 더 계속하죠.
(D) 네. 아직 시작될 것 같지 않네요.

해설 회의가 아직 계속되고 있는가 라는 물음에 대한 적절한 응답을 찾는 문제이다. (B)와 (C)는 질문의 내용과는 거리가 먼 응답이므로 오답이 된다. 그리고 (D)는 회의를 아직 시작도 하지 않은 상황이 되므로 역시 답이 될 수 없다. 정답은 계속되고는 있지만 곧 끝날 것 같다고 한 (A)가 된다.

어휘 会議(かいぎ) 회의 まだ 아직 続(つづ)く 계속되다 もう 이제 すぐ 곧 終(お)わる 끝나다
동사의 ます형+そうだ ~할 것 같다(추측) *부정형은 「~そうもない」(~할 것 같지 않다) 全員(ぜんいん) 전원
동사의 た형+ところだ 막 ~했다 少(すこ)し 조금 続(つづ)ける 계속하다 始(はじ)まる 시작되다

4.

(A) _______________________________________ (O · ×)

(B) _______________________________________ (O · ×)

(C) _______________________________________ (O · ×)

(D) _______________________________________ (O · ×)

5.

(A) _______________________________________ (O · ×)

(B) _______________________________________ (O · ×)

(C) _______________________________________ (O · ×)

(D) _______________________________________ (O · ×)

6.

(A) _______________________________________ (O · ×)

(B) _______________________________________ (O · ×)

(C) _______________________________________ (O · ×)

(D) _______________________________________ (O · ×)

4. 6月のテスト、申し込みますか。

   (A) はい。落ちてしまいましたけど。

   (B) はい。受けてみるつもりです。

   (C) はい。来年もう一度やってみます。

   (D) はい。もう大体できています。

6월에 있을 시험, 신청할 건가요?
(A) 예. 떨어지고 말았지만요.
(B) 예. 볼 생각이에요.
(C) 예. 내년에 다시 한 번 해 볼게요.
(D) 예. 이제 거의 완성됐어요.

해설 6월에 있을 시험에 신청을 할 것인지 묻고 있으므로 시험을 볼 생각이라고 한 (B)가 정답이 된다. (A)는 이미 시험을 본 상황이므로 오답이 되고, (C)는 내년에 다시 한 번 해 볼 것이라고 했으므로 역시 오답이다. 그리고 (D)는 질문과는 전혀 상관없는 응답이다.

어휘 テスト(test) 테스트, 시험　申(もう)し込(こ)む 신청하다　落(お)ちる 떨어지다　受(う)ける (시험을) 보다　～てみる ～해 보다　来年(らいねん) 내년　大体(だいたい) 대개, 거의　もう 이미, 이제　できる 완성되다, 다되다

---

5. 雨は止みましたか。

   (A) いいえ。もう降り始めました。

   (B) いいえ。いい天気ですよ。

   (C) はい。今にも降り出しそうです。

   (D) はい。もう降っていませんよ。

비는 그쳤나요?
(A) 아니요. 이미 내리기 시작했어요.
(B) 아니요. 날씨가 좋아요.
(C) 예. 금방이라도 내릴 것 같아요.
(D) 예. 이제 내리지 않아요.

해설 비가 그쳤는지 묻고 있으므로 그쳤으면 '예'로, 아직 내리고 있으면 '아니요'로 대답을 해야 한다. 따라서 이제 내리지 않는다고 한 (D)가 정답이 된다.

어휘 雨(あめ) 비　止(や)む 그치다, 멈추다　降(ふ)る 내리다, 오다　동사의 ます형+始(はじ)める ～하기 시작하다　天気(てんき) 날씨　今(いま)にも 금방이라도　동사의 ます형+出(だ)す ～하기 시작하다

---

6. この電車は東京駅を通りますか。

   (A) はい。駅は会社の近くです。

   (B) はい。東京駅に行きますよ。

   (C) はい。いつも帰る時使います。

   (D) はい。バスが便利ですよ。

이 전철은 도쿄역을 통과하나요?
(A) 예. 역은 회사 근처예요.
(B) 예. 도쿄역에 가요.
(C) 예. 항상 돌아갈 때 이용해요.
(D) 예. 버스가 편리해요.

해설 이 전철이 도쿄역을 통과하는지 묻고 있다. (A)는 역의 위치, (C)는 돌아갈 때의 교통 수단, (D)는 버스에 대해서 말하고 있으므로 오답이다. 정답은 도쿄역에 간다고 한 (B)가 된다.

어휘 電車(でんしゃ) 전철　通(とお)る 통과하다　会社(かいしゃ) 회사　近(ちか)く 근처　帰(かえ)る 돌아가다　使(つか)う 사용하다, 이용하다　便利(べんり) 편리함

한자	읽기	의미
☐ ご存じ	ごぞんじ	알고 계심
☐ 知る	しる	알다
☐ 終わる	おわる	끝나다
☐ 紹介	しょうかい	소개
☐ 名前	なまえ	이름
☐ お目にかかる	おめにかかる	만나 뵙다
☐ 故郷	こきょう	고향
☐ 懐かしい	なつかしい	그립다
☐ 従兄弟	いとこ	사촌
☐ 帰省	きせい	귀성, 귀향
☐ 音楽	おんがく	음악
☐ 用事	ようじ	볼일
☐ 続く	つづく	계속되다
☐ 申し込む	もうしこむ	신청하다
☐ 落ちる	おちる	떨어지다
☐ 大体	だいたい	대개, 거의
☐ 止む	やむ	그치다, 멈추다
☐ 今にも	いまにも	금방이라도
☐ 通る	とおる	통과하다
☐ 近く	ちかく	근처

UNIT 09 

▶ 유형 9 인사 표현

POINT 일상생활에서 사용하는 인사 표현을 세트로 암기해 둘 것!

분석 및 전략

인사 표현은 일상생활에서 사용하는 인사 표현을 제대로 이해하고 있는지 묻는 문제로 출제 빈도는 낮은 편이지만 반드시 맞춰야 하는 유형의 문제이다. 실제 시험에서는 보통 25번에서 35번 사이에서 출제되는데 자주 출제되는 표현으로는 안부, 축하, 방문, 문병 등이 있다. 특히 최근 시험에서는 안부를 묻는 표현이 빈도면에서 가장 높게 출제되고 있으므로 이 부분에 대한 대비가 필요하다.

인사 표현은 절대 난이도가 높은 부분이 아니므로 평소에 인사 표현과 응답을 세트로 함께 암기해 둔다면 어렵지 않게 정답을 찾을 수 있는 문제이다. 다만 최근에는 상투적인 표현보다는 다양한 형태의 응답으로 출제되는 경향이 있으므로 여러 가지 인사 표현에 대한 다양한 응답 방식에 익숙해질 필요가 있다.

1　누군가를 만났을 때의 인사 표현

暑くなりましたね。

(A) ええ。そうですね。

(B) はい。いいです。

(C) はい。そうします。

(D) いいえ。どういたしまして。

더워졌네요.

(A) 네. 그렇군요.

(B) 예. 좋아요.

(C) 예. 그렇게 할게요.

(D) 아니요. 천만에요.

⋯▸ 「暑(あつ)くなりましたね」(더워졌네요)와 같은 날씨에 대한 화제 표현은 일종의 인사 표현으로 봐도 무방하다. 이에 대한 응답으로는 일반적으로 「ええ。そうですね」(네. 그렇군요)가 쓰인다.

暑(あつ)い 덥다　どういたしまして 천만에요

2　돌아갈 때의 인사 표현

それではお先に失礼します。

(A) どういたしまして。

(B) どうぞごゆっくり。

(C) お久しぶりです。

(D) お疲れ様でした。

그럼, 먼저 실례하겠습니다.

(A) 천만에요.

(B) 천천히 놀다 가세요.

(C) 오랜만이에요.

(D) 수고하셨습니다.

⋯▸ 「お先(さき)に失礼(しつれい)します」(먼저 실례하겠습니다)는 일이나 공부를 같이 하다가 다른 사람보다 먼저 자리를 뜰 때 쓰는 표현으로, 남아 있는 사람들은 보통 「お疲(つか)れ様(さま)でした」(수고하셨습니다)라고 응답한다. 참고로 (A)는 「ありがとうございます」(고맙습니다)에 대한 응답이다.

先(さき)に 먼저　失礼(しつれい) 실례　どうぞ 상대방에게 무언가를 권하거나 허락할 때 쓰는 표현
ゆっくり 천천히, 느긋하게　久(ひさ)しぶり 오랜만임

いい天気(てんき)ですね。

(A) 本当(ほんとう)にそうですね。

(B) いいえ。昨日(きのう)は雨(あめ)でした。

(C) とても賑(にぎ)やかですよ。

(D) あまりよくなかったです。

날씨가 좋네요.

(A) 정말 그러네요.

(B) 아니요. 어제는 비가 내렸어요.

(C) 아주 떠들썩해요.

(D) 그다지 좋지 않았어요.

···▶ 「いい天気(てんき)ですね」(날씨가 좋네요)는 이웃을 만났을 때 흔히 하는 인사이다. 정답은 정말로 그렇다고 한 (A)가 된다. (B)는 어제 날씨에 대해서 물었을 때 나올 수 있는 응답이고, (C)와 (D)는 날씨와 관련된 인사와는 거리가 먼 응답들이다.

天気(てんき) 날씨　雨(あめ) 비　賑(にぎ)やか 떠들썩함

お父(とう)さん、ただいま。

(A) いただきます。

(B) お帰(かえ)り。

(C) 気(き)を付(つ)けて。

(D) 行(い)ってらっしゃい。

아버지, 다녀왔어요.

(A) 잘 먹겠습니다.

(B) 어서 와.

(C) 조심해.

(D) 잘 다녀와.

···▶ 「ただいま」는 '다녀왔습니다'라는 의미로 외출했다가 돌아왔을 때 사용하는 인사 표현이다. 따라서 적절한 응답은 '어서 와'라는 의미인 (B)의 「お帰(かえ)り」가 된다. (A)는 밥을 먹기 전에 하는 인사말이고, (D)는 외출하는 사람에게 하는 인사말이다.

気(き)を付(つ)ける 조심하다, 주의하다

1.

(A) _________________________________ (○ · ×)

(B) _________________________________ (○ · ×)

(C) _________________________________ (○ · ×)

(D) _________________________________ (○ · ×)

2.

(A) _________________________________ (○ · ×)

(B) _________________________________ (○ · ×)

(C) _________________________________ (○ · ×)

(D) _________________________________ (○ · ×)

3.

(A) _________________________________ (○ · ×)

(B) _________________________________ (○ · ×)

(C) _________________________________ (○ · ×)

(D) _________________________________ (○ · ×)

1. あ、鈴木さん。いらっしゃい。

(A) 失礼します。

(B) では、また。

(C) いただきます。

(D) ごめんなさい。

아, 스즈키 씨. 어서 오세요.
(A) 실례하겠습니다.
(B) 그럼, 또.
(C) 잘 먹겠습니다.
(D) 죄송합니다.

해설 기본적인 인사 표현에 대한 이해를 묻는 문제로 문제에 나오는 「いらっしゃい」(어서 오세요)는 방문한 사람을 환영할 때 사용하는 표현이다. (A)는 남의 집이나 방에 들어갈 때, (B)는 헤어질 때, (C)는 음식을 먹기 전에, (D)는 사과할 때 사용하는 인사 표현이므로 정답은 (A)가 된다.

어휘 失礼(しつれい) 실례 また 또

2. じゃ、また明日。

(A) どうぞ、入ってください。

(B) いらっしゃいませ。

(C) こんばんは。

(D) さようなら。

그럼, 내일 또 봐.
(A) 어서 들어오세요.
(B) 어서 오세요.
(C) 안녕하세요.
(D) 잘 가.

해설 「じゃ、また明日(あした)」(그럼, 내일 또 봐)는 헤어질 때 하는 인사 표현이다. 따라서 적절한 응답은 (D)가 된다. (B)는 가게에서 손님이 들어왔을 때 하는 인사말이다.

어휘 入(はい)る 들어오다

3. ごめんください。

(A) こちらこそ、どうぞよろしく。

(B) はい。どちら様ですか。

(C) どういたしまして。

(D) 失礼いたしました。

실례합니다.
(A) 저야말로 잘 부탁드려요.
(B) 예. 누구신가요?
(C) 천만에요.
(D) 실례했어요.

해설 「ごめんください」는 '실례합니다. 계십니까?' 정도의 의미로, 어딘가를 방문했을 때 사용하는 표현이다. 따라서 적절한 응답은 '누구신가요?' 라고 되물은 (B)가 된다.

어휘 こちらこそ 저야말로 よろしく 잘 부탁합니다 ＊남에게 호의를 나타내거나 무언가를 부탁할 때 쓰는 말

4.

(A) _______________________ (O · ×)

(B) _______________________ (O · ×)

(C) _______________________ (O · ×)

(D) _______________________ (O · ×)

5.

(A) _______________________ (O · ×)

(B) _______________________ (O · ×)

(C) _______________________ (O · ×)

(D) _______________________ (O · ×)

6.

(A) _______________________ (O · ×)

(B) _______________________ (O · ×)

(C) _______________________ (O · ×)

(D) _______________________ (O · ×)

4. 今日はいい天気になりましたね。

(A) ええ。降らなかったそうです。

(B) ええ。降っているみたいです。

(C) ええ。降りそうもないですね。

(D) ええ。降るかもしれませんね。

오늘은 날씨가 좋아졌네요.
(A) 네. 내리지 않았대요.
(B) 네. 내리고 있는 것 같아요.
(C) 네. 내릴 것 같지 않아요.
(D) 네. 내릴지도 모르겠네요.

해설 일상생활에서 흔히 들어볼 수 있는 인사 표현으로 오늘은 날씨가 좋다고 했다. 적절한 응답은 비가 내릴 것 같지 않다며 상대방의 말에 동의하고 있는 (C)가 된다.

어휘 天気(てんき) 날씨 降(ふ)る 내리다. 오다 동사의 종지형+そうだ ~라고 한다(전문)
동사의 ます형+そうもない ~할 것 같지 않다 ~かもしれない ~일지도 모른다

5. ご家族はお元気ですか。

(A) はい、そうです。

(B) 5人です。

(C) おかげ様で、元気です。

(D) いいですよ。

가족분들은 건강하신가요?
(A) 예, 그렇습니다.
(B) 다섯 명입니다.
(C) 덕분에 건강합니다.
(D) 좋아요.

해설 기본적인 인사 표현에 대한 문제로 상대방 가족의 안부를 묻고 있다. 정답은 덕분에 건강하다고 한 (C)가 된다. 참고로 (A)는 상대방의 질문에 동의할 때 사용하는 표현이므로 정답으로 고르지 않도록 주의하자.

어휘 家族(かぞく) 가족 元気(げんき) 건강함 おかげ様(さま)で 덕분에

6. つまらない物ですが、これ、お礼です。

(A) 贅沢なものではありませんが。

(B) それじゃ、お礼をした意味がありませんよ。

(C) そんなに気を使わないでください。

(D) それはおめでたいですね。

별거 아닙니다만, 이거 답례입니다.
(A) 비싼 건 아닙니다만.
(B) 그럼, 답례를 한 의미가 없어요.
(C) 그렇게 신경 쓰지 마세요.
(D) 그거 축하드려요.

해설 「気(き)を使(つか)う」(신경을 쓰다)라는 관용 표현을 알아듣는 것이 포인트. 고마운 일에 대한 답례 선물을 하는 상황이므로 적절한 응답은 신경 쓰지 말라고 한 (C)가 된다.

어휘 つまらない 시시하다. 하찮다 お礼(れい) 답례 贅沢(ぜいたく) 사치. 비쌈 意味(いみ) 의미 おめでたい 경사스럽다

주요 어휘 정리

한자	읽기	의미
☐ 暑い	あつい	덥다
☐ 先に	さきに	먼저
☐ 失礼	しつれい	실례
☐ 久しぶり	ひさしぶり	오랜만임
☐ 天気	てんき	날씨
☐ 雨	あめ	비
☐ 賑やか	にぎやか	떠들썩함
☐ お父さん	おとうさん	아버지
☐ 気を付ける	きをつける	조심하다, 주의하다
☐ 明日	あした	내일
☐ 入る	はいる	들어오다
☐ 今日	きょう	오늘
☐ 降る	ふる	내리다, 오다
☐ 家族	かぞく	가족
☐ 元気	げんき	건강함
☐ おかげ様で	おかげさまで	덕분에
☐ お礼	おれい	답례
☐ 贅沢	ぜいたく	사치, 비쌈
☐ 意味	いみ	의미
☐ 気を使う	きをつかう	신경을 쓰다

UNIT 10 🎧 27.MP3
▶ 유형 10 권유 표현

 대체적으로 승낙하는 긍정 표현으로 나오는 경우가 많다는 것을 기억할 것!

분석 및 전략

권유 표현은 상대방에게 뭔가를 권유하는 형태로 제시되는 문제를 말하는데 실제 시험에서는 평균 한 문제 정도가 출제되고 있다. 대부분의 경우 질문은 「〜ませんか」(〜하지 않을래요?)나 「いかがですか」(어떠세요?)의 형태로 제시되는데 지금까지의 출제 경향을 보면 권유 표현은 부정적인 응답보다는 긍정적인 응답으로 나오는 경우가 많으므로 일단 들을 때는 긍정적인 응답을 유심히 잘 듣도록 하자.

권유 표현에 대해서 부정을 할 때 일본어는 우리말처럼 구체적으로 부정하는 경우보다는 「それはちょっと…」(그건 좀…)라든지 「ここではちょっと…」(여기에서는 좀…)처럼 말 끝을 흐리는 형태로 출제되는 경우가 많으므로 이런 일본어의 특징도 함께 익혀 두도록 하자.

1 꽃구경을 권유하는 표현

今年はみんなで、花見に行きませんか。

(A) いいですね。僕、桜が好きなんです。

(B) もう秋が来たんですね。

(C) 毎日暑いから、楽しいでしょうね。

(D) いいなあ。海は久しぶりです。

올해는 모두 함께 꽃구경 가지 않을래요?

(A) 좋죠. 전 벚꽃을 좋아하거든요.

(B) 벌써 가을이 왔군요.

(C) 매일 더우니까 즐겁겠죠.

(D) 좋군요. 바다는 오랜만이에요.

···▶ 대화의 주제는 「花見(はなみ)」(꽃구경)인데 보통 봄에 피는 「桜(さくら)」(벚꽃) 구경을 말한다. (B)는 가을, (C)는 덥다고 한 것으로 보아 여름이고, (D)는 계절과는 관계없이 「海(うみ)」(바다)라는 말이 나오므로 부적절하다.

今年(ことし) 금년, 올해   好(す)き 좋아함   秋(あき) 가을   暑(あつ)い 덥다   楽(たの)しい 즐겁다

2 커피를 권유하는 표현

コーヒーはいかがですか。

(A) いや、食事はもう結構です。

(B) いいにおいですね。いただきます。

(C) これはアフリカの豆なんですよ。

(D) すみません。紅茶は苦手なんです。

커피 어떠세요?

(A) 아뇨, 식사는 이제 됐어요.

(B) 향이 좋네요. 잘 마실게요.

(C) 이건 아프리카 원두예요.

(D) 죄송합니다. 홍차는 싫어해요.

···▶ 남자에게 커피를 권하고 있는 상황이다. 정답은 (B)가 되는데, (A)는 식사를 권했을 때 할 수 있는 응답이고, (C)는 원두의 원산지를 물었을 때, (D)는 홍차를 권했을 때 할 수 있는 대답이다.

食事(しょくじ) 식사   もう 이제   結構(けっこう) 괜찮음, 더 이상 필요 없음   におい 향기, 냄새
アフリカ(Africa) 아프리카   豆(まめ) 콩, 원두   紅茶(こうちゃ) 홍차   苦手(にがて) 싫어함, 서투름

何か温かいものを召し上がりませんか。

(A) コートを着てきました。

(B) じゃ、ホットコーヒーをお願いします。

(C) じゃ、電気を付けましょう。

(D) 今日はとても暑いですからね。

뭔가 따뜻한 걸 드시지 않겠어요?
(A) 코트를 입고 왔어요.
(B) 그럼, 뜨거운 커피를 부탁해요.
(C) 그럼, 불을 켜죠.
(D) 오늘은 아주 더우니까요.

⋯ 뭔가 따뜻한 것을 마시지 않겠냐고 권유하고 있으므로, 적절한 응답은 뜨거운 커피를 부탁한다고 한 (B)가 된다.

温(あたた)かい 따뜻하다　召(め)し上(あ)がる 드시다. 잡수시다 ＊「食(た)べる」(먹다). 「飲(の)む」(마시다)의 높임말
コート(coat) 코트　着(き)る 입다　ホット(hot) 뜨거운　電気(でんき)を付(つ)ける 불[전등]을 켜다

じゃ、もう一度みんなで乾杯しましょうか。

(A) そう言えば、乾杯はまだだったね。

(B) お酒はあまり強くないんだ。

(C) みんなでお見舞いに行ったんだね。

(D) ちょっと待って。もう少しグラスに入れるから。

그럼, 한 번 더 모두 함께 건배할까요?
(A) 그러고 보니 건배를 아직 안 했군.
(B) 술은 그다지 세지 않아.
(C) 모두 함께 문병 갔었군.
(D) 잠깐 기다려. 좀 더 컵에 (술을) 따를 테니까.

⋯ 「もう一度(いちど)」(한 번 더)라는 표현을 놓치면 (A)를 정답으로 고르기 쉬우므로 주의해야 한다. 한 번 더 건배를 하자는 제의에 적절한 응답은 (D)가 된다.

乾杯(かんぱい) 건배　そう言(い)えば 그러고 보니　まだ 아직　お酒(さけ) 술　強(つよ)い 강하다. 세다
お見舞(みま)い 문병　待(ま)つ 기다리다　もう 더　少(すこ)し 조금　グラス(glass) 컵　入(い)れる 넣다

1.

(A) ____ (O · X)

(B) ____ (O · X)

(C) ____ (O · X)

(D) ____ (O · X)

2.

(A) ____ (O · X)

(B) ____ (O · X)

(C) ____ (O · X)

(D) ____ (O · X)

3.

(A) ____ (O · X)

(B) ____ (O · X)

(C) ____ (O · X)

(D) ____ (O · X)

1. 一緒にドイツ語を習いませんか。

(A) はい。習いませんでした。

(B) あなたはどこで教えていますか。

(C) 何を習いに行きますか。

(D) いや、難しいから、勉強したくないです。

함께 독일어를 배우지 않을래요?

(A) 예. 배우지 않았어요.

(B) 당신은 어디에서 가르치고 있나요?

(C) 뭘 배우러 가나요?

(D) 아뇨, 어려워서 공부하고 싶지 않아요.

해설 「~ませんか」는 '~하지 않을래요?' 라는 의미로 상대방에게 뭔가를 권유하거나 의향을 물을 때 사용하는 표현이다. 따라서 응답은 「はい」(예)나 「いいえ」(아니요)로 대답하는 것이 보통이며, 「いいえ」일 경우에는 뒤에 그 이유를 설명하는 것이 자연스러우므로 정답은 (D)가 된다.

어휘 一緒(いっしょ)に 함께, 같이   ドイツ(네덜란드어 Duits)語(ご) 독일어   習(なら)う 배우다   どこ 어디   教(おし)える 가르치다   難(むずか)しい 어렵다   勉強(べんきょう) 공부

2. よかったら、お茶でもしない。

(A) 僕が行ってくるよ。

(B) じゃ、見に行こうか。

(C) いいよ。明日行こう。

(D) ごめん。今手が離せないんだ。

괜찮다면 차라도 마시지 않을래?

(A) 내가 갔다 올게.

(B) 그럼, 보러 갈까?

(C) 좋아. 내일 가자.

(D) 미안. 지금은 일손을 놓을 수가 없어.

해설 여자가 남자에게 차라도 마시지 않겠느냐고 권유하고 있는 상황이다. 정답은 지금은 일손을 놓을 수 없다며 거절한 (D)가 된다.

어휘 お茶(ちゃ) 차   手(て)が離(はな)せない 일손을 놓을 수 없다

3. 駅まで歩きましょうか。

(A) いや。電車で行きました。

(B) そうですね。近いですから。

(C) いいえ。あまり歩きません。

(D) 時々走っていますよ。

역까지 걸을까요?

(A) 아뇨. 전철로 갔어요.

(B) 그러게요. 가까우니까요.

(C) 아니요. 별로 걷지 않아요.

(D) 가끔 달리고 있어요.

해설 「~ましょうか」는 (~할까요?)라는 의미로 상대방에게 뭔가를 권유하는 표현이다. 따라서 이에 대한 적절한 응답은 제안을 받아들인 (B)가 된다.

어휘 ~まで ~까지   歩(ある)く 걷다   電車(でんしゃ) 전철   近(ちか)い 가깝다   時々(ときどき) 가끔, 때때로   走(はし)る 달리다

4.

(A) _________________________________ (○ · ✕)

(B) _________________________________ (○ · ✕)

(C) _________________________________ (○ · ✕)

(D) _________________________________ (○ · ✕)

5.

(A) _________________________________ (○ · ✕)

(B) _________________________________ (○ · ✕)

(C) _________________________________ (○ · ✕)

(D) _________________________________ (○ · ✕)

6.

(A) _________________________________ (○ · ✕)

(B) _________________________________ (○ · ✕)

(C) _________________________________ (○ · ✕)

(D) _________________________________ (○ · ✕)

PART 2

4. 週末に映画でも見に行きませんか。

　(A) いいですね。何時に会いましょうか。

　(B) その映画は私も見たいですね。

　(C) そんなに面白かったですか。

　(D) つまり、つまらないということですね。

주말에 영화라도 보러 가지 않을래요?
(A) 좋아요. 몇 시에 만날까요?
(B) 그 영화는 저도 보고 싶네요.
(C) 그렇게 재미있었나요?
(D) 즉, 재미없다는 말이군요.

해설 주말에 영화를 보러 가자고 권유하고 있는 상황이므로 적절한 응답은 몇 시에 만날지 물은 (A)가 된다.

어휘 週末(しゅうまつ) 주말　映画(えいが) 영화　面白(おもしろ)い 재미있다　つまり 즉, 다시 말해서　つまらない 재미없다

5. 暑いですから、何か冷たいものでも飲みましょうか。

　(A) ええ。そうしましょう。

　(B) ええ。本当に寒いですね。

　(C) 食べたばかりなので、けっこうです。

　(D) 一度くらい飲んでみたいですね。

더우니까 뭔가 찬 음료라도 마실까요?
(A) 네. 그렇게 하죠.
(B) 네. 정말로 춥네요.
(C) 방금 먹어서 괜찮아요.
(D) 한 번쯤 마셔 보고 싶네요.

해설 더우니까 뭔가 찬 음료라도 마시자고 권유하고 있으므로 그렇게 하자고 한 (A)가 정답이 된다. (B)와 (C)는 「寒(さむ)い」(춥다)라는 い형용사와 「食(た)べる」(먹다)라는 동사에서 잘못된 응답이라는 것을 알 수 있고 (D)는 「飲(の)む」(마시다)라는 동사가 나오기는 하지만 문제와는 관련이 없는 응답이다.

어휘 暑(あつ)い 덥다　冷(つめ)たい 차다　동사의 た형+ばかりだ 막 ~했다　けっこう 괜찮음. 더 이상 필요 없음

6. 旅行の出発は土曜日を避けない。

　(A) 週末は値段が高いけど、仕方ないね。

　(B) そうだなあ。どこも混雑するしね。

　(C) 通勤ラッシュに遭いたくないからね。

　(D) うん。土日に絞った方がいいよね。

여행 출발은 토요일을 피하지 않을래?
(A) 주말은 가격이 비싸지만 어쩔 수 없군.
(B) 그렇군. 어디나 혼잡할 테니까.
(C) 출퇴근 혼잡을 피하고 싶으니까.
(D) 응. 토요일과 일요일로 좁히는 게 좋을 것 같군.

해설 여자가 여행 출발은 토요일을 피하는 게 어떻겠냐고 묻고 있다. 적절한 응답은 어디나 혼잡할 테니까 그렇게 하는 게 좋겠다고 한 (B)가 된다.

어휘 旅行(りょこう) 여행　出発(しゅっぱつ) 출발　避(さ)ける 피하다　週末(しゅうまつ) 주말　値段(ねだん) 가격
高(たか)い 비싸다　仕方(しかた)ない 어쩔 수 없다　混雑(こんざつ) 혼잡　通勤(つうきん) 통근. 출퇴근
ラッシュ(rush) 러쉬. 혼잡　遭(あ)う (어떤 일을) 만나다. 겪다　絞(しぼ)る 좁히다. 한정하다

한자	읽기	의미
☐ 秋	あき	가을
☐ 暑い	あつい	덥다
☐ 結構	けっこう	괜찮음, 더 이상 필요 없음
☐ 豆	まめ	콩, 원두
☐ 温かい	あたたかい	따뜻하다
☐ 着る	きる	입다
☐ 電気を付ける	でんきをつける	불[전등]을 켜다
☐ 乾杯	かんぱい	건배
☐ 強い	つよい	강하다, 세다
☐ お見舞い	おみまい	문병
☐ 難しい	むずかしい	어렵다
☐ 手が離せない	てがはなせない	일손을 놓을 수 없다
☐ 歩く	あるく	걷다
☐ 時々	ときどき	가끔, 때때로
☐ 週末	しゅうまつ	주말
☐ 冷たい	つめたい	차다
☐ 避ける	さける	피하다
☐ 値段	ねだん	가격
☐ 仕方ない	しかたない	어쩔 수 없다
☐ 絞る	しぼる	좁히다, 한정하다

UNIT 11 🎧 28.MP3

▶ 유형 11 추측 및 전문(伝聞) 표현

POINT 추측 및 전문 표현의 정확한 내용을 잘 듣고 적절한 응답을 찾을 것!

분석 및 전략

추측 표현은 '~할[일] 것 같다' 라는 의미로 추량을 나타내는 조동사 「そうだ」, 「ようだ」, 「みたいだ」, 「らしい」 등으로 제시되는 문제를 말하는데, 무엇에 대한 추측인지 정확한 내용을 파악하는 것이 중요하다.

추측 표현은 문제에서 등장한 어휘로 유추가 가능한 선택지가 반드시 오답으로 등장한다. 예를 들어 「傘(かさ)を無(な)くしちゃったみたい」(우산을 잃어버린 것 같아)라는 문제가 있다고 하면 「どこで拾(ひろ)ったの」(어디서 주웠어?)라든지 「どこで買(か)ったの」(어디에서 샀어?)처럼 반드시 「傘(かさ)」(우산)라는 단어로 유추할 수 있는 오답들이 등장하므로 문제의 포인트를 정확하게 파악하는 연습을 해 두어야 한다.

전문(伝聞) 표현은 보통 「そうだ」나 「らしい」의 형태로 제시되는데, '~라고 한다' 라는 전해 들은 말에 대한 적절한 응답을 찾는 문제가 출제된다. 전문 표현도 추측 표현과 마찬가지로 무엇을 전해 들었는지 정확하게 내용을 파악하지 않으면 정답을 고르기 쉽지 않으므로 많은 문제를 통해 충분한 연습을 해 두도록 하자.

1 지갑을 도둑맞은 것 같다는 것에 대한 반응

財布を取られちゃったみたい。

(A) どこでだかわかる。

(B) どこでもらったの。

(C) どこで落としたの。

(D) どこで取ればいいかな。

지갑을 도둑맞은 것 같아.

(A) 어디선지 알아?

(B) 어디서 받았어?

(C) 어디서 잃어버렸어?

(D) 어디서 받으면 될까?

···> 지갑을 도둑맞은 것 같다는 말에 대한 반응을 묻는 문제이다. 적절한 응답은 도둑맞은 장소를 알고 있는 지를 물은 (A)가 된다. 「取(と)られる」(도둑맞다)와 「落(お)とす」(잃어버리다)의 차이점을 알아 두어야 하는데, 도둑맞았다는 것은 누군가가 훔쳤다는 것이 전제가 되는 반면, 잃어버렸다는 것은 그렇지 않으므로 (C)를 정답으로 고르지 않도록 주의하자.

財布(さいふ) 지갑　わかる 알다　もらう 받다

2 컵이 튼튼할 것 같다는 것에 대한 반응

このグラスは丈夫そうですね。

(A) いいえ。大変ではありません。

(B) いいえ。いつも病気です。

(C) はい。割れにくいですよ。

(D) はい。簡単に切れます。

이 컵은 튼튼할 것 같네요.

(A) 아니요. 힘들지 않아요.

(B) 아니요. 항상 아파요.

(C) 예. 잘 깨지지 않아요.

(D) 예. 간단히 잘려요.

···> 「丈夫(じょうぶ)だ」는 '튼튼하다' 라는 의미의 な형용사이므로 컵이 튼튼할 것 같다는 의미가 된다. 따라서 적절한 응답은 (C)가 된다.

グラス(glass) 컵　大変(たいへん) 힘듦　病気(びょうき) 병, 몸이 아픔　割(わ)れる 깨지다
동사의 ます형+にくい ~하기 힘들다　簡単(かんたん) 간단　切(き)れる 잘리다, 끊기다

テレビの修理、かなりお金がかかりそうよ。

(A) 安くしてもらえてよかったね。

(B) 仕方ないから、買うのは止めよう。

(C) そんなに長い間見られなくなるとはね。

(D) じゃあ、新しいのに買い替えようか。

텔레비전 수리, 꽤 돈이 들 것 같아.
(A) 싸게 살 수 있어서 잘 됐네.
(B) 어쩔 수 없으니까 사는 건 포기하자.
(C) 그렇게 오랫동안 볼 수 없게 되다니.
(D) 그럼, 새 걸로 바꿀까?

···텔레비전 수리에 상당히 돈이 들 것 같다는 말에 대한 적절한 응답을 찾는 문제이다. (A)는 뭔가를 싸게 구입했을 때 할 수 있는 응답이고, (B)는 너무 비싸서 사는 것을 포기해야 할 때 하는 응답이다. 그리고 (C)는 텔레비전 수리 기간이 오래 걸릴 것 같다는 말에 대한 응답이다.

修理(しゅうり) 수리　かなり 꽤. 상당히　お金(かね)がかかる 돈이 들다　安(やす)い 싸다
仕方(しかた)ない 어쩔 수 없다　買(か)う 사다　止(や)める 그만두다　長(なが)い間(あいだ) 오랫동안
～とは ～라니　新(あたら)しい 새롭다　買(か)い替(か)える 새로 사서 바꾸다

あの工事で、騒音の苦情がすごいらしいわよ。

(A) きっとみんな感謝していると思うよ。

(B) あんなに静かすぎるのも問題だからね。

(C) これでこの問題も解決したわけだね。

(D) 毎日大きな音を出しているからね。

저 공사로 소음에 대한 불만이 굉장하대.
(A) 틀림없이 모두 감사하고 있을 거야.
(B) 저렇게 너무 조용한 것도 문제니까.
(C) 이걸로 이 문제도 해결됐다는 말이 군.
(D) 매일 큰 소리를 내고 있으니까.

···「騒音(そうおん)」(소음)과 「苦情(くじょう)」(불평, 불만)라는 한자어가 포인트. 공사로 인한 소음으로 불만이 많다는 말에 대한 적절한 응답은 (D)가 된다.

工事(こうじ) 공사　すごい 굉장하다　きっと 꼭. 틀림없이　感謝(かんしゃ) 감사　静(しず)か 조용함
問題(もんだい) 문제　解決(かいけつ) 해결　音(おと)を出(だ)す 소리를 내다

1.

(A) _________________________________ (○ · ✕)

(B) _________________________________ (○ · ✕)

(C) _________________________________ (○ · ✕)

(D) _________________________________ (○ · ✕)

2.

(A) _________________________________ (○ · ✕)

(B) _________________________________ (○ · ✕)

(C) _________________________________ (○ · ✕)

(D) _________________________________ (○ · ✕)

3.

(A) _________________________________ (○ · ✕)

(B) _________________________________ (○ · ✕)

(C) _________________________________ (○ · ✕)

(D) _________________________________ (○ · ✕)

PART 2

연 습 문 제 ┃ 추측 및 전문(伝聞) 표현 메모하면서 들어 보세요.

1. どなたか見えたみたいですね。

(A) 誰に見られたんですか。

(B) 何も見えなかったんですよ。

(C) 山田さんがいらっしゃいました。

(D) 誰と見に行くんですか。

어느 분인지 오신 것 같네요.
(A) 누가 봤나요?
(B) 아무 것도 보이지 않았어요.
(C) 야마다 씨가 오셨어요.
(D) 누구와 보러 가나요?

해설 문제에 나온 「見(み)える」는 '보이다' 라는 의미가 아니라 「来(く)る」(오다)의 존경어로 '오시다' 라는 의미로 쓰였다. 즉, 누군가 오신 것 같다는 의미가 되므로 정답은 온 사람의 이름을 말한 (C)가 된다.

어휘 どなた 어느 분 *「誰(だれ)」(누구)의 높임말 いらっしゃる 오시다

2. 仕事、大変そうだね。手伝ってあげようか。

(A) 僕も何か力になれるかな。

(B) 手伝うなんて言った覚えはないよ。

(C) せっかくだけど、心配は無用だよ。

(D) いつも頼りにされるのも困るなあ。

일, 힘들어 보이네. 도와줄까?
(A) 나도 뭔가 힘이 될 수 있을까?
(B) 돕는다고 말한 기억은 없어.
(C) 말은 고맙지만 걱정할 필요는 없어.
(D) 항상 의지 받는 것도 곤란해.

해설 일이 힘들어 보이니까 도와줄까 라고 남자에게 묻고 있는 상황이다. 정답은 말은 고맙지만 걱정할 필요 없다고 한 (C)가 된다.

어휘 大変(たいへん) 힘듦 手伝(てつだ)う 돕다 力(ちから) 힘 ～なんて ～라느니 하는 覚(おぼ)え 기억 せっかく 모처럼
心配(しんぱい) 걱정. 염려 無用(むよう) 필요 없음 頼(たよ)り 의지함

3. この間のパーティー、大分遅くまで続いたみたいね。

(A) 今度のパーティー、始まる時間が遅くなったの。

(B) うん。始まる時間に遅れちゃったよ。

(C) うん。久しぶりに楽しかったよ。

(D) やっとパーティーが始まったね。

지난번 파티, 상당히 늦게까지 계속된 것 같더군요.
(A) 이번 파티, 시작되는 시간이 늦춰졌어?
(B) 응. 시작되는 시간에 늦고 말았어.
(C) 응. 오랜만에 즐거웠어.
(D) 겨우 파티가 시작되는군.

해설 지난번 파티가 상당히 늦게까지 계속된 것 같다는 말에 대한 적절한 응답을 찾는 문제이다. 정답은 그렇다고 말하고 오랜만에 즐거웠다며 감상을 말한 (C)가 된다.

어휘 パーティー(party) 파티 大分(だいぶ) 꽤. 상당히 遅(おそ)い 늦다 続(つづ)く 계속되다 時間(じかん) 시간
遅(おく)れる 늦다 久(ひさ)しぶり 오랜만임 楽(たの)しい 즐겁다 やっと 겨우. 간신히

4.

(A) _______________________________ (O · X)

(B) _______________________________ (O · X)

(C) _______________________________ (O · X)

(D) _______________________________ (O · X)

5.

(A) _______________________________ (O · X)

(B) _______________________________ (O · X)

(C) _______________________________ (O · X)

(D) _______________________________ (O · X)

6.

(A) _______________________________ (O · X)

(B) _______________________________ (O · X)

(C) _______________________________ (O · X)

(D) _______________________________ (O · X)

4. この高速道路、50キロ先の出口で事故ですって。

  (A) じゃあ、かなり渋滞するだろうなあ。

  (B) じゃあ、混雑も少し和らぐなあ。

  (C) じゃあ、少し車の流れがよくなるなあ。

  (D) じゃあ、この先はがらがらだね。

이 고속도로, 50km 앞 출구에서 사고가 났대요.

(A) 그럼, 상당히 정체되겠군.
(B) 그럼, 혼잡도 조금 완화되겠군.
(C) 그럼, 조금 차의 흐름이 좋아지겠군.
(D) 그럼, 이 앞쪽은 텅텅 비어 있겠군.

해설 「~って」는 '~대. ~래'라는 의미로 남에게 전해 들은 말을 나타낼 때 사용하는 표현이다. 문제는 이 고속도로 50km 앞 출구에서 사고가 났다는 소식을 전하고 있으므로 적절한 응답은 꽤 정체되겠다고 한 (A)가 된다.

어휘 高速道路(こうそくどうろ) 고속도로 出口(でぐち) 출구 事故(じこ) 사고 かなり 꽤, 상당히 渋滞(じゅうたい) 정체 混雑(こんざつ) 혼잡 少(すこ)し 조금 和(やわ)らぐ 완화되다 流(なが)れ 흐름 がらがら 텅텅 비어 있는 모양

5. 今回のプロジェクトは山本さん抜きで発足したそうよ。

  (A) 山本さんの主導で始まるんなら、頼もしいなあ。

  (B) 山本さん、どんなプロジェクトを立ち上げたんだろう。

  (C) 山本さんの参加なしに、この計画は始められなかったんだね。

  (D) 山本さんが加わっていないんじゃ、成功はおぼつかないと思うけど。

이번 프로젝트는 야마모토 씨 없이 발족되었대.

(A) 야마모토 씨 주도로 시작된다면 믿을 만하겠네.
(B) 야마모토 씨 어떤 프로젝트를 시작한 걸까?
(C) 야마모토 씨의 참가 없이 이 계획은 시작할 수 없었군.
(D) 야마모토 씨가 참여하지 않으면 성공은 힘들 거라고 생각하는데.

해설 「~抜(ぬ)きで」(~없이, ~을 빼고)라는 표현과 「おぼつかない」(가망이 없을 것 같다. 의심스럽다)라는 い형용사가 포인트. 문제에서 이번 프로젝트는 야마모토 씨 없이 발족되었다고 했으므로, 적절한 응답은 야마모토 씨가 참가하지 않으면 성공은 힘들 것 같다고 한 (D)가 된다.

어휘 プロジェクト(project) 프로젝트 発足(ほっそく) 발족 主導(しゅどう) 주도 頼(たの)もしい 믿음직스럽다 立(た)ち上(あ)げる 시작하다. 가동하다 参加(さんか) 참가 ~なしに ~없이 計画(けいかく) 계획 加(くわ)わる 참여하다. 참가하다 成功(せいこう) 성공

6. 社会人の大学進学がブームらしいですね。

  (A) 社会に出る前に資格を取る作戦ですね。

  (B) 大学側も厳しい経営を迫られますね。

  (C) へえ、向学心のある人がいるものですね。

  (D) 一時はどこも満員状態だったようですが。

사회인의 대학 진출이 붐인 것 같네요.

(A) 사회에 나오기 전에 자격을 따는 작전이군요.
(B) 대학 측도 혹독한 경영을 강요받고 있네요.
(C) 와~, 향학열이 있는 사람이 있군요.
(D) 한때는 어디나 만원 상태였던 것 같습니다만.

해설 선택지에 나오는 「向学心(こうがくしん)」(향학심)이라는 단어를 알고 있어야 정답을 찾을 수 있는 문제이다. 문제에서 사회인의 대학 진출이 붐인 것 같다고 했으므로 적절한 응답은 (C)가 된다.

어휘 進学(しんがく) 진학 ブーム(boom) 붐 資格(しかく)を取(と)る 자격을 따다 作戦(さくせん) 작전 厳(きび)しい 엄하다. 혹독하다 経営(けいえい) 경영 迫(せま)る 강요하다 ~ものだ ~(하)군 *감동·희망의 뜻을 나타냄 一時(いちじ) 한때 満員(まんいん) 만원 状態(じょうたい) 상태

한자	읽기	의미
☐ 財布	さいふ	지갑
☐ 取られる	とられる	도둑맞다
☐ 大変	たいへん	힘듦
☐ 病気	びょうき	병, 몸이 아픔
☐ 割れる	われる	깨지다
☐ 簡単	かんたん	간단
☐ 切れる	きれる	잘리다, 끊기다
☐ 修理	しゅうり	수리
☐ 買い替える	かいかえる	새로 사서 바꾸다
☐ 騒音	そうおん	소음
☐ 苦情	くじょう	불평, 불만
☐ 感謝	かんしゃ	감사
☐ 手伝う	てつだう	돕다
☐ 覚え	おぼえ	기억
☐ 無用	むよう	필요 없음
☐ 遅い	おそい	늦다
☐ 出口	でぐち	출구
☐ 事故	じこ	사고
☐ 渋滞	じゅうたい	정체
☐ 加わる	くわわる	참여하다, 참가하다
☐ 資格を取る	しかくをとる	자격을 따다

UNIT 12 🎧 29.MP3
▶ 유형 12 부탁·의뢰·허용 표현

POINT 부정 표현보다 긍정 표현으로 나오는 경우가 많다는 것을 기억할 것!

분석 및 전략

부탁·의뢰·허용 표현은 질문자의 어떤 요구 조건에 대해 상대방이 그렇게 해 줄 수 있는지 의향을 묻는 질문 형태를 말한다. 보통 질문은 「〜てもいいですか」(〜해도 되나요?)나 「〜てもかまいませんか」(〜해도 상관없나요?)의 형태로 출제되는데 응답은 부정적인 응답보다는 긍정적인 응답으로 나오는 경우가 많다는 것을 우선 기억해 두자.

부탁·의뢰·허용 표현은 문제에 등장하는 어휘로 오답을 많이 제시한다. 예를 들어 「これ、使(つか)ってもいいですか」(이거 사용해도 되나요?)라는 질문이 있다면, 핵심 어휘인 「使(つか)う」(사용하다)를 사용해 선택지에는 「僕(ぼく)も使(つか)ってみました」(저도 사용해 봤어요)라든가 「明日(あした)、使(つか)おうと思(おも)っていました」(내일 사용할 생각이었어요)와 같은 선택지가 등장하는데 실제 시험에서 핵심적인 어휘가 선택지에 다시 등장하면 대부분 오답이라고 보면 된다.

<table>
<tr><td>**1**</td><td>빌리는 것에 대한 허용 여부</td></tr>
</table>

これ、しばらく借(か)りていてもいい。

(A) 今(いま)までに2回(かいか)借りたことがあるんだ。

(B) 借(か)りるつもりじゃないんだ。

(C) 貸(か)してくれたらうれしいな。

(D) 返(かえ)してくれれば問題(もんだい)ないよ。

이거 당분간 빌려도 돼?
(A) 지금까지 두 번 빌린 적이 있어.
(B) 빌릴 생각은 아니야.
(C) 빌려 준다면 기쁠 텐데.
(D) 돌려준다면 문제없어.

···▶ 자신에게 뭔가를 빌려 줄 수 있는지 상대방의 의향을 묻고 있다. (A)는 지금까지 몇 번 빌렸는지에 대한 답변이고, (B), (C)에는 「借(か)りる」(빌리다)와 「貸(か)す」(빌려 주다)라는 단어가 쓰이고 있지만 질문과 어울리지 않는 내용으로 함정이다.

しばらく 얼마 동안. 당분간　つもり 생각. 예정　返(かえ)す 돌려주다　問題(もんだい) 문제

<table>
<tr><td>**2**</td><td>치마 길이 수선에 대한 부탁</td></tr>
</table>

このスカートの長(なが)さ、直(なお)してほしいんですが。

(A) 治療(ちりょう)には少(すこ)し時間(じかん)がかかりますね。

(B) 1週間(しゅうかん)ほどお預(あず)かりしますが、よろしいですか。

(C) 申(もう)し訳(わけ)ありませんが、お取(と)り替(か)えはちょっと…。

(D) 交換(こうかん)の際(さい)はレシートが必要(ひつよう)になります。

이 치마 길이, 수선해 줬으면 하는데요.
(A) 치료에는 조금 시간이 걸려요.
(B) 일주일 정도 맡겨야 하는데 괜찮으시겠어요?
(C) 죄송합니다만, 교환은 좀….
(D) 교환할 때는 영수증이 필요합니다.

···▶ 치마 길이를 수선해 달라고 하는데 (A), (C), (D)는 치료나 교환에 대해 말하고 있으므로 적절치 못하다. 정답은 일주일 정도 맡겨야 하는데 괜찮겠냐고 물은 (B)가 된다.

スカート(skirt) 스커트　長(なが)さ 길이　直(なお)す 고치다. 수선하다　～てほしい ～해 주었으면 싶다
治療(ちりょう) 치료　預(あず)かる 맡다. 보관하다　申(もう)し訳(わけ)ない 면목이 없다. 미안하다
取(と)り替(か)え 교환　交換(こうかん) 교환　～の際(さい) ～할 때　レシート(receipt) 영수증
必要(ひつよう) 필요

この荷物、来週の木曜日までに届けてもらえませんか。

(A) 何ももらってはいけないんです。

(B) すみませんが、もっと早く着いてしまうんです。

(C) 火曜日にはお宅に着くはずですよ。

(D) では、木曜日の午前中に受け取りに行きます。

이 짐, 다음 주 목요일까지 배달해 줄 수 없나요?

(A) 아무 것도 받아선 안 돼요.

(B) 죄송하지만, 더 일찍 도착해 버려요.

(C) 화요일에는 댁에 도착할 겁니다.

(D) 그럼, 목요일 오전 중에 찾으러 가겠습니다.

⋯▸ 「~てもらえませんか」는 '~해 줄 수 없나요?' 라는 의미이므로, 문제는 이 짐을 다음 주 목요일까지 보내 달라는 의미가 된다. 따라서 적절한 응답은 화요일에는 도착할 거라고 한 (C)가 된다.

荷物(にもつ) 짐　届(とど)ける 보내다, 배달하다　もらう 받다　着(つ)く 도착하다　お宅(たく) 댁
~はずだ ~일 터이다, ~일 것이다　午前(ごぜん) 오전　受(う)け取(と)る 받다, 수취하다

すみませんが、ここでタバコを吸ってもいいですか。

(A) はい。どうぞ。

(B) 私も買いたいですね。

(C) その日はちょっと都合が悪いんです。

(D) どうもすみません。

죄송하지만, 여기에서 담배를 피워도 되나요?

(A) 예. 그렇게 하세요.

(B) 저도 사고 싶어요.

(C) 그날은 좀 사정이 있어요.

(D) 정말 죄송합니다.

⋯▸ 이곳에서 담배를 피워도 되는지 묻고 있다. 선택지 중 적절한 응답은 피우라고 허락한 (A)가 된다.

タバコを吸(す)う 담배를 피우다　買(か)う 사다　都合(つごう)が悪(わる)い 상황이 나쁘다, 사정이 있다

1.

(A) _______________________________ (○ · ×)

(B) _______________________________ (○ · ×)

(C) _______________________________ (○ · ×)

(D) _______________________________ (○ · ×)

2.

(A) _______________________________ (○ · ×)

(B) _______________________________ (○ · ×)

(C) _______________________________ (○ · ×)

(D) _______________________________ (○ · ×)

3.

(A) _______________________________ (○ · ×)

(B) _______________________________ (○ · ×)

(C) _______________________________ (○ · ×)

(D) _______________________________ (○ · ×)

연습문제 ▌ 부탁·의뢰·허용 표현 메모하면서 들어 보세요.

1. この辞書を借りてもいいですか。

   (A) もちろんいいですよ。どうぞ。

   (B) すぐ返しますから。

   (C) どうもありがとうございました。

   (D) 明日また貸してください。

이 사전 빌려도 되나요?
(A) 물론 괜찮아요. 그렇게 하세요.
(B) 바로 돌려줄 테니까요.
(C) 정말 감사했습니다.
(D) 내일 또 빌려 주세요.

해설 「~てもいいですか」는 '~해도 되나요?'라는 의미의 표현으로 사전을 빌려도 되는지 묻고 있다. 선택지 중 적절한 응답은 좋다고 한 (A)가 된다. (B)와 (D)는 「返(かえ)す」(돌려주다)와 「貸(か)す」(빌려 주다)라는 동사로 보아 오답이라는 것을 알 수 있고, (C)는 감사의 마음을 나타낼 때 사용하는 표현이므로 문제와는 전혀 관련이 없는 응답이다.

어휘 辞書(じしょ) 사전　借(か)りる 빌리다　もちろん 물론　すぐ 바로

2. すみません。あの信号の手前で止めてください。

   (A) 信号を曲がってまっすぐ行くんですね。

   (B) 信号の先で止めるんですね。

   (C) 信号を越えなくていいんですね。

   (D) ここで方向は変えられませんよ。

죄송합니다. 저 신호등 바로 앞에서 세워 주세요.
(A) 신호등을 돌아서 곧장 가는 거죠?
(B) 신호등 전방에서 세우는 거죠?
(C) 신호동을 넘지 않아도 되는 거죠?
(D) 여기에서 방향은 바꿀 수 없어요.

해설 택시에서의 대화로 신호등 바로 앞에서 세워 달라는 말은 신호등을 넘지 말고 세워 달라는 말이 되므로 정답은 (C)가 된다. (B)는 신호등의 전방, 즉 신호등을 지난 앞을 뜻하므로 답이 될 수 없다.

어휘 信号(しんごう) 신호, 신호등　手前(てまえ) 바로 앞　止(と)める 세우다. 멈추다　曲(ま)がる 방향을 바꾸다. 돌다
まっすぐ 곧장　先(さき) 전방　越(こ)える 넘다　方向(ほうこう) 방향　変(か)える 바꾸다

3. ありがとう。このプレゼント、開けてもいいですか。

   (A) はい。でも、カードは後で読んでください。

   (B) はい。でも、すぐ閉めてくださいね。

   (C) 何が入っているか楽しみですね。

   (D) あなたの好きなものでよかったです。

고마워요. 이 선물 열어 봐도 되나요?
(A) 예. 하지만 카드는 나중에 읽어 주세요.
(B) 예. 하지만 바로 닫아 주세요.
(C) 뭐가 들어 있을지 기대되는군요.
(D) 당신이 좋아하는 거라 다행이네요.

해설 선물을 열어 봐도 되냐고 묻고 있는 상황이다. 정답은 열어 봐도 되지만 카드는 나중에 읽어 달라고 한 (A)가 된다.

어휘 プレゼント(present) 선물　開(あ)ける 열다　閉(し)める 닫다　楽(たの)しみ 기다려짐. 기대　好(す)き 좋아함

4.

(A) _______________________________________ (O · ×)

(B) _______________________________________ (O · ×)

(C) _______________________________________ (O · ×)

(D) _______________________________________ (O · ×)

5.

(A) _______________________________________ (O · ×)

(B) _______________________________________ (O · ×)

(C) _______________________________________ (O · ×)

(D) _______________________________________ (O · ×)

6.

(A) _______________________________________ (O · ×)

(B) _______________________________________ (O · ×)

(C) _______________________________________ (O · ×)

(D) _______________________________________ (O · ×)

4. このアパート、生き物を飼ってもいいんでしょうか。

(A) 小型の犬ぐらいまでなら大丈夫です。

(B) よく鳥肉は料理に使いますが。

(C) 食品を扱うので動物はご遠慮ください。

(D) 動物なら1階にペット屋がありますが。

이 아파트, 동물을 길러도 되나요?
(A) 소형견 정도까지라면 괜찮아요.
(B) 자주 닭고기는 요리에 사용합니다만.
(C) 식품을 다루기 때문에 동물은 삼가 주세요.
(D) 동물이라면 1층에 애완동물 가게가 있습니다만.

해설 「~てもいいでしょうか」는 `~해도 될까요?`라는 의미로 허가나 승낙을 요구할 때 사용한다. 선택지 중에서 적절한 응답은 (A)가 된다.

어휘 生(い)き物(もの) 살아 있는 것. 생물. 특히 동물　飼(か)う 기르다. 사육하다　小型(こがた) 소형　犬(いぬ) 개　大丈夫(だいじょうぶ) 괜찮음　鳥肉(とりにく) 닭고기　料理(りょうり) 요리　使(つか)う 사용하다　食品(しょくひん) 식품　扱(あつか)う 다루다. 취급하다　動物(どうぶつ) 동물　遠慮(えんりょ) 삼감. 사양함　ペット(pet) 애완동물

5. ねえ、悪いけど、棚の3段目にある書類、取ってくれない。

(A) こちらこそ申し訳ないね。

(B) 今日手紙が届くはずだよ。

(C) これでいいのかな。

(D) 取ってくれてありがとう。

저기 미안한데, 선반 세 번째 칸에 있는 서류 집어 줄래?
(A) 나야말로 미안하군.
(B) 오늘 편지가 도착할 거야.
(C) 이거면 돼?
(D) 집어 줘서 고마워.

해설 부탁 표현에 대해 이해했는지를 묻는 문제로, (A)는 상대방이 미안하다고 했을 때 사용하는 표현이고, (B)는 언제 편지가 도착하는지를 묻는 말에 대한 답변이다. 그리고 (D)는 아직 서류를 집어 주지 않았으므로 적절치 못한 응답이 된다. 정답은 (C)로, 상대방이 원하는 서류가 이것인지를 확인하고 있다.

어휘 悪(わる)い 미안하다. 나쁘다　棚(たな) 선반　書類(しょるい) 서류　取(と)る 집다　申(もう)し訳(わけ)ない 면목이 없다. 미안하다　手紙(てがみ) 편지　届(とど)く 도착하다

6. あの、ロビーでの飲食はご遠慮下さい。

(A) ずいぶん控え目な方なんですね。

(B) あ、本当だ。ここは禁煙なんですね。

(C) じゃあ、遠慮なくいただきます。

(D) すみません。禁止の表示に気付かなかったもので。

저기, 로비에서의 음식은 삼가 주세요.
(A) 상당히 조심성 있는 분이군요.
(B) 앗, 정말이네. 여기는 금연이군요.
(C) 그럼, 사양 않고 먹겠습니다.
(D) 죄송해요. 금지 표시를 미처 못 봤어요.

해설 「飲食(いんしょく)」(음식. 마시고 먹음)라는 단어가 포인트. 로비에서 뭔가를 마시고 먹는 행위를 삼가 달라고 말했으므로, 선택지 중 적절한 응답은 금지 표시를 미처 못 봤다고 한 (D)가 된다. (A)는 인물의 성격에 대해 말하고 있으므로 오답이 되고, (B)는 「禁煙(きんえん)」(금연)이라는 단어 때문에 정답과는 거리가 멀다. 그리고 (C)는 「飲食(いんしょく)」라는 단어로 오답을 유도하는 함정 문장이다.

어휘 ロビー(lobby) 로비　ずいぶん 꽤. 상당히　控(ひか)え目(め) 조심스러움. 삼감　いただく 먹다. 마시다 *「食(た)べる」(먹다). 「飲(の)む」(마시다)의 겸양어　禁止(きんし) 금지　表示(ひょうじ) 표시　気付(きづ)く 깨닫다. 알아차리다

주요 어휘 정리

한자	읽기	의미
☐ 借りる	かりる	빌리다
☐ 貸す	かす	빌려 주다
☐ 返す	かえす	돌려주다
☐ 問題	もんだい	문제
☐ 直す	なおす	고치다, 수선하다
☐ 治療	ちりょう	치료
☐ 預かる	あずかる	맡다, 보관하다
☐ 取り替え	とりかえ	교환
☐ 荷物	にもつ	짐
☐ 受け取る	うけとる	받다, 수취하다
☐ 辞書	じしょ	사전
☐ 信号	しんごう	신호, 신호등
☐ 曲がる	まがる	방향을 바꾸다, 돌다
☐ 越える	こえる	넘다
☐ 開ける	あける	열다
☐ 閉める	しめる	닫다
☐ 飼う	かう	기르다, 사육하다
☐ 扱う	あつかう	다루다, 취급하다
☐ 棚	たな	선반
☐ 控え目	ひかえめ	조심스러움, 삼감

UNIT 13 🎧 30.MP3

▶ 유형 13 감동 · 의견을 나타내는 표현

 일상생활과 관련된 내용은 주로 동의하는 형태로 출제된다는 것을 기억할 것!

분석 및 전략

감동이나 의견을 나타내는 표현은 말하는 사람의 감동이나 의견에 대해 적절한 응답을 찾는 문제로, 보통 문장 끝 부분은 동의를 구하는 종조사 「〜ね」로 끝난다. 이런 유형의 문제는 일단 화제가 무엇인지를 정확하게 파악해야 하고, 화제에 대한 듣는 사람의 의견이 논리적으로 타당한지 아닌지 잘 판단한 후에 정답을 골라야 실수가 없다.

감동이나 의견을 나타내는 표현은 보통 30번대 후반이나 40번대 초반에 등장하는 유형인데 내용별로 보면 일상생활과 관련된 표현이 대부분이고, 간혹 비즈니스와 관련된 내용도 출제된다. 특히 비즈니스와 관련된 내용은 긍정적인 내용보다는 어떤 화제에 대해서 납득할 수 없다든지, 화가 난다든지 하는 부정적인 내용으로 많이 등장하는데 대체적으로 응답은 그런 화제에 대해서 반박하는 의견을 제시하는 경우가 많다는 것도 기억해 두자.

<table>
<tr><td>**1**</td><td>멋진 소파에 대한 감동</td></tr>
</table>

まあ、素敵なソファーですね。

(A) 軽くて被りやすいんですよ。

(B) 仕事の時はあまり着けないんですが。

(C) 毎日持って歩くのに便利ですよ。

(D) とても座りやすいんですよ。

어머, 멋진 소파네요

(A) 가볍고 쓰기 편해요.

(B) 일할 때는 별로 착용하지 않습니다만.

(C) 매일 갖고 다니기에 편리해요.

(D) 아주 앉기 편해요.

⋯ 화제의 대상이 소파이므로 그 특징을 말하고 있는 것을 고르면 된다. 적절한 응답은 (D)로, 나머지 선택지는 몸에 착용하거나 지니고 다니는 것에 대한 설명이다.

まあ 어머, 어머나　素敵(すてき) 멋짐　ソファー(sofa) 소파　軽(かる)い 가볍다　被(かぶ)る (모자 등을) 쓰다
동사의 ます형+やすい ~하기 쉽다[편하다]　着(つ)ける (장신구 등을) 착용하다　~のに ~하기에, ~하는데
便利(べんり) 편리함　座(すわ)る 앉다

<table>
<tr><td>**2**</td><td>회의에서 내린 결정에 대한 의견</td></tr>
</table>

今回の会議での決定には納得がいかないわ。

(A) あまり心配したところで意味がないよ。

(B) 思い切って決断したのが功を奏したようだね。

(C) 再三議論を重ねた上でのことだから、もう覆せないよ。

(D) 結論が出たとあって、すっきりしたみたいだね。

이번 회의에서 내린 결정에는 납득이 안 가.

(A) 지나치게 걱정해 본들 의미가 없어.

(B) 과감하게 결단을 내린 것이 성공한 것 같구나.

(C) 여러 번 논의를 거듭한 뒤 내린 결정이라서 이젠 번복할 수 없어.

(D) 결론이 나서 후련한 모양이구나.

⋯ 회의에서 내린 결정이 납득이 안 간다고 말하고 있다. 걱정이 된다고는 하지 않았으므로 (A)는 적절한 응답이라고 할 수 없고, (B)와 (D)는 여자의 말과는 관계가 없으므로 정답에서 제외된다. 따라서 여러 번 논의를 거듭하고 나서 내린 결정이므로 번복할 수 없다고 한 (C)가 정답이다.

決定(けってい) 결정　納得(なっとく)がいく 납득이 가다　동사의 た형+ところで ~해 봤자, ~해 본들
意味(いみ) 의미　思(おも)い切(き)って 과감하게　決断(けつだん) 결단　功(こう)を奏(そう)する 성공하다, 효과가 있다
再三(さいさん) 재삼, 여러 번　議論(ぎろん) 의논, 논의　重(かさ)ねる 거듭하다, 되풀이하다
동사의 た형+上(うえ) ~한 뒤, ~한 다음　覆(くつがえ)す 번복하다　結論(けつろん) 결론
~とあって ~라서, ~이기 때문에　すっきりする 개운하다, 후련하다

235

こんな上手な絵、前田さんに描けるはずがないわ。

(A) やっぱり前田さんの絵じゃないよね。

(B) 前田さん、本当に絵が上手なんだね。

(C) 前田さんだから、こんなに上手に描けるんだね。

(D) こんなにうまく描けるのは前田さんの他にいないよね。

이렇게 잘 그린 그림, 마에다 씨가 그렸을 리가 없어.

(A) 역시 마에다 씨 그림이 아니지.

(B) 마에다 씨, 정말 그림을 잘 그리는군.

(C) 마에다 씨니까 이렇게 잘 그릴 수 있군.

(D) 이렇게 잘 그릴 수 있는 건 마에다 씨 이외에 없지.

⋯▶ 「〜はずがない」는 '〜일 리가 없다'라는 의미의 표현이므로 문제는 마에다 씨가 이렇게 그림을 잘 그렸을 리가 없다는 말이 된다. 따라서 적절한 응답은 역시 마에다 씨의 그림이 아니라며 수긍하고 있는 (A)가 된다. 나머지 선택지는 마에다 씨가 그림을 잘 그린다는 말에 동의하는 응답에 해당하므로 답이 될 수 없다.

上手(じょうず) 잘함, 능숙함　絵(え) 그림　描(か)く 그리다　本当(ほんとう)に 정말로　うまい 잘하다

このところ、営業の成績がさっぱりですね。

(A) 残念ですが、今回の訪問は中止になってしまいました。

(B) 経営方針については、今度の会議で発表があります。

(C) 株式市場の動向を睨んで、今回の投資は見送ったんです。

(D) 今後のやり方次第でいい結果が出せますよ。

요즘 영업 성적이 아주 안 좋군요.

(A) 유감이지만, 이번 방문은 중지되고 말았습니다.

(B) 경영 방침에 대해서는 이번 회의에서 발표가 있습니다.

(C) 주식시장의 동향을 예측하여 이번 투자는 보류했습니다.

(D) 앞으로 어떻게 하느냐에 따라 좋은 결과를 낼 수 있습니다.

⋯▶ 영업 성적이 안 좋다는 말에 대한 가장 적절한 응답은 (D)가 된다. 나머지 선택지는 각각 방문, 경영 방침, 투자에 대해서 말하고 있으므로 문제에 대한 응답으로는 부적절하다.

営業(えいぎょう) 영업　成績(せいせき) 성적　さっぱり (경기·성적 등이) 말이 아님, 형편없음　訪問(ほうもん) 방문
経営(けいえい) 경영　方針(ほうしん) 방침　株式市場(かぶしきしじょう) 주식시장　動向(どうこう) 동향
睨(にら)む 짐작하다, 예측하다　投資(とうし) 투자　見送(みおく)る 미루다, 보류하다　今後(こんご) 금후, 이후
やり方(かた) 하는 방식·태도　명사+次第(しだい) 〜에 따라 결정됨, 〜나름임

1.

(A) ____ (○ · ×)

(B) ____ (○ · ×)

(C) ____ (○ · ×)

(D) ____ (○ · ×)

2.

(A) ____ (○ · ×)

(B) ____ (○ · ×)

(C) ____ (○ · ×)

(D) ____ (○ · ×)

3.

(A) ____ (○ · ×)

(B) ____ (○ · ×)

(C) ____ (○ · ×)

(D) ____ (○ · ×)

PART 2

1. この部屋はとてもきれいですね。

    (A) はい。今朝、料理しました。

    (B) はい。今朝、散歩しました。

    (C) はい。今朝、掃除しました。

    (D) はい。今朝、買い物に行きました。

이 방은 아주 깨끗하네요.

    (A) 예. 오늘 아침에 요리했어요.

    (B) 예, 오늘 아침에 산책했어요.

    (C) 예. 오늘 아침에 청소했어요.

    (D) 예. 오늘 아침에 쇼핑하러 갔어요.

해설 방이 깨끗하다는 것으로 미루어 보아 청소를 했다는 것을 알 수 있다.

어휘 部屋(へや) 방　きれい 깨끗함　今朝(けさ) 오늘 아침　料理(りょうり) 요리　散歩(さんぽ) 산책　掃除(そうじ) 청소　買(か)い物(もの) 물건을 삼. 쇼핑

2. この雑誌、面白いですよ。

    (A) 今、テープを聞いていますか。

    (B) それは今日の新聞ですね。

    (C) じゃあ、私も読みたいです。

    (D) 誰が書きましたか。

이 잡지, 재미있어요.

    (A) 지금 테이프를 듣고 있나요?

    (B) 그건 오늘 신문이군요.

    (C) 그럼, 저도 읽고 싶습니다.

    (D) 누가 썼나요?

해설 종조사 「よ」의 기본적인 기능은 상대방이 모르는 내용을 알려 주는 것이다. 문제에서 이 잡지가 재미있다고 했으므로 가장 적절한 응답은 (C)가 된다.

어휘 雑誌(ざっし) 잡지　面白(おもしろ)い 재미있다　テープ(tape) 테이프　聞(き)く 듣다　新聞(しんぶん) 신문　読(よ)む 읽다　書(か)く 쓰다

3. 彼こそこの仕事に相応しいわ。

    (A) 彼では役不足だと言うの。

    (B) うん、僕も彼がぴったりだと思うなあ。

    (C) 確かに彼は適当な人物とは言えないよ。

    (D) 彼では頼りにならないんだね。

그 사람이야말로 이 일에 적격이야.

    (A) 그한테는 이번 일이 하찮다는 말이야?

    (B) 어, 나도 그 사람이 딱이라고 생각해.

    (C) 확실히 그 사람은 적당한 인물이라곤 할 수 없어.

    (D) 그 사람으로는 의지가 되지 않는군.

해설 「相応(ふさわ)しい」(어울리다. 적합하다)라는 い형용사의 의미를 알아듣는 것이 포인트. 문제에서 그 사람이야말로 이 일에 적격이라고 했으므로, 선택지 중에서 적절한 응답은 여자의 의견에 동의한 (B)가 된다. 참고로 선택지 (A)의 「役不足(やくぶそく)」는 '역부족'이라는 의미가 아니라 '(능력에 비해서) 직책·역할이 하찮음'이라는 뜻임에 주의하자. 우리말의 '역부족'은 일본어로 「力不足(ちからぶそく)」이다.

어휘 ～こそ ～야말로　ぴったり 딱 ＊꼭 알맞는 모양　確(たし)かに 확실히. 분명히　適当(てきとう) 적당　人物(じんぶつ) 인물　～とは ～이라고는　頼(たよ)りになる 의지가 되다

4.

(A) _______________________________ (○ · ✕)

(B) _______________________________ (○ · ✕)

(C) _______________________________ (○ · ✕)

(D) _______________________________ (○ · ✕)

5.

(A) _______________________________ (○ · ✕)

(B) _______________________________ (○ · ✕)

(C) _______________________________ (○ · ✕)

(D) _______________________________ (○ · ✕)

6.

(A) _______________________________ (○ · ✕)

(B) _______________________________ (○ · ✕)

(C) _______________________________ (○ · ✕)

(D) _______________________________ (○ · ✕)

4. 彼(かれ)、少(すこ)しスマートになったんじゃない。

  (A) 毎日机(まいにちつくえ)に向(む)かってばかりだからね。

  (B) 何(なん)だか太(ふと)る一方(いっぽう)だよね。

  (C) もともと頭(あたま)の回転(かいてん)が速(はや)いからね。

  (D) 最近水泳(さいきんすいえい)を始(はじ)めて、痩(や)せたんだって。

그 사람, 조금 날씬해진 것 같지 않아?

  (A) 매일 책상 앞에만 앉아 있으니까.

  (B) 웬일인지 살만 찌는군.

  (C) 원래 두뇌 회전이 빠르니까.

  (D) 요즘 수영을 시작해서 살이 빠졌대.

해설 「~んじゃない」는 말끝을 올리면 `~하지 않니?` 라는 의미가 되어 자신의 느낌이나 생각은 이런데 상대방은 어떤지를 묻는 표현이 된다. 따라서 적절한 응답은 살이 빠진 이유를 설명한 (D)가 된다.

어휘 少(すこ)し 조금 スマート(smart) 날씬함 机(つくえ) 책상 向(む)かう 향하다. 마주 대하다 ~ばかり ~만. ~뿐 何(なん)だか 웬일인지 太(ふと)る 살찌다 동사의 기본형+一方(いっぽう)だ (오로지) ~하기만 하다 もともと 원래 頭(あたま) 머리, 두뇌 回転(かいてん) 회전 速(はや)い 빠르다 水泳(すいえい) 수영 始(はじ)める 시작하다 痩(や)せる 살이 빠지다. 야위다

5. 彼(かれ)、文学(ぶんがく)に明(あか)るいのね。

  (A) ええっ。暗(くら)い性格(せいかく)だと思(おも)うけど。

  (B) 日本文学(にほんぶんがく)の博士号(はくしごう)も持(も)っているんだよ。

  (C) 変(へん)だなあ。文章(ぶんしょう)を書(か)くのは嫌(きら)いなはずだよ。

  (D) 大声(おおごえ)で話(はな)すから、そう見(み)えるんだよ。

그 사람, 문학에 정통하네.

  (A) 어? 어두운 성격이라고 생각하는데.

  (B) 일본 문학 박사 학위도 갖고 있어.

  (C) 이상하군. 문장을 쓰는 건 싫어할 거야.

  (D) 큰 소리로 이야기하니까 그렇게 보이는 거야.

해설 「~に明(あか)るい」(~에 밝다. 정통하다)의 의미를 알아듣는 것이 포인트. 그 사람이 문학에 대해 잘 알고 있다고 했으므로 이에 대한 반응을 선택지에서 찾으면 된다. 정답은 문학에 정통한 이유를 설명한 (B)가 된다.

어휘 文学(ぶんがく) 문학 暗(くら)い 어둡다. 음침하다 性格(せいかく) 성격 博士号(はくしごう) 박사 학위 変(へん) 이상함 文章(ぶんしょう) 문장 嫌(きら)い 싫어함 ~はずだ ~일 터이다. ~일 것이다 大声(おおごえ) 큰 소리 見(み)える 보이다

6. こんな仕事(しごと)ができるなんて、わくわくするわ。

  (A) 初(はじ)めて責任者(せきにんしゃ)になっただけあって張(は)り切(き)ってるね。

  (B) 急(きゅう)に決(き)まったものだから、困(こま)ってるみたいだね。

  (C) せっかくのチャンスだったのに残念(ざんねん)だね。

  (D) そうだね。仕事(しごと)のことだから、よく考(かんが)えなくちゃ。

이런 일을 할 수 있게 되다니 가슴이 설레.

  (A) 처음으로 책임자가 된 만큼 의욕이 넘치는구나.

  (B) 갑자기 결정이 난 거라서 곤란한 모양이더라.

  (C) 모처럼의 기회였는데 유감이구나.

  (D) 그래. 일에 관련된 거니까 잘 생각해야지.

해설 이런 일을 할 수 있게 돼서 가슴이 설렌다고 했으므로 이에 대한 응답으로는 (A)가 적절하다. 맡은 일 때문에 곤란을 겪고 있는 것은 아니므로 (B)는 정답이 될 수 없다. (C)의 「残念(ざんねん)だね」(유감이구나)는 위로할 때 쓰는 표현이고, (D)의 「~なくちゃ」(~해야지)는 충고할 때 쓰는 표현이므로 적절치 않다.

어휘 ~なんて ~하다니. ~이라니 わくわくする 가슴이 두근거리다. 가슴이 설레다 初(はじ)めて 처음으로 責任者(せきにんしゃ) 책임자 동사의 た형+だけあって ~인 만큼 張(は)り切(き)る 기운[의욕]이 넘치다 急(きゅう)に 갑자기 決(き)まる 정해지다. 결정되다 せっかく 모처럼 チャンス(chance) 기회

주요 어휘 정리

한자	읽기	의미
☐ 素敵	すてき	멋짐
☐ 軽い	かるい	가볍다
☐ 被る	かぶる	(모자 등을) 쓰다
☐ 決定	けってい	결정
☐ 納得がいく	なっとくがいく	납득이 가다
☐ 功を奏する	こうをそうする	성공하다, 효과가 있다
☐ 重ねる	かさねる	거듭하다, 되풀이하다
☐ 覆す	くつがえす	번복하다
☐ 営業	えいぎょう	영업
☐ 訪問	ほうもん	방문
☐ 動向	どうこう	동향
☐ 投資	とうし	투자
☐ 見送る	みおくる	미루다, 보류하다
☐ 相応しい	ふさわしい	어울리다, 적합하다
☐ 役不足	やくぶそく	(능력에 비해) 직책·역할이 하찮음
☐ 頼りになる	たよりになる	의지가 되다
☐ 回転	かいてん	회전
☐ 文学	ぶんがく	문학
☐ 文章	ぶんしょう	문장
☐ 張り切る	はりきる	기운[의욕]이 넘치다

UNIT 14 🎧 31.MP3
▶ 유형 14 정보 전달에 관한 표현

 말하는 사람의 정보가 무엇인지 정확하게 파악할 것!

분석 및 전략

정보 전달에 관한 표현은 매 시험마다 반드시 출제되는 유형으로, 말하는 사람의 정보가 무엇인지를 정확히 파악해야 풀 수 있는 문제이다. 보통 문제의 문장은 상대방에게 뭔가를 전달하는 「～よ」라든지 동의나 확인을 구하는 「～ね」의 형태로 많이 출제되는데 핵심적인 어휘로 다양한 반응을 오답으로 제시하는 경우가 보통이다. 예를 들어 「今度(こんど)の旅行(りょこう)、彼(かれ)も行(い)くそうよ」(이번 여행, 그 사람도 간대)라는 문제가 있다고 하면 오답으로는 「本当(ほんとう)に楽(たの)しい旅行(りょこう)だったなあ」(정말로 즐거운 여행이었어)라든지 「彼(かれ)も一緒(いっしょ)に行(い)ったの」(그 사람도 함께 간 거야?)처럼 여행과 관련된 여러 가지 응답이 제시되지만, 포인트는 그 사람이 여행을 간다는 것이므로 이 부분에 대한 적절한 응답을 가려낼 수 있어야 한다.

鈴木君、上着のボタン取れそうよ。
(A) このかばんは20年前に買ったものだからなあ。
(B) えっ、どこに落ちていたの。
(C) ええっ、買ったばかりなのに。
(D) 中のものが出ちゃったら大変だよ。

스즈키 군, 상의 단추가 떨어질 것 같아.
(A) 이 가방은 20년 전에 산 거니까.
(B) 어, 어디에 떨어져 있었어?
(C) 앗, 산 지 얼마 안 된 건데.
(D) 내용물이 나와 버리면 큰일이야.

…▶ 상의 단추가 떨어질 것 같다는 지적에 대한 반응으로 가장 적절한 것은 (C)이다. (A)는 오래된 가방에 대한 이야기, (B)는 어디선가 떨어뜨린 물건을 누군가 주워 왔을 때의 반응, (D)는 포장된 것이나 가방 안의 물건이 밖으로 나올 가능성에 대한 내용이다.

上着(うわぎ) 상의　ボタン(button) 단추　取(と)れる 떨어지다　동사의 ます형+そうだ ~할 것 같다(추측)
かばん 가방　買(か)う 사다　落(お)ちる 떨어지다　동사의 た형+ばかりだ 막 ~했다, 방금 ~했다
大変(たいへん) 큰일임

近頃、インターネット上の商取引が盛んですね。
(A) 依然として取引額は伸びませんからね。
(B) いや、少額のものとは限らないようですよ。
(C) 電子マネーなんて夢のまた夢ですね。
(D) 手軽な反面、巧妙な犯罪も起きていますね。

요즘 인터넷상에서의 상거래가 활발하네요.
(A) 여전히 거래액은 늘지 않으니까요.
(B) 아니, 소액 물건에만 국한되는 건 아닌 것 같아요.
(C) 전자 화폐라니 꿈같은 이야기네요.
(D) 간편한 반면 교묘한 범죄도 발생하고 있죠.

…▶ 인터넷에서 상거래가 많이 이루어지고 있다는 말에 대해 그 장단점을 동시에 말하고 있는 (D)가 가장 적절한 응답이다.

近頃(ちかごろ) 요즘　インターネット(internet) 인터넷　商取引(しょうとりひき) 상거래　盛(さか)ん 활발함
依然(いぜん)として 여전히　取引額(とりひきがく) 거래액　伸(の)びる 늘다　少額(しょうがく) 소액
~とは限(かぎ)らない ~인 것은 아니다, ~라고는 볼 수 없다　電子(でんし)マネー(money) 전자 화폐
~なんて ~이라니　夢(ゆめ)のまた夢(ゆめ) 꿈같은 이야기　手軽(てがる) 손쉬움, 간편함　反面(はんめん) 반면
巧妙(こうみょう) 교묘　犯罪(はんざい) 범죄　起(お)きる 발생하다, 생기다

日本への輸入品についての規制が今回緩和されるそうですね。

(A) 日本国内に限らず、海外にも市場が広がるんですね。

(B) 海外向けの生産が中止されるんですね。

(C) 国内各社も競争力が問われることになりますね。

(D) 労働力の確保が緊急の課題なんですね。

일본으로의 수입품에 대한 규제가 이번에 완화된대요.

(A) 일본 국내뿐만 아니라 해외에서도 시장이 확대되겠군요.

(B) 해외용 생산이 중지되겠군요.

(C) 국내의 각 회사들도 경쟁력이 문제가 되겠군요.

(D) 노동력 확보가 긴급 과제군요.

···> 일본으로의 수입품 규제 완화가 미치는 영향이나 효과에 대해 말하고 있는 선택지를 답으로 고르면 된다. 수입 규제가 완화되면 외국 상품의 국내 유입이 더 자유로워지므로 국산품이 외국 상품에 밀리지 않기 위해서는 가격이나 품질 면에서 경쟁력을 갖춰야 하므로 (C)가 가장 적절한 응답이다. (A)는 일본 상품에 대해 외국이 수입 규제를 완화했을 때 기대되는 효과이고, (B)는 외국에서 일본 제품에 대한 수입 규제가 강화됐을 때 미치는 여파이다. 한편 수입품에 대한 규제가 완화된다고 해서 노동력 확보가 어려워지는 것은 아니므로 (D)도 적절치 못한 응답이다.

輸入品(ゆにゅうひん) 수입품　規制(きせい) 규제　緩和(かんわ) 완화　国内(こくない) 국내
～に限(かぎ)らず ～뿐만 아니라　海外(かいがい) 해외　市場(しじょう) 시장　広(ひろ)がる 확대되다
～向(む)け ～용　生産(せいさん) 생산　中止(ちゅうし) 중지　各社(かくしゃ) 각사
競争力(きょうそうりょく) 경쟁력　問(と)う 묻다. 추궁하다　労働力(ろうどうりょく) 노동력　確保(かくほ) 확보
緊急(きんきゅう) 긴급　課題(かだい) 과제

1.

    (A) ____ (O · ×)

    (B) ____ (O · ×)

    (C) ____ (O · ×)

    (D) ____ (O · ×)

2.

    (A) ____ (O · ×)

    (B) ____ (O · ×)

    (C) ____ (O · ×)

    (D) ____ (O · ×)

3.

    (A) ____ (O · ×)

    (B) ____ (O · ×)

    (C) ____ (O · ×)

    (D) ____ (O · ×)

PART 2

1 3 4

1. 今朝は7時に会社に来ました。

   (A) 軽くないですね。

   (B) 早く来ましたね。

   (C) とても辛いですね。

   (D) 少し古いですね。

오늘 아침은 7시에 회사에 왔어요.

(A) 가볍지 않네요.

(B) 일찍 왔네요.

(C) 아주 맵네요.

(D) 조금 낡았네요.

해설 오늘 아침 7시에 회사에 왔다고 했으므로 일찍 왔다고 말한 (B)가 정답이 된다. 나머지 선택지는 い형용사의 의미로 보아 전혀 어울리지 않는 응답들이다.

어휘 今朝(けさ) 오늘 아침　軽(かる)い 가볍다　早(はや)い 이르다　辛(から)い 맵다　古(ふる)い 낡다

2. 机の上に置いたコピーがないんです。

   (A) それは変ですね。

   (B) それは辛いですね。

   (C) それは緩いですね。

   (D) それは寂しいですね。

책상 위에 둔 복사물이 없어요.

(A) 그거 이상하군요.

(B) 그거 괴롭겠군요.

(C) 그거 느슨하군요.

(D) 그거 외롭겠군요.

해설 선택지에 나오는 형용사의 의미를 알고 있다면 정답이 쉽게 나오는 문제이다. 책상 위에 둔 복사물이 없다고 했으므로 정답은 (A)가 된다.

어휘 机(つくえ) 책상　置(お)く 두다　変(へん) 이상함　辛(つら)い 괴롭다　緩(ゆる)い 느슨하다　寂(さび)しい 외롭다, 쓸쓸하다

3. 昨日不動産屋に行ったのよ。

   (A) 久しぶりに騒いだんでしょう。

   (B) 素敵な服が買えてよかったね。

   (C) 面白い本が見つかったんだね。

   (D) 家を探しているの。

어제 부동산 중개소에 갔었어.

(A) 오랜만에 떠들썩하게 놀았겠군요.

(B) 멋진 옷을 살 수 있어서 잘 됐네.

(C) 재미있는 책을 찾았군.

(D) 집을 찾고 있어?

해설 부동산 중개소에 갔다는 것은 집을 구하기 위해서이므로 정답은 (D)가 된다. 오랜만에 잘 놀았겠다고 한 (A)는 전혀 관계가 없는 말이고, (B)와 (C)는 옷이나 책이라는 단어로 보아 역시 부동산 중개소와는 거리가 먼 응답이라는 것을 알 수 있다.

어휘 不動産屋(ふどうさんや) 부동산 중개소　久(ひさ)しぶり 오랜만임　騒(さわ)ぐ 술자리를 벌이고 흥청망청 놀다. 술을 마시며 들떠 놀다　素敵(すてき) 멋짐　服(ふく) 옷　面白(おもしろ)い 재미있다　見(み)つかる 찾게 되다. 발견되다　探(さが)す 찾다

4.

(A) _______________________________ (O · X)

(B) _______________________________ (O · X)

(C) _______________________________ (O · X)

(D) _______________________________ (O · X)

5.

(A) _______________________________ (O · X)

(B) _______________________________ (O · X)

(C) _______________________________ (O · X)

(D) _______________________________ (O · X)

6.

(A) _______________________________ (O · X)

(B) _______________________________ (O · X)

(C) _______________________________ (O · X)

(D) _______________________________ (O · X)

연습문제 ▌ 정보 전달에 관한 표현 메모하면서 들어 보세요.

4. この電車、昼間も3分おきぐらいに来るのよ。

   (A) あまり待たされないで乗れるということだね。

   (B) 本数が少なくて不便だな。

   (C) 一度乗り遅れたら20分以上も待つんだね。

   (D) へえ、1時間に1本しかないんだね。

이 전철, 낮에도 3분 정도 간격으로 와.

   (A) 별로 기다리지 않고 탈 수 있다는 말이군.
   (B) 운행 횟수가 적어서 불편하군.
   (C) 한 번 놓치면 20분 이상이나 기다리게 되는군.
   (D) 어~, 1시간에 한 대밖에 없는 거군.

해설 낮에도 3분 정도 간격으로 전철이 온다는 말은 별로 기다리지 않고 전철을 탈 수 있다는 말이 된다. 정답은 (A)로, 나머지 선택지는 3분 간격으로 온다는 것과는 거리가 먼 응답이다.

어휘 昼間(ひるま) 낮 ~おき ~간격 待(ま)つ 기다리다 乗(の)る 타다 本数(ほんすう) 편수, 운행 횟수 少(すく)ない 적다
不便(ふべん) 불편 乗(の)り遅(おく)れる (차 등을) 놓치다 以上(いじょう) 이상 ~しか ~밖에

5. 彼っていつもせかせかしてるのね。

   (A) もともとけちなんだから、仕方ないよ。

   (B) 正確なんだけど、効率が悪いよね。

   (C) リラックスすることなんてあるのかな。

   (D) すぐ落ち込んじゃうからね。

그 사람은 항상 침착하지 못하고 조급하네.

   (A) 원래 인색하니까 어쩔 수 없어.
   (B) 정확하지만 효율이 좋지 않아.
   (C) 편하게 쉴 때가 있을까?
   (D) 바로 침울해져 버리니까.

해설 「せかせか」(침착하지 못하고 조급한 모양)라는 의태어의 의미를 아는 것이 포인트. 문제에서 그 사람은 항상 조급하다고 했으므로, 적절한 응답은 편하게 쉴 때가 있을까 라고 얘기한 (C)가 된다.

어휘 もともと 원래 けち 인색함 仕方(しかた)ない 어쩔 수 없다 正確(せいかく) 정확 効率(こうりつ) 효율 悪(わる)い 나쁘다
リラックス(relax) 긴장을 풂. 편하게 쉼 すぐ 바로 落(お)ち込(こ)む 침울해지다
~じゃう ~해 버리다 *「~でしまう」의 회화체 표현

6. 携帯電話のカバーがよく売れているんだって。

   (A) 今や携帯電話は若者の必需品だからな。

   (B) 壊れやすいから修理代がかかるよ。

   (C) 今のところ利用者はごくわずかだもんなあ。

   (D) 病院内では電源を切るのが当然なのになあ。

휴대전화 커버가 잘 팔리고 있대.

   (A) 지금은 이미 휴대전화는 젊은이의 필수품이니까.
   (B) 고장 나기 쉬워서 수리비가 들어.
   (C) 지금으로서는 이용자는 극소수니까.
   (D) 병원 안에서는 전원을 끄는 게 당연한 건데 말이야.

해설 휴대전화 커버가 잘 팔리고 있다는 정보를 알려 주고 있는 상황이다. (B)는 휴대전화의 커버가 팔리는 것과는 거리가 먼 응답이고, (C)의 이용자 수가 아주 적다는 것은 정반대의 상황이므로 오답임을 알 수 있다. (D)는 휴대전화의 매너에 대해서 이야기하고 있으므로 역시 거리가 먼 응답이다. 정답은 휴대전화 커버가 잘 팔리는 이유를 설명한 (A)가 된다.

어휘 携帯電話(けいたいでんわ) 휴대전화 カバー(cover) 커버 売(う)れる 팔리다 今(いま)や 지금은 이미, 이제는
若者(わかもの) 젊은이 必需品(ひつじゅひん) 필수품 壊(こわ)れる 망가지다. 고장 나다 동사의 ます형+やすい ~하기 쉽다
修理代(しゅうりだい) 수리비 今(いま)のところ 지금으로서는 利用者(りようしゃ) 이용자 ごく 극히 わずか 조금, 약간
病院(びょういん) 병원 電源(でんげん)を切(き)る 전원을 끄다 当然(とうぜん) 당연

주요 어휘 정리

한자	읽기	의미
☐ 上着	うわぎ	상의
☐ 落ちる	おちる	떨어지다
☐ 近頃	ちかごろ	요즘
☐ 盛ん	さかん	활발함
☐ 依然として	いぜんとして	여전히
☐ 伸びる	のびる	늘다
☐ 夢のまた夢	ゆめのまたゆめ	꿈같은 이야기
☐ 手軽	てがる	손쉬움, 간편함
☐ 反面	はんめん	반면
☐ 巧妙	こうみょう	교묘
☐ 犯罪	はんざい	범죄
☐ 規制	きせい	규제
☐ 緩和	かんわ	완화
☐ 競争力	きょうそうりょく	경쟁력
☐ 問う	とう	묻다, 추궁하다
☐ 古い	ふるい	낡다
☐ 緩い	ゆるい	느슨하다
☐ 探す	さがす	찾다
☐ 乗り遅れる	のりおくれる	(차 등을) 놓치다
☐ 必需品	ひつじゅひん	필수품

UNIT 15 🎧 32.MP3

▶ 유형 15 정보 확인·요청에 관한 표현

POINT 확인하거나 요청하는 내용이 무엇인지 잘 들을 것!

분석 및 전략

정보 확인이나 요청에 관한 표현은 어떤 정보에 대해서 말하는 사람이 확인하거나 요청하는 문제를 말하는데, 보통 「〜でしょうか」(〜일까요?)의 형태로 제시된다. 실제 시험에서는 정보의 요청보다는 확인을 묻는 문제가 많이 출제되므로 일단 정보 확인에 관한 유형에 익숙해질 필요가 있다.

정보 확인에 관한 문제는 예전에는 정확하게 '예/아니요'의 형태로 응답을 확실하게 제시하는 경우가 많았지만, 최근 시험에서는 애매하게 제시하는 문제가 점차 늘고 있다. 예를 들어 「明日(あした)の会議(かいぎ)、彼(かれ)も出席(しゅっせき)するのでしょうか」(내일 회의에 그 사람도 출석할까요?)라는 질문이 있다고 하면, 예전 시험에서는 「はい、たぶん出席(しゅっせき)すると思(おも)います」(예, 아마 출석할 겁니다)라든지 「いいえ、明日(あした)は出席(しゅっせき)しないでしょう」(아니요, 내일은 출석하지 않을 겁니다)의 형태로 출제가 되었지만, 최근 시험에서는 「さあ、どうでしょうか」(글쎄요, 어떨까요?)처럼 정확한 답변을 회피하고 애매하게 넘어가는 응답의 형태로 많이 출제되므로 이런 유형도 충분히 연습해 두도록 하자.

<table><tr><td>**1**</td><td>정보 확인 – 여행 참가자</td></tr></table>

今度の旅行には佐藤さんも行くんでしょうか。

(A) あまり元気がなさそうでした。

(B) たぶん今日は無理だと思います。

(C) 明日佐藤さんから返事があるはずです。

(D) 昨日はどこにも行きませんでした。

이번 여행에는 사토 씨도 갈까요?
(A) 별로 기운이 없어 보였어요.
(B) 아마도 오늘은 무리일 겁니다.
(C) 내일 사토 씨한테 답변이 있을 겁니다.
(D) 어제는 아무데도 가지 않았어요.

⋯▸ 「~でしょうか」(~일까요?)는 자신이 모르는 내용에 대해 상대방은 알고 있는지의 여부 또는 어떻게 생각하는지를 물을 때 쓰는 표현이다. 문제는 이번 여행에 사토 씨가 가는지를 상대방이 알고 있는지 묻고 있다. 따라서 내일 사토 씨한테 답변이 있을 것이라고 한 (C)가 적절한 응답이다.

旅行(りょこう) 여행　元気(げんき) 기운　たぶん 아마　無理(むり) 무리　返事(へんじ) 답변, 답장
~はずだ ~일 터이다, ~일 것이다

<table><tr><td>**2**</td><td>정보 확인 – 서비스</td></tr></table>

当施設のサービスにはご満足いただけましたでしょうか。

(A) 寛いだ雰囲気で大変けっこうでした。

(B) 改めて指示するまでもないことです。

(C) おっしゃる通りで、全く同感ですね。

(D) 配慮が行き届かなくてお恥ずかしい限りです。

본 시설의 서비스에는 만족하셨는지요?
(A) 편안한 분위기여서 아주 좋았습니다.
(B) 새삼스럽게 지시할 것까지도 없는 일입니다.
(C) 말씀하시는 대로이며 전적으로 동감입니다.
(D) 배려가 부족해 부끄럽기 짝이 없습니다.

⋯▸ 서비스에 만족했는지의 여부를 묻고 있으므로 대단히 만족스러웠다고 말한 (A)가 적절한 응답이다. 나머지 선택지는 모두 질문에 대한 답변으로는 부적절한데 그 중 (C)는 상대방의 말에 동감할 때 쓰는 표현이고, (D)는 배려를 제대로 하지 못한 데 대한 미안함을 나타내고 있다.

施設(しせつ) 시설　サービス(service) 서비스　満足(まんぞく) 만족　寛(くつろ)ぐ 편히 쉬다
雰囲気(ふんいき) 분위기　大変(たいへん) 대단히, 아주　けっこう 훌륭함, 좋음　改(あらた)めて 다시, 새삼스럽게
指示(しじ) 지시　~するまでもない ~할 것까지도 없다　~通(とお)り ~대로　全(まった)く 완전히, 전적으로
同感(どうかん) 동감　配慮(はいりょ) 배려　行(い)き届(とど)く (생각이 구석구석까지) 미치다
恥(は)ずかしい 부끄럽다　~限(かぎ)り ~한도껏, ~한껏

景気の回復は望めるでしょうか。

(A) あまり期待できそうもないですね。

(B) それほど相応しいとは思えませんが。

(C) 特に異常はありません。

(D) まだ解決していないんです。

경기 회복은 기대할 수 있을까요?
(A) 그다지 기대할 수 있을 것 같지 않군요.
(B) 그다지 어울린다고는 생각되지 않습니다만.
(C) 특별히 이상은 없어요.
(D) 아직 해결되지 않았어요.

···› 경기 회복을 기대할 수 있는지에 대한 상대방의 생각을 묻고 있다. 선택지 중 적절한 응답은 (A)로, 그다지 기대할 수 있을 것 같지 않다며 부정적으로 말하고 있다. 「思(おも)えませんが」(생각되지 않습니다만)에 끌려 (B)를 정답으로 고르지 않도록 주의할 것.

景気(けいき) 경기　回復(かいふく) 회복　望(のぞ)む 바라다, 원하다　期待(きたい) 기대
동사의 ます형＋そうもない ~할[일] 것 같지 않다　相応(ふさわ)しい 어울리다, 걸맞다
特(とく)に 특히, 특별히　異常(いじょう) 이상　解決(かいけつ) 해결

また夜更かししたんでしょ。

(A) そのわりに朝目が覚めないなあ。

(B) うん。レポートをどうしても仕上げなきゃならなかったんだ。

(C) 早寝の習慣ができたおかげだよ。

(D) よく寝て仕事の能率を上げるためさ。

또 밤샘했죠?
(A) 그에 비해 아침에 잠이 안 깨.
(B) 어, 보고서를 꼭 완성해야만 했어.
(C) 일찍 자는 습관이 생긴 덕분이야.
(D) 잘 자서 일의 능률을 올리기 위해서야.

···› 「夜更(よふ)かし」는 '밤샘'이라는 의미로 문제는 상대방에게 또 밤샘을 한 것인지 확인하고 있다. 따라서 밤샘한 이유를 말한 (B)가 정답이 된다.

~わりに ~에 비해　目(め)が覚(さ)める 잠이 깨다　レポート(report) 보고서
どうしても 무슨 일이 있어도, 꼭, 반드시　仕上(しあ)げる 일을 끝내다, 완성하다
~なきゃ ~하지 않으면 안 된다, ~해야 한다 ＊「~なければ(ならない)」의 회화체 표현
早寝(はやね) 일찍 잠　習慣(しゅうかん) 습관　できる 생기다　~おかげ ~덕분
寝(ね)る 자다　能率(のうりつ) 능률　上(あ)げる 올리다, 높이다

1.

(A) _______________________________ (○ · ×)

(B) _______________________________ (○ · ×)

(C) _______________________________ (○ · ×)

(D) _______________________________ (○ · ×)

2.

(A) _______________________________ (○ · ×)

(B) _______________________________ (○ · ×)

(C) _______________________________ (○ · ×)

(D) _______________________________ (○ · ×)

3.

(A) _______________________________ (○ · ×)

(B) _______________________________ (○ · ×)

(C) _______________________________ (○ · ×)

(D) _______________________________ (○ · ×)

1. あら、風邪を引きましたか。

(A) いいえ。咳ではありません。

(B) いいえ。外は暖かいです。

(C) はい。とても元気です。

(D) はい。熱もあります。

어머, 감기 걸렸어요?
(A) 아니요. 기침이 아니에요.
(B) 아니요. 밖은 따뜻해요.
(C) 예. 아주 건강해요.
(D) 예. 열도 있어요.

해설 감기에 걸렸는지 남자에게 묻고 있는 상황이다. 정답은 감기에 걸렸고 열도 있다고 한 (D)가 된다.

어휘 風邪(かぜ)を引(ひ)く 감기에 걸리다　咳(せき) 기침　暖(あたた)かい 따뜻하다　熱(ねつ) 열

2. 出席の人達に配った紙、余ったでしょ。

(A) はい。少し残りました。

(B) はい。足りませんでした。

(C) はい。まだ配っていません。

(D) はい。全部送りました。

참석한 사람들에게 나눠 준 종이, 남았죠?
(A) 예. 조금 남았습니다.
(B) 예. 모자랐습니다.
(C) 예. 아직 나눠 주지 않았습니다.
(D) 예. 전부 보냈습니다.

해설 「余(あま)る」(남다)라는 동사와 「残(のこ)る」(남다)라는 동사만 알고 있다면 쉽게 풀 수 있는 문제. 참석한 사람들에게 나눠 준 종이가 남았는지 물었으므로 조금 남았다고 한 (A)가 정답이다.

어휘 出席(しゅっせき) 출석, 참석　配(くば)る 나눠 주다　紙(かみ) 종이　少(すこ)し 조금　足(た)りる 충분하다　全部(ぜんぶ) 전부　送(おく)る 보내다

3. 高橋さんは末っ子なんですって。

(A) そう。長男だから下の面倒も見なくちゃ。

(B) そう。兄弟がいないと心細いよ。

(C) そう。でも独身もなかなか楽しいよ。

(D) そう。4人兄弟の一番下なんだ。

다카하시 씨는 막내라면서요?
(A) 맞아. 장남이라서 동생들도 돌봐줘야 해.
(B) 맞아. 형제가 없으면 허전해.
(C) 맞아. 하지만 독신도 꽤 즐거워.
(D) 맞아. 4형제 중에 막내야.

해설 남자에게 막내인지 확인하고 있는 상황이다. (A)는 장남이라고 했으므로 오답이 되고, (B)와 (C)는 형제가 없다는 말과 독신이라는 말로 보아 정답과는 거리가 먼 응답이 된다. 정답은 (D)로, 「一番下(いちばんした)」(제일 밑)는 「末(すえ)っ子(こ)」(막내)와 같은 의미로 쓰였다.

어휘 長男(ちょうなん) 장남　面倒(めんどう)を見(み)る 돌보다, 보살피다
～なくちゃ ～하지 않으면 안 된다, ～해야 한다　＊「～なくては(ならない)」의 회화체 표현　兄弟(きょうだい) 형제
心細(こころぼそ)い 불안하다, 허전하다　独身(どくしん) 독신　なかなか 꽤, 상당히　楽(たの)しい 즐겁다

4.

(A) _______________________________________ (O · X)

(B) _______________________________________ (O · X)

(C) _______________________________________ (O · X)

(D) _______________________________________ (O · X)

5.

(A) _______________________________________ (O · X)

(B) _______________________________________ (O · X)

(C) _______________________________________ (O · X)

(D) _______________________________________ (O · X)

6.

(A) _______________________________________ (O · X)

(B) _______________________________________ (O · X)

(C) _______________________________________ (O · X)

(D) _______________________________________ (O · X)

PART 2

1 3 4

4. ずいぶん日に焼けましたね。

　(A) 南の島に遊びに行ったんです。

　(B) 家具も全部焼けてしまいました。

　(C) 顔も手も真っ白でしょ。

　(D) 家から一歩も出られなかったからです。

꽤 탔네요.
(A) 남쪽에 있는 섬에 놀러 갔었어요.
(B) 가구도 전부 불타 버렸어요.
(C) 얼굴도 손도 새하얗죠?
(D) 집에서 한 걸음도 나갈 수 없었거든요.

해설　「日(ひ)に焼(や)ける」는 '햇볕에 타다'라는 의미로, 탄 이유를 설명한 선택지를 찾으면 된다. (B)의 「焼(や)ける」는 '불타다'라는 의미로 쓰였으므로 주의할 것.

어휘　ずいぶん 꽤, 상당히　南(みなみ) 남쪽　島(しま) 섬　遊(あそ)ぶ 놀다　家具(かぐ) 가구　全部(ぜんぶ) 전부　顔(かお) 얼굴　手(て) 손　真(ま)っ白(しろ) 새하얌　一歩(いっぽ) 한 걸음

5. 子供の頃お父さんによく叱られた。

　(A) いや。あまり怒られたことはないなあ。

　(B) そうだね。母は厳しかったからね。

　(C) うん。よく「いい子だね」って言われたよ。

　(D) うん。父は優しい人だったからね。

어릴 때 아버지한테 자주 야단맞았어?
(A) 아니, 별로 혼난 적은 없어.
(B) 그러네. 어머니는 엄했으니까.
(C) 어. 자주 '착한 아이네'라는 말을 들었어.
(D) 어. 아버지는 자상한 분이었으니까.

해설　「叱(しか)る」(꾸짖다, 나무라다)라는 동사를 알아듣는 것이 포인트. 어릴 때 아버지에게 자주 야단맞았는지 묻고 있으므로, 적절한 응답은 별로 혼난 적은 없다고 한 (A)가 된다.

어휘　子供(こども) 아이　怒(おこ)る 화내다　厳(きび)しい 엄하다　よく 잘, 자주　優(やさ)しい 상냥하다, 자상하다

6. ビザの手続きには何が要りますか。

　(A) 少なくともパスポートは必要ですよ。

　(B) 旅行会社に依頼しました。

　(C) 受け付けは朝10時からです。

　(D) 大使館に問い合わせました。

비자 수속에는 무엇이 필요한가요?
(A) 적어도 여권은 필요해요.
(B) 여행사에 의뢰했어요.
(C) 접수는 아침 10시부터예요.
(D) 대사관에 문의했어요.

해설　비자 수속에 필요한 것이 무엇인지 묻고 있으므로, 여권이 필요하다고 한 (A)가 정답이 된다.

어휘　ビザ(visa) 비자　手続(てつづ)き 수속　要(い)る 필요하다　少(すく)なくとも 적어도　パスポート(passport) 여권　必要(ひつよう) 필요　旅行会社(りょこうがいしゃ) 여행사　依頼(いらい) 의뢰　受(う)け付(つ)け 접수　大使館(たいしかん) 대사관　問(と)い合(あ)わせる 문의하다

주요 어휘 정리

한자	읽기	의미
☐ 返事	へんじ	답변, 답장
☐ 施設	しせつ	시설
☐ 満足	まんぞく	만족
☐ 寛ぐ	くつろぐ	편히 쉬다
☐ 雰囲気	ふんいき	분위기
☐ 改めて	あらためて	다시, 새삼스럽게
☐ 指示	しじ	지시
☐ 配慮	はいりょ	배려
☐ 回復	かいふく	회복
☐ 異常	いじょう	이상
☐ 夜更かし	よふかし	밤샘
☐ 目が覚める	めがさめる	잠이 깨다
☐ 早寝	はやね	일찍 잠
☐ 習慣	しゅうかん	습관
☐ 能率	のうりつ	능률
☐ 配る	くばる	나눠 주다
☐ 足りる	たりる	충분하다
☐ 送る	おくる	보내다
☐ 面倒を見る	めんどうをみる	돌보다, 보살피다
☐ 大使館	たいしかん	대사관

UNIT 16 🎧 33.MP3
▶ 유형 16 일상생활 표현

POINT 일상생활에서 자주 일어나는 상황별로 어휘를 정리해 둘 것!

분석 및 전략

일상생활 관련 표현은 문항수로 보면 가장 많이 출제되는 유형으로 매 시험 적어도 10문항 정도는 출제되고 있다. 일상생활에서 일어날 수 있는 모든 대화가 출제 범위가 되므로 특정 분야에 대한 학습보다는 평소에 일본인의 대화에서 사용되는 표현들을 상황별로 정리해 둘 필요가 있다.

일상생활 표현의 문제를 분석해 보면 보통 친구, 부부, 이웃 간의 대화 형태로 출제가 되는데, JPT 시험의 특성상 최근에 화제가 되고 있는 내용이나 이슈에 관한 문제들이 점차 늘어나고 있는 추세이다. 따라서 평소에 뉴스나 신문 등을 통해 화제가 되고 있는 내용들을 정리해 두는 것도 이 유형에 대한 하나의 대비 방법이라고 할 수 있다.

1 약국 위치

すみません。この辺に薬屋がありますか。

(A) 一日に3回飲んでください。

(B) あのスーパーで薬を売っていますよ。

(C) はい。この辺ですよ。

(D) いいえ。薬屋の隣ではありません。

실례합니다. 이 근처에 약국이 있나요?
(A) 하루에 세 번 드세요.
(B) 저 슈퍼에서 약을 팔고 있어요.
(C) 예. 이 근처예요.
(D) 아니요. 약국 옆이 아니에요.

⋯› 이 근처에 약국이 있는지 물었지만, 선택지 중에는 근처에 약국이 있다고 딱부러지게 대답한 것은 없다. (A)는 약의 복용 횟수를 물었을 때 나올 만한 응답이고, (D)는 약국의 위치를 묻고 있는 사람에게 약국 옆이 아니라고 엉뚱한 대답을 하고 있으므로 부적절하다. (C)의 경우 문제의 「この辺(へん)」(이 근처)을 사용한 함정이다. 적절한 응답은 저쪽에 있는 슈퍼마켓에서 약을 팔고 있다고 한 (B)가 된다.

薬屋(くすりや) 약국　飲(の)む (약을) 먹다　スーパー 슈퍼　薬(くすり) 약　売(う)る 팔다　隣(となり) 옆

2 식비 절약

我が家はもっと食費を節約しないと。

(A) あまり食料品にお金を出さないからね。

(B) 電気がしょっちゅう付けっぱなしになっているからな。

(C) それなら食器にもお金をかけよう。

(D) うーん。僕たち、外食が多いからね。

우리 집은 좀 더 식비를 절약해야 해.
(A) 별로 식료품에 돈을 쓰지 않으니까.
(B) 불이 항상 켜진 채로 있으니까.
(C) 그렇다면 식기에도 돈을 들이자.
(D) 음…. 우린 외식이 잦으니까.

⋯› 「食費(しょくひ)」(식비)와 「節約(せつやく)」(절약)라는 단어가 포인트. 문제에서 좀 더 식비를 절약해야 한다고 했으므로, 적절한 응답은 외식이 잦아서 그렇다고 한 (D)가 된다.

我(わ)が家(や) 우리 집　もっと 더. 조금 더　食料品(しょくりょうひん) 식료품
お金(かね)を出(だ)す 돈을 내다[지불하다]　電気(でんき) 전등　しょっちゅう 늘. 항상　付(つ)ける (불을) 켜다
동사의 ます형+っぱなし ~한 채로임　それなら 그렇다면　食器(しょっき) 식기　外食(がいしょく) 외식
多(おお)い 많다

新車はローンで購入したんですか。

(A) はい。友達のを手頃な値段で譲ってもらいました。

(B) はい。貯金があったので一括で払いました。

(C) はい。住宅購入の資金に回しました。

(D) はい。30回の分割払いです。

새차는 대출받아서 구입했나요?

(A) 예. 친구 차를 적당한 가격에 양도받았어요.

(B) 예. 저금이 있어서 일시불로 지불했어요.

(C) 예. 주택 구입 자금으로 돌렸어요.

(D) 예. 30회 할부예요.

···새차를 대출받아서 구입했는지 묻고 있다. (A)는 '예'라고 대답하면서 친구 차를 적당한 가격에 양도받았다고 했으므로 정답과는 거리가 멀다. (B)는 저금이 있어서 일시불로 지불했다고 했는데 문제의 '대출'이라는 단어와는 맞지 않으며, (C)도 주택 구입 자금으로 사용했다고 했으므로 부적절한 응답이다. 따라서 정답은 30회 할부로 구입했다고 한 (D)가 된다.

新車(しんしゃ) 새차　ローン(loan) 대부. 대출　購入(こうにゅう) 구입　手頃(てごろ) 적당함. 적절함
値段(ねだん) 가격　譲(ゆず)る 물려주다. 양도하다　貯金(ちょきん) 저금　一括(いっかつ) 일괄
払(はら)う 지불하다　住宅(じゅうたく) 주택　資金(しきん) 자금　回(まわ)す 돌리다　分割払(ぶんかつばら)い 할부

あの、もう30分も前に注文したんですが、まだですか。

(A) すみません。すぐにお持ちいたします。

(B) 30分前ならきっと間に合うと思います。

(C) 注文した品物がまだ届いていないということですね。

(D) 申し訳ありませんが、ご注文を先にお願いします。

저기, 벌써 30분이나 전에 주문했는데 아직인가요?

(A) 죄송합니다. 바로 갖다 드리겠습니다.

(B) 30분 전이라면 틀림없이 시간에 맞을 겁니다.

(C) 주문한 물건이 아직 도착하지 않았다는 말이군요.

(D) 죄송하지만, 주문을 먼저 부탁드리겠습니다.

···음식점에서 흔히 들어볼 수 있는 대화로 음식이 아직 안 나왔다는 말에 대한 적절한 응답을 찾으면 된다. 정답은 음식을 바로 갖다 주겠다고 한 (A)로, (B)는 '30분'을 사용한 함정이고, (C)와 (D)는 질문과는 전혀 거리가 먼 응답들이다.

注文(ちゅうもん) 주문　すぐに 바로　お+동사의 ます형+いたす ～하다(겸양표현)　きっと 꼭. 틀림없이
間(ま)に合(あ)う 시간에 맞추다　品物(しなもの) 물건. 물품　届(とど)く 도착하다　先(さき)に 먼저

1.

(A) _______________________________________ (O · X)

(B) _______________________________________ (O · X)

(C) _______________________________________ (O · X)

(D) _______________________________________ (O · X)

2.

(A) _______________________________________ (O · X)

(B) _______________________________________ (O · X)

(C) _______________________________________ (O · X)

(D) _______________________________________ (O · X)

3.

(A) _______________________________________ (O · X)

(B) _______________________________________ (O · X)

(C) _______________________________________ (O · X)

(D) _______________________________________ (O · X)

1. すみません。この鞄をください。

(A) 今、持っています。

(B) いいえ。大丈夫です。

(C) はい。7,500円です。

(D) 何本でしょうか。

저기요. 이 가방 주세요.
(A) 지금 갖고 있어요.
(B) 아니요. 괜찮아요.
(C) 예. 7,500엔입니다.
(D) 몇 자루 말인가요?

해설 가게에서 손님과 점원이 나누는 대화로 여자가 가방을 달라고 했으므로, 가격을 말한 (C)가 적절한 응답이 된다.

어휘 鞄(かばん) 가방 持(も)つ 가지다. 들다 大丈夫(だいじょうぶ) 괜찮음 ～本(ほん) ～자루

2. 安いお酒を買いたいです。

(A) 一緒に飲みに行きましょう。

(B) あの八百屋は安いですね。

(C) 駅の前の酒屋がいいですよ。

(D) いつ買いましたか。

저렴한 술을 사고 싶어요.
(A) 같이 마시러 가죠.
(B) 저 채소가게는 싸군요.
(C) 역 앞에 있는 주류 판매점이 괜찮아요.
(D) 언제 샀어요?

해설 여자가 가격이 싼 술을 사고 싶다고 했으므로 술을 파는 곳을 알려 준 (C)가 정답이 된다. (A)는 함께 마시러 가자고 했으므로 오답이 되고, (B)는 「安(やす)い」(싸다)를 이용한 함정이다. (D)는 술을 산 시기를 묻고 있으므로 역시 정답과는 거리가 멀다.

어휘 お酒(さけ) 술 買(か)う 사다 一緒(いっしょ)に 함께. 같이 八百屋(やおや) 채소가게 駅(えき) 역 酒屋(さかや) 주류 판매점

3. もう少し部屋をきれいにしたら。

(A) よく褒められるんだよ。

(B) じゃあ、掃除するから手伝ってくれない。

(C) どうも料理だけは苦手なんだ。

(D) 友達を招待したから、きれいなんだよ。

좀 더 방을 깨끗하게 하는 게 어때?
(A) 자주 칭찬받아.
(B) 그럼, 청소할 테니까 도와줄래?
(C) 도무지 요리만은 잘 못해.
(D) 친구를 초대해서 깨끗한 거야.

해설 방을 좀 더 깨끗하게 하는 게 어떻겠냐고 충고하고 있으므로 적절한 응답은 청소할 테니 도와달라고 한 (B)가 된다.

어휘 少(すこ)し 조금 部屋(へや) 방 褒(ほ)める 칭찬하다 掃除(そうじ) 청소 手伝(てつだ)う 돕다 どうも 아무래도. 도무지
料理(りょうり) 요리 苦手(にがて) 서투름. 잘 못함 友達(ともだち) 친구 招待(しょうたい) 초대

4.

(A) _______________________________________ (○ · ×)

(B) _______________________________________ (○ · ×)

(C) _______________________________________ (○ · ×)

(D) _______________________________________ (○ · ×)

5.

(A) _______________________________________ (○ · ×)

(B) _______________________________________ (○ · ×)

(C) _______________________________________ (○ · ×)

(D) _______________________________________ (○ · ×)

6.

(A) _______________________________________ (○ · ×)

(B) _______________________________________ (○ · ×)

(C) _______________________________________ (○ · ×)

(D) _______________________________________ (○ · ×)

4. ホテルで貴重品はどうすればいいのかしら。

(A) 銀行に預金するのが一番安全だね。

(B) 入り口のそばに荷物置き場があるよ。

(C) 電話すれば料理も届けてくれるよ。

(D) フロントに預けられるんじゃないかな。

호텔에서 귀중품은 어떻게 하면 될까?

(A) 은행에 예금하는 것이 가장 안전해.

(B) 입구 옆에 짐 두는 곳이 있어.

(C) 전화하면 요리도 배달해 줘.

(D) 프런트에 맡길 수 있는 거 아냐?

해설 호텔에서 귀중품을 어떻게 하면 되는지 묻고 있는 상황이다. 정답은 프런트에 맡길 수 있지 않냐고 되묻은 (D)가 된다.

어휘 貴重品(きちょうひん) 귀중품 銀行(ぎんこう) 은행 預金(よきん) 예금 安全(あんぜん) 안전 入(い)り口(ぐち) 입구 荷物(にもつ) 짐 置(お)き場(ば) 두는 곳 料理(りょうり) 요리 届(とど)ける 배달하다 フロント(front) 프런트 預(あず)ける 맡기다

5. 新しい髪型に誰が最初に気付くか賭けましょうよ。

(A) うん。走っているのに気が付いたよ。

(B) じゃ、僕は山下さんに千円賭けるよ。

(C) 強いて言えば、宝くじを買うくらいだよ。

(D) 一番に来るのは中田さんに決まっているよ。

새 헤어스타일을 누가 맨 처음 알아차리는지 내기해요.

(A) 응. 달리고 있다는 걸 깨달았어.

(B) 그럼, 난 야마시타 씨에게 천 엔 걸게.

(C) 굳이 말하자면 복권을 사는 정도야.

(D) 제일 먼저 오는 건 틀림없이 나카타 씨일 거야.

해설 「賭(か)ける」는 '내기하다'라는 의미의 동사이므로, 문제는 새 헤어스타일을 누가 먼저 알아차리는지 내기하자는 말이다. (A)는 「気(き)が付(つ)く」(깨닫다. 알아차리다)라는 표현을 사용한 함정이고, (C)와 (D)는 문제와는 거리가 먼 응답들이다.

어휘 新(あたら)しい 새롭다 髪型(かみがた) 머리 모양. 헤어스타일 最初(さいしょ) 최초. 맨 처음 走(はし)る 달리다 強(し)いて言(い)えば 굳이 말하자면 宝(たから)くじ 복권 ～に決(き)まっている 틀림없이 ～이다

6. 日本人は中流意識が強いですよね。

(A) みんな、似たような性格をしていますからね。

(B) 自分は中ぐらいの階層だと思っている人が多いですね。

(C) 個性を大事にするからではありませんか。

(D) 平均的なものには興味がないですからね。

일본인은 중산층 의식이 강하군요.

(A) 모두 비슷한 성격을 갖고 있으니까요.

(B) 자신은 중간 정도의 계층이라고 생각하고 있는 사람이 많죠.

(C) 개성을 소중히 여기기 때문이 아닐까요?

(D) 평균적인 것에는 흥미가 없으니까요.

해설 「中流意識(ちゅうりゅういしき)が強(つよ)い」(중산층 의식이 강하다)를 다르게 표현한 선택지를 고르면 되는 문제이다. 정답은 자신은 중간 정도의 계층이라고 생각하고 있는 사람이 많다고 한 (B)가 된다.

어휘 似(に)る 비슷하다 性格(せいかく) 성격 階層(かいそう) 계층 多(おお)い 많다 個性(こせい) 개성 大事(だいじ)にする 소중히 여기다 平均的(へいきんてき) 평균적 興味(きょうみ) 흥미

주요 어휘 정리

한자	읽기	의미
☐ 薬屋	くすりや	약국
☐ 節約	せつやく	절약
☐ 食料品	しょくりょうひん	식료품
☐ 食器	しょっき	식기
☐ 外食	がいしょく	외식
☐ 新車	しんしゃ	새차
☐ 購入	こうにゅう	구입
☐ 手頃	てごろ	적당함, 적절함
☐ 譲る	ゆずる	물려주다, 양도하다
☐ 貯金	ちょきん	저금
☐ 一括	いっかつ	일괄
☐ 払う	はらう	지불하다
☐ 住宅	じゅうたく	주택
☐ 分割払い	ぶんかつばらい	할부
☐ 品物	しなもの	물건, 물품
☐ 褒める	ほめる	칭찬하다
☐ 髪型	かみがた	머리 모양, 헤어스타일
☐ 似る	にる	비슷하다
☐ 階層	かいそう	계층
☐ 個性	こせい	개성

UNIT 17 

▶ 유형 17 비즈니스 표현

분석 및 전략

PART 2에서 학습자들이 가장 어렵고 까다롭게 생각하는 유형이 바로 비즈니스 표현과 관련된 문제들이다. 특히 일본에서 생활한 경험이 없는 학습자들에게는 더더욱 어렵게 여겨질 수밖에 없는 유형인데, 매 시험 반드시 출제되므로 고득점을 위해서는 이 유형에 대한 집중적인 학습이 필요하다.

비즈니스 표현은 평소에 접하기 힘든 어휘나 표현이 많이 출제되므로 일단은 비즈니스 상황별로 어휘를 정리해 둘 필요가 있다. 자주 출제되는 상황으로는 전화, 약속, 주문, 물건의 하자 및 수리 등이 있는데, 빈도면에서 보면 전화 관련 문제가 가장 많이 출제되므로 비즈니스 상황에서의 전화 응답법에 대해서 철저히 공부해 두어야 한다. 그리고 하나의 요령으로 기억해 둘 것이 비즈니스 표현은 긍정적인 응답보다는 부정적인 응답으로 나오는 경우가 많다는 것이다. 여러 가지로 문제점이 있어야 응답 방법이 다양해지므로 문제를 풀 때는 일단은 부정적인 응답에 주목하도록 하자.

1 전화 관련 대화

<table>
<tr><td>

山田はただいま席を外しておりますが。

(A) それでは、伝言をお願いしたいんですが。

(B) 休暇中なら仕方がないですね。

(C) どちらの部に異動されたんですか。

(D) 何時頃帰宅されたんでしょうか。

</td><td>

야마다는 지금 자리를 비웠습니다만.

(A) 그럼, 전언을 부탁드리고 싶습니다만.

(B) 휴가 중이라면 어쩔 수가 없군요.

(C) 어느 부서로 이동하셨나요?

(D) 몇 시쯤 귀가하셨나요?

</td></tr>
</table>

⋯▶ 「席(せき)を外(はず)す」는 '자리를 비우다'라는 의미의 표현이므로, 야마다 씨는 지금 자리를 비우고 없다는 말이 된다. 따라서 선택지 중에서 적절한 응답은 전언을 부탁한 (A)가 된다.

ただいま 지금, 현재　伝言(でんごん) 전언, 말을 전함　休暇(きゅうか) 휴가　仕方(しかた)がない 어쩔 수가 없다
異動(いどう) 이동　帰宅(きたく) 귀가

2 전시회 출품과 관련된 대화

<table>
<tr><td>

御社は10月の展示会に製品を出されますか。

(A) はい。出品する予定でおりますが。

(B) はい。開催を決定いたしました。

(C) はい。今回は見送ることになりました。

(D) はい。当社で生産しております。

</td><td>

귀사는 10월 전시회에 제품을 출품하시나요?

(A) 예. 출품할 예정입니다만.

(B) 예. 개최를 결정했습니다.

(C) 예. 이번에는 보류하게 되었습니다.

(D) 예. 저희 회사에서 생산하고 있습니다.

</td></tr>
</table>

⋯▶ 「御社(おんしゃ)」는 상대방 회사를 높이는 말로 '귀사'라는 의미를 나타낸다. 문제는 10월 전시회에 제품을 출품하는지 묻고 있으므로, 선택지 중에 적절한 응답은 출품할 예정이라고 한 (A)가 된다. (C)의 경우 「はい」(예)를 「いいえ」(아니요)로 바꾸면 답이 될 수 있다.

展示会(てんじかい) 전시회　製品(せいひん) 제품　出品(しゅっぴん) 출품　予定(よてい) 예정　開催(かいさい) 개최
決定(けってい) 결정　今回(こんかい) 이번　見送(みおく)る 보류하다　当社(とうしゃ) 당사, 저희 회사
生産(せいさん) 생산

本社の社長が視察に来るのは明日よね。

(A) みんな、ぴりぴりしているね。

(B) みんな、ざわざわしているね。

(C) みんな、こそこそしているね。

(D) みんな、ぼやぼやしているね。

본사 사장님이 시찰하러 오는 건 내일이지?

(A) 모두 신경이 예민해져 있어.

(B) 모두 술렁거리고 있어.

(C) 모두 소곤소곤하고 있어.

(D) 모두 멍하니 있어.

⋯ 선택지에 나오는 의태어의 의미를 알아야 풀 수 있는 문제로, (A)의 「ぴりぴり」는 '신경이 예민해져 있는 모양', (B)의 「ざわざわ」는 '술렁술렁', (C)의 「こそこそ」는 '소곤소곤', (D)의 「ぼやぼや」는 '멍하니 있는 모양'을 나타낸다. 본사의 사장이 시찰하러 오면 모두 긴장하여 신경이 예민해질 것이므로, 정답은 (A)가 된다.

本社(ほんしゃ) 본사   社長(しゃちょう) 사장   視察(しさつ) 시찰

この交渉、どう考えてみても事態の変化は望めそうもないの。

(A) 頑張ったおかげで、徐々に事態に変化が見え始めたね。

(B) これで交渉成立の見込みが付いたね。

(C) 両社共に一歩も引かないからなあ。

(D) つまり、交渉は順調に進んでいるわけだね。

이 교섭, 아무리 생각해 봐도 사태의 변화는 바랄 수 없을 것 같아.

(A) 분발한 덕택에 서서히 사태에 변화가 보이기 시작했군.

(B) 이걸로 교섭 성립의 전망이 섰군.

(C) 두 회사 모두 한 걸음도 물러서지 않으니까.

(D) 즉, 교섭은 순조롭게 진행되고 있다는 말이군.

⋯ 사태의 변화를 바랄 수 없을 것 같다는 말에 그 이유를 설명한 (C)가 적절한 응답이 된다. 나머지 선택지는 모두 긍정적인 변화에 대한 내용이므로 답이 될 수 없다.

交渉(こうしょう) 교섭   事態(じたい) 사태   変化(へんか) 변화   望(のぞ)む 바라다, 원하다
頑張(がんば)る 분발하다   ~おかげで ~덕택에   徐々(じょじょ)に 서서히   見(み)える 보이다
成立(せいりつ) 성립   見込(みこ)みが付(つ)く 전망이 서다   一歩(いっぽ)も引(ひ)かない 한 걸음도 물러서지 않다
順調(じゅんちょう)に 순조롭게   進(すす)む 나아가다, 진행되다

1.

    (A) _______________________________________ (○ · ×)

    (B) _______________________________________ (○ · ×)

    (C) _______________________________________ (○ · ×)

    (D) _______________________________________ (○ · ×)

2.

    (A) _______________________________________ (○ · ×)

    (B) _______________________________________ (○ · ×)

    (C) _______________________________________ (○ · ×)

    (D) _______________________________________ (○ · ×)

3.

    (A) _______________________________________ (○ · ×)

    (B) _______________________________________ (○ · ×)

    (C) _______________________________________ (○ · ×)

    (D) _______________________________________ (○ · ×)

1. 会社の食堂も飽きたわね。

　(A) 1時を過ぎれば、大して混まないからね。

　(B) 安くて栄養たっぷりだからね。

　(C) 毎日違う料理が出るからね。

　(D) 同じようなメニューが続くからね。

회사 식당도 질렸어.
(A) 1시를 지나면 별로 붐비지 않으니까.
(B) 싸고 영양이 듬뿍 들어 있으니까.
(C) 매일 다른 요리가 나오니까.
(D) 비슷한 메뉴가 계속되니까.

해설 「飽(あ)きる」는 '질리다, 싫증나다'라는 의미의 동사이므로, 회사 식당도 질렸다는 의미가 된다. 따라서 비슷한 메뉴가 계속 나와서 질린다며 그 이유를 설명한 (D)가 정답이 된다.

어휘 食堂(しょくどう) 식당　過(す)ぎる 지나다　大(たい)して 그다지, 별로　混(こ)む 붐비다　安(やす)い 싸다　栄養(えいよう) 영양
たっぷり 잔뜩, 듬뿍　違(ちが)う 다르다　料理(りょうり) 요리　同(おな)じ 같음　続(つづ)く 계속되다

2. 営業会議での発表、うまくいきましたね。

　(A) 講演会の準備にミスがありましたからね。

　(B) ちょっと営業のご挨拶に伺っただけです。

　(C) 取引先が近くてセールスに行きやすいんです。

　(D) 先輩のご指導のおかげです。

영업 회의에서의 발표, 순조로웠네요.
(A) 강연회 준비에 실수가 있었으니까요.
(B) 잠시 영업 인사차 찾아뵌 것뿐이에요.
(C) 거래처가 가까워서 영업하러 가기 편해요.
(D) 선배의 지도 덕분이에요.

해설 「うまくいく」는 '순조롭게 진행되다, 잘 되어 가다'라는 의미로 비즈니스 대화에 자주 등장하는 표현이다. 영업 회의에서의 발표가
순조로웠다고 했으므로, 적절한 응답은 선배의 지도 덕분이라고 한 (D)가 된다.

어휘 営業(えいぎょう) 영업　会議(かいぎ) 회의　発表(はっぴょう) 발표　講演会(こうえんかい) 강연회　準備(じゅんび) 준비
ミス(miss) 미스, 실수　挨拶(あいさつ) 인사　伺(うかが)う 찾아뵙다　〜だけ 〜만, 〜뿐　取引先(とりひきさき) 거래처
セールス(sales) 세일즈, 판매　동사의 ます형+やすい 〜하기 쉽다[편하다]　先輩(せんぱい) 선배　指導(しどう) 지도
おかげ 덕택, 덕분

3. 急に契約が切られた訳、何か思い当たる。

　(A) 言い訳なんて思いつかないよ。

　(B) それはずいぶん一方的なんじゃない。

　(C) 勘が外れたんだから、仕方ないよ。

　(D) いや、全く心当たりがないんだ。

갑자기 계약이 파기된 이유, 뭔가 짚이는 게 있어?
(A) 변명같은 거 떠오르지 않아.
(B) 그건 너무 일방적인 거 아니야?
(C) 직감이 빗나갔으니까 어쩔 수 없어.
(D) 아니, 전혀 짐작이 가는 데가 없어.

해설 「思(おも)い当(あ)たる」(짚이다, 짐작이 가다)와 「心当(こころあ)たり」(짐작 가는 데)라는 표현을 알고 있어야 정답을 찾을 수 있
는 문제이다. 갑자기 계약이 파기된 이유에 대해 뭔가 짐작이 가는 것이라도 있는지 물었으므로, 적절한 응답은 전혀 없다고 한
(D)가 된다.

어휘 急(きゅう)に 갑자기　契約(けいやく) 계약　切(き)る 끊다, 파기하다　訳(わけ) 이유, 까닭　言(い)い訳(わけ) 변명
思(おも)いつく 생각이 떠오르다　ずいぶん 꽤, 상당히　一方的(いっぽうてき) 일방적　勘(かん)が外(はず)れる 직감이 빗나가다
仕方(しかた)ない 어쩔 수 없다　全(まった)く 전혀

4.

(A) _______________________________ (O · ×)

(B) _______________________________ (O · ×)

(C) _______________________________ (O · ×)

(D) _______________________________ (O · ×)

5.

(A) _______________________________ (O · ×)

(B) _______________________________ (O · ×)

(C) _______________________________ (O · ×)

(D) _______________________________ (O · ×)

6.

(A) _______________________________ (O · ×)

(B) _______________________________ (O · ×)

(C) _______________________________ (O · ×)

(D) _______________________________ (O · ×)

4. 入社したら、配属先はどこを希望しますか。

(A) 今の年収は500万円程度です。

(B) 大学時代はサッカー一部に属していました。

(C) 企画部で仕事をしてみたいです。

(D) 入社の決定通知は自宅の方へお願いします。

입사하면 배속 부서는 어디를 희망하나요?

(A) 현재 연 수입은 5백만 엔 정도입니다.

(B) 대학 시절에는 축구부에 소속되어 있었습니다.

(C) 기획부에서 일을 해 보고 싶습니다.

(D) 입사 결정 통지는 집 쪽으로 부탁합니다.

해설 입사하면 어디에 배속받고 싶은지 물었으므로, 일하고 싶은 부서 이름으로 대답을 하면 될 것이다. 정답은 기획부에서 일을 해 보고 싶다고 한 (C)가 된다.

어휘 入社(にゅうしゃ) 입사 配属(はいぞく) 배속 希望(きぼう) 희망 年収(ねんしゅう) 연 수입 程度(ていど) 정도
~時代(じだい) ~시절 サッカー(soccer) 축구 属(ぞく)する 소속하다 企画部(きかくぶ) 기획부 決定(けってい) 결정
通知(つうち) 통지 自宅(じたく) 자택, 자기 집

5. 失礼ですが、本日、山本とはお約束がございますか。

(A) いや。近くに来たので、ご挨拶に伺いました。

(B) ええ。もう十数年来の友人です。

(C) ええ。必ず売り上げを上げると約束しました。

(D) いや。時々一緒にゴルフに行きますよ。

실례지만, 오늘 야마모토와는 약속을 하셨습니까?

(A) 아뇨. 근처에 왔다가 인사차 찾아뵈었습니다.

(B) 예. 벌써 10여 년 이상이나 된 친구예요.

(C) 예. 반드시 매출을 올리겠다고 약속했습니다.

(D) 아뇨. 가끔 함께 골프 치러 가요.

해설 야마모토 씨를 찾아온 손님에게 미리 약속이 되어 있는지를 묻고 있는 상황이므로, 적절한 응답은 근처에 왔다가 인사차 왔다고 한 (A)가 된다.

어휘 失礼(しつれい) 실례 本日(ほんじつ) 오늘 約束(やくそく) 약속 近(ちか)く 근처 挨拶(あいさつ) 인사 伺(うかが)う 찾아뵙다
友人(ゆうじん) 친구 必(かなら)ず 반드시 売(う)り上(あ)げ 매상, 매출 時々(ときどき) 가끔, 때때로
一緒(いっしょ)に 같이, 함께

6. 最近、出張が多いですね。

(A) ええ。毎日家族と夕食が取れます。

(B) ええ。平日はほとんど職場から外に出ないので。

(C) ええ。平均すると日に3回はしていますね。

(D) ええ。留守中、書類関係の仕事がたまって困ります。

요즘 출장이 많군요.

(A) 네. 매일 가족과 저녁을 먹을 수 있어요.

(B) 네. 평일은 거의 직장에서 밖으로 나가지 않아서.

(C) 네. 평균하면 하루에 세 번은 하고 있어요.

(D) 네. 부재중에 서류 관계 일이 밀려서 곤란해요.

해설 잦은 출장으로 인한 여파를 말하고 있는 선택지를 고르면 되는 문제이다. 정답은 부재중에 서류 관계 일이 쌓여서 힘들다고 한 (D)가 된다.

어휘 出張(しゅっちょう) 출장 多(おお)い 많다 家族(かぞく) 가족 夕食(ゆうしょく) 저녁 식사 取(と)る (식사를) 하다. 먹다
平日(へいじつ) 평일 ほとんど 거의, 대부분 職場(しょくば) 직장 外(そと) 밖 平均(へいきん) 평균
留守(るす) 부재중, 자리를 비움 書類(しょるい) 서류 関係(かんけい) 관계 たまる 쌓이다. 밀리다 困(こま)る 곤란하다

주요 어휘 정리

한자	읽기	의미
☐ 席を外す	せきをはずす	자리를 비우다
☐ 伝言	でんごん	전언, 말을 전함
☐ 休暇	きゅうか	휴가
☐ 異動	いどう	이동
☐ 帰宅	きたく	귀가
☐ 展示会	てんじかい	전시회
☐ 出品	しゅっぴん	출품
☐ 開催	かいさい	개최
☐ 見送る	みおくる	보류하다
☐ 生産	せいさん	생산
☐ 本社	ほんしゃ	본사
☐ 視察	しさつ	시찰
☐ 交渉	こうしょう	교섭
☐ 見込みが付く	みこみがつく	전망이 서다
☐ 飽きる	あきる	질리다, 싫증나다
☐ 伺う	うかがう	찾아뵙다
☐ 先輩	せんぱい	선배
☐ 通知	つうち	통지
☐ 平日	へいじつ	평일
☐ 職場	しょくば	직장

UNIT 18 🎧 35.MP3
▶ 유형 18 경제 표현

POINT　경제 상황을 나타내는 표현 중에서 부정적인 표현을 중점적으로 정리해 둘 것!

분석 및 전략

경제 표현은 문항수로는 한두 문제 정도가 출제되지만, PART 2에서 비즈니스 표현과 함께 난이도가 가장 높은 부분이므로 고득점을 위해서는 반드시 맞춰야 하는 부분이기도 하다.

경제 표현은 여러 가지 경제 상황을 종합적으로 이해하고 있어야 정답을 찾을 수 있는 유형이므로 평소에 경제 관련 기사나 뉴스에 관심을 가지고 꾸준히 어휘나 표현들을 정리해 두어야 한다. 예를 들어 「株価(かぶか)もついに底(そこ)を突(つ)いたね」(주가도 마침내 바닥을 쳤네)라는 문제가 있다고 하면 「底(そこ)を突(つ)く」(바닥을 치다)라는 표현을 알고 있더라도 이 표현이 정확하게 어떤 의미인지 모른다면 오답을 고르기 쉽다. '바닥을 쳤다' 는 말은 더 이상 떨어질 곳이 없다는 말이므로 결국 주가가 회복될 것이라는 말이 된다. 따라서 위의 문장에는 「うん、これからだんだんよくなるだろう」(응, 앞으로 점점 좋아질 거야) 정도의 응답이 나와야 정답이 된다는 말이다. 이처럼 어떤 표현을 단순히 지식으로 알고 있더라도 정확한 의미나 용법을 모른다면 오답을 고르기 쉬우므로 경제 상황에 대한 종합적인 이해가 필요한 부분이다.

1   기업 간의 제휴나 합병에 관한 의견

企業間の提携や合併が相次いでいますね。

(A) 以前のような財閥化の傾向は見られませんからね。

(B) ベンチャー企業が益々増えている証拠ですね。

(C) 独立した方が収益が上がるんでしょうね。

(D) 生き残るためには手を組まざるを得ないんですね。

기업 간의 제휴나 합병이 잇따르고 있네요.

(A) 이전과 같은 재벌화의 경향은 보여지지 않으니까요.

(B) 벤처 기업이 점점 늘고 있는 증거로군요.

(C) 독립하는 편이 수익이 올라가겠죠.

(D) 살아남기 위해서는 손을 잡지 않을 수 없겠죠.

···▶ 「提携(ていけい)」(제휴)와 「合併(がっぺい)」(합병)라는 단어가 포인트. 기업 간의 제휴나 합병이 잇따르고 있는 이유에 대해서 설명한 선택지를 찾으면 되므로, 정답은 살아남기 위해서는 서로 협력하지 않을 수 없다고 한 (D)가 된다.

企業(きぎょう) 기업　相次(あいつ)ぐ 잇따르다　以前(いぜん) 이전　財閥化(ざいばつか) 재벌화
傾向(けいこう) 경향　ベンチャー(venture) 벤처　益々(ますます) 점점　増(ふ)える 늘다
証拠(しょうこ) 증거　独立(どくりつ) 독립　収益(しゅうえき) 수익　生(い)き残(のこ)る 살아남다
手(て)を組(く)む 손을 잡다. 서로 협력하다　동사의 ない형+ざるを得(え)ない ~하지 않을 수 없다

2   영업 실적이 좋은 이유

最近、値引きが売りの大型店が繁盛していますね。

(A) 消費者は多少値が張っても気にしませんからね。

(B) 規模が小さい分、動きが取りやすいですからね。

(C) 薄利多売方式で儲けているんですね。

(D) 集客力が落ちて、すぐ赤字に転落したのでしょう。

요즘 할인을 내세우는 대형점이 장사가 잘 되네요.

(A) 소비자는 다소 값이 비싸도 신경을 쓰지 않으니까요.

(B) 규모가 작은 대신에 행동을 취하기 쉬우니까요.

(C) 박리다매 방식으로 돈을 벌고 있군요.

(D) 손님을 끄는 힘이 떨어져 바로 적자로 전락했겠죠.

···▶ 할인을 내세우는 대형점이 영업 실적이 좋다는 말은 결국 이익을 적게 보고 많이 판다는 말이므로 「薄利多売(はくりたばい)」(박리다매, 이익을 적게보고 많이 파는 것)라는 말을 쓴 (C)가 정답이 된다.

値引(ねび)き 할인　売(う)り 세일즈 포인트, 상품 판매시 내세우는 특장점　大型店(おおがたてん) 대형점
繁盛(はんじょう) 번성, 번창　消費者(しょうひしゃ) 소비자　多少(たしょう) 다소, 약간　値(ね)が張(は)る 값이 비싸다
気(き)にする 신경을 쓰다　規模(きぼ) 규모　動(うご)き 움직임, 행동　取(と)る 취하다
동사의 ます형+やすい ~하기 쉽다　方式(ほうしき) 방식　儲(もう)ける 돈을 벌다
集客力(しゅうきゃくりょく) 손님을 끌어 모으는 능력　落(お)ちる 떨어지다　赤字(あかじ) 적자　転落(てんらく) 전락

275

外資預金など、高利回りの金融商品の購入を検討しているんですが。

(A) 高級ブランド品が魅力的に映るのも無理はありませんね。

(B) 破格の金利が期待できる反面、リスクも付きまといますよ。

(C) それほど個人住宅の購入にこだわらなくてもいいんじゃないですか。

(D) 資金運用は一切考えていないということですね。

외화 예금 등 높은 이율의 금융 상품 구입을 검토하고 있습니다만.
(A) 고급 명품이 매력적으로 보이는 것도 무리는 아니네요.
(B) 파격적인 금리를 기대할 수 있는 반면 위험도 따라요.
(C) 그렇게 개인 주택 구입에 너무 신경 쓰지 않아도 되지 않나요?
(D) 자금 운용은 전혀 생각하고 있지 않다는 말이군요.

···▶ 문제에서 여자가 높은 이율의 금융 상품 구입을 검토하고 있다고 했으므로, 적절한 응답은 그런 금융 상품에 대한 장단점을 함께 언급한 (B)가 된다.

外資(がいし) 외자, 외화　預金(よきん) 예금　利回(りまわ)り 이율　金融(きんゆう) 금융　購入(こうにゅう) 구입
検討(けんとう) 검토　高級(こうきゅう) 고급　ブランド(brand)品(ひん) 브랜드 제품, 명품
魅力的(みりょくてき) 매력적　映(うつ)る 비치다, 보이다　無理(むり) 무리　破格(はかく) 파격　金利(きんり) 금리
期待(きたい) 기대　~反面(はんめん) ~인 반면　リスク(risk) 위험　付(つ)きまとう 늘 따라다니다
個人(こじん) 개인　住宅(じゅうたく) 주택　こだわる 지나치게 신경 쓰다, 구애받다　資金(しきん) 자금
運用(うんよう) 운용　一切(いっさい) 일절, 전혀

1.

    (A) _______________________________________ (○ · ×)

    (B) _______________________________________ (○ · ×)

    (C) _______________________________________ (○ · ×)

    (D) _______________________________________ (○ · ×)

2.

    (A) _______________________________________ (○ · ×)

    (B) _______________________________________ (○ · ×)

    (C) _______________________________________ (○ · ×)

    (D) _______________________________________ (○ · ×)

3.

    (A) _______________________________________ (○ · ×)

    (B) _______________________________________ (○ · ×)

    (C) _______________________________________ (○ · ×)

    (D) _______________________________________ (○ · ×)

연 습 문 제 ▮ 경제 표현 메모하면서 들어 보세요.

1. ここは商業地域に指定されています。

(A) では、まもなく住宅の建設が始まりますね。

(B) では、将来は商店が立ち並ぶんですね。

(C) では、この緑は保存されるんですね。

(D) では、学校や文化施設が建設されるんですね。

이곳은 상업 지역으로 지정되어 있어요.
(A) 그럼, 곧 주택 건설이 시작되겠군요.
(B) 그럼, 나중에는 상점이 늘어서겠군요.
(C) 그럼, 이 녹지는 보존되겠군요.
(D) 그럼, 학교나 문화 시설이 건설되겠군요.

해설 「商業地域(しょうぎょうちいき)」(상업 지역)라는 표현이 포인트. 적절한 응답은 나중에는 이곳에 상점이 늘어서겠다고 한 (B)가 된다. 나머지 선택지는 주거지나 녹지, 교육 시설 등에 관한 내용이므로 답이 될 수 없다.

어휘 指定(してい) 지정　まもなく 곧. 이윽고　住宅(じゅうたく) 주택　建設(けんせつ) 건설　始(はじ)まる 시작되다
将来(しょうらい) 장래　商店(しょうてん) 상점　立(た)ち並(なら)ぶ 늘어서다　緑(みどり) 녹색. 신록　保存(ほぞん) 보존
文化(ぶんか) 문화　施設(しせつ) 시설

2. 下落し続けていた株価もついに底を打ったね。

(A) うん。これからはよくなるだろうなあ。

(B) うん。これからも低迷し続けるだろう。

(C) そんなに急落するとは僕も思わなかったよ。

(D) 当分の間回復する見込みは全くないということだね。

계속 하락하고 있던 주가도 마침내 바닥을 쳤네.
(A) 응. 앞으로는 좋아질 거야.
(B) 응. 앞으로도 계속 침체되겠지.
(C) 그렇게 급락하리라고는 나도 생각지 못했어.
(D) 당분간 회복할 전망은 전혀 없다는 말이군.

해설 「底(そこ)を打(う)つ」(바닥을 치다)라는 관용 표현의 의미를 알고 있어야 풀 수 있는 문제이다. 주가가 바닥을 쳤다는 말은 더 이상 떨어질 곳이 없으므로 바닥 상태에서 서서히 회복될 것이라는 의미다. 따라서 정답은 앞으로는 좋아질 것이라고 한 (A)가 된다.

어휘 下落(げらく) 하락　株価(かぶか) 주가　ついに 마침내. 드디어　低迷(ていめい) 침체　急落(きゅうらく) 급락
当分(とうぶん)の間(あいだ) 당분간　回復(かいふく) 회복　見込(みこ)み 전망　全(まった)く 전혀

3. リストラで景気回復を図ろうとする政府の政策は成功するのかしら。

(A) さあ、積極的な消費に繋がらない限り、効果はないと思うけど。

(B) 万全の準備をしたというから、事故なんかは起こらないだろう。

(C) 政府の意図とは裏腹に消費はだんだん沈滞していくなあ。

(D) 今度の危機は政策の失敗だと言わざるを得ないよ。

구조조정으로 경기 회복을 도모하려는 정부 정책은 성공할까?
(A) 글쎄, 적극적인 소비로 연결되지 않는 한 효과는 없을 것 같은데.
(B) 만전의 준비를 했다고 하니 사고 같은 건 발생하지 않을 거야.
(C) 정부의 의도와는 반대로 소비는 점점 침체되어 가는군.
(D) 이번 위기는 정책의 실패라고 하지 않을 수 없어.

해설 구조조정으로 경기 회복을 도모하려는 정부의 정책이 성공할지 남자에게 묻고 있다. 적절한 응답은 적극적인 소비로 연결이 되지 않으면 효과는 없을 것 같다고 한 (A)가 된다.

어휘 リストラ 구조조정. 정리해고　＊「リストラクチュアリング」(restructuring)의 준말　回復(かいふく) 회복　図(はか)る 도모하다
政策(せいさく) 정책　積極的(せっきょくてき) 적극적　繋(つな)がる 이어지다　〜限(かぎ)り 〜한　効果(こうか) 효과
万全(ばんぜん) 만전　意図(いと) 의도　裏腹(うらはら) 정반대임　だんだん 점점　沈滞(ちんたい) 침체　危機(きき) 위기
失敗(しっぱい) 실패　동사의 ない형+ざるを得(え)ない 〜하지 않을 수 없다

4.

(A) _______________________________________ (O · ✕)

(B) _______________________________________ (O · ✕)

(C) _______________________________________ (O · ✕)

(D) _______________________________________ (O · ✕)

5.

(A) _______________________________________ (O · ✕)

(B) _______________________________________ (O · ✕)

(C) _______________________________________ (O · ✕)

(D) _______________________________________ (O · ✕)

6.

(A) _______________________________________ (O · ✕)

(B) _______________________________________ (O · ✕)

(C) _______________________________________ (O · ✕)

(D) _______________________________________ (O · ✕)

4. 最近の物価の値上がりは本当にすごいね。

(A) うん。横這いの状態だね。

(B) うん。本当に家計が圧迫されるよ。

(C) 上半期に比べたら安定気味だね。

(D) なかなか回復する見込みが見えないね。

요즘 물가 상승은 정말로 굉장하네.

(A) 응. 변동이 없는 상태군.

(B) 응. 정말로 가계가 압박받아.

(C) 상반기에 비하면 안정 기미군.

(D) 좀처럼 회복될 전망이 보이질 않네.

해설 문제에서 요즘 물가 상승이 정말로 굉장하다고 했으므로 물가 상승으로 일어날 수 있는 일로 대답한 선택지를 고르면 된다. 정답은 정말로 가계가 압박받는다고 한 (B)가 된다.

어휘 物価(ぶっか) 물가 値上(ねあ)がり 값이 오름 横這(よこば)い 시세나 물가 등의 변동이 없음 状態(じょうたい) 상태
家計(かけい) 가계, 살림살이 圧迫(あっぱく) 압박 上半期(かみはんき) 상반기 比(くら)べる 비교하다 安定(あんてい) 안정
명사+気味(ぎみ) ～기미, ～기운 なかなか 좀처럼 回復(かいふく) 회복 見込(みこ)み 전망 見(み)える 보이다

5. ソウルの地価の上昇率はすごいね。

(A) 東京並み、いや、それ以上だと思うよ。

(B) 地下街は浸水の被害に遭ったらしいね。

(C) それに加え、公共料金ももうすぐ値上げするそう
だよ。

(D) 普通のサラリーマンでも手軽に住宅を購入できる

ようになるだろうなあ。

서울의 땅값 상승률은 굉장하네.

(A) 도쿄 수준, 아니 그 이상이라고 생각해.

(B) 지하상가는 침수 피해를 입었다고 하더군.

(C) 거기에 더해 공공 요금도 이제 곧 인상한대.

(D) 평범한 샐러리맨이라도 손쉽게 주택을 구입할 수 있
게 되겠군.

해설 서울의 땅값 상승률이 굉장하다는 것에 대한 적절한 응답을 찾는 문제로. 정답은 땅값 상승률이 도쿄 이상이라고 말한 (A)가 된다.
나머지 선택지는 땅값 상승과는 거리가 먼 응답들이다.

어휘 地価(ちか) 땅값 上昇率(じょうしょうりつ) 상승률 ～並(な)み ～과 같은 수준 以上(いじょう) 이상 地下街(ちかがい) 지하상가
浸水(しんすい) 침수 被害(ひがい)に遭(あ)う 피해를 입다 ～に加(くわ)え ～에 더해 公共料金(こうきょうりょうきん) 공공 요금
値上(ねあ)げ 가격 인상 手軽(てがる)に 손쉽게, 가볍게 住宅(じゅうたく) 주택 購入(こうにゅう) 구입

6. 円高ドル安が進んでいるね。

(A) 輸出企業の業績がうなぎ登りらしいよ。

(B) 輸出中心のうちの会社も大きな打撃を受けるだろ
うなあ。

(C) 消費者たちもだんだん財布の口を締めると思うよ。

(D) 外国の製品を輸入する会社に影響はないというこ
とだね。

엔고 달러 약세 현상이 진행되고 있네.

(A) 수출 기업의 실적이 급속히 올라가고 있다고 해.

(B) 수출 중심의 우리 회사도 큰 타격을 입겠군.

(C) 소비자들도 점점 씀씀이를 줄일 거라고 생각해.

(D) 외국 제품을 수입하는 회사에 영향은 없다는 말이군.

해설 엔고 달러 약세 현상의 정확한 의미를 알고 있어야 정답을 찾을 수 있다. 엔이 강세이고 달러가 약세라는 얘기는 수출이 힘들어지
고 수입이 늘어난다는 말이 되므로 수출 중심의 우리 회사도 큰 타격을 받겠다고 한 (B)가 정답이 된다.

어휘 円高(えんだか) 엔고 ドル(dollar)安(やす) 달러 약세 進(すす)む 진행되다 輸出(ゆしゅつ) 수출 業績(ぎょうせき) 업적. 실적
うなぎ登(のぼ)り (뱀장어가 물 속에서 곧장 올라가는 습성에서) 물가・온도・지위가 급속히 상승하는 일
打撃(だげき)を受(う)ける 타격을 입다 消費者(しょうひしゃ) 소비자 だんだん 점점
財布(さいふ)の口(くち)を締(し)める 절약하다 外国(がいこく) 외국 製品(せいひん) 제품
輸入(ゆにゅう) 수입 影響(えいきょう) 영향

한자	읽기	의미
☐ 企業	きぎょう	기업
☐ 提携	ていけい	제휴
☐ 合併	がっぺい	합병
☐ 相次ぐ	あいつぐ	잇따르다
☐ 傾向	けいこう	경향
☐ 証拠	しょうこ	증거
☐ 規模	きぼ	규모
☐ 赤字	あかじ	적자
☐ 転落	てんらく	전락
☐ 金融	きんゆう	금융
☐ 一切	いっさい	일절, 전혀
☐ 指定	してい	지정
☐ 保存	ほぞん	보존
☐ 下落	げらく	하락
☐ 万全	ばんぜん	만전
☐ 意図	いと	의도
☐ 地価	ちか	땅값
☐ 浸水	しんすい	침수
☐ 輸出	ゆしゅつ	수출
☐ 財布の口を締める	さいふのくちをしめる	절약하다

UNIT 19　🎧 36.MP3

▶ 유형 19 관용 표현

분석 및 전략

관용 표현도 크게 보면 대부분의 문제가 일상생활 표현에 속하는 문제들이지만, PART 2 에서는 상당히 난이도가 높은 유형이므로 따로 정리해 둘 필요가 있다.

관용 표현은 크게 두 가지 패턴으로 출제가 되는데 하나는 문제에 관용 표현이 등장하는 유형이고 또 하나는 선택지에 관용 표현이 등장하는 유형이다. 문제에 관용 표현이 등장하는 유형은 보통 그 관용 표현을 풀어서 설명하는 형태의 선택지로 정답을 제시하므로 설사 문제에 등장한 관용 표현을 모르더라도 대화의 흐름만 정확하게 파악하면 어느 정도는 정답을 찾을 수 있다. 하지만 선택지에 관용 표현이 등장하는 유형은 앞의 문장을 아무리 정확하게 듣고 이해했다고 하더라도 관용 표현의 의미를 모르면 정답을 찾을 수 없다. 따라서 관용 표현은 어떤 요령이 필요한 것이 아니라 평소에 꾸준한 암기가 필요한 부분이므로 일상생활에서 자주 사용하는 관용 표현 위주로 잘 정리해 두도록 하자.

<table>
<tr><td>

1   '겨에 못박기'라는 의미의 관용 표현

</td></tr>
</table>

彼には何を言っても糠に釘よね。

(A) 頭が切れるとはああいう人のことだね。

(B) 説教されても全然気にしないものね。

(C) 期待の新人といったところだね。

(D) 知識の多さにかけては右に出る者はないね。

그 사람한테는 무슨 말을 해도 아무런 반응이 없어.

(A) 두뇌 회전이 빠르다는 건 저런 사람을 말하는군.

(B) 잔소리를 들어도 전혀 신경을 쓰지 않는군.

(C) 기대하던 신참이라는 거군.

(D) 해박한 지식에 관해서는 견줄 사람이 없군.

… 「糠(ぬか)に釘(くぎ)」는 '겨에 못박기, 아무런 반응이 없음'이라는 의미의 표현으로 무슨 말을 해도 아무런 반응이 없다는 의미가 된다. 선택지 중에서 적절한 응답은 잔소리를 들어도 전혀 신경을 쓰지 않는다고 한 (B)가 된다.

頭(あたま)が切(き)れる 머리가 좋다. 두뇌 회전이 빠르다　説教(せっきょう) 설교, 잔소리　全然(ぜんぜん) 전혀
気(き)にする 신경을 쓰다　期待(きたい) 기대　新人(しんじん) 신인, 신참　知識(ちしき) 지식
～にかけては ～에 관해서는　右(みぎ)に出(で)る者(もの)がない 견줄 사람이 없다

<table>
<tr><td>

2   '제동을 걸다'라는 의미의 관용 표현

</td></tr>
</table>

日本は子供の人口がまた一段と減ってしまったようですね。

(A) 人口の増加に拍車がかかりますね。

(B) 少子化に歯止めをかけるのは難しいですね。

(C) 高齢者の割合が下がったわけですね。

(D) 人口の抑制に頭を悩ませていますからね。

일본은 어린이 인구가 한층 더 줄어 버린 것 같네요.

(A) 인구 증가에 박차가 가해지는군요.

(B) 저출산 현상에 제동을 거는 것은 어렵군요.

(C) 고령자 비율이 하락했다는 말이군요.

(D) 인구 억제로 골머리를 앓고 있기 때문이겠죠.

… 문제에 나오는 「減(へ)る」(줄다)라는 동사에 주목하면 쉽게 풀 수 있다. (A)는 인구 증가에 박차가 가해진다고 했으므로 정반대의 의미가 되고, (C)는 어린이 인구가 줄어드는 것과는 거리가 먼 응답이다. (D) 역시 인구 억제로 골머리를 앓고 있다고 했으므로 부적절한 응답이다.

人口(じんこう) 인구　一段(いちだん)と 한층　増加(ぞうか) 증가　拍車(はくしゃ)がかかる 박차가 가해지다
少子化(しょうしか) 저출산 현상　歯止(はど)めをかける 제동을 걸다　難(むずか)しい 어렵다
高齢者(こうれいしゃ) 고령자　割合(わりあい) 비율　下(さ)がる 내려가다　抑制(よくせい) 억제
頭(あたま)を悩(なや)ませる 골머리를 앓다

あなた、私が女だからってなめているでしょ。

(A) キャンディーやガムはべたべたして嫌なんだ。

(B) 待遇は君も僕と変わらないはずだよ。

(C) こんな時は女性の方が冷静だからね。

(D) そんな。馬鹿にしているつもりは全然ないよ。

당신, 내가 여자라서 깔보고 있죠?
(A) 캔디나 껌은 끈적끈적해서 싫어.
(B) 대우는 너도 나와 다르지 않을 거야.
(C) 이럴 때는 여성 쪽이 냉정하니까.
(D) 그런. 무시할 생각은 전혀 없어.

⋯▶ 「なめる」(깔보다, 얕보다)와 「馬鹿(ばか)にする」(바보 취급하다, 무시하다)라는 표현을 알아듣는 것이 포인트. 문제에서 여자이기 때문에 깔보고 있는 거냐고 물었으므로, 적절한 응답은 무시할 생각은 전혀 없다고 한 (D)가 된다.

キャンディー(candy) 캔디　ガム(gum) 껌　べたべた 끈적끈적　待遇(たいぐう) 대우　変(か)わる 바뀌다. 변하다
女性(じょせい) 여성　冷静(れいせい) 냉정함. 침착함

この試作品、各メーカーが躍起になって開発を急いでいるものですよ。

(A) 各社ともマイペースで研究中なんですね。

(B) 結局、うちがトップを切って市場に出すことに成功したんですね。

(C) これが製品化されれば、我々が先陣を切ることになりますね。

(D) 他社はあまり開発に身を入れていないということですね。

이 시제품, 각 제조사가 기를 쓰고 개발을 서두르고 있는 거예요.
(A) 각 회사마다 자기 페이스로 연구 중이군요.
(B) 결국 우리 회사가 가장 먼저 시장에 출시하는 데 성공했군요.
(C) 이것이 제품화된다면 우리가 선두를 달리게 되겠군요.
(D) 다른 회사는 그다지 개발에 힘을 쏟고 있지 않다는 말이군요.

⋯▶ 「躍起(やっき)になる」(기를 쓰다)와 「先陣(せんじん)を切(き)る」(선두를 달리다)라는 관용 표현을 알아듣는 것이 포인트. 문제에서 여자가 이 시제품은 각 제조사가 기를 쓰고 개발을 서두르고 있는 것이라고 했으므로, 적절한 응답은 이것이 제품화된다면 우리가 선두를 달리게 되겠다고 한 (C)가 된다.

試作品(しさくひん) 시작품, 시제품　メーカー(maker) 제조사　開発(かいはつ) 개발　急(いそ)ぐ 서두르다
マイペース(일본어 my+pace) 마이 페이스　研究(けんきゅう) 연구　トップ(top)を切(き)る 선두를 달리다
市場(しじょう) 시장　成功(せいこう) 성공　製品(せいひん) 제품　他社(たしゃ) 타사. 다른 회사
身(み)を入(い)れる 정성을 쏟다

1.

(A) _______________________________________ (O · X)

(B) _______________________________________ (O · X)

(C) _______________________________________ (O · X)

(D) _______________________________________ (O · X)

2.

(A) _______________________________________ (O · X)

(B) _______________________________________ (O · X)

(C) _______________________________________ (O · X)

(D) _______________________________________ (O · X)

3.

(A) _______________________________________ (O · X)

(B) _______________________________________ (O · X)

(C) _______________________________________ (O · X)

(D) _______________________________________ (O · X)

1. 全く、大勢の前で社長の名前を間違って呼ぶなんて。

(A) うん。顔から火が出たよ。

(B) うん。足が地に着かなかったよ。

(C) うん。胸が躍ったよ。

(D) うん。頬が落ちそうだったよ。

정말, 많은 사람들 앞에서 사장님 이름을 잘못 부르다니.

(A) 응. 얼굴이 화끈거렸어.
(B) 응. 마음이 들떴어.
(C) 응. 가슴이 두근거렸어.
(D) 응. 입에서 살살 녹는 것 같았어.

해설 관용 표현에 대한 이해를 묻는 문제로 많은 사람들 앞에서 사장님의 이름을 잘못 불렀다고 했으므로 낯뜨겁고 부끄러울 것이다. 정답은 (A)로「顔(かお)から火(ひ)が出(で)る」는 '(부끄러워서) 얼굴이 화끈거리다'라는 의미이다. 참고로 (B)의「足(あし)が地(ち)に着(つ)かない」는 '마음이 들뜨다', (C)의「胸(むね)が踊(おど)る」는 '가슴이 두근거리다', (D)의「頬(ほお)が落(お)ちる」는 '아주 맛있다. 입에서 살살 녹다'라는 의미의 관용 표현이다.

어휘 全(まった)く 정말, 참으로 大勢(おおぜい) 많은 사람, 여럿 名前(なまえ) 이름 間違(まちが)う 틀리다 呼(よ)ぶ 부르다

2. 田中さんといると引け目を感じちゃうんですよ。

(A) 君は彼女にひいきされているからね。

(B) 彼女はいつも目立たない服を着ているからね。

(C) 彼女は際立って優秀だからね。

(D) 彼女は控え目だからなあ。

다나카 씨와 있으면 주눅이 들고 말아요.
(A) 너는 그녀에게 편애를 받고 있으니까.
(B) 그녀는 항상 눈에 띄지 않는 옷을 입고 있으니까.
(C) 그녀는 특출나게 우수하니까.
(D) 그녀는 조심스러우니까.

해설 「引(ひ)け目(め)を感(かん)じる」(주눅이 들다, 열등감을 느끼다)라는 관용 표현을 알아듣는 것이 포인트. (A)와 (B)는 주눅과는 거리가 먼 표현이고 (D)는 문제와는 관련이 없는 응답이므로 오답이 된다. 정답은 그녀가 특출나게 우수해서 그렇다고 한 (C)가 된다.

어휘 ひいき 편애 目立(めだ)つ 눈에 띄다 服(ふく) 옷 着(き)る 입다 際立(きわだ)つ 두드러지게 눈에 띄다. 특출한 데가 있다
優秀(ゆうしゅう) 우수 控(ひか)え目(め) 조심스러움. 삼감

3. 田中さんの話は矛盾していると思うわ。

(A) 申し分のないスピーチだね。

(B) 論点が明確でいいよね。

(C) 辻褄が合っていないよね。

(D) 整合性があるからね。

다나카 씨의 이야기는 모순되어 있다고 생각해.
(A) 나무랄 데가 없는 연설이군.
(B) 논점이 명확해서 좋군.
(C) 이치에 맞지 않는군.
(D) 모순이 없으니까.

해설 「矛盾(むじゅん)する」(모순되다)와 유사한 의미의 관용 표현을 알고 있는지 묻는 문제이다. 다나카 씨의 이야기는 모순되어 있다고 생각한다고 했으므로 적절한 응답은 '이치에 맞지 않다. 앞뒤가 맞지 않다'라는 의미의 관용 표현인「褄辻(つじつま)が合(あ)わない」를 사용한 (C)가 된다.

어휘 申(もう)し分(ぶん)がない 나무랄 데 없다. 더할 나위 없다 スピーチ(speech) 스피치, 연설 論点(ろんてん) 논점
明確(めいかく) 명확함 整合性(せいごうせい) 정합성, 모순이 없음

4.

(A) ____ (O · ×)

(B) ____ (O · ×)

(C) ____ (O · ×)

(D) ____ (O · ×)

5.

(A) ____ (O · ×)

(B) ____ (O · ×)

(C) ____ (O · ×)

(D) ____ (O · ×)

6.

(A) ____ (O · ×)

(B) ____ (O · ×)

(C) ____ (O · ×)

(D) ____ (O · ×)

4. 近頃、農業が脚光を浴びていますね。

(A) 不人気の原因は厳しい労働環境にあるんでしょう。

(B) 汚染された作物は農家の責任ではないと思いますが。

(C) 不順な天候による値段の上下は仕方ないでしょう。

(D) 食糧確保が世界中の課題になっていますからね。

최근 농업이 각광을 받고 있군요.

(A) 인기가 없는 원인은 혹독한 노동 환경에 있겠죠.

(B) 오염된 농작물은 농가의 책임이 아니라고 생각합니다만.

(C) 고르지 못한 날씨에 따른 가격의 오르내림은 어쩔 수 없겠죠.

(D) 식량 확보가 전 세계의 과제가 되고 있으니까요.

해설 최근에 농업이 각광을 받고 있다고 했으므로 각광을 받고 있는 이유로 적절한 선택지를 찾으면 된다.

어휘 近頃(ちかごろ) 요즘, 최근 農業(のうぎょう) 농업 脚光(きゃっこう)を浴(あ)びる 각광을 받다 不人気(ふにんき) 인기가 없음 原因(げんいん) 원인 厳(きび)しい 혹독하다 労働(ろうどう) 노동 環境(かんきょう) 환경 汚染(おせん) 오염 作物(さくもつ) 농작물 農家(のうか) 농가 責任(せきにん) 책임 不順(ふじゅん) 불순, 고르지 못함 天候(てんこう) 날씨 値段(ねだん) 가격 上下(じょうげ) 오르내림 仕方(しかた)ない 어쩔 수 없다 食糧(しょくりょう) 식량 確保(かくほ) 확보 世界中(せかいじゅう) 전 세계 課題(かだい) 과제

5. 彼の口約束は当てにならないわよ。

(A) じゃ、期待しない方が賢明だなあ。

(B) 案外馬鹿にしたものじゃないね。

(C) 彼も裏切られるのには懲りただろう。

(D) 誠実で几帳面な性格なんだなあ。

그 사람의 구두 약속은 믿을 수 없어.

(A) 그럼, 기대하지 않는 편이 현명하겠군.

(B) 의외로 무시할 게 아니군.

(C) 그 사람도 배신당하는 데에는 넌더리났을 거야.

(D) 성실하고 꼼꼼한 성격이군.

해설 「当(あ)てにならない」(믿을 수 없다, 기대할 수 없다)라는 관용 표현의 의미를 아는 것이 포인트. 정답은 기대하지 않는 편이 현명하겠다고 한 (A)가 된다.

어휘 口約束(くちやくそく) 구두 약속 期待(きたい) 기대 賢明(けんめい) 현명 案外(あんがい) 의외로 馬鹿(ばか)にする 바보 취급하다, 무시하다 裏切(うらぎ)る 배신하다, 배반하다 懲(こ)りる 넌더리나다, 질리다 誠実(せいじつ) 성실 几帳面(きちょうめん) 꼼꼼함 性格(せいかく) 성격

6. 彼、何か言いたくてうずうずしてるんじゃない。

(A) 考え込んじゃうから、話せないんだよ。

(B) 今にも消えそうな声でしゃべるよね。

(C) 何にでも口を挟みたがるからなあ。

(D) 消極的な性格だからね。

그 사람, 뭔가 말하고 싶어서 좀이 쑤시는 것 같지 않아?

(A) 골똘히 생각해 버리니까 이야기할 수 없는 거야.

(B) 당장에라도 사라질 듯한 목소리로 이야기하는군.

(C) 무슨 일이든지 말참견을 하고 싶어 하니까.

(D) 소극적인 성격이니까.

해설 「うずうず」는 어떤 일을 하고 싶어서 좀이 쑤시는 모양을 나타낼 때 사용하는 의태어이므로 문제 문장은 그 사람이 뭔가 말하고 싶어서 좀이 쑤시는 것 같다는 의미가 된다. 따라서 선택지 중에서 적절한 응답은 무슨 일이든지 말참견을 하고 싶어 하니까 그렇다고 한 (C)가 된다.

어휘 考(かんが)え込(こ)む 골똘히 생각하다 今(いま)にも 금방이라도, 당장에라도 消(き)える 사라지다 声(こえ) 목소리 しゃべる 이야기하다 口(くち)を挟(はさ)む 말참견을 하다 消極的(しょうきょくてき) 소극적

주요 어휘 정리

한자	읽기	의미
☐ 頭が切れる	あたまがきれる	머리가 좋다
☐ 説教	せっきょう	설교, 잔소리
☐ 知識	ちしき	지식
☐ 右に出る者がない	みぎにでるものがない	견줄 사람이 없다
☐ 人口	じんこう	인구
☐ 増加	ぞうか	증가
☐ 少子化	しょうしか	저출산 현상
☐ 抑制	よくせい	억제
☐ 冷静	れいせい	냉정함, 침착함
☐ 躍起になる	やっきになる	기를 쓰다
☐ 開発	かいはつ	개발
☐ 引け目を感じる	ひけめをかんじる	주눅이 들다
☐ 目立つ	めだつ	눈에 띄다
☐ 際立つ	きわだつ	두드러지게 눈에 띄다
☐ 優秀	ゆうしゅう	우수
☐ 脚光を浴びる	きゃっこうをあびる	각광을 받다
☐ 農家	のうか	농가
☐ 当てにならない	あてにならない	믿을 수 없다
☐ 几帳面	きちょうめん	꼼꼼함
☐ 消極的	しょうきょくてき	소극적

질의 응답 오답 노트

1. 의문사형 질문 – 숫자

- 시간이나 날짜, 인원, 요일에 유의하면서 들을 것.
- 의문사 다음에 나오는 조사에 주의하고, 오답으로 주로 시제를 틀리게 해서 나오는 경우가 많다는 것을 기억해 둘 것.

2. 의문사형 질문 – 장소

- 장소 파악과 함께 「どこ」 다음에 오는 조사와 동사에 주의할 것.
- 의문사형 질문에는 절대 '예'나 '아니요'로 대답할 수 없다는 것을 유념할 것.

3. 의문사형 질문 – 무엇

- 「何(なに・なん)」 다음에 오는 표현에 주목하면서 들을 것.
- 최근 시험에서는 직접적으로 대상을 묻는 문제보다는 「何(なに・なん)」이 문제 문장 속에 나오지만, 전후의 표현이나 문맥을 정확히 파악해야 정답을 찾을 수 있는 문제로 꼬아서 출제되는 경우가 많다는 것을 기억해 둘 것.

4. 의문사형 질문 – 내용이나 방법

- 「どう」 앞에 등장하는 명사에 주목할 것.
- 의문사 단독으로 물을 경우에는 수단이나 방법, 상태에 관한 질문이 되고, 뒷부분에 어떤 표현이 오면 시간이나 길이, 가격이나 양, 빈도 등을 묻는 문장이 된다는 것을 기억해 둘 것.

5. 의문사형 질문 – 성질이나 상태

- 「どんな」의 수식을 받는 것의 성질이나 상태를 잘 들을 것.
- 문제에 등장하는 어휘나 그 어휘로 연상이 가능한 어휘를 오답으로 종종 제시하므로 일단 문제에 등장하는 어휘와 동일한 발음이나 연상 가능한 어휘가 선택지에 등장하면 오답일 가능성이 높다는 것을 기억해 둘 것.

6. 의문사형 질문 – 정도

- 무엇의 정도를 묻는지 동사나 명사에 주의하면서 들을 것.
- 주로 출제되는 대답 방법으로는 시간이나 거리, 가격이나 범위를 나타내는 대답이 많다는 것을 기억해 둘 것.

7. 의문사형 질문 – 누구

- 「誰(だれ)」 다음에 나오는 조사와 끝 부분의 동사에 주의할 것.
- 사람이 선택지에 등장하지만, 문제 문장과는 맞지 않는 동작을 하거나 상황을 나타내는 표현이 반드시 오답으로 등장한다는 것을 기억해 둘 것.

8. 예/아니요형 질문

- 문제의 시제와 선택지의 시제가 일치하는지 따져 볼 것.
- 최근에는 선택지에서 '예'나 '아니요'가 생략되어 나오는 경우도 있기 때문에 이런 경우에는 '예'나 '아니요'가 나오기를 기다리지 말고 선택지의 내용을 메모하면서 정확한 응답을 가려내도록 할 것.

9. 인사 표현

- 일상생활에서 사용하는 인사 표현을 묶어서 암기해 둘 것.
- 자주 출제되는 표현으로는 안부, 축하, 방문, 문병 등의 표현이 있다는 것을 기억해 둘 것.
- 최근에는 상투적인 표현보다는 다양한 형태의 응답으로 출제되는 경향이 있으므로 여러 가지 인사 표현에 대한 다양한 응답 방식에 적응해 둘 것.

10. 권유 표현

- 대체적으로 승낙을 하는 긍정 표현으로 나오는 경우가 많다는 것을 기억해 둘 것.
- 문제 문장은 보통 「〜ませんか」(〜하지 않을래요?)나 「いかがですか」(어떠세요?)의 형태로 제시된다는 것을 기억해 둘 것.

11. 추측 및 전문(伝聞) 표현

- 추측 표현은 '~일 것 같다'라는 의미로, 추량을 나타내는 조동사 「そうだ」, 「ようだ」, 「みたいだ」, 「らしい」 등으로 제시되는 경우가 많다는 것을 기억해 둘 것.
- 문제에서 등장한 어휘로 유추가 가능한 선택지가 반드시 오답으로 등장한다는 것을 기억해 둘 것.
- 전문 표현은 보통 「そうだ」나 「らしい」의 형태로 제시되는데, 추측 표현과 마찬가지로 무엇을 전해 들었는지 정확하게 내용을 파악하지 않으면 정답을 고르기 쉽지 않으므로 많은 문제를 통해 충분한 연습을 해 둘 것.

12. 부탁·의뢰·허용 표현

- 부정 표현보다 긍정 표현으로 나오는 경우가 많다는 것을 기억해 둘 것.
- 보통 질문은 「~てもいいですか」(~해도 되나요?)나 「~てもかまいませんか」(~해도 상관없나요?)의 형태로 출제된다는 것을 기억해 둘 것.
- 문제에 등장하는 어휘로 오답을 많이 제시한다는 것을 기억해 둘 것.

13. 감동·의견을 나타내는 표현

- 일상생활과 관련된 내용은 대체적으로 동의하는 형태로 출제된다는 것을 기억해 둘 것.
- 보통 문장 끝 부분은 동의를 구하는 종조사 「~ね」로 끝나는 경우가 많다는 것을 기억해 둘 것.
- 비즈니스와 관련된 내용은 긍정적인 내용보다는 어떤 화제에 대해서 납득할 수 없다든지 화가 난다든지 하는 화제에 대한 부정적인 내용으로 많이 등장한다는 것을 기억해 둘 것.

14. 정보 전달에 관한 표현

- 말하는 사람의 정보가 무엇인지 정확하게 파악할 것.
- 문제 문장은 상대방에게 뭔가를 전달하는 「~よ」라든지 동의나 확인을 구하는 「~ね」의 형태로 많이 출제된다는 것을 기억해 둘 것.

15. 정보 확인·요청에 관한 표현

- 확인하거나 요청하는 내용이 무엇인지 잘 들을 것.
- 보통 문제 문장은 「~でしょうか」(~일까요?)의 형태로 제시된다는 것을 기억해 둘 것.
- 최근 시험에서는 정확한 답변을 회피하고 애매하게 넘어가는 응답이 많이 출제된다는 것도 기억해 둘 것.

16. 일상생활 표현

- 일상생활에서 자주 일어나는 상황별로 어휘를 정리해 둘 것.

- 문제를 분석해 보면 보통 친구, 부부, 이웃 간의 대화 형태로 출제가 되는데, JPT 시험의 특성상 최근에 화제가 되고 있는 내용이나 이슈가 되고 있는 내용에 관한 문제들이 점차 늘어나고 있다는 것을 기억해 둘 것.

- 평소에 뉴스나 신문 등을 통해 화제가 되고 있는 내용들을 정리해 둘 것.

17. 비즈니스 표현

- 비즈니스 상황별로 어휘를 정리해 둘 것.

- 자주 출제되는 비즈니스 상황으로는 전화, 약속, 주문, 물건의 하자 및 수리 등이 있는데 빈도면에서 보면 전화 관련 문제가 가장 많이 출제되므로 비즈니스 상황에서의 전화 응답법에 대해서 철저하게 공부를 해 둘 것.

- 대체적으로 비즈니스 표현은 긍정적인 응답보다는 부정적인 응답으로 나오는 경우가 많다는 것도 기억해 둘 것.

18. 경제 표현

- 경제 상황을 나타내는 표현 중에서 부정적인 표현을 중점적으로 정리해 둘 것.

- 어떤 표현을 단순히 지식으로 알고 있더라도 정확한 의미나 용법을 모른다면 오답을 고르기 쉬우므로 경제 상황에 대한 종합적인 이해를 해 둘 것.

19. 관용 표현

- 일상생활에서 자주 사용하는 관용 표현을 중점적으로 정리해 둘 것.

- 문제에 관용 표현이 등장하는 유형은 보통 그 관용 표현을 풀어서 설명하는 형태의 선택지로 정답을 제시하므로 설사 문제에 등장한 관용 표현을 모르더라도 대화의 흐름만 정확하게 파악하면 어느 정도는 정답을 찾을 수 있다는 것을 기억해 둘 것.

1. 答えを答案用紙に書き入れなさい。

2. 答えを答案用紙に書き入れなさい。

3. 答えを答案用紙に書き入れなさい。

4. 答えを答案用紙に書き入れなさい。

5. 答えを答案用紙に書き入れなさい。

6. 答えを答案用紙に書き入れなさい。

7. 答えを答案用紙に書き入れなさい。

8. 答えを答案用紙に書き入れなさい。

9. 答えを答案用紙に書き入れなさい。

10. 答えを答案用紙に書き入れなさい。

11. 答えを答案用紙に書き入れなさい。

12. 答えを答案用紙に書き入れなさい。

13. 答えを答案用紙に書き入れなさい。

14. 答えを答案用紙に書き入れなさい。

15. 答えを答案用紙に書き入れなさい。

16. 答えを答案用紙に書き入れなさい。

17. 答えを答案用紙に書き入れなさい。

18. 答えを答案用紙に書き入れなさい。

19. 答えを答案用紙に書き入れなさい。

20. 答えを答案用紙に書き入れなさい。

21. 答えを答案用紙に書き入れなさい。

22. 答えを答案用紙に書き入れなさい。

23. 答えを答案用紙に書き入れなさい。

24. 答えを答案用紙に書き入れなさい。

25. 答えを答案用紙に書き入れなさい。

26. 答えを答案用紙に書き入れなさい。

27. 答えを答案用紙に書き入れなさい。

28. 答えを答案用紙に書き入れなさい。

29. 答えを答案用紙に書き入れなさい。

30. 答えを答案用紙に書き入れなさい。

1. 答えを答案用紙に書き入れなさい。

2. 答えを答案用紙に書き入れなさい。

3. 答えを答案用紙に書き入れなさい。

4. 答えを答案用紙に書き入れなさい。

5. 答えを答案用紙に書き入れなさい。

6. 答えを答案用紙に書き入れなさい。

7. 答えを答案用紙に書き入れなさい。

8. 答えを答案用紙に書き入れなさい。

9. 答えを答案用紙に書き入れなさい。

10. 答えを答案用紙に書き入れなさい。

11. 答えを答案用紙に書き入れなさい。

12. 答えを答案用紙に書き入れなさい。

13. 答えを答案用紙に書き入れなさい。

14. 答えを答案用紙に書き入れなさい。

15. 答えを答案用紙に書き入れなさい。

16. 答えを答案用紙に書き入れなさい。

17. 答えを答案用紙に書き入れなさい。

18. 答えを答案用紙に書き入れなさい。

19. 答えを答案用紙に書き入れなさい。

20. 答えを答案用紙に書き入れなさい。

21. 答えを答案用紙に書き入れなさい。

22. 答えを答案用紙に書き入れなさい。

23. 答えを答案用紙に書き入れなさい。

24. 答えを答案用紙に書き入れなさい。

25. 答えを答案用紙に書き入れなさい。

26. 答えを答案用紙に書き入れなさい。

27. 答えを答案用紙に書き入れなさい。

28. 答えを答案用紙に書き入れなさい。

29. 答えを答案用紙に書き入れなさい。

30. 答えを答案用紙に書き入れなさい。

PART 3

기본적으로 남녀의 대화 네 문장으로 구성된 PART 3의 문제 유형은 다음의 일곱 가지로 구분할 수 있다.

1. 숫자 청취 및 계산
2. 장소 · 사물 · 대상 파악
3. 일상생활
4. 전화 관련 대화
5. 대중교통
6. 비즈니스 및 업무
7. 뉴스 및 이슈

PART 3 회화문은 문제 부분을 미리 읽어 두면 절대적으로 유리한 파트이다. 파본 검사 시간이나 문제와 문제 사이의 여유 시간을 이용해서 틈틈이 문제를 읽어 두도록 하자. 그리고 문제를 볼 때는 문제에 나오는 성별이나 의문사 등에 주의를 하고 들을 때는 전반부보다는 후반부에 정답과 관련된 내용이 나오는 경우가 많으므로 후반부를 좀 더 집중해서 들어야 한다.

PART 3 미리보기

■■ PART 3 구성

	PART 3
문항 수	30문항(51~80번)
문제 총 소요 시간	약 13분 15초
다음 문제까지의 여유 시간	8초
빈출 출제 유형	숫자 청취 및 계산 / 장소 · 사물 · 대상 파악 / 인물 관련 / 일상생활 성별에 따른 의견 · 행동 구분 / 대화 내용에 대한 이해 비즈니스 및 업무 / 뉴스 및 이슈

■■ PART 3 출제 유형

PART 3 회화문은 남녀의 대화를 통해 장면 및 장소에 대한 이해나 대화의 구체적인 내용을 묻는 PART 이다. 보통 앞 부분에는 숫자 청취 및 계산, 장소 · 사물 · 대상 파악, 인물 관련, 성별에 따른 의견 · 행동 구분 문제 등이 등장하고, 60번대 이후부터 일상생활이나 대화 내용에 대한 이해를 묻는 문제들이 등장한 다. 70번부터는 비즈니스 및 업무, 뉴스 및 이슈 관련 문제들이 주를 이룬다.

■■ PART 3 문제 비율

최근의 기출 문제를 유형별로 분석해 보면 다음 그래프와 같다. 그래프에서 보는 것처럼 일상생활 표현이 평균 7문항 정도로 가장 많이 출제되고 있고, 비즈니스 및 업무 관련 표현이 6문항 정도로 그 다음이다. 기 타 숫자 청취 및 계산, 장소 · 사물 · 대상 파악 등이 각각 평균 2문항, 인물 관련 문제가 3문항, 성별에 따 른 의견 · 행동 구분 문제가 4문항, 뉴스 및 이슈와 관련된 문제가 2문항, 기타 유형들이 4문항 정도씩 출 제되고 있다.

유형 8
기타
평균 4문항

유형 1
숫자 청취 및 계산
평균 2문항

유형 7
뉴스 및 이슈
평균 2문항

유형 2
장소 · 사물 · 대상 파악
평균 2문항

PART 3

유형 3
인물 관련
평균 3문항

유형 6
비즈니스 및 업무
평균 6문항

유형 4
일상생활
평균 7문항

유형 5
성별에 따른 의견 · 행동 구분
평균 4문항

PART 3 학습법

PART 3 회화문은 문제 문장을 미리 읽어 두는 것이 절대적으로 유리한 PART이므로 파본 검사 시간이나 문제와 문제 사이의 여유 시간에 틈틈이 문제를 읽어 두어야 한다. 실제 시험은 대화 내용이 끝난 후에 문제를 읽기 시작해서는 정답을 찾기도 전에 이미 다음 문제가 나와 버리므로 미리 어느 정도 문제를 봐 둘 필요가 있다. 그리고 회화문은 성별만 주의해서 들어도 정답을 찾을 수 있는 문제가 절반 이상 출제되므로 일단은 문제 문장의 성별을 잘 파악해 두어야 한다. 예를 들어 '남자는 이제부터 어떻게 합니까?' 라는 문제가 있다고 하면 여자 대화보다는 남자 대화를 주의 깊게 잘 들어야 한다는 말이다. 그리고 실제 시험을 분석해 보면 처음의 대화에서는 거의 정답이 나오는 경우가 드물다. 대부분의 경우 정답은 세 번째나 네 번째 문장, 즉 대화의 끝 부분에 나오는 것이 보통이므로 앞부분보다는 뒷부분을 유심히 잘 들어야 한다.

저자의 청해 만점 비법!!

◆ 회화문은 문제만 미리 읽어 두어도 상당히 유리하다. 문제를 읽을 때는 성별, 의문사, 주요 명사 및 동사에 주의하면서 읽어 두도록 하자.

◆ 숫자 청취 문제는 처음에 나오는 숫자는 대부분의 경우 함정이다. 마지막에 나오는 숫자가 정답이 되는 경우가 많으므로 끝까지 방심하지 말고 잘 듣도록 하자.

◆ 질문에 특정 인물이나 사물, 사건을 지칭해서 묻는 경우에는 그것에 최대한 주의를 하면서 들어야 한다.

◆ 대화 내용에 대한 이해를 묻는 문제는 들을 때 문제를 같이 보면서 정답이 아닌 것을 소거해 가면서 풀어야 한다. 들으면서 동시에 문제를 읽기가 쉽지 않으므로 평소에 충분히 연습을 해 두도록 하자.

◆ 들으면서 문제의 정답을 마킹을 해야 다음 문제를 읽을 시간적인 여유가 생긴다. 문제와 문제 사이의 시간이 점차 줄어들고 있는 추세이므로 다 듣고 정답을 마킹하게 되면 다음 문제를 읽을 시간적인 여유가 전혀 없으므로 힘들겠지만 들으면서 정답을 찾았다면 바로 마킹을 하도록 하자.

UNIT 01　🎧 39.MP3
▶ 유형 1 　숫자 청취 및 계산

 대화에 등장하는 숫자를 전부 메모하면서 들을 것!

분석 및 전략

숫자 청취 및 계산 문제는 실제 시험에서는 51번에서 55번 정도에 등장하는 유형으로, 최근에는 직접 숫자를 제시하기보다는 계산을 해서 정답을 찾는 문제로 출제되고 있다. 유형별로 보면 인원수, 금액, 빈도, 나이, 물건 수량 등이 출제되는데 문제 비율로는 인원수 계산 문제가 가장 많이 출제된다.

숫자 청취 및 계산 문제에서 실수하지 않기 위해서는 일단 선택지를 미리 봐 두고 어떤 숫자를 듣고 계산을 해야 하는지 파악한 다음에 들어야 실수가 없다. PART 3의 문제 사이의 간격이 8초 내외인 것을 감안하면 숫자를 듣고 바로 이해하지 못하면 다음 문제로 넘어가 버리기 때문에 평소에 충분한 숫자 연습을 해 두어야 한다.

女：来年、田中さんが結婚して大阪に行くと寂しいですね。

내년에 다나카 씨가 결혼해서 오사카에 가면 쓸쓸하겠어요.

男：本当ですね。もう他のみんなは知っているんですか。

정말 그래요. 이미 다른 사람들은 모두 알고 있나요?

女：いいえ、私たちと課長だけです。まだ秘密にしていてほしいそうです。

아니요, 우리랑 과장님뿐이에요. 아직 비밀로 해 달래요.

男：そうですか。みんな知ったら驚くでしょうね。

그래요? 모두들 알면 놀라겠군요.

会社で田中さんが結婚するのを知っているのは何人ですか。

회사에서 다나카 씨가 결혼하는 것을 알고 있는 사람은 몇 사람입니까?

(A) 1人
1명

(B) 2人
2명

(C) 3人
3명

(D) 4人
4명

···▶ 여자의 두 번째 대화를 잘 듣고 계산을 해야 실수가 없는 문제이다. 다나카 씨는 내년에 결혼해서 오사카에 가게 되었는데 그 사실을 알고 있는 사람은 지금 대화를 하고 있는 두 사람과 과장뿐이라고 했으므로 결국 세 사람만 알고 있다는 말이 된다.

来年(らいねん) 내년　結婚(けっこん) 결혼　寂(さび)しい 쓸쓸하다　みんな 모두　知(し)る 알다
~だけ ~만, ~뿐　まだ 아직　秘密(ひみつ) 비밀　~てほしい ~해 주기 바란다, ~해 주었으면 한다
동사의 종지형+そうだ ~라고 한다(전문)　驚(おどろ)く 놀라다

女：夏休みももう終わりましたね。夏休みに何をしましたか。
여름휴가도 이제 끝났네요. 여름휴가에는 뭘 했나요?

男：両親と一緒に山に登りました。
부모님과 함께 등산했어요.

女：いいですね。私も主人と一週間ぐらい旅行しました。
좋네요. 저도 남편과 일주일 정도 여행했어요.

男：それはよかったですね。
그거 좋았겠군요.

男の人は何人で山に登りましたか。
남자는 몇 명이서 등산했습니까?

(A) 1人
1명

(B) 2人
2명

(C) 3人
3명

(D) 4人
4명

···▸ 남자가 몇 명이서 등산했는지 물었으므로 남자의 대화에 주목해야 한다. 첫 번째 대화에서 남자는 부모님과 함께 등산했다고 했으므로, 남자와 부모를 포함한 3명이 등산했다는 말이 된다.

夏休(なつやす)み 여름휴가, 여름방학　終(お)わる 끝나다　両親(りょうしん) 부모
一緒(いっしょ)に 함께, 같이　山(やま)に登(のぼ)る 산에 오르다, 등산하다
主人(しゅじん) 남편　旅行(りょこう) 여행

男 : 今日、お客さんからケーキをもらいましたから、みんなで食べてください。
오늘 손님한테 케이크를 받았으니까 모두 함께 드세요.

女 : そうですか。じゃ、10人分に分ければいいですね。
그래요? 그럼, 10명분으로 나누면 되겠군요.

男 : でも、加藤さんは今日お休みだし、僕も甘い物は苦手だから要りません。
하지만 가토 씨는 오늘 휴가고, 나도 단 건 싫어해서 괜찮아요.

女 : はい、わかりました。
예, 알겠어요.

女の人はケーキをいくつに分けますか。
여자는 케이크를 몇 개로 나눕니까?

(A) 8個
8개

(B) 9個
9개

(C) 10個
10개

(D) 12個
12개

⋯▶ 여자의 첫 번째 대화를 통해 함께 일하는 사람이 10명이라는 것을 알 수 있는데, 그 중 가토 씨는 오늘 휴가고 남자는 단 것을 싫어한다고 했다. 따라서 케이크는 이 두 사람분을 뺀 8개로 나누면 된다.

お客(きゃく)さん 손님　ケーキ(cake) 케이크　もらう 받다　〜分(ぶん) 〜분　分(わ)ける 나누다
甘(あま)い 달다　苦手(にがて) 싫어함　要(い)る 필요하다　〜個(こ) 〜개

男：あれ、時々会いますね。ここには1週間に何回ぐらい来ていますか。

어라? 가끔 만나네요. 여기에는 일주일에 몇 번 정도 오나요?

女：前は週4回ぐらい来ていましたが、今は忙しくて週2回ぐらいです。

전에는 일주일에 네 번 정도 왔었는데, 지금은 바빠서 일주일에 두 번 정도예요.

男：大変ですね。僕は毎晩ここに来て運動しています。夜は暇ですから。

힘들겠군요. 난 매일 밤 여기에 와서 운동하고 있어요. 밤에는 한가하거든요.

女：毎晩ですか。いいですね。

매일 밤요? 좋겠네요.

女の人は今1週間に何回ぐらいここで運動していますか。

여자는 현재 일주일에 몇 번 정도 여기에서 운동하고 있습니까?

(A) 2回ぐらい

두 번 정도

(B) 3回ぐらい

세 번 정도

(C) 4回ぐらい

네 번 정도

(D) 5回ぐらい

다섯 번 정도

···▶ 여자가 현재 일주일에 몇 번 정도 여기에서 운동하고 있는지 물었으므로 여자의 대화에 주목해야 한다. 첫 번째 대화에서 전에는 일주일에 네 번 정도 와서 운동을 했지만, 지금은 바빠서 일주일에 두 번 정도 온다고 했으므로 정답은 (A)가 된다.

時々(ときどき) 가끔, 때때로 　会(あ)う 만나다 　～回(かい) ～번, ～회 　週(しゅう) 주, 일주일

忙(いそが)しい 바쁘다 　大変(たいへん) 힘듦 　毎晩(まいばん) 매일 밤 　運動(うんどう) 운동

夜(よる) 밤 　暇(ひま) 한가함

1.　男の人は去年、何回旅行しましたか。

　　(A)　1回、旅行した。　　　　　　　　　(A) ＿＿＿＿＿＿＿＿ （○ · ×）

　　(B)　2回、旅行した。　　　　　　　　　(B) ＿＿＿＿＿＿＿＿ （○ · ×）

　　(C)　3回、旅行した。　　　　　　　　　(C) ＿＿＿＿＿＿＿＿ （○ · ×）

　　(D)　旅行しなかった。　　　　　　　　(D) ＿＿＿＿＿＿＿＿ （○ · ×）

2.　この図書館は日曜日は何時までですか。

　　(A)　午後5時半まで　　　　　　　　　(A) ＿＿＿＿＿＿＿＿ （○ · ×）

　　(B)　午後6時まで　　　　　　　　　　(B) ＿＿＿＿＿＿＿＿ （○ · ×）

　　(C)　午後6時半まで　　　　　　　　　(C) ＿＿＿＿＿＿＿＿ （○ · ×）

　　(D)　午後7時まで　　　　　　　　　　(D) ＿＿＿＿＿＿＿＿ （○ · ×）

3.　男の人は何分ぐらい泳ぎましたか。

　　(A)　50分ぐらい　　　　　　　　　　(A) ＿＿＿＿＿＿＿＿ （○ · ×）

　　(B)　40分ぐらい　　　　　　　　　　(B) ＿＿＿＿＿＿＿＿ （○ · ×）

　　(C)　30分ぐらい　　　　　　　　　　(C) ＿＿＿＿＿＿＿＿ （○ · ×）

　　(D)　20分ぐらい　　　　　　　　　　(D) ＿＿＿＿＿＿＿＿ （○ · ×）

1.

男: 私は旅行が好きですが、去年はどこにも行きませんでした。

女: そうですか。今年は何回旅行に行きましたか。

男: 1回行きました。来月も旅行に行きます。

女: いいですね。私は去年も今年も旅行に行っていません。

남: 전 여행을 좋아하는데, 작년에는 아무데도 안 갔어요.

여: 그래요? 올해는 몇 번 여행을 갔나요?

남: 한 번 갔어요. 다음 달에도 여행을 가요.

여: 좋겠네요. 전 작년에도 올해도 여행을 안 갔어요.

해설 남자의 작년 여행 횟수를 물어봤으므로, 남자의 대화에 주목하면 된다. 첫 번째 대화에서 작년엔 아무데도 안 갔다고 했으므로 정답은 (D)가 된다.

어휘 旅行(りょこう) 여행　好(す)き 좋아함　去年(きょねん) 작년　どこにも 아무데도　来月(らいげつ) 다음 달

2.

男: この図書館は何時までですか。

女: 午後6時までです。

男: 日曜日も同じですか。

女: はい。でも土曜日は午後6時半までです。

남: 이 도서관은 몇 시까지인가요?

여: 오후 6시까지예요.

남: 일요일도 똑같나요?

여: 예. 그런데 토요일은 오후 6시 반까지예요.

해설 시간 청취 문제로 남자가 여자에게 도서관을 몇 시까지 여는지 묻고 있다. 도서관은 평일과 일요일은 오후 6시까지이고 토요일만 오후 6시 반까지이다. 따라서 정답은 (B)가 된다.

어휘 図書館(としょかん) 도서관　何時(なんじ) 몇 시　午後(ごご) 오후　同(おな)じ 같음　〜半(はん) 〜반

3.

男: 今日会社に来る前にスポーツクラブに行きました。

女: スポーツクラブで何をしましたか。

男: 40分ぐらい泳ぎました。山田さんも今度一緒に行きませんか。

女: いいですね。

남: 오늘 회사에 오기 전에 스포츠클럽에 갔어요.

여: 스포츠클럽에서 뭘 했나요?

남: 40분 정도 수영했어요. 야마다 씨도 다음에 같이 안 갈래요?

여: 좋아요.

해설 남자가 몇 분 정도 수영했는지 물었으므로 남자의 대화에 주목해야 한다. 두 번째 대화에서 40분 정도 수영했다고 했으므로 정답은 (B)가 된다.

어휘 会社(かいしゃ) 회사　〜前(まえ)に 〜하기 전에　スポーツクラブ(sports club) 스포츠클럽　泳(およ)ぐ 수영하다
今度(こんど) 다음 번　一緒(いっしょ)に 함께, 같이

정답 1. (D)　2. (B)　3. (B)

4. 切符は1枚、いくらですか。

   (A) 大人も学生も1,000円　　　(A) ＿＿＿＿＿＿＿ （○・×）

   (B) 大人も学生も1,800円　　　(B) ＿＿＿＿＿＿＿ （○・×）

   (C) 大人は1,000円で、学生は800円　　(C) ＿＿＿＿＿＿＿ （○・×）

   (D) 大人は1,800円で、学生は800円　　(D) ＿＿＿＿＿＿＿ （○・×）

5. 男の人の履きたい靴について正しいものはどれですか。

   (A) 25センチの靴　　　(A) ＿＿＿＿＿＿＿ （○・×）

   (B) 26センチの靴　　　(B) ＿＿＿＿＿＿＿ （○・×）

   (C) フランス製の靴　　　(C) ＿＿＿＿＿＿＿ （○・×）

   (D) 日本製の靴　　　(D) ＿＿＿＿＿＿＿ （○・×）

6. 旅館に一晩泊まって、朝食だけを食べる場合はいくらですか。

   (A) 8千5百円　　　(A) ＿＿＿＿＿＿＿ （○・×）

   (B) 9千円　　　(B) ＿＿＿＿＿＿＿ （○・×）

   (C) 1万円　　　(C) ＿＿＿＿＿＿＿ （○・×）

   (D) 1万5百円　　　(D) ＿＿＿＿＿＿＿ （○・×）

PART 3

4.

女: すみません。切符を2枚お願いします。いくらですか。

男: 大人は1枚1,000円ですが、大人2枚でいいですか。

女: いいえ。大人1枚と学生1枚お願いします。

男: はい。では、1,800円です。

여: 저기요. 표 2장 주세요. 얼마예요?

남: 어른은 1장에 1,000엔인데, 어른 2명이면 되나요?

여: 아니요. 어른 1장과 학생 1장 부탁해요.

남: 예. 그럼, 1,800엔입니다.

해설 숫자에 대한 정확한 청취 능력을 묻는 문제로, 남자의 대화를 통해 어른은 1장에 1,000엔이고 학생은 1장에 800엔이라는 것을 알 수 있다. 따라서 정답은 (C)가 된다.

어휘 切符(きっぷ) 표　～枚(まい) ～매, ~장　大人(おとな) 어른, 성인　学生(がくせい) 학생

5.

男: この靴はどこのですか。

女: こちらはイタリア製でございます。軽くてとても歩きやすい靴です。

男: それじゃ、一度履いてみたいんですが、26センチはありますか。

女: はい。少々お待ちください。今、お持ちいたします。

남: 이 구두는 어디 건가요?

여: 이쪽은 이탈리아 제품입니다. 가볍고 아주 걷기 편한 구두입니다.

남: 그럼, 한 번 신어 보고 싶은데, 26cm는 있나요?

여: 예. 잠시 기다려 주세요. 지금 가져오겠습니다.

해설 숫자만 정확하게 들으면 정답이 쉽게 나오는 문제이다. 남자의 두 번째 대화에서 한 번 신어 보고 싶은데 26cm짜리 구두가 있는지 물었으므로 정답은 (B)가 된다. 참고로 일본은 구두 사이즈를 cm로 말한다는 것을 알아 두도록 하자.

어휘 履(は)く 신다　靴(くつ) 구두　～製(せい) ～제, 제품　センチ 센티미터, cm　軽(かる)い 가볍다　歩(ある)く 걷다
동사의 ます형+やすい ～하기 쉽다[편하다]　少々(しょうしょう) 잠시　待(ま)つ 기다리다

6.

男: そちらの旅館は1泊いくらですか。

女: 1泊2食付きで1万5百円です。お泊まりだけでしたら、8千5百円です。

男: 1泊で、朝食だけ付けてもらうことはできますか。

女: はい。その場合は9千円になります。

남: 거기 여관은 1박에 얼마인가요?

여: 1박에 2식 포함되어 10,500엔입니다. 숙박만 하시면 8,500엔입니다.

남: 1박에 아침 식사만 제공받을 수 있나요?

여: 예. 그럴 경우는 9,000엔이 됩니다.

해설 같은 1박이더라도 식사가 포함되는 경우와 식사 횟수에 따라 요금이 달라지므로 어느 경우에 얼마인지를 잘 알아들어야 한다. 하룻밤 묵고 아침식사만 하는 경우에는 9,000엔이라고 했으므로 정답은 (B)가 된다.

어휘 旅館(りょかん) 여관　一晩(ひとばん) 하룻밤　泊(と)まる 묵다, 숙박하다　朝食(ちょうしょく) 조식, 아침 식사
場合(ばあい) 경우　～泊(はく) ～박　～付(つ)き ～이 딸림　付(つ)ける 붙이다

정답 4. (C)　5. (B)　6. (B)

주요 어휘 정리

한자	읽기	의미
☐ 結婚	けっこん	결혼
☐ 寂しい	さびしい	쓸쓸하다
☐ 秘密	ひみつ	비밀
☐ 驚く	おどろく	놀라다
☐ 山に登る	やまにのぼる	산에 오르다, 등산하다
☐ 分ける	わける	나누다
☐ 甘い	あまい	달다
☐ 要る	いる	필요하다
☐ 暇	ひま	한가함
☐ 図書館	としょかん	도서관
☐ 切符	きっぷ	표, 티켓
☐ 大人	おとな	어른, 성인
☐ 履く	はく	신다
☐ 少々	しょうしょう	잠시
☐ 旅館	りょかん	여관
☐ ～泊	はく	～박
☐ 泊まる	とまる	묵다, 숙박하다
☐ 朝食	ちょうしょく	조식, 아침 식사
☐ 場合	ばあい	경우
☐ 付ける	つける	붙이다

UNIT 02 🎧 40.MP3

▶ 유형 2 장소 · 사물 · 대상 파악

POINT 설명을 끝까지 잘 듣고 장소나 사물 등을 정확히 파악할 것!

분석 및 전략

장소 · 사물 · 대상을 파악하는 문제는 크게 보면 일상생활에 포함되는 유형으로 평균 2문항 정도가 출제되고 있는데, 장소보다는 사물을 파악하는 문제의 출제 빈도가 조금 더 높다.

우선 장소를 파악하는 문제는 두 사람의 대화 내용을 종합해서 어떤 장소인지를 파악하는 문제로 처음에 나오는 장소는 오답인 경우가 많고 대화의 끝 부분까지 들어야 정답을 찾을 수 있는 문제가 대부분이다. 따라서 대화를 들을 때는 장소를 잘 메모하는 것도 중요하지만, 성급하게 정답을 고르지 말고 끝까지 잘 듣도록 하자.

다음으로 사물이나 대상을 파악하는 문제는 두 사람의 대화를 종합적으로 판단해 무엇에 대해서 말하고 있는지 묻는 형태로 출제된다. 따라서 이런 유형의 문제는 대화 내용이 나오기 전에 선택지를 미리 봐 두는 것이 절대적으로 유리하며, 들을 때도 선택지에 정답인지 아닌지를 표시하면서 들으면 실수가 없다.

男 : このお菓子、美味しいですね。どこで買いましたか。
이 과자 맛있네요. 어디서 샀어요?

女 : 家の近くの有名なレストランで買いました。
집 근처에 있는 유명한 레스토랑에서 샀어요.

男 : ホテルや駅のそばのデパートでも売っていますか。
호텔이나 역 근처에 있는 백화점에서도 팔고 있나요?

女 : いいえ、売っていません。
아니요, 안 팔아요.

お菓子はどこで売っていますか。
과자는 어디서 팔고 있습니까?

(A) 駅
역

(B) デパート
백화점

(C) レストラン
레스토랑

(D) ホテルとデパート
호텔과 백화점

···▶ 과자를 팔고 있는 장소를 묻고 있다. 전반부에서 남자가 과자를 어디서 샀는지 묻자, 집 근처에 있는 레스토랑에서 샀다고 여자가 대답했다. 그런데 후반부에서도 과자를 팔고 있는 장소를 화제로 삼고 있으므로 끝까지 잘 들어야 정답을 고를 수 있다. 이어지는 대화에서 남자가 호텔이나 백화점에서도 팔고 있냐고 물었는데 여자가 부인했으므로 정답은 (C)가 된다.

お菓子(かし) 과자   美味(おい)しい 맛있다   近(ちか)く 근처   有名(ゆうめい) 유명   買(か)う 사다
駅(えき) 역   そば 옆   売(う)る 팔다

男：すみません、新聞はどこにありますか。
저기, 신문은 어디에 있나요?

女：新聞ですか。机の上にありますよ。
신문이요? 책상 위에 있어요.

男：あ、ごめんなさい。これは今日の新聞ですね。昨日の新聞はどこですか。
아, 죄송해요. 이건 오늘 신문이네요. 어제 신문은 어디에 있죠?

女：本棚の横にあります。
책장 옆에 있어요.

昨日の新聞はどこにありますか。
어제 신문은 어디에 있습니까?

(A) 机の上
책상 위

(B) 本棚の横
책장 옆

(C) 本棚の上
책장 위

(D) 机の下
책상 아래

⋯ 문제의 「昨日(きのう)」(어제)라는 단어를 놓치면 오답을 고르기 쉬우므로 주의해야 한다. 남자는 어제 신문을 찾고 있는 상황인데 책상 위에 있는 것은 오늘 신문이고 어제 신문은 책장 옆에 있다고 여자가 말했으므로 정답은 (B)가 된다.

新聞(しんぶん) 신문　机(つくえ) 책상　上(うえ) 위　本棚(ほんだな) 책장　横(よこ) 옆　下(した) 아래

女 : あのう、定期券が買いたいんですが。
저, 정기권을 사고 싶은데요.

男 : では、そちらの紙に名前と住所と年、それから駅名を書いてください。
그럼, 그쪽에 있는 종이에 이름과 주소, 나이, 그리고 역 이름을 적어 주세요.

女 : はい。これでいいですか。
예. 이렇게 하면 되나요?

男 : えっと、あっ、何歳か書いてありませんよ。
어디 보자~, 어? 몇 살인지 쓰여 있지 않요.

女の人が書き忘れたのは何ですか。
여자가 쓰는 걸 깜빡한 건 무엇입니까?

(A) 名前
이름

(B) 年
나이

(C) 住所
주소

(D) 誕生日
생일

⋯ 여자가 정기권을 사려고 하는 상황이다. 정기권을 사기 위해서는 이름과 주소, 나이, 역 이름을 적어야 하는데 남자의 마지막 대화로 보아 여자는 나이를 적지 않았다는 것을 알 수 있다.

定期券(ていきけん) 정기권　紙(かみ) 종이　名前(なまえ) 이름　住所(じゅうしょ) 주소　年(とし) 나이
それから 그리고　駅名(えきめい) 역 이름　書(か)く 쓰다　동사의 ます형+忘(わす)れる ～하는 것을 잊다
誕生日(たんじょうび) 생일

男 : 引っ越しの準備も大体終わったね。ほら、こんな物が出てきたよ。
이사 준비도 대충 끝났네. 봐! 이런 게 나왔어.

女 : あら、あなたって、子供の時はこんなに痩せていたの。
어머, 당신, 어릴 때는 이렇게 말랐었어?

男 : 野球が好きで、この帽子は父が買ってくれたんだよ。
야구를 좋아해서 이 모자는 아버지께서 사 주신 거야.

女 : そう。こっちは家の前ね。この頃、もう眼鏡をかけていたのね。
그래? 여기는 집 앞이네. 이때 벌써 안경을 썼네.

男の人は何を見つけましたか。
남자는 무엇을 발견했습니까?

(A) アルバム
앨범

(B) 日記
일기

(C) 野球の帽子
야구 모자

(D) 眼鏡
안경

···▶ 남자가 무엇을 발견했는지 묻고 있는데, 여자의 「子供(こども)の時(とき)」(어릴 때)나 「この頃(ころ)」(이때) 등의 표현으로 보아, 이 두 사람은 사진을 보고 있다는 것을 알 수 있다. 따라서 남자가 발견한 것은 (A)의 앨범이 된다. 참고로 (C)의 「野球(やきゅう)の帽子(ぼうし)」(야구 모자)는 함정 보기이므로 주의해야 한다.

引(ひ)っ越(こ)し 이사　準備(じゅんび) 준비　大体(だいたい) 대충, 대략　終(お)わる 끝나다
子供(こども) 아이　痩(や)せる 살이 빠지다, 마르다　野球(やきゅう) 야구　帽子(ぼうし) 모자
眼鏡(めがね)をかける 안경을 쓰다　見(み)つける 발견하다　アルバム(album) 앨범　日記(にっき) 일기

1.　2人はどこで会いますか。

(A)　ホテルの横の公園　　　　　　　(A) ________________ （○ · ×）

(B)　ホテルの中のレストラン　　　　(B) ________________ （○ · ×）

(C)　駅の中のレストラン　　　　　　(C) ________________ （○ · ×）

(D)　駅の前の公園　　　　　　　　　(D) ________________ （○ · ×）

2.　男の人はどこに車を止めますか。

(A)　駅の前　　　　　　　　　　　　(A) ________________ （○ · ×）

(B)　白い建物の前　　　　　　　　　(B) ________________ （○ · ×）

(C)　ホテルの前　　　　　　　　　　(C) ________________ （○ · ×）

(D)　郵便局の前　　　　　　　　　　(D) ________________ （○ · ×）

3.　逃げた車はどんな車ですか。

(A)　緑色で、大きい車　　　　　　　(A) ________________ （○ · ×）

(B)　小さくて、番号が64-97の車　　(B) ________________ （○ · ×）

(C)　緑色で、番号が64-79の車　　　(C) ________________ （○ · ×）

(D)　大きくて、黒い車　　　　　　　(D) ________________ （○ · ×）

1.

女: じゃ、明日はどこで会いましょうか。

男: ホテルの隣の公園で会いましょう。

女: でも、明日はたぶん雨ですよ。駅の前はどうですか。

男: 駅の前は人が多いですから、駅の中のレストランにしましょう。

여: 그럼, 내일은 어디서 만날까요?

남: 호텔 옆 공원에서 만나죠.

여: 하지만 내일은 아마 비가 올 거예요. 역 앞은 어때요?

남: 역 앞은 사람이 많으니까, 역 안에 있는 레스토랑으로 하죠.

해설 장소가 여러 군데 나오므로 끝까지 주의 깊게 들어야 실수가 없는 문제이다. 만날 장소로서 제안된 곳은 '호텔 옆 공원', '역 앞', '역 안 레스토랑'인데, 남자의 마지막 대화에서 역 앞은 사람이 많으니까 역 안에 있는 레스토랑으로 하자고 했으므로 정답은 (C)가 된다.

어휘 会(あ)う 만나다　橫(よこ) 옆　公園(こうえん) 공원　駅(えき) 역　隣(となり) 옆　たぶん 아마　雨(あめ) 비

2.

男: もうすぐ駅ですよ。どこに車を止めましょうか。

女: 駅の前は車が多いですから、少し前で止めてください。

男: じゃ、あの白い建物の所でいいですか。

女: いいえ、その建物の角を右に曲がって、郵便局の前で止めてください。

남: 이제 곧 역이에요. 어디에 차를 세울까요?

여: 역 앞은 차가 많으니까, 조금 앞에서 세워 주세요.

남: 그럼, 저 흰 건물 있는 데면 되나요?

여: 아니요, 그 건물 모퉁이를 오른쪽으로 돌아서 우체국 앞에서 세워 주세요.

해설 차 안에서의 대화로 차를 정차시키는 장소를 묻고 있다. 여자는 두 번째 대화에서 흰 건물 모퉁이를 오른쪽으로 돌아서 우체국 앞에서 세워 달라고 했으므로 정답은 (D)가 된다.

어휘 車(くるま) 차, 자동차　止(と)める 세우다　白(しろ)い 희다　建物(たてもの) 건물　郵便局(ゆうびんきょく) 우체국　すぐ 곧, 금방　角(かど) 모퉁이　右(みぎ) 오른쪽　曲(ま)がる 돌다

3.

男: 逃げた車の色や形を覚えていますか。

女: 私は車はあまり詳しくないので、形はよくわかりません。色は緑でした。

男: そうですか。他に何か覚えていますか。

女: はい。車の番号は64-79でした。

남: 도주한 자동차의 색깔이나 모양을 기억하고 있나요?

여: 전 자동차는 잘 몰라서 모양은 잘 모르겠어요. 색깔은 녹색이었어요.

남: 그래요? 그 외에 뭔가 기억나는 게 있나요?

여: 예. 자동차 번호는 64-79였어요.

해설 여자의 대답에서 단서가 나온다. 자동차의 색깔과 번호에 주목해야 하는데 여자가 목격한 자동차는 색깔이 녹색이고 번호가 64-79였다. 따라서 정답은 (C)가 된다. 참고로 자동차의 크기에 대한 언급은 없으므로 나머지 선택지는 제외.

어휘 逃(に)げる 도망가다. 도주하다　緑色(みどりいろ) 녹색　番号(ばんごう) 번호　黒(くろ)い 검다　色(いろ) 색깔　形(かたち) 모양, 형태　覚(おぼ)える 기억하다　詳(くわ)しい 잘 알고 있다. 정통하다

정답 1. (C)　2. (D)　3. (C)

4. 男の人はこのビルのどこでたばこを吸うことができますか。

(A) 応接室　　　　　　　　　(A) ＿＿＿＿＿＿＿＿（○ · ✕）

(B) 会議室　　　　　　　　　(B) ＿＿＿＿＿＿＿＿（○ · ✕）

(C) 廊下　　　　　　　　　　(C) ＿＿＿＿＿＿＿＿（○ · ✕）

(D) このビルの中では吸うことはできない。　(D) ＿＿＿＿＿＿＿＿（○ · ✕）

5. カンは何色の箱に入れますか。

(A) 黒い箱　　　　　　　　　(A) ＿＿＿＿＿＿＿＿（○ · ✕）

(B) 白い箱　　　　　　　　　(B) ＿＿＿＿＿＿＿＿（○ · ✕）

(C) 赤い箱　　　　　　　　　(C) ＿＿＿＿＿＿＿＿（○ · ✕）

(D) 青い箱　　　　　　　　　(D) ＿＿＿＿＿＿＿＿（○ · ✕）

6. 会議の場所はどこですか。

(A) 3階の社長室　　　　　　(A) ＿＿＿＿＿＿＿＿（○ · ✕）

(B) 3階の会議室　　　　　　(B) ＿＿＿＿＿＿＿＿（○ · ✕）

(C) 4階の社長室　　　　　　(C) ＿＿＿＿＿＿＿＿（○ · ✕）

(D) 4階の会議室　　　　　　(D) ＿＿＿＿＿＿＿＿（○ · ✕）

연습문제 ▌ **장소 · 사물 · 대상 파악**　🔊 메모하면서 들어 보세요.

4. 男：すみません。灰皿をお借りしたいのですが。

女：申し訳ございませんが、この応接室は禁煙ですので、おたばこはちょっと…。

男：では、これから伺う会議室の方では吸えますか。

女：いいえ。会議室の前の廊下に灰皿がありますので、そちらでお願いします。

남：실례합니다. 재떨이를 빌렸으면 하는데요.

여：죄송하지만, 이 응접실은 금연이라 담배는 좀….

남：그럼, 이제부터 갈 회의실 쪽에서는 피울 수 있나요?

여：아니요. 회의실 앞 복도에 재떨이가 있으니까, 그곳에서 부탁드려요.

해설 담배를 피울 수 있는 장소를 찾는 문제이다. 남자는 응접실에서 담배를 피우려고 했는데 여자는 금연이라 피울 수가 없다고 했다. 여자의 마지막 대화로 보아 담배는 회의실 앞의 복도에서 피울 수 있으므로 정답은 (C)가 된다.

어휘 ビル 빌딩　たばこを吸(す)う 담배를 피우다　応接室(おうせつしつ) 응접실　会議室(かいぎしつ) 회의실　廊下(ろうか) 복도　灰皿(はいざら) 재떨이　借(か)りる 빌리다　禁煙(きんえん) 금연　伺(うかが)う 찾아뵙다

5. 男：この瓶はどこに捨てればいいですか。

女：ああ、瓶やカンは捨てないで、この青い箱の中に入れてください。

男：はい。また使うんですね。では、古い新聞や紙はどうしますか。

女：新聞は白い箱、古い紙の方は黒い箱に入れてください。

남：이 병은 어디에 버리면 되나요?

여：아, 병이나 캔은 버리지 말고 이 파란 상자 안에 넣어 주세요.

남：예. 또 사용하는군요. 그럼, 오래된 신문이나 종이는 어떻게 하나요?

여：신문은 흰 상자, 헌 종이는 검은 상자에 넣어 주세요.

해설 사물에 따라 넣는 상자의 색깔을 정확히 청취해야 한다. 병이나 캔은 파란 상자 안에 넣고 오래된 신문은 흰 상자, 헌 종이는 검은 상자 안에 넣으라고 했으므로 정답은 (D)가 된다.

어휘 カン 캔　箱(はこ) 상자　入(い)れる 넣다　黒(くろ)い 검다　赤(あか)い 빨갛다　青(あお)い 파랗다　瓶(びん) 병　捨(す)てる 버리다　使(つか)う 사용하다　古(ふる)い 오래되다, 낡다　新聞(しんぶん) 신문　紙(かみ) 종이

6. 男：午後の会議に山田さんも出るんですか。

女：ええ、出る予定です。場所は3階の会議室ですよね。

男：はい、そうです。社長も出るらしいですよ。

女：えっ、社長も出るんですか。

남：오후 회의에 야마다 씨도 참석하나요?

여：네, 참석할 예정이에요. 장소는 3층 회의실이죠?

남：예, 맞아요. 사장님도 참석하신대요.

여：넷? 사장님도 참석하신다고요?

해설 장소를 파악하는 문제이다. 여자는 첫 번째 대화에서 오늘 회의 장소가 3층 회의실이 맞냐고 남자에게 확인했는데 이에 남자가 맞다고 했으므로 회의 장소는 3층 회의실임을 알 수 있다. 따라서 정답은 (B)가 된다.

어휘 場所(ばしょ) 장소　社長室(しゃちょうしつ) 사장실　出(で)る 출석하다, 참석하다　予定(よてい) 예정

주요 어휘 정리

한자	읽기	의미
☐ 机	つくえ	책상
☐ 本棚	ほんだな	책장
☐ 定期券	ていきけん	정기권
☐ 誕生日	たんじょうび	생일
☐ 引っ越し	ひっこし	이사
☐ 準備	じゅんび	준비
☐ 大体	だいたい	대충, 대략
☐ 日記	にっき	일기
☐ 逃げる	にげる	도망가다, 도주하다
☐ 番号	ばんごう	번호
☐ 形	かたち	모양, 형태
☐ 覚える	おぼえる	기억하다
☐ 廊下	ろうか	복도
☐ 灰皿	はいざら	재떨이
☐ 借りる	かりる	빌리다
☐ 禁煙	きんえん	금연
☐ 箱	はこ	상자
☐ 捨てる	すてる	버리다
☐ 古い	ふるい	오래되다, 낡다
☐ 場所	ばしょ	장소

UNIT 03 

▶ 유형 3 인물 관련

분석 및 전략

인물 관련 문제는 남녀의 대화를 듣고 인물의 특징이나 인물에 관한 정보를 찾는 문제로 매 시험 3문항 정도가 출제되고 있다. 이 유형의 문제들은 문제 부분에 나와 있는 성별만 잘 기억하고 있어도 크게 어렵지 않게 정답을 찾을 수 있는 문제들이 대부분이다. 따라서 우선 문제 부분의 성별을 잘 파악해 두고 그 성별에 관한 어떤 정보를 묻는지 기억한 다음에 들어야 실수가 없다.

자주 출제되는 유형으로는 인물의 특징, 직업, 형제 관계, 고민거리 등이 있는데 특히 최근에 많이 출제되는 유형은 인물의 특징을 묻는 문제이다. 이런 인물의 특징을 묻는 문제에서 주의를 해야 할 것은 대화에 등장하는 표현을 선택지에서는 유사한 의미의 다른 표현으로 제시하는 경우가 많다는 것이다. 그러므로 평소에 어떤 표현이 나오면 같은 의미나 유사한 의미의 표현으로 어떻게 바꿀 수 있는지 충분한 연습을 해 두어야 한다.

女：先週からアルバイトを始めました。
지난주부터 아르바이트를 시작했어요.

男：そうですか。どんなことをしていますか。
그래요? 어떤 일을 하고 있나요?

女：お皿を洗ったり料理を作ったりします。
설거지를 하거나 요리를 하거나 해요.

男：頑張ってくださいね。
열심히 하세요.

- -

女の人はどんなところでアルバイトをしていますか。
여자는 어떤 곳에서 아르바이트를 하고 있습니까?

(A) 郵便局
우체국

(B) 薬屋
약국

(C) 映画館
영화관

(D) レストラン
레스토랑

⋯▶ 여자가 어떤 곳에서 아르바이트를 하고 있는지 물었으므로 일단 여자 대화에 주목해야 한다. 여자의 두 번째 대화에서 설거지를 하거나 요리를 하거나 한다고 했으므로 여자는 레스토랑에서 일하고 있 다는 것을 알 수 있다.

先週(せんしゅう) 지난주　アルバイト(독일어 Arbeit) 아르바이트　始(はじ)める 시작하다
お皿(さら)を洗(あら)う 설거지를 하다　料理(りょうり)を作(つく)る 요리를 하다
頑張(がんば)る 분발하다, 열심히 하다

男 : 大阪から転勤して参りました佐々木です。どうぞよろしくお願いします。

오사카에서 전근 온 사사키입니다. 아무쪼록 잘 부탁드립니다.

女 : こちらこそ。東京は初めてじゃないそうですね。

저야말로. 도쿄는 처음이 아니라면서요?

男 : はい。就職後、すぐに大阪へ行きましたが、大学時代はこちらでした。

예. 취직 후 바로 오사카로 갔지만, 대학 시절은 여기에서 보냈습니다.

女 : そうですか。では、こちらにも詳しいんですね。

그래요? 그럼, 이쪽도 잘 아시겠네요.

- -

男の人について正しいものはどれですか。

남자에 대해서 올바른 것은 어느 것입니까?

(A) 学生時代を東京で過ごした。

학생 시절을 도쿄에서 보냈다.

(B) 生まれてからずっと大阪に住んでいた。

태어난 후로 계속 오사카에 살고 있었다.

(C) 初めて東京で生活をする。

처음으로 도쿄에서 생활을 한다.

(D) 出張先の大阪から東京へ帰ってきた。

출장지인 오사카에서 도쿄로 돌아왔다.

···▶ 남자의 첫 대화에서 오사카에서 도쿄로 전근 왔다는 것을 알 수 있고, 두 번째 대화를 통해 대학 시절을 도쿄에서 보냈다는 사실을 알 수 있다. 선택지에서는 「大学時代(だいがくじだい)」(대학 시절)를 「学生時代(がくせいじだい)」(학생 시절)로 바꿔 쓴 점에 주의.

転勤(てんきん) 전근　参(まい)る '오다, 가다'의 겸양어　初(はじ)めて 처음　就職(しゅうしょく) 취직
すぐに 바로, 곧　詳(くわ)しい 잘 알고 있다, 정통하다　過(す)ごす 지내다, 보내다　生(う)まれる 태어나다
ずっと 쭉, 계속　住(す)む 살다, 거주하다　生活(せいかつ) 생활　出張先(しゅっちょうさき) 출장지

女：お嬢さん、看護婦になられたそうですね。おめでとうございます。
따님, 간호사가 되셨다면서요? 축하드려요.

男：ありがとうございます。妻の勤めている病院に勤めることになりました。
고마워요. 아내가 근무하고 있는 병원에서 근무하게 되었어요.

女：ああ、奥さんはお医者さんでしたね。息子さんは。
아-, 사모님은 의사였죠? 아드님은?

男：息子は中学校で数学の先生をやっているんですよ。
아들은 중학교에서 수학 선생을 하고 있어요.

PART 3

男の人の奥さんの仕事は何ですか。
남자의 부인의 직업은 무엇입니까?

(A) 数学の先生
수학 선생

(B) 看護婦
간호사

(C) 病院の医者
병원 의사

(D) スチュワーデス
스튜어디스

···▶ 직업을 묻는 문제에서는 선택지의 직업이 대화에 나올 것이라는 전제 하에 듣는 습관을 길러야 한다. 선택지의 직업이 각각 누구의 직업인지를 확인하면서 대화를 들으면 쉽게 정답을 찾을 수 있는데, 이 문제에서는 여자의 두 번째 대화에서 남자의 부인이 의사인 것을 확인하는 내용이 나오므로 정답은 (C)가 된다. (A)는 남자의 아들, (B)는 남자의 딸의 직업이다.

お嬢(じょう)さん 따님 *남의 딸을 높여 이르는 말　看護婦(かんごふ) 간호사　妻(つま) 아내
勤(つと)める 근무하다　病院(びょういん) 병원　奥(おく)さん 부인, 사모님 *남의 부인을 높여 이르는 말
医者(いしゃ) 의사　息子(むすこ) 아들　中学校(ちゅうがっこう) 중학교　数学(すうがく) 수학
先生(せんせい) 선생(님)　スチュワーデス(stewardess) 스튜어디스

女：ねえ、武さん。武さんは、お兄さんと弟さんが1人ずついるんでしょう。
저기, 다케시 씨. 다케시 씨는 형님과 남동생이 한 명씩 있지?

男：いや、姉と兄が1人ずつだよ。
아니, 누나와 형이 한 명씩 있어.

女：えっ、そうだった。それで、どちらに似ているの。
어? 그랬구나. 그럼, 누구를 닮았어?

男：兄だね。母と兄と僕はすごくよく似ているって、よく言われるよ。
형이야. 어머니와 형과 나는 굉장히 많이 닮았다는 소리를 자주 들어.

男の人は兄弟が何人いますか。
남자는 형제가 몇 명 있습니까?

(A) 兄が1人と弟が1人
형 한 명과 남동생이 한 명

(B) 姉が1人と兄が1人
누나 한 명과 형이 한 명

(C) 兄が1人だけ
형 한 명뿐

(D) 姉が1人だけ
누나 한 명뿐

⋯ 남자의 형제 관계를 묻고 있으므로 일단 남자 대화에 주목해야 한다. 남자의 첫 번째 대화에서 누나와 형이 한 명씩 있다고 했으므로 정답은 (B)가 된다.

お兄(にい)さん (남의) 형, 오빠　弟(おとうと)さん (남의) 남동생　~ずつ ~씩　姉(あね) 누나, 언니
兄(あに) 형, 오빠　似(に)る 닮다　よく 매우, 아주　兄弟(きょうだい) 형제

1. 電話は誰からでしたか。

   (A) 郵便局の佐藤さん (A) _______________ （○・×）

   (B) 郵便局の田中さん (B) _______________ （○・×）

   (C) 銀行の田中さん (C) _______________ （○・×）

   (D) 銀行の佐藤さん (D) _______________ （○・×）

2. 山田さんは何をしていますか。

   (A) お茶を飲みながら新聞を読んでいる。 (A) _______________ （○・×）

   (B) お茶を飲みながら電話をしている。 (B) _______________ （○・×）

   (C) 女の人と話しながらお茶を飲んでいる。 (C) _______________ （○・×）

   (D) 女の人と話しながら本を並べている。 (D) _______________ （○・×）

3. 男の人について正しいものはどれですか。

   (A) 女の人の入院中にお見舞いに行った。 (A) _______________ （○・×）

   (B) 女の人の退院後、お見舞いに行った。 (B) _______________ （○・×）

   (C) 女の人の入院中に手紙を書いた。 (C) _______________ （○・×）

   (D) 女の人の入院中に花を送った。 (D) _______________ （○・×）

1.

女: あ、田中さん。佐藤さんから電話が来ましたよ。

男: え、銀行の佐藤さんですか。

女: いいえ、銀行の佐藤さんではなくて、郵便局の佐藤さんです。

男: ああ、そうですか。

여: 아, 다나카 씨. 사토 씨한테 전화가 왔었어요.

남: 네? 은행의 사토 씨 말인가요?

여: 아니요, 은행의 사토 씨가 아니라 우체국의 사토 씨요.

남: 아ー, 그래요?

해설 남자한테 전화를 건 사람의 이름과 근무처를 정확히 들어야 풀 수 있는 문제이다. 여자의 대화에서 전화를 한 사람은 사토 씨이며, 사토 씨는 우체국에 근무하고 있다고 했다. 따라서 정답은 (A)가 된다.

어휘 電話(でんわ) 전화 郵便局(ゆうびんきょく) 우체국 銀行(ぎんこう) 은행

2.

男: あのお茶を飲みながら新聞を読んでいる人は誰ですか。

女: あの人は山田さんです。

男: じゃ、どの人が加藤さんですか。

女: 今、女の人と話しながら本を並べている人が加藤さんです。

남: 차를 마시면서 신문을 읽고 있는 저 사람은 누군가요?

여: 저 사람은 야마다 씨예요.

남: 그럼, 누가 가토 씨인가요?

여: 지금 여자와 이야기하면서 책을 늘어놓고 있는 사람이 가토 씨예요.

해설 대화에서 두 인물이 등장하므로 이름을 정확히 듣고 정답을 찾아야 실수가 없는 문제이다. 야마다 씨는 차를 마시면서 신문을 읽고 있고, 가토 씨는 여자와 이야기하면서 책을 늘어놓고 있으므로 정답은 (A)가 된다.

어휘 お茶(ちゃ)を飲(の)む 차를 마시다 동사의 ます형+ながら ~하면서 新聞(しんぶん)を読(よ)む 신문을 읽다
話(はな)す 이야기하다 本(ほん) 책 並(なら)べる 늘어놓다

3.

男: ああ、退院されたんですね。もう大丈夫なんですか。

女: はい、おかげ様で、良くなりました。

男: 入院中はお見舞いに伺えなくて申し訳ありませんでした。

女: そんな。きれいなお花を送って頂いたので、本当に嬉しかったです。

남: 아ー, 퇴원하셨군요. 이제 괜찮으신가요?

여: 예, 덕분에 좋아졌어요.

남: 입원 중에는 문병을 못 가서 죄송했어요.

여: 아니에요. 예쁜 꽃을 보내 주셔서 정말로 기뻤어요.

해설 남자에 대한 설명 중에서 올바른 것을 찾는 문제이므로 두 사람의 대화에서 남자에 관한 정보를 잘 들어야 한다. 남자는 여자가 입원 중일 때 문병을 못 갔지만, 예쁜 꽃을 보내 주었다. 따라서 정답은 (D)가 된다.

어휘 入院(にゅういん) 입원 お見舞(みま)い 문병 退院(たいいん) 퇴원 手紙(てがみ)を書(か)く 편지를 쓰다 花(はな) 꽃
送(おく)る 보내다 大丈夫(だいじょうぶ) 괜찮음 おかげ様(さま)で 덕분에 伺(うかが)う 찾아뵙다 嬉(うれ)しい 기쁘다

정답 1. (A) 2. (A) 3. (D)

4. 松田さんはどんな人ですか。

    (A) とても真面目な人   (A) _______________ (〇・✕)

    (B) 面白いことばかり言う人   (B) _______________ (〇・✕)

    (C) 厳しくて、人に注意ばかりする人   (C) _______________ (〇・✕)

    (D) 誰にでも優しい人   (D) _______________ (〇・✕)

5. 男の人が日本に来た目的は何ですか。

    (A) 出張   (A) _______________ (〇・✕)

    (B) 観光   (B) _______________ (〇・✕)

    (C) 留学   (C) _______________ (〇・✕)

    (D) 転勤   (D) _______________ (〇・✕)

6. 女の人はどうして悩んでいますか。

    (A) 息子が多くの大学を受験するから   (A) _______________ (〇・✕)

    (B) 息子が受験に無関心だから   (B) _______________ (〇・✕)

    (C) 最近しばしば頭痛がするから   (C) _______________ (〇・✕)

    (D) 息子が他人に比べ勉強していないから   (D) _______________ (〇・✕)

PART 3

4.

女: 何を見て、笑っているんですか。

男: これ、うちの新しい会社案内書。松田の写真が出ているんだよ。

女: あら、本当ですね。とても真面目そうな顔をして。いつもと全然違う。

男: そうだろう。いつもは面白いことばかり言っているのにね。

여: 뭘 보고 웃고 있나요?

남: 이거, 우리 새 회사 안내서. 마쓰다 사진이 나와 있어.

여: 어머, 정말이네요. 아주 진지한 듯한 얼굴을 하고. 평소와 전혀 달라요.

남: 그렇지? 평소에는 재미있는 말만 하는데 말이야.

해설 두 사람의 대화를 통해 마쓰다 씨에 관한 정보를 찾아야 한다. 마쓰다 씨는 평소에는 재미있는 말만 하는 사람이지만, 새 회사 안내서에는 아주 진지한 얼굴을 하고 있었다. 따라서 정답은 재미있는 말만 하는 사람이라고 한 (B)가 된다.

어휘 真面目(まじめ) 성실함. 진지함　面白(おもしろ)い 재미있다　～ばかり ～만. ～뿐　厳(きび)しい 엄하다　注意(ちゅうい) 주의　優(やさ)しい 다정하다. 상냥하다　笑(わら)う 웃다　新(あたら)しい 새롭다　案内書(あんないしょ) 안내서　写真(しゃしん) 사진　全然(ぜんぜん) 전혀　違(ちが)う 다르다　いつも 평소

5.

女: パスポートを見せてください。どちらに滞在されますか。

男: 東京ホテルです。2週間、日本にいます。

女: 滞在目的は何ですか。

男: 観光地をあちこち回りたいと思っています。

여: 여권을 보여 주세요. 어디에 체재하시나요?

남: 도쿄 호텔이요. 2주간, 일본에 있을 거예요.

여: 체재 목적은 뭔가요?

남: 관광지를 여기저기 돌아다닐 생각이에요.

해설 공항의 입국심사대에서 일어날 수 있는 대화로, 여자가 남자에게 일본에 온 목적에 대해서 묻고 있다. 남자의 마지막 대화에서 관광지를 여기저기 돌아다닐 생각이라고 했으므로, 관광 목적으로 일본에 왔다는 것을 알 수 있다. 따라서 정답은 (B)가 된다.

어휘 目的(もくてき) 목적　出張(しゅっちょう) 출장　観光(かんこう) 관광　留学(りゅうがく) 유학　転勤(てんきん) 전근　パスポート(passport) 여권　見(み)せる 보이다　滞在(たいざい) 체재　あちこち 여기저기　回(まわ)る 차례로 돌다

6.

男: もうすぐ大学の入学試験が始まりますね。

女: ええ、それが頭痛の種なんです。

男: 息子さんもいらいらしているでしょう。

女: それが未だに他人事なんです。

남: 이제 곧 대학 입학 시험이 시작되는군요.

여: 네, 그게 두통의 원인이에요.

남: 아드님도 초조해하고 있죠?

여: 그게 아직도 남의 일처럼 생각해요.

해설 「他人事(たにんごと)」(남의 일. 자기와 관계없는 일)라는 표현을 알아듣는 것이 포인트. 두 사람의 대화 내용으로 보아, 여자는 아들이 곧 대학 입학 시험인데도 남의 일처럼 생각하고 있는 것이 고민이라는 것을 알 수 있다. 따라서 정답은 아들이 시험에 무관심하기 때문이라고 한 (B)가 된다.

어휘 悩(なや)む 고민하다　息子(むすこ) 아들　受験(じゅけん)する 시험을 보다　無関心(むかんしん) 무관심　しばしば 자주　頭痛(ずつう)がする 두통이 나다　他人(たにん) 타인. 다른 사람　～に比(くら)べ ～에 비해　勉強(べんきょう) 공부　もうすぐ 이제 곧　入学(にゅうがく) 입학　試験(しけん) 시험　始(はじ)まる 시작되다　種(たね) 원인　いらいら 안달하고 초조해하는 모양　未(いま)だに 아직도

정답 4. (B)　5. (B)　6. (B)

주요 어휘 정리

한자	읽기	의미
☐ お皿を洗う	おさらをあらう	설거지를 하다
☐ 転勤	てんきん	전근
☐ 就職	しゅうしょく	취직
☐ 勤める	つとめる	근무하다
☐ 並べる	ならべる	늘어놓다
☐ 入院	にゅういん	입원
☐ お見舞い	おみまい	문병
☐ 退院	たいいん	퇴원
☐ 送る	おくる	보내다
☐ 伺う	うかがう	찾아뵙다
☐ 真面目	まじめ	성실함, 진지함
☐ 注意	ちゅうい	주의
☐ 目的	もくてき	목적
☐ 観光	かんこう	관광
☐ 滞在	たいざい	체재
☐ 回る	まわる	차례로 돌다
☐ 悩む	なやむ	고민하다
☐ 受験する	じゅけんする	시험을 보다
☐ 頭痛がする	ずつうがする	두통이 나다
☐ 未だに	いまだに	아직도

UNIT 04
🎧 42.MP3

▶ 유형 4 일상생활

분석 및 전략

일상생활 관련 표현은 PART 3 회화문에서 출제 빈도가 가장 높은 유형으로 평균 7문항 정도가 출제되고 있다. 이 유형은 일상생활에서 일어날 수 있는 모든 장면이 문제가 될 수 있는데 그중에서도 특히 자주 출제되는 것이 물건 구입, 새롭게 시작하거나 배우고 있는 일, 길이나 도로의 안내, 행동이나 습관 등의 유형이다.

물건 구입 관련 문제는 단순히 구입한 물건을 물을 수도 있지만, 물건에 대한 불평 · 불만 등을 묻는 경우도 많이 출제되므로 어떤 문제점이 있는지 정확히 파악할 줄 알아야 한다.

새롭게 시작하거나 배우고 있는 일은 그 내용이 어떤 것인지를 물으므로 두 사람의 대화를 종합해서 새롭게 시작하거나 배우고 있는 일이 무엇인지, 혹은 그 일로 인해 야기되는 문제점은 무엇인지 등을 정확히 청취해야 한다.

길이나 도로의 안내는 보통 51~55번 사이에 출제되는 유형으로 방향이나 위치 관계에 주의하면서 들어야 실수가 없다. 자주 출제되는 표현으로는 「右(みぎ)に曲(ま)がる」(오른쪽으로 돌다), 「角(かど)を曲(ま)がる」(모퉁이를 돌다), 「直進(ちょくしん)する」(직진하다), 「まっすぐ」(곧장) 등의 표현이 있다.

마지막으로 행동이나 습관에 관련된 문제는 과거에 했던 일이나 규칙적으로 하고 있는 일을 묻는 문제가 많이 출제되므로 관련된 어휘를 정리해 두도록 하자.

男：昨日、散歩をしながら写真を撮りました。
어제 산책을 하면서 사진을 찍었어요.

女：そうですか。とてもいい天気でしたからね。
그래요? 아주 날씨가 좋았으니까요.

男：佐藤さんは昨日、何をしましたか。
사토 씨는 어제 뭘 했나요?

女：私は家で掃除をしたり、料理をしたりしました。
전 집에서 청소를 하거나 요리를 하거나 했어요.

女の人は昨日何をしましたか。
여자는 어제 무엇을 했습니까?

(A) 散歩をしたり、本を読んだりした。
산책을 하기도 하고 책을 읽기도 했다.

(B) 掃除をしたり、料理をしたりした。
청소를 하기도 하고 요리를 하기도 했다.

(C) スポーツをしたり、料理をしたりした。
운동을 하기도 하고 요리를 하기도 했다.

(D) 写真を撮ったり、買い物をしたりした。
사진을 찍기도 하고 쇼핑을 하기도 했다.

⋯ 여자가 어제 무엇을 했는지 묻고 있으므로 여자의 대화에 단서가 있을 것임을 예상하고 들어야 한다.
남자는 어제 산책을 하면서 사진을 찍었다고 했고, 여자는 집에서 청소와 요리를 했다고 했다.

散歩(さんぽ) 산책　写真(しゃしん)を撮(と)る 사진을 찍다　天気(てんき) 날씨　掃除(そうじ) 청소
料理(りょうり) 요리　〜たり〜たりする 〜하거나 〜하거나 하다　スポーツ(sports) 스포츠, 운동
買(か)い物(もの)をする 쇼핑을 하다

男：今年は絶対、英語が上手になるように頑張るつもりなんだ。
올해는 반드시 영어가 능숙해지도록 분발할 생각이야.

女：本当。去年も同じことを言って、何もしなかったわよ。
정말? 작년에도 같은 말을 하고서 아무것도 안 했잖아.

男：君の方は新しいことを始めても、なかなか続かないよね。
너는 새로운 일을 시작해도 좀처럼 오래가지 않지.

女：あら、私は忙しくて続けたくても続けられないのよ。
어머? 나는 바빠서 계속하고 싶어도 계속할 수가 없는 거야.

2人について正しいものはどれですか。
두 사람에 대해서 올바른 것은 어느 것입니까?

(A) 2人とも新しいことが好きだ。
두 사람 모두 새로운 일을 좋아한다.

(B) 女の人は去年から英語を習っている。
여자는 작년부터 영어를 배우고 있다.

(C) 2人とも、長い間続けていることがある。
두 사람 모두 오랫동안 계속하고 있는 일이 있다.

(D) 男の人は去年、英語を勉強しなかった。
남자는 작년에 영어를 공부하지 않았다.

⋯▸ 여자의 첫 번째 대화에서 남자가 작년에도 올해와 마찬가지로 영어 공부를 열심히 하겠다고 하고는 실행에 옮기지 않았다는 것을 알 수 있다.

絶対(ぜったい) 꼭, 반드시　上手(じょうず) 잘함, 능숙함　頑張(がんば)る 분발하다, 열심히 하다
つもり 생각, 작정　同(おな)じ 같음　新(あたら)しい 새롭다　始(はじ)める 시작하다　なかなか 좀처럼
続(つづ)く 계속되다　続(つづ)ける 계속하다　習(なら)う 배우다　長(なが)い 間(あいだ) 오랫동안

男：そんなに急いで帰るなんて、約束でもあるんですか。
그렇게 서둘러 돌아가다니 약속이라도 있나요?

女：ええ。今、夜間の自動車学校に通っているんです。
네. 지금 야간 운전면허학원에 다니고 있어요.

男：えっ、車の免許、持っていますよね。中型バイクの免許でも取るんですか。
어? 자동차 면허 갖고 있잖아요? 중형 오토바이 면허라도 따요?

女：いえ、長い間全く運転していなくて、不安なので練習してるんですよ。
아뇨, 오랫동안 전혀 운전을 하지 않아 불안해서 연습하고 있어요.

女の人はなぜ自動車学校に通っていますか。
여자는 왜 운전면허학원에 다니고 있습니까?

(A) 自動車の一般免許を取るため
자동차 일반 면허를 따기 위해서

(B) 中型バイクの免許を取るため
중형 오토바이 면허를 따기 위해서

(C) 自動車の運転に自信がないため
자동차 운전에 자신이 없기 때문에

(D) 仕事に必要な特殊免許を取るため
업무에 필요한 특수 면허를 따기 위해서

⋯ 남자의 두 번째 대화에서 여자가 운전면허를 가지고 있다는 것을 알 수 있다. 따라서 (A)는 일단 정답에서 제외된다. 이어지는 여자의 대화에서 오랫동안 전혀 운전을 하지 않아서 불안해서 연습을 하고 있다는 말을 통해 (C)가 정답이라는 것을 알 수 있다.

急(いそ)ぐ 서두르다　約束(やくそく) 약속　夜間(やかん) 야간
自動車学校(じどうしゃがっこう) 자동차학교, 운전면허학원　～に通(かよ)う ～에 다니다　免許(めんきょ) 면허
中型(ちゅうがた)バイク(bike) 중형 오토바이　取(と)る (면허 등을) 따다　全(まった)く 전혀
不安(ふあん) 불안　練習(れんしゅう) 연습　一般(いっぱん) 일반　自信(じしん) 자신　必要(ひつよう) 필요
特殊(とくしゅ) 특수

女：最近、お住まいをリフォームされたそうですね。
최근에 집을 리폼하셨다면서요.

男：ええ、親がもう年なのでつまずかないように家中の敷居をなくしたんです。
네, 부모님이 이제 연세가 있으셔서 발이 걸려 넘어지지 않도록 온 집 안의 문지방을 없앴어요.

女：敷居のわずかな段差も子供や老人には大きな障害になりますからね。
문지방의 약간의 단차도 아이나 노인에게는 큰 장애가 되니까요.

男：もし車椅子を使うようになっても自由に移動できるように配慮したんです。
만약 휠체어를 사용하게 되더라도 자유롭게 이동할 수 있도록 배려했어요.

男の人はどんな改築をしましたか。
남자는 어떤 개축을 했습니까?

(A) 壁を取って部屋を広くした。
벽을 허물고 방을 넓혔다.

(B) 家の中の段差をなくした。
집 안의 단차를 없앴다.

(C) 階段に手すりを付けた。
계단에 손잡이를 달았다.

(D) 床を滑りにくいものに変えた。
마루를 미끄러지지 않는 것으로 바꿨다.

⋯▶ 「敷居(しきい)」(문지방, 문턱)라는 단어가 포인트. 남자는 부모님이 이제 나이가 있어서 발이 걸려 넘어지지 않도록 집 안의 모든 문지방을 없앴다고 했으므로, 집 안의 단차를 없애는 개축을 했다는 것을 알 수 있다.

お住(す)まい 사는 곳, 집　リフォーム(reform) 리폼　親(おや) 부모　つまずく 발이 걸려 넘어지다
なくす 없애다　わずか 조금, 약간　段差(だんさ) 단차　老人(ろうじん) 노인　障害(しょうがい) 장애
車椅子(くるまいす) 휠체어　使(つか)う 사용하다　自由(じゆう)に 자유롭게　移動(いどう) 이동
配慮(はいりょ) 배려　改築(かいちく) 개축　壁(かべ) 벽　取(と)る 없애다, 제거하다　広(ひろ)い 넓다
階段(かいだん) 계단　手(て)すり 손잡이, 난간　付(つ)ける 설치하다　床(ゆか) 마루, 바닥
滑(すべ)る 미끄러지다　동사의 ます형+にくい ～하기 어렵다　変(か)える 바꾸다

1. 本は誰のですか。

    (A) 女の人のお姉さん   (A) ＿＿＿＿＿＿＿＿＿　（○・×）

    (B) 女の人のお兄さん   (B) ＿＿＿＿＿＿＿＿＿　（○・×）

    (C) 女の人の妹さん   (C) ＿＿＿＿＿＿＿＿＿　（○・×）

    (D) 女の人の弟さん   (D) ＿＿＿＿＿＿＿＿＿　（○・×）

2. どうして男の人は喜んでいるのですか。

    (A) 給料が上がったから   (A) ＿＿＿＿＿＿＿＿＿　（○・×）

    (B) 子供ができたから   (B) ＿＿＿＿＿＿＿＿＿　（○・×）

    (C) 秋に結婚するから   (C) ＿＿＿＿＿＿＿＿＿　（○・×）

    (D) 3人目の子供が生まれるから (D) ＿＿＿＿＿＿＿＿＿　（○・×）

3. なぜ男の人は映画の切符代をもらいませんで
    したか。

    (A) 切符は男の人が友達にもらったものだから (A) ＿＿＿＿＿＿＿＿＿　（○・×）

    (B) 女の人の誕生日だったから (B) ＿＿＿＿＿＿＿＿＿　（○・×）

    (C) 女の人がお金を持っていなかったから (C) ＿＿＿＿＿＿＿＿＿　（○・×）

    (D) 男の人が間違えて切符を2枚買ったから (D) ＿＿＿＿＿＿＿＿＿　（○・×）

1.

男: いつも本を読んでいますね。今、何の本を読んでいますか。

女: これですか。中国の本です。兄の本ですが、面白いですよ。

男: じゃ、後でそれを貸してくださいませんか。

女: ええ、いいですよ。

남: 항상 책을 읽고 있네요. 지금 무슨 책을 읽고 있나요?

여: 이거 말인가요? 중국 책이에요. 오빠 책인데 재미있어요.

남: 그럼, 나중에 그 책 빌려 주시지 않겠어요?

여: 네, 좋아요.

해설 문제에서 누구의 책인지 묻고 있으므로 책의 소유주를 정확하게 청취해야 한다. 여자가 읽고 있는 책은 오빠의 것이라고 했다. 따라서 정답은 (B)가 된다.

어휘 本(ほん) 책　読(よ)む 읽다　中国(ちゅうごく) 중국　面白(おもしろ)い 재미있다　後(あと)で 나중에　貸(か)す 빌려 주다

2.

女: どうしたんですか。にこにこして。何かいいことでもあったんですか。

男: まだ誰にも言ってないんですけど、秋に初めて子供が生まれるんですよ。

女: まあ、おめでとう。結婚式の時、子供は3人欲しいと言っていましたよね。

男: ええ。だからもっと仕事しないといけないって思っているんですよ。

여: 무슨 일이에요? 싱글벙글하고. 뭔가 좋은 일이라도 있었나요?

남: 아직 아무에게도 말하지 않았는데, 가을에 첫 아이가 태어나요.

여: 어머, 축하드려요. 결혼식 때 아이는 3명 원한다고 하셨죠?

남: 네. 그래서 좀 더 일을 해야겠다고 생각하고 있어요.

해설 두 사람의 대화로 보아 남자에게 가을에 첫 아이가 태어난다는 것을 알 수 있으므로 정답은 (B)가 된다. 참고로 급여 인상에 관한 얘기는 없으므로 (A)는 오답이 되고, 이미 결혼을 한 상태이고, 첫 아이라고 했으므로 (C)와 (D) 역시 정답과는 거리가 먼 응답이 된다.

어휘 給料(きゅうりょう) 월급, 급여　上(あ)がる 올라가다　子供(こども)ができる 아이가 생기다　~目(め) ~째 *순서를 나타냄
生(う)まれる 태어나다　にこにこ 싱글벙글　欲(ほ)しい 원하다, 갖고 싶다　だから 따라서
~ないといけない ~하지 않으면 안 된다, ~해야 한다

3.

男: 映画、面白かったですね。どうでしたか。

女: とても面白かったです。あっ、映画の切符代はいくらでしたか。

男: いいえ。お金は要りませんよ。誕生日のプレゼントですから。

女: えっ、自分でも忘れていたわ。ありがとう。

남: 영화, 재미있었죠. 어땠어요?

여: 너무 재미있었어요. 아, 영화표값은 얼마였나요?

남: 아니요. 돈은 됐어요. 생일 선물이니까요.

여: 어? 저도 잊고 있었어요. 고마워요.

해설 영화를 본 후의 대화로 여자가 남자에게 표값을 주려고 하는데 남자는 생일 선물이니까 돈은 괜찮다고 말하고 있다. 따라서 정답은 (B)가 된다.

어휘 映画(えいが) 영화　切符(きっぷ) 표　~代(だい) ~값　誕生日(たんじょうび) 생일　間違(まちが)える 틀리다, 잘못하다
要(い)る 필요하다　プレゼント(present) 선물　自分(じぶん) 나, 저　忘(わす)れる 잊다

정답 1. (B)　2. (B)　3. (B)

4.　女の人は何が知りたいですか。

　　(A)　岡田さんが午後いるかどうか　　　　(A) ＿＿＿＿＿＿＿＿＿　（〇・✕）

　　(B)　男の人に郵便が届いているかどうか　(B) ＿＿＿＿＿＿＿＿＿　（〇・✕）

　　(C)　自分が書いた郵便が送られたかどうか　(C) ＿＿＿＿＿＿＿＿＿　（〇・✕）

　　(D)　自分に郵便が届いているかどうか　　(D) ＿＿＿＿＿＿＿＿＿　（〇・✕）

5.　ガラスはどうして割れましたか。

　　(A)　風で木が倒れて　　　　　　　　　(A) ＿＿＿＿＿＿＿＿＿　（〇・✕）

　　(B)　子供が投げた石が当たって　　　　(B) ＿＿＿＿＿＿＿＿＿　（〇・✕）

　　(C)　女の人が何かをぶつけて　　　　　(C) ＿＿＿＿＿＿＿＿＿　（〇・✕）

　　(D)　ボールが当たって　　　　　　　　(D) ＿＿＿＿＿＿＿＿＿　（〇・✕）

6.　胃薬はいつ飲みますか。

　　(A)　食事の前　　　　　　　　　　　　(A) ＿＿＿＿＿＿＿＿＿　（〇・✕）

　　(B)　食事と食事の間　　　　　　　　　(B) ＿＿＿＿＿＿＿＿＿　（〇・✕）

　　(C)　食事の後　　　　　　　　　　　　(C) ＿＿＿＿＿＿＿＿＿　（〇・✕）

　　(D)　寝る前　　　　　　　　　　　　　(D) ＿＿＿＿＿＿＿＿＿　（〇・✕）

4.

女: 私に郵便が届いていないですか。今日来るはずなんですが。

男: いいえ。今日はまだ何も届いていませんよ。

女: そうですか。じゃ、もし届いたら私に教えてくださいますか。

男: ええ。でも私も午後は外出するので、岡田さんに伝えておきます。

여: 저한테 우편물 온 거 없나요? 오늘 올 게 있거든요.

남: 아니오. 오늘은 아직 아무것도 안 왔어요.

여: 그래요? 그럼, 만약 오면 저한테 알려 주시겠어요?

남: 네. 근데 저도 오후에는 외출하니까 오카다 씨에게 전해 둘게요.

해설 여자가 무엇을 알고 싶어 하는지 묻고 있으므로 여자의 대화에 주목해야 한다. 여자는 우편물의 도착 여부를 알고 싶어 하므로 정답은 (D)가 된다. 참고로, 우편물을 받을 사람은 여자이지 남자가 아니므로 (B)는 답이 될 수 없다.

어휘 郵便(ゆうびん) 우편, 우편물 届(とど)く 도착하다 送(おく)る 보내다 ～はず ～할 예정 外出(がいしゅつ) 외출 伝(つた)える 전하다 ～ておく ～해 두다

5.

男: 昨夜はひどい風でしたね。家のそばの木が倒れていましたよ。

女: 本当にひどかったですね。あ、そこの窓ガラスが割れているので気を付けて。

男: 風で何か飛んできたんですか。

女: いいえ。誰かが投げたボールが当たったんですよ。

남: 어젯밤은 바람이 심했죠. 집 옆의 나무가 쓰러져 있었어요.

여: 정말로 심했죠. 아, 거기 창유리가 깨져 있으니까 조심하세요.

남: 바람 때문에 뭔가 날아왔나요?

여: 아니요. 누군가가 던진 공이 창문에 맞았어요.

해설 대화 앞부분에 나오는 바람이 심했다는 것은 오답을 유도하기 위한 함정이므로 끝까지 잘 듣고 풀어야 하는 문제이다. 여자의 마지막 대화에서 창유리가 깨진 이유는 누군가가 던진 공이 창문에 맞았기 때문이라고 했으므로 정답은 (D)가 된다.

어휘 ガラス(네덜란드어 glas) 유리 割(わ)れる 깨지다 風(かぜ) 바람 木(き) 나무 倒(たお)れる 쓰러지다, 넘어지다 投(な)げる 던지다 石(いし) 돌 当(あ)たる 맞다 ぶつける 부딪치다 ボール(ball) 공 昨夜(ゆうべ) 어젯밤 ひどい 심하다 窓(まど)ガラス 창유리 気(き)を付(つ)ける 조심하다, 주의하다 飛(と)ぶ 날다

6.

女: はい、お薬ですよ。緑色の薬は食後に一つ、粉薬は寝る前に飲んでください。

男: わかりました。あのう、胃の薬も入っていませんか。

女: あっ、胃薬はこちらです。必ず食前に飲んでください。

男: どうもありがとうございます。

여: 여기 약이에요. 녹색 약은 식후에 하나, 가루약은 자기 전에 드세요.

남: 알겠습니다. 저, 위장약도 들어 있지 않나요?

여: 아, 위장약은 여기 있어요. 반드시 식사 전에 드세요.

남: 정말 고맙습니다.

해설 대화에 등장하는 약 별로 언제 먹는지를 잘 구분해야 한다. 녹색 약은 식후에 하나를 먹고, 가루약은 자기 전에 먹으며, 위장약은 식사 전에 먹어야 한다. 문제는 위장약을 묻고 있으므로 정답은 (A)가 된다.

어휘 胃薬(いぐすり) 위장약 飲(の)む (약을) 먹다, 복용하다 食事(しょくじ) 식사 寝(ね)る 자다 薬(くすり) 약 緑色(みどりいろ) 녹색 食後(しょくご) 식후 粉薬(こなぐすり) 가루약 必(かなら)ず 반드시 食前(しょくぜん) 식전

정답 4. (D) 5. (D) 6. (A)

주요 어휘 정리

한자	읽기	의미
☐ 掃除	そうじ	청소
☐ 絶対	ぜったい	꼭, 반드시
☐ 約束	やくそく	약속
☐ 〜に通う	〜にかよう	〜에 다니다
☐ 取る	とる	(면허 등을) 따다
☐ 特殊	とくしゅ	특수
☐ 障害	しょうがい	장애
☐ 配慮	はいりょ	배려
☐ 滑る	すべる	미끄러지다
☐ 生まれる	うまれる	태어나다
☐ 忘れる	わすれる	잊다
☐ 届く	とどく	도착하다
☐ 外出	がいしゅつ	외출
☐ 伝える	つたえる	전하다
☐ 割れる	われる	깨지다
☐ 倒れる	たおれる	쓰러지다, 넘어지다
☐ 気を付ける	きをつける	조심하다, 주의하다
☐ 投げる	なげる	던지다
☐ 粉薬	こなぐすり	가루약
☐ 食前	しょくぜん	식전

UNIT 05 🎧 43.MP3

▶ 유형 5 전화 관련 대화

POINT 자주 나오는 표현은 숙지해 두고 대화를 끝까지 잘 들을 것!

분석 및 전략

전화 관련 대화는 두 사람의 대화를 통해 주어진 정보를 찾아내는 문제로, 평균 2문항 정도가 출제되고 있다. 출제 유형별로 보면 뭔가를 부탁하거나 문의하는 대화가 가장 많이 출제되고, 기타 불평이나 불만, 정보 전달, 약속 변경 등이 출제되고 있다.

이 유형은 무엇보다도 전화 관련 표현을 숙지해 두는 것이 중요하다. 자주 출제되는 표현으로는 「席(せき)を外(はず)す」(자리를 비우다), 「取(と)り次(つ)ぐ」(연결하다), 「電話(でんわ)が遠(とお)い」(전화 감이 멀다), 「折(お)り返(かえ)し」((받은) 즉시, 바로), 「伝言(でんごん)」(전언, 전하는 말) 등의 표현이 있는데 전부 실제 시험에 출제된 적이 있는 만큼 숙지해 두도록 하자. 또한 지금까지의 기출 문제를 분석해 보면 대체적으로 마지막 대화에서 정답이 나오는 경우가 많으므로 성급하게 정답을 고르지 말고 대화를 끝까지 잘 들도록 하자.

男 : もしもし、お客様で鈴木さんという女の方を呼んでいただきたいんですが。
여보세요, 손님 중에 스즈키 씨라는 여자 분을 불러 주셨으면 하는데요.

女 : 鈴木様はどんな方ですか。
스즈키 님은 어떤 분인가요?

男 : 25歳ぐらいで、髪が長くて、白いブラウスを着ています。
25세 정도로 머리가 길고 흰 블라우스를 입고 있습니다.

女 : わかりました。少しお待ちください。
알겠습니다. 잠시 기다려 주십시오.

鈴木さんはどんな人ですか。
스즈키 씨는 어떤 사람입니까?

(A) 35歳ぐらいの女の人で、髪が長い。
35세 정도의 여자로 머리가 길다.

(B) 35歳ぐらいの男の人で、背が高い。
35세 정도의 남자로 키가 크다.

(C) 25歳ぐらいの女の人で、白いスカートをはいている。
25세 정도의 여자로 흰 스커트를 입고 있다.

(D) 25歳ぐらいの女の人で、白いブラウスを着ている。
25세 정도의 여자로 흰 블라우스를 입고 있다.

⋯▶ 스즈키 씨가 어떤 사람인지를 묻는 문제. 남자의 대화에 단서가 들어 있는데 첫 번째 대화에서 스즈키 씨가 여자라는 것을 알 수 있고, 두 번째 대화에서 나이는 25세 정도이고 머리가 길며 흰 블라우스를 입고 있다는 것을 알 수 있다.

呼(よ)ぶ 부르다　髪(かみ) 머리카락　長(なが)い 길다　白(しろ)い 희다　ブラウス(blouse) 블라우스
着(き)る 입다　背(せ)が高(たか)い 키가 크다　スカート(skirt) 스커트　はく (바지나 치마를) 입다

男：もしもし、藤田工業の川村ですが、山田さん、いらっしゃいますか。

여보세요, 후지타 공업의 가와무라입니다만, 야마다 씨 계신가요?

女：あいにく、只今外出中ですので、後程、こちらからお電話いたしますが。

공교롭게도 지금 외출 중이어서 나중에 이쪽에서 전화를 드리겠습니다만.

男：いえ、御社のビル工事の件でちょっとお伝えいただければかまわないんですが。

아뇨, 귀사의 빌딩 공사 건으로 간단히 전해 주시기만 하면 됩니다만.

女：では、野村という者に代わりますので、少々、お待ちください。

그럼, 노무라라는 사람을 바꿔 드릴 테니 잠시 기다려 주세요.

男の人はこれからどうしますか。

남자는 지금부터 어떻게 합니까?

(A) 山田さんに電話をしてもらう。

야마다 씨에게 전화를 하라고 한다.

(B) 山田さんにまた電話をする。

야마다 씨에게 다시 전화를 한다.

(C) 野村さんと話す。

노무라 씨와 이야기한다.

(D) 女の人に山田さんへの用件を伝える。

여자에게 야마다 씨한테 전할 용건을 전달한다.

···▶ 이 문제는 대화를 끝까지 잘 들어야 정답을 찾을 수 있다. 남자가 통화하기를 원하는 야마다 씨가 외출 중이어서 여자가 나중에 이쪽에서 전화를 하도록 하겠다고 하자, 남자는 용건만 전하면 된다고 했다. 이에 여자가 노무라 씨를 바꿔 주겠다고 했으므로 결국 남자는 노무라 씨에게 용건을 전하게 된다.

工業(こうぎょう) 공업　只今(ただいま) 지금, 현재　外出(がいしゅつ) 외출　後程(のちほど) 나중에
御社(おんしゃ) 귀사　ビル 빌딩　工事(こうじ) 공사　件(けん) 건　伝(つた)える 전하다
かまわない 상관없다. 괜찮다　代(か)わる (전화를) 바꾸다　用件(ようけん) 용건

男：もしもし、あのう書留の不在通知書が届いていたんですが…。
여보세요, 저, 등기 부재 통지서가 와 있는데요….

女：受け取りにいらっしゃる場合は1週間お預かり致しますが、再配達もできます。
찾으러 오실 경우에는 일주일 보관합니다만, 재배달도 가능합니다.

男：自宅は留守が多いので、勤務先に転送してもらうこともできますか。
자택은 부재중인 경우가 많으니까, 근무지로 전송해 받을 수도 있나요?

女：はい。では、ご住所の方を伺えますか。
예. 그럼, 주소를 여쭤도 될까요?

男の人は書留をどうすることにしましたか。
남자는 등기를 어떻게 하기로 했습니까?

(A) 勤務先に送ってもらうことにした。
근무지로 배달받기로 했다.

(B) 自宅に再配達してもらうようにした。
자택으로 재배달받도록 했다.

(C) 郵便局まで受け取りに行くことにした。
우체국까지 찾으러 가기로 했다.

(D) 送り主に返送することにした。
보낸 사람에게 반송하기로 했다.

···▶ 남자가 등기 우편을 어떻게 하기로 했는지 묻고 있으므로 남자의 대화에 주목해야 한다. 먼저 여자의 대화에서 직접 찾으러 오거나 재배달이라는 방법이 제시되었지만, 남자는 근무지로 전송해 받기를 원했다.

書留(かきとめ) 등기 우편　不在(ふざい) 부재　通知書(つうちしょ) 통지서　届(とど)く 도착하다
受(う)け取(と)る 받다, 수취하다　預(あず)かる 보관하다　再配達(さいはいたつ) 재배달　自宅(じたく) 자택
留守(るす) 부재중　多(おお)い 많다　勤務先(きんむさき) 근무지　転送(てんそう) 전송　住所(じゅうしょ) 주소
伺(うかが)う 여쭙다　送(おく)る 보내다　郵便局(ゆうびんきょく) 우체국　送(おく)り主(ぬし) 보낸 사람
返送(へんそう) 반송

女 : もしもし、川村ですが。

여보세요, 가와무라입니다만.

男 : 川村さん、頼んだサンプルがまた届いていないんだよ。

가와무라 씨, 부탁한 샘플이 아직 도착하지 않았어.

女 : 申し訳ございません。社内の連絡ミスがありまして。

죄송합니다. 사내의 연락 실수가 있어서요.

男 : こんなことが度々あると、契約も考え直さざるを得ないね。

이런 일이 자주 발생하면 계약도 다시 생각할 수밖에 없어.

この契約はどうなりますか。

이 계약은 어떻게 됩니까?

(A) 続行は絶望的で、新規契約を取る必要がある。

유지는 절망적으로 신규 계약을 따낼 필요가 있다.

(B) 即座に破棄され、損害賠償が請求される。

당장 파기되어 손해 배상이 청구된다.

(C) 差し当たり続行するが、白紙に戻る恐れもある。

당분간 유지하지만, 백지로 돌아갈 우려도 있다.

(D) 取り敢えず解除し、再度契約を結び直す。

일단 해지하고 다시 계약을 체결한다.

…▸ 남자의 마지막 대화에서 정답을 찾을 수 있는 문제이다. 남자가 부탁한 샘플은 여자의 회사 내의 연락 실수로 도착하지 않았다. 이에 남자가 이런 일이 자주 발생하면 계약도 다시 생각할 수밖에 없다고 했으므로 계약은 우선 유지하지만 백지로 돌아갈 우려도 있다는 것을 알 수 있다.

頼(たの)む 부탁하다　サンプル(sample) 샘플　社内(しゃない) 사내　連絡(れんらく) 연락

ミス(miss) 미스, 실수　度々(たびたび) 자주　契約(けいやく) 계약　考(かんが)える 생각하다

동사의 ます형+直(なお)す 다시 ~하다　동사의 ない형+ざるを得(え)ない ~하지 않을 수 없다. ~해야만 한다

続行(ぞっこう) 속행, 계속하여 행함　絶望的(ぜつぼうてき) 절망적　新規(しんき) 신규　即座(そくざ)に 당장

破棄(はき) 파기　損害賠償(そんがいばいしょう) 손해 배상　請求(せいきゅう) 청구

差(さ)し当(あ)たり 우선, 당분간　白紙(はくし)に戻(もど)る 백지로 돌아가다　恐(おそ)れ 우려, 염려

取(と)り敢(あ)えず 일단, 우선　解除(かいじょ) 해제, 해지　再度(さいど) 재차, 다시　結(むす)ぶ 맺다, 체결하다

1. 男の人はどこで待ちますか。

   (A) 駅の東口のデパートの中　　(A) ______________ （○・×）

   (B) デパートの前　　(B) ______________ （○・×）

   (C) 駅の南口　　(C) ______________ （○・×）

   (D) 本屋の前　　(D) ______________ （○・×）

2. 男の人は誰に電話しましたか。

   (A) 田中さんと岡田さん　　(A) ______________ （○・×）

   (B) 田中さん　　(B) ______________ （○・×）

   (C) 岡田さん　　(C) ______________ （○・×）

   (D) 鈴木さん　　(D) ______________ （○・×）

3. 女の人はどうしますか。

   (A) 2人分のご飯を作って、先に食べる。　　(A) ______________ （○・×）

   (B) 自分の分だけご飯を作って食べる。　　(B) ______________ （○・×）

   (C) 2人分のご飯を作って、男の人の帰りを待
   つ。　　(C) ______________ （○・×）

   (D) 男の人の会社にお弁当を持っていく。　　(D) ______________ （○・×）

PART 3

1.

男: もしもし、加藤です。今、駅に着きました。

女: そうですか。じゃ、駅の東口を出てください。

男: わかりました。ああ、東口を出てすぐ右にデパートがあ
ります。

女: そのデパートの隣に本屋がありますから、その前で待っ
ていてください。

남: 여보세요, 가토예요. 지금 역에 도착했어요.

여: 그래요? 그럼, 역 동쪽 출구로 나오세요.

남: 알겠어요. 아ー, 동쪽 출구를 나와서 바로
오른쪽에 백화점이 있어요.

여: 그 백화점 옆에 서점이 있으니까 그 앞에서
기다리고 계세요.

해설 남자가 어디서 기다리면 되는지 물었으므로 대화에 등장하는 장소를 잘 들어야 한다. 남자가 역에 막 도착해서 전화하는 상황으로
여자가 동쪽 출구로 나오라고 했다. 동쪽 출구를 나오면 바로 오른쪽에 백화점이 있고 그 백화점 옆에는 서점이 있는데 여자가 그
서점 앞에서 기다리고 있으라고 했으므로 남자는 서점 앞에서 기다리면 된다. 따라서 정답은 (D).

어휘 待(ま)つ 기다리다　駅(えき) 역　東口(ひがしぐち) 동쪽 출구　南口(みなみぐち) 남쪽 출구　着(つ)く 도착하다　右(みぎ) 오른쪽
隣(となり) 옆　本屋(ほんや) 서점

2.

女: もう田中さんと岡田さんに電話しましたか。

男: 岡田さんには電話しましたが、田中さんにはまだです。

女: いつ電話しますか。

男: この手紙を鈴木さんに渡した後で電話します。

여: 벌써 다나카 씨와 오카다 씨에게 전화했나
요?

남: 오카다 씨한테는 전화했지만, 다나카 씨한
테는 아직이에요.

여: 언제 전화할 거예요?

남: 이 편지를 스즈키 씨에게 건네준 후에 전
화할게요.

해설 남자가 누구한테 전화했는지를 묻고 있다. 남자는 오카다 씨에게는 전화를 했지만 다나카 씨에게는 아직 하지 않은 상태로, 편지를
스즈키 씨에게 건네 준 후에 다나카 씨에게 전화를 할 예정이다. 따라서 정답은 (C)가 된다.

어휘 もう 이미, 벌써　まだ 아직　手紙(てがみ) 편지　渡(わた)す 건네주다

3.

女: はい、もしもし。鈴木ですが。

男: ああ、僕だけど、今晩少し遅くなるから、1人で先に食べ
て。

女: わかったわ。じゃ、晩ご飯は作っておかなくてもいいの。

男: 会社で少し食べると思うけど、作っておいてよ。

여: 예, 여보세요. 스즈키입니다만.

남: 아ー, 난데 오늘 밤 좀 늦으니까 혼자서 먼
저 먹어.

여: 알았어. 그럼, 저녁은 안 해 놔도 돼?

남: 회사에서 조금 먹겠지만 해 둬.

해설 대화를 끝까지 잘 들어야 한다. 남자가 조금 늦으니까 여자에게 먼저 저녁을 먹으라고 했지만, 마지막 대화에서 자기 식사도 준비
해 두라고 했다. 따라서 여자는 두 사람 분의 식사를 만들고 혼자서 먼저 먹으면 되므로 정답은 (A)가 된다.

어휘 ~分(ぶん) ~분　ご飯(はん) 밥, 식사　作(つく)る 만들다　先(さき)に 먼저　食(た)べる 먹다　自分(じぶん) 자기, 자신
~だけ ~만, ~뿐　帰(かえ)り 귀가　お弁当(べんとう) 도시락　今晩(こんばん) 오늘 밤　遅(おそ)い 늦다
晩(ばん)ご飯(はん) 저녁밥, 저녁 식사

정답 1. (D)　2. (C)　3. (A)

4.　そば屋はどんな時、配達してくれますか。

    (A)　注文が1,000円以上で夜8時までなら　　　(A) ＿＿＿＿＿＿＿＿＿　（○・✕）

    (B)　注文が1,500円以上で夜8時までなら　　　(B) ＿＿＿＿＿＿＿＿＿　（○・✕）

    (C)　注文が2つ以上で夜8時半までなら　　　(C) ＿＿＿＿＿＿＿＿＿　（○・✕）

    (D)　注文が3つ以上で夜8時までなら　　　(D) ＿＿＿＿＿＿＿＿＿　（○・✕）

5.　男の人はどうして家に帰りますか。

    (A)　おじが亡くなったから　　　(A) ＿＿＿＿＿＿＿＿＿　（○・✕）

    (B)　祖母が亡くなったから　　　(B) ＿＿＿＿＿＿＿＿＿　（○・✕）

    (C)　祖父が入院したから　　　(C) ＿＿＿＿＿＿＿＿＿　（○・✕）

    (D)　おばが入院したから　　　(D) ＿＿＿＿＿＿＿＿＿　（○・✕）

6.　男の人はこれからどうしますか。

    (A)　水漏れの状態を見に行く。　　　(A) ＿＿＿＿＿＿＿＿＿　（○・✕）

    (B)　大家に費用の負担を交渉する。　　　(B) ＿＿＿＿＿＿＿＿＿　（○・✕）

    (C)　業者に修理を頼む。　　　(C) ＿＿＿＿＿＿＿＿＿　（○・✕）

    (D)　費用がいくらになるか業者に尋ねる。　　　(D) ＿＿＿＿＿＿＿＿＿　（○・✕）

4.

女: もしもし、そちらはそばの配達をやっていますか。

男: はい。1,500円以上のご注文でしたら、配達致します。

女: そうですか。夜は何時まで注文を受け付けていますか。

男: 夜は8時までにお願いします。

여: 여보세요, 거기는 메밀국수 배달을 하고 있나요?

남: 예. 1,500엔 이상 주문이라면 배달해 드립니다.

여: 그래요? 밤에는 몇 시까지 주문을 받고 있나요?

남: 밤에는 8시까지 부탁합니다.

해설 메밀국수집에 배달을 문의하는 상황으로 금액과 시간을 정확하게 청취해야 한다. 남자는 1,500엔 이상 주문이라면 배달이 가능하고 밤에는 8시까지 주문을 받는다고 했다. 따라서 정답은 (B)가 된다.

어휘 そば 메밀국수　~屋(や) ~가게　配達(はいたつ) 배달　注文(ちゅうもん) 주문　以上(いじょう) 이상　夜(よる) 밤　受(う)け付(つ)ける 접수하다

5.

女: ああ、もしもし、隆。お母さんだけど。

男: 急にどうしたの、お母さん。お祖母ちゃんたちは元気にしてる。

女: それが、お祖父ちゃんが倒れて入院したのよ。明日、帰って来られる。

男: 本当に。わかったよ。できるだけ急いで帰るよ。

여: 아-, 여보세요, 다카시? 엄만데.

남: 갑자기 무슨 일이야, 엄마. 할머니와 가족들은 건강하게 지내셔?

여: 그게 할아버지께서 쓰러지셔서 입원했어. 내일 올 수 있어?

남: 정말? 알았어. 가능한 한 빨리 돌아갈게.

해설 남자가 집에 돌아가는 이유는 할아버지가 입원했기 때문이므로 정답은 (C)가 된다. 「お祖父(じい)ちゃん」(할아버지)을 「おじちゃん」(삼촌)으로 알아듣지 않도록 주의해야 하며 아울러 선택지에 나온 「祖母(そぼ)」(할머니)와 「祖父(そふ)」(할아버지)라는 단어도 알고 있어야 한다.

어휘 おじ 삼촌·백부·숙부·이모부의 총칭　亡(な)くなる 돌아가시다　おば 이모·고모·숙모의 총칭　入院(にゅういん) 입원　急(きゅう)に 갑자기　お祖母(ばあ)ちゃん 할머니　*「お祖母(ばあ)さん」을 친숙하게 부르는 말　元気(げんき) 건강함　お祖父(じい)ちゃん 할아버지　*「お祖父(じい)さん」을 친숙하게 부르는 말　倒(たお)れる 쓰러지다　できるだけ 가능한 한　急(いそ)ぐ 서두르다

6.

女: 山本不動産ですか。緑アパートの岡田ですが、台所の水が漏れているんですが。

男: ああ、そうですか。ではこちらから業者に頼んでおきます。

女: お願いします。こういう費用は自己負担になりますか。

男: それは大家さんに聞いてみないと、お答えしかねますね。

여: 야마모토 부동산인가요? 미도리 아파트의 오카다인데요, 부엌의 물이 새고 있는데요.

남: 아-, 그래요? 그럼, 이쪽에서 업자에게 부탁해 둘게요.

여: 부탁해요. 이런 비용은 자기 부담이 되나요?

남: 그건 집주인에게 물어보지 않으면 대답하기 어렵겠네요.

해설 남자가 이제부터 어떻게 하면 되는지를 물었으므로 남자의 대화에 주목해야 한다. 첫 번째 대화에서 업자에게 수리를 부탁한다고 했으므로 정답은 (C)가 된다. 참고로 집주인과 비용 부담을 교섭한다는 말은 나오지 않았으므로 (B)는 정답이 될 수 없다.

어휘 水漏(みずも)れ 물이 샘　状態(じょうたい) 상태　大家(おおや) 집주인　費用(ひよう) 비용　負担(ふたん) 부담　交渉(こうしょう) 교섭　業者(ぎょうしゃ) 업자　修理(しゅうり) 수리　頼(たの)む 부탁하다　尋(たず)ねる 묻다　不動産(ふどうさん) 부동산　台所(だいどころ) 부엌　漏(も)れる 새다　自己(じこ) 자기　答(こた)える 대답하다　동사의 ます형+かねる ~하기 어렵다

정답　4. (B)　5. (C)　6. (C)

주요 어휘 정리

한자	읽기	의미
☐ 後程	のちほど	나중에
☐ 不在	ふざい	부재
☐ 受け取る	うけとる	받다, 수취하다
☐ 預かる	あずかる	보관하다
☐ 破棄	はき	파기
☐ 白紙に戻る	はくしにもどる	백지로 돌아가다
☐ 恐れ	おそれ	우려, 염려
☐ 解除	かいじょ	해제, 해지
☐ 再度	さいど	재차, 다시
☐ 配達	はいたつ	배달
☐ 受け付ける	うけつける	접수하다
☐ 急に	きゅうに	갑자기
☐ 急ぐ	いそぐ	서두르다
☐ 水漏れ	みずもれ	물이 샘
☐ 状態	じょうたい	상태
☐ 大家	おおや	집주인
☐ 費用	ひよう	비용
☐ 負担	ふたん	부담
☐ 交渉	こうしょう	교섭
☐ 尋ねる	たずねる	묻다

UNIT 06 🎧 44.MP3
▶ 유형 6 성별에 따른 의견 · 행동 구분

POINT 문제의 성별을 확실하게 기억하고 그 성별에 따른 의견 · 행동에 주목할 것!

분석 및 전략

성별에 따른 의견이나 행동 구분 문제는 매 시험 평균 4문항 정도 출제되고 있으므로 집중적으로 공략해야 하는 유형이다. 이 유형의 문제들은 대체로 「男(おとこ)の人(ひと)はこれから何(なに)をしますか」(남자는 이제부터 무엇을 합니까?), 「女(おんな)の人(ひと)の考(かんが)えとして正(ただ)しいものはどれですか」(여자의 생각으로 올바른 것은 어느 것입니까?), 「2人(ふたり)はこれからどうすることにしましたか」(두 사람은 이제부터 어떻게 하기로 했습니까?) 등의 형태로 출제된다. 그런데 항상 성별을 바꿔서 제시하는 문제가 출제되므로, 일단 문제 부분에서 묻는 성별이 남자인지 여자인지, 아니면 두 사람인지 성별부터 확실하게 파악해 두어야 한다. 성별을 확실하게 파악했다면 그 다음으로 두 사람의 의견이나 앞으로 해야 할 행동 등을 잘 들으면 되는데, 다른 유형과 마찬가지로 이 유형도 마지막 대화에서 정답이 나오는 경우가 상당히 많으므로 끝 부분을 주의 깊게 듣도록 하자.

男 : 駅から 私 の家までの道がわかりますか。
역에서 저희 집까지의 길을 알고 있나요?

女 : 駅を出て、右に曲がって、それから、え〜っと。
역을 나와 오른쪽으로 돌아서 그리고, 음〜.

男 : じゃ、家までの地図を描きますよ。わからない時は電話をしてください。
그럼, 집까지의 지도를 그려 줄게요. 모를 때는 전화를 해 주세요.

女 : はい。電話番号は知っています。ありがとうございます。
예. 전화 번호는 알고 있어요. 고마워요.

- -

男 の人はこれから何をしますか。
남자는 이제부터 무엇을 합니까?

(A) 駅で待つ。
역에서 기다린다.

(B) 駅に行く。
역에 간다.

(C) 電話をする。
전화를 한다.

(D) 地図を描く。
지도를 그린다.

⋯▶ 남자의 두 번째 대화에 주목해야 한다. 여자는 남자 집까지 가는 길을 잘 모르고 있으므로 남자가 여
자에게 지도를 그려 주려고 하는 상황이다. 따라서 남자는 이제부터 여자에게 줄 지도를 그리면 되므
로 정답은 (D)가 된다.

道(みち) 길　右(みぎ) 오른쪽　曲(ま)がる 돌다　それから 그리고　地図(ちず) 지도　描(か)く 그리다
電話番号(でんわばんごう) 전화번호　知(し)る 알다　待(ま)つ 기다리다

男 : あ、お茶をこぼしちゃったよ。
아, 차를 엎질러 버렸어.

女 : 大丈夫ですか。書類は濡れていませんか。
괜찮아요? 서류는 젖지 않았나요?

男 : 少し濡れたけど、大丈夫。悪いけど、机を拭くのを手伝ってくれる。
조금 젖었지만 괜찮아. 미안한데, 책상 닦는 것 좀 도와줄래?

女 : はい。床も少し濡れているようですね。すぐに何か拭く物を持ってきます。
예. 바닥도 조금 젖어 있는 것 같네요. 바로 뭔가 닦을 걸 가져올게요.

2人はこれから何をしますか。
두 사람은 이제부터 무엇을 합니까?

(A) 窓を拭く。
창문을 닦는다.

(B) 机を拭く。
책상을 닦는다.

(C) 床を掃く。
바닥을 쓴다.

(D) 書類を拾う。
서류를 줍는다.

⋯→ 문제에서 두 사람이 이제부터 무엇을 할 것인지를 물었으므로, 두 사람의 대화를 종합해서 정답을 찾아야 한다. 남자가 차를 엎지른 상황의 대화인데, 책상 위의 서류와 바닥이 조금 젖었다고 나왔고 남자는 여자에게 책상 닦는 것을 도와 달라고 했다. 따라서 정답은 (B)가 된다.

お茶(ちゃ) 차　こぼす 엎지르다　大丈夫(だいじょうぶ) 괜찮음　書類(しょるい) 서류　濡(ぬ)れる 젖다
悪(わる)い 미안하다　机(つくえ) 책상　拭(ふ)く 닦다　手伝(てつだ)う 돕다　床(ゆか) 마루, 바닥
窓(まど) 창문　掃(は)く 쓸다　拾(ひろ)う 줍다

女：あっ、救急車の音。車を止めなきゃ。
앗! 구급차 소리. 차를 세워야 하는데.

男：救急車は道路の真ん中を通るから、車を歩道側に止めた方がいいね。
구급차는 도로 한가운데를 다니니까 차를 보도 쪽에 세우는 게 좋겠어.

女：交差点の向こう側まで行って止めればいいかな。
교차로 건너편까지 가서 세우면 될까?

男：いや、交差点に入る前の、道が広くなっているところまで行って止めて。
아니, 교차로에 진입하기 전에 길이 넓어지는 곳까지 가서 세워.

2人はこれからどうしますか。
두 사람은 이제부터 어떻게 합니까?

(A) 今すぐ車を止める。
지금 바로 차를 세운다.

(B) 車をゆっくり走らせ続ける。
차를 계속 천천히 달리게 한다.

(C) 交差点に入る前のところまで行って車を止める。
교차로에 진입하기 전까지 가서 차를 세운다.

(D) 交差点を過ぎてから車を止める。
교차로를 지난 후에 차를 세운다.

···▶ 구급차가 오는 소리를 듣고 자동차를 세우려고 하는 상황으로, 차를 세우는 위치를 청취해야 한다. 남자의 마지막 대화로 보아, 두 사람은 교차로에 진입하기 전에 길이 넓어지는 곳까지 가서 차를 세우므로 정답은 (C)가 된다.

救急車(きゅうきゅうしゃ) 구급차　音(おと) 소리　車(くるま) 차, 자동차　止(と)める 세우다

道路(どうろ) 도로　真(ま)ん中(なか) 한가운데　通(とお)る 다니다, 지나다　歩道(ほどう) 보도

交差点(こうさてん) 교차로　向(む)こう側(がわ) 건너편　広(ひろ)い 넓다　ゆっくり 천천히

走(はし)る 달리다　동사의 ます형+続(つづ)ける 계속 ~하다　過(す)ぎる 지나다

男：こちらの荷物とラジオはどこに置きますか。
이쪽 짐과 라디오는 어디에 둬요?

女：荷物は階段の下に置いて、ラジオはテレビの隣にお願いします。
짐은 계단 아래에 두고, 라디오는 텔레비전 옆에 부탁해요.

男：はい。この花瓶はテーブルの上でいいですか。
예. 이 꽃병은 테이블 위에 두면 되나요?

女：う〜ん、それはテレビの上に置いてください。
음〜, 그건 텔레비전 위에 두세요.

男の人は花瓶をどこに置きますか。
남자는 꽃병을 어디에 둡니까?

(A) 階段の下
계단 아래

(B) テーブルの上
테이블 위

(C) 荷物の隣
짐 옆

(D) テレビの上
텔레비전 위

⋯▶ 꽃병을 두는 위치를 묻고 있다. 대화 중에 여러 가지 사물을 두는 위치가 나오므로 각 사물별로 위치에 주의하면서 들어야 한다. 짐은 계단 아래, 라디오는 텔레비전 옆, 꽃병은 텔레비전 위에 두라고 했으므로 정답은 (D)가 된다.

荷物(にもつ) 짐　ラジオ(radio) 라디오　置(お)く 두다　階段(かいだん) 계단　下(した) 아래
テレビ(television) 텔레비전　隣(となり) 옆　花瓶(かびん) 꽃병　テーブル(table) 테이블

1.　女の人はコンピューターをどうしましたか。

(A)　友達から買った。　　　　　　　　　　(A) ___________　（○ · ×）

(B)　友達にあげた。　　　　　　　　　　　(B) ___________　（○ · ×）

(C)　友達に売った。　　　　　　　　　　　(C) ___________　（○ · ×）

(D)　友達にもらった。　　　　　　　　　　(D) ___________　（○ · ×）

2.　2人はどのように帰りますか。

(A)　男の人は駅に行って女の人は本屋に行く。　　(A) ___________　（○ · ×）

(B)　男の人は本屋に行って女の人は駅に行く。　　(B) ___________　（○ · ×）

(C)　本屋には行かないで駅に行く。　　　　　　(C) ___________　（○ · ×）

(D)　2人一緒に本屋に行ってから駅に行く。　　　(D) ___________　（○ · ×）

3.　男の人は今から何をしますか。

(A)　コピーをする。　　　　　　　　　　　(A) ___________　（○ · ×）

(B)　女の人にコピーの使い方を教える。　　　(B) ___________　（○ · ×）

(C)　修理を頼む。　　　　　　　　　　　　(C) ___________　（○ · ×）

(D)　説明書を読む。　　　　　　　　　　　(D) ___________　（○ · ×）

연 습 문 제　┃　성별에 따른 의견 · 행동 구분　◁))　메모하면서 들어 보세요.

1.

女 : 昨日、友達がコンピューターを買いました。

男 : へえ～、どんなコンピューターですか。

女 : とても軽いコンピューターです。それで私に古いコンピューターをくれました。

男 : それはよかったですね。

여 : 어제 친구가 컴퓨터를 샀어요.

남 : 와～, 어떤 컴퓨터예요?

여 : 아주 가벼운 컴퓨터예요. 그래서 저한테 낡은 컴퓨터를 줬어요.

남 : 그거 잘됐네요.

해설 대화 내용을 요약해 보면 어제 여자의 친구가 아주 가벼운 컴퓨터를 샀는데, 그 친구는 자신이 쓰던 오래된 컴퓨터를 여자에게 주었다. 따라서 여자는 친구에게서 컴퓨터를 받았다고 한 (D)가 정답이 된다.

어휘 コンピューター(computer) 컴퓨터 友達(ともだち) 친구 買(か)う 사다 あげる (남에게) 주다 売(う)る 팔다 もらう 받다 軽(かる)い 가볍다 古(ふる)い 오래되다, 낡다 くれる (남이 나에게) 주다

2.

男 : 駅まで一緒に帰りませんか。

女 : ええ、でもその前に本屋に行きたいです。

男 : じゃ、本屋に行ってから帰りましょう。

女 : すみません。

남 : 역까지 함께 가지 않을래요?

여 : 네, 하지만 그 전에 서점에 가고 싶어요.

남 : 그럼, 서점에 간 후에 돌아가죠.

여 : 죄송해요.

해설 남자의 두 번째 대화에서 정답을 찾을 수 있는 문제이다. 남자가 역까지 함께 가자고 했는데, 여자는 역에 가기 전에 서점에 가고 싶어 했다. 이에 남자가 서점에 들렀다가 돌아가자고 했으므로, 정답은 두 사람이 함께 서점에 들렀다가 역으로 간다고 한 (D)가 된다.

어휘 帰(かえ)る 돌아가다 駅(えき) 역 本屋(ほんや) 서점 一緒(いっしょ)に 함께 ～てから ～하고 나서

3.

女 : あら、このコピー故障だわ。修理に来てもらわないと。

男 : どうしたの。動かないの。

女 : ええ。説明書は難しい言葉ばかりで、よくわからないのよ。

男 : じゃ、僕が読んでみるから、ちょっと貸して。

여 : 어머, 이 복사기 고장이야. 수리를 불러야겠네.

남 : 어떻게 된 거야? 작동이 안돼?

여 : 응. 설명서는 어려운 말만 있어서 잘 모르겠어.

남 : 그럼, 내가 읽어 볼 테니까 좀 줘 봐.

해설 남자의 마지막 대화에 정답이 나오고 있다. 복사기가 고장 나서 수리를 받으려고 하는 상황인데 여자는 설명서에는 어려운 말만 있어서 잘 모르겠다고 했다. 이에 남자가 자신이 읽어 볼 테니까 잠시 보여 달라고 했으므로, 정답은 설명서를 읽는다고 한 (D)가 된다.

어휘 コピー(copy) 복사(기) 使(つか)い方(かた) 사용법 教(おし)える 가르치다 修理(しゅうり) 수리 頼(たの)む 부탁하다, 의뢰하다 説明書(せつめいしょ) 설명서 読(よ)む 읽다 故障(こしょう) 고장 動(うご)く 작동하다 難(むずか)しい 어렵다 言葉(ことば) 말, 언어 ～ばかり ～만, ～뿐 貸(か)す 빌려 주다, 사용하게 하다

4. 加藤さんは家族をどうすることにしましたか。

   (A) 子供は日本で一人暮らしをさせる。　　(A) ______________ (○ · ×)

   (B) 子供を親戚に預ける。　　　　　　　　(B) ______________ (○ · ×)

   (C) 家族全員日本に残していく。　　　　　(C) ______________ (○ · ×)

   (D) 家族全員ニューヨークに連れていく。　(D) ______________ (○ · ×)

5. 男の人は女の人にどんなアドバイスをしましたか。

   (A) スピーチの時間を多少短縮すること　　(A) ______________ (○ · ×)

   (B) スピーチの時間を大幅に減らすこと　　(B) ______________ (○ · ×)

   (C) 電報紹介の時間を加えること　　　　　(C) ______________ (○ · ×)

   (D) 電報紹介の時間を削ること　　　　　　(D) ______________ (○ · ×)

6. 女の人の意見について正しいものはどれですか。

   (A) 全ての大手銀行に公的資金が必要だ。　(A) ______________ (○ · ×)

   (B) 自分達にももっと税金を還元してほしい。(B) ______________ (○ · ×)

   (C) 銀行が潰れるのはいたしかたないことだ。(C) ______________ (○ · ×)

   (D) もっと税金を使って銀行を救済すべきだ。(D) ______________ (○ · ×)

PART 3

4. 男: 加藤さん、ニューヨークに転勤だそうですよ。
가토 씨, 뉴욕으로 전근간대요.

女: じゃ、受験生のお子さんは親戚にでも預けていくの。
그럼 수험생인 자제 분은 친척한테라도 맡기고 가는 거예요?

男: 預けるのは無理みたいで、結局ご家族は東京に残ることにしたんだって。
맡기기는 힘들 것 같아서 결국 가족은 도쿄에 남기로 했대요.

女: せっかくのニューヨークでの生活も加藤さん1人じゃ寂しいでしょうね。
모처럼의 뉴욕 생활도 가토 씨 혼자서는 외롭겠네요.

해설 가토 씨가 뉴욕으로 전근을 가게 되었는데, 가토 씨 혼자 가고 가족은 도쿄에 남기로 했다는 내용이다. 따라서 가족 모두를 일본에 남겨 두고 간다고 한 (C)가 정답이 된다.

어휘 家族(かぞく) 가족   一人暮(ひとりぐ)らし 혼자서 삶. 독신생활   親戚(しんせき) 친척   預(あず)ける 맡기다   全員(ぜんいん) 전원
残(のこ)す 남기다   連(つ)れる 데리고 가다   転勤(てんきん) 전근   受験生(じゅけんせい) 수험생   無理(むり) 무리
結局(けっきょく) 결국   残(のこ)る 남다   せっかく 모처럼   生活(せいかつ) 생활   寂(さび)しい 외롭다, 쓸쓸하다

5. 男: 今度の創立15周年記念のパーティーで司会をするそうですね。
이번 창립 15주년 기념 파티에서 사회를 한다면서요.

女: はい。それで進行表を書いてみたんですが、時間配分などはどうでしょうか。
예. 그래서 진행표를 써 봤는데, 시간 배분 등은 어때요?

男: 電報紹介の時間を減らしてスピーチの時間に回した方がいいと思いますよ。
전보 소개 시간을 줄이고 연설 시간으로 돌리는 게 좋을 것 같아요.

女: そうですか。そうすると他の時間にも影響してきますね。
그래요? 그렇게 하면 다른 시간에도 영향을 주겠군요.

해설 여자는 창립 15주년 기념 파티에서 사회를 맡게 되었는데 시간 배분에 대해서 남자에게 조언을 구하고 있다. 이에 남자가 전보 소개 시간을 줄이고 연설 시간으로 돌리는 게 좋을 것 같다고 했으므로 정답은 (D)가 된다.

어휘 アドバイス(advice) 충고, 조언   スピーチ(speech) 연설   多少(たしょう) 다소, 약간   短縮(たんしゅく) 단축
大幅(おおはば) 큰 폭   減(へ)らす 줄이다   電報(でんぽう) 전보   紹介(しょうかい) 소개   加(くわ)える 더하다
削(けず)る 깎다. 없애다   創立(そうりつ) 창립   周年(しゅうねん) 주년   記念(きねん) 기념   司会(しかい) 사회
進行表(しんこうひょう) 진행표   配分(はいぶん) 배분   回(まわ)す 돌리다   影響(えいきょう) 영향

6. 男: 公的資金が大手の都市銀行にまた投入されることになりましたね。
공적 자금이 대형 도시 은행에 또 투입되게 되었네요.

女: それら全ての銀行が公的資金を本当に必要としているのかは疑問ですね。
그런 모든 은행들이 공적 자금을 정말로 필요로 하고 있는지는 의문이네요.

男: 銀行が潰れてしまうのは困りますが、私たちの税金が使われるというのはねえ。
은행이 도산해 버리는 건 곤란하지만, 우리 세금이 사용된다는 건 좀….

女: 私たちの税金なんだから、私たちにももっと直接的に還元してほしいですよね。
우리 세금이니까 우리한테도 좀 더 직접적으로 환원이 됐으면 좋겠어요.

해설 여자의 의견을 묻고 있으므로 여자의 대화에 주목해야 한다. 공적 자금이 대형 도시 은행에 또 투입되게 되었는데, 여자는 그런 은행들이 공적 자금을 정말로 필요로 하고 있는지 의문스럽고, 또 자신이 낸 세금을 좀 더 적극적으로 환원해 주었으면 좋겠다고 생각하고 있다. 따라서 정답은 (B)가 된다.

어휘 全(すべ)て 모두   大手(おおて) 대형, 규모가 큼   公的資金(こうてきしきん) 공적 자금   税金(ぜいきん) 세금
還元(かんげん) 환원   潰(つぶ)れる 망하다. 도산하다   いたしかたない 할 수 없다. 어쩔 수 없다   救済(きゅうさい) 구제
～べき (당연히) ～해야 할   都市(とし) 도시   投入(とうにゅう) 투입   疑問(ぎもん) 의문   困(こま)る 곤란하다

정답 4. (C)   5. (D)   6. (B)

주요 어휘 정리

한자	읽기	의미
☐ 濡れる	ぬれる	젖다
☐ 軽い	かるい	가볍다
☐ 古い	ふるい	오래되다, 낡다
☐ 使い方	つかいかた	사용법
☐ 修理	しゅうり	수리
☐ 説明書	せつめいしょ	설명서
☐ 故障	こしょう	고장
☐ 動く	うごく	작동하다
☐ 言葉	ことば	말, 언어
☐ 親戚	しんせき	친척
☐ 預ける	あずける	맡기다
☐ 残す	のこす	남기다
☐ 連れる	つれる	데리고 가다
☐ 転勤	てんきん	전근
☐ 受験生	じゅけんせい	수험생
☐ 無理	むり	무리
☐ 結局	けっきょく	결국
☐ 短縮	たんしゅく	단축
☐ 記念	きねん	기념
☐ 公的資金	こうてきしきん	공적 자금

UNIT 07 🎧 45.MP3

▶ 유형 7 대화 내용에 대한 이해

POINT 두 사람의 대화에 나오는 세부적인 내용을 잘 들을 것!

분석 및 전략

대화 내용에 대한 이해를 묻는 문제는 실제 시험에서는 보통 70번 이후에 출제되는 유형인데, 두 사람의 대화에 나오는 세부적인 내용까지 잘 들어야 정답을 찾을 수 있는 문제들이다. 이 유형에서는 무엇보다도 질문의 포인트를 정확히 기억해 두어야 한다. 세부적인 내용을 많이 묻는다고는 해도 질문과 관계가 없는 부분은 주의 깊게 듣지 않아도 되므로 대화 내용이 나오기 전에 일단 문제 문장의 내용을 정확히 파악해 두도록 하자.

자주 출제되는 질문 형태로는 「〜について正(ただ)しいものはどれですか」(〜에 대해서 올바른 것은 어느 것입니까?), 「女(おんな)の人(ひと)の考(かんが)えとして正(ただ)しいものはどれですか」(여자의 생각으로서 올바른 것은 어느 것입니까?), 「2人(ふたり)の考(かんが)えと合(あ)っているものはどれですか」(두 사람의 생각과 맞는 것은 어느 것입니까?) 등이 있는데 가장 까다로운 유형이 두 사람의 생각과 맞는 선택지를 찾는 문제이다. 이런 문제는 성별에 따른 의견이나 내용을 메모해 두는 것도 필요하지만, 두 사람의 생각을 대화를 통해 종합적으로 추론해야 하므로 메모가 반드시 필요한 문제라고 할 수 있다. 따라서 대화의 핵심을 요약하는 연습 및 메모하는 습관을 길러 두도록 하자.

男 : すみません。美術館に行きたいんですが、どのバスに乗ればいいですか。
실례합니다. 미술관에 가고 싶은데, 어느 버스를 타면 되나요?

女 : 3番のバスがいいですよ。5番のバスでも行けますけど。
3번 버스가 좋아요. 5번 버스로도 갈 수 있지만요.

男 : 5番のバスは本数が少ないんですか。
5번 버스는 대수가 적은가요?

女 : いいえ。小学校の方を回ってから行きますから、少し時間がかかるんです。
아니요. 초등학교 쪽을 돌아서 가서 조금 시간이 걸려요.

- -

美術館行きのバスについて正しいものはどれですか。
미술관행 버스에 대해서 올바른 것은 어느 것입니까?

(A) 5番のバスは本数が少ない。
5번 버스는 대수가 적다.

(B) 5番のバスより3番のバスの方が早い。
5번 버스보다 3번 버스 쪽이 빠르다.

(C) 3番のバスは小学校の方を回ってから行く。
3번 버스는 초등학교 쪽을 돌아서 간다.

(D) 3番、5番とも美術館までの時間は同じだ。
3번, 5번 모두 미술관까지의 시간은 동일하다.

⋯▸ 버스 번호를 정확히 들어야 한다. 남자가 미술관으로 가는 버스를 묻고 있는 상황으로 3번과 5번 버스가 미술관으로 가는데, 5번 버스의 경우 초등학교 쪽을 돌아서 가서 조금 시간이 걸린다고 했다. 따라서 정답은 5번 버스보다 3번 버스 쪽이 빠르다고 한 (B)가 된다.

美術館(びじゅつかん) 미술관　乗(の)る 타다　本数(ほんすう) 대수, 편수　少(すく)ない 적다
小学校(しょうがっこう) 초등학교　回(まわ)る 돌다　少(すこ)し 조금　かかる (시간이) 걸리다
〜行(ゆ)き 〜행　무(はや)い 빠르다　同(おな)じ 같음

男 : あれっ、もうこんな時間。どうして起こしてくれなかったの。

이런! 벌써 시간이 이렇게 됐네. 왜 안 깨워 준 거야?

女 : あら、言われた時間に起こしたのに起きなかったじゃない。

어머, 말한 시간에 깨웠는데 안 일어났잖아?

男 : 8時から見たいテレビ番組があるから起こしてって、あんなに頼んだのに…。

8시부터 보고 싶은 TV 프로그램이 있으니까 깨워 달라고 그렇게 부탁했는데….

女 : 全然起きそうもないから、ビデオを撮っておいてあげたわよ。

전혀 일어날 것 같지 않아서 비디오로 녹화해 뒀어.

女の人は男の人にどんなことを頼まれましたか。

여자는 남자에게 어떤 것을 부탁받았습니까?

(A) いつもより早く起きること

평소보다 일찍 일어날 것

(B) 8時からのテレビ番組を見ること

8시부터 TV 프로그램을 볼 것

(C) 男の人を起こすこと

남자를 깨울 것

(D) ビデオを撮っておくこと

비디오로 녹화를 해 둘 것

⋯▶ 남자의 두 번째 대화에 주목하면 정답이 쉽게 나오는 문제이다. 남자가 8시부터 보고 싶은 TV 프로그램이 있어서 여자에게 깨워 달라고 부탁했는데, 여자가 남자를 깨워도 전혀 일어날 것 같지 않아서 대신 비디오로 녹화해 둔 상황이다. 따라서 여자는 남자에게 깨워 달라고 부탁받은 것이므로 정답은 (C)가 된다.

起(お)こす 깨우다　起(お)きる 일어나다　番組(ばんぐみ) 프로그램　頼(たの)む 부탁하다　全然(ぜんぜん) 전혀
ビデオ(video)を撮(と)る 비디오로 녹화를 하다　무(はや)く 일찍, 빨리

女：あら、佐々木さん、そのコート素敵じゃないですか。とてもお似合いですよ。
어머, 사사키 씨, 그 코트 멋지네요. 아주 잘 어울려요.

男：この間銀座に行ったついでに買ったんですけど、バーゲンで3割引だったんで
すよ。얼마 전에 긴자에 간 김에 샀는데, 바겐세일로 30% 할인이었어요.

女：へえ、そのコートなら何年も着られそうですね。ご自分で選んだんですか。
와~, 그 코트라면 몇 년이나 입을 수 있을 것 같네요. 직접 고른 건가요?

男：いいえ。家内と娘が選んでくれました。
아니요. 아내와 딸이 골라 줬어요.

佐々木さんのコートについて正しいものはどれですか。
사사키 씨의 코트에 대해서 올바른 것은 어느 것입니까?

(A) 奥さんが買ってきてくれた。
부인이 사 줬다.

(B) 自分で選んで買った。
직접 골라서 샀다.

(C) バーゲンで定価より安く買った。
바겐세일로 정가보다 싸게 샀다.

(D) 何年も前に買ってあった。
몇 년 전에 사 두었다.

⋯➤ 사사키 씨의 코트에 대해서 묻고 있으므로, 코트에 관련된 내용을 정확히 들어야 한다. 사사키 씨의
코트는 아내와 딸이 골라 준 코트로, 얼마 전에 긴자에 간 김에 샀는데 바겐세일로 30% 할인된 가
격에 샀다고 했다. 따라서 정답은 바겐세일로 정가보다 싸게 샀다고 한 (C)가 된다.

コート(coat) 코트　素敵(すてき) 멋짐　似合(にあ)う 어울리다　～ついでに ~하는 김에
バーゲン(bargain) 바겐세일　割引(わりびき) 할인　着(き)る 입다　自分(じぶん)で 스스로, 직접
選(えら)ぶ 고르다, 선택하다　家内(かない) 아내　娘(むすめ) 딸　定価(ていか) 정가　安(やす)い 싸다

女：こんなに不景気で冬のボーナスは本当にもらえるのかしら。
이렇게 불경기라 겨울 보너스는 정말로 받을 수 있을까?

男：業界全体は昨年より低い率らしいから、それに合わせるんじゃないかな。
업계 전체는 작년보다 낮은 비율이라고 하니까, 거기에 맞추지 않을까?

女：せめて昨年と同じ程度もらえるといいのだけど、きっと難しいわね。
하다못해 작년과 비슷하게 받을 수 있으면 좋겠는데, 아마 어려울 거야.

男：それに来年はもっと厳しい状況になりそうだし、困ったなあ。
게다가 내년에는 더욱 힘든 상황이 될 것 같으니 큰일이야.

ボーナスは昨年に比べてどうなりそうですか。
보너스는 작년에 비해서 어떻게 될 것 같습니까?

(A) 昨年と同じくらいになりそうだ。
작년과 같은 정도가 될 것 같다.

(B) 昨年と比べ、少なくなりそうだ。
작년과 비교해 적어질 것 같다.

(C) 昨年と比べ、多くなりそうだ。
작년과 비교해 많아질 것 같다.

(D) 昨年と同じくらいか少し多くなりそうだ。
작년과 비슷한 정도이거나 조금 많아질 것 같다.

⋯▸ 보너스에 대해서 묻고 있으므로 보너스와 관련된 내용을 잘 들어야 한다. 남자의 첫 번째 대화에서 업계 전체가 작년보다 낮은 비율이니까 아마 거기에 맞출 것 같다고 했고, 이에 여자가 작년과 비슷하게라도 받을 수 있으면 좋겠는데 아마 어려울 것이라고 말했다. 결국 두 사람의 대화로 보아, 보너스는 작년과 비교해 적어질 것 같다는 것을 알 수 있으므로 정답은 (B)가 된다.

不景気(ふけいき) 불경기　冬(ふゆ) 겨울　ボーナス(bonus) 보너스　業界(ぎょうかい) 업계　全体(ぜんたい) 전체
低(ひく)い 낮다　率(りつ) 비율　合(あ)わせる 맞추다　せめて 하다못해　程度(ていど) 정도　きっと 틀림없이
難(むずか)しい 어렵다　厳(きび)しい 힘겹다, 혹독하다　状況(じょうきょう) 상황　困(こま)る 곤란하다
〜に比(くら)べて 〜에 비해서　少(すく)ない 적다

1.　2人は今何をしていますか。

(A) 昔の写真を整理している。 (A) ＿＿＿＿＿＿＿＿＿＿ （○・×）

(B) 昔住んでいた所を歩いている。 (B) ＿＿＿＿＿＿＿＿＿＿ （○・×）

(C) テレビで昔の様子を見ている。 (C) ＿＿＿＿＿＿＿＿＿＿ （○・×）

(D) 現在住んでいる家をカメラに収めている。 (D) ＿＿＿＿＿＿＿＿＿＿ （○・×）

2.　女の人の考えと合っているものはどれですか。

(A) 結婚は幸せを保証するものではない。 (A) ＿＿＿＿＿＿＿＿＿＿ （○・×）

(B) 親に結婚を勧められて悪い気はしない。 (B) ＿＿＿＿＿＿＿＿＿＿ （○・×）

(C) 幸せになるかどうかは結婚相手次第だ。 (C) ＿＿＿＿＿＿＿＿＿＿ （○・×）

(D) 結婚さえすれば幸せになれるはずだ。 (D) ＿＿＿＿＿＿＿＿＿＿ （○・×）

3.　男の人の娘さんはどうしたいのですか。

(A) イギリスで社会福祉について勉強したい。 (A) ＿＿＿＿＿＿＿＿＿＿ （○・×）

(B) 東京の老人ホームで働きたい。 (B) ＿＿＿＿＿＿＿＿＿＿ （○・×）

(C) 英語力を生かしてイギリスの会社に就職 (C) ＿＿＿＿＿＿＿＿＿＿ （○・×）
　　したい。 (D) ＿＿＿＿＿＿＿＿＿＿ （○・×）

(D) 日本で社会福祉に関する調査をしたい。

1.

男: この辺も高層ビルやマンションが建って、すっかり変わってしまったね。

이 근처도 고층 빌딩이나 맨션이 들어서서 완전히 변해 버렸네.

女: 本当に10年前の緑の多い景色は見られなくなってしまったわね。

정말 10년 전의 녹지가 많던 경치는 볼 수 없게 되어 버렸어.

男: おかしいな。確かにこの辺だったはずだけど。あっ、あった。 이상하네. 분명히 이 근처였을 텐데. 아, 있다.

女: まあ、我が家は昔のままね。懐かしいわ。 어머, 우리 집은 옛날 그대로네. 반갑다.

해설 남자의 첫 번째 대화에서 이 근처도 고층 빌딩이나 맨션이 들어서서 완전히 변했다고 했고, 여자의 마지막 대화에서 우리 집은 옛날 그대로 남아 있다고 했으므로 두 사람은 예전에 살던 곳을 거닐고 있다는 것을 알 수 있다. 따라서 정답은 (B)가 된다.

어휘 昔(むかし) 예전, 옛날 写真(しゃしん) 사진 整理(せいり) 정리 住(す)む 살다 様子(ようす) 모습 収(おさ)める 담다
高層(こうそう) 고층 建(た)つ 세워지다 すっかり 완전히 変(か)わる 변하다 緑(みどり) 녹색, 녹지 景色(けしき) 경치
おかしい 이상하다 確(たし)かに 분명히 我(わ)が家(や) 우리 집 懐(なつ)かしい 반갑다. 그립다

2.

女: ああ、正月に実家に帰る度に結婚はまだかって聞かれていやになっちゃう。

아, 설에 본가에 돌아갈 때마다 결혼은 아직이냐고 해서 싫어.

男: ご両親は君に幸せになってほしいんだよ。 부모님은 네가 행복해지길 바라는 거야.

女: あら、結婚したからといって幸せになるとは限らないわ。

어머, 결혼했다고 해서 행복해진다고는 할 수 없어.

男: それはそうだけど、親の気持ちも汲んであげたら。 그건 그렇지만, 부모님의 마음도 헤아려 주는 게 어때?

해설 여자의 생각을 묻고 있으므로 여자의 대화에 주목해야 한다. 여자는 결혼했다고 해서 행복해진다고는 볼 수 없다고 생각하고 있다. 따라서 정답은 결혼은 행복을 보증하는 것이 아니라고 한 (A)가 된다.

어휘 結婚(けっこん) 결혼 幸(しあわ)せ 행복 保証(ほしょう) 보증 親(おや) 부모 勧(すす)める 권유하다 悪(わる)い 언짢다. 싫다
相手(あいて) 상대 명사+次第(しだい) ~나름임 ~さえ~ば ~만 ~하면 正月(しょうがつ) 설 実家(じっか) 본가
~度(たび)に ~할 때마다 両親(りょうしん) 부모 ~からといって ~라고 해서
~とは限(かぎ)らない ~인 것은 아니다. ~라고는 볼 수 없다 気持(きも)ち 기분. 마음 汲(く)む 이해하다. 헤아리다

3.

男: 大学生の娘が突然イギリスに留学したいと言い出しましてね。

대학생인 딸이 갑자기 영국에 유학가고 싶다는 말을 꺼내서요.

女: 最近は留学する人が多いですね。お嬢さんは何を勉強なさりたいんですか。

요즘엔 유학 가는 사람이 많네요. 따님은 뭘 공부하고 싶어 하시나요?

男: 進んだ社会福祉を学んで、これからの高齢化社会に役立てたいそうです。

앞선 사회 복지를 배워 앞으로의 고령화사회에 유용하게 쓰고 싶대요.

女: まだお若いのに、しっかりした考えをお持ちのお嬢さんですね。

아직 어린데, 착실한 생각을 가진 따님이군요.

해설 남자의 딸이 어떻게 하고 싶어 하는지를 묻고 있으므로 남자의 대화에 주목해야 한다. 남자의 딸은 영국으로 유학을 가고 싶어 하는데 그 이유는 앞선 사회 복지를 배워 앞으로의 고령화사회에 유용하게 쓰고 싶어 하기 때문이다. 따라서 정답은 (A)가 된다.

어휘 社会福祉(しゃかいふくし) 사회 복지 老人(ろうじん)ホーム(home) 양로원. 노인복지시설 働(はたら)く 일하다
英語力(えいごりょく) 영어 능력 生(い)かす 살리다 就職(しゅうしょく) 취직 ~に関(かん)する ~에 관하다
調査(ちょうさ) 조사 突然(とつぜん) 돌연, 갑자기 留学(りゅうがく) 유학 お嬢(じょう)さん 따님 *남의 딸을 높여 이르는 말
進(すす)む 앞서다 学(まな)ぶ 배우다 高齢化社会(こうれいかしゃかい) 고령화사회 役立(やくだ)てる 유용하게 쓰다
若(わか)い 어리다. 젊다 しっかり (생각 등이) 견실함. 착실함

4. 夫婦別姓問題について2人が言っていないこと
　　は何ですか。

　　(A) これからの社会になくてはならない制度だ。　　(A) ＿＿＿＿＿＿＿＿＿＿　（○・×）

　　(B) 家庭の崩壊に拍車がかかる可能性がある。　　(B) ＿＿＿＿＿＿＿＿＿＿　（○・×）

　　(C) 子供の姓の扱いに問題がある。　　(C) ＿＿＿＿＿＿＿＿＿＿　（○・×）

　　(D) 既に結婚している人の姓の問題がある。　　(D) ＿＿＿＿＿＿＿＿＿＿　（○・×）

5. 健康保険組合はどのような福利厚生を行って
　　いますか。

　　(A) 毎年健康診断を行っている。　　(A) ＿＿＿＿＿＿＿＿＿＿　（○・×）

　　(B) 全国に運動施設を設けている。　　(B) ＿＿＿＿＿＿＿＿＿＿　（○・×）

　　(C) スポーツクラブの法人契約をしている。　　(C) ＿＿＿＿＿＿＿＿＿＿　（○・×）

　　(D) 保養所を所有している。　　(D) ＿＿＿＿＿＿＿＿＿＿　（○・×）

6. 明日の防災訓練でしないことは何ですか。

　　(A) 消防車が実際に来て放水すること　　(A) ＿＿＿＿＿＿＿＿＿＿　（○・×）

　　(B) 避難梯子を使用すること　　(B) ＿＿＿＿＿＿＿＿＿＿　（○・×）

　　(C) 消火器の取り扱い方を練習すること　　(C) ＿＿＿＿＿＿＿＿＿＿　（○・×）

　　(D) 防火扉が機能するかどうか検査すること　　(D) ＿＿＿＿＿＿＿＿＿＿　（○・×）

연 습 문 제 ▌ 대화 내용에 대한 이해 메모하면서 들어 보세요.

4.

男: 今、国会で夫婦別姓について様々な議論がなされていますね。
지금 국회에서 부부 별성에 대해서 여러 가지 논의가 되고 있군요.

女: 倫理的立場から見て、家庭の崩壊が広まる可能性もあるんじゃないでしょうか。
윤리적 입장에서 봐서 가정의 붕괴가 확대될 가능성도 있는 건 아닐까?

男: それに子供や既婚者の姓の問題について、まだ解決したとは言い切れませんね。
게다가 아이나 기혼자의 성 문제에 대해서 아직 해결되었다고는 단언할 수 없어요.

女: いずれにしても新法の成立にはまだまだ時間がかかりそうですね。
어차피 새로운 법이 성립되기까지는 아직 시간이 걸릴 것 같네요.

해설 두 사람은 부부 별성 문제에 대해서 이야기를 하고 있는데 부부 별성은 가정의 붕괴에 박차를 가하게 될 가능성이 있으며, 아이나 기혼자의 성(姓) 문제도 아직 해결되지 않았다고 했다.

어휘 夫婦別姓(ふうふべっせい) 부부 별성 *부부가 따로 성을 쓰는 것 崩壊(ほうかい) 붕괴 拍車(はくしゃ)がかかる 박차가 가해지다
姓(せい) 성, 성씨 扱(あつか)い 취급, 다룸 既(すで)に 이미, 벌써 国会(こっかい) 국회 議論(ぎろん) 논의, 토론
倫理的(りんりてき) 윤리적 立場(たちば) 입장 既婚者(きこんしゃ) 기혼자 言(い)い切(き)る 잘라 말하다, 단언하다
いずれにしても 어차피, 결국 新法(しんぽう) 신법, 새 법령

5.

男: 最近、体力の衰えを感じていてね。疲労がたまって仕方がないんですよ。
요즘 체력이 떨어진 걸 느껴요. 피로가 쌓여서 못 견디겠어요.

女: 福利厚生制度を利用して健康保険組合の保養所に行かれたらどうですか。
복리 후생제도를 이용해 건강보험조합의 보양소에 가시는 게 어때요?

男: 確か全国に数も多いし、健康保険組合で運営しているから料金も安いよね。
확실히 전국에 수도 많고 건강보험조합에서 운영하고 있으니까 요금도 싸겠군요.

女: ええ、大半の所でスポーツ施設も完備してあって、気分転換できますよ。
네, 대부분의 보양소에 스포츠 시설도 완비되어 있어서 기분 전환할 수 있어요.

해설 건강보험조합에서 어떤 복리후생을 실시하고 있는지를 묻고 있다. 여자의 대화 내용으로 보아 건강보험조합은 보양소를 운영하고 있는데, 이 보양소는 요금도 싸고 스포츠 시설도 완비되어 있어 기분 전환을 할 수 있는 곳이다. 따라서 정답은 (D)가 된다.

어휘 健康保険(けんこうほけん) 건강보험 組合(くみあい) 조합 福利厚生(ふくりこうせい) 복리 후생 診断(しんだん) 진단
設(もう)ける 설치하다 法人(ほうじん) 법인 保養所(ほようしょ) 보양소 所有(しょゆう) 소유 体力(たいりょく) 체력
衰(おとろ)え 쇠약해짐 疲労(ひろう) 피로 たまる 쌓이다 ～て仕方(しかた)がない 너무 ～하다 大半(たいはん) 대부분
完備(かんび) 완비 気分転換(きぶんてんかん) 기분 전환

6.

女: 明日の午後、全館で防災訓練があるそうですね。
내일 오후, 전관에서 방재 훈련이 있대요.

男: ええ、防火扉が機能するか検査したり、避難経路の確認も行うそうですよ。
네, 방화문이 기능하고 있는지 검사하거나 피난 경로의 확인도 실시한대요.

女: 消火器の取り扱い方や避難梯子での避難の仕方も訓練するんですか。
소화기 취급법이나 피난사다리를 이용한 피난 방법도 훈련하나요?

男: ええ、消防車が来て大掛かりな放水訓練をするまでは行きませんけど。
네, 소방차가 와서 대규모의 방수 훈련까지는 하지 않지만요.

해설 내일 방재 훈련 때는 방화문의 기능 여부 검사, 소화기 취급 방법 연습, 피난사다리를 이용한 피난 방법 훈련 등을 실시할 예정이다. 소방차가 와서 하는 방수훈련까지는 하지 않는다고 했으므로 정답은 (A)가 된다.

어휘 防災(ぼうさい) 방재, 재난을 방지함 訓練(くんれん) 훈련 消防車(しょうぼうしゃ) 소방차 放水(ほうすい) 방수, 물을 뿌림
避難梯子(ひなんばしご) 피난사다리 消火器(しょうかき) 소화기 取(と)り扱(あつか)い 취급 防火扉(ぼうかとびら) 방화문
機能(きのう) 기능 避難経路(ひなんけいろ) 피난 경로 大掛(おおが)かり 대규모임, 대대적임

주요 어휘 정리

한자	읽기	의미
☐ 整理	せいり	정리
☐ 様子	ようす	모습
☐ 景色	けしき	경치
☐ 懐かしい	なつかしい	반갑다, 그립다
☐ 幸せ	しあわせ	행복
☐ 保証	ほしょう	보증
☐ 勧める	すすめる	권유하다
☐ 汲む	くむ	이해하다, 헤아리다
☐ 突然	とつぜん	돌연, 갑자기
☐ 高齢化社会	こうれいかしゃかい	고령화사회
☐ 役立てる	やくだてる	유용하게 쓰다
☐ 崩壊	ほうかい	붕괴
☐ 拍車がかかる	はくしゃがかかる	박차가 가해지다
☐ 立場	たちば	입장
☐ 既婚者	きこんしゃ	기혼자
☐ 設ける	もうける	설치하다
☐ 衰え	おとろえ	쇠약해짐
☐ 防災	ぼうさい	방재
☐ 訓練	くんれん	훈련
☐ 消火器	しょうかき	소화기

UNIT 08 🎧 46.MP3
▶ 유형 8 주문 및 부탁 · 의뢰 관련 대화

POINT 대화에 「〜てください」나 「〜てほしい」라는 표현이 나오면 주의해서 들을 것!

분석 및 전략

주문 및 부탁 · 의뢰 관련 대화는 평균 2문항 정도가 60번 이후에 출제되고 있다. 이 유형은 주문이나 부탁 · 의뢰하는 내용이 무엇인지를 정확히 들어야 하는데, 대화 내용은 「〜てください」(〜해 주세요)나 「〜てほしい」(〜해 주기 바란다, 〜해 주었으면 한다)의 형태로 나오는 경우가 대부분이다. 그리고 질문 부분에는 「どこ」(어디)나 「何(なに)」 등의 의문사와 「頼(たの)む」(부탁하다)라는 동사가 자주 나오므로 질문 유형도 숙지해 두도록 하자.

실제 시험에서 자주 출제되는 문제 유형으로는 물건 주문, 물건 구입 부탁, 고장 난 물건의 수리, 서류 제출 등이 있는데 가장 많이 출제되는 유형은 물건 구입 부탁과 관련된 대화문이다. 따라서 물건 구입 부탁과 관련된 어휘는 반드시 정리를 해 둘 필요가 있다.

男 : ズボンをこのぐらい切^きってください。
바지를 이 정도 잘라 주세요.

女 : いいんですか。たくさん切^きって。
괜찮겠어요? 많이 잘라도.

男 : 大丈夫^{だいじょうぶ}です。
괜찮아요.

女 : はい、わかりました。
예, 알겠습니다.

男^{おとこ}の人^{ひと}はズボンをどうしたいですか。
남자는 바지를 어떻게 하고 싶습니까?

(A) 少^{すこ}しだけ短^{みじか}くしてほしい。
조금만 짧게 해 주었으면 좋겠다.

(B) ずっと短^{みじか}くしてほしい。
훨씬 짧게 해 주었으면 좋겠다.

(C) 少^{すこ}し長^{なが}くしてほしい。
조금 길게 해 주었으면 좋겠다.

(D) ずっと長^{なが}くしてほしい。
훨씬 길게 해 주었으면 좋겠다.

⋯▶ 여자의 첫 번째 대화에서 정답을 찾을 수 있다. 많이 잘라도 괜찮겠냐고 물었는데, 이에 남자가 괜찮다고 했으므로 남자는 바지를 많이 잘라 주기를 바라고 있다는 것을 알 수 있다.

ズボン(프랑스어 jupon) 바지　切(き)る 자르다　たくさん 많이　大丈夫(だいじょうぶ) 괜찮음
少(すこ)し 조금　～だけ ～만, ～뿐　短(みじか)い 짧다　ずっと 훨씬　長(なが)い 길다

男 : 昼休みが終わりますね。会社に帰りましょうか。

점심 시간이 끝나네요. 회사로 돌아갈까요?

女 : 私は郵便局とスーパーに行ってから帰ります。

저는 우체국하고 슈퍼에 들렀다 갈게요.

男 : じゃ、ノートも2冊買って来てください。

그럼, 노트도 2권 사다 주세요.

女 : はい。わかりました。

예. 알겠어요.

女の人は会社に帰る前にどこに行きますか。

여자는 회사로 돌아가기 전에 어디에 갑니까?

(A) 病院

병원

(B) 銀行と郵便局

은행과 우체국

(C) 病院とデパート

병원과 백화점

(D) 郵便局とスーパー

우체국과 슈퍼

⋯▸ 여자의 말에 단서가 있을 것임을 예상하고 듣는다. 전반부의 대화에서 남자가 점심 시간이 끝나가니 회사로 돌아가자고 말하자, 여자는 우체국과 슈퍼에 들렀다 가겠다고 했다. 따라서 정답은 (D)가 된다.

昼休(ひるやすみ)み 점심 시간　終(お)わる 끝나다　郵便局(ゆうびんきょく) 우체국　スーパー 슈퍼(마켓)
ノート(note) 노트　〜冊(さつ) 〜권　病院(びょういん) 병원　銀行(ぎんこう) 은행　デパート 백화점

男 : 明日の午後、空港に社長を迎えに行こうと思うんですが。
내일 오후, 공항에 사장님을 마중하러 나갈 생각입니다만.

女 : ああ、お願いしますね。空港には何で行きますか。
아-, 부탁해요. 공항에는 뭘로 가나요?

男 : 会社の車で行きたいんですが、明日は使えますか。
회사 차로 가고 싶은데, 내일은 사용할 수 있나요?

女 : 大丈夫ですよ。そこのノートに名前と使う時間を書いてください。
괜찮아요. 거기 있는 노트에 이름과 사용할 시간을 적어 주세요.

会社の車を使うにはノートに何を書きますか。
회사 차를 사용하기 위해서는 노트에 무엇을 적습니까?

(A) 名前と使う時間
이름과 사용할 시간

(B) 名前と使う車の番号
이름과 사용할 차량 번호

(C) 使う時間と理由
사용할 시간과 이유

(D) 使う車の番号と理由
사용할 차량 번호와 이유

⋯▸ 여자의 마지막 대화에서 정답을 찾을 수 있는 문제이다. 회사 차를 사용하기 위해서는 노트에 이름과 사용할 시간을 적어야 하므로 정답은 (A)가 된다.

午後(ごご) 오후　空港(くうこう) 공항　迎(むか)える 마중 가다　車(くるま) 차, 자동차　使(つか)う 사용하다
名前(なまえ) 이름　番号(ばんごう) 번호　理由(りゆう) 이유

女 : 靴の底のゴムの付け替えをお願いできますか。
구두 밑창의 고무를 갈아 줄 수 있나요?

男 : はい。かかと部分もずいぶん傷がありますね。革も張り替えますか。
예. 뒤축 부분도 흠이 꽤 있네요. 가죽도 갈까요?

女 : 他にも修理したい靴があるので、次回にまとめてお願いします。
이외에도 수선하고 싶은 구두가 있으니까, 다음 번에 한꺼번에 부탁할게요.

男 : そうですか。じゃ、今日はクリームだけ塗っておきましょう。
그래요? 그럼, 오늘은 크림만 발라 두죠.

女性はどんな修理を頼みましたか。
여성은 어떤 수선을 부탁했습니까?

(A) ゴムの付け替え
고무 교환

(B) 革の張り替え
가죽 갈기

(C) かかと部分の交換
뒤축 부분의 교환

(D) ゴムの付け替えと革の張り替え
고무 교환과 가죽 갈기

⋯▶ 질문으로 보아 여자의 대화에 주목해야 하는 문제임을 알 수 있다. 여자가 원한 것은 구두 밑창의 고무 교환인데, 이어지는 대화에서 남자가 뒤축의 가죽을 갈 것인지 물어 보았다. 이에 여자가 다음에 하겠다고 했다. 따라서 여자가 수선을 부탁한 것은 (A)의 구두 밑창의 고무 교환뿐이라는 것을 알 수 있다.

靴(くつ) 구두, 신발　底(そこ) (신의) 밑창　ゴム (네덜란드어 gom) 고무　付(つ)け替(か)え 갈아 끼움
かかと (신의) 뒤축　ずいぶん 꽤, 상당히　傷(きず) 흠집, 상처　革(かわ) 가죽
張(は)り替(か)える 새로 갈다[대다]　修理(しゅうり) 수리, 수선　次回(じかい) 다음 번
まとめる 한데 모으다, 종합하다　クリーム(cream) 크림　塗(ぬ)る 바르다, 칠하다
頼(たの)む 부탁하다, 의뢰하다　交換(こうかん) 교환

1.　男の人は何がほしいですか。

    (A)　大きいノート　　　　　　　　　　(A) ＿＿＿＿＿＿＿＿＿＿ （○ · ×）

    (B)　お弁当　　　　　　　　　　　　　(B) ＿＿＿＿＿＿＿＿＿＿ （○ · ×）

    (C)　カメラとお弁当　　　　　　　　　(C) ＿＿＿＿＿＿＿＿＿＿ （○ · ×）

    (D)　小さいノートとフィルム　　　　　(D) ＿＿＿＿＿＿＿＿＿＿ （○ · ×）

2.　男の人は女の人にどうするように頼みましたか。

    (A)　新幹線の片道切符を予約するように頼んだ。　(A) ＿＿＿＿＿＿ （○ · ×）

    (B)　新幹線の予約の日を変えるように頼んだ。　　(B) ＿＿＿＿＿＿ （○ · ×）

    (C)　新幹線の往復切符を予約するように頼んだ。　(C) ＿＿＿＿＿＿ （○ · ×）

    (D)　新幹線の予約の時間を変えるように頼んだ。　(D) ＿＿＿＿＿＿ （○ · ×）

3.　男の人は女の人にどんなことを頼みましたか。

    (A)　中田さんに封筒を届けること　　　　　　　(A) ＿＿＿＿＿＿ （○ · ×）

    (B)　午後、封筒を取りに来ること　　　　　　　(B) ＿＿＿＿＿＿ （○ · ×）

    (C)　明日の朝中田さんに電話すると伝えるこ　　(C) ＿＿＿＿＿＿ （○ · ×）
    　　　と　　　　　　　　　　　　　　　　　　(D) ＿＿＿＿＿＿ （○ · ×）

    (D)　中田さんから電話をもらいたいと伝える
    　　　こと

연 습 문 제 ▌ 주문 및 부탁 · 의뢰 관련 대화　◁)) 메모하면서 들어 보세요.

1.
女: 今からお弁当を買いに行きますが、何か買ってくるものが
ありますか。

男: すみませんが、100円の小さいノートを買ってきてくださ
い。

女: はい。小さいノートですね。じゃ、行ってきます。

男: ああ、それからカメラのフィルムもお願いします。

여: 지금부터 도시락을 사러 가는데, 뭔가 사 올
게 있나요?

남: 죄송한데, 100엔짜리 작은 노트를 사다 주
세요.

여: 예. 작은 노트 말이죠? 그럼, 다녀올게요.

남: 아ㅡ, 그리고 카메라 필름도 부탁해요.

해설 남자와 여자가 각각 무엇을 원하는지 그 대상을 정확히 들어야 실수가 없는 문제이다. 여자는 도시락을 사러 가는데, 남자에게 뭔
가 사 올 게 있는지 묻고 있다. 이에 남자가 작은 노트와 카메라 필름을 부탁한다고 했으므로 정답은 (D)가 된다.

어휘 大(おお)きい 크다　ノート(note) 노트　お弁当(べんとう) 도시락　カメラ(camera) 카메라　小(ちい)さい 작다
フィルム(film) 필름　買(か)う 사다　それから 그리고

2.
男: 来月1日から3日まで大阪に行くので、新幹線の切符を予
約してください。

女: はい。片道ですか、それとも往復の切符ですか。

男: 帰りの時間は何時になるか分からないので、片道だけで
いいです。

女: わかりました。何時頃のがいいですか。

남: 다음 달 1일부터 3일까지 오사카에 가니까,
신칸센 표를 예약해 주세요.

여: 예. 편도인가요? 아니면 왕복표인가요?

남: 돌아오는 시간은 몇 시가 될지 모르니까 편
도만으로 괜찮아요.

여: 알겠어요. 몇 시쯤이 좋아요?

해설 남자가 여자에게 부탁한 내용을 묻고 있으므로, 남자의 대화에 주목해야 한다. 남자는 다음 달 1일부터 3일까지 오사카에 가는데
신칸센 표 예약을 여자에게 부탁하고 있다. 그런데 돌아오는 시간은 아직 미정이므로, 표는 편도만 예약하면 된다고 했다. 따라서
정답은 (A)가 된다.

어휘 新幹線(しんかんせん) 신칸센　片道(かたみち) 편도　切符(きっぷ) 표　予約(よやく) 예약　変(か)える 바꾸다. 변경하다
往復(おうふく) 왕복　それとも 아니면, 혹은

3.
女: これ、うちの中田から預かってきた封筒です。どうぞ。

男: ありがとうございます。中田さん、今日はお忙しいですか。

女: ええ、午後から出かけるので、その準備をしています。

男: そう。では、明日の朝こちらから電話をすると伝えてくだ
さい。

여: 이거, 우리 회사의 나카타 씨가 맡긴 봉투
예요. 여기 있어요.

남: 고마워요. 나카타 씨, 오늘은 바쁘신가요?

여: 네, 오후부터 외출해서 그 준비를 하고 있
어요.

남: 그래요? 그럼, 내일 아침에 제가 전화한다
고 전해 주세요.

해설 남자의 마지막 대화에서 정답을 찾을 수 있는 문제이다. 남자는 나카타 씨에게 내일 아침에 전화한다고 여자에게 전해 달라고 말
하고 있으므로 정답은 (C)가 된다.

어휘 封筒(ふうとう) 봉투　届(とど)ける 전하다. 보내다　取(と)る 가지다　伝(つた)える 전하다　預(あず)かる 맡다. 보관하다
忙(いそが)しい 바쁘다　出(で)かける 외출하다　準備(じゅんび) 준비

정답 1. (D)　2. (A)　3. (C)

4.　女性はこれから何をしますか。

(A)　資料を20部B4の大きさでコピーする。　(A) ＿＿＿＿＿＿＿＿（○・×）

(B)　4時までに会議の資料を作成する。　(B) ＿＿＿＿＿＿＿＿（○・×）

(C)　資料をA4で揃えて20部コピーする。　(C) ＿＿＿＿＿＿＿＿（○・×）

(D)　資料の左側を2箇所綴じる。　(D) ＿＿＿＿＿＿＿＿（○・×）

5.　製品「SW-110」の受注内容で注意することは何
ですか。

(A)　商品の送付先と請求先を別々にする。　(A) ＿＿＿＿＿＿＿＿（○・×）

(B)　納品の際、請求書を同封する。　(B) ＿＿＿＿＿＿＿＿（○・×）

(C)　「SW-110」を月末までに納品する。　(C) ＿＿＿＿＿＿＿＿（○・×）

(D)　送り先の宛名を「東洋商事」にする。　(D) ＿＿＿＿＿＿＿＿（○・×）

6.　明日の会議の資料はどうすることになりまし
たか。

(A)　3時までにまとめる。　(A) ＿＿＿＿＿＿＿＿（○・×）

(B)　1時間後までにまとめる。　(B) ＿＿＿＿＿＿＿＿（○・×）

(C)　会議の開始に間に合うようにまとめる。　(C) ＿＿＿＿＿＿＿＿（○・×）

(D)　できるだけ早くまとめる。　(D) ＿＿＿＿＿＿＿＿（○・×）

4. 男: 明日の会議に使う資料を20部、4時までにコピーしてください。

　　내일 회의에 쓸 자료를 20부, 4시까지 복사해 주세요.

　　女: はい。大きさはこのままでよろしいですか。

　　예. 크기는 이대로 괜찮은가요?

　　男: すべてA4の大きさに揃えて、左上の1箇所を綴じてください。

　　모두 A4 크기로 맞추고 왼쪽 위의 한 군데를 철해 주세요.

　　女: はい。できましたら、机の上に置いておきます。

　　예. 다 되면 책상 위에 놔 두겠습니다.

해설 복사할 부수와 시간, 종이의 크기, 철하는 위치 등을 정확하게 들어야 한다. 대화의 내용으로 보아 여자는 자료를 20부, A4 크기로 맞춰 4시까지 복사해서 왼쪽 위의 한군데를 철해 두면 된다. 따라서 정답은 (C)가 된다.

어휘 資料(しりょう) 자료　〜部(ぶ) 〜부　大(おお)きさ 크기　コピー(copy) 복사　作成(さくせい) 작성　揃(そろ)える 맞추다
　　〜箇所(かしょ) 〜군데　綴(と)じる 철하다　会議(かいぎ) 회의　できる 다 되다, 완성되다　机(つくえ) 책상

5. 男: 御社の製品のSW-10を3個至急注文したいんですが。

　　귀사의 제품 SW-10을 3개 급히 주문하고 싶습니다만.

　　女: いつもありがとうございます。納品先は東洋商事様でよろしいですか。

　　항상 감사드립니다. 납품처는 도요상사로 하면 되나요?

　　男: 請求先はそれでいいんですが、送り先は別なので注意していただけますか。

　　청구처는 그러면 됩니다만, 배송지는 다른 곳이니까 주의해 주시겠어요?

　　女: はい。かしこまりました。では、まずお送り先の宛先からお願いします。

　　예. 알겠습니다. 그럼, 우선 배송지 주소부터 부탁드립니다.

해설 남자가 여자 회사의 제품을 주문하려고 하는 상황으로, 청구하는 곳은 도요상사로 하면 되지만, 배송지는 다른 곳이므로 주의해 달라고 부탁하고 있다. 따라서 제품의 배송지와 청구하는 곳을 따로따로 한다고 한 (A)가 정답이 된다.

어휘 製品(せいひん) 제품　受注(じゅちゅう) 수주, 주문을 받음　注意(ちゅうい) 주의　送付先(そうふさき) 송부처
　　請求先(せいきゅうさき) 청구처　別々(べつべつ) 따로따로　納品(のうひん) 납품　〜の際(さい) 〜할 때
　　請求書(せいきゅうしょ) 청구서　同封(どうふう) 동봉　送(おく)り先(さき) 배송지　宛名(あてな) 수신인명
　　御社(おんしゃ) 귀사　至急(しきゅう) 급히　商事(しょうじ) 상사　宛先(あてさき) 수신처, 수신 주소

6. 男: 明日の会議の資料を今日の3時までにまとめてもらえるかな。

　　내일 회의 자료를 오늘 3시까지 정리해 줄 수 있겠나?

　　女: すみません。この量からすると、最低2時間は見ていただかないと…。

　　죄송합니다. 이 양으로 보면 최소 2시간은 봐야 할 것 같은데요.

　　男: 少なくとも今晩の夕食会の会場に向かうまでに目を通しておきたいんだが…。

　　적어도 오늘 밤 저녁 식사 모임 장소에 가기 전까지 훑어보고 싶은데….

　　女: わかりました。できるだけ急いで、でき次第お持ちいたします。

　　알겠습니다. 가능한 한 서둘러서 다 되는 대로 갖다 드리겠습니다.

해설 회의 자료와 관련된 부분을 잘 들어야 한다. 여자의 마지막 대화로 보아 여자는 가능한 한 서둘러서 자료를 정리해서, 다 되는 대로 남자에게 갖다 주겠다고 했으므로 정답은 (D)가 된다.

어휘 まとめる 한데 모으다, 정리하다　開始(かいし) 개시　間(ま)に合(あ)う 시간에 맞추다　量(りょう) 양　最低(さいてい) 최소한
　　少(すく)なくとも 적어도　夕食会(ゆうしょくかい) 저녁 식사 모임　会場(かいじょう) 회장, 장소　向(む)かう 향하다
　　目(め)を通(とお)す 훑어보다　急(いそ)ぐ 서두르다　동사의 ます형+次第(しだい) 〜하는 대로

정답 4. (C)　5. (A)　6. (D)

주요 어휘 정리

한자	읽기	의미
☐ 切る	きる	자르다
☐ 迎える	むかえる	마중 가다
☐ 傷	きず	흠집, 상처
☐ 頼む	たのむ	부탁하다, 의뢰하다
☐ お弁当	おべんとう	도시락
☐ 片道	かたみち	편도
☐ 予約	よやく	예약
☐ 往復	おうふく	왕복
☐ 封筒	ふうとう	봉투
☐ 資料	しりょう	자료
☐ 作成	さくせい	작성
☐ 揃える	そろえる	맞추다
☐ 綴じる	とじる	철하다
☐ 製品	せいひん	제품
☐ 受注	じゅちゅう	수주, 주문을 받음
☐ 納品	のうひん	납품
☐ 至急	しきゅう	급히
☐ 開始	かいし	개시
☐ 最低	さいてい	최소한
☐ 目を通す	めをとおす	훑어보다

UNIT 09 🎧 47.MP3
▶ 유형 9 대중교통

분석 및 전략

대중교통 관련 대화는 크게 보면 일상생활에 포함되는 문제 유형으로 평균 2문항 정도가 출제되고 있다. 자주 출제되는 유형으로는 목적지까지의 교통 수단, 교통 수단의 시간 및 날짜, 현재의 교통 상황, 표 구입 방법 등이 있는데, 최근에 특히 많이 출제되는 것이 목적지까지의 교통 수단을 묻는 문제이다. 이 유형의 문제는 다양한 교통 수단과 시간이 제시되고 최종적으로 어떤 교통 수단을 이용해서 가는지를 묻는데, 대부분의 경우 마지막 대화에서 정답이 나오므로 대화의 끝 부분에 주목해야 한다.

대중교통 관련 대화에서 자주 출제되는 어휘는 대부분 전철이나 역 관련 어휘로, 「混(こ)む」(붐비다, 혼잡하다), 「渋滞(じゅうたい)」(정체), 「乗(の)り換(か)える」(환승하다, 갈아타다), 「乗(の)り遅(おく)れる」((탈것을) 놓치다) 등이 있다. 기타 교통 관련 어휘도 앞으로 출제될 가능성이 높으므로 각 교통 수단별로 어휘를 정리해 두도록 하자.

女：切符売り場は混んでいますね。並ばないと買えませんね。
매표소는 붐비고 있네요. 줄을 서지 않으면 살 수 없겠어요.

男：ええ。私は切符を買いますけど、加藤さんは定期券ですよね。
네. 저는 표를 살 건데, 가토 씨는 정기권이죠?

女：いいえ。ここからは定期券は使えませんから、私も切符を買います。
아니요. 여기서부터는 정기권은 사용할 수 없으니까 저도 표를 살래요.

男：じゃ、僕が2枚一緒に買って来ます。ここで待っていてください。
그럼, 내가 2장 같이 사 올게요. 여기서 기다리고 있어요.

2人はどういうふうに切符を買いますか。
두 사람은 어떻게 표를 삽니까?

(A) 男の人が自分の切符だけ買う。
남자가 자기 표만 산다.

(B) 男の人が切符を2枚買う。
남자가 표를 2장 산다.

(C) 2人で並んで切符を1枚ずつ買う。
둘이서 줄을 서서 표를 1장씩 산다.

(D) 女の人が自分の切符だけ買う。
여자가 자기 표만 산다.

···▶ 대화의 끝 부분에 정답과 관련된 내용이 나오지만, 남자의 첫 번째 대화에 대한 여자의 반응도 주의 깊게 들어야 한다. 여자는 정기권을 사용하고 있지만, 지금 두 사람이 있는 역부터는 그것을 사용할 수 없으므로 여자도 표를 사야 된다는 것에 주의한다.

切符(きっぷ)売(う)り場(ば) 매표소　混(こ)む 붐비다, 혼잡하다　並(なら)ぶ 줄을 서다
定期券(ていきけん) 정기권　使(つか)う 사용하다　一緒(いっしょ)に 함께　待(ま)つ 기다리다

女：すみません。新宿行きの電車はこちらでよろしいでしょうか。

실례합니다. 신주쿠행 전철은 이쪽이 맞나요?

男：これは途中の駅止まりです。終点で乗り換えるか、次のを待ってください。

이건 도중의 역이 종점입니다. 종점에서 갈아타든지 다음 걸 기다리세요.

女：一番早く行くにはどうすればいいですか。

가장 빨리 가려면 어떻게 하면 되나요?

男：この電車が出てから急行が出ますから、それに乗ってください。

이 전철이 출발한 뒤에 급행이 오니까, 그것을 타세요.

- - -

一番早く着く行き方はどれですか。

가장 빨리 도착하는 방법은 어느 것입니까?

(A) この駅を一番早く出る電車に乗る。

이 역을 가장 빨리 출발하는 전철을 탄다.

(B) 今いる電車で終点まで行って乗り換える。

지금 (정차해) 있는 전철로 종점까지 가서 갈아탄다.

(C) この駅で次の急行電車に乗る。

이 역에서 다음에 오는 급행전철을 탄다.

(D) 途中の駅で急行に乗り換える。

도중의 역에서 급행으로 갈아탄다.

⋯› 가장 빨리 가는 방법을 묻고 있으므로, 대화 내용 중에 '가장 빨리 가려면 어떻게 하면 됩니까?' 라는 질문이 나올 것임을 예상하고 들으면 정답을 쉽게 고를 수 있다. 후반부에 단서가 나오는데, 여자의 질문에 대해 남자가 다음에 오는 급행을 타라고 했다. 따라서 정답은 (C)가 된다.

~行(ゆ)き ~행　途中(とちゅう) 도중　~止(ど)まり ~에서 멈춤. 종점　終点(しゅうてん) 종점
乗(の)り換(か)える 갈아타다　次(つぎ) 다음　一番(いちばん) 가장. 제일　急行(きゅうこう) 급행
着(つ)く 도착하다　동사의 ます형+方(かた) ~하는 방법

男 : 今日初めてバスで会社に来ましたが、やはり地下鉄の方が早いですね。
오늘 처음 버스로 회사에 왔는데, 역시 지하철 쪽이 빠르군요.

女 : どのぐらい違いましたか。
어느 정도 달랐나요?

男 : 地下鉄で来る方が10分ぐらい早いですね。
지하철로 오는 게 10분 정도 빨라요.

女 : そうですか。でも、地下鉄はとても混んでいるので、私はバスを使っているんです。
그래요? 하지만 지하철은 너무 붐벼서 전 버스를 이용하고 있어요.

女の人は何で会社に来ていますか。
여자는 무엇으로 회사에 옵니까?

(A) 地下鉄で
지하철로

(B) バスで
버스로

(C) 車で
자동차로

(D) 歩いて
걸어서

···▶ 대화 내용을 요약해 보면 남자는 오늘 처음으로 버스를 타고 회사에 왔는데, 지하철보다 10분 정도 더 걸리므로 역시 지하철을 타는 게 낫겠다고 생각하고 있다. 이에 여자는 지하철은 너무 붐벼서 자신은 버스를 이용하고 있다고 했으므로, 여자는 버스로 회사에 온다는 것을 알 수 있다.

初(はじ)めて 처음(으로)　やはり 역시　地下鉄(ちかてつ) 지하철　早(はや)い 빠르다　違(ちが)う 다르다
混(こ)む 붐비다, 혼잡하다　車(くるま) 차, 자동차　歩(ある)く 걷다

女：ねえ、あそこの女の人、車掌さんに何を頼んでいるのかしら。

있잖아, 저기 있는 여자, 차장에게 뭘 부탁하고 있는 걸까?

男：多分、乗り越し精算だよ。車内でも精算してくれるから。

아마 하차역을 지나친 정산일 거야. 차내에서도 정산해 주니까.

女：便利ね。駅だと混んでいて、時間がかかるものね。私達も頼みましょう。

편리하네. 역이라면 붐벼서 시간이 걸릴 텐데. 우리도 부탁해 보자.

男：ついでに、乗り継ぎの電車の出発時刻も聞いてみようか。

하는 김에 환승 전철의 출발 시각도 물어볼까?

2人は車掌にどんなことを尋ねますか。

두 사람은 차장에게 어떤 것을 묻습니까?

(A) 乗り継ぎの電車の出発時刻

환승 전철의 출발 시각

(B) 切符の精算方法

표 정산 방법

(C) 乗っている電車の到着時刻

타고 있는 전철의 도착 시각

(D) 乗り継ぎの電車が出るホームの番号

환승 전철이 출발하는 플랫폼 번호

⋯▸ 두 사람의 대화를 요약해 보면 여자는 어떤 여자가 차장에게 뭘 부탁하고 있는지 궁금해하고 있는데 이에 남자가 하차역을 지나친 정산일 거라고 말해 준다. 그래서 여자는 우리도 부탁해 보자고 했고 남자는 하는 김에 환승 전철의 출발 시각도 물어보자고 했으므로 정답은 (A)가 된다.

車掌(しゃしょう) 차장　頼(たの)む 부탁하다　多分(たぶん) 아마, 필시　乗(の)り越(こ)し 하차역을 지나침
精算(せいさん) 정산　車内(しゃない) 차내　便利(べんり) 편리　ついでに ～하는 김에
乗(の)り継(つ)ぎ 갈아탐, 환승　出発(しゅっぱつ) 출발　時刻(じこく) 시각　尋(たず)ねる 묻다
方法(ほうほう) 방법　到着(とうちゃく) 도착　番号(ばんごう) 번호
ホーム 플랫폼 ＊「プラットホーム」(platform)의 준말

1. 男の人は雨の日に何で会社に来ますか。

   (A) 車 (A) _______________ （○ · ×）

   (B) 自転車 (B) _______________ （○ · ×）

   (C) バス (C) _______________ （○ · ×）

   (D) 電車 (D) _______________ （○ · ×）

2. これから2人はどうしますか。

   (A) 信号まで戻って、左に行く。 (A) _______________ （○ · ×）

   (B) 信号まで戻って、右に行く。 (B) _______________ （○ · ×）

   (C) もう少し先に行って、信号を右に曲がる。 (C) _______________ （○ · ×）

   (D) もう少し先に行って、信号を左に曲がる。 (D) _______________ （○ · ×）

3. 女の人はどうしますか。

   (A) 3番線から13時20分の京都行きに乗る。 (A) _______________ （○ · ×）

   (B) 4番線から13時20分の京都行きに乗る。 (B) _______________ （○ · ×）

   (C) 3番線から13時00分の京都行きに乗る。 (C) _______________ （○ · ×）

   (D) 4番線から13時00分の京都行きに乗る。 (D) _______________ （○ · ×）

연습문제 ▎ **대중교통** 🔊 메모하면서 들어 보세요.

1.

女: 会社にはいつも車で来ますか。

男: いいえ。自転車で来ます。

女: そうですか。雨の日も自転車で来ますか。

男: いいえ。雨の日はバスで来ます。

여: 회사에는 항상 자동차로 오나요?

남: 아니요. 자전거로 와요.

여: 그래요? 비가 오는 날도 자전거로 오나요?

남: 아니요. 비가 오는 날은 버스로 와요.

해설 비가 오는 날의 교통 수단에 대해 묻고 있으므로 남자의 대화에 주목해야 한다. 남자는 평소에는 자전거로 회사에 오지만, 비가 오는 날은 버스로 온다고 했으므로 정답은 (C)가 된다.

어휘 雨(あめ) 비, 비가 옴 車(くるま) 차, 자동차 自転車(じてんしゃ) 자전거 バス(bus) 버스 電車(でんしゃ) 전철

2.

女: あれ、この道違うよ。

男: おかしいな。地図を見ながら来たのに。

女: あっ、さっきの信号を右だったよ。

男: 行き過ぎたんだ。戻らなくちゃ。

여: 어? 이 길 틀려.

남: 이상하네. 지도를 보면서 왔는데.

여: 아, 조금 전 신호에서 오른쪽으로 돌았어야 했어.

남: 지나쳐 버렸군. 돌아가야겠네.

해설 두 사람이 이제부터 어떻게 할 것인지를 묻고 있다. 대화 내용으로 보아 두 사람은 조금 전 신호에서 오른쪽으로 돌아야 하는데 지나쳐 버렸다는 것을 알 수 있다. 남자는 돌아가야겠다고 했으므로 정답은 (B)가 된다.

어휘 信号(しんごう) 신호(등) 戻(もど)る 돌아가다 左(ひだり) 왼쪽 右(みぎ) 오른쪽 少(すこ)し 조금 先(さき) 앞, 전방
曲(ま)がる 돌다 道(みち) 길, 도로 違(ちが)う 틀리다, 다르다 地図(ちず) 지도 さっき 조금 전
行(い)き過(す)ぎる 목적지를 지나쳐 더 가다

3.

女: 13時20分の京都行きは3番線ね。

男: 違うよ。君が乗るのは13時ちょうどだから、4番線だよ。

女: そうね。私が乗るのは13時20分じゃなかったわね。

男: そうだよ。僕が13時20分の仙台行きで、5番線から乗るんだよ。

여: 13시 20분의 교토행은 3번선이지?

남: 아니야. 네가 탈 건 13시 정각이니까 4번선이야.

여: 그러네. 내가 탈 건 13시 20분이 아니었네.

남: 그래. 내가 13시 20분의 센다이행으로 5번선에서 타.

해설 출발 시각과 타는 곳이 여러 군데 나오므로 끝까지 주의 깊게 들어야 한다. 여자는 13시 정각의 교토행을 4번선에서 타고, 남자는 13시 20분의 센다이행을 5번선에서 탄다. 문제에서는 여자에 대해 물었으므로 정답은 (D)가 된다.

어휘 ~行(ゆ)き ~행 乗(の)る 타다 ちょうど 딱, 정확히

정답 1. (C) 2. (B) 3. (D)

4. お客様の会社に行くのに何が便利ですか。

   (A) 飛行機　　　　　　　　　(A) __________ （○・×）

   (B) 新幹線　　　　　　　　　(B) __________ （○・×）

   (C) バス　　　　　　　　　　(C) __________ （○・×）

   (D) 車　　　　　　　　　　　(D) __________ （○・×）

5. 女の人は運転手にどこで車を止めるように言いましたか。

   (A) 交差点の少し前　　　　　(A) __________ （○・×）

   (B) 四つ角を左に曲がった所　(B) __________ （○・×）

   (C) 横断歩道の向こう　　　　(C) __________ （○・×）

   (D) 踏切りを越える前の所　　(D) __________ （○・×）

6. 女の人はどこで本を読む時間を作りますか。

   (A) 通勤前の早朝　　　　　　　　(A) __________ （○・×）

   (B) 自宅と職場の往復時　　　　　(B) __________ （○・×）

   (C) 待合室で診察を待つ間の時間　(C) __________ （○・×）

   (D) 仕事開始前の休息時　　　　　(D) __________ （○・×）

PART 3

4.

女: 来週、大阪のお客様の会社には何で行くんですか。

男: 飛行機です。飛行機だと1時間ですが、新幹線だと3時間かかりますから。

女: でも空港からお客様の所までとても遠いし、新幹線の方が便利ですよ。

男: そうですか。じゃ、やっぱり新幹線にします。

여: 다음 주, 오사카의 고객 회사에는 무엇으로 가나요?

남: 비행기요. 비행기라면 1시간인데, 신칸센이라면 3시간 걸리니까요.

여: 하지만 공항에서 고객 회사까지 너무 멀고, 신칸센 쪽이 편리해요.

남: 그래요? 그럼, 역시 신칸센으로 할게요.

해설 고객 회사까지 가는 교통 수단을 묻고 있다. 남자는 처음에 비행기가 신칸센보다 빠르니까 비행기로 가려고 했는데, 공항에서 고객 회사까지 너무 멀어서 신칸센 쪽이 편리하다는 여자의 말을 듣고 그렇게 하겠다고 했으므로 정답은 (B)가 된다.

어휘 お客様(きゃくさま) 손님. 고객　便利(べんり) 편리　飛行機(ひこうき) 비행기　かかる (시간이) 걸리다　空港(くうこう) 공항
遠(とお)い 멀다　やっぱり 역시

5.

女: 運転手さん、すみませんが次の四つ角を左に曲がってください。

男: はい、わかりました。左ですね。

女: ええ、それから踏切りを越えて、横断歩道の向こうで止めてください。

男: はい、こちらですね。ありがとうございました。750円です。

여: 기사님, 죄송한데 다음 사거리를 왼쪽으로 돌아 주세요.

남: 예, 알겠습니다. 왼쪽이죠?

여: 네, 그리고 철도 건널목을 건너서 횡단보도 건너편에서 세워 주세요.

남: 예, 여기 말씀이시군요. 감사합니다. 750엔입니다.

해설 여자가 기사에게 어디에 차를 세우라고 말했는지 묻고 있으므로 차를 세우는 장소를 잘 들어야 한다. 여자는 철도 건널목을 건너서 횡단보도 건너편에 세워 달라고 했으므로 정답은 (C)가 된다.

어휘 運転手(うんてんしゅ) 운전사, 운전 기사　止(と)める 세우다　交差点(こうさてん) 교차로　四(よ)つ角(かど) 사거리
横断歩道(おうだんほどう) 횡단보도　向(む)こう 건너편　踏切(ふみき)り 철도 건널목　越(こ)える 넘다, 건너다

6.

男: 忙しいのに、よく本を読む時間がありますね。

女: 通勤に時間を取られるので、その時間を利用するんです。

男: 電車は混んでいないんですか。

女: 朝早いので、まだラッシュになっていませんから。

남: 바쁜데도 용케 책을 읽을 시간이 있군요.

여: 출퇴근에 시간이 많이 걸려서 그 시간을 이용해요.

남: 전철은 혼잡하지 않나요?

여: 아침 일찍 타서 아직 러시아워 전이거든요.

해설 여자의 첫 번째 대화에서 출퇴근에 시간이 많이 걸리니까, 그 시간을 이용해서 책을 읽는다고 했으므로 정답은 (B)가 된다.

어휘 通勤(つうきん) 통근, 출퇴근　早朝(そうちょう) 이른 아침　自宅(じたく) 자택　職場(しょくば) 직장　往復(おうふく) 왕복
待合室(まちあいしつ) 대합실　診察(しんさつ) 진찰　間(あいだ) 동안　開始(かいし) 개시　休息(きゅうそく) 휴식
忙(いそが)しい 바쁘다　よく 용하게, 기특하게　取(と)る (시간이) 걸리다　利用(りよう) 이용　早(はや)い 이르다
ラッシュ(rush) 러시아워

주요 어휘 정리

한자	읽기	의미
☐ 切符売り場	きっぷうりば	매표소
☐ 途中	とちゅう	도중
☐ 終点	しゅうてん	종점
☐ 乗り換える	のりかえる	갈아타다
☐ 乗り越し	のりこし	하차역을 지나침
☐ 精算	せいさん	정산
☐ 乗り継ぎ	のりつぎ	갈아탐, 환승
☐ 戻る	もどる	돌아가다
☐ 地図	ちず	지도
☐ 行き過ぎる	いきすぎる	목적지를 지나쳐 더 가다
☐ 空港	くうこう	공항
☐ 交差点	こうさてん	교차로
☐ 四つ角	よつかど	사거리
☐ 踏切り	ふみきり	철도 건널목
☐ 通勤	つうきん	통근, 출퇴근
☐ 早朝	そうちょう	이른 아침
☐ 自宅	じたく	자택
☐ 職場	しょくば	직장
☐ 待合室	まちあいしつ	대합실
☐ 休息	きゅうそく	휴식

UNIT 10 🎧 48.MP3
▶ 유형 10 규칙 및 안내

POINT 숫자나 장소, 이유에 주목하고 특히 마지막 문장을 잘 들을 것!

분석 및 전략

규칙 및 안내 관련 문제는 평균 2문항 정도가 출제되는데, 어떤 화제에 대해서 여러 가지 설명이 나오기 때문에 메모가 필요한 유형이다. 우선 다른 유형과 마찬가지로 문제 부분을 미리 읽어 두는 것이 절대적으로 유리하므로 문제를 미리 읽고 요지를 파악한 후에 그 부분을 메모하면서 들으면 된다.

자주 출제되는 문제 유형으로는 「〜はどんな〜を〜ていますか」(〜은 어떤 〜을 〜하고 있습니까?), 「〜した場合(ばあい)、どうなりますか」(〜한 경우, 어떻게 됩니까?), 「〜とどうなりますか」(〜하면 어떻게 됩니까?), 「〜は何(なに)を〜していますか」(〜은 무엇을 〜하고 있습니까?) 등이 있다.

규칙 및 안내 관련 문제는 크게 세부적인 내용을 묻는 문제와 전체 내용을 추론해서 정답을 찾아내는 유형으로 나눌 수 있다. 우선 세부적인 내용을 묻는 문제는 날짜나 시간, 장소, 이유를 묻는 문제의 형태로 출제되므로 숫자나 장소, 이유에 대해서 구체적으로 언급한 부분을 잘 들어야 한다. 다음으로 전체 내용을 추론해서 정답을 찾아내는 유형은 대화 내용의 끝 부분에서 결론이 나오는 경우가 많으므로 마지막 문장을 특히 잘 들어야 한다.

女 : お客様、こちらはお席に持ち込みができませんので、お預かりいたします。
손님, 이것은 좌석에 갖고 들어가실 수 없으므로 보관해 드리겠습니다.

男 : でも、荷物は1つまでなら、持ち込むことができますよね。
하지만 짐은 한 개까지라면 갖고 들어갈 수 있잖아요?

女 : ですが、動物や危険な物、大きい物などはお預かりいたしております。
그렇지만 동물이나 위험한 물건, 큰 물건 등은 보관해 드리고 있습니다.

男 : そうですか。これでも大きすぎるんですね。
그래요? 이것도 너무 큰 거군요.

なぜ、男性は荷物を席に持ち込めないのですか。
왜 남자는 짐을 좌석에 갖고 들어갈 수 없는 것입니까?

(A) 荷物のサイズが大きかったから
짐의 사이즈가 컸기 때문에

(B) 荷物は1つまでと決まっているから
짐은 한 개까지로 정해져 있기 때문에

(C) 危険物が入っていたから
위험물이 들어 있었기 때문에

(D) 生き物だったから
생물이었기 때문에

⋯ 비행기 탑승 수속 중의 대화로, 기내에 반입할 수 있는 짐에 대한 내용이다. 전반부에서 남자가 짐 한 개까지는 괜찮다는 것을 알고 갖고 들어가려 했지만, 여자에게 제지당한다. 이어지는 대화에서 좌석에 못 갖고 들어가는 것으로 '동물', '위험한 물건', '큰 물건'이 나오는데, 남자의 마지막 대화를 통해 짐이 너무 커서 반입이 불가하다는 것을 알 수 있다.

席(せき) 자리, 좌석　持(も)ち込(こ)み 갖고 들어감, 반입　預(あず)かる 맡다, 보관하다　荷物(にもつ) 짐
動物(どうぶつ) 동물　危険(きけん) 위험　い형용사의 어간+すぎる 너무 ~하다　サイズ(size) 사이즈
危険物(きけんぶつ) 위험물　生(い)き物(もの) 생물, 살아 있는 것

女：3階は全部皆さんのお部屋です。部屋はきれいに使ってください。

3층은 전부 여러분 방이에요. 방은 깨끗하게 사용해 주세요.

男：はい。洗濯する所は2階でしたね。食事はどうしますか。

예. 세탁하는 곳은 2층이었죠? 식사는 어떻게 하나요?

女：食事は私が作りますから、1階の食堂で食べてください。

식사는 제가 만드니까, 1층 식당에서 드세요.

男：はい、わかりました。

예, 알겠어요.

この建物はどんな建物ですか。

이 건물은 어떤 건물입니까?

(A) 1階に食堂がある。

1층에 식당이 있다.

(B) 1階に洗濯をする所がある。

1층에 세탁하는 곳이 있다.

(C) 2階は全部、部屋になっている。

2층은 전부 방으로 되어 있다.

(D) 3階に洗濯をする所がある。

3층에 세탁하는 곳이 있다.

⋯▸ 대화가 이루어지고 있는 건물에 대해 묻는 문제인데, 층수 별로 구분해서 무엇이 있는 층인지 잘 들어야 한다. 여자의 첫 번째 대화를 통해 3층은 전부 방이고, 식당은 1층에 있다는 것을 알 수 있다. 그리고 세탁하는 곳은 2층으로 남자의 첫 번째 대화에 나온다.

全部(ぜんぶ) 전부　部屋(へや) 방　使(つか)う 사용하다　洗濯(せんたく) 세탁　食事(しょくじ) 식사
作(つく)る 만들다　食堂(しょくどう) 식당

男：5年間無事故、無違反でしたから、次回の免許証の更新は5年後です。
5년간 무사고, 무위반이라서, 다음 면허증 갱신은 5년 후입니다.

女：その5年の間に何か起こした場合はどうなりますか。
그 5년 동안에 뭔가 일으켰을[위반했을] 경우는 어떻게 되나요?

男：1回でも何か起こした時は、次の免許更新時に有効期間が3年になります。
한 번이라도 뭔가 일으켰을 때는 다음 면허갱신 시에 유효기간이 3년이 됩니다.

女：スピード違反などでも、3年になるということですね。気を付けます。
속도위반 같은 거라도 3년이 된다는 말이군요. 주의할게요.

女性は今後5年間に交通違反をした場合、どうなりますか。
여자는 앞으로 5년 동안에 교통위반을 했을 경우, 어떻게 됩니까?

(A) その場で免許証の有効期間が短くなる。
그 자리에서 면허증의 유효기간이 짧아진다.

(B) 違反1回に限り、免許の有効期間は変わらない。
위반 1회에 한해 면허의 유효기간은 바뀌지 않는다.

(C) 次回の更新の時、免許の有効期間が短縮される。
다음 번 갱신 시, 면허의 유효기간이 단축된다.

(D) 軽い交通違反であれば更新期間は変わらない。
가벼운 교통위반이라면 갱신기간은 바뀌지 않는다.

⋯▶ 여자의 첫 번째 대화에 문제와 똑같은 말이 질문으로 쓰이고 있다. 여자의 질문에 대해 남자는 면허의 유효기간이 3년이 된다고 말했다. 이와 같은 유형의 문제에서는 문제와 같거나 비슷한 내용의 대사가 대화에 나올 것이라는 것을 예상하고 들으면 정답을 쉽게 찾을 수 있다.

無事故(むじこ) 무사고　無違反(むいはん) 무위반　免許証(めんきょしょう) 면허증　更新(こうしん) 갱신
起(お)こす (사고 등을) 일으키다　場合(ばあい) 경우　有効期間(ゆうこうきかん) 유효기간
スピード(speed) 違反(いはん) 속도위반　気(き)を付(つ)ける 조심하다. 주의하다　今後(こんご) 금후. 앞으로
交通違反(こうつういはん) 교통위반　～に限(かぎ)り ～에 한해　短縮(たんしゅく) 단축

女：お客様、間もなく着陸態勢に入ります。座席を元の位置にお戻しください。

손님, 곧 착륙 태세에 들어갑니다. 좌석을 원래 위치로 돌려놓아 주세요.

男：はい。読書をしたいので、ライトは付けたままでいいですか。

예. 독서를 하고 싶은데 조명은 켜 둬도 되나요?

女：それは結構ですが、パソコンなどのご使用はお控えください。

그건 괜찮습니다만, 컴퓨터 등의 사용은 삼가 주세요.

男：あ、はい。わかりました。

아, 예. 알겠어요.

女性は男性にどうするように言いましたか。

여성은 남성에게 어떻게 하도록 말했습니까?

(A) 席を立たないように

자리를 뜨지 않도록

(B) 座席の電気を消すように

좌석 전등을 끄도록

(C) シートベルトをするように

안전벨트를 하도록

(D) 座席を元の位置に戻すように

좌석을 원래 위치로 돌려놓도록

⋯▶ 여자의 첫 번째 대화에서 정답을 찾을 수 있는 문제이다. 비행기 안에서 할 수 있는 대화로, 여자는 착륙 태세에 들어가니까 좌석을 원래 위치로 돌려놓아 달라고 남자에게 부탁하고 있다.

間(ま)もなく 곧, 머지않아　着陸(ちゃくりく) 착륙　体勢(たいせい) 태세　元(もと) 원래　位置(いち) 위치　戻(もど)す 되돌리다　ライト(light) 라이트, 조명　付(つ)ける (불을) 켜다　동사의 た형+まま ~한 채　結構(けっこう) 괜찮음　控(ひか)える 삼가다　立(た)つ (자리를) 뜨다　電気(でんき) 전등　消(け)す 끄다　シートベルト(seat belt) 안전벨트

1. 女の人は古い書類をこれからどうしますか。

   (A) 箱に入れて、捨てる。 (A) _______________ （○ ・ ×）

   (B) 5年経過した物を箱に入れる。 (B) _______________ （○ ・ ×）

   (C) 箱に入れて、倉庫に運ぶ。 (C) _______________ （○ ・ ×）

   (D) 箱に入れて、外側に内容を書く。 (D) _______________ （○ ・ ×）

2. 男の人はどんな教室を探していますか。

   (A) 決められた日時に集中的に習える教室 (A) _______________ （○ ・ ×）

   (B) 短期間で基礎から教えてくれる教室 (B) _______________ （○ ・ ×）

   (C) 高くても、長期間徹底的に教えてくれる (C) _______________ （○ ・ ×）
   教室 (D) _______________ （○ ・ ×）

   (D) 安くて、時間も曜日も自分で選べる教室

3. 広告に載っている背広はどのように販売され
   ていますか。

   (A) 上着とズボン2本のセット価格で (A) _______________ （○ ・ ×）

   (B) 50着のみに限って (B) _______________ （○ ・ ×）

   (C) 赤い文字の表示価格から5割引の価格で (C) _______________ （○ ・ ×）

   (D) どれでも3万円で (D) _______________ （○ ・ ×）

연 습 문 제 ▐ 규칙 및 안내 🔊 메모하면서 들어 보세요.

PART 3

1.
女: 昨年の古い書類はどうしましょうか。箱に入れて捨てますか。
　　작년의 오래된 서류는 어떻게 할까요? 상자에 넣어서 버리나요?

男: いや、書類は最低5年間保存する義務があるんですよ。
　　아뇨, 서류는 최저 5년간 보존할 의무가 있어요.

女: では、箱に入れて、倉庫に運ぶようにします。
　　그럼, 상자에 넣어서 창고에 옮기도록 할게요.

男: 僕が後で運ぶから、分類して箱に内容を記入しておいてください。
　　내가 나중에 옮길 테니까, 분류해서 상자에 내용을 기입해 두세요.

해설 여자가 오래된 서류를 상자에 넣어서 창고로 옮기겠다고 하자, 남자는 상자는 나중에 자기가 옮길 테니까 분류해서 상자에 내용을 기입해 두라고 했다. 따라서 정답은 (D)가 된다.

어휘 古(ふる)い 오래되다　箱(はこ) 상자　捨(す)てる 버리다　経過(けいか) 경과　倉庫(そうこ) 창고　運(はこ)ぶ 옮기다
外側(そとがわ) 바깥쪽　最低(さいてい) 최저　保存(ほぞん) 보존　義務(ぎむ) 의무　分類(ぶんるい) 분류　記入(きにゅう) 기입

2.
男: 短期間で、集中的に習えて、値段も手頃なパソコン教室ないかなあ。
　　단기간에 집중적으로 배울 수 있고, 가격도 적당한 컴퓨터 교실 없을까?

女: 12時から8時までなら、いつでも行けて10時間分で1万円の教室があるわよ。
　　12시부터 8시까지라면 언제든지 갈 수 있고, 10시간에 만 엔인 교실이 있어.

男: それじゃ、時間の空いた時に自由に行って、わからないところだけ聞けるね。
　　그럼, 시간이 비었을 때 자유롭게 가서 모르는 데만 물을 수 있겠군.

女: 勿論。あなたはある程度できるから、何ヵ月も通うよりいいわね。
　　물론이지. 당신은 어느 정도 할 줄 아니까, 몇 달이나 다니는 것보다 낫지.

해설 남자는 단기간에 집중적으로 배울 수 있고 가격도 적당한 컴퓨터 교실을 찾고 있는데, 여자가 그런 교실을 소개해 주고 있다. 여자가 소개한 컴퓨터 교실은 12시부터 8시까지라면 언제든지 갈 수 있고, 10시간에 만 엔인 교실이다. 따라서 싸고 시간도 요일도 본인이 직접 고를 수 있는 교실이라고 한 (D)가 정답이 된다.

어휘 教室(きょうしつ) 교실　探(さが)す 찾다　決(き)める 정하다　日時(にちじ) 일시　集中的(しゅうちゅうてき) 집중적
習(なら)う 배우다　短期間(たんきかん) 단기간　基礎(きそ) 기초　長期間(ちょうきかん) 장기간　徹底的(てっていてき)に 철저하게
選(えら)ぶ 고르다. 선택하다　値段(ねだん) 가격　手頃(てごろ) 적당함　空(あ)く 비다　自由(じゆう)に 자유롭게
勿論(もちろん) 물론　程度(ていど) 정도　通(かよ)う 다니다

3.
女: こちらの背広は広告に載っている商品で、お求めやすくなっています。
　　이쪽 정장은 광고에 실린 상품으로 구입하시기 좋게 되어 있어요.

男: 黒字で表示されているのが元の値段で、赤字が販売価格なんですね。
　　검은 글자로 표시되어 있는 게 원래 가격이고, 빨간 글자가 판매 가격이군요.

女: はい。半額に近いお値段ですし、しかもズボンが2本付いています。
　　예. 반값에 가까운 가격이고, 게다가 바지가 두 벌 딸려 있어요.

男: じゃ、ちょっと試着してみてもいいですか。
　　그럼, 좀 입어 봐도 되나요?

해설 광고에 실린 정장에 관한 정보를 정확히 청취해야 한다. 광고에 실린 정장은 바지가 두 벌 딸려서 원래 가격의 반값에 가까운 가격으로 팔고 있다. 따라서 상의와 바지 두 벌 세트 가격으로 팔고 있다고 한 (A)가 정답이 된다.

어휘 広告(こうこく) 광고　載(の)る 실리다　背広(せびろ) 정장. 양복　販売(はんばい) 판매　上着(うわぎ) 상의
ズボン(프랑스어 jupon) 바지　～本(ほん) 가늘고 긴 것을 세는 단위　価格(かかく) 가격　～着(ちゃく) ～벌　～のみ ～만. ～뿐
～に限(かぎ)って ～에 한해서　文字(もじ) 문자, 글자　表示(ひょうじ) 표시　割引(わりびき) 할인　商品(しょうひん) 상품
求(もと)める 사다. 구입하다　黒字(くろじ) 검은 글자　赤字(あかじ) 빨간 글자　半額(はんがく) 반값　付(つ)く 딸리다
試着(しちゃく) 시착. (옷 등을) 입어 봄

정답 1. (D)　2. (D)　3. (A)

4. なぜ、いじめに関する調査を行いますか。

   (A) いじめがあるという噂があるから   (A) ___________ （○・×）

   (B) いじめが原因で事件が起こったから   (B) ___________ （○・×）

   (C) いじめによる事件を防ぎたいから   (C) ___________ （○・×）

   (D) 生徒の親から依頼があったから   (D) ___________ （○・×）

5. 赤いスイッチを押すとどうなりますか。

   (A) 電気が付く。   (A) ___________ （○・×）

   (B) 窓が開く。   (B) ___________ （○・×）

   (C) 音楽が流れる。   (C) ___________ （○・×）

   (D) 鍵が閉まる。   (D) ___________ （○・×）

6. 男の人は何を検討していますか。

   (A) 中古マンションの改築   (A) ___________ （○・×）

   (B) 中古一戸建ての売却   (B) ___________ （○・×）

   (C) 新築一戸建ての購入   (C) ___________ （○・×）

   (D) 新築マンションの購入   (D) ___________ （○・×）

4. 男: 全校生徒を対象に、いじめの実態について調査を行いたいと思います。

전교생을 대상으로 집단 괴롭힘 실태에 대해 조사를 실시하고 싶어요.

女: いじめがあったという報告はないと思いますが、調査は必要ですか。

집단 괴롭힘이 있었다는 보고는 없는데, 조사는 필요한가요?

男: 事件に発展しないように、調査するに越したことはないでしょ。

사건으로 발전하지 않도록 조사를 하는 게 낫잖아요?

女: そうですね。教師が知らないだけかもしれませんしね。

그러네요. 교사가 모르고 있을 뿐일지도 모르니까요.

해설 「~に越(こ)したことはない」는 '~보다 나은 것은 없다. ~보다 더 좋은 것은 없다'는 의미이므로, 남자의 두 번째 대화는 사건으로 발전하지 않도록 하기 위해서 조사를 하는 게 낫다는 의미가 된다. 이 말은 결국 집단 괴롭힘으로 인한 사건을 방지하고 싶다는 말이므로 정답은 (C)가 된다.

어휘 いじめ 집단 괴롭힘　~に関(かん)する ~에 관한　調査(ちょうさ) 조사　噂(うわさ) 소문　原因(げんいん) 원인
事件(じけん)が起(お)こる 사건이 발생하다　防(ふせ)ぐ 막다. 방지하다　生徒(せいと) 학생　依頼(いらい) 의뢰
対象(たいしょう) 대상　実態(じったい) 실태　報告(ほうこく) 보고　発展(はってん) 발전　教師(きょうし) 교사

5. 男: こちらのドアの横のスイッチを押すと、鍵が閉まります。

이쪽 문 옆에 있는 스위치를 누르면 열쇠가 잠겨요.

女: その下の青いスイッチを押すと、どうなりますか。

그 아래에 있는 파란 스위치를 누르면 어떻게 되나요?

男: それを押すと、窓が開いて、赤いスイッチを押すと、音楽が流れます。

그걸 누르면 창문이 열리고, 빨간 스위치를 누르면 음악이 흘러요.

女: ああ、そうですか。では、この前のは…。

아―, 그래요? 그럼, 이 앞에 있는 것은….

해설 빨간 스위치를 누르면 어떻게 되냐고 물었으므로 빨간 스위치에 대한 설명이 나오는 부분을 주의 깊게 들어야 한다. 남자의 두 번째 대화에서 빨간 스위치를 누르면 음악이 흐른다고 했으므로 정답은 (C)가 된다.

어휘 赤(あか)い 빨갛다　スイッチ(switch) 스위치　押(お)す 누르다. 밀다　電気(でんき)が付(つ)く 불[전등]이 켜지다
窓(まど) 창문　開(あ)く 열리다　音楽(おんがく) 음악　流(なが)れる 흐르다　鍵(かぎ) 열쇠　閉(し)まる 잠기다
ドア(door) 문　青(あお)い 파랗다

6. 女: こちらの新築一戸建ての物件は立地条件もよく、お薦めですが…。

이쪽 신축 단독 주택 물건은 입지 조건도 좋아, 추천 드립니다만….

男: でも今のマンションを売らないことには目処が立ちませんね。

하지만 지금의 맨션을 팔지 않고서는 전망이 서질 않네요.

女: 今年中に入居されれば、税制優遇措置が適用されますから、いい機会ですよ。

올해 안에 입주하시면 세제 우대 조치가 적용되니까 좋은 기회예요.

男: そうですねえ。では、今のがいくらで売れるか査定してくれますか。

그렇겠군요. 그럼, 지금 맨션을 얼마에 팔 수 있는지 사정해 주시겠어요?

해설 남자가 무엇을 검토하고 있는지를 묻고 있으므로, 대화 내용을 종합해서 검토하고 있는 것을 찾아야 한다. 두 사람의 대화로 보아, 남자는 신축 단독 주택의 구입을 검토하고 있으므로 정답은 (C)가 된다.

어휘 検討(けんとう) 검토　中古(ちゅうこ) 중고　改築(かいちく) 개축　一戸建(いっこだ)て 단독 주택　売却(ばいきゃく) 매각
新築(しんちく) 신축　購入(こうにゅう) 구입　物件(ぶっけん) 물건　立地(りっち) 입지　条件(じょうけん) 조건
薦(すす)め 추천　~ないことには ~하지 않고는　目処(めど)が立(た)つ 전망이 서다. 예상이 되다　入居(にゅうきょ) 입주
税制(ぜいせい) 세제　優遇(ゆうぐう) 우대　措置(そち) 조치　適用(てきよう) 적용　機会(きかい) 기회
査定(さてい) 사정, 조사해서 결정함

정답 4. (C)　5. (C)　6. (C)

한자	읽기	의미
☐ 持ち込み	もちこみ	갖고 들어감, 반입
☐ 交通違反	こうつういはん	교통위반
☐ 箱	はこ	상자
☐ 経過	けいか	경과
☐ 分類	ぶんるい	분류
☐ 基礎	きそ	기초
☐ 手頃	てごろ	적당함
☐ 載る	のる	실리다
☐ 背広	せびろ	정장, 양복
☐ 販売	はんばい	판매
☐ 試着	しちゃく	시착, (옷 등을) 입어 봄
☐ 防ぐ	ふせぐ	막다, 방지하다
☐ 実態	じったい	실태
☐ 報告	ほうこく	보고
☐ 発展	はってん	발전
☐ 押す	おす	누르다, 밀다
☐ 閉まる	しまる	닫히다, 잠기다
☐ 改築	かいちく	개축
☐ 一戸建て	いっこだて	단독 주택
☐ 目処が立つ	めどがたつ	전망이 서다, 예상이 되다

UNIT 11 🎧 49.MP3
▶ 유형 11 타협 및 상의

분석 및 전략

타협 및 상의 관련 문제는 보통 어떤 주제에 대해 대립되는 의견을 가진 남녀의 대화로 구성되어 있는데 평균 3문항 정도가 출제되고 있다. 문항수로 보면 타협보다는 상의 관련 문제가 조금 더 비중 있게 출제되고 있으며, 자주 출제되는 문제 형태로는 「2人(ふたり)は何(なに)について話(はな)し合(あ)っていますか」(두 사람은 무엇에 대해 의논하고 있습니까?), 「〜はどうなっていますか」(〜은 어떻게 되고 있습니까?), 「〜はどうすることにしましたか」(〜은 어떻게 하기로 했습니까?) 등이 있다.

타협 관련 문제는 일단 두 사람이 타협하거나 상의하려는 내용이 무엇인지 정확하게 파악하는 것이 중요하다. 지금까지의 출제 경향을 분석해 보면, 서로 의견 대립을 보이다가 마지막에 합의를 하는 형태의 문제 패턴으로 출제되는 경우가 많으므로 마지막 부분에서 어떤 식으로 결론이 나는지 잘 들어야 실수가 없다.

상의 관련 문제는 어떤 화제에 대해서 두 사람이 상의하는 형태로 출제되는데 타협 관련 문제와 마찬가지로 여러 가지 의견이 나오지만 결국에는 마지막 문장에서 서로 의견 일치를 보는 경우가 많으므로 마지막 대화에 주목해야 한다. 결국 타협이나 상의 관련 문제는 주제를 정확하게 파악하고 마지막 대화의 결론에 주목하면 의외로 정답을 쉽게 찾을 수 있는 유형이라고 할 수 있다.

女 : このストーブ、どうしようかしら。新しい家では使えないし。
이 스토브 어떻게 할까? 새 집에서는 못 쓰고.

男 : まだきれいだから、誰かにあげれば、ゴミも減らせるよ。
아직 깨끗하니까 누군가에게 주면 쓰레기도 줄일 수 있어.

女 : そうね。ストーブを欲しがっている友達って、誰かいたかな。
그래. 스토브를 갖고 싶어 하는 친구, 누군가 있었나?

男 : どうかな。聞いてみるよ。今日は箱に入れておこう。
글쎄. 물어볼게. 오늘은 상자에 넣어 두자.

これから2人はストーブをどうしますか。
지금부터 두 사람은 스토브를 어떻게 합니까?

(A) 新しい家に持って行く。
새 집으로 가지고 간다.

(B) 箱に入れる。
상자에 넣는다.

(C) 友達にあげる。
친구에게 준다.

(D) すぐ捨てる。
바로 버린다.

⋯➤ 단서가 여러 군데에 나오므로 대화를 끝까지 잘 들어야 하는 문제이다. 새로 이사 가는 집에서는 스토브를 사용할 수 없어서 친구에게 주려고 하지만, 적당한 사람이 떠오르지 않아 우선은 상자에 넣어 두기로 했다.

ストーブ(stove) 스토브　新(あたら)しい 새롭다　使(つか)う 사용하다　ゴミ 쓰레기　減(へ)らす 줄이다
欲(ほ)しがる 갖고 싶어 하다　箱(はこ) 상자　すぐ 바로　捨(す)てる 버리다

女：挙式は海外だし、参列してくださる方には何を差し上げたらいいかしら。
결혼식은 해외이고, 참석해 주시는 분에게는 뭘 드리면 좋을까?

男：陶器類は邪魔になるし、食べ物もなあ。すぐに帰国するとは限らないし。
도자기류는 거추장스럽고, 먹을 것도 좀…. 곧바로 귀국한다고는 할 수 없으니까.

女：引き出物がカタログになっているのはどうかしら。好みの品を選べるし。
선물이 카탈로그로 되어 있는 건 어떨까? 취향에 맞는 물건을 고를 수 있고.

男：そうだね。割れたり、腐ったりしないし、そうしよう。
그래. 깨지거나 상하거나 하지 않으니까 그렇게 하자.

2人は何について話し合っていますか。
두 사람은 무엇에 대해서 서로 의논하고 있습니까?

(A) 結婚式の出席者への贈り物
결혼식 참석자에게 줄 선물

(B) 出産した友人へ送るお祝い
출산한 친구에게 보낼 축하 선물

(C) お世話になった方へのお歳暮
신세진 분에게 드릴 연말 선물

(D) 新婚旅行のお土産
신혼여행 선물

⋯⋯▸ 여자의 두 번째 대화에 나오는 「引(ひ)き出物(でもの)」(연회 등에서 참석한 손님에게 주는 선물)라는 단어를 알면 쉽게 풀 수 있는 문제이지만, 그렇지 못한 경우는 대화 내용 중에서 단서를 찾아야 한다. 여자의 첫 번째 대화의 「挙式(きょしき)」(결혼식을 올림), 「参列(さんれつ)してくださる方(かた)」(참석해 주시는 분), 「差(さ)し上(あ)げる」(드리다)라는 말을 종합해 보면 두 사람이 결혼식에 참석하는 사람들에게 무슨 선물을 줄 것인지에 대해서 의논하고 있다는 것을 알 수 있다.

陶器(とうき) 도기, 도자기　邪魔(じゃま) 방해, 거추장스러움　帰国(きこく) 귀국
〜とは限(かぎ)らない 반드시 〜인 것은 아니다　カタログ(catalog) 카탈로그　好(この)み 좋아함, 기호
品(しな) 물품, 물건　選(えら)ぶ 고르다, 선택하다　割(わ)れる 깨지다　腐(くさ)る 썩다, 상하다
話(はな)し合(あ)う 서로 의논하다　結式(けっこんしき) 결혼식　出席者(しゅっせきしゃ) 참석자
贈(おく)り物(もの) 선물　出産(しゅっさん) 출산　お祝(いわ)い 축하, 축하 선물　お世話(せわ)になる 신세지다
お歳暮(せいぼ) 연말 선물　新婚旅行(しんこんりょこう) 신혼여행　お土産(みやげ) (여행지 등에서 산) 선물

女 : 新型のカメラのデザインはいかがでしょうか。
신형 카메라의 디자인은 어떠신가요?

男 : デザインはいいとして、価格の方は再度見直す余地があるね。
디자인은 그렇다 치고, 가격 쪽은 다시 한 번 재고할 여지가 있군.

女 : これだけの機能が付いた物としては、適当な価格かと思いますが。
이 정도 기능이 달려 있는 물건으로는 적당한 가격이라고 생각합니다만.

男 : 価格や重量は消費者が最も気にする所だから、再度検討してくれ。
가격이나 무게는 소비자가 가장 신경 쓰는 부분이니까 다시 한 번 검토해 줘.

新型カメラについて検討すべき点はどこですか。
신형 카메라에 대해서 검토해야 할 점은 어디입니까?

(A) デザインと価格
디자인과 가격

(B) 重量とカメラのレンズの色
무게와 카메라 렌즈의 색깔

(C) 価格
가격

(D) デザインと重量
디자인과 무게

⋯▸ 신형 카메라에 대해서 검토해야 할 점이 무엇인지 묻고 있는데 남자의 대화에서 정답을 찾을 수 있다. 남자의 마지막 대화에서 가격이나 무게는 소비자가 가장 신경을 쓰는 부분이니까 다시 한 번 검토해 달라고 여자에게 말했으므로 정답은 (C)가 된다. (A)와 (D)는 디자인, (B)는 카메라 렌즈의 색깔 부분 때문에 정답이 될 수 없다.

新型(しんがた) 신형　カメラ(camera) 카메라　デザイン(design) 디자인　価格(かかく) 가격
再度(さいど) 재차. 다시　見直(みなお)す 재고하다　余地(よち) 여지　機能(きのう) 기능
付(つ)く 달리다　適当(てきとう) 적당함　重量(じゅうりょう) 중량. 무게　消費者(しょうひしゃ) 소비자
最(もっと)も 가장. 제일　気(き)にする 신경을 쓰다　検討(けんとう) 검토　レンズ(lens) 렌즈　色(いろ) 색깔

男 : 来年度は郊外に大型店を出店させようと計画しているんだが。

내년도는 교외에 대형점을 출점시키려고 계획하고 있는데.

女 : 郊外店となると、車で来店されるお客様のために、大型駐車場が必要ですね。

교외 점포라면 자동차로 오시는 손님을 위해서 대형 주차장이 필요하겠군요.

男 : 食事ができる場所と子供を一時預かる施設を設けたらどうだろう。

식사를 할 수 있는 장소와 아이를 잠시 맡아 주는 시설을 설치하면 어떨까?

女 : 良い考えですね。ゆったりと買い物ができることは大切ですよ。

좋은 생각이네요. 느긋하게 쇼핑을 할 수 있는 건 중요해요.

郊外店の出店計画について2人が言っていないことは何ですか。

교외 점포 출점 계획에 대해서 두 사람이 말하고 있지 않은 것은 무엇입니까?

(A) 大型駐車場を作ること

대형 주차장을 만드는 것

(B) 小規模な遊園地を設けること

소규모의 유원지를 설치하는 것

(C) 子供を預かる施設を作ること

아이를 맡아 줄 시설을 만드는 것

(D) 食事ができる場所を作ること

식사를 할 수 있는 장소를 만드는 것

···▶ 대화에 나오는 정보를 하나씩 확인해야 하는 문제이다. 남자는 내년에 교외에 대형점을 출점시키려고 계획하고 있다. 두 사람은 자동차로 오는 손님을 위한 대형 주차장, 식사를 할 수 있는 장소, 아이를 잠시 맡아 주는 시설 등에 대해서 언급을 하고 있으므로, 대화 중에 나오지 않은 것은 (B)가 된다.

郊外(こうがい) 교외   大型店(おおがたてん) 대형점   出店(しゅってん) 출점   計画(けいかく) 계획
来店(らいてん) 내점. 가게에 옴   駐車場(ちゅうしゃじょう) 주차장   必要(ひつよう) 필요   食事(しょくじ) 식사
場所(ばしょ) 장소   一時(いちじ) 잠시. 잠깐   預(あず)かる 맡다. 맡아서 돌보다   施設(しせつ) 시설
設(もう)ける 설치하다   ゆったりと 느긋하게   買(か)い物(もの) 쇼핑   大切(たいせつ) 중요함
小規模(しょうきぼ) 소규모   遊園地(ゆうえんち) 유원지

1. 男の人は子供と一緒に何をすることが大切だ
   と言っていますか。

   (A) 話すこと   (A) _______________ （○ ・ ×）

   (B) 宿題をすること   (B) _______________ （○ ・ ×）

   (C) 週末に遊ぶこと   (C) _______________ （○ ・ ×）

   (D) 食事をすること   (D) _______________ （○ ・ ×）

2. 2人はどんな鞄を作ろうとしていますか。

   (A) 皮の鞄   (A) _______________ （○ ・ ×）

   (B) 木綿の鞄   (B) _______________ （○ ・ ×）

   (C) ビニールと木綿を使った鞄   (C) _______________ （○ ・ ×）

   (D) ビニールとナイロンを使った鞄 (D) _______________ （○ ・ ×）

3. 学校はどうすることにしましたか。

   (A) 全学年を休ませることにした。   (A) _______________ （○ ・ ×）

   (B) 1年生のみを休ませることにした。 (B) _______________ （○ ・ ×）

   (C) 2年生のみを休ませることにした。 (C) _______________ （○ ・ ×）

   (D) 3年生のみを休ませることにした。 (D) _______________ （○ ・ ×）

1.
女: この頃、子供の帰りが遅くて心配なんですよ。勉強もしないし。

요즘 아이의 귀가가 늦어서 걱정이에요. 공부도 안 하고.

男: うちの子供も全然勉強していないですよ。テレビはよく見ているけど。

우리 애도 전혀 공부를 안 해요. 텔레비전은 자주 보지만.

女: 少し親が勉強を考えた方がいいでしょうか。 조금 부모가 공부를 생각하는 편이 좋을까요?

男: いや、それより子供と話す時間を持つことの方が大切だと思いますよ。

아뇨, 그것보다 아이와 대화 시간을 갖는 게 중요하다고 생각해요.

해설 남자의 마지막 대화에서 정답을 찾을 수 있는데. 부모가 공부를 생각하는 것보다 아이와 대화할 시간을 갖는 게 더 중요하다고 생각한다고 했으므로 정답은 (A)가 된다.

어휘 子供(こども) 아이, 어린이　一緒(いっしょ)に 함께　大切(たいせつ) 중요함　話(はな)す 이야기하다　宿題(しゅくだい) 숙제
週末(しゅうまつ) 주말　遊(あそ)ぶ 놀다　食事(しょくじ) 식사　帰(かえ)り 귀가　遅(おそ)い 늦다　心配(しんぱい) 걱정, 염려
勉強(べんきょう) 공부　全然(ぜんぜん) 전혀　親(おや) 부모

2.
女: 夏の鞄は絶対ビニールがいいですよ。安く作れますし。

여름 가방은 단연 비닐이 좋아요. 싸게 만들 수 있고.

男: 私は皮の方が立派でいいと思います。それかこの木綿でできたの。

저는 가죽 쪽이 멋지다고 생각해요. 아니면 이 무명으로 만든 것이나.

女: 皮や木綿だと、雨の多い季節には向かないですよ。ビニールにしましょう。

가죽이나 무명은 비가 많은 계절에는 적합하지 않아요. 비닐로 해요.

男: それじゃ、内側にナイロンを使って、中が見えないようにしましょうか。

그럼, 안쪽에 나일론을 사용해 안이 보이지 않도록 할까요?

해설 여름용 가방을 무슨 재질로 만들 것인지에 대해 이야기하고 있다. 전반부에서는 두 사람의 의견이 엇갈리고 있는데, 후반부에 가서 절충안이 나온다. 두 사람은 기본적으로 비닐을 사용하고 안쪽에는 나일론을 사용해 안이 안 보이도록 하는 가방을 만들려고 하고 있으므로 정답은 (D)가 된다.

어휘 鞄(かばん) 가방　木綿(もめん) 무명, 면직　ビニール(vinyl) 비닐　ナイロン(nylon) 나일론　夏(なつ) 여름
絶対(ぜったい) 단연코, 무조건　立派(りっぱ) 훌륭함, 멋짐　季節(きせつ) 계절　向(む)く 적합하다, 알맞다　内側(うちがわ) 안쪽

3.
女: 2年生は学年全体で4割近くが欠席していますが、1年生はどうですか。

2학년은 학년 전체에서 40% 가까이가 결석했는데, 1학년은 어때요?

男: 1年生は風邪を引いている生徒が多いですが、欠席者は数人です。

1학년은 감기에 걸린 학생이 많은데, 결석자는 몇 명 안 돼요.

女: 他の学年にも広まる恐れがありますし、一学年だけ休ませましょう。

다른 학년에도 퍼질 우려가 있으니까, 한 학년만 쉬게 하죠.

男: 3年生は受験を控えていますし、1年生にも広がるといけませんからね。

3학년은 수험을 앞두고 있고, 1학년한테도 퍼지면 안 되니까요.

해설 두 사람은 감기가 다른 학년으로 전염될 것을 우려해서 한 학년만 쉬게 하기로 했는데, 남자의 마지막 대화에서 3학년은 시험을 앞두고 있고 1학년에게도 퍼지면 곤란하다고 했으므로 2학년만 쉬게 하기로 했다는 것을 알 수 있다. 따라서 정답은 (C)가 된다.

어휘 全学年(ぜんがくねん) 전 학년　休(やす)む 쉬다　~年生(ねんせい) ~학년　~のみ ~만　全体(ぜんたい) 전체
~割(わり) ~할 *10분의 1을 표시하는 단위　近(ちか)く ~가까이　欠席(けっせき) 결석　風邪(かぜ)を引(ひ)く 감기에 걸리다
生徒(せいと) 학생　数人(すうにん) 몇 사람　広(ひろ)まる 퍼지다, 번지다　恐(おそ)れ 우려, 염려　受験(じゅけん) 수험
控(ひか)える 앞두다　広(ひろ)がる 퍼지다, 번지다　~といけない ~하면 안 되다

정답　1. (A)　2. (D)　3. (C)

4.　契約の交渉はどうなっていますか。

    (A)　価格も条件も全然一致していない。　(A) ＿＿＿＿＿＿＿＿＿（○・×）

    (B)　契約半ばまで進んでいるが、価格の折り合　(B) ＿＿＿＿＿＿＿＿＿（○・×）
       いが付かない。　(C) ＿＿＿＿＿＿＿＿＿（○・×）

    (C)　最後になって、交渉は決裂した。　(D) ＿＿＿＿＿＿＿＿＿（○・×）

    (D)　最後のところで、条件に関する話し合いが
       平行線を辿っている。

5.　労使交渉はどのような結果になりましたか。

    (A)　交渉は決裂し、スト突入になった。　(A) ＿＿＿＿＿＿＿＿＿（○・×）

    (B)　交渉の末、賃金が僅かながらアップした。　(B) ＿＿＿＿＿＿＿＿＿（○・×）

    (C)　双方が要求を受け入れる形となった。　(C) ＿＿＿＿＿＿＿＿＿（○・×）

    (D)　昇給はないが、休暇日数は増えた。　(D) ＿＿＿＿＿＿＿＿＿（○・×）

6.　2人は何について話していますか。

    (A)　資源の有効な使い方について　(A) ＿＿＿＿＿＿＿＿＿（○・×）

    (B)　簡易包装推進の是非について　(B) ＿＿＿＿＿＿＿＿＿（○・×）

    (C)　消費者が求めるサービスについて　(C) ＿＿＿＿＿＿＿＿＿（○・×）

    (D)　消費者からの苦情の対応方法について　(D) ＿＿＿＿＿＿＿＿＿（○・×）

PART 3

4.

女: 丸三商事との契約の件ですが、なかなか折り合いが付かないんです。

마루산 상사와의 계약 건입니다만, 좀처럼 결말이 나지 않아요.

男: 価格ですか。가격인가요?

女: いいえ、詰めのところで、条件がどうしても一致しないんです。

아니오, 막판에 조건이 도저히 일치하지 않아요.

男: 今月中に適当なところでうちも折れるしかないでしょう。

이달 중에 적당한 선에서 우리도 양보할 수밖에 없겠네요.

해설 「詰(つ)め」(일의 막바지, 일의 마무리)라는 표현을 알아듣는 것이 포인트. 대화를 종합해 볼 때, 마루산 상사와의 계약은 막판에 조건이 일치되지 않았음을 알 수 있다. 따라서 정답은 조건에 관한 협의가 평행선을 그리고 있다고 한 (D)가 된다.

어휘 契約(けいやく) 계약　交渉(こうしょう) 교섭　価格(かかく) 가격　条件(じょうけん) 조건　全然(ぜんぜん) 전혀　一致(いっち) 일치　半(なか)ば 중반　折(お)り合(あ)いが付(つ)く 결말이 나다　決裂(けつれつ) 결렬　話(はな)し合(あ)い 협의　平行線(へいこうせん) 평행선　辿(たど)る 더듬어 가다. 어떤 방향으로 가다　適当(てきとう) 적당함　折(お)れる 양보하다

5.

女: 組合側が妥協して、どうやらストは回避される見込みのようですね。

조합 측이 타협해서 아무래도 파업은 피하게 될 전망인 것 같네요.

男: 会社側の提示した賃金アップ据え置き案を受け入れたということですね。

회사 측이 제시한 임금 인상 동결안을 받아들였다는 말이군요.

女: 会社側も組合側が要求していた雇用の確保を認めたようですよ。

회사 측도 조합 측이 요구한 고용 확보를 인정한 것 같아요.

男: 所得アップよりも働き口の保証を優先せざるを得なかったんでしょうね。

소득 인상보다도 일자리 보장을 우선하지 않을 수 없었겠죠.

해설 여자의 첫 번째 대화에서 조합 측이 타협을 했다고 나오고, 이에 남자가 회사 측이 제시한 임금 인상 동결안을 조합 측이 받아들였다고 부연 설명을 하고 있다. 다시 여자가 회사 측도 조합 측이 요구한 고용 확보를 인정한 것 같다고 했으므로, 노사 교섭은 쌍방의 요구를 받아들이는 형태가 되었다는 것을 알 수 있다. 따라서 정답은 (C)가 된다.

어휘 労使(ろうし) 노사　スト 파업 ＊「ストライキ」(strike)의 준말　突入(とつにゅう) 돌입　賃金(ちんぎん) 임금　僅(わず)か 조금, 약간　双方(そうほう) 쌍방　要求(ようきゅう) 요구　受(う)け入(い)れる 받아들이다　昇給(しょうきゅう) 승급, 급여가 올라감　日数(にっすう) 일수　組合(くみあい) 조합　妥協(だきょう) 타협　回避(かいひ) 회피　提示(ていじ) 제시　据(す)え置(お)き 그대로 둠　雇用(こよう) 고용　確保(かくほ) 확보　認(みと)める 인정하다　所得(しょとく) 소득　働(はたら)き口(ぐち) 일자리　保証(ほしょう) 보증　優先(ゆうせん) 우선　동사의 ない형+ざるを得(え)ない ～하지 않을 수 없다

6.

女: 経費節減の徹底を図り、今後は簡易包装を推進する方向でどうでしょうか。

경비 절감을 철저하게 해서 앞으로는 간이 포장을 추진하는 방향으로 가는 건 어떨까요?

男: 賛成です。消費者にも環境や資源保護の面から受け入れられると思います。

찬성이에요. 소비자들도 환경이나 자원 보호 면에서 받아들일 거예요.

女: その分を商品の価格に反映させれば、売り上げ増加も見込めますね。

그만큼을 상품의 가격에 반영시키면, 매출 증가도 예상할 수 있겠군요.

男: 袋を持参した人に購入金額から10円値引きするというのはどうですか。

봉투를 지참한 사람에게 구입 금액에서 10엔 할인해 주는 건 어떨까요?

해설 여자의 첫 번째 대화에서 앞으로는 간이 포장을 추진하는 방향으로 가는 건 어떻겠냐고 물었고, 이에 남자가 찬성이라고 대답했으므로 두 사람은 간이 포장 추진의 가부에 대해서 이야기하고 있다는 것을 알 수 있다. 따라서 정답은 (B)가 된다.

어휘 資源(しげん) 자원　有効(ゆうこう) 유효함, 효과가 있음　簡易(かんい) 간이　包装(ほうそう) 포장　是非(ぜひ) 가부　求(もと)める 원하다　苦情(くじょう) 불평, 불만　対応(たいおう) 대응　経費(けいひ) 경비　節減(せつげん) 절감　徹底(てってい) 철저함　図(はか)る 도모하다　推進(すいしん) 추진　賛成(さんせい) 찬성　環境(かんきょう) 환경　保護(ほご) 보호　反映(はんえい) 반영　増加(ぞうか) 증가　見込(みこ)む 예상하다　袋(ふくろ) 봉투　持参(じさん) 지참　購入(こうにゅう) 구입　金額(きんがく) 금액　値引(ねび)き 할인

정답　4. (D)　5. (C)　6. (B)

주요 어휘 정리

한자	읽기	의미
☐ 減らす	へらす	줄이다
☐ 欲しがる	ほしがる	갖고 싶어 하다
☐ 邪魔	じゃま	방해, 거추장스러움
☐ 帰国	きこく	귀국
☐ 好み	このみ	좋아함, 기호
☐ 腐る	くさる	썩다, 상하다
☐ 贈り物	おくりもの	선물
☐ 新型	しんがた	신형
☐ 重量	じゅうりょう	중량, 무게
☐ 消費者	しょうひしゃ	소비자
☐ 郊外	こうがい	교외
☐ 施設	しせつ	시설
☐ 設ける	もうける	설치하다
☐ 折り合いが付く	おりあいがつく	결말이 나다
☐ 折れる	おれる	양보하다
☐ 賃金	ちんぎん	임금
☐ 妥協	だきょう	타협
☐ 所得	しょとく	소득
☐ 有効	ゆうこう	유효, 효과가 있음
☐ 徹底	てってい	철저함

UNIT 12 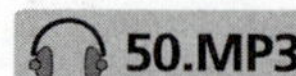

▶ 유형 12 문의

분석 및 전략

문의 관련 문제는 평균 2문항 정도가 출제되고 있는데, 당연한 말이겠지만 문의하는 내용이 무엇인지를 정확하게 파악하는 것이 중요하다. 이 유형은 문제가 「どうやって」(어떻게 해서), 「どこに」(어디에), 「どんな」(어떤), 「何(なに)を」(무엇을) 등의 의문사와 함께 제시되는 경우가 대부분이므로 일단 의문사를 통해 어느 정도 대화 내용을 짐작한 다음에 들어야 한다.

문의 관련 문제의 풀이 요령은 회화문의 다른 유형과는 조금 다르다. 일반적으로 회화문은 대부분의 경우 끝 부분의 대화를 통해 정답을 많이 찾을 수 있지만, 문의 관련 문제는 첫 부분이 질문의 형태로 나오고 바로 다음에 정답과 관련된 내용이 나오는 경우가 많으므로 앞 부분도 절대 소홀히 해서는 안 된다. 전형적인 대화 구성이 어떤 화제에 대한 「문의 → 응답이나 답변 → 이해나 납득, 혹은 또 다른 문의 → 응답이나 답변」의 형태로 진행되기 때문에 문제에서 묻고자 하는 내용을 잘 기억하고 어느 부분을 잘 들어야 할지 미리 염두에 두고 들도록 하자.

男：すみません。駅の前にある郵便局の電話番号をご存じですか。
죄송하지만, 역 앞에 있는 우체국 전화번호를 알고 계시나요?

女：いいえ。番号案内に電話をして、番号を聞きましょうか。
아니오. 번호안내에 전화해서 번호를 물어볼까요?

男：ああ、けっこうです。自分で電話帳で調べてみます。
아, 괜찮아요. 제가 전화번호부에서 찾아볼게요.

女：そうですか。
그래요?

男の人はどうやって電話番号を調べますか。
남자는 어떻게 해서 전화번호를 찾습니까?

(A) 電話帳を見て、自分で調べる。
전화번호부를 보고 스스로 찾는다.

(B) 自分で番号案内に電話をする。
스스로 번호안내에 전화를 한다.

(C) 女の人に電話番号を調べてもらう。
여자에게 전화번호를 찾아 달라고 한다.

(D) 他の人に聞く。
다른 사람에게 묻는다.

⋯▸ 남자가 전화번호를 어떻게 알아볼 것인지를 묻는 문제이다. 여자가 첫 번째 대화에서 번호안내에 전화해서 번호를 물어본다는 제안을 하지만, 남자가 사양하면서 자신이 찾아본다고 했다. 남자의 두 번째 대화에 나온 「けっこうです」가 '괜찮습니다' 라는 뜻으로 쓰인 것에도 주의를 해야 한다.

郵便局(ゆうびんきょく) 우체국　電話番号(でんわばんごう) 전화번호　ご存(ぞん)じ 잘 아심
案内(あんない) 안내　聞(き)く 묻다　調(しら)べる 찾다, 조사하다　電話帳(でんわちょう) 전화번호부

女 : すみません。薬屋（くすりや）はどこですか。
　　저, 약국은 어디인가요?

男 : 駅（えき）の前（まえ）にデパートがありますね。その隣（となり）にあります。
　　역 앞에 백화점이 있죠? 그 옆에 있어요.

女 : 北口（きたぐち）のデパートですか。南口（みなみぐち）のデパートですか。
　　북쪽 출구 백화점인가요? 남쪽 출구 백화점인가요?

男 : 北口（きたぐち）のデパートです。
　　북쪽 출구 백화점이에요.

薬屋（くすりや）はどこにありますか。
약국은 어디에 있습니까?

(A) 北口（きたぐち）のデパートの後（うし）ろ
　　북쪽 출구 백화점 뒤

(B) 北口（きたぐち）のデパートの隣（となり）
　　북쪽 출구 백화점 옆

(C) 南口（みなみぐち）のデパートの後（うし）ろ
　　남쪽 출구 백화점 뒤

(D) 南口（みなみぐち）のデパートの隣（となり）
　　남쪽 출구 백화점 옆

⋯→ 약국의 위치를 묻고 있으므로 장소에 관한 부분을 잘 들어야 한다. 남자의 첫 번째 대화에서 백화점 옆에 있다고 했고, 여자가 어느쪽 출구 백화점인지 묻자 북쪽 출구 백화점이라고 했으므로 정답은 (B)가 된다.

薬屋（くすりや） 약국　駅（えき） 역　隣（となり） 옆　デパート 백화점　北口（きたぐち） 북쪽 출구
南口（みなみぐち） 남쪽 출구　後（うし）ろ 뒤

男：今日の会議は午後2時からですか。
오늘 회의는 오후 2시부터인가요?

女：いいえ。今日はありません。明日あります。
아니요. 오늘은 없어요. 내일 있어요.

男：ああ、明日ですか。わかりました。時間は同じですか。
아, 내일인가요? 알겠어요. 시간은 똑같은가요?

女：はい。時間は同じです。
예. 시간은 똑같아요.

会議はいつ、何時に始まりますか。
회의는 언제, 몇 시에 시작됩니까?

(A) 今日の午後5時
오늘 오후 5시

(B) 今日の午後2時
오늘 오후 2시

(C) 明日の午後5時
내일 오후 5시

(D) 明日の午後2時
내일 오후 2시

┈▶ 회의가 언제 몇 시에 시작되는지 묻고 있으므로 날짜와 시간에 주의하면서 들어야 한다. 여자의 대화 내용으로 보아 회의는 내일 오후 2시에 있으므로 정답은 (D)가 된다.

会議(かいぎ) 회의　午後(ごご) 오후　明日(あした) 내일　時間(じかん) 시간　同(おな)じ 같음

男 : お母様の検査ですが、まず血液検査とレントゲン検査を行います。
어머님 검사 말인데요, 우선 혈액 검사와 X레이 검사를 실시할 겁니다.

女 : 結果次第では入院や手術もあり得ますか。
결과에 따라서는 입원이나 수술도 있을 수 있나요?

男 : 今の段階でははっきりとは申せませんが、その可能性もありますね。
지금 단계에서는 확실하게는 말씀드릴 수 없지만, 그럴 가능성도 있어요.

女 : 母は高齢ですし、手術に耐えられるか心配なんですが。
어머니는 고령이라서 수술을 견딜 수 있을지 걱정입니다만.

女性の母親について正しいものはどれですか。
여성의 어머니에 대해서 올바른 것은 어느 것입니까?

(A) 入院中で明日、検査を受ける予定だ。
입원 중으로 내일 검사를 받을 예정이다.

(B) 手術のため、今朝入院した。
수술 때문에 오늘 아침 입원했다.

(C) 退院を控え、最終検査を受けている。
퇴원을 앞두고 최종 검사를 받고 있다.

(D) 病状を知るための検査を控えている。
병 상태를 알기 위한 검사를 앞두고 있다.

⋯▶ 여성의 어머니는 혈액 검사와 X레이 검사를 앞두고 있는데, 결과에 따라서는 입원이나 수술을 해야 할지도 모른다고 했다. 따라서 정답은 병 상태를 알기 위한 검사를 앞두고 있다고 한 (D)가 되는데, 참고로 여기서 「控(ひか)える」는 '삼가다' 라는 의미가 아니라 '앞두다' 라는 의미로 쓰였다.

検査(けんさ) 검사　血液(けつえき) 혈액　レントゲン (독일어 Röntgen) 뢴트겐, X레이
行(おこな)う 행하다, 실시하다　結果(けっか) 결과　명사+次第(しだい) ~에 따라 결정됨　入院(にゅういん) 입원
手術(しゅじゅつ) 수술　あり得(え)る 있을 수 있다　段階(だんかい) 단계　はっきり 확실하게
申(もう)す 말씀드리다　可能性(かのうせい) 가능성　高齢(こうれい) 고령　耐(た)える 참다, 견디다
心配(しんぱい) 걱정, 염려　退院(たいいん) 퇴원　最終(さいしゅう) 최종　病状(びょうじょう) 병 상태
知(し)る 알다

1. 女の人は何をするために来ましたか。

　　(A) 泊まる日を変えるため　　　　　(A) _______________ （○・×）

　　(B) 部屋の予約をするため　　　　　(B) _______________ （○・×）

　　(C) 荷物を預けるため　　　　　　　(C) _______________ （○・×）

　　(D) 忘れ物を探してもらうため　　　(D) _______________ （○・×）

2. 女の人は大きなごみについて、どうするように言いましたか。

　　(A) 市役所で申し込みをする。　　　(A) _______________ （○・×）

　　(B) 市役所に電話をする。　　　　　(B) _______________ （○・×）

　　(C) 市役所まで持っていく。　　　　(C) _______________ （○・×）

　　(D) 市役所が指定した場所に捨てる。(D) _______________ （○・×）

3. この男の人は飛行機の予約をどうしましたか。

　　(A) 51便の予約を53便に変更した。　　(A) _______________ （○・×）

　　(B) 51便の予約を55便に変更した。　　(B) _______________ （○・×）

　　(C) 51便の予約を翌朝の便に変更した。(C) _______________ （○・×）

　　(D) 予約は完全に取り消した。　　　　(D) _______________ （○・×）

PART 3

1. 女: すみません。明後日(あさって)から泊(と)まる予定(よてい)の伊藤(いとう)ですが。
　　실례합니다. 모레부터 숙박 예정인 이토라고 하는데요.

男: いらっしゃいませ。伊藤様(いとうさま)ですね。
　　어서 오십시오. 이토 님이시죠.

女: はい。あの、このかばんだけ先(さき)に預(あず)けたいんですが、大丈夫(だいじょうぶ)ですか。
　　예. 저, 이 가방만 먼저 맡기고 싶은데 괜찮나요?

男: わかりました。では、この紙(かみ)にお名前(なまえ)をお書(か)きください。
　　알겠습니다. 그럼, 이 종이에 이름을 적어 주십시오.

해설　두 사람의 대화는 모레부터 묵기로 한 여자가 가방을 먼저 맡겨 두고 싶은데 가능한지 남자에게 묻고 있는 상황이다. 따라서 여자가 온 목적은 짐을 맡기기 위해서이므로 정답은 (C)가 된다.

어휘　泊(と)まる 묵다, 숙박하다　変(か)える 바꾸다　部屋(へや) 방　予約(よやく) 예약　荷物(にもつ) 짐　預(あず)ける 맡기다
　　忘(わす)れ物(もの) 분실물　探(さが)す 찾다　明後日(あさって) 모레　予定(よてい) 예정　かばん 가방　紙(かみ) 종이
　　名前(なまえ) 이름

2. 男: すみません。テレビのような大(おお)きなごみはここに捨(す)ててもいいですか。
　　저, 텔레비전같은 대형 쓰레기는 여기에 버려도 되나요?

女: そういうのは有料(ゆうりょう)で市(し)に引(ひ)き取(と)ってもらうことになっています。
　　그런 것은 유료로, 시에서 수거하는 걸로 되어 있어요.

男: それはどのようにすればいいんですか。
　　그건 어떻게 하면 되나요?

女: 市役所(しやくしょ)で申込書(もうしこみしょ)に記入(きにゅう)してお金(かね)を払(はら)えば、自宅(じたく)に取(と)りに来(き)てくれますよ。
　　시청에서 신청서에 기입하고 돈을 지불하면 자택으로 가지러 와요.

해설　남자가 대형 쓰레기를 어떻게 버리면 되는지 여자에게 묻고 있는 상황이다. 대형 쓰레기는 유료로 시에서 수거하고 있는데 일단 시청에 가서 신청서를 작성하고 돈을 지불하면 자택으로 수거하러 온다고 했으므로 정답은 (A)가 된다.

어휘　ごみ 쓰레기　市役所(しやくしょ) 시청　申(もう)し込(こ)み 신청　指定(してい) 지정　場所(ばしょ) 장소　捨(す)てる 버리다
　　有料(ゆうりょう) 유료　引(ひ)き取(と)る 인수하다, 떠맡다　申込書(もうしこみしょ) 신청서　記入(きにゅう) 기입
　　お金(かね)を払(はら)う 돈을 지불하다　自宅(じたく) 자택　取(と)る 취하다

3. 男: 来週水曜日(らいしゅうすいようび)の飛行機(ひこうき)ですが、51便(びん)の予約(よやく)を53便(びん)に変更(へんこう)したいのですが。
　　다음 주 수요일 비행기인데, 51편 예약을 53편으로 변경하고 싶은데요.

女: 申(もう)し訳(わけ)ございませんが、現在(げんざい)53便(びん)は満席(まんせき)で、55便(びん)でしたら空(あ)きがございますが。
　　죄송합니다만, 현재 53편은 만석으로 55편이라면 빈자리가 있습니다만.

男: えっ、55便(びん)? それは遅(おそ)すぎるなあ。だったら、次(つぎ)の日(ひ)の朝一番(あさいちばん)のにしてください。
　　예? 55편요? 그건 너무 늦네요. 그럼, 다음 날 아침 가장 빠른 비행기로 해 주세요.

女: かしこまりました。そちらも空(あ)いておりますので。
　　알겠습니다. 그쪽도 자리가 있으니까요.

해설　비행기 편명에 주의하면서 마지막까지 잘 들어야 실수가 없는 문제이다. 남자는 원래 51편을 예약했는데 53편으로 바꾸려고 하고 있다. 이에 여자가 53편은 만석으로 55편을 권했지만, 남자는 55편은 너무 늦어서, 다음 날 아침 가장 빠른 비행기로 해 달라고 했으므로 정답은 (C)가 된다.

어휘　飛行機(ひこうき) 비행기　予約(よやく) 예약　変更(へんこう) 변경　翌朝(よくあさ) 다음 날 아침　完全(かんぜん)に 완전히
　　取(と)り消(け)す 취소하다　現在(げんざい) 현재　満席(まんせき) 만석　空(あ)き 빈자리　遅(おそ)い 늦다
　　一番(いちばん) 가장, 제일

정답　1. (C)　2. (A)　3. (C)

4.　会社はどんな場合に費用の7割を負担しますか。

(A)　通信教育費が5万円以下の場合　　　　(A)＿＿＿＿＿＿＿＿＿（○・×）

(B)　通信教育を修了し、成績が80点以上の場　(B)＿＿＿＿＿＿＿＿＿（○・×）
　　　合　　　　　　　　　　　　　　　　　(C)＿＿＿＿＿＿＿＿＿（○・×）

(C)　通信教育を2種類以上受講した場合　　(D)＿＿＿＿＿＿＿＿＿（○・×）

(D)　どんな成績でも通信教育を修了した場合

5.　2人は何について話していますか。

(A)　アメリカ人が好む食べ物について　　　(A)＿＿＿＿＿＿＿＿＿（○・×）

(B)　2人の共通の懐かしい友人について　　(B)＿＿＿＿＿＿＿＿＿（○・×）

(C)　出張の時に持参するお土産について　　(C)＿＿＿＿＿＿＿＿＿（○・×）

(D)　シカゴ支店の周辺の環境について　　　(D)＿＿＿＿＿＿＿＿＿（○・×）

6.　会社は中途採用者を何名採りますか。

(A)　試験の結果に応じて3名のみ採用する。　(A)＿＿＿＿＿＿＿＿＿（○・×）

(B)　35歳以下の実力のある人を3名採用する。　(B)＿＿＿＿＿＿＿＿＿（○・×）

(C)　試験合格者の中から面接で1名採用する。　(C)＿＿＿＿＿＿＿＿＿（○・×）

(D)　3名に限らず実力ある人なら採用する。　(D)＿＿＿＿＿＿＿＿＿（○・×）

4. 男: 通信教育の費用を会社が最高7割まで負担してくれると聞きましたが。
　　　통신교육 비용을 회사가 최고 70%까지 부담해 준다고 들었습니다만.

　　女: ええ、通信教育を修了した場合に限ってですが、5割を負担します。
　　　예, 통신교육을 수료했을 경우에 한해서이지만, 50%를 부담합니다.

　　男: 後は成績に応じて負担してくれる割合が変わるんですね。
　　　나머지는 성적에 따라서 부담해 주는 비율이 바뀌는군요.

　　女: 通信教育を修了し、提出物の成績が80点以上の場合は7割を負担します。
　　　통신교육을 수료하고 제출물 성적이 80점 이상인 경우에는 70%를 부담합니다.

해설 회사가 어떤 경우에 통신교육 비용의 70%를 부담해 주는지 묻고 있다. 여자의 대화에서 정답을 유추할 수 있는데, 통신교육을 수료하고 제출물 성적이 80점 이상인 경우에 회사에서 통신교육 비용의 70%를 부담해 준다고 했으므로 정답은 (B)가 된다.

어휘 場合(ばあい) 경우　費用(ひよう) 비용　負担(ふたん) 부담　通信教育(つうしんきょういく) 통신교육　修了(しゅうりょう) 수료
　　　成績(せいせき) 성적　以上(いじょう) 이상　種類(しゅるい) 종류　受講(じゅこう) 수강　最高(さいこう) 최고
　　　〜に限(かぎ)って 〜에 한해서　〜に応(おう)じて 〜에 따라서　割合(わりあい) 비율　変(か)わる 바뀌다
　　　提出物(ていしゅつぶつ) 제출물

5. 男: 来週シカゴ支店に出張するんですが、お土産は何がいいでしょうか。
　　　다음주 시카고 지점에 출장을 가는데, 선물은 뭐가 좋을까요?

　　女: シカゴ支店には日本人が多いんですよね。
　　　시카고 지점에는 일본인이 많죠?

　　男: ええ。他のアメリカ人も日本に10年ぐらい住んでいたことのある人たちです。
　　　예. 다른 미국인들도 일본에 10년 이상 산 적이 있는 사람들이에요.

　　女: それでしたら、日本の和菓子はどうですか。懐かしがると思いますよ。
　　　그렇다면 일본의 전통 과자는 어떨까요? 반가워할 거예요.

해설 남자의 첫 번째 대화에서 어느 정도 정답을 유추할 수 있다. 「お土産(みやげ)」(선물)라는 표현으로 보아서 두 사람은 시카고 지점에 있는 일본인과 미국인들에게 줄 선물에 대해서 이야기하고 있다는 것을 알 수 있다. 따라서 정답은 (C)가 된다.

어휘 好(この)む 좋아하다　食(た)べ物(もの) 음식　共通(きょうつう) 공통　懐(なつ)かしい 반갑다, 그립다　友人(ゆうじん) 친구
　　　出張(しゅっちょう) 출장　持参(じさん) 지참　支店(してん) 지점　周辺(しゅうへん) 주변　環境(かんきょう) 환경
　　　住(す)む 살다　和菓子(わがし) 일본 전통 과자

6. 女: 皆さん、本日はお疲れ様でした。試験の結果は後で郵送します。
　　　여러분, 오늘 수고하셨어요. 시험 결과는 나중에 우송해 드릴게요.

　　男: すみません。中途採用者の定員は何名ですか。
　　　저, 중도채용자 정원은 몇 명인가요?

　　女: 一応3名ですが、実力のある方は全て採用するつもりです。
　　　일단 3명인데, 실력이 있는 분은 모두 채용할 예정입니다.

　　男: わかりました。ありがとうございました。
　　　알겠습니다. 고맙습니다.

해설 중도채용자를 몇 명 뽑는지 묻고 있으므로, 채용 인원에 관한 내용을 잘 들어야 한다. 여자의 두 번째 대화에서 정답을 찾을 수 있는데, 일단은 3명이지만 실력이 있는 사람이라면 모두 채용할 예정이라고 했으므로 정답은 (D)가 된다.

어휘 中途採用(ちゅうとさいよう) 중도채용 ＊정기채용 외에 뽑는 채용　採(と)る 채용하다　試験(しけん) 시험　結果(けっか) 결과
　　　〜のみ 〜만, 〜뿐　以下(いか) 이하　実力(じつりょく) 실력　合格者(ごうかくしゃ) 합격자　面接(めんせつ) 면접
　　　〜に限(かぎ)らず 〜에 한하지 않고　郵送(ゆうそう) 우송　定員(ていいん) 정원　一応(いちおう) 일단, 우선　全(すべ)て 전부, 모두

주요 어휘 정리

한자	읽기	의미
案内	あんない	안내
調べる	しらべる	찾다, 조사하다
電話帳	でんわちょう	전화번호부
検査	けんさ	검사
血液	けつえき	혈액
耐える	たえる	참다, 견디다
高齢	こうれい	고령
病状	びょうじょう	병 상태
忘れ物	わすれもの	분실물
指定	してい	지정
有料	ゆうりょう	유료
引き取る	ひきとる	인수하다, 떠맡다
申込書	もうしこみしょ	신청서
記入	きにゅう	기입
翌朝	よくあさ	다음 날 아침
取り消す	とりけす	취소하다
満席	まんせき	만석
割合	わりあい	비율
持参	じさん	지참
定員	ていいん	정원

UNIT 13 🎧 51.MP3

▶ 유형 13 비즈니스 및 업무

분석 및 전략

비즈니스 및 업무 관련 문제는 PART 3 회화문에서 일상생활 다음으로 출제 빈도가 높은 유형으로 평균 6문항 정도는 출제되고 있으므로 절대 소홀히 해서는 안 되는 유형이다. 비즈니스 상황이나 업무와 관련된 대화라면 모두 출제 범위에 포함되므로 평소에 관련 어휘들에 익숙해질 필요가 있지만 실제 학습자들이 생활에서 이런 어휘들을 접하기는 쉽지 않으므로 까다롭게 느껴질 수 있는 유형이다.

비즈니스 관련 문제는 지금까지의 기출 문제를 분석해 보면 보통 거래나 전화 관련 문제로 출제되는 경우가 많다. 거래 관련 문제는 거래의 성사 가능성, 거래에서의 문제점, 앞으로의 대책 등이 출제되고 전화 관련 문제에서는 전화를 건 목적, 부재중일 때 대처 방법, 주문이나 불평 전화 등이 출제된다.

업무 관련 문제는 회사의 업무 상황에서 일어날 수 있는 대화가 출제되는데 비행기나 신칸센 등의 예약, 회의실의 장소 및 시간 변경, 업무의 기한, 매상이나 업무 실적 등이 대화로 출제되는 경우가 대부분이다.

이 유형의 문제는 난이도 면에서는 회화문의 출제 유형 중에서 가장 높은 부분이므로 이번 기회에 상황별로 자주 출제되는 표현들을 정리해 두도록 하자.

男：何を探しているんですか。手伝いましょうか。
뭘 찾고 있는 거예요? 도와 드릴까요?

女：明日の会議の資料なんですが、書類が混ざってしまって…。
내일 회의 자료인데, 서류가 뒤섞여 버려서….

男：明日の資料なら、たぶん、これですが。どうするんですか。
내일 자료라면 아마 이건데요. 어떻게 하려고요?

女：出張先の丸山部長からファックスするように言われたんです。
출장지의 마루야마 부장님이 팩스로 보내라고 했거든요.

丸山部長は女の人に何と言いましたか。
마루야마 부장은 여자에게 뭐라고 말했습니까?

(A) 明日の会議に出席するように言った。
내일 회의에 참석하라고 말했다.

(B) 書類を出張先に送るように言った。
서류를 출장지로 보내라고 말했다.

(C) 会議の資料を作成するように言った。
회의 자료를 작성하라고 말했다.

(D) 書類を整理するように言った。
서류를 정리하라고 말했다.

⋯▶ 마루야마 부장이 여자에게 뭐라고 했는지 묻는 문제이므로 대화 중에 마루야마 부장이 나온 대화에 단서가 들어 있다는 것을 알 수 있다. 여자의 두 번째 대화에서 마루야마 부장은 여자에게 내일 회의 자료를 팩스로 보내달라고 했음을 알 수 있다.

探(さが)す 찾다　手伝(てつだ)う 돕다　資料(しりょう) 자료　書類(しょるい) 서류　混(ま)ざる 섞이다
出張先(しゅっちょうさき) 출장지　ファックス(fax) 팩스　出席(しゅっせき) 출석. 참석　送(おく)る 보내다
作成(さくせい) 작성　整理(せいり) 정리

女 : 報告書の内容はいかがだったでしょうか。

보고서 내용은 어떠셨어요?

男 : 文章はよくまとめられていて、わかりやすかったですよ。

문장은 잘 정리되어 있어서 알기 쉬웠어요.

女 : そうですか。売上金額などを示した部分もこれでよかったでしょうか。

그래요? 매상 금액 등을 나타낸 부분도 이걸로 괜찮았나요?

男 : 売上や利益などに関する部分は表やグラフにした方がいいですね。

매상이나 이익 등에 관한 부분은 표나 그래프로 하는 쪽이 좋겠네요.

男の人は報告書のどんなことについてアドバイスをしましたか。

남자는 보고서의 어떤 점에 대해 조언을 했습니까?

(A) 報告書の文章構成

보고서의 문장 구성

(B) 売上金額などの数字の示し方

매상 금액 등의 숫자를 나타내는 방법

(C) 報告書の字の大きさ

보고서의 글자 크기

(D) 表現の適切さ

표현의 적절성

···▶ 질문으로 보아 남자의 대화에 단서가 있을 것임을 예상하고 들어야 한다. 전반부에서는 보고서의 내용을 어떻게 생각하느냐는 여자의 질문에 대해 남자는 문장이 잘 정리되어 있다는 긍정적인 반응을 보이지만, 후반부에서 매상 금액 등은 표나 그래프로 나타내는 편이 좋겠다는 조언을 하고 있다. 따라서 정답은 (B)가 된다.

報告書(ほうこくしょ) 보고서　　内容(ないよう) 내용　　文章(ぶんしょう) 문장　　まとめる 요약하다, 정리하다
売上(うりあげ) 매상, 매출　　金額(きんがく) 금액　　示(しめ)す 나타내다　　部分(ぶぶん) 부분　　利益(りえき) 이익
表(ひょう) 표　　グラフ(graph) 그래프　　アドバイス(advice) 조언　　構成(こうせい) 구성　　数字(すうじ) 숫자
字(じ) 글씨, 글자　　表現(ひょうげん) 표현　　適切(てきせつ) 적절함

女：木村さん、とうとうダウンして入院しちゃったそうですよ。

기무라 씨, 결국 쓰러져서 입원하고 말았대요.

男：あんなに残業続きじゃ無理もないよ。進行中の企画、大丈夫かな。

그렇게 야근을 계속했으니 무리도 아니지. 진행 중인 기획 괜찮을까?

女：入院が長引くなら、担当交代もやむを得ないわね。

입원이 길어지면 담당 교체도 부득이하겠어요.

男：いや、木村さん抜きでは、あの企画は成功しないと思うよ。

아냐, 기무라 씨 없이는 그 기획은 성공 못할 거야.

進行中の企画について、男性の考えはどうですか。

진행 중인 기획에 대해서 남성의 생각은 어떻습니까?

(A) 木村さんがいなくてもうまく行くだろう。

기무라 씨가 없어도 잘될 것이다.

(B) 木村さんがいたら、先には進まないだろう。

기무라 씨가 있으면 진척되지 못할 것이다.

(C) 木村さんより自分が進めた方がいい。

기무라 씨보다 자신이 진행하는 쪽이 낫다.

(D) 木村さんがいなければ、うまく行かないだろう。

기무라 씨가 없으면 잘되지 않을 것이다.

···→ 진행 중인 기획에 대한 남자의 생각을 묻고 있으므로 남자의 말을 유의해서 듣는다. 대화의 마지막 부분에서 남자는 기무라 씨가 없으면 기획이 성공하지 못할 것이라는 자신의 생각을 밝히고 있다.

とうとう 드디어, 결국　ダウン(down) 다운, 쓰러짐　入院(にゅういん) 입원　残業(ざんぎょう) 잔업, 야근
無理(むり) 무리　進行(しんこう) 진행　企画(きかく) 기획　長引(ながび)く 길어지다　担当(たんとう) 담당
交代(こうたい) 교대, 교체　やむを得(え)ない 어쩔 수 없다, 부득이하다　～抜(ぬ)きでは ～없이는, ～를 빼고는
成功(せいこう) 성공　うまく行(い)く 잘되다　進(すす)める 진행시키다

男 : すみません。5階か6階の会議室を2時から使いたいんですが。

저, 5층이나 6층 회의실을 2시부터 사용하고 싶은데요.

女 : 私たちも使うつもりなんですが、何人でお使いになるんですか。

저희도 사용할 생각인데 몇 명이서 쓰실 건가요?

男 : お客様が5人とこちらが6人ですから、全部で11人ですね。

손님 5명하고 이쪽이 6명이니까 전부 11명이네요.

女 : では、6階の会議室の方が5階より大きいですから、6階のをどうぞ。

그럼, 6층 회의실 쪽이 5층보다 크니까 6층을 사용하세요.

男の人はどこの会議室を何人で使いますか。

남자는 어디에 있는 회의실을 몇 명이서 사용합니까?

(A) 5階の会議室を5人で

5층 회의실을 5명이서

(B) 5階の会議室を11人で

5층 회의실을 11명이서

(C) 6階の会議室を6人で

6층 회의실을 6명이서

(D) 6階の会議室を11人で

6층 회의실을 11명이서

⋯ 어느 회의실을 몇 명이서 사용할 것인지를 묻는 문제이므로, 대화에 숫자가 많이 나오리라고 예상할 수 있다. 따라서 숫자를 잘못 알아듣는 일이 없도록 주의해야 하는데, 전반부의 대화에서 남자와 여자가 사용하고자 하는 회의실이 5층과 6층에 있다는 것을 알 수 있고, 후반부에서 남자 쪽의 인원이 11명이라는 말을 듣고 여자가 5층 회의실보다 큰 6층 회의실을 쓸 것을 제안하면서 대화가 끝났다. 이로 보아 남자가 6층 회의실을 쓰게 될 것임을 알 수 있으므로 정답은 (D)가 된다.

会議室(かいぎしつ) 회의실　使(つか)う 쓰다, 사용하다　お客様(きゃくさま) 손님　全部(ぜんぶ) 전부
大(おお)きい 크다

1. 男の人はいつみんなとお酒を飲みに行きますか。

(A) 月曜日　　　　　　(A) ______________ （○・×）

(B) 火曜日　　　　　　(B) ______________ （○・×）

(C) 水曜日　　　　　　(C) ______________ （○・×）

(D) 木曜日　　　　　　(D) ______________ （○・×）

2. 女の人は仕事はどのぐらいできましたか。

(A) あまりできていない。　　　(A) ______________ （○・×）

(B) ほとんどできた。　　　　　(B) ______________ （○・×）

(C) 全部できた。　　　　　　　(C) ______________ （○・×）

(D) 半分ぐらいできた。　　　　(D) ______________ （○・×）

3. 有給休暇について、正しくないものはどれですか。

(A) 初年度の有休は入社半年後から与えられる。　(A) ______________ （○・×）

(B) 未消化の有休は次年度に繰り越される。　　　(B) ______________ （○・×）

(C) 未消化の有休は給料として支払われる。　　　(C) ______________ （○・×）

(D) 未消化の有休は翌年消化しなければ無効
になる。　　　　　　　　　　　　　　　　(D) ______________ （○・×）

1. 女: 残業ですか。月曜日から大変ですね。

男: ええ、明日から出張で会社にいないので。

女: 出張はいつまでですか。木曜日にみんなでお酒を飲みに行くんですが。

男: 水曜日までですから、一緒に行けると思います。

여: 야근인가요? 월요일부터 힘들겠네요.

남: 예, 내일부터 출장이라 회사에 없거든요.

여: 출장은 언제까지인가요? 목요일에 다 같이 술을 마시러 가는데요.

남: 수요일까지니까 함께 갈 수 있을 거예요.

해설 질문에서 남자가 언제 술을 마시러 가는지 묻고 있고, 선택지에 요일이 나와 있으므로 요일에 주의하면서 들어야 한다. 남자는 화요일부터 수요일까지 출장인데 여자는 목요일에 다 함께 술을 마시러 간다고 했다. 따라서 정답은 ⒟가 된다.

어휘 お酒(さけ)を飲(の)む 술을 마시다 残業(ざんぎょう) 잔업, 야근 大変(たいへん) 힘듦 出張(しゅっちょう) 출장
一緒(いっしょ)に 함께

2. 女: 課長、そろそろ終わりにして帰ってもいいですか。

男: どのぐらいできたかな。

女: 頼まれたものは、もうほとんど終わりました。

男: そう。じゃ、もう遅いし帰ってもいいよ。

여: 과장님, 슬슬 끝내고 돌아가도 될까요?

남: 어느 정도 되었나?

여: 부탁 받은 건 이제 거의 끝났습니다.

남: 그래? 그럼 벌써 늦었으니 돌아가도 좋아.

해설 여자의 일이 어느 정도 되어 있는지 묻고 있으므로 여자 대화에 주목해야 한다. 두 번째 대화에서 부탁 받은 건 이제 거의 끝났다고 했으므로 정답은 ⒝가 된다.

어휘 できる 완성되다, 다 되다 ほとんど 거의, 대부분 全部(ぜんぶ) 전부 半分(はんぶん) 절반 そろそろ 슬슬
終(お)わりにする 끝내다 帰(かえ)る 돌아가다 頼(たの)む 부탁하다 もう 이제, 이미 遅(おそ)い 늦다

3. 女: 入社初年度の有給休暇は入社後半年経ってから10日が与えられます。

男: 未消化分の有休は次年度に繰り越しができますか。

女: はい。1年に限り可能です。与えられる有休は1年に1日ずつ増えます。

男: じゃ、初年度に全く消化しなかった場合は翌年に21日が使えるんですね。

여: 입사 초년도의 유급휴가는 입사 후 반년이 지나고 나서 열흘이 주어집니다.

남: 미사용분의 유급휴가는 다음 연도로 넘길 수 있나요?

여: 예. 1년에 한해 가능합니다. 주어지는 유급휴가는 1년에 하루씩 늘어납니다.

남: 그럼, 초년도에 전혀 사용하지 않았을 경우는 다음 해에 21일을 쓸 수 있는 거군요.

해설 유급휴가에 대해서 옳지 않은 것을 고르는 문제이므로 먼저 선택지의 내용을 확인하고 나서 대화를 듣도록 한다. 유급휴가는 초년도에는 입사 후 반년이 지나고 나서 열흘이 주어지고 미사용분의 유급휴가는 1년에 한해 다음 연도로 넘길 수 있다. 그리고 주어지는 유급휴가는 1년에 하루씩 늘어난다. 따라서 정답은 미사용분의 유급휴가가 급여로 지불된다고 한 ⒞가 된다.

어휘 有給休暇(ゆうきゅうきゅうか) 유급휴가 初年度(しょねんど) 초년도 入社(にゅうしゃ) 입사 与(あた)える 주다
次年度(じねんど) 차년도, 다음 연도 繰(く)り越(こ)す 다음으로 넘기다, 이월하다 給料(きゅうりょう) 급여, 월급
支払(しはら)う 지불하다 翌年(よくとし) 다음 해 消化(しょうか) 소화 無効(むこう) 무효 経(た)つ 지나다, 경과하다
未消化分(みしょうかぶん) 미소화분, 미사용분 ～ずつ ～씩 増(ふ)える 늘다, 증가하다 全(まった)く 정말, 전혀

4. 女性の会社の支払い方法で正しいものはどれ
   ですか。

   (A) 月末締めの翌月末、小切手払い　(A) ＿＿＿＿＿＿＿ （○・✕）

   (B) 月末締めの翌月末、銀行振込　(B) ＿＿＿＿＿＿＿ （○・✕）

   (C) 支払い日が銀行休業の場合は1日繰り上が　(C) ＿＿＿＿＿＿＿ （○・✕）
       り
                                        (D) ＿＿＿＿＿＿＿ （○・✕）
   (D) 支払い日が銀行休業の場合は翌日払い

5. 男の人の意見はどうですか。

   (A) 終身雇用のメリットを残すべきだ。　(A) ＿＿＿＿＿＿＿ （○・✕）

   (B) 協調性が見直されるようになるだろう。　(B) ＿＿＿＿＿＿＿ （○・✕）

   (C) 年俸制には大いに賛成だ。　(C) ＿＿＿＿＿＿＿ （○・✕）

   (D) 依願退職希望者が多いのは自然の成り行　(D) ＿＿＿＿＿＿＿ （○・✕）
       きだ。

6. 各営業所の今期の営業成績はどうなっている
   と言っていますか。

   (A) 東京営業所は4月、5月のみ売り上げが　(A) ＿＿＿＿＿＿＿ （○・✕）
       増えている。
                                        (B) ＿＿＿＿＿＿＿ （○・✕）
   (B) 東京営業所は4月以降売り上げが増え続
       けている。　(C) ＿＿＿＿＿＿＿ （○・✕）

   (C) 大阪営業所は売り上げが若干増えてい　(D) ＿＿＿＿＿＿＿ （○・✕）
       る。

   (D) 大阪営業所は赤字に転じた。

4.

男: 恐れ入りますが、御社の支払いサイクルを教えていただけますか。
죄송합니다만, 귀사의 지불 사이클을 알려 주실 수 있는지요?

女: はい。毎月20日に締めて、翌月末にお振り込みいたします。
네. 매월 20일에 마감해서 다음 달 말에 입금해 드립니다.

男: 月末が銀行の休業日に当たる場合はどのようになりますか。
월말이 은행 휴무일에 해당할 경우는 어떻게 되나요?

女: その場合は前日の銀行営業日にお振り込みいたします。 그럴 경우에는 전날인 은행 영업일에 입금해 드립니다.

해설 지불 사이클에 대한 대화로. 이런 문제는 대화를 듣기 전에 먼저 선택지의 내용을 확인해 두는 것이 좋다. 여자 회사는 매월 20일
에 마감을 해서 다음 달 말에 입금을 해 주고 있는데, 만약 월말이 은행 휴업일인 경우에는 전날 은행 영업일에 계좌로 입금해 주
고 있다. 따라서 정답은 지불 은행이 휴무일인 경우에는 하루 앞당긴다고 한 (C)가 된다.

어휘 支払(しはら)い 지불　月末(げつまつ) 월말　締(し)め 결산. 마감　翌月(よくげつ) 다음 달　〜末(すえ) 〜말
小切手(こぎって) 수표　振込(ふりこみ) 계좌에 입금함　休業(きゅうぎょう) 휴업　繰(く)り上(あ)がり 앞당김
翌日(よくじつ) 익일. 다음 날　恐(おそ)れ入(い)る 죄송하다　サイクル(cycle) 사이클　当(あ)たる 해당하다
前日(ぜんじつ) 전일. 전날　営業日(えいぎょうび) 영업일

5.

女: 依願退職の希望者が会社側の予想を上回っているそうですよ。
희망퇴직 희망자가 회사 측의 예상을 상회하고 있대요.

男: 今や終身雇用制に固執する人は減りつつあるから、驚くには当たらないよ。
이제는 종신고용제를 고집하는 사람은 계속 줄어들고 있으니까, 놀랄 만한 일은 아니야.

女: 給与も個人の能力に応じた年俸制が導入されるようですしね。
급여도 개인의 능력에 따른 연봉제가 도입될 것 같고 말이죠.

男: 社内の協調性よりも個人主義が重視される時代になってきたんだね。
사내 협조성보다도 개인주의가 중시되는 시대가 되었네.

해설 전반부에서 여자가 희망퇴직 희망자가 회사 측의 예상을 상회하고 있다고 하자, 남자는 놀랄 것까지는 없다고 했다. 그 말을 달리
표현하고 있는 선택지를 고르면 되므로 정답은 희망퇴직 희망자가 많은 것은 자연스러운 결과라고 한 (D)가 된다.

어휘 終身雇用(しゅうしんこよう) 종신고용　*정년까지 고용을 보장함　メリット(merit) 장점　残(のこ)す 남기다
協調性(きょうちょうせい) 협조성　見直(みなお)す 다시 보다. 재고하다　年俸制(ねんぽうせい) 연봉제　大(おお)いに 대단히. 크게
賛成(さんせい) 찬성　依願退職(いがんたいしょく) 희망퇴직　希望者(きぼうしゃ) 희망자　自然(しぜん) 자연
成(な)り行(ゆ)き 결과. 경과　予想(よそう) 예상　上回(うわまわ)る 상회하다　今(いま)や 이제는　固執(こしつ) 고집
減(へ)る 줄다　동사의 ます형+つつある 〜하고 있다. 〜중이다　驚(おどろ)く 놀라다
〜には当(あ)たらない 〜할 필요는 없다. 〜할 것까지는 없다　個人(こじん) 개인　能力(のうりょく) 능력
〜に応(おう)じる 〜에 따르다　導入(どうにゅう) 도입　重視(じゅうし) 중시　時代(じだい) 시대

6.

男: 各営業所の今期の営業成績はどうなっていますか。 각 영업소의 이번 분기 영업 성적은 어떻게 되나요?

女: 東京営業所は4、5月共に5%の売り上げ増ですが、6月以降は3%減です。
도쿄 영업소는 4, 5월 모두 5%의 매출이 증가했지만, 6월 이후는 3% 감소예요.

男: その他の営業所はどうですか。 그 외의 영업소는 어때요?

女: 大阪営業所は売り上げが減る一方で、このままでは赤字になる恐れがあります。
오사카 영업소는 매출이 줄기만 하고 이대로라면 적자가 날 우려가 있어요.

해설 각 지역별 영업 성적을 잘 들어야 한다. 도쿄 영업소는 4월과 5월 모두 5%의 매출이 증가했지만 6월 이후는 3% 감소했고, 오사카
영업소는 매출이 줄기만 하고 이대로라면 적자가 날 우려가 있다고 했다. 따라서 (A)가 된다.

어휘 今期(こんき) 이번 기간　成績(せいせき) 성적　売(う)り上(あ)げ 매상, 매출　増(ふ)える 늘다. 증가하다　若干(じゃっかん) 약간
赤字(あかじ) 적자　転(てん)じる 바뀌다. 변하다　共(とも)に 함께, 모두　〜増(ぞう) 증가　以降(いこう) 이후　減(げん) 감소
동사의 기본형+一方(いっぽう)だ 〜일 뿐이다　恐(おそ)れ 우려, 염려　一応(いちおう) 일단. 우선　全(すべ)て 전부, 모두

정답 4. (C)　5. (D)　6. (A)

주요 어휘 정리

한자	읽기	의미
☐ 混ざる	まざる	섞이다
☐ 整理	せいり	정리
☐ 利益	りえき	이익
☐ 構成	こうせい	구성
☐ 表現	ひょうげん	표현
☐ 長引く	ながびく	길어지다
☐ 交代	こうたい	교대, 교체
☐ 繰り越す	くりこす	다음으로 넘기다, 이월하다
☐ 支払う	しはらう	지불하다
☐ 無効	むこう	무효
☐ 締め	しめ	결산, 마감
☐ 当たる	あたる	해당하다
☐ 協調性	きょうちょうせい	협조성
☐ 年俸制	ねんぽうせい	연봉제
☐ 成り行き	なりゆき	결과, 경과
☐ 上回る	うわまわる	상회하다
☐ 固執	こしつ	고집
☐ 若干	じゃっかん	약간
☐ 赤字	あかじ	적자
☐ 転じる	てんじる	바뀌다, 변하다

UNIT 14 🎧 52.MP3
▶ 유형 14 뉴스 및 이슈

 어떤 화제에 대한 남녀의 의견이나 생각 차이에 주목할 것!

분석 및 전략

뉴스 및 이슈 관련 문제는 회화문의 끝 부분, 즉 79번이나 80번 문제에 주로 출제되고 있는 유형으로 출제되는 문항수는 적지만 비즈니스 및 업무 표현과 함께 난이도가 상당히 높게 출제되고 있으므로 고득점을 위해서는 반드시 공략해야 하는 유형이다. 이 유형은 출제되는 어휘나 표현이 이슈가 되고 있는 내용과 관련된 어휘이므로 평소에 들어보기 힘든 어휘가 많이 출제된다는 점이 학습의 어려움이라고 할 수 있다. 따라서 평소에 일본의 뉴스나 신문 등을 통해 이슈가 되고 있는 문제들이 무엇인지 꾸준히 관심을 가지고 봐 둘 필요가 있고 관련 어휘들까지 정리해 두는 습관이 필요하다.

문제 유형은 어떤 화제에 대한 남녀의 의견이나 생각을 묻는 문제가 대부분이므로 일단 문제에 나와 있는 성별부터 확실하게 구분을 해 두고 들으면 상당히 유리하다. 지금까지의 기출 문제들을 분석해 보면 대부분의 경우 이슈에 대한 부정적인 의견이 정답인 경우가 많았으므로 문제점 부분을 특히 잘 들어야 하겠다. 그리고 문제의 선택지에 나오는 어휘를 미리 봐 두고 내용을 어느 정도 유추한 다음에 들으면 쉽게 정답이 나오는 경우도 있으므로 가능하면 문제 선택지 부분을 미리 읽어 두는 것도 하나의 방법이라고 할 수 있다.

男：このプリペイドカード、私鉄17社で乗り降りに使えて、便利ですね。

이 선불 카드, 민영 철도 17개사에서 승하차할 때 쓸 수 있어서 편리하네요.

女：ええ。でも運賃をまとめて前払いするのに、安くならない点がねえ…。

네. 하지만 운임을 한꺼번에 선불로 지불하는데 할인이 안 된다는 점이 좀….

男：そうですね。各鉄道会社の回数券などを買う方が安くなりますね。

그렇죠. 각 철도회사의 회수권 등을 사는 편이 할인이 되죠.

女：料金的にも検討しないと、利用者離れが起こり得ると思いますね。

요금 면에서도 검토하지 않으면 이용자 이탈이 일어날 수도 있다고 생각해요.

プリペイドカードの問題点は何ですか。

선불 카드의 문제점은 무엇입니까?

(A) 料金の割り引きがない点

요금 할인이 없는 점

(B) 鉄道各社によって異なるカードが必要な点

철도 각 사에 따라 다른 카드가 필요한 점

(C) 1枚当たりのカードの代金が高い点

1매당 카드 대금이 비싼 점

(D) 利用できる私鉄の数が少ない点

이용할 수 있는 민영 철도의 수가 적은 점

···▶ 대화의 전반부에서 남자가 선불 카드의 장점에 대해 말하자, 여자의 반응은 그 점은 수긍하면서도 뒷부분에서 '할인이 안 된다는 점이 좀…' 하고 말끝을 흐리고 있다. 여자의 두 번째 대화 끝 부분이 부정적인 내용이므로, 그 점이 선불 카드의 단점이라는 것을 파악할 수 있어야 한다. 따라서 정답은 요금 할인이 없는 점이라고 한 (A)가 된다.

プリペイドカード(prepaid card) 선불 카드　私鉄(してつ) 사철, 민영 철도　乗(の)り降(お)り 타고 내림, 승하차
便利(べんり) 편리　運賃(うんちん) 운임　まとめる 합치다　前払(まえばら)い 선불　安(やす)い 싸다
鉄道(てつどう) 철도　回数券(かいすうけん) 회수권　料金(りょうきん) 요금　検討(けんとう) 검토
利用者(りようしゃ) 이용자　명사+離(ばな)れ ~이 떠나감　起(お)こる 일어나다, 발생하다
동사의 ます형+得(う)る ~할 수 있다　問題点(もんだいてん) 문제점　割(わ)り引(び)き 할인
~によって ~에 의해, ~에 따라　異(こと)なる 다르다　必要(ひつよう) 필요　~当(あ)たり ~당
代金(だいきん) 대금　少(すく)ない 적다

女：『東都食品』、夏の不祥事が尾を引いて、今期は3割の売上ダウンですって。
『도토식품』, 여름의 불상사가 영향을 미쳐서 이번 분기는 매상이 30% 떨어졌대요.

男：被害者への損害賠償もあるから、経営状態は相当苦しいだろうね。
피해자에 대한 손해배상도 있으니까 경영 상태는 상당히 어렵겠어.

女：全国にある3つの工場の閉鎖と本社移転を発表したって。
전국에 있는 3개의 공장 폐쇄와 본사 이전을 발표했대요.

男：リストラか。ずさんな経営をしてきた見返りは大きいね。
구조조정이군. 무책임한 경영을 해 온 대가는 크네.

男性の『東都食品』に対する考えはどうですか。
남성의 『도토식품』에 대한 생각은 어떻습니까?

(A) リストラが功を奏し、経営は上向く。
구조조정이 성공을 해서 경영은 호전된다.

(B) 一刻も早く、被害者に謝罪すべきだ。
한시라도 빨리 피해자에게 사죄해야 한다.

(C) 真面目に働いてきた社員は気の毒だ。
성실하게 일해 온 사원은 딱하다.

(D) ずさんな管理体制が今の状況を招いた。
무책임한 관리 체제가 지금의 상황을 초래했다.

⋯ 도토식품에 대한 남자의 생각을 묻고 있는데, 두 번째 대화에서 도토식품에 대한 견해가 상당히 부정적이라는 것을 알 수 있다. 따라서 정답은 무책임한 관리 체제가 지금의 상황을 초래했다고 한 (D)가 된다.

食品(しょくひん) 식품　不祥事(ふしょうじ) 불상사, 부정사건　尾(お)を引(ひ)く 영향을 미치다

今期(こんき) 이번 분기　売上(うりあげ) 매상, 매출　ダウン(down) 다운, 감소　被害者(ひがいしゃ) 피해자

損害賠償(そんがいばいしょう) 손해배상　経営(けいえい) 경영　状態(じょうたい) 상태　相当(そうとう) 상당히

苦(くる)しい 어렵다　工場(こうじょう) 공장　閉鎖(へいさ) 폐쇄　本社(ほんしゃ) 본사　移転(いてん) 이전

発表(はっぴょう) 발표　リストラ 구조조정　＊「リストラクチュアリング」(restructuring)의 준말

ずさん 엉터리, 엉망임　見返(みかえ)り 대가, 담보, 보증　功(こう)を奏(そう)する 성공하다

上向(うわむ)く 상태가 좋아지다　一刻(いっこく) 일각, 짧은 시간　謝罪(しゃざい) 사죄　真面目(まじめ) 성실함

気(き)の毒(どく) 딱함, 불쌍함　管理(かんり) 관리　体制(たいせい) 체제　状況(じょうきょう) 상황

招(まね)く 초래하다

女：欧州連合への加入を巡るデンマークの国民投票は否決されたそうですよ。
유럽연합 가입을 둘러싼 덴마크의 국민투표는 부결되었다고 하네요.

男：ユーロ通貨の下落もあって、デンマーク国民は不安を抱いたんですね。
유로 통화의 하락도 있고 해서, 덴마크 국민은 불안을 느낀 거군요.

女：この結果は欧州連合への加入を検討中の他の国々へも影響を与えますね。
이 결과는 유럽연합 가입을 검토 중인 다른 국가들한테도 영향을 주겠군요.

男：欧州連合の今後の成り行きを見たいと加入を見送る国が増えるのは確実ですね。
유럽연합의 앞으로의 경과를 지켜보기로 하고 가입을 보류하는 나라가 늘어날 것은 확실하네요.

デンマークでの国民投票結果はどんな影響を及ぼしますか。
덴마크의 국민투표 결과는 어떤 영향을 미칩니까?

(A) ユーロの通貨下落に繋がる。

유로통화 하락으로 이어진다.

(B) 欧州連合を脱退する国が増える。

유럽연합을 탈퇴하는 나라가 늘어난다.

(C) 欧州連合の足並みが乱れる。

유럽연합의 보조가 흐트러진다.

(D) 欧州連合への加入を見送る国が増える。

유럽연합 가입을 보류하는 나라가 늘어난다.

⋯▶ 대화 내용의 핵심은 덴마크가 국민투표에 의해서 유럽연합 가입이 부결되었다고 하는 것과 그 영향으로 가입을 검토 중이던 나라들의 가입을 보류할 가능성이 높아졌다는 것이다. 따라서 유럽연합 가입을 보류하는 나라가 늘어난다고 한 (D)가 정답이 된다.

欧州連合(おうしゅうれんごう) 유럽연합(EU)　加入(かにゅう) 가입　～を巡(めぐ)る ～을 둘러싸다
デンマーク(Denmark) 덴마크　国民投票(こくみんとうひょう) 국민투표　否決(ひけつ) 부결
ユーロ(Euro) 유로　通貨(つうか) 유로통화　下落(げらく) 하락　抱(いだ)く (마음에) 품다　結果(けっか) 결과
検討(けんとう) 검토　影響(えいきょう) 영향　与(あた)える 주다　今後(こんご) 향후, 앞으로
成(な)り行(ゆ)き 경과　見送(みおく)る 보류하다　増(ふ)える 늘다　確実(かくじつ) 확실
及(およ)ぼす 미치다, 끼치다　繋(つな)がる 이어지다　脱退(だったい) 탈퇴
足並(あしな)みが乱(みだ)れる 보조가 흐트러지다

女：50年以上も続いていた政権が遂に交代したそうですね。

50년 이상이나 계속되어 온 정권이 마침내 교체되었대요.

男：今の政権では構造改革ができそうもないからだろう。

지금 정권으로는 구조개혁을 못할 것 같으니까 그렇겠지.

女：新しい政権に対する国民たちの期待感はこれから高まるでしょうね。

새 정권에 대한 국민들의 기대감은 앞으로 높아지겠군요.

男：うん、くれぐれも同じ失敗を繰り返さないように頑張ってほしいよなあ。

응, 제발 같은 실패를 되풀이하지 않도록 열심히 해 주었으면 좋겠어.

2人の会話の内容と合っているものはどれですか。

두 사람의 대화 내용과 맞는 것은 어느 것입니까?

(A) 政権が変わっても、政治への関心は高まらないはずだ。

정권이 바뀌어도 정치에 대한 관심은 높아지지 않을 것이다.

(B) 今の政権はこれからもずっと実権を掌握しそうだ。

지금 정권은 앞으로도 계속 실권을 장악할 것 같다.

(C) 今の政権は構造改革に失敗したと言っても過言ではない。

지금 정권은 구조개혁에 실패했다고 해도 과언이 아니다.

(D) 新しい政権は構造改革に失敗するに違いない。

새 정권은 구조개혁에 실패할 것임에 틀림없다.

⋯▶ 두 사람의 대화를 종합해 보면 50년 이상 계속되어 온 정권이 마침내 교체되었는데 그 이유는 지금 정권으로는 구조개혁이 불가능할 것 같기 때문이라고 했다. 또한 정권이 교체되면 새 정권에 대한 국민들의 기대감이 높아질 텐데 같은 실패를 되풀이하지 않도록 열심히 해 주길 바란다는 내용의 대화이다. 따라서 대화 내용과 맞는 선택지는 (C)가 된다.

以上(いじょう) 이상　続(つづ)く 계속되다　政権(せいけん) 정권　遂(つい)に 마침내, 드디어
交代(こうたい) 교대, 교체　構造改革(こうぞうかいかく) 구조개혁　新(あたら)しい 새롭다
〜に対(たい)する 〜에 대한　国民(こくみん) 국민　期待感(きたいかん) 기대감　高(たか)まる 높아지다
くれぐれも 부디, 제발　同(おな)じ 같음　失敗(しっぱい) 실패　繰(く)り返(かえ)す 되풀이하다
頑張(がんば)る 분발하다, 노력하다　政治(せいじ) 정치　関心(かんしん) 관심　実権(じっけん) 실권
掌握(しょうあく) 장악　過言(かごん) 과언　〜に違(ちが)いない 〜임에 틀림없다

1.　女の人はこの宇宙飛行士について、どんなこ
　　とが羨ましいと言っていますか。

　　(A) 高齢にもかかわらず、体力があること　　　　(A) ＿＿＿＿＿＿＿　（○・×）

　　(B) 年齢に比べ、若々しいこと　　　　　　　　　(B) ＿＿＿＿＿＿＿　（○・×）

　　(C) ロケットの操縦ができること　　　　　　　　(C) ＿＿＿＿＿＿＿　（○・×）

　　(D) 2度も宇宙から地救が見られること　　　　　(D) ＿＿＿＿＿＿＿　（○・×）

2.　サッカーの決勝戦はどうなりましたか。

　　(A) 去年の優勝チームがあっという間に勝っ　　　(A) ＿＿＿＿＿＿＿　（○・×）
　　　　た。
　　　　　　　　　　　　　　　　　　　　　　　　　(B) ＿＿＿＿＿＿＿　（○・×）
　　(B) 注目のチームが試合終了直前に勝った。
　　　　　　　　　　　　　　　　　　　　　　　　　(C) ＿＿＿＿＿＿＿　（○・×）
　　(C) 去年の優勝チームが終了間際に勝った。
　　　　　　　　　　　　　　　　　　　　　　　　　(D) ＿＿＿＿＿＿＿　（○・×）
　　(D) 時間内で決まらず、引き分けとなった。

3.　男の人の提案はどんなことですか。

　　(A) 恵まれない人達のために募金活動をするこ　　(A) ＿＿＿＿＿＿＿　（○・×）
　　　　と
　　　　　　　　　　　　　　　　　　　　　　　　　(B) ＿＿＿＿＿＿＿　（○・×）
　　(B) ユネスコの活動について社内報で知らせ
　　　　ること　　　　　　　　　　　　　　　　　　(C) ＿＿＿＿＿＿＿　（○・×）

　　(C) 社内報に世界遺産の紹介記事を掲載する　　　(D) ＿＿＿＿＿＿＿　（○・×）
　　　　こと

　　(D) 社内報で世界遺産保護の募金を呼び掛け
　　　　ること

1. 女: ねえ、77歳の人が2回目の宇宙飛行をするニュースを見た。
있잖아, 77세인 사람이 두 번째 우주 비행을 한다는 뉴스 봤어?

男: うん。宇宙で高齢者が生活するためのデータ収集が目的だってね。
응. 우주에서 고령자가 생활하기 위한 데이터 수집이 목적이래.

女: ええ。一生に2回も宇宙から地救を眺めることができるなんて、羨ましい。
응. 평생에 두 번이나 우주에서 지구를 바라볼 수 있다니 부러워.

男: 厳しい訓練をしているせいか、とても77歳には見えないよね。
혹독한 훈련을 하고 있는 탓인지 도저히 77세로는 보이지 않아.

해설 여자가 우주비행사의 어떤 점을 부러워하는지 묻고 있는데 문제에 나오는 「羨(うらや)ましい」(부럽다)가 여자 대화에도 나오므로 어렵지 않게 정답을 찾을 수 있다. 여자의 두 번째 대화에서 평생 두 번이나 우주에서 지구를 바라볼 수 있는 것이 부럽다고 했으므로 정답은 (D)가 된다.

어휘 宇宙飛行士(うちゅうひこうし) 우주비행사　高齢(こうれい) 고령　〜にもかかわらず 〜임에도 불구하고　体力(たいりょく) 체력　年齢(ねんれい) 연령, 나이　〜に比(くら)べ 〜에 비해　若々(わかわか)しい 젊디 젊다. 생기 발랄하다　ロケット(rocket) 로켓　操縦(そうじゅう) 조종　地球(ちきゅう) 지구　生活(せいかつ) 생활　データ(data) 데이터　収集(しゅうしゅう) 수집　目的(もくてき) 목적　一生(いっしょう) 일생, 평생　眺(なが)める 바라보다　厳(きび)しい 혹독하다　訓練(くんれん) 훈련

2. 女: 昨日のサッカーの試合、どうでしたか。 어제 축구 시합, 어땠나요?

男: 決勝戦は去年の優勝チームと最近注目されているチームが対戦しました。
결승전은 작년 우승팀과 요즘 주목받고 있는 팀이 대전했어요.

女: 前評判では去年の優勝チームが余裕で勝つだろうという声が多かったですね。
경기 전 평가로는 작년 우승팀이 쉽게 이길 것이라는 얘기가 많았죠.

男: それが、終了間際に去年の優勝チームが点を取られて負けちゃったんです。
그게 종료 직전에 작년 우승팀이 점수를 빼앗겨 지고 말았어요.

해설 「勝(か)つ」(이기다)와 「負(ま)ける」(지다, 패배하다)라는 동사만 알고 있다면 어렵지 않게 정답을 찾을 수 있는 문제이다. 어제 축구 시합은 경기 전 평가로는 작년 우승팀이 쉽게 이길 것이라는 얘기가 많았지만, 종료 직전에 작년 우승팀이 점수를 빼앗겨 졌다고 했으므로 정답은 (B)가 된다.

어휘 サッカー(soccer) 축구　決勝戦(けっしょうせん) 결승전　優勝(ゆうしょう) 우승　チーム(team) 팀　あっという間(ま) 눈 깜짝할 사이　注目(ちゅうもく) 주목　試合(しあい) 시합　終了(しゅうりょう) 종료　直前(ちょくぜん) 직전　間際(まぎわ) 직전　決(き)まる 정해지다　引(ひ)き分(わ)け 무승부　対戦(たいせん) 대전　前評判(まえひょうばん) 어떤 일이 일어나기 전에 떠도는 소문[평판]　余裕(よゆう) 여유　声(こえ) 목소리　点(てん)を取(と)られる 점수를 빼앗기다

3. 女: 京都でのユネスコ会議で新たに10の世界遺産が登録されたのよ。
교토에서 열린 유네스코 회의에서 새롭게 10개의 세계유산이 등록되었어.

男: 人類の偉大な遺産を保護するために、うちの会社でも何かしたいね。
인류의 위대한 유산을 보호하기 위해서 우리 회사에서도 뭔가 하고 싶군.

女: ユネスコは世界遺産を守る支援活動として募金を募っているわよ。
유네스코는 세계유산을 지키는 지원 활동으로 모금을 하고 있어.

男: じゃ、今度の社内報で募金を呼び掛けてみようか。 그럼 이번 사보에 모금을 호소해 볼까?

해설 교토에서 열린 유네스코 회의에서 새롭게 세계유산이 등록되었는데, 이에 남자도 뭔가 참여를 하고 싶다고 생각하고 있다. 여자가 유네스코에서 모금을 하고 있다고 말하자 남자는 사보에 모금을 호소해 보자고 했다. 따라서 정답은 (D)가 된다.

어휘 提案(ていあん) 제안　恵(めぐ)まれる 좋은 환경이 주어지다. 풍족하다　募金(ぼきん) 모금　活動(かつどう) 활동　社内報(しゃないほう) 사내보, 사보　知(し)らせる 알리다　世界遺産(せかいいさん) 세계유산　紹介(しょうかい) 소개　記事(きじ) 기사　掲載(けいさい) 게재　呼(よ)び掛(か)ける 호소하다　新(あら)た 새로움　登録(とうろく) 등록　人類(じんるい) 인류　偉大(いだい) 위대　保護(ほご) 보호　守(まも)る 지키다　支援(しえん) 지원　募(つの)る 모집하다. 모으다

정답　1. (D)　2. (B)　3. (D)

4. 男の人は不況下で必要なものは何だと言って
   いますか。

   (A) 柔軟性と統括力   (A) ________________ （○・×）

   (B) 統率力と発言力   (B) ________________ （○・×）

   (C) 順応性と発想力   (C) ________________ （○・×）

   (D) 判断力と実行力   (D) ________________ （○・×）

5. アジア諸国に進出した企業は今後の事業展開
   についてどう考えていると言っていますか。

   (A) 9割の企業が撤退を決定している。   (A) ________________ （○・×）

   (B) 過半数の企業が規模縮小を検討している。 (B) ________________ （○・×）

   (C) 8割ほどの企業が現状を維持しようとして   (C) ________________ （○・×）
       いる。
                                         (D) ________________ （○・×）
   (D) 規模の拡大をする企業が5割を上回ってい
       る。

6. 市側の今後の対応として正しいものはどれで
   すか。

   (A) 早急に駅周辺に駐輪場を建設する。   (A) ________________ （○・×）

   (B) 障害者用の設備を充実させる。   (B) ________________ （○・×）

   (C) 住民に協力を乞う。   (C) ________________ （○・×）

   (D) 施設拡充のため、特別予算を組む。   (D) ________________ （○・×）

4.

女: 不景気と言われる世の中でも新たに事業を起こす人達がいるんですね。
불경기라는 세상에도 새롭게 사업을 시작하는 사람들이 있네요.

男: ああ、起業家と言われる人達のことですか。아-, 창업가라는 사람들 말인가요?

女: 彼らは社会の動きを長期的な視野で捕らえ、ビジネスに繋げるんですよね。
그 사람들은 사회의 움직임을 장기적인 시야로 파악해, 비즈니스에 연결시키는군요.

男: ええ。この不況下では彼らのように的確な判断力と実行力が必要ですね。
네. 이런 불황 하에서는 그들처럼 정확한 판단력과 실행력이 필요하죠.

해설 남자의 마지막 대사에서 정답을 찾을 수 있다. 불경기에도 새롭게 사업을 시작하는 사람들이 있는데 남자는 불황 하에서는 그들처럼 정확한 판단력과 실행력이 필요하다고 말하고 있다. 따라서 정답은 (D)가 된다.

어휘 不況(ふきょう) 불황 柔軟性(じゅうなんせい) 유연성 統括力(とうかつりょく) 통괄력 統率力(とうそつりょく) 통솔력
発言力(はつげんりょく) 발언력 順応性(じゅんのうせい) 순응성 発想力(はっそうりょく) 발상력 判断力(はんだんりょく) 판단력
実行力(じっこうりょく) 실행력 不景気(ふけいき) 불경기 世(よ)の中(なか) 세상 起(お)こす 일으키다, 시작하다
起業家(きぎょうか) 기업가, 창업가 長期的(ちょうきてき) 장기적 視野(しや) 시야 捕(と)らえる 파악하다
繋(つな)げる 연결하다 的確(てきかく) 적확, 정확함

5.

女: アジア諸国に進出した企業はこのところの経済危機で痛手を被っていますね。
아시아 여러 나라에 진출한 기업은 요즘의 경제 위기로 큰 피해를 입고 있군요.

男: ええ。でも過半数の企業が今後も事業規模を拡大すると言っているそうですよ。
네. 하지만 과반수의 기업이 앞으로도 사업 규모를 확대한대요.

女: そうなんですか。進出した先の国内での販売力は相当低迷しているはずですけど。
그래요? 진출한 곳에서의 국내 판매력은 상당히 침체되어 있을 텐데요?

男: 確かにそうですが、撤退や縮小を考えているところは10%にも満たないと聞いています。
확실히 그렇지만 철수나 축소를 생각하고 있는 곳은 10%도 되지 않는다고 들었어요.

해설 아시아 여러 나라에 진출한 기업은 요즘의 경제 위기로 큰 피해를 입고 있지만, 과반수의 기업이 앞으로도 사업 규모를 확대할 생각이고 철수나 축소를 생각하고 있는 기업은 10%도 되지 않는다는 것이다. 따라서 정답은 (D)가 된다.

어휘 諸国(しょこく) 여러 나라 進出(しんしゅつ) 진출 展開(てんかい) 전개 撤退(てったい) 철수 決定(けってい) 결정
縮小(しゅくしょう) 축소 現状(げんじょう) 현 상황 維持(いじ) 유지 規模(きぼ) 규모 拡大(かくだい) 확대
上回(うわまわ)る 웃돌다, 상회하다 経済(けいざい) 경제 危機(きき) 위기 痛手(いたで)を被(こうむ)る 큰 피해를 입다
過半数(かはんすう) 과반수 相当(そうとう) 상당히 低迷(ていめい) 침체 確(たし)かに 확실히, 분명히 満(み)つ 충분하다

6.

男: モノレールの駅周辺の放置自転車は、市として何とかならないでしょうか。
모노레일역 주변에 방치된 자전거는 시에서 어떻게 안 되는 걸까요?

女: 放置自転車は直ぐ様撤去するなどの手段を取っておりますが。
방치된 자전거는 바로 철거하는 등의 수단을 취하고 있습니다만.

男: 視覚障害者用の点字ブロックの上に置かれると障害者は大迷惑です。
시각 장애자용의 점자 블록 위에 놓이면 장애자들에게는 큰 피해가 돼요.

女: 後は駐輪場を利用するよう、住民の方々に協力を呼び掛けるのみですね。
남은 건 자전거를 세워두는 곳을 이용하도록 주민 분들에게 협력을 호소하는 것뿐이겠군요.

해설 방치된 자전거는 바로 철거하는 등의 수단을 취하고는 있지만, 시각 장애자용 점자 블록 위에 놓이면 장애자들에게 큰 피해가 되므로 시에서는 자전거를 세우는 곳을 이용하도록 주민들에게 협력을 호소하려 하고 있다. 따라서 정답은 (C)가 된다.

어휘 対応(たいおう) 대응 無急(さっきゅう)に 시급히 周辺(しゅうへん) 주변 駐輪場(ちゅうりんじょう) 자전거를 세워 두는 곳
建設(けんせつ) 건설 障害者(しょうがいしゃ) 장애자 設備(せつび) 설비 充実(じゅうじつ) 충실 協力(きょうりょく) 협력
乞(こ)う 구하다, 바라다 施設(しせつ) 시설 拡充(かくじゅう) 확충 組(く)む 짜다 放置(ほうち) 방치 直(す)ぐ様(さま) 바로
手段(しゅだん) 수단 視覚(しかく) 시각 点字(てんじ)ブロック 점자 블록 迷惑(めいわく) 폐, 피해

정답 4. (D) 5. (D) 6. (C)

한자	읽기	의미
☐ 乗り降り	のりおり	타고 내림, 승하차
☐ 前払い	まえばらい	선불
☐ 異なる	ことなる	다르다
☐ 不祥事	ふしょうじ	불상사, 부정사건
☐ 尾を引く	おをひく	영향을 미치다
☐ 閉鎖	へいさ	폐쇄
☐ 功を奏する	こうをそうする	성공하다
☐ 謝罪	しゃざい	사죄
☐ 否決	ひけつ	부결
☐ 脱退	だったい	탈퇴
☐ 足並みが乱れる	あしなみがみだれる	보조가 흐트러지다
☐ 政権	せいけん	정권
☐ 政治	せいじ	정치
☐ 高齢	こうれい	고령
☐ 間際	まぎわ	직전
☐ 引き分け	ひきわけ	무승부
☐ 支援	しえん	지원
☐ 捕える	とらえる	파악하다
☐ 撤退	てったい	철수
☐ 低迷	ていめい	침체

PART 3
회화문 오답 노트

1. 숫자 청취 및 계산

- 대화에 등장하는 숫자를 전부 메모하면서 들을 것.
- 최근에는 직접 숫자를 제시하기보다는 계산을 해서 정답을 찾는 문제로 자주 출제된다는 것을 기억해 둘 것.

2. 장소 · 사물 · 대상 파악

- 장소를 파악하는 문제는 처음에 나오는 장소는 오답인 경우가 많고 대화의 끝 부분까지 들어야 정답을 찾을 수 있는 문제가 대부분이라는 것을 기억해 둘 것.
- 사물이나 대상을 파악하는 문제는 대화 내용이 나오기 전에 선택지를 미리 봐 두는 것이 절대적으로 유리하므로, 들을 때 선택지에 ○나 ×를 표시하면서 들을 것.

3. 인물 관련

- 문제 부분의 성별을 잘 파악해 두고 그 성별에 관한 어떤 정보를 묻는지 기억해 둘 것.
- 주로 출제되는 인물의 특징, 직업, 형제 관계 등의 유형을 기억해 둘 것.
- 인물의 특징을 묻는 문제는 대화에 등장하는 표현을 선택지에서는 유사한 의미의 다른 표현으로 제시하는 경우가 많다는 것도 기억해 둘 것.

4. 일상생활

- 자주 출제되는 물건 구입, 새롭게 시작하거나 배우고 있는 일, 길이나 도로의 안내, 행동이나 습관 등의 유형을 기억해 둘 것.
- 물건 구입 관련 문제는 단순히 구입한 물건을 물을 수도 있지만 물건에 대한 불평 · 불만 등을 묻는 경우도 많이 출제되므로 문제점을 잘 들을 것.
- 새롭게 시작하거나 배우고 있는 일은 두 사람의 대화를 종합해서 새롭게 시작하거나 배우고 있는 일이 무엇인지, 혹은 그 일로 인해 야기되는 문제점은 무엇인지 등을 정확하게 청취할 것.
- 길이나 도로의 안내는 방향이나 위치 관계에 주의하면서 들을 것.
- 행동이나 습관 관련 문제는 과거에 했던 일이나 규칙적으로 하고 있는 일을 묻는 문제가 많이 출제되므로 관련된 어휘를 정리해 둘 것.

5. 전화 관련 대화

- 뭔가를 부탁하거나 문의하는 대화가 가장 많이 출제되고 기타 불평이나 불만, 정보의 전달, 약속의 변경 등이 출제된다는 것을 기억해 둘 것.
- 기출 문제를 분석해 보면 대체적으로 마지막 대화에서 정답이 나오는 경우가 많으므로 성급하게 정답을 고르지 말고 대화를 끝까지 잘 듣도록 할 것.

6. 성별에 따른 의견 · 행동 구분

- 문제의 성별을 확실하게 기억하고 그 성별에 따른 의견이나 행동에 주목할 것.
- 오답으로 항상 성별을 바꿔서 제시하는 문제가 출제되므로, 일단 문제 부분의 성별이 남자인지 여자인지, 아니면 두 사람인지 성별부터 확실하게 파악해 둘 것.

7. 대화 내용에 대한 이해

- 두 사람의 대화에 나오는 세부적인 내용을 잘 듣고 메모를 할 것.
- 가장 까다롭게 출제되는 두 사람의 생각과 맞는 선택지를 찾는 문제는 성별에 따른 의견이나 내용을 메모해 두는 것도 필요하지만 두 사람의 생각을 대화를 통해 종합적으로 추론해야 하므로 대화의 핵심을 요약하는 연습 및 메모하는 연습을 충분히 해 둘 것.

8. 주문 및 부탁 · 의뢰 관련 대화

- 대화 내용은 대화 내용은 「～てください」(～해 주세요)나 「～てほしい」(～해 주기 바란다, ～해 주었으면 한다)의 형태로 나오는 경우가 많다는 것을 기억해 둘 것.
- 질문 부분에는 「どこ」(어디)나 「何(なに)」(무엇) 등의 의문사와 「頼(たの)む」(부탁하다)라는 동사가 자주 나온다는 것을 기억해 둘 것.
- 자주 출제되는 문제 유형인 물건 주문, 물건 구입 부탁, 고장 난 물건의 수리, 서류 제출 등의 유형을 기억해 둘 것.

PART 3
회화문 오답 노트

9. 대중교통

- 자주 출제되는 유형으로는 목적지까지의 교통 수단, 교통 수단의 시간 및 날짜, 현재의 교통 상황, 표 구입 방법 등이 있다는 것을 기억해 둘 것.
- 기출 어휘와 함께 앞으로 출제될 가능성이 높은 어휘는 각 교통 수단별로 정리해 둘 것.

10. 규칙 및 안내

- 문제 부분을 미리 읽어 두는 것이 절대적으로 유리하므로 문제를 미리 읽고 뭘 물을지 파악을 한 후에 그 부분을 메모를 하면서 들을 것.
- 세부적인 내용을 묻는 문제는 날짜나 시간, 장소, 이유를 묻는 문제의 형태로 출제되므로 숫자나 장소, 이유에 대해서 구체적으로 언급한 부분을 잘 들을 것.
- 전체 내용을 추론해서 정답을 찾아내는 유형은 대화 내용의 끝 부분에서 결론이 나오는 경우가 많으므로 마지막 문장을 특히 잘 들을 것.

11. 타협 및 상의

- 타협 관련 문제는 지금까지의 출제 경향을 분석해 보면 통상적인 문제 패턴이 서로 의견 대립을 보이다가 마지막에 합의를 하는 형태로 출제되는 경우가 많으므로 마지막 부분에서 어떤 식으로 결론이 나는지 잘 들을 것.
- 상의 관련 문제도 타협 관련 문제와 마찬가지로 여러 가지 의견이 나오지만 결국에는 마지막 문장에서 서로 의견 일치를 보는 경우가 많으므로 마지막 대화에 주목할 것.

12. 문의

- 문제가 「どうやって」(어떻게 해서), 「どこに」(어디에), 「どんな」(어떤), 「何(なに)を」(무엇을) 등의 의문사와 함께 제시되는 경우가 대부분이므로 일단 의문사를 통해 어느 정도 대화 내용을 짐작한 다음에 들을 것.
- 처음 부분이 질문의 형태로 나오고 바로 다음에 정답과 관련된 내용이 나오는 경우가 많으므로 앞 부분도 절대 소홀히 하지 말 것.
- 전형적인 대화 구성이 어떤 화제에 대한 「문의 → 응답이나 답변 → 이해나 납득, 혹은 또 다른 문의 → 응답이나 답변」의 형태로 진행된다는 것을 기억해 둘 것.

13. 비즈니스 및 업무

- 보통 거래나 전화 관련 문제로 출제되는 경우가 많다는 것을 기억해 둘 것.

- 거래 관련 문제는 거래의 성사 가능성, 거래에서의 문제점, 앞으로의 대책 등이 출제된다는 것을 기억해 둘 것.

- 전화 관련 문제에서는 전화를 건 목적, 부재중일 때 대처 방법, 주문이나 불평 전화 등이 출제된다는 것을 기억해 둘 것.

- 업무 관련 문제는 회사의 업무 상황에서 일어날 수 있는 대화가 출제되는데 비행기나 신칸센 등의 예약, 회의실의 장소 및 시간 변경, 업무의 기한, 매상이나 업무 실적 등이 대화로 출제되는 경우가 많다는 것을 기억해 둘 것.

14. 뉴스 및 이슈

- 평소에 일본의 뉴스나 신문 등을 통해 이슈가 되고 있는 문제들이 무엇인지 꾸준히 관심을 가지고 봐 둘 필요가 있고 관련 어휘들까지 정리해 두는 습관이 필요함.

- 지금까지의 기출은 이슈에 대한 부정적인 의견이 정답인 경우가 많았으므로 문제점 부분을 특히 잘 들을 것.

- 선택지에 나오는 어휘를 미리 봐 두고 내용을 어느 정도 유추한 다음에 들으면 쉽게 정답이 나오는 경우도 있으므로 가능하면 문제 선택지 부분을 미리 읽어 둘 것.

1. 女の人の電話番号は何番ですか。

   (A) 3442−2163
   (B) 3442−2613
   (C) 3442−2316
   (D) 3442−2631

2. 2人は何に乗りますか。

   (A) タクシー
   (B) 電車
   (C) バス
   (D) 地下鉄

3. 男の人は夏に何をしますか。

   (A) 本を読んだり、旅行をしたりする。
   (B) 本を読んだり、音楽を聞いたりする。
   (C) スポーツをしたり、旅行をしたりする。
   (D) スポーツをしたり、音楽を聞いたりする。

4. 鈴木さんは今、何かスポーツをしていますか。

   (A) 走っている。
   (B) 泳いでいる。
   (C) テニスをしている。
   (D) 何もしていない。

5. 女の人はどうしてお店の場所を聞きましたか。

   (A) 両親と一緒に行きたいから
   (B) もうすぐご主人の誕生日だから
   (C) 今日フランス料理が食べたいから
   (D) 友達を連れて行きたいから

6. 男の人は1週間に何日勉強しますか。

   (A) 4日
   (B) 5日
   (C) 6日
   (D) 毎日

7. 女の人の帽子はどこにありますか。

   (A) 机の上
   (B) 机の下
   (C) 本棚の上
   (D) 椅子の上

8. 男の人はパーティーで何をしますか。

   (A) 歌を歌う。
   (B) 歌を歌って、ピアノを弾く。
   (C) ギターとピアノを弾く。
   (D) ピアノを弾く。

9. 女の人が仕事をしないのは、日曜日と何曜日
   ですか。

   (A) 火曜日
   (B) 水曜日
   (C) 木曜日
   (D) 金曜日

10. 男の人はいつ病院に行きますか。

    (A) イギリス大使館に行く前に
    (B) イギリス大使館に行った後で
    (C) 明日、会社に来る前に
    (D) 明日、仕事の後で

11. この近くに何がありますか。

   (A) バス停
   (B) タクシー乗り場
   (C) 地下鉄の駅
   (D) 交番

12. 女の人はいつまでに品物を届けてほしいと言っていますか。

   (A) 休日の前
   (B) 休日の後
   (C) 2週間後
   (D) 3週間後

13. 男の人は今からどうしますか。

   (A) 女の人を家まで迎えに行く。
   (B) 女の人を駅まで迎えに行く。
   (C) 女の人を家まで送る。
   (D) 女の人を駅まで送る。

14. ガソリンスタンドはどこにありますか。

   (A) 二つ目の信号を右に曲がって左側
   (B) 二つ目の信号を左に曲がって左側
   (C) 二つ目の信号を右に曲がって右側
   (D) 二つ目の信号を左に曲がって右側

15. 男の人は工場から会社に何を持って帰りますか。

   (A) 荷物
   (B) 手帳
   (C) 書類
   (D) 荷物と手紙

16. 川上さんは沖縄で何をしましたか。

   (A) 泳いだ。
   (B) 仕事をした。
   (C) 買い物をした。
   (D) 友達に会った。

17. 女の人はどうして怒っていますか。

   (A) 配達の時間が遅れたから
   (B) 味が変だったから
   (C) 頼んだ物と違う品物だったから
   (D) 品物が割れていたから

18. 男の人は何を忘れていましたか。

   (A) 田中さんも会議に出ること
   (B) 田中さんの会議に行くこと
   (C) 田中さんに本を返すこと
   (D) 田中さんに電話をすること

19. 女の人は書類をどうしますか。

(A) 外の店でコピーする。
(B) 手で書く。
(C) 他の部の機械を借りて、コピーする。
(D) 機械が直るのを待って、コピーする。

20. 女の人はどうして転んでしまいましたか。

(A) 後ろから来た人にぶつかられた。
(B) 後ろから誰かに押された。
(C) 横から誰かに引っ張られた。
(D) 前から走って来た人にぶつかられた。

21. 女の人は男の人にいくら払いますか。

(A) 4,000円
(B) 5,000円
(C) 8,000円
(D) 9,000円

22. 来年度の予算で最も大幅に減らされるのは何ですか。

(A) 交通費と設備費
(B) 交通費と会議費
(C) 会議費と交際費
(D) 設備費と交際費

23. 女の人は明日どうしますか。

(A) 男性の現在の家に行き、荷物を運ぶ。
(B) 男性の現在の家に行き、掃除をする。
(C) 引っ越し先の家で、荷物の配置を指示する。
(D) 引っ越し先の家で、拭き掃除をしておく。

24. 課長から男の人への伝言はどんなことでしたか。

(A) 展示会の仕事に早く取り掛かれということ
(B) 展示会の計画書を出せということ
(C) 出張の申請書を書けということ
(D) 今日中に出張の報告書を提出しろということ

25. 高級宝石店ができた理由は何ですか。

(A) 最近、高級品しか売れないから
(B) 景気が順調に回復してきたから
(C) 不景気でも売れると予想しているから
(D) 現金より宝石の方が価値が出てきたから

26. 新しい大統領が一度で決定しない時はどうしますか。

(A) 結果発表の1週間後に再投票を行う。
(B) 1位と2位の候補者で再投票を行う。
(C) 1位の人を支持するかどうかの投票を行う。
(D) 選挙を最初からやり直す。

27. 女の人はこれから何をしますか。

(A) 運送料の支払いをする。
(B) 間違った計算をやり直す。
(C) 予算の見直しをする。
(D) 石油価格に関して調査をする。

28. 女の人は岡田さんをどんな人だと言っていますか。

(A) 中間管理職の手本のような人
(B) 態度に裏表のない人
(C) 強い者には弱く、弱い者には強い人
(D) 上司と部下の間で苦労の絶えない人

29. 男の人は女の人にどうするよう指示しましたか。

(A) 担当者に連絡をして相談する。
(B) お客様に電話をして謝る。
(C) 業者に納期を確認後、担当者に連絡する。
(D) 業者に納期を遅らせないように頼む。

30. 現在、正社員募集広告への応募者はどれぐらいですか。

(A) 目標の30人には程遠い。
(B) 30人に達するのも時間の問題だ。
(C) 辛うじて30人に達した。
(D) 30人を優に超えている。

1. 男の人はどんなアルバイトをしていましたか。

   (A) 朝、新聞を配るアルバイト
   (B) 夕方、新聞を配るアルバイト
   (C) レストランで料理を作るアルバイト
   (D) レストランで料理を運ぶアルバイト

2. どこの店に行きますか。

   (A) 駅の前にある店
   (B) 駅ビルの中の店
   (C) デパートの隣の店
   (D) デパートの前の店

3. 山田さんはどのぐらいアメリカに住んでいましたか。

   (A) 2年
   (B) 3年
   (C) 5年
   (D) 6年

4. 女の人は今度の日曜日に何をしますか。

   (A) 買い物をする。
   (B) 映画を見る。
   (C) ゴルフをする。
   (D) テニスをする。

5. 手紙はいつ来ますか。

   (A) 午前9時頃と午後3時頃
   (B) 午前10時頃と午後4時頃
   (C) 午前9時頃と午後5時頃
   (D) 午前10時頃と午後3時頃

6. 友達はいつ日本に着きますか。

   (A) 月曜日の午前9時50分
   (B) 月曜日の午後4時20分
   (C) 日曜日の午前7時50分
   (D) 日曜日の午後9時20分

7. 医者はどんなことを言いましたか。

   (A) お風呂に入らないように
   (B) 激しい運動はしないように
   (C) 水をたくさん飲むように
   (D) 石鹸でよく洗うように

8. 男の人はどうしてもらいましたか。

   (A) 荷物を駐車場まで運んでもらった。
   (B) 贈り物を家に送ってもらった。
   (C) 贈り物をきれいな紙に包んでもらった。
   (D) 荷物を一つにしてもらった。

9. 女の人は男の人にどのように言いましたか。

   (A) いつも眼鏡をかけた方が良い。
   (B) 眼鏡はかけなくても良い。
   (C) 夜の運転の時は眼鏡をかけた方が良い。
   (D) 運転する時はいつもかけた方が良い。

10. 事故で何名の人が怪我をしましたか。

   (A) 2人
   (B) 7人
   (C) 9人
   (D) 11人

11. 女の人が頼まなかったことは何ですか。

(A) 車を洗うこと
(B) ガソリンを入れること
(C) タイヤの状態を調べること
(D) 灰皿のごみを捨てること

12. 会員証を発行するのに何が必要ですか。

(A) 印鑑と発行手数料
(B) 住所が確認できる物と写真
(C) 住所が確認できる物と印鑑
(D) 発行手数料と年間登録料

13. 女の人について正しいものはどれですか。

(A) 残業でコンサートに行けなかった。
(B) 残業でコンサートに遅れた。
(C) コンサートが延期になり、聞けなかった。
(D) コンサートのチケットを無くした。

14. 女の人は一度読んだ本をどうしますか。

(A) 気に入った本のみ残しておく。
(B) 欲しい人に譲る。
(C) もう一度読み返す。
(D) 全て保存しておく。

15. 男の人が一番迷惑だと思っていることは何ですか。

(A) 車内に座り込むこと
(B) 満員電車で新聞を大きく広げて読むこと
(C) 車内で大声で電話をすること
(D) 音量を上げて音楽を聞くこと

16. 2人はどの電車に乗りますか。

(A) 今来た各駅停車の電車
(B) 次に来る急行電車
(C) 当駅始発の電車
(D) 各駅電車に乗り、途中から急行に乗る。

17. 女の人は話題作をどうやって見るつもりですか。

(A) 映画館で見る。
(B) ビデオを購入して見る。
(C) テレビ放映で見る。
(D) ビデオを借りて見る。

18. 小動物が人気の理由は何ですか。

(A) 値段が手頃で、すぐ手に入るから
(B) 普通のペットでは満足しない若者が増え
たから
(C) 人にすぐに馴れるから
(D) マンションなどでも飼育しやすいから

19. 男の人は子供をどこに座らせるように言っていますか。

    (A) 助手席の母親の膝の上
    (B) 助手席に備え付けた子供専用の椅子
    (C) 後部に備え付けた子供専用の椅子
    (D) 運転手の後部座席

20. どうしてペットボトルは山積みになっていますか。

    (A) 再利用計画が棚上げになったから
    (B) 再利用できないものが含まれているから
    (C) 工場の処理能力以上の量が回収されたから
    (D) 今期の再利用対策予算を上回ったから

21. 事故の被害はどうでしたか。

    (A) 走行中の新幹線に剥がれた壁が当たり、大惨事となった。
    (B) 事故のため、新幹線が1日走行できなかった。
    (C) 日中の事故だったが、被害は少なかった。
    (D) 夜中の事故のため、被害は少なかった。

22. 工場の建設計画の進行状況はどうですか。

    (A) 工場の建設工事を開始したところ
    (B) 工場建設予定地が決定したところ
    (C) 住民に工場建設の説明会を行うところ
    (D) 工場建設予定地を検討しているところ

23. 今年の米の収穫高に影響したものは何ですか。

    (A) 天候と稲の品質改良
    (B) 天候と田畑の拡張
    (C) 作業の機械化
    (D) 水不足と田畑の縮小

24. 男の人の意見はどうですか。

    (A) 徐々にだが、景気は上向きつつある。
    (B) 貸し渋りがなくなれば景気は上向く。
    (C) 景気は益々悪くなる一方だ。
    (D) 銀行の倒産が景気に悪影響を及ぼす。

25. 受付の植物は定期的にどんな植物と交換しますか。

    (A) 会社側が指定した一種類の植物
    (B) 契約時に決めた2種類の植物のいずれか
    (C) 業者が選択した植物
    (D) 会社側で指定した数種類の植物のいずれか

26. 女の人は何について調べていますか。

    (A) 育児休暇について
    (B) 保育施設の衛生面について
    (C) 夜まで保育を行う託児所について
    (D) 公立の保育施設について

27. 欧米企業による買収や合併の目的は何ですか。

    (A) アジア市場への販売拠点の確保

    (B) アジアで新たな生産工場を造ること

    (C) 新たな製造技術の開発

    (D) 新型車の大量生産

28. 男性夫婦について正しいものはどれですか。

    (A) 夫婦で陶芸教室に通っている。

    (B) 奥さんのみ、陶芸教室に通っている。

    (C) 男性のみ陶芸教室に通っている。

    (D) 奥さんは陶芸と彫金を習っている。

29. 女性が薦める会社はどんな会社ですか。

    (A) 歴史があり、経営が安定している会社

    (B) 上場して間もないが、成長著しい会社

    (C) 上場してから12年を経た会社

    (D) 新規事業を手掛け、期待が持てる会社

30. 2人は何について話していますか。

    (A) 個人情報が漏洩した場合の責任

    (B) 個人情報の慎重な取り扱い

    (C) 個人情報の活用方法

    (D) 個人情報が不法に売買された場合の対処法

PART 4

PART 4 설명문은 다음과 같이 네 가지 유형으로 구분된다.

1. 소개문
2. 화자의 경험
3. 공지 및 안내
4. 뉴스 및 기사

소개문이나 화자의 경험이 보통 앞부분에 출제되고 공지 및 안내가 중반부에, 뉴스 및 기사 관련 설명문은 보통 마지막 설명문으로 출제된다. 설명문도 앞선 파트인 회화문과 마찬가지로 문제를 미리 읽어 두는 것이 유리한 파트이므로 내용이 나오기 전에 미리 문제를 봐 두어야 한다. 그리고 대체적으로 문제 순서에 따라 내용이 전개되므로 문제 순서까지도 기억을 하면서 듣도록 하자.

PART 4 미리보기

■■ PART 4 구성

	PART 4
문항 수	20문항(81~100번)
문제 총 소요 시간	약 10분 10초
다음 문제까지의 여유 시간	8초
빈출 출제 유형	소개문 화자의 경험 공지 및 안내 뉴스 및 기사

■■ PART 4 출제 유형

PART 4 설명문은 장문의 설명문을 들려주고 적절한 응답을 찾는 문제로, 4문제짜리 설명문이 2개, 3문제짜리 설명문이 4개, 합쳐서 모두 6개의 설명문이 출제되고 있다. 첫 설명문은 81번에서 84번까지의 문제로, 4문제짜리 설명문인데 보통 소개문이나 화자의 경험 형태로 출제된다. 공지 및 안내, 뉴스 및 기사는 90번대 이후에 등장하며 까다로운 어휘가 다소 많이 나오므로 평소에 분야별로 꾸준한 어휘 학습이 필요하다.

■■ PART 4 문제 비율

최근의 기출 문제를 유형별로 분석해 보면 다음의 그래프와 같다. 그래프에서 보는 것처럼 소개문이나 화자의 경험이 비슷한 비율로 2개 정도의 설명문이 출제되고, 공지 및 안내나 뉴스 및 기사는 각각 1개 정도 비율로 출제되고 있다.

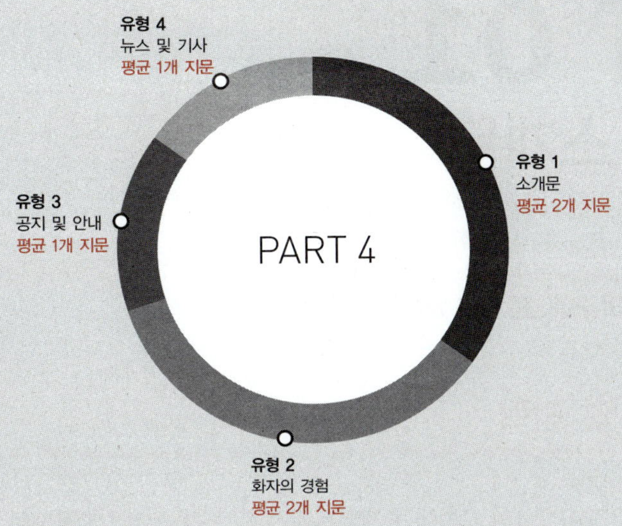

■■ PART 4 학습법

PART 4 설명문은 앞선 PART 3 회화문과 마찬가지로 문제 문장을 미리 읽어 두는 것이 절대적으로 유리하다. 따라서 파본 검사 시간이나 문제와 문제 사이의 여유 시간에 틈틈이 문제를 읽어 두어야 한다. 다만 하나의 설명문에 많게는 4문제까지 출제되므로 답안지에 정답을 마킹하는 것은 청해 파트가 끝난 후에 몰아서 하는 것이 좋다. 왜냐 하면 마킹에 치중하다 보면 문제를 읽고 있을 때 이미 다음 문제에 해당하는 설명문이 나와 버리므로 설명문의 내용을 다 이해하고도 정답을 놓치는 경우가 발생하기 때문이다. 그리고 설명문은 문제를 미리 읽어 두는 것과 함께 중요한 것이 문제의 순서를 기억하는 것이다. 극히 드물게 약간 순서가 바뀌는 경우도 있지만, 대체적으로 문제 순서에 따라 내용이 나오므로, 미리 문제를 읽어 두고 순서를 기억해 두면 설령 한 문제를 놓치더라도 다음 문제에 집중해서 들을 수 있을 것이다.

■■ 저자의 청해 만점 비법!!

◆ 설명문도 문제 문장을 미리 읽어 두는 것이 가장 기본이다. 미리 문제를 읽어 두고 설명문을 들을 때 필요한 부분만 메모하면서 들도록 하자.

◆ 문제 순서에 따라 내용이 나온다는 것을 잊어서는 안 된다. 한 문제를 놓치면 과감하게 포기하고 다음 문제에 집중해야 하는데 이때 문제 순서를 기억하고 있다면 다음 문제에서 물을 내용을 알고 있기 때문에 좀 더 그 부분에 집중해서 들을 수가 있을 것이다.

◆ 소개문의 경우 핵심적인 어휘가 설명문에 그대로 다시 등장하는 경우가 많다. 따라서 문제의 핵심적인 어휘는 표시를 해 두고 그 단어가 들리면 그 부분을 유심히 잘 듣도록 하자. 그렇게 하면 의외로 쉽게 정답을 찾을 수 있다.

◆ 20문제를 모두 마킹하는 데 걸리는 시간은 1분 내외이다. 그런데 문제의 정답을 찾았다고 해서 바로 마킹을 하게 되면 다음 문제를 읽고 있을 때 그 다음 문제로 넘어가 버린다. 마킹은 설명문 문제가 모두 끝나면 몰아서 하도록 하자.

UNIT 01 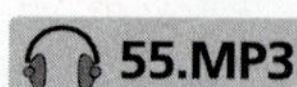

▶ 유형 1 소개문

분석 및 전략

소개문은 PART 4의 앞쪽에 출제되는 유형으로 평균 2, 3개 정도의 설명문이 출제되고 있다. 이 유형은 생각을 요하는 문제보다는 주어진 정보만 정확하게 파악하면 정답이 쉽게 나오는 문제가 대부분이므로 일단 묻는 내용이 무엇인지 확실하게 기억해 둘 필요가 있다. 그리고 질문에 등장하는 핵심 어구가 설명문에 그대로 나오는 경우가 많으므로 문제에서 포인트가 되는 내용은 표시를 해 두고 듣도록 하자.

소개문을 출제 유형별로 분석해 보면 인물의 특징 및 생활 소개, 시설물 소개, 판매하는 물건의 소개 등이 있는데, 최근에는 인물의 특징이나 생활 소개가 가장 많이 출제되고 있다. 인물의 특징 및 생활 소개는 인물의 특징에 대한 정보 파악과 함께 평소의 습관, 자주 가는 곳, 자주 하는 행동, 생활의 변화 등을 묻는 경우가 많다. 그리고 이 유형은 설명문에 등장하는 한 인물에 대해서 많은 양의 정보가 제시되므로 문제를 통해 무엇을 들어야 할 지 기억한 다음에 필요한 부분만 가려서 듣도록 하자.

시설물 소개는 시설물의 용도나 위치 변경, 공사로 인한 구조물의 변경, 각 층별 매장 소개 등을 묻는 문제로 출제된다. 이 유형도 핵심 어휘만 잘 들으면 정답을 쉽게 찾을 수 있으므로 문제의 핵심 어휘를 기억하면서 듣도록 하자.

마지막으로 판매하는 물건의 소개는 물건의 특징에 대한 여러 가지 정보를 제시하고 올바른 설명을 찾는 문제를 말하는데, 타사 제품이나 기존 제품과의 차별성 부분을 묻는 문제가 많이 출제되므로 들을 때는 두드러진 차별성이 무엇인지를 잘 파악하면서 듣도록 하자.

[1]この 間 大山さんはお 客様から 目覚まし 時計をもらったので、 一緒に 仕事をしている 林 さんにあげることにした。 [2]林 さんはよく 遅刻して 来るので、 大山さんは 前から 困っていたからだ。 しかし、目覚まし 時計をあげてからは 林 さんも 遅刻をしなくなった。 それに、[3]その 目覚まし 時計は、音を 猫、犬、鳥、牛の 声に 変えることができるので、面白いと 喜んでいた。 ところが、今日、また 林 さんが 遅刻してしまった。 理由を 聞いてみると、「[4]昨夜、目覚まし 時計の 音を 牛の 鳴く 声にしたんです。 そうしたら、牛のモー、モーという 声が 寝よう、寝ようと 言ってるように 聞こえてしまって…」と 答えた。

일전에 오야마 씨는 고객한테 알람시계를 받아서, 함께 일을 하고 있는 하야시 씨에게 주기로 했다. 하야시 씨는 자주 지각을 하기 때문에, 오야마 씨는 전부터 곤란했기 때문이다. 그러나 알람시계를 주고부터는 하야시 씨도 지각을 하지 않게 되었다. 게다가 그 알람시계는 소리를 고양이, 개, 새, 소의 소리로 바꿀 수 있어서 재미있다고 기뻐했다. 그런데 오늘 또 하야시 씨가 지각을 하고 말았다. 이유를 물어 보니, '어젯밤 알람시계 소리를 소 울음소리로 했거든요. 그랬더니 소의 음매, 음매 하는 울음소리가 '자자, 자자' 라고 말하고 있는 것처럼 들려서 그만…' 이라고 대답했다.

目覚(めざ)まし 時計(どけい) 알람시계　もらう 받다　遅刻(ちこく) 지각　困(こま)る 곤란하다　それに 게다가
音(おと) 소리　猫(ねこ) 고양이　犬(いぬ) 개　鳥(とり) 새　牛(うし) 소　声(こえ) (목)소리
変(か)える 바꾸다　喜(よろこ)ぶ 기뻐하다. 좋아하다　ところが 그런데　理由(りゆう) 이유
昨夜(ゆうべ) 어젯밤. 어제 저녁　鳴(な)く 울다　モーモー 음매 음매　寝(ね)る 자다　聞(き)こえる 들리다

1. 大山さんは 誰にこの 目覚まし 時計をもらいましたか。
   오야마 씨는 누구에게 이 알람시계를 받았습니까?
   (A) 社長
   　　사장
   (B) 子供
   　　아이
   (C) お客様
   　　고객
   (D) 友達
   　　친구

⋯▸ 첫 부분에 알람시계의 출처가 나와 있다. 오야마 씨는 고객에게 받은 알람시계를 함께 일을 하고 있는 하야시 씨에게 주었다고 나오므로 정답은 (C)가 된다.
　　社長(しゃちょう) 사장　子供(こども) 아이　友達(ともだち) 친구

2. 大山さんはどうして林さんにその目覚まし時計をあげましたか。
오야마 씨는 어째서 하야시 씨에게 그 알람시계를 주었습니까?

(A) ちょうど林さんの誕生日だったから 마침 하야시 씨의 생일이었기 때문에

(B) 林さんが欲しいと言ったから 하야시 씨가 갖고 싶다고 했기 때문에

(C) 林さんが目覚まし時計を壊したから 하야시 씨가 알람시계를 고장 냈기 때문에

(D) 林さんがよく遅刻をするから 하야시 씨가 자주 지각을 하기 때문에

⋯▸ 오야마 씨가 고객에게 받은 알람시계를 하야시 씨에게 준 이유는 하야시 씨가 자주 지각을 해서 전부터 곤란했기 때문이다. 따라서 정답은 (D)가 된다.

ちょうど 마침　誕生日(たんじょうび) 생일　欲(ほ)しい 갖고 싶다　壊(こわ)す 고장 내다

3. この目覚まし時計はどんな時計ですか。
이 알람시계는 어떤 시계입니까?

(A) 音が動物の鳴く声になる。 소리가 동물의 울음소리가 된다.

(B) 「ねよう、ねよう」という音が出る。 '자자, 자자' 라는 소리가 난다.

(C) とても古くて珍しい。 매우 오래돼서 귀하다.

(D) 会社にずっと置いてあった。 회사에 쭉 놓여 있었다.

⋯▸ 본문의 중간 부분에 단서가 나오는데 오야마 씨가 고객에게 받은 알람시계는 소리를 고양이, 개, 새, 소의 소리로 바꿀 수 있는 시계이다. 따라서 정답은 소리가 동물의 울음소리가 된다고 한 (A)가 된다.

音(おと)が出(で)る 소리가 나다　古(ふる)い 오래되다　珍(めずら)しい 드물다. 귀하다　ずっと 쭉　置(お)く 두다

4. 昨日林さんは何をしましたか。
어제 하야시 씨는 무엇을 했습니까?

(A) 仕事で色々な間違いをした。 일에서 여러 가지 실수를 했다.

(B) 大山さんに目覚まし時計を返した。 오야마 씨에게 알람시계를 돌려줬다.

(C) 目覚まし時計の音を牛の鳴く声にした。 알람시계 소리를 소가 우는 소리로 했다.

(D) 目覚まし時計を壊した。 알람시계를 고장 냈다.

⋯▸ 어제 하야시 씨가 무엇을 했는지 묻는 문제로 '어제'를 나타내고 있는 말이 무엇인지를 파악하기 위해 뒷부분을 신중하게 들어야 한다. 「昨夜(ゆうべ)」(어젯밤)라고 나오는데 그 뒷부분의 내용이 정답이 되므로 정답은 (C)가 된다.

色々(いろいろ) 여러 가지　間違(まちが)い 실수. 잘못　返(かえ)す 돌려주다. 반납하다

これまで通過するだけだったJRの駅が変わりつつある。[1]改札口を出ずに、本屋や床屋、洋服の店を利用できる。また、[2]昨年4月JR東日本が「エキネット」というサービスを始めてから、駅の中で現金を下ろしたり、インターネットを使うことも可能になった。更に、大きな駅では、駅にあるコンピューターから日本中の土産物やCD、雑誌などを買い、受け取りも駅でもできるようになった。こうした動きを広めるために作った雑誌の名前は「エキカツ」。[3]駅を活用するという意味で、主な駅の中の地図や、駅で実施しているサービスなどの情報がぎっしりだ。

지금까지 통과하기만 했던 JR의 역이 바뀌고 있다. 개찰구를 나오지 않고 서점이나 이발소, 옷가게를 이용할 수 있다. 또한 작년 4월, JR 히가시니혼이 '에키넷' 이라는 서비스를 시작한 뒤로, 역 안에서 현금을 인출하거나 인터넷을 사용하는 것도 가능하게 되었다. 게다가 큰 역에서는 역에 있는 컴퓨터로 일본 내의 특산물이나 CD, 잡지 등을 사서, 수취도 역에서도 할 수 있게 되었다. 이러한 움직임을 널리 알리기 위해 만든 잡지 이름은 '에키카쓰'. 역을 활용한다는 의미로, 주요 역 안의 지도나 역에서 실시하고 있는 서비스 등의 정보가 가득하다.

通過(つうか) 통과　〜つつある 〜중이다 *동작이나 작용의 계속을 나타냄　改札口(かいさつぐち) 개찰구
本屋(ほんや) 서점　床屋(とこや) 이발소　洋服(ようふく) 양복. (서양식) 옷　店(みせ) 가게
現金(げんきん)を下(お)ろす 현금을 찾다. 현금을 인출하다　インターネット(internet) 인터넷
土産物(みやげもの) 토산품. 특산물　雑誌(ざっし) 잡지　受(う)け取(と)り 수취　動(うご)き 움직임
広(ひろ)める 넓히다. 널리 알리다　活用(かつよう) 활용　主(おも)な 주된. 주요한　地図(ちず) 지도
実施(じっし) 실시　情報(じょうほう) 정보　ぎっしり 가득. 잔뜩

1. 今、駅の改札を出ないでも利用できるのは何ですか。
   현재 역의 개찰구를 나오지 않고도 이용할 수 있는 것은 무엇입니까?
   (A) 内科の病院
   　　내과 병원
   (B) 劇場
   　　극장
   (C) 床屋
   　　이발소
   (D) 倉庫
   　　창고

⋯　앞부분에서 개찰구를 나오지 않고 이용할 수 있는 것으로서 「本屋(ほんや)」(서점), 「床屋(とこや)」(이발소), 「洋服(ようふく)の店(みせ)」(옷가게)가 제시되어 있다. 따라서 정답은 (C)가 된다.

　　内科(ないか) 내과　病院(びょういん) 병원　劇場(げきじょう) 극장　倉庫(そうこ) 창고

2. JR東日本は昨年4月、何を始めましたか。

JR 히가시니혼은 작년 4월에 무엇을 시작했습니까?

(A) 他の鉄道会社との情報交換

다른 철도회사와의 정보교환

(B) 駅のコンピューターを通して買い物ができるサービス

역의 컴퓨터를 통해서 쇼핑을 할 수 있는 서비스

(C) 駅周辺の地図や情報の提供

역 주변의 지도나 정보의 제공

(D) 各駅停車だけの駅への小型店の設置

각 역 정차역에만 소형 점포의 설치

⋯▶ JR 히가시니혼이 작년 4월에 시작한 것은 '에키넷' 서비스라고 했고, 구체적으로 어떤 서비스인지를 설명하고 있다. 역 안에서 현금을 인출하거나 인터넷을 사용하는 것도 가능한 서비스로, 큰 역에서는 역에 있는 컴퓨터로 일본 각지의 특산물이나 CD, 잡지 등을 사고, 수취도 역에서도 할 수 있는 서비스를 말한다. 따라서 정답은 (B)가 된다.

交換(こうかん) 교환　周辺(しゅうへん) 주변　各駅停車(かくえきていしゃ) 각 역 정차 ＊역마다 정차함

小型店(こがたてん) 소형 점포　設置(せっち) 설치

3. 「エキカツ」という名前にはどんな意味がありますか。

'에키카쓰' 라는 이름에는 어떤 의미가 있습니까?

(A) 駅をどんどん活用してもらうという意味

역을 자꾸자꾸 활용하기를 바란다는 의미

(B) 駅が利用者の生活に役に立つという意味

역이 이용자의 생활에 도움이 된다는 의미

(C) 駅をみんなの活躍の場にしてほしいという意味

역을 모두의 활약의 장으로 하기를 바란다는 의미

(D) 駅が駅以外のサービス業に勝つという意味

역이 역 이외의 서비스업에 강하다는 의미

⋯▶ 마지막 부분에 정답이 나온다. '에키카쓰' 는 역을 활용한다는 의미로, 주요 역 안의 지도나 역에서 실시하고 있는 서비스 등의 정보가 가득 들어 있는 잡지를 말한다. 따라서 정답은 (A)가 된다.

どんどん 점점. 자꾸자꾸　役(やく)に立(た)つ 도움이 되다　活躍(かつやく) 활약　場(ば) 장

サービス(service)業(ぎょう) 서비스업　勝(か)つ 어떤 경향이 강하다

1. 昨日は何曜日でしたか。

    (A) 金曜日

    (B) 土曜日

    (C) 日曜日

    (D) 月曜日

2. 村田さんはご飯を食べながら何をしましたか。

    (A) テレビを見た。

    (B) 本を読んだ。

    (C) ラジオを聞いた。

    (D) 仕事をした。

3. 村田さんは誰に会いましたか。

    (A) 村田さんのお父さん

    (B) 村田さんのお母さん

    (C) 村田さんの友達

    (D) 村田さんの会社の人

4. 村田さんはお母さんのくれたお金で何を買いましたか。

    (A) テレビ

    (B) ケーキ

    (C) ネクタイ

    (D) スカーフ

村田さんは大阪の大学を出ましたが、東京で仕事をしています。ご両親は今も大阪にいます。¹昨日は土曜日で、村田さんは10時に起きて、²テレビを見ながら朝ご飯を食べました。本を読んでいる時、お父さんから仕事で金曜日から東京にいるという電話がありました。³村田さんはお父さんがいるホテルに会いに行きました。お父さんはお母さんが作ったケーキと手紙をくれました。手紙の中にはお金が入っていました。今日、⁴村田さんはそのお金でお母さんにスカーフを買って、大阪に送りました。

무라타 씨는 오사카에 있는 대학을 나왔지만, 도쿄에서 일을 하고 있습니다. 부모님은 지금도 오사카에 있습니다. 어제는 토요일로, 무라타 씨는 10시에 일어나 텔레비전을 보면서 아침을 먹었습니다. 책을 읽고 있을 때 아버지로부터 일 때문에 금요일부터 도쿄에 있다는 전화가 왔습니다. 무라타 씨는 아버지가 있는 호텔에 만나러 갔습니다. 아버지는 어머니가 만든 케이크와 편지를 주었습니다. 편지 안에는 돈이 들어 있었습니다. 오늘 무라타 씨는 그 돈으로 어머니에게 줄 스카프를 사서 오사카에 보냈습니다.

어휘 大学(だいがく)を出(で)る 대학을 나오다, 대학을 졸업하다　仕事(しごと) 일, 업무　両親(りょうしん) 부모
起(お)きる 일어나다　朝(あさ)ご飯(はん) 아침밥　食(た)べる 먹다　本(ほん)を読(よ)む 책을 읽다　会(あ)う 만나다
作(つく)る 만들다　ケーキ(cake) 케이크　手紙(てがみ) 편지　お金(かね) 돈　入(はい)る 들다, 들어 있다
スカーフ(scarf) 스카프　送(おく)る 보내다

1. 앞부분에서 어제는 토요일이라고 나오고 있다. 따라서 정답은 (B)가 된다.

2. 무라타 씨는 텔레비전을 보면서 밥을 먹었다고 했으므로 정답은 (A)가 된다. (B)의 책을 읽은 것은 밥을 먹은 뒤이므로 정답이 될 수 없다.
　　어휘 ラジオ(radio)を聞(き)く 라디오를 듣다

3. 무라타 씨가 만난 사람을 묻고 있다. 무라타 씨는 일 때문에 도쿄에 온 자신의 아버지를 만났다고 했으므로 정답은 (A)가 된다.
　　어휘 友達(ともだち) 친구

4. 아버지는 무라타 씨에게 어머니가 만든 케이크와 편지를 주었는데, 그 편지 안에는 돈이 들어 있었다. 무라타 씨는 그 돈으로 어머니에게 줄 스카프를 사서 오사카에 보냈다고 했으므로 정답은 (D)가 된다.
　　어휘 ネクタイ(necktie) 넥타이

5. 田中さんはどんなアパートに住んでいますか。

   (A) 会社が作ったアパート

   (B) 会社の隣のアパート

   (C) 友達が持っているアパート

   (D) 友達がたくさん住んでいるアパート

6. 田中さんのアパートにはいくつの家族が住んでいますか。

   (A) 11

   (B) 21

   (C) 24

   (D) 38

7. 田中さんはどうしてびっくりしましたか。

   (A) 会社が大きいアパートを持っているから

   (B) 子供が自分と同じ学校に行くから

   (C) 鈴木さんに子供がいるから

   (D) 隣の人が前のアパートと同じ鈴木さんだから

8. 田中さんと鈴木さんは時々何をしますか。

   (A) 色々なスポーツをする。

   (B) ハイキングをする。

   (C) 食事をする。

   (D) 泳ぎに行く。

⁵田中さんは会社が作ったアパートに住んでいます。1つの階に8つの家族が住んでいて、3階までありますから、⁶全部で24の家族が住んでいます。田中さんはここに住む前も会社のアパートに住んでいましたが、今隣に住んでいる鈴木さんは前のアパートでも隣でした。このアパートに来た時、⁷隣が鈴木さんだということを知って、とてもびっくりしました。田中さんも鈴木さんも子供が1人いて、同じ学校に行っています。アパートは山から近いですから、⁸時々田中さんと鈴木さんは家族みんなでハイキングに行きます。

다나카 씨는 회사가 지은 아파트에 살고 있습니다. 한 층에 8가족이 살고 있고, 3층까지 있으니까 전부 24가족이 살고 있습니다. 다나카 씨는 여기에 살기 전에도 회사 아파트에 살고 있었는데, 지금 옆집에 살고 있는 스즈키 씨는 전에 살던 아파트에서도 옆집이었습니다. 이 아파트로 왔을 때 옆집이 스즈키 씨라는 것을 알고 매우 깜짝 놀랐습니다. 다나카 씨도 스즈키 씨도 아이가 한 명 있고 같은 학교에 다니고 있습니다. 아파트는 산에서 가까워서, 가끔 다나카 씨와 스즈키 씨는 가족 모두와 함께 하이킹을 갑니다.

어휘 作(つく)る 만들다, 짓다 住(す)む 살다, 거주하다 家族(かぞく) 가족 全部(ぜんぶ) 전부 隣(となり) 옆집, 이웃 知(し)る 알다 びっくりする 깜짝 놀라다 同(おな)じ 같음 学校(がっこう) 학교 山(やま) 산 近(ちか)い 가깝다 時々(ときどき) 가끔, 때때로 ハイキング(hiking) 하이킹

5. 다나카 씨가 어떤 아파트에서 살고 있는지 묻고 있는데, 첫 번째 문장에서 정답을 찾을 수 있다. 다나카 씨는 회사가 지은 아파트에 살고 있다고 했으므로 정답은 (A)가 된다.

   어휘 持(も)つ 소유하다, 가지다

6. 숫자 청취 문제로, 다나카 씨의 아파트에는 모두 24가족이 살고 있다. 따라서 정답은 (C)가 된다.

7. 다나카 씨가 깜짝 놀란 이유를 묻고 있는데, 문제에 등장하는 「びっくりする」(깜짝 놀라다)라는 표현이 설명문에도 등장할 것이라는 것을 예상할 수 있다. 다나카 씨는 옆집이 전에 살던 아파트의 이웃과 똑같은 스즈키 씨라는 사실을 알고 깜짝 놀랐다고 나오므로 정답은 (D)가 된다.

   어휘 大(おお)きい 크다

8. 끝 부분에서 정답을 찾을 수 있는데, 다나카 씨와 스즈키 씨는 가끔 가족 모두와 함께 하이킹을 간다고 나오므로 정답은 (B)가 된다.

   어휘 色々(いろいろ) 여러 가지 スポーツ(sports) 스포츠, 운동 食事(しょくじ) 식사 泳(およ)ぐ 수영하다

주요 어휘 정리

한자	읽기	의미
☐ 目覚まし時計	めざましどけい	알람시계
☐ 遅刻	ちこく	지각
☐ 音が出る	おとがでる	소리가 나다
☐ 珍しい	めずらしい	드물다, 귀하다
☐ 間違い	まちがい	실수, 잘못
☐ 通過	つうか	통과
☐ 改札口	かいさつぐち	개찰구
☐ 床屋	とこや	이발소
☐ 現金を下ろす	げんきんをおろす	현금을 인출하다
☐ 土産物	みやげもの	토산품, 특산물
☐ 受け取り	うけとり	수취
☐ 広める	ひろめる	넓히다, 널리 알리다
☐ 活用	かつよう	활용
☐ 実施	じっし	실시
☐ 情報	じょうほう	정보
☐ 倉庫	そうこ	창고
☐ 周辺	しゅうへん	주변
☐ 設置	せっち	설치
☐ 役に立つ	やくにたつ	도움이 되다
☐ 活躍	かつやく	활약

UNIT 02 🎧 56.MP3
▶ 유형 2 화자의 경험

분석 및 전략

화자의 경험은 소개문 유형과 함께 PART 4의 앞부분에 출제되는 유형으로 평균 2개 정도의 설명문이 출제되고 있다. 구체적인 출제 유형을 보면 일상생활에서의 경험, 사물이나 어떤 대상에 대한 새로운 발견, 여행지에서의 경험 등이 출제되는데, 일상생활에서의 경험이 가장 빈도 높게 출제되고 있다.

일상생활에서의 경험은 지금까지 자주 출제되었던 내용으로 할아버지 댁을 방문해서 겪었던 일, 태어난 강아지에 대한 화제, 아내의 병으로 인한 곤란한 점, 최근에 새롭게 배우고 있는 일 등이 있다. 난이도나 어휘가 크게 어렵지 않게 출제되기 때문에 문제를 미리 읽어 두고 필요한 부분을 메모하면서 들으면 쉽게 정답을 찾을 수 있는 유형이다.

사물이나 어떤 대상에 대한 새로운 발견은 결론이나 하고 싶은 말이 끝 부분에 오는 경우가 많은데, 문제에 반드시 화자가 하고 싶은 말을 묻는 문제가 등장하므로 마지막 부분을 유심히 잘 듣도록 하자.

여행지에서의 경험은 여행지까지의 교통 수단, 숙박 방법, 추억이 된 내용 등을 자주 물으므로 출제 유형을 숙지해 두도록 하자.

다른 유형도 마찬가지지만 화자의 경험은 대체적으로 문제 순서에 따라 내용이 나오므로 문제 부분을 미리 읽어 두고 순서까지도 기억해 두는 것이 좋다. 따라서 이 유형에서는 한 문제를 놓치더라도 다음 문제에 집중하면 충분히 다음 문제부터는 맞출 수 있으므로 놓친 문제에 미련을 갖고 말고 다음 문제에 집중하도록 하자.

[1]この話は 私が若い頃フランスで料理の勉強をしていた時のことだ。 [2]ほんのいたずらのつもりで、フランスパンを刀のようにして構えると、みんなが真面目な顔をして首を横に振った。不思議に思って理由を尋ねると、西洋人にとってパンというのは神の体を意味するのだと答えた。そう言えば、少し前に日本のコンピューターのコマーシャルで、俳優の頭をフランスパンで叩くというようなものがあったが、[3]そういう表現も他の国の人の中には不愉快な気分になる人がいることを忘れてはならない。

이 이야기는 내가 젊었을 때 프랑스에서 요리 공부를 하고 있었을 때의 일이다. 그저 장난칠 셈으로 프랑스빵을 칼처럼 해서 자세를 취하자, 모두가 진지한 얼굴을 하고 고개를 가로저었다. 이상해서 이유를 묻자, 서양인에게 있어서 빵이라는 것은 신의 몸을 의미하는 것이라고 대답했다. 그러고 보니, 얼마 전 일본의 컴퓨터 광고에서 배우의 머리를 프랑스빵으로 때리는 게 있었는데, 그러한 표현도 다른 나라 사람 중에는 불쾌하게 느끼는 사람이 있다는 것을 잊어서는 안 된다.

若(わか)い 젊다. 어리다　フランス(France) 프랑스　料理(りょうり) 요리　勉強(べんきょう) 공부
ほんの 그저　いたずら 장난　フランスパン 프랑스빵 *껍질을 딱딱하게 구운 짭짤한 빵　刀(かたな) 칼
構(かま)える 자세를 취하다　真面目(まじめ) 진지함　首(くび)を横(よこ)に振(ふ)る 고개를 가로젓다
不思議(ふしぎ) 이상함　尋(たず)ねる 묻다　西洋人(せいようじん) 서양인　～にとって ～에게 있어
神(かみ) 신　体(からだ) 몸　コマーシャル(commercial) 광고, 선전　俳優(はいゆう) 배우
叩(たた)く 때리다　表現(ひょうげん) 표현　不愉快(ふゆかい) 불쾌함　気分(きぶん) 기분　忘(わす)れる 잊다

1. この人は若い頃何の勉強をしていましたか。
   이 사람은 젊었을 때 무슨 공부를 하고 있었습니까?

   (A) 宗教
   　　종교

   (B) 料理
   　　요리

   (C) 演劇
   　　연극

   (D) コンピューター
   　　컴퓨터

⋯➜ 첫 번째 문장에 정답이 제시되어 있다. 이 사람은 젊었을 때 프랑스에서 요리 공부를 하고 있었다고
　　나오므로 정답은 (B)가 된다.

　　宗教(しゅうきょう) 종교　演劇(えんげき) 연극

2. この人はフランスパンをどうしましたか。
이 사람은 프랑스빵을 어떻게 했습니까?

(A) いたずらで刀のようにして見せた。
장난으로 칼처럼 해 보였다.

(B) コマーシャルで使った。
광고에서 사용했다.

(C) 特別に料理して友達に見せた。
특별히 요리해서 친구에게 보였다.

(D) 「神の体」のように大切にした。
'신의 몸'과 같이 소중히 여겼다.

···▶ 앞부분에서 이 사람은 그저 장난칠 셈으로 프랑스빵을 칼처럼 해서 자세를 취했다고 했다. 따라서 정답은 (A)가 된다.

見(み)せる 보이다　特別(とくべつ)に 특별히　大切(たいせつ)にする 소중히 여기다

3. この人はどんな意見を持っていますか。
이 사람은 어떤 의견을 가지고 있습니까?

(A) 食べ物を乱暴に扱うのは日本人だけだ。
음식을 거칠게 다루는 것은 일본인뿐이다.

(B) 子供の時のいたずらは必要だ。
어릴 때의 장난은 필요하다.

(C) 物事に対する感じ方は国によって違うことを知るべきだ。
사물에 대해 느끼는 방식은 나라에 따라 다르다는 것을 알아야 한다.

(D) 有名なコマーシャルも知らないのは恥ずかしい。
유명한 광고도 모르는 것은 부끄럽다.

···▶ 설명문의 마지막 문장을 달리 표현한 것을 정답으로 고르면 된다. 정답은 사물에 대해 느끼는 방식은 나라에 따라 다르다는 것을 알아야 한다고 한 (C)가 된다.

乱暴(らんぼう) 거침. 난폭　扱(あつか)う 취급하다. 다루다　必要(ひつよう) 필요　物事(ものごと) 사물
〜に対(たい)する 〜에 대한　感(かん)じ方(かた) 느끼는 방식　違(ちが)う 다르다. 틀리다　知(し)る 알다
〜べき 〜해야 할　有名(ゆうめい) 유명　恥(は)ずかしい 부끄럽다

[1]先週の日曜日、友達4人と一緒に美術館に行きました。絵を見た後で、美術館のレストランに5人で入りました。私は病気なので、味が濃いレストランの料理は食べられません。それで、[2]持って来たお弁当を食べてもいいかどうかレストランの人に聞いてみたら、食べないように言われました。レストランのメニューに病気の人のための料理を用意してくださいとは言いません。でも、[3]何か料理を1つ注文したり、一緒にいる人が注文したりすれば、持って来た物を病気の人が食べてもいいことにしてほしいと思います。

지난주 일요일, 친구 4명과 함께 미술관에 갔습니다. 그림을 본 후에 미술관의 레스토랑에 5명이서 들어갔습니다. 저는 아파서 맛이 진한 레스토랑 요리는 먹을 수 없습니다. 그래서 가지고 온 도시락을 먹어도 되는지 레스토랑 직원에게 물어 봤는데 먹지 말라는 말을 들었습니다. 레스토랑 메뉴에 아픈 사람을 위한 요리를 준비해 달라고는 말하지 않겠습니다. 하지만 뭔가 요리를 하나 주문하거나 함께 있는 사람이 주문하거나 하면 가지고 온 음식을 아픈 사람이 먹어도 되도록 해 주었으면 합니다.

一緒(いっしょ)に 함께　美術館(びじゅつかん) 미술관　絵(え) 그림　病気(びょうき) 병. 아픔
味(あじ) 맛　濃(こ)い (맛이) 진하다　料理(りょうり) 요리　それで 그래서　お弁当(べんとう) 도시락
メニュー(프랑스어 menu) 메뉴　用意(ようい) 준비　注文(ちゅうもん) 주문
～てほしい ～해 주기 바란다. ～해 주었으면 한다

1. 先週の日曜日、この人は何をしましたか。
　　지난주 일요일, 이 사람은 무엇을 했습니까?

　　(A) 映画を見てからお茶を飲んだ。
　　　　영화를 보고 나서 차를 마셨다.

　　(B) 食事をしてから映画を見た。
　　　　식사를 하고 나서 영화를 봤다.

　　(C) 絵を見てから食事に行った。
　　　　그림을 보고 나서 식사하러 갔다.

　　(D) レストランに行ってから絵を見た。
　　　　레스토랑에 간 후에 그림을 봤다.

··➤ 이 사람이 지난주 일요일에 무엇을 했는지 묻고 있는데, 행동의 순서를 유의해서 들어야 실수가 없다. 이 사람은 지난주 일요일에 친구와 함께 미술관에 가서 그림을 보고, 그 후에 레스토랑에 갔다고 했다. 따라서 정답은 (C)가 된다.

映画(えいが) 영화　お茶(ちゃ)を飲(の)む 차를 마시다　食事(しょくじ) 식사

2. レストランの人はこの人にどんなことを言いましたか。

레스토랑 직원은 이 사람에게 어떤 말을 했습니까?

(A) お弁当を持って帰るように言った。

도시락을 가지고 돌아가라고 말했다.

(B) お弁当を食べないように言った。

도시락을 먹지 말라고 말했다.

(C) お弁当を食べるように言った。

도시락을 먹으라고 말했다.

(D) お弁当を買わないように言った。

도시락을 사지 말라고 말했다.

⋯⟩ 이 사람은 아파서 맛이 진한 레스토랑 요리는 먹을 수가 없다고 했다. 그래서 가지고 온 도시락을 먹어도 되는지 레스토랑 직원에게 물어 봤지만, 먹지 말라는 말을 들었다고 나오고 있다. 따라서 정답은 (B)가 된다.

帰(かえ)る 돌아가다　買(か)う 사다

3. この人はレストランにどんなことをしてほしいと言っていますか。

이 사람은 레스토랑이 어떤 것을 해 주기 바란다고 말하고 있습니까?

(A) 病気の人が持って来たものを食べてもいいことにしてほしい。

아픈 사람이 가져 온 음식을 먹어도 되도록 해 주었으면 한다.

(B) レストランの料理をもっと薄い味にしてほしい。

레스토랑의 요리를 좀 더 연한 맛으로 해 주었으면 한다.

(C) 病気の人のためのメニューを考えてほしい。

아픈 사람을 위한 메뉴를 생각해 주었으면 한다.

(D) 誰でも好きな飲み物を持って来てもいいことにしてほしい。

누구든지 좋아하는 음료를 가져 와도 되도록 해 주었으면 한다.

⋯⟩ 이런 유형의 문제는 문제에 등장하는 「～てほしい」(～해 주기 바란다, ～해 주었으면 한다)라는 표현이 설명문에 등장할 것임을 예상하면서 들으면 정답 찾기가 쉽다. 이 사람은 뭔가 요리를 하나 주문하거나 함께 있는 사람이 주문하거나 하면 가지고 온 요리를 아픈 사람이 먹어도 되도록 해 주길 바라고 있다. 따라서 정답은 (A)가 된다.

もっと 좀 더　薄(うす)い (맛이) 연하다　好(す)き 좋아함　飲(の)み物(もの) 음료

1. レストランで何料理を注文しましたか。

    (A) 野菜料理

    (B) 豆腐料理

    (C) 肉料理

    (D) うどん料理

2. 店の人は山田さんのどこに味噌汁をこぼしましたか。

    (A) 頭

    (B) 肩

    (C) 足

    (D) 手

3. 山田さんは店の人に、何を持って来るように頼みましたか。

    (A) 冷たいタオル

    (B) 氷

    (C) 水

    (D) 紙

4. 帰る時、レストランは山田さんに何をしてくれましたか。

    (A) お土産をくれた。

    (B) タクシーを呼んでくれた。

    (C) 洗濯代を払ってくれた。

    (D) 病院に行くお金を出してくれた。

この間、山田さんと日本料理のレストランへ行って、[1]豆腐料理を注文しました。お店では日本の家庭のように、靴を脱いで部屋に入ります。豆腐を使った色々な料理を食べましたが、しばらくして、[2]店の人が味噌汁とご飯をテーブルの上に置いた時、味噌汁が山田さんの足にこぼれてしまいました。その味噌汁がとても熱かったので、[3]山田さんは店の人に冷たいタオルを持って来るように頼みました。食事が終わって、[4]お金を払う時、店の人は洗濯代を出してくれて、食事代は取りませんでした。

얼마 전 야마다 씨와 일본 요리 레스토랑에 가서 두부 요리를 주문했습니다. 가게에서는 일본 가정처럼 신발을 벗고 방에 들어갑니다. 두부를 사용한 여러 가지 요리를 먹었습니다만, 잠시 후에 레스토랑 직원이 된장국과 밥을 테이블 위에 놓았을 때 된장국이 야마다 씨의 발에 흘러내리고 말았습니다. 그 된장국이 너무 뜨거웠기 때문에, 야마다 씨는 레스토랑 직원에게 차가운 타월을 가져다 달라고 부탁했습니다. 식사가 끝나고 돈을 지불할 때 레스토랑 직원은 세탁비를 내 주고, 식사값은 받지 않았습니다.

어휘 この間(あいだ) 얼마 전　日本料理(にほんりょうり) 일본 요리　豆腐(とうふ) 두부　注文(ちゅうもん) 주문　家庭(かてい) 가정　靴(くつ) 구두. 신발　脱(ぬ)ぐ 벗다　部屋(へや) 방　使(つか)う 사용하다　色々(いろいろ) 여러 가지　しばらく 잠시　味噌汁(みそしる) 된장국　ご飯(はん) 밥　置(お)く 놓다. 두다　足(あし) 발. 다리　こぼれる 흘러내리다　熱(あつ)い 뜨겁다　冷(つめ)たい 차갑다　タオル(towel) 타월　頼(たの)む 부탁하다　食事(しょくじ) 식사　終(お)わる 끝나다　お金(おかね)を払(はら)う 돈을 지불하다　洗濯代(せんたくだい) 세탁비　取(と)る 받다

1. 어떤 요리를 주문했는지 묻고 있는데, 앞부분에 정답이 나온다. 내용 중에 「豆腐料理(とうふりょうり)を注文(ちゅうもん)しました」(두부 요리를 주문했습니다), 「豆腐(とうふ)を使(つか)った色々(いろいろ)な料理(りょうり)を食(た)べましたが」(두부를 사용한 여러 가지 요리를 먹었습니다만) 등의 표현으로 보아 이 사람은 두부 요리를 먹었다는 것을 알 수 있다. 따라서 정답은 (B)가 된다.

　　어휘 野菜(やさい) 채소　肉(にく) 고기　うどん 우동

2. 세부적인 정보를 파악하는 문제로, 레스토랑 직원은 된장국을 테이블에 놓다가 된장국이 야마다 씨의 발에 흘러내렸다고 했으므로 정답은 (C)가 된다.

　　어휘 こぼす 흘리다. 엎지르다　頭(あたま) 머리　肩(かた) 어깨　手(て) 손

3. 직원이 엎지른 된장국이 너무 뜨거워서 야마다 씨는 직원에게 차가운 타월을 가져다 달라고 부탁했다고 했다. 따라서 정답은 (A)가 된다.

　　어휘 氷(こおり) 얼음　水(みず) 물　紙(かみ) 종이

4. 레스토랑 직원은 자신이 실수하여 된장국을 엎질렀기 때문에 야마다 씨가 돌아갈 때 세탁비를 지불해 주었고 식사값도 받지 않았다고 했다. 따라서 정답은 (C)가 된다.

　　어휘 お土産(みやげ) 선물　タクシー(taxi)を呼(よ)ぶ 택시를 부르다　病院(びょういん) 병원　お金(かね)を出(だ)す 돈을 내다

정답 1. (B)　2. (C)　3. (A)　4. (C)

5. この人は今何歳ですか。

(A) 31歳

(B) 40歳

(C) 50歳

(D) 71歳

6. 今まで何について一番長く書きましたか。

(A) 子供たちにパーティーをしてもらったこと

(B) 家を新しく建てたこと

(C) 子供たちが結婚したこと

(D) ご主人が入院したこと

7. この人の日記について正しいものはどれですか。

(A) 99冊目の初めの5ページを書いたところだ。

(B) 99冊目が後5ページで終わるところだ。

(C) 100冊目の初めの5ページを書いたところだ。

(D) 100冊目が後5ページで終わるところだ。

⁵私は40年前から日記を書いている。 ノートはもうすぐ100冊目になる。日記を始めた時、私はまだ31歳だった。4人の子供の結婚、家を建てた時や旅行の思い出など色々なことを書いたが、⁶一番たくさんページを使ったのは今年子供たちがしてくれたパーティーのことだ。主人と私は結婚して50年になった。主人はこの14年間に5回入院したが、元気になって、無事にパーティーに出ることができた。この日は5ページも書いてある。⁷99冊目の日記だ。残っているのは後5ページ。100冊目の日記も何を書けるか楽しみだ。

나는 40년 전부터 일기를 쓰고 있다. 노트는 이제 곧 100권째가 된다. 일기를 쓰기 시작했을 때 나는 아직 31살이었다. 네 아이의 결혼, 집을 지었을 때나 여행의 추억 등 여러 가지 일을 썼지만, 가장 많이 페이지를 할애한 것은 올해 아이들이 해 준 파티에 대해서이다. 남편과 나는 결혼해서 50년이 되었다. 남편은 지난 14년 동안 다섯 번 입원했지만, 건강해져서 무사히 파티에 참석할 수 있었다. 이 날은 5페이지나 쓰여 있다. 99권째의 일기이다. 남아 있는 것은 앞으로 5페이지. 100권째 일기도 무엇을 쓸 수 있을지 기대된다.

어휘 日記(にっき) 일기　書(か)く 쓰다　〜冊(さつ) 〜권　〜目(め) 〜째　始(はじ)める 시작하다　結婚(けっこん) 결혼
家(いえ)を建(た)てる 집을 짓다　旅行(りょこう) 여행　思(おも)い出(で) 추억　一番(いちばん) 가장, 제일
ページ(page) 페이지　使(つか)う 사용하다　パーティー(party) 파티　主人(しゅじん) 남편　この 최근의, 요
入院(にゅういん) 입원　無事(ぶじ)に 무사히　残(のこ)る 남다　後(あと) 앞으로　楽(たの)しみ 즐거움, 기대

5. 설명문 안에 여러 가지 숫자가 등장하므로 문제를 미리 읽어 두고 필요한 부분만 메모를 하면서 들어야 한다. 이 사람은 40년 전부터 일기를 쓰고 있는데 일기를 처음 쓰기 시작했을 때의 나이가 31살이라고 했으므로 지금은 71살이라는 것을 알 수 있다. 따라서 정답은 (D)가 된다.

　어휘 何歳(なんさい) 몇 살

6. 이 사람은 일기에 네 아이의 결혼, 집을 지었을 때, 여행의 추억 등 여러 가지 일들을 썼지만, 가장 많이 페이지를 할애한 것은 올해 아이들이 해 준 파티에 대해서라고 했으므로 정답은 (A)가 된다.

　어휘 長(なが)い 길다

7. 이 사람의 일기는 99권째로 앞으로 5페이지를 남겨 두고 있다고 했다. 이 말을 달리 표현한 선택지를 고르면 되므로 정답은 99권째 일기가 앞으로 5페이지로 끝난다고 한 (B)가 된다.

　어휘 初(はじ)め 처음　終(お)わる 끝나다

한자	읽기	의미
☐ 若い	わかい	젊다, 어리다
☐ 構える	かまえる	자세를 취하다
☐ 首を横に振る	くびをよこにふる	고개를 가로젓다
☐ 不思議	ふしぎ	이상함
☐ 俳優	はいゆう	배우
☐ 不愉快	ふゆかい	불쾌함
☐ 扱う	あつかう	취급하다, 다루다
☐ 物事	ものごと	사물
☐ 美術館	びじゅつかん	미술관
☐ 濃い	こい	(맛이) 진하다
☐ 用意	ようい	준비
☐ 薄い	うすい	(맛이) 연하다
☐ 豆腐	とうふ	두부
☐ 家庭	かてい	가정
☐ 日記	にっき	일기
☐ 家を建てる	いえをたてる	집을 짓다
☐ 思い出	おもいで	추억
☐ 無事に	ぶじに	무사히
☐ 楽しみ	たのしみ	즐거움, 기대
☐ 初め	はじめ	처음

UNIT 03 🎧 57.MP3
▶ 유형 3 공지 및 안내

분석 및 전략

공지 및 안내는 매 시험 평균 1개 정도의 설명문이 출제되는데, 최근 시험에서는 공지보다는 안내 쪽이 좀 더 비중 있게 출제되고 있다.

공지는 보통 공지하는 대상을 묻는 문제가 가장 앞부분에 출제된다. 그 다음 문제에서는 공지하는 내용에 대한 세부적인 내용 일치 문제가 출제되고, 마지막 부분에는 일반적으로 연락 방법 등을 묻는 문제가 출제된다.

안내도 공지와 마찬가지로 안내하고 있는 대상이 무엇인지부터 파악해야 한다. 그리고 세부적인 내용에는 숫자와 통계 자료 등이 등장하는 경우가 많으므로, 문제에 숫자와 관련된 문제가 있는지 확인해 두고 만약 있다면 필요한 부분의 숫자를 메모하면서 들어야 실수가 없다.

공지 및 안내는 설명문 중에서 가장 출제 빈도가 낮은 데다가 항상 비슷한 패턴으로 출제되기 때문에 평소에 문제 패턴만 잘 기억해 두면 쉽게 정답을 찾을 수 있으므로 충분히 연습해 두도록 하자.

次は東京駅です。[1]この電車は地下の16番線に到着いたします。新幹線は地上ホームになりますので、エスカレーターに乗り20番線からご乗車ください。新幹線の改札は一般の改札と別になっておりますので、ご注意ください。なお、お持ちの切符の大きさが定期券ぐらいで裏が黒のものは、自動改札機がご利用になれます。[2]改札機には特急券、乗車券を続けてお入れください。[3]大きさが定期券より大きいもの、または裏が白の切符は駅員のいる改札口をご利用くださるようお願いいたします。

다음은 도쿄역입니다. 이 열차는 지하 16번선에 도착합니다. 신칸센은 지상 플랫폼으로 되어 있으므로, 에스컬레이터를 타서 20번선에서 승차해 주십시오. 신칸센의 개찰은 일반 개찰과 별도로 되어 있으므로 주의해 주십시오. 또한 갖고 계신 표의 크기가 정기권 정도이고 뒷면이 검정색인 것은 자동개찰기를 이용하실 수 있습니다. 개찰기에는 특급권, 승차권을 연달아서 넣어 주십시오. 크기가 정기권보다 큰 것, 또는 뒷면이 흰색인 표는 역무원이 있는 개찰구를 이용해 주시길 부탁드립니다.

地下(ちか) 지하　～番線(ばんせん) ～번선　到着(とうちゃく) 도착　新幹線(しんかんせん) 신칸센
地上(ちじょう) 지상　ホーム 플랫폼 ＊「プラットホーム」(platform)의 준말
エスカレーター(escalator) 에스컬레이터　乗(の)る 타다　乗車(じょうしゃ) 승차　改札(かいさつ) 개찰
一般(いっぱん) 일반　別(べつ) 다름. 별도　注意(ちゅうい) 주의　なお 또한　切符(きっぷ) 표
大(おお)きさ 크기　定期券(ていきけん) 정기권　裏(うら) 뒷면　黒(くろ) 검정색
自動改札機(じどうかいさつき) 자동개찰기　利用(りょう) 이용　特急券(とっきゅうけん) 특급권
乗車券(じょうしゃけん) 승차권　続(つづ)ける 연달아 하다　または 또는　白(しろ) 흰색
駅員(えきいん) 역무원

1. この電車は何番線に止まりますか。

이 전철은 몇 번선에 섭니까?

(A) 地下16番線

지하 16번선

(B) 地上16番線

지상 16번선

(C) 地下20番線

지하 20번선

(D) 地上20番線

지상 20번선

⋯▶ 지상인지 지하인지, 그리고 몇 번선인지를 잘 들어야 한다. 두 번째 문장에서 지하 16번선에 도착한다고 했으므로 정답은 (A)가 된다.

止(と)まる 서다. 멈추다

2. 新幹線に乗るために、自動改札機に何を入れますか。

신칸센을 타기 위해서 자동개찰기에 무엇을 넣습니까?

(A) 特急券と乗車券を順番に入れる。

특급권과 승차권을 차례대로 넣는다.

(B) 特急券と指定席券を重ねて入れる。

특급권과 지정석권을 겹쳐서 넣는다.

(C) 乗車券と指定席券を順番に入れる。

승차권과 지정석권을 차례대로 넣는다.

(D) 乗車券と特急券を重ねて入れる。

승차권과 특급권을 겹쳐서 넣는다.

⋯ 중반부에 자동개찰기에 승차권을 넣는 방법이 나왔다. 정답은 (A)로, 선택지에서는 「続(つづ)けて」(연달아서) 대신에 「順番(じゅんばん)に」(차례대로)를 쓰고 있다는 것에 주의해야 한다.

指定席(していせき) 지정석　重(かさ)ねる 겹치다. 포개다

3. 駅員のいる改札口を使うのは、どんな切符を持っている人ですか。

역무원이 있는 개찰구를 이용하는 것은 어떤 표를 갖고 있는 사람입니까?

(A) 定期券ぐらいの大きさで裏が黒の切符

정기권 정도의 크기로 뒷면이 검정색인 표

(B) 定期券ぐらいの大きさで裏が茶色の切符

정기권 정도의 크기로 뒷면이 갈색인 표

(C) 定期券より大きいものか、裏が白の切符

정기권보다 큰 것이거나 뒷면이 흰색인 표

(D) 定期券より小さいものか、裏が黒の切符

정기권보다 작은 것이거나 뒷면이 검정색인 표

⋯ 마지막 문장에서 크기가 정기권보다 큰 것이나 뒷면이 흰색인 표는 역무원이 있는 개찰구를 이용하라고 했으므로 정답은 (C)가 된다. 참고로 (A)는 자동개찰기를 이용한다.

茶色(ちゃいろ) 갈색　小(ちい)さい 작다

国際青少年協会では夏休みの海外ツアー参加者を募集します。[1]対象は小学5年生から成人35歳まで。[2]大自然を体験したり、現地の学生と交流を図ったりすることにより、一般の旅行では味わえない生活や文化の体験を広げることを目的としています。[3]インドネシア・ネパールの申込締切は6月13日、アメリカは20日です。[4]参加費用は1人27万6千円から35万円までで、年齢により前後します。お問い合わせ・資料請求は03−3131−2525まで、電話またはファックスでお願いいたします。

국제 청소년 협회에서는 여름방학 해외 투어 참가자를 모집합니다. 대상은 초등학교 5학년에서 35세 성인까지(입니다). 대자연을 체험하거나 현지의 학생과 교류를 도모하거나 하는 것으로 일반 여행에서는 맛볼 수 없는 생활이나 문화 체험을 넓히는 것을 목적으로 하고 있습니다. 인도네시아·네팔의 신청 마감은 6월 13일, 미국은 20일입니다. 참가 비용은 한 사람에 27만 6천 엔부터 35만 엔까지로, 연령에 따라 차이가 납니다. 문의·자료 청구는 03-3131-2525번으로, 전화 또는 팩스로 부탁드립니다.

国際(こくさい) 국제　青少年(せいしょうねん) 청소년　協会(きょうかい) 협회　夏休(なつやす)み 여름방학
海外(かいがい) 해외　ツアー(tour) 투어　参加者(さんかしゃ) 참가자　募集(ぼしゅう) 모집
対象(たいしょう) 대상　成人(せいじん) 성인　大自然(だいしぜん) 대자연　体験(たいけん) 체험
現地(げんち) 현지　交流(こうりゅう) 교류　図(はか)る 도모하다　旅行(りょこう) 여행　味(あじ)わう 맛보다
生活(せいかつ) 생활　文化(ぶんか) 문화　広(ひろ)げる 넓히다　目的(もくてき) 목적　申込(もうしこみ) 신청
締切(しめきり) 마감　参加(さんか) 참가　費用(ひよう) 비용　年齢(ねんれい) 연령　前後(ぜんご) 전후
問(と)い合(あ)わせ 문의　資料(しりょう) 자료　請求(せいきゅう) 청구　電話(でんわ) 전화　ファックス(FAX) 팩스

1. この旅行に応募できる人は次のうち誰ですか。
　　이 여행에 응모할 수 있는 사람은 다음 중 누구입니까?

(A) 小学校1年生の男の子
　　초등학교 1학년 남자아이

(B) 高校3年生の女の子
　　고등학교 3학년 여자아이

(C) 40歳のサラリーマン
　　40세의 샐러리맨

(D) 会社を辞めたばかりの60歳の男性
　　회사를 막 그만둔 60세의 남성

⋯▸ 이번 여름방학의 해외 투어는 초등학교 5학년에서 35세 성인까지 참가할 수 있으므로 선택지 중에서 그 대상에 속하는 것은 (B)뿐이다.

小学校(しょうがっこう) 초등학교　高校(こうこう) 고등학교　サラリーマン(salaried man) 샐러리맨
辞(や)める 그만두다　동사의 た형+ばかりだ 막 ～했다　男性(だんせい) 남성

2. この旅行の目的の一つは何ですか。

이 여행의 목적 중 하나는 무엇입니까?

(A) 現地の人と交流を深めること

현지의 사람과 교류를 돈독히 하는 것

(B) 日本の技術を広めること

일본의 기술을 확대하는 것

(C) 日本の文化について説明すること

일본의 문화에 대해서 설명하는 것

(D) 一般には食べられない珍しいものを食べること

일반적으로는 먹을 수 없는 진귀한 음식을 먹는 것

⋯▶ 이번 여행은 대자연을 체험하거나 현지의 학생과 교류를 도모하거나 하는 것으로 일반 여행에서는 맛볼 수 없는 생활이나 문화 체험을 넓히는 것을 목적으로 하고 있다고 했으므로 정답은 (A)가 된다.

深(ふか)める 깊게 하다, 돈독히 하다   技術(ぎじゅつ) 기술   珍(めずら)しい 진귀하다

3. ネパールに行きたい人はいつまでに申し込まなければなりませんか。

네팔에 가고 싶은 사람은 언제까지 신청해야만 합니까?

(A) 6月10日 6월 10일

(B) 6月13日 6월 13일

(C) 6月17日 6월 17일

(D) 6月20日 6월 20일

⋯▶ 가는 나라가 어디냐에 따라 신청 마감 날짜가 다르므로 구분해서 들어야 한다. 인도네시아·네팔의 신청 마감은 6월 13일이고, 미국은 20일이라고 했으므로 정답은 (B)가 된다.

4. 参加費用について正しいものはどれですか。

참가 비용에 대해서 올바른 것은 어느 것입니까?

(A) どんな人でも同じ料金だ。

어떤 사람이든지 같은 요금이다.

(B) 行き先によって15万円近く違う。

행선지에 따라 15만 엔 가까이 차이가 난다.

(C) 最低の額は最高の額の約半分だ。

최저 금액은 최고 금액의 약 절반이다.

(D) 年齢により多少金額の差がある。

연령에 따라 다소 금액의 차이가 있다.

⋯▶ 참가 비용은 한 사람에 27만 6천 엔부터 35만 엔까지로, 연령에 따라 차이가 난다고 나오고 있다. 따라서 정답은 (D)가 된다.

料金(りょうきん) 요금   行(い)き先(さき) 행선지   最低(さいてい) 최저   額(がく) 액, 금액   最高(さいこう) 최고

多少(たしょう) 다소   差(さ) 차, 차이

1. 最近話題になっている商品は何ですか。

    (A) フルーツの香りがするろうそく

    (B) 内臓を強くするお茶

    (C) 肌をきれいにする水

    (D) 香りで痩せる化粧品

2. この商品は最近どんな人に注目され始めていますか。

    (A) 20代、30代の女性に

    (B) 若い女子高生に

    (C) 高齢者や男性に

    (D) 成長期の子供を持つ母親に

3. 海外での発売時期をどのように変更しましたか。

    (A) 1ヶ月早めた。

    (B) 1ヶ月遅らせた。

    (C) 日本と同時にした。

    (D) まだ決まっていない。

若い女性がしばしば話題にすることの一つはいかに痩せるかということです。その方法は痩せるお茶を飲んだり、体操したりと色々ありますが、[1]この春、有名化粧品会社が発売した香りで痩せるという化粧品は発売と同時に20代、30代の女性の間で大変な人気を呼びました。無理な運動をしなくても、香りを嗅いだり、肌に塗るだけで体の脂肪が燃えるということで、[2]最近は高齢者や男性にまで注目され始めています。海外からも問い合わせがあり、[3]同社では海外での発売時期を予定より1ヶ月早めて販売する準備をしています。

젊은 여성이 자주 화제로 삼는 것 중 하나는 어떻게 살을 빼는가 하는 것입니다. 그 방법은 살을 빼는 차를 마시거나 체조를 하는 등 여러 가지 있습니다만, 올봄 유명 화장품회사가 발매한 향기로 살을 뺀다는 화장품은 발매와 동시에 20, 30대 여성 사이에서 엄청난 인기를 모았습니다. 무리한 운동을 하지 않아도 향기를 맡거나 피부에 바르는 것만으로 몸의 지방이 연소된다고 해서 최근에는 고령자나 남성에게까지 주목받기 시작했습니다. 해외에서도 문의가 있어, 이 회사에서는 해외에서의 발매 시기를 예정보다 한 달 앞당겨 판매할 준비를 하고 있습니다.

어휘 若(わか)い 젊다 女性(じょせい) 여성 しばしば 자주 話題(わだい) 화제 いかに 어떻게, 어찌 痩(や)せる 살을 빼다
お茶(ちゃ)を飲(の)む 차를 마시다 体操(たいそう) 체조 有名(ゆうめい) 유명 化粧品(けしょうひん) 화장품
発売(はつばい) 발매 香(かお)り 향기 ～と同時(どうじ)に ～와 동시에 大変(たいへん) 엄청남, 대단함
人気(にんき)を呼(よ)ぶ 인기를 모으다 無理(むり) 무리 運動(うんどう) 운동 嗅(か)ぐ 냄새를 맡다 肌(はだ) 피부
塗(ぬ)る 바르다, 칠하다 脂肪(しぼう) 지방 燃(も)える 연소하다 高齢者(こうれいしゃ) 고령자 男性(だんせい) 남성
注目(ちゅうもく) 주목 동사의 ます형+始(はじ)める ～하기 시작하다 海外(かいがい) 해외 問(と)い合(あ)わせ 문의
時期(じき) 시기 早(はや)める 앞당기다 準備(じゅんび) 준비

1. 최근 화제가 되고 있는 상품은 향기로 살을 빼는 화장품이라고 했으므로 정답은 ⒟가 된다.

   어휘 フルーツ(fruit) 과일 ろうそく 양초 内臓(ないぞう) 내장

2. 내용 파악 문제로, 문제의 「最近(さいきん)」(최근)이라는 단어를 놓치면 ⒜를 정답으로 고르기 쉽다. 20, 30대 여성에게 향기로 살을 뺀다는 화장품은 올봄 발매와 동시에 큰 인기를 모았다고 했지만, 최근에는 고령자나 남성에게도 주목받기 시작했다고 했으므로 정답은 ⒞가 된다.

   어휘 女子高生(じょしこうせい) 여고생 成長期(せいちょうき) 성장기 母親(ははおや) 모친, 어머니

3. 「早(はや)めて」(앞당겨)라는 표현의 의미를 알고 있어야 정답이 쉽게 나온다. 향기로 살을 빼는 화장품을 발매한 회사는 해외에서의 발매 시기를 예정보다 한 달 앞당겨 판매할 준비를 하고 있다고 했으므로 정답은 ⒜가 된다.

   어휘 遅(おく)らせる 늦추다 まだ 아직 決(き)まる 결정되다, 정해지다

4. この絵はいつ描かれましたか。

    (A) 1452年

    (B) 1542年

    (C) 1652年

    (D) 1742年

5. この絵はどんな絵ですか。

    (A) 戦争の絵

    (B) リヨンの町の絵

    (C) マリアという女の人の絵

    (D) フラーテの奥さんの絵

6. フラーテについて正しいものはどれですか。

    (A) イタリアで生まれたフランス人。

    (B) フランスに8年間住んでいた。

    (C) 子供が2人いた。

    (D) 奥さんの絵をたくさん描いた。

東京美術館へようこそいらっしゃいました。それでは、こちらの絵をご覧ください。4 この絵は1452年にイタリア人のフラーテが描いたものです。6 フラーテは5年間、妻と2人だけでフランスのリヨンという小さな町に住んで、たくさんの絵を描きましたが、そのほとんどは妻のマリアの絵でした。ですから、5 このようなリヨンの町を描いた絵はとても珍しくて全部で8枚しかありませんでしたが、他の7枚は戦争で焼けてしまって、残ったのはこれだけになってしまいました。

도쿄 미술관에 잘 오셨습니다. 그럼, 이쪽 그림을 보십시오. 이 그림은 1452년에 이탈리아인인 프라테가 그린 것입니다. 프라테는 5년간 아내와 단둘이서 프랑스의 리옹이라는 작은 마을에 살며 많은 그림을 그렸는데, 그 대부분은 아내 마리아의 그림이었습니다. 따라서 이와 같은 리옹의 마을을 그린 그림은 아주 드물어 전부 합쳐서 8장밖에 없었습니다만, 다른 7장은 전쟁 때 타 버려 남은 그림은 이것뿐이되고 말았습니다.

어휘 美術館(びじゅつかん) 미술관 ようこそ 방문을 환영하는 말 いらっしゃる 오시다 絵(え) 그림 ご覧(らん) 보심 描(か)く 그리다 妻(つま) 아내 小(ちい)さな 작은 町(まち) 마을 住(す)む 살다 ほとんど 거의. 대부분 珍(めずら)しい 진귀하다. 드물다 全部(ぜんぶ) 전부 戦争(せんそう) 전쟁 焼(や)ける 타다 残(のこ)る 남다

4. 문제와 선택지로 보아 연도를 잘 들어야 한다는 것을 알 수 있다. 설명하고 있는 그림은 프라테라는 화가가 1452년에 그린 그림이라고 나오므로 정답은 (A)가 된다.

5. 설명하고 있는 그림은 리옹의 마을을 그린 그림이라고 나오고 있다. 따라서 정답은 (B)가 된다. 중간에 아내의 그림에 대한 설명만 듣고 답으로 고르지 않도록 주의한다.

6. 세부 내용에 대한 이해를 묻는 문제로, 프라테라는 화가는 이탈리아인으로 5년간 아내와 단둘이서 프랑스의 리옹이라는 작은 마을에 살며 많은 그림을 그렸다고 했다. 이탈리아인이라고 했으므로 (A)는 오답이 되고, 프랑스에서 산 기간은 5년간이므로 (B) 역시 틀린 설명이다. 그리고 (C)는 설명문에 나오지 않은 내용이다. 따라서 정답은 아내의 그림을 많이 그렸다고 한 (D)가 된다.

어휘 生(う)まれる 태어나다 奥(おく)さん 부인 たくさん 많이

한자	읽기	의미
☐ 地下	ちか	지하
☐ 到着	とうちゃく	도착
☐ 地上	ちじょう	지상
☐ 乗車	じょうしゃ	승차
☐ 順番に	じゅんばんに	순번대로, 차례대로
☐ 国際	こくさい	국제
☐ 募集	ぼしゅう	모집
☐ 対象	たいしょう	대상
☐ 交流	こうりゅう	교류
☐ 図る	はかる	도모하다
☐ 味わう	あじわう	맛보다
☐ 問い合わせ	といあわせ	문의
☐ 話題	わだい	화제
☐ 痩せる	やせる	살을 빼다
☐ 塗る	ぬる	바르다, 칠하다
☐ 嗅ぐ	かぐ	냄새를 맡다
☐ 脂肪	しぼう	지방
☐ 燃える	もえる	연소하다
☐ 早める	はやめる	앞당기다
☐ 戦争	せんそう	전쟁

POINT 숫자 청취에 주의하고 내용 일치 문제는 선택지를 미리 읽어 둘 것!

분석 및 전략

뉴스 및 기사 관련 설명문은 보통 1개 정도가 출제되는데 마지막 설명문으로 나오는 경우가 대부분이다. 일단 이 유형은 어휘 자체가 상당히 난해하고 들어도 바로 이해하기 힘든 표현들이 많이 등장한다는 게 난점이라고 할 수 있다. 게다가 통계라든지 숫자가 제시되는 설명문인 경우가 많으므로 숫자 청취 연습도 충분히 해 두어야 한다.

이 유형은 크게 세 가지로 출제되는데 숫자 청취, 이유를 묻는 문제, 내용 일치가 그것이다. 우선 숫자 청취 문제는 대부분 설명문의 앞부분에 제시되므로 일단 문제 부분을 미리 읽어 두고 어떤 숫자를 물을지 기억을 한 다음에 나오는 숫자를 메모하면서 들어야 실수가 없다. 그리고 문제와는 상관이 없는 숫자들도 함께 나오기 때문에 반드시 질문에 맞는 숫자만을 메모해 두어야 한다.

다음으로 이유를 묻는 문제는 대부분 문장 중에 원인·이유를 나타내는 「～から」, 「～ので」, 「～ため」 등의 표현이 포함되어 있는 경우가 많으므로, 이런 원인이나 이유를 묻는 표현이 등장하는 문장에 주의하면서 들으면 된다.

마지막으로 내용 일치 문제는 세부적인 내용까지 빠짐없이 메모를 해야 정답을 찾을 수 있기 때문에 상당히 집중력을 요하는 문제이다. 이런 문제들은 선택지의 내용을 기억한 후 바로바로 문제지에 체크를 하면서 듣는 것이 정답 찾기에 유리하므로, 시간을 잘 활용해 선택지를 미리 읽어 두도록 하자.

ニュースをお伝えします。[1]今年の交通事故で亡くなった人の数が25日に4,000人を超えて、4,009人になったことがわかりました。[2]この数字は去年の同じ日より24人少なくなっています。亡くなった人の数が一番多かったのは北海道でした。[3]北海道では住んでいる人の事故は少ないのですが、旅行で来た人の事故がとても多くなっています。次に多かったのは東京、大阪で、人口が多くて大きな都市で、事故の数が多くなっています。

뉴스를 전해 드리겠습니다. 올해 교통사고로 숨진 사람의 수가 25일에 4,000명을 넘어 4,009명이 된 것으로 밝혀졌습니다. 이 숫자는 작년의 같은 날보다 24명 줄었습니다. 숨진 사람의 수가 가장 많았던 것은 홋카이도였습니다. 홋카이도에서는 살고 있는 사람[주민]의 사고는 적지만, 여행 온 사람의 사고가 매우 많아졌습니다. 다음으로 많았던 것은 도쿄, 오사카로, 인구가 많고 큰 도시에서 사고 건수가 많아졌습니다.

ニュース(news) 뉴스　伝(つた)える 전하다　交通事故(こうつうじこ) 교통사고　亡(な)くなる 죽다, 숨지다
数(かず) 수, 숫자　超(こ)える 넘다　わかる 밝혀지다, 판명되다　数字(すうじ) 숫자　去年(きょねん) 작년
同(おな)じ 같음　少(すく)ない 적다　一番(いちばん) 가장, 제일　多(おお)い 많다　住(す)む 살다, 거주하다
旅行(りょこう) 여행　次(つぎ)に 다음으로　人口(じんこう) 인구　都市(とし) 도시

1. 事故で亡くなった人の数は25日に何人になりましたか。
   사고로 숨진 사람의 수는 25일에 몇 명이 되었습니까?

   (A) 4,000人
   　　4,000명

   (B) 4,009人
   　　4,009명

   (C) 4,090人
   　　4,090명

   (D) 4,900人
   　　4,900명

⋯ 숫자 청취 능력을 묻는 문제로, 이런 특정 정보에 대해 묻는 질문은 지문 중에 단서가 단 한 번만 나올 확률이 높으므로 놓치지 않으려면 그 부분을 중점적으로 들을 필요가 있다. 사고로 숨진 사람의 수는 25일에 4,000명을 넘어 4,009명이 되었다고 했으므로 정답은 (B)가 된다.

2. 亡くなった人の数は去年の同じ日と比べてどうですか。
숨진 사람의 수는 작년의 같은 날과 비교해서 어떻습니까?

(A) 33人多い。
33명 많다.

(B) 33人少ない。
33명 적다.

(C) 24人多い。
24명 많다.

(D) 24人少ない。
24명 적다.

⋯▸ 1번 문제와 마찬가지로 숫자 청취 능력을 묻는 문제이다. 숨진 사람의 수는 작년의 같은 날과 비교해 24명이 줄었다고 했으므로 정답은 (D)가 된다.

比(くら)べる 비교하다, 비하다

3. 北海道ではどんな事故が多いですか。
홋카이도에서는 어떤 사고가 많습니까?

(A) オートバイの事故
오토바이 사고

(B) 住んでいる人の事故
살고 있는 사람[주민]의 사고

(C) 大きな都市から来た人の事故
큰 도시에서 온 사람의 사고

(D) 旅行で来た人の事故
여행 온 사람의 사고

⋯▸ 홋카이도에서는 어떤 사고가 많았는지 묻고 있으므로, 설명문 중에 「北海道(ほっかいどう)」(홋카이도)라는 말이 나오는 부분에 단서가 들어 있다는 것을 예상할 수 있다. 홋카이도에서는 살고 있는 사람의 사고는 적지만, 여행 온 사람의 사고가 매우 많아졌다고 했으므로 정답은 (D)가 된다.

オートバイ (일본어 auto+bicycle) 오토바이

従来、天気の独自予報は気象庁と許可を受けた民間気象会社が行ってきたが、民間が行えるのは契約した特定の企業や個人に対してのみだった。[1]法律改正後、民間会社が不特定多数を相手に独自予報を出すことが解禁になり、特定の相手に対する気象ビジネスも急成長している。[2]あるコンビニでは発注担当者が民間気象会社から取り寄せたデータをもとに仕入れの量を決め、品切れや売れ残りを出さない発注を目指している。[3]更に人の体感温度のデータも加えて、弁当などの仕入れをきめ細かく調整する計画も進めているという。

지금까지 날씨의 독자 예보는 기상청과 허가를 받은 민간기상회사가 실시해 왔는데, 민간이 할 수 있는 것은 계약을 맺은 특정 기업이나 개인에 대해서만이었다. 법률 개정 후, 민간회사가 불특정 다수를 상대로 독자적인 예보를 내는 것이 해금이 되어 특정 상대에 대한 기상 비즈니스도 급성장하고 있다. 한 편의점에서는 발주 담당자가 민간기상회사로부터 입수한 데이터를 토대로 매입량을 정해서 품절이나 팔다 남은 물건이 나오지 않는 발주를 목표로 하고 있다. 게다가 사람의 체감온도 데이터도 첨가해서 도시락 등의 매입을 세밀하게 조정하는 계획도 추진하고 있다고 한다.

従来(じゅうらい) 종래, 지금까지　天気(てんき) 날씨　独自(どくじ) 독자(적)　予報(よほう) 예보
気象庁(きしょうちょう) 기상청　許可(きょか)を受(う)ける 허가를 받다　行(おこな)う 행하다, 실시하다
民間(みんかん) 민간　契約(けいやく) 계약　特定(とくてい) 특정　企業(きぎょう) 기업　個人(こじん) 개인
~に対(たい)して ~에 대해서　~のみ ~만, ~뿐　法律改正(ほうりつかいせい) 법률 개정
不特定多数(ふとくていたすう) 불특정 다수　相手(あいて) 상대　解禁(かいきん)になる 해금이 되다
急成長(きゅうせいちょう) 급성장　コンビニ 편의점　発注(はっちゅう) 발주　担当者(たんとうしゃ) 담당자
取(と)り寄(よ)せる 주문해서 가져오게 하다　データ(data) 데이터　~をもとに ~을 토대로
仕入(しい)れ 매입, 구입　量(りょう) 양　決(き)める 결정하다　品切(しなぎ)れ 품절
売(う)れ残(のこ)り 팔다 남은 물건　目指(めざ)す 목표로 하다　更(さら)に 게다가, 더욱이
体感温度(たいかんおんど) 체감온도　加(くわ)える 더하다, 첨가하다　弁当(べんとう) 도시락
きめ細(こま)かい 세밀하고 빈틈이 없다　調整(ちょうせい) 조정　計画(けいかく) 계획　進(すす)める 추진하다

1. 法律改正後、どうなりましたか。
   법률 개정 후 어떻게 되었습니까?
   (A) 気象庁の事業の一部が民営化された。
   　　기상청의 사업 일부가 민영화되었다.
   (B) 民間会社が特定の相手に独自予報をすることが可能になった。
   　　민간회사가 특정 상대에게 독자 예보를 하는 것이 가능해졌다.
   (C) 民間会社が不特定多数を相手に独自予報を出せるようになった。
   　　민간회사가 불특정 다수를 상대로 독자 예보를 낼 수 있게 되었다.
   (D) 民間会社も気象観測を行えるようになった。
   　　민간회사도 기상관측을 할 수 있게 되었다.

PART 4

⋯▸ 법률 개정 후 어떤 변화가 있었는지 잘 들어야 한다. 민간회사가 불특정 다수를 상대로 독자적인 예보를 내는
것이 해금이 되었다고 했는데, 본문의 「解禁(かいきん)になる」(해금이 되다)를 선택지에서는 다른 말로 표현하
고 있다는 것에 주의해야 한다. 정답은 (C)가 된다.

一部(いちぶ) 일부　民営化(みんえいか) 민영화　可能(かのう)になる 가능해지다　観測(かんそく) 관측

2. あるコンビニは主にどのような目的で気象情報を利用していますか。

한 편의점은 주로 어떤 목적으로 기상정보를 이용하고 있습니까?

(A) 発注の精度を高めるため

　　발주의 정밀도를 높이기 위해

(B) 新商品開発のため

　　신상품 개발을 위해

(C) 販売実績分析の参考にするため

　　판매 실적 분석에 참고로 하기 위해

(D) 客に詳細な情報を提供するため

　　손님에게 상세한 정보를 제공하기 위해

⋯▸ 편의점이 기상정보를 이용하고 있는 목적은 뒷부분에 매입량을 정해서 품절이나 팔다 남은 물건이 나오지 않게
하기 위해서라고 나오므로 (A)가 정답이 된다.

主(おも)に 주로　目的(もくてき) 목적　精度(せいど) 정도, 정밀도　高(たか)める 높이다　新商品(しんしょうひん) 신상품
開発(かいはつ) 개발　販売(はんばい) 판매　実績(じっせき) 실적　分析(ぶんせき) 분석　参考(さんこう) 참고
詳細(しょうさい) 상세　情報(じょうほう) 정보　提供(ていきょう) 제공

3. コンビニは気象情報に加えて、何に関するデータを取り入れようとしていますか。

편의점은 기상정보에 더해서 무엇에 관한 데이터를 도입하려 하고 있습니까?

(A) 店内放送の効果

　　점내 방송의 효과

(B) 周辺地域の行事予定

　　주변 지역의 행사 예정

(C) 天候が人の心理に与える影響

　　날씨가 사람의 심리에 미치는 영향

(D) 体感温度

　　체감온도

⋯▸ 본문의 마지막 문장을 잘 들으면 알 수 있는 문제로, 사람의 체감온도 데이터도 첨가해서 도시락 등의 매입을
세밀하게 조정하는 계획도 추진하고 있다고 했으므로 정답은 (D)가 된다.

取(と)り入(い)れる 받아들이다, 도입하다　放送(ほうそう) 방송　効果(こうか) 효과　周辺地域(しゅうへんちいき) 주변 지역
行事(ぎょうじ) 행사　天候(てんこう) 날씨　心理(しんり) 심리　与(あた)える (영향 등을) 주다

1. 土地を所有することに価値が無くなると考えている人は今回の調査でどのくらいの割合になりましたか。

    (A) 27.1％

    (B) 30％

    (C) 55.1％

    (D) 63.6％

2. 「家は借りたままでもかまわない」人の率について正しいものはどれですか。

    (A) 今回初めて4割を切った。

    (B) 前回とほぼ同じ率であった。

    (C) 今回は前回に比べ1割ほど増えた。

    (D) 今回初めて半数を下回った。

3. 住宅に対する考え方の変化は何によるものだと言っていますか。

    (A) 悪くなる一方の経済に対する不安

    (B) 一家族の人数が減りつつあること

    (C) 社会に対して老人が抱く不公平感

    (D) 住宅会社への信頼の低下

　　自分の家が欲しいというサラリーマンの割合は過去最低の水準になっている。ある住宅会社の調査によると、家を買いたいと考えている人は全体の27.1％に過ぎず、過去13回の調査で初めて3割を切った。[1]また、土地を持つことの意義が薄れると答えた人は前回の調査では55.1％だったが、今回は63.6％。[2]損をしなければ家は借りたままでもかまわないという人は調査開始以来4割台前半だったが、今回初めて53.9％となった。更に注目すべき点は、子供は自分の力で家を買うべきで、財産として残す必要はないという人が54.2％に達していることだ。[3]益々悪化する景気への不安がサラリーマンの住宅観を大きく変えてしまったようだ。

　　내집 마련을 하고 싶다는 샐러리맨의 비율은 과거 최저 수준이 되었다. 한 주택회사의 조사에 따르면, 집을 사고 싶다고 생각하고 있는 사람은 전체의 27.1%에 지나지 않아, 과거 13회의 조사에서 처음으로 30%를 밑돌았다. 또한 토지를 소유하는 의의가 줄어든다고 대답한 사람은 지난번 조사에서는 55.1%였지만, 이번에는 63.6%. 손해를 보지 않으면 집을 빌린 채로라도 상관이 없다는 사람은 조사 개시 이래 40%대 전반이었지만, 이번에 처음으로 53.9%가 되었다. 더욱 주목할 점은 자식은 자신의 힘으로 집을 사야 하고 재산으로 남길 필요가 없다는 사람이 54.2%에 이른다는 점이다. 점점 악화되는 경기에 대한 불안이 샐러리맨의 주택관을 크게 바꿔 버린 것 같다.

어휘 欲(ほ)しい 원하다. 갖고 싶다　サラリーマン(salaried man) 샐러리맨　割合(わりあい) 비율　過去(かこ) 과거　最低(さいてい) 최저　水準(すいじゅん) 수준　住宅(じゅうたく) 주택　調査(ちょうさ) 조사　全体(ぜんたい) 전체　〜に過(す)ぎない 〜에 지나지 않다. 〜에 불과하다　切(き)る 밑돌다　土地(とち) 토지　意義(いぎ) 의의　薄(うす)れる 줄어들다　答(こた)える 대답하다　損(そん)をする 손해를 보다　借(か)りる 빌리다　開始(かいし) 개시　〜以来(いらい) 〜이래　更(さら)に 더욱더　注目(ちゅうもく) 주목　〜べき 〜해야 할　子供(こども) 아이. 자식　力(ちから) 힘. 능력　財産(ざいさん) 재산　残(のこ)す 남기다　〜に達(たっ)する 〜에 이르다　益々(ますます) 점점　悪化(あっか)する 악화되다　景気(けいき) 경기　不安(ふあん) 불안　住宅観(じゅうたくかん) 주택관　変(か)える 바꾸다

1. 숫자에 대한 청취 능력은 뉴스나 기사 관련 문제에서 반드시 출제되는 유형이므로 숫자 청취 연습을 충분히 해 두어야 한다. 토지를 소유하는 것에 가치가 없어진다고 생각하는 사람의 비율을 물었는데. 중반부에서 지난번 조사에서는 55.1%였지만, 이번 조사에서는 63.6%라고 나온다. 따라서 정답은 (D)가 된다.

　　어휘 所有(しょゆう) 소유　価値(かち) 가치

2. 집을 빌린 채로라도 상관이 없다는 사람은 조사 개시 이래 40%대 전반이었지만. 이번에 처음으로 53.9%가 되었다고 나오고 있다. 따라서 선택지 중 올바른 설명은 이번에는 지난번에 비해 10% 정도 늘었다고 한 (C)가 된다.

　　어휘 率(りつ) 비율　ほぼ 거의　増(ふ)える 늘다　半数(はんすう) 반수　下回(したまわ)る 밑돌다

3. 마지막 부분에서 정답을 찾을 수 있는 문제로. 주택에 대한 사고방식의 변화는 점점 악화되는 경제에 대한 불안이 샐러리맨의 주택관을 크게 바꿔 버린 것 같다고 나온다. 따라서 정답은 (A)가 된다.

　　어휘 考(かんが)え方(かた) 사고방식　人数(にんずう) 인원수　老人(ろうじん) 노인　抱(いだ)く 품다　不公平感(ふこうへいかん) 불공평한 느낌　信頼(しんらい) 신뢰　低下(ていか) 저하

정답 1. (D)　2. (C)　3. (A)

4. ベル社の主な事業内容について正しいものは次のどれですか。

   (A) 経営コンサルティング

   (B) 医療機器販売

   (C) 語学教育

   (D) 教育関連の書籍出版

5. サイト社について正しいものはどれですか。

   (A) 語学事業でつまずき、破産寸前だった。

   (B) 経営の悪化で破産を余儀なくされた。

   (C) 通訳事業で失敗し、業績が回復不能になった。

   (D) 新規事業を起こすための手続きを申請中だった。

6. ベル社はサイト社の買収でどのようなことを期待していますか。

   (A) 国際的な語学学校を運営できるようになること

   (B) サイト社からの買収分野と自社事業が相乗効果を上げること

   (C) 通訳業界でトップの地位に返り咲くこと

   (D) 通訳養成分野が自社事業の大黒柱になること

[4]ベル社は教育関係の大手出版社で、経営の多角化を進めているが、今月10日通訳の派遣・養成会社のサイト社から通訳・翻訳および通訳者養成事業を買収したと発表した。[5]サイト社は語学事業の失敗から経営が悪化し、破産を防止するための措置である和議を申請中だった。買収金額は交渉中として公表はしなかった。ベル社は子会社に語学教育事業を手掛ける会社を既に持っているが、[6]国際会議での同時通訳で業界トップだったサイト社の事業を傘下に収めることで相乗効果が期待できるとしている。

벨사는 교육 관계의 대형 출판사로 경영의 다각화를 추진 중에 있는데, 이달 10일 통역의 파견·양성 회사인 사이트사로부터 통역·번역 및 통역자 양성 사업을 매수했다고 발표했다. 사이트사는 어학 사업의 실패로 경영이 악화되어, 파산을 방지하기 위한 조치인 화의를 신청 중이었다. 매수 금액은 교섭 중이라 공표는 하지 않았다. 벨사는 자회사로 어학 교육 사업을 직접 하는 회사를 이미 가지고 있지만, 국제회의에서의 동시통역에서 업계 최고였던 사이트사의 사업을 산하에 둠으로써 상승 효과를 기대할 수 있다고 하고 있다.

어휘 教育(きょういく) 교육　関係(かんけい) 관계　大手出版社(おおてしゅっぱんしゃ) 대형 출판사　経営(けいえい) 경영
多角化(たかくか) 다각화　進(すす)める 진행시키다　通訳(つうやく) 통역　派遣(はけん) 파견　養成(ようせい) 양성
翻訳(ほんやく) 번역　~および ~ 및　事業(じぎょう) 사업　買収(ばいしゅう) 매수　発表(はっぴょう) 발표
語学(ごがく) 어학　失敗(しっぱい) 실패　悪化(あっか) 악화　破産(はさん) 파산　防止(ぼうし) 방지　措置(そち) 조치
和議(わぎ) 화의　申請(しんせい) 신청　金額(きんがく) 금액　交渉(こうしょう) 교섭　公表(こうひょう) 공표
子会社(こがいしゃ) 자회사　手掛(てが)ける 직접 하다. 손수 다루다　既(すで)に 이미, 벌써　国際会議(こくさいかいぎ) 국제회의
同時(どうじ) 동시　業界(ぎょうかい) 업계　傘下(さんか) 산하　収(おさ)める 거두어들이다
相乗効果(そうじょうこうか) 상승효과　期待(きたい) 기대

4. 벨사의 사업 내용은 맨 앞부분에 나오는데, 교육 관계의 대형 출판사라고 했으므로 주요 사업 내용은 당연히 교육 관련 서적 출판일 것이다. 따라서 정답은 (D)가 된다.

　　어휘 経営(けいえい) 경영　コンサルティング(consulting) 컨설팅　医療機器(いりょうきき) 의료기기　販売(はんばい) 판매
　　　　書籍(しょせき) 서적

5. 내용 파악 문제로, 사이트사는 어학 사업의 실패로 경영이 악화되어, 파산을 방지하기 위한 조치인 화의를 신청 중이었다고 나오고 있다. 따라서 어쩔 수 없이 파산하게 되었다고 한 (B)나 실적이 회복 불능이 되었다고 한 (C)는 오답이라는 것을 알 수 있고, (D)의 신규사업 관련 내용은 전혀 등장하지 않았으므로 역시 오답이 된다. 정답은 어학 사업에 실패해 파산 직전이었다고 한 (A)가 된다.

　　어휘 つまずく (중도에) 실패하다　寸前(すんぜん) 직전　~を余儀(よぎ)なくされる 어쩔 수 없이 ~하다
　　　　業績(ぎょうせき) 업적, 실적　回復(かいふく) 회복　不能(ふのう) 불능　手続(てつづ)き 수속

6. 벨사가 동시통역에서 업계 최고였던 사이트사를 매수하게 됨으로써 원래 있던 자사의 사업과 상승효과를 기대할 수 있을 것 같다고 나오고 있다. 따라서 정답은 (B)가 된다.

　　어휘 運営(うんえい) 운영　分野(ぶんや) 분야　自社(じしゃ) 자사　地位(ちい) 지위　返(かえ)り咲(ざ)く 복귀하다
　　　　大黒柱(だいこくばしら) 중심이 되는 인물

정답 4. (D)　5. (A)　6. (B)

한자	읽기	의미
☐ 交通事故	こうつうじこ	교통사고
☐ 超える	こえる	넘다
☐ 従来	じゅうらい	종래, 지금까지
☐ 独自	どくじ	독자(적)
☐ 許可を受ける	きょかをうける	허가를 받다
☐ 不特定多数	ふとくていたすう	불특정 다수
☐ 急成長	きゅうせいちょう	급성장
☐ 発注	はっちゅう	발주
☐ 取り寄せる	とりよせる	주문해서 가져오게 하다
☐ 仕入れ	しいれ	매입, 구입
☐ きめ細かい	きめこまかい	세밀하고 빈틈이 없다
☐ 民営化	みんえいか	민영화
☐ 切る	きる	밑돌다
☐ 財産	ざいさん	재산
☐ ～に達する	～にたっする	～에 이르다
☐ 多角化	たかくか	다각화
☐ 派遣	はけん	파견
☐ 買収	ばいしゅう	매수
☐ 傘下	さんか	산하
☐ 返り咲く	かえりざく	복귀하다

PART 4
설명문 오답 노트

1. 소개문

- 생각을 요하는 문제보다는 주어진 정보만 정확하게 파악하면 정답이 쉽게 나오는 문제가 대부분이므로 일단 묻는 내용이 무엇인지 확실하게 기억해 둘 것.

- 질문에 등장하는 핵심 어구가 설명문에 그대로 나오는 경우가 많으므로 문제에서 포인트가 되는 내용은 표시를 해 두고 들을 것.

- 인물의 특징 및 생활 소개는 인물의 특징에 대한 정보 파악과 함께 평소의 습관, 자주 가는 곳, 자주 하는 행동, 생활의 변화 등이 자주 출제된다는 것을 기억해 둘 것.

- 시설물 소개는 시설물의 용도나 위치 변경, 공사로 인한 구조물의 변경, 각 층별 매장 소개 등이 자주 출제된다는 것을 기억해 둘 것.

- 판매하는 물건 소개는 타사 제품이나 기존 제품과의 차별성 부분을 묻는 문제가 많이 출제되므로 들을 때는 두드러진 차별성이 무엇인지를 잘 파악하면서 들을 것.

2. 화자의 경험

- 일상생활에서의 경험은 지금까지 자주 출제되었던 내용으로 할아버지 댁을 방문해서 겪었던 일, 태어난 강아지에 대한 화제, 아내의 병으로 인한 곤란한 점, 최근에 새롭게 배우고 있는 일 등 일상생활과 관련 있는 내용이 자주 출제된다는 것을 기억해 둘 것.

- 사물이나 어떤 대상에 대한 새로운 발견은 결론이나 하고 싶은 말이 끝 부분에 오는 경우가 많은데, 문제에 반드시 화자가 하고 싶은 말을 묻는 문제가 등장하므로 마지막 부분을 유심히 잘 들을 것.

- 여행지에서의 경험은 여행지까지의 교통 수단, 숙박 방법, 추억이 된 내용 등이 자주 출제된다는 것을 기억해 둘 것.

- 대체적으로 문제 순서에 따라 내용이 나오므로 문제 부분을 미리 읽어 두고 순서까지도 기억해 두도록 할 것.

3. 공지 및 안내

- 공지 관련 문제는 공지를 하는 대상 → 공지하는 내용에 대한 세부적인 내용 일치 → 연락 방법 등의 순서로 출제된다는 것을 기억해 둘 것.
- 안내 관련 문제는 내용 중에 숫자와 통계 자료 등이 등장하는 경우가 많으므로 문제에 숫자와 관련된 문제가 있는지 확인해 두고 만약 있다면 필요한 부분의 숫자를 메모하면서 들을 것.

4. 뉴스 및 기사

- 숫자 청취 문제는 대부분 설명문의 앞부분에 제시되므로 일단 문제 부분을 미리 읽어 두고 어떤 숫자를 물을지 기억을 한 다음에 나오는 숫자를 메모하면서 들을 것.
- 이유를 묻는 문제는 대부분 문장 중에 「〜から」, 「〜ので」, 「〜ため」 등의 표현이 포함되어 있는 경우가 많으므로 이런 원인이나 이유를 묻는 표현이 등장하는 문장에 주의하면서 들을 것.
- 내용 일치 문제는 세부적인 내용까지 빠짐없이 메모를 해야 정답을 찾을 수 있기 때문에 문제에 대한 집중력을 유지할 것.

1. 鈴木さんは5月のいつ頃服を替えますか。

   (A) 5月の初め
   (B) 5月10日
   (C) 5月15日頃
   (D) 5月の終わり

2. 鈴木さんは10月10日に何を洗いますか。

   (A) コート
   (B) セーター
   (C) 夏のスカート
   (D) 冬のシャツ

3. 鈴木さんは去年どうして9月に服を替えましたか。

   (A) 10月10日は休みではなかったから
   (B) 10月に旅行をしたから
   (C) いつも9月に服を替えるから
   (D) 10月にたくさん雨が降ったから

4. 鈴木さんは着なかった服をどうしますか。

   (A) 友達に返す。
   (B) 誰かに売る。
   (C) 来年、着る。
   (D) 服から他の物を作る。

5. この文はいつ話されていますか。

   (A) スーパーが閉まる前に
   (B) ラジオ番組の中で
   (C) テレビのニュースの終わりに
   (D) 八百屋で買い物中に

6. 夏植えた野菜について正しいものはどれですか。

   (A) 日本の南で育てられた物だ。
   (B) 形はとても美しい。
   (C) 値段は高いが、美味しくない。
   (D) 気温の低い所で育てられた物だ。

7. 秋植えた野菜について正しいものはどれですか。

   (A) 味は夏植えた野菜ほど美味しくはない。
   (B) 夏植えた野菜より少し値段は高い。
   (C) 東京の中だけで取れたものだ。
   (D) 形はあまり良くない。

8. 「閉め屋」の仕事は何ですか。

(A) 地下鉄を時間通りに運転すること

(B) 地下鉄のドアを早く閉めること

(C) 無理に地下鉄に乗ろうとする人を止める
こと

(D) 地下鉄に乗る人達を順番に並ばせること

9. パリの地下鉄は何本の線がありますか。

(A) 3本

(B) 4本

(C) 7本

(D) 11本

10. ペルネさんはどんなことを話していますか。

(A) お客さん達はいつも苛々している。

(B) 事故が起きたことは1度もない。

(C) お客さんの数が少ないので、仕事がやり
やすい。

(D) お客さん達が彼の仕事を邪魔することは
あまりない。

11. 「時を超えて残るもの」で2番目に多かった答
えはどれですか。

(A) 思い出

(B) 自然

(C) 文化や伝統

(D) 家の借金

12. 時が経っても残したいものの中で、予想外に
少なかったのはどれですか。

(A) 家族への愛情

(B) 財産

(C) 社会的な地位

(D) 心

13. どんな質問に対して「若さ」という回答が最も
多かったですか。

(A) 時が過ぎても心に残るもの

(B) 時が流れても残したいもの

(C) 時が経つに連れ、失うのが怖くなるもの

(D) 時間と共に無くなっていくもの

14. 特殊切手について正しいものはどれですか。

(A) 普通切手の中の一つである。
(B) 特定の行事の時だけ発行される。
(C) 販売の数量や期間が限定されている。
(D) 切手趣味週間にのみ発売される。

15. ふるさと切手が最初に発行されたのは何年ですか。

(A) 1871年
(B) 1874年
(C) 1945年
(D) 1989年

16. 次の切手のうち、最も種類が豊富なのはどれですか。

(A) 普通切手
(B) ふるさと切手
(C) 特殊切手
(D) 記念切手

17. 切手の金額は何種類ありますか。

(A) 43種類
(B) 253種類
(C) 400種類
(D) 1,000種類

18. 大手家電メーカーが日本向けの冷蔵庫生産を拡大しているのはなぜですか。

(A) 中堅のメーカーが相次いで現地法人を設立したため
(B) 通貨の下落や円高により、対外的な価格が下がったため
(C) 現地で製造したものの品質が確実に向上しているため
(D) 日本での商品の需要が急激に伸びたため

19. 東芝の小型冷蔵庫について正しいものはどれですか。

(A) 80ℓ以下の容量のものは以前から生産していた。
(B) 日本に輸出する機種は日本国内では生産されていない。
(C) 需要が増えている独身者市場をターゲットに販売を拡大する。
(D) 現在ある設備をフルに稼働して生産量を増やす。

20. シャープの小型冷蔵庫の「年間4万台」という数字は何を指していますか。

(A) 日本へ輸出する予定の100ℓ以下のものの台数
(B) 現在輸出台数の半分に当たる数
(C) 現在インドネシアの工場で生産している台数
(D) 全生産台数の30%を占める数

1. 小山さんはどこに勤めていますか。

    (A) イギリスの会社
    (B) 日本の会社
    (C) アメリカの銀行
    (D) ドイツの銀行

2. 小山さんは何歳から何歳までアメリカに住ん
   でいましたか。

    (A) 1歳から3歳
    (B) 3歳から15歳
    (C) 15歳から18歳
    (D) 18歳から22歳

3. 小山さんはどこの大学に行きましたか。

    (A) ボストン
    (B) イギリス
    (C) 日本
    (D) ドイツ

4. 小山さんは今どのくらいドイツ語を習ってい
   ますか。

    (A) 1週間に2回
    (B) 1週間に3回
    (C) 2週間に1回
    (D) 1ヶ月に1回

5. 今話している人はどんな人ですか。

    (A) 料理を習いたがっている男の人
    (B) 電気屋の店員
    (C) 学校の生徒
    (D) 料理教室の先生

6. 冷蔵庫の中に食べ物をどのくらいまで入れて
   もいいですか。

    (A) 30%
    (B) 40%
    (C) 70%
    (D) 100%

7. 冷蔵庫の使い方でどんなことが大切だと言っ
   ていますか。

    (A) 熱い物を熱いまま入れないこと
    (B) 食べ物を袋に入れてからしまうこと
    (C) 温度をいつも低くしておくこと
    (D) 食べ物を入れる場所をきれいにしておく
       こと

8. ビデオテープに汚れが付くとどんなことが起きますか。

    (A) ビデオが壊れる。

    (B) テレビが壊れる。

    (C) 絵が白くなったり暗くなったりする。

    (D) 映したものが消えてしまう。

9. この会社はどんなことをしてくれますか。

    (A) ビデオテープを掃除してくれる。

    (B) 結婚式などでビデオを撮ってくれる。

    (C) 見たい番組を録っておいてくれる。

    (D) 新しいビデオテープに古いものをコピーしてくれる。

10. 1時間のビデオテープはいくらかかりますか。

    (A) 1,000円

    (B) 1,250円

    (C) 2,000円

    (D) 2,500円

11. のぞみ7号はなぜ止まってしまいましたか。

    (A) 運転手が思わぬ怪我をしたため

    (B) 線路の信号が働かなくなったため

    (C) 前の列車が30分遅れたため

    (D) 運転台に異常が発生したため

12. のぞみ7号は何時に東京駅を出発する予定でしたか。

    (A) 8時15分

    (B) 8時52分

    (C) 8時53分

    (D) 8時54分

13. のぞみ7号は今日だけで何回、故障を起こしましたか。

    (A) 1回のみ

    (B) 2回

    (C) 3回

    (D) 4回

14. のぞみ7号の乗客は事故の後、どうなりましたか。

    (A) 怪我をした人が病院に運ばれた。

    (B) 900人の乗客が東京駅で他の列車に乗った。

    (C) 新横浜駅でのぞみ7号に再び乗り込んだ。

    (D) 停車した駅で次の新幹線に乗り換えた。

15. ふれあい切符の制度について正しいものはど
れですか。

  (A) メンバーになれば、好きなだけ仕事を依
      頼できる制度
  (B) 助けの要る時、公共機関とすぐ連絡が取
      れる制度
  (C) 寂しい時や困った時、担当者にいつでも
      相談できる制度
  (D) 切符をメンバー間で行き来させ、お互い
      に助け合う制度

16. この制度のいい点はどんなところですか。

  (A) 知らない人にでも気軽に用事を頼める点
  (B) 知らない人から自分の情報を守れる点
  (C) メンバーが互いに行き来しなくて済む点
  (D) メンバーに直接会う必要がない点

17. この制度は現在どんな状態ですか。

  (A) 残念ながら日本以外ではほとんど知られ
      ていない。
  (B) 日本では利用者が増え、外国にも紹介さ
      れそうな勢いだ。
  (C) 国内で広がっていて、外国でも採用する
      ところが増えている。
  (D) 外国でも急に人気が出て、日本にも紹介
      されたばかりだ。

18. 上半期のパソコンの出荷台数について正しい
    ものはどれですか。

  (A) 前年の同期に比べ、34％も増加した。
  (B) 前年の同期に比べ、450万台以上増えた。
  (C) 前年を上回ったが、台数のみ過去最高の
      記録だった。
  (D) 前年に比べ、9％の伸びに止まった。

19. パソコンが売れた理由でないものはどれです
    か。

  (A) 若い女性が積極的に購入したこと
  (B) 電子メールの利用者が増加したこと
  (C) モニターとパソコン本体の別売りが増え
      たこと
  (D) 企業がパソコンを買い替えたこと

20. デスクトップ型の機種について正しいものは
    どれですか。

  (A) 前年の台数に140万台以上も差を付けた。
  (B) ノート型の売上台数を遥かに凌いだ。
  (C) 価格設定が低めのものに人気が集まった。
  (D) 初の200万台突破に後一歩及ばなかった。

SECTION

2

최종평가

🎧 **61.MP3**

次の質問1番から質問100番までは聞き取りの問題です。

どの問題も1回しか言いませんから、よく聞いて答えを(A)、(B)、(C)、(D)の中から

一つ選びなさい。答えを選んだら、それにあたる答案用紙の記号を黒くぬりつぶしなさい。

I. 次の写真を見て、その内容に合っている表現を(A)から(D)の中で一つ選びなさい。

例)

    (A) この人は本を読んでいます。

    (B) この人は掃除をしています。

    (C) この人は電話をしています。

    (D) この人はビールを飲んでいます。

■─答 (A), (B), (●), (D)

1.

2.

次のページに続く

3.

4.

5.

6.

次のページに続く

7.

8.

9.

10.

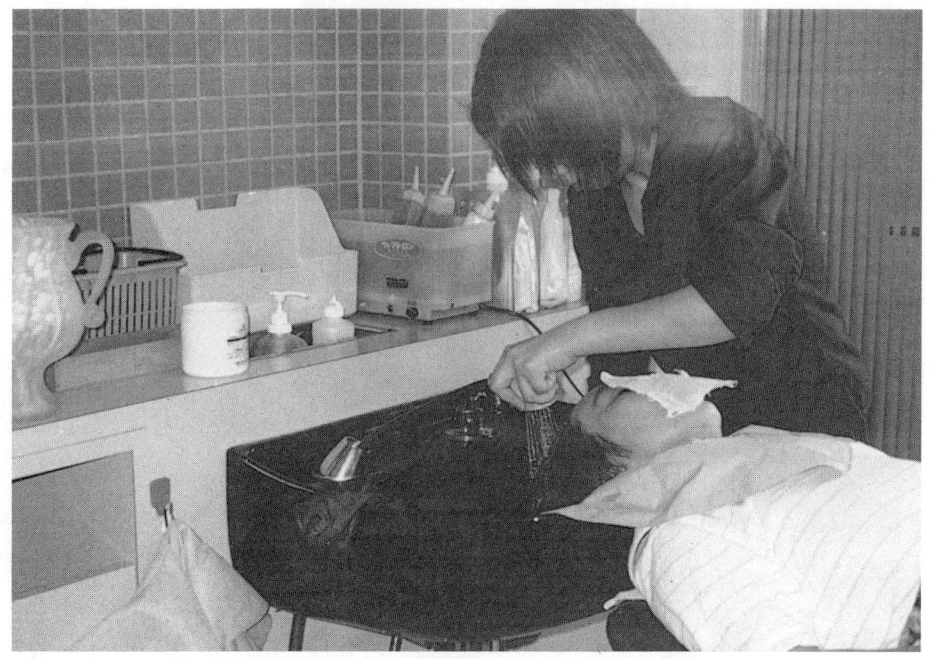

次のページに続く

11.

12.

13.

14.

15.

16.

17.

18.

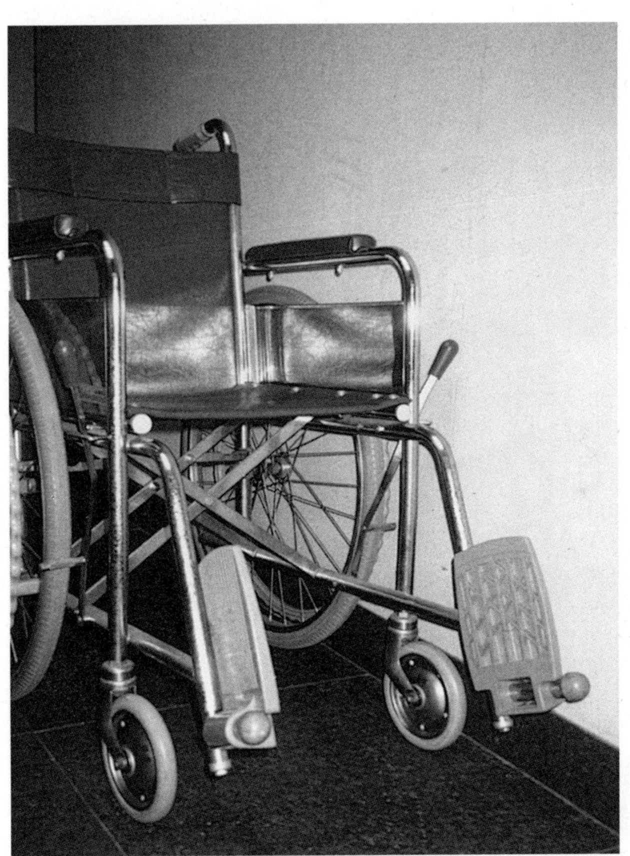

次のページに続く

19.

20.

II. 次の言葉の返事として、もっとも適したものを(A)から(D)の中で一つ選びなさい。

例）明日は何をしますか。

    (A) 土曜日です。

    (B) 朝ご飯の後にします。

    (C) 友達の家に行きます。

    (D) テニスをしました。

21. 答えを答案用紙に書き入れなさい。

22. 答えを答案用紙に書き入れなさい。

23. 答えを答案用紙に書き入れなさい。

24. 答えを答案用紙に書き入れなさい。

25. 答えを答案用紙に書き入れなさい。

26. 答えを答案用紙に書き入れなさい。

27. 答えを答案用紙に書き入れなさい。

28. 答えを答案用紙に書き入れなさい。

29. 答えを答案用紙に書き入れなさい。

30. 答えを答案用紙に書き入れなさい。

31. 答えを答案用紙に書き入れなさい。

32. 答えを答案用紙に書き入れなさい。

33. 答えを答案用紙に書き入れなさい。

34. 答えを答案用紙に書き入れなさい。

35. 答えを答案用紙に書き入れなさい。

36. 答えを答案用紙に書き入れなさい。

37. 答えを答案用紙に書き入れなさい。

38. 答えを答案用紙に書き入れなさい。

39. 答えを答案用紙に書き入れなさい。

40. 答えを答案用紙に書き入れなさい。

41. 答えを答案用紙に書き入れなさい。

42. 答えを答案用紙に書き入れなさい。

43. 答えを答案用紙に書き入れなさい。

44. 答えを答案用紙に書き入れなさい。

45. 答えを答案用紙に書き入れなさい。

46. 答えを答案用紙に書き入れなさい。

47. 答えを答案用紙に書き入れなさい。

48. 答えを答案用紙に書き入れなさい。

49. 答えを答案用紙に書き入れなさい。

50. 答えを答案用紙に書き入れなさい。

次のページに続く

Ⅲ. 次の会話をよく聞いて、後の問いにもっとも適したものを(A)から(D)の中で一つ選びなさい。

例） A: すみません。この辺に本屋がありますか。

B: はい。駅の前にありますよ。

A: 郵便局も本屋のそばにありますか。

B: いいえ。郵便局はあのデパートのとなりです。

郵便局はどこにありますか。

(A) 駅の前

(B) 本屋のとなり

(C) 本屋の前

(D) デパートのとなり

51. 小さいノートはいくらですか。

(A) 100円

(B) 150円

(C) 200円

(D) 250円

52. 昨日の天気はどうでしたか。

(A) 一日中雨だった。

(B) 一日中晴れだった。

(C) 夜、いい天気だった。

(D) 夜、雨が降った。

53. 鞄の中で、ない色はどれですか。

(A) 青

(B) 赤

(C) 茶

(D) 黒

54. 女の人は昨日何をしましたか。

(A) 友達が来る前にケーキを作った。

(B) 友達と一緒にケーキを作った。

(C) 1人でケーキを作った。

(D) 友達が持ってきたケーキを一緒に食べた。

55. 雨の日、女の人は何をしますか。

(A) 昼まで寝る。

(B) 音楽を聞きながら、本を読む。

(C) 音楽を聞きながら、公園を走る。

(D) お茶を飲みながら、本を読む。

56. 男の人は来月誰と山に登りますか。

(A) 女の人と女の人の友達

(B) 女の人と女の人の家族

(C) 女の人と男の人の家族

(D) 女の人と男の人の友達

57. 男の人は同じ人が書いた本を全部で何冊持って
いますか。

(A) 1冊

(B) 2冊

(C) 3冊

(D) 4冊

58. 女の人はどんな動物が好きですか。

(A) 白くて小さい猫

(B) 白くて小さい犬

(C) 茶色で小さい猫

(D) 茶色で大きい犬

59. 2人はどのようにして学校に行きますか。

(A) 男の人の車に女の人を乗せて行く。

(B) 男の人が家に帰ってから2人で車で行く。

(C) 女の人が駅に男の人を車で迎えに行く。

(D) 2人は別々に学校に行く。

60. この旅館はどんな旅館ですか。

(A) 古いので、人気のない旅館

(B) 男の人が何度も泊まっている旅館

(C) 新しくて静かな旅館

(D) 100年前に建てられた旅館

61. 男の人は何を借りましたか。

(A) お昼代

(B) 電話代

(C) 電車のお金と電話代

(D) お昼代と電車のお金

62. どうやって小包を横浜まで届けますか。

(A) 郵便で届けてもらう。

(B) バイクで届けてもらう。

(C) 伊藤さんに届けてもらう。

(D) 女の人が小包を届けに行く。

63. てんぷらを美味しく作るために何が大切ですか。

(A) 油の温度に注意すること

(B) 火を強めにすること

(C) 時間を正確に計ること

(D) 野菜を薄く切ること

64. 今度の特急電車は何時何分に出ますか。

(A) 5時15分

(B) 5時20分

(C) 5時30分

(D) 5時35分

65. 女の人は妹から何をもらいましたか。

(A) 鞄

(B) セーター

(C) ネックレス

(D) イヤリング

66. 女の人はどうやって今夜の天気を知りましたか。

(A) テレビの天気予報を見た。

(B) 新聞を読んだ。

(C) ラジオを聞いた。

(D) 電話をして聞いた。

次のページに続く

67. みんなは田中さんに何を贈りますか。

    (A) 自転車

    (B) 花瓶

    (C) 時計

    (D) コーヒーカップ

68. 「かち歩き」という競技で許されていることは何ですか。

    (A) 何か食べること

    (B) 水分を取ること

    (C) 休憩を取ること

    (D) 走ること

69. 女性はどんな席に座りたいと言っていますか。

    (A) 後ろ寄りで、前が空席になっている席

    (B) できるだけ前の方の席

    (C) 中央の後ろ側の席

    (D) 通路に面した中央の席

70. 男の人はどうして心配していますか。

    (A) いいところばかりの商品だと思わせるのが上手だから

    (B) 通信販売ではつい買いすぎるから

    (C) 注文した物と違う物が配達されることがよくあるから

    (D) 通信販売の物は悪い物に決まっているから

71. なぜ会社は来年大学を卒業する人の採用を見送りましたか。

    (A) 不景気のため

    (B) 優れた人がいなかったため

    (C) 経験者の採用に重点を置いたため

    (D) 社員の数が十分に足りているため

72. 男性はどんな秋にしようと思っていますか。

    (A) スポーツの秋

    (B) 芸術の秋

    (C) 読書の秋

    (D) 食欲の秋

73. どんなシャツが今年の流行ですか。

    (A) 鮮やかな色で、えりの幅が広いシャツ

    (B) 濃い紺色で、えりの先が丸いシャツ

    (C) 薄い色で、えりの幅が狭いシャツ

    (D) えりの部分が白くて、幅が広いシャツ

74. 2人は何をしていますか。

    (A) 会社の会計処理が正しいかどうか調べている。

    (B) 会社の交際費がいくらか調べている。

    (C) 会社の資金の使い道を相談している。

    (D) 会社に戻る税金の金額を計算している。

75. この自動販売機の特徴は何ですか。

    (A) 代金の一部が募金される。

    (B) 電話と一体になっている。

    (C) 20回に1回の割合で無料になる。

    (D) 身分証明書を入れないと購入できない。

76. 事故原因として、新たに判明したことは何ですか。

    (A) 前方不注意

    (B) 操作ミス

    (C) 重量オーバー

    (D) 整備ミス

77. 2人の部長は何を巡って議論をしていたのですか。

    (A) 新商品の開発にかかる資金額

    (B) 今後の経営方針

    (C) 商品の販売方法

    (D) 売上目標額

78. メーカーはどうして細い芯を作りましたか。

    (A) ボールペンの売上を挽回したいから

    (B) 漢字文化の人々のニーズが高いから

    (C) 若い人の需要が大きそうだから

    (D) 誰でも細い字が書きたいから

79. 役所が現在行っていない取り組みは何ですか。

    (A) 生ゴミを堆肥に変える容器の販売

    (B) 太陽熱利用装置の取り付け工事代の補助

    (C) 雨水を集める器具の販売

    (D) 資源ゴミの回収

80. 臓器提供について正しくないものはどれですか。

    (A) カードを携帯しているのは提供希望者のみだ。

    (B) 臓器提供の希望の有無をカードで表示できる。

    (C) 臓器提供する際の死亡状態を特定できる。

    (D) 死亡状態で提供できる臓器が異なる。

次のページに続く

IV. 次の文章をよく聞いて、後の問いにもっとも適したものを(A)から(D)の中で一つ選びなさい。

例）　山田さんは、もう8年間銀行に勤めています。去年結婚してから、奥さんと2人でテニスを始めました。日曜日の朝は、いつも家の近くの公園で練習しています。

(1)　山田さんは何年間銀行に勤めていますか。

(A) 4年間

(B) 6年間

(C) 8年間

(D) 10年間

(2)　山田さんは、結婚してから何を始めましたか。

(A) テニス

(B) サッカー

(C) ゴルフ

(D) 野球

81. 山田さんはいつ靴を買いに行きましたか。

(A) 今週

(B) 先週

(C) 一昨日

(D) 昨日

82. 山田さんはどんな靴を買いましたか。

(A) 7,900円で痛くない靴

(B) 5,900円で細い靴

(C) 7,000円で痛くない靴

(D) 9,000円で細い靴

83. 山田さんは何色の靴を履いて、どこで働きますか。

(A) 赤い靴を履いて、レストランで働く。

(B) 茶色の靴を履いて、郵便局で働く。

(C) 赤い靴を履いて、デパートで働く。

(D) 茶色の靴を履いて、レストランで働く。

84. この人は何をしているところですか。

    (A) ホテルから友達に電話をしているところ

    (B) ホテルに行って予約をしているところ

    (C) ホテルのレストランで食事の注文をしているところ

    (D) ホテルに泊まりたい人の予約を受けているところ

85. どの部屋が5万円ですか。

    (A) 33階で海が見える部屋

    (B) 24階で海が見えない部屋

    (C) 9階で海が見えない部屋

    (D) 18階で海が見える部屋

86. この部屋に誰が泊まりますか。

    (A) 結婚する予定の2人

    (B) 娘の結婚式に出席する両親

    (C) 結婚記念日を迎える夫と妻

    (D) 結婚前に友達と旅行をする女の人

87. この人は試験で何点以上取った方がいいと言われましたか。

    (A) 200点

    (B) 250点

    (C) 350点

    (D) 400点

88. 正しいものはどれですか。

    (A) この人は1年前コンピューターが得意だった。

    (B) この人は1年前コンピューターが得意ではなかった。

    (C) この人は1年前コンピューターの試験で350点取った。

    (D) この人は1年前コンピューターの試験で400点取った。

89. この人はどうしてコンピューターの試験を受けたのですか。

    (A) いい給料をもらいたいから

    (B) 学校を出てからいい会社に入りたいから

    (C) コンピューターが好きだから

    (D) コンピューターの先生になりたいから

90. この人は今年の試験の点を見てどう思いましたか。

    (A) 試験の点が良くなかったので、悲しい。

    (B) 今年は点が悪かったので、来年は頑張りたい。

    (C) よい点だったので、もう勉強しなくていいから嬉しい。

    (D) よい点で嬉しかったので、もっと頑張って来年も受けたい。

次のページに続く

91. この会社はなぜパーティーをしますか。

　　(A) 先日、新しい工場ができたため
　　(B) 来月、新しい事務所が完成するため
　　(C) 再来月、社長が交代するため
　　(D) 先月、ホテル事業を始めたため

92. 招待する人の数は全部で約何人ですか。

　　(A) 110人
　　(B) 190人
　　(C) 300人
　　(D) 400人

93. 見学会に参加する人は何時にどこに集まりますか。

　　(A) 午後6時に本社に集まる。
　　(B) 午後6時にホテルに集まる。
　　(C) 午後1時に本社に集まる。
　　(D) 午後1時にホテルに集まる。

94. 皆がこの後しなければならないことは何ですか。

　　(A) 招待する客の表を作る。
　　(B) 自分に関係のある客に招待状を送る。
　　(C) ホテルの場所や予定について客に電話でもう一度説明する。
　　(D) 表を見て客の名前の間違いや漏れがないかなどをチェックする。

95. このグループはこれまで、主にどんなことをしてきましたか。

　　(A) 環境保護運動
　　(B) 山の写真集などの出版
　　(C) 自然破壊の実態調査
　　(D) 地域の新名所の情報誌の発行

96. 今企画している本には何を書く予定ですか。

　　(A) 今東北の山で起こっていることについて
　　(B) このグループの登山の実績について
　　(C) 東北の山を訪れた登山者の年齢層について
　　(D) 全国の山の自然保護運動について

97. このグループが今度の企画を決めた大きな原因は何ですか。

　　(A) 急速に登山人口が増えたこと
　　(B) 企業グループによる山の開発が進んだこと
　　(C) 自分たちの登山活動で山を荒らしてしまったこと
　　(D) 自分たちも自然破壊に責任があると考えたこと

98. 未収金のある病院の数で次のうち、正しいものは
どれですか。

   (A) 320施設中120施設
   (B) 320施設中240施設
   (C) 440施設中120施設
   (D) 560施設中240施設

99. 医療費の徴収ができないのはどんな時ですか。

   (A) 平日の窓口混雑時
   (B) 交通事故の患者が退院する時
   (C) 事務担当者の不在時
   (D) 請求額が10万円超の時

100. 未収金の徴収について何と言っていますか。

   (A) そのまま泣き寝入りになるケースが40％弱
      ある。
   (B) 手紙や電話などの間接的な請求に止まる病
      院がほとんどだ。
   (C) 交通事故の場合は保険会社と直接交渉する
      病院が増加している。
   (D) 40％強の病院が未払いの患者の自宅を訪問
      し徴収している。

🎧 **65.MP3**

次の質問1番から質問100番までは聞き取りの問題です。

どの問題も1回しか言いませんから、よく聞いて答えを(A)、(B)、(C)、(D)の中から

一つ選びなさい。答えを選んだら、それにあたる答案用紙の記号を黒くぬりつぶしなさい。

I. 次の写真を見て、その内容に合っている表現を(A)から(D)の中で一つ選びなさい。

例）

(A) この人は本を読んでいます。

(B) この人は掃除をしています。

(C) この人は電話をしています。

(D) この人はビールを飲んでいます。

■──答 (A), (B), (●), (D)

1.

2.

次のページに続く ⇒

3.

4.

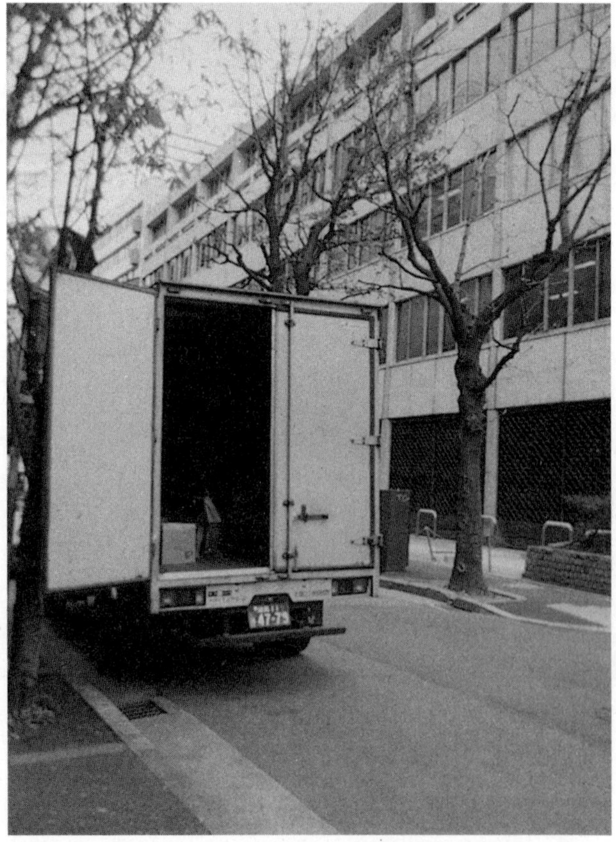

5.

6.

7.

8.

9.

10.

次のページに続く

11.

12.

13.

14.

次のページに続く **533**

15.

16.

17.

18.

次のページに続く

19.

20.

Ⅱ. 次の言葉の返事として、もっとも適したものを(A)から(D)の中で一つ選びなさい。

例）明日は何をしますか。

(A) 土曜日です。

(B) 朝ご飯の後にします。

(C) 友達の家に行きます。

(D) テニスをしました。

21. 答えを答案用紙に書き入れなさい。

22. 答えを答案用紙に書き入れなさい。

23. 答えを答案用紙に書き入れなさい。

24. 答えを答案用紙に書き入れなさい。

25. 答えを答案用紙に書き入れなさい。

26. 答えを答案用紙に書き入れなさい。

27. 答えを答案用紙に書き入れなさい。

28. 答えを答案用紙に書き入れなさい。

29. 答えを答案用紙に書き入れなさい。

30. 答えを答案用紙に書き入れなさい。

31. 答えを答案用紙に書き入れなさい。

32. 答えを答案用紙に書き入れなさい。

33. 答えを答案用紙に書き入れなさい。

34. 答えを答案用紙に書き入れなさい。

35. 答えを答案用紙に書き入れなさい。

36. 答えを答案用紙に書き入れなさい。

37. 答えを答案用紙に書き入れなさい。

38. 答えを答案用紙に書き入れなさい。

39. 答えを答案用紙に書き入れなさい。

40. 答えを答案用紙に書き入れなさい。

41. 答えを答案用紙に書き入れなさい。

42. 答えを答案用紙に書き入れなさい。

43. 答えを答案用紙に書き入れなさい。

44. 答えを答案用紙に書き入れなさい。

45. 答えを答案用紙に書き入れなさい。

46. 答えを答案用紙に書き入れなさい。

47. 答えを答案用紙に書き入れなさい。

48. 答えを答案用紙に書き入れなさい。

49. 答えを答案用紙に書き入れなさい。

50. 答えを答案用紙に書き入れなさい。

次のページに続く

Ⅲ. 次の会話をよく聞いて、後の問いにもっとも適したものを(A)から(D)の中で一つ選びなさい。

例） A: すみません。この辺に本屋がありますか。

B: はい。駅の前にありますよ。

A: 郵便局も本屋のそばにありますか。

B: いいえ。郵便局はあのデパートのとなりです。

郵便局はどこにありますか。

(A) 駅の前

(B) 本屋のとなり

(C) 本屋の前

(D) デパートのとなり

51. 2人はいつ田中さんと会いますか。

(A) 今週の水曜日

(B) 今週の木曜日

(C) 来週の水曜日

(D) 来週の金曜日

52. 女の人はどんな帽子が欲しいですか。

(A) 茶色で、もう少し小さい帽子

(B) 茶色で、もう少し大きい帽子

(C) 服と同じ色で、もう少し大きい帽子

(D) 服と同じ色で、もう少し小さい帽子

53. 男の人の弟さんは全部で何日間東京にいますか。

(A) 2日間

(B) 3日間

(C) 4日間

(D) 5日間

54. 女の人はいつ会社に入りましたか。

(A) 1週間前

(B) 2週間前

(C) 5年前

(D) 10年前

55. 2人はこれからどうしますか。

(A) 鈴木さんを待つ。

(B) 鈴木さんに電話をする。

(C) 鈴木さんの家に行く。

(D) 家に帰る。

56. 女の人は何をいくつ出しますか。

(A) 冷たいお茶を3つ

(B) 温かいお茶を4つ

(C) 温かいコーヒーを3つ

(D) 冷たいコーヒーを4つ

57. 男の人が買ったカレンダーはどれですか。

    (A) 小さくて、絵がないカレンダー

    (B) 大きくて、絵がないカレンダー

    (C) 小さくて、絵がきれいなカレンダー

    (D) 大きくて、絵がきれいなカレンダー

58. 東京から広島まで新幹線でどのくらいですか。

    (A) 1時間

    (B) 1時間30分

    (C) 2時間

    (D) 4時間

59. 女の人はどうして男の人のデートのことを知りましたか。

    (A) 山田さんから聞いたから

    (B) 駅で男の人を見たから

    (C) 木村さんから聞いたから

    (D) 男の人の手帳を見たから

60. 女の人はこれからどうしますか。

    (A) 男の人と映画を見に行く。

    (B) 病院に行く。

    (C) 1人で買い物をする。

    (D) お姉さんと会う。

61. 女の人はどうして眼鏡屋に来たのですか。

    (A) 頼んでおいた眼鏡をもらうため

    (B) 新しい眼鏡を買うため

    (C) 壊れた眼鏡を直してもらうため

    (D) 緩くなった眼鏡を締めてもらうため

62. 男の人はどんなことを謝っていますか。

    (A) 料理を出すのが遅かったこと

    (B) 料理を間違えたこと

    (C) 料理の中に髪の毛が入っていたこと

    (D) 料理が中まで焼けていなかったこと

63. 男の人はどうしましたか。

    (A) 女の人に交番の場所を教えた。

    (B) 女の人を美術館まで連れて行った。

    (C) 女の人を交番まで連れて行った。

    (D) 女の人に美術館への行き方を教えた。

64. 男の人は酒とたばこを止めましたか。

    (A) 酒だけ止めた。

    (B) たばこだけ止めた。

    (C) 酒もたばこも止めた。

    (D) 酒もたばこも止めていない。

65. 昨夜、男の人はどうして2つ先の駅まで行ってしまったのですか。

    (A) 本を読んでいたから

    (B) 電車の中で寝ていたから

    (C) 電車が込んでいたから

    (D) 友達と話をしていたから

66. 女の人の息子さんは今何をしていますか。

    (A) 日本で仕事をしている。

    (B) 外国で仕事をしている。

    (C) 日本に2週間だけ帰国している。

    (D) 外国で仕事を探している。

次のページに続く

67. 男の人はたいてい何時頃家に帰りますか。

    (A) 午前0時前
    (B) 午後11時前
    (C) 午後11時過ぎ
    (D) 午前0時より後

68. 昨日の天気予報はどうでしたか。

    (A) 午前中も午後も雨が降る。
    (B) 午前中は雨が降るが、午後は止む。
    (C) 午前中は晴れか曇りで、午後は雨が降る。
    (D) 朝からの雨が夜には止む。

69. 2人は100円の商品がどうして人気があると言っていますか。

    (A) 市場調査を参考にしているから
    (B) 高級品を値下げして売っているから
    (C) 全商品を100円に統一しているから
    (D) 価格が常に一定だから

70. どんな若い人が多いですか。

    (A) 正式の社員になりたいにも関わらず、なれない人
    (B) 決まった仕事に捕らわれず、自由に仕事をしたい人
    (C) 好きな時間に起きて、好きなことだけしたい人
    (D) 勉強は好きだが、働くのは好きではない人

71. 女の人はどうしてパン作りを始めましたか。

    (A) 子供の世話だけでは楽しみがないから
    (B) 子供が独立し、手作りパンの店を始めるから
    (C) 子供と一緒に楽しみながらできるから
    (D) 子供が成長し、面倒を見る必要がなくなったから

72. 男の人は何を持って行きますか。

    (A) 地図
    (B) 歯ブラシ
    (C) 切符
    (D) タオル

73. 2人は何を喜んでいますか。

    (A) 女の人が大学に合格したこと
    (B) 男の人が1人で仕事ができたこと
    (C) 2人で上手に品物の説明ができたこと
    (D) 女の人の仕事がうまく行ったこと

74. 女の人はどうしていますか。

    (A) どちらの服も似合うと言われ、決めかねている。
    (B) どちらも予算内で買えるので、どちらにするか迷っている。
    (C) 好きな方は予算オーバーなので、買う決心がつかない。
    (D) 気に入った服を見つけたので、高くても買おうと思っている。

75. 2人が会話の中で言っているのはどれですか。

  (A) アレルギーの主な原因は食生活の偏りにある。

  (B) ストレスによるアレルギーもある。

  (C) 動物を飼うと皮膚炎になりやすい。

  (D) 若者の半数がアレルギー体質である。

76. 高齢者が万引きをする理由は何ですか。

  (A) 生活苦から

  (B) 好奇心から

  (C) 出来心から

  (D) はっきりとわからない。

77. 売り上げをより伸ばすため、どんな戦略を行いますか。

  (A) 幼児向けに絞った既存商品の販売

  (B) 男性用に絞った新商品の開発

  (C) 地域限定用デザインの製作と商品開発

  (D) デザインの多様化と新商品の開発

78. 女の人は今後どうしますか。

  (A) 責任を取って辞職せざるを得ない。

  (B) 別の部署に回してもらう。

  (C) 必要な資格を取得しなければならない。

  (D) 解体工事に立ち会う。

79. 人材派遣について内容と合っているものはどれですか。

  (A) 幅広い年齢層の人達が人材登録している。

  (B) 派遣会社は新卒者の育成を始めた。

  (C) 登録しても就労できないケースが多い。

  (D) 中小企業ほど人材派遣を利用している。

80. 現在、株価はどうなっていますか。

  (A) 大きな不安材料があり、依然下降中である。

  (B) 最悪の状況ではないが、不安材料はある。

  (C) 徐々に上昇中で、不安材料はない。

  (D) 楽観的な状況で、全く心配の必要がない。

次のページに続く

Ⅳ. 次の文章をよく聞いて、後の問いにもっとも適したものを(A)から(D)の中で一つ選びなさい。

例）　山田さんは、もう8年間銀行に勤めています。去年結婚してから、奥さんと2人でテニスを始めました。日曜日の朝は、いつも家の近くの公園で練習しています。

    (1)　山田さんは何年間銀行に勤めていますか。

        (A)　4年間

        (B)　6年間

        (C)　8年間

        (D)　10年間

    (2)　山田さんは、結婚してから何を始めましたか。

        (A)　テニス

        (B)　サッカー

        (C)　ゴルフ

        (D)　野球

81. 昨日は誰の誕生日でしたか。

(A)　この人

(B)　田中さん

(C)　鈴木さん

(D)　金田さん

82. 3人は何を買いましたか。

(A)　辞書と花

(B)　辞書とセーター

(C)　料理の本と花

(D)　料理の本とペン

83. 田中さんと会ってから、何でレストランに行きましたか。

(A)　地下鉄で

(B)　バスで

(C)　タクシーで

(D)　歩いて

84. いつ誕生日のプレゼントを渡しましたか。

(A)　料理を食べる前に

(B)　料理を食べながら

(C)　料理を食べた後で

(D)　レストランを出た後で

85. 大山工業の人は全部で何人会議に出ますか。

   (A) 3人

   (B) 5人

   (C) 6人

   (D) 8人

86. 青いファイルはどこにありましたか。

   (A) 高橋さんの机の上

   (B) 大山さんの机の上

   (C) 山田さんの横の本棚

   (D) コピーの横の本棚

87. 佐藤さんはお店に何のために電話をしますか。

   (A) お弁当の数を減らすため

   (B) お弁当の数を増やすため

   (C) お弁当を持ってきてもらう時間を早くするため

   (D) お弁当を持ってきてもらう時間を遅くするため

88. 電車の中が寒いと感じる人はどのくらいましたか。

   (A) 女の人の半分

   (B) 女の人の3分の1

   (C) 男の人の半分

   (D) 男の人の3分の2

89. 電車の中が26度の時、皆はどう感じていますか。

   (A) 少し暑いと感じている。

   (B) 暑すぎると感じている。

   (C) 少し寒いと感じている。

   (D) 涼しくてちょうどいいと感じている。

90. 女の人は電車の冷房について、どう言っていますか。

   (A) クーラーは使わないで、窓を開けるようにしてほしい。

   (B) 病気の人が困るから、クーラーのない電車も走らせてほしい。

   (C) 暑い時、体を冷やすのは気持ちがいい。

   (D) 男の人が夏もスーツを着るから、電車の中の温度を下げられてしまうのだ。

次のページに続く

91. ある物を買った場合、何%の人がそれに満足しますか。

(A) 4%

(B) 6%

(C) 40%

(D) 60%

92. 不満を持った人のうち、96%はどういう行動を取りますか。

(A) その商品の購入やサービスの利用は1度きりで終わらせる。

(B) 公共機関に苦情を訴える。

(C) 品物と交換にお金を返してほしいと頼む。

(D) 店や会社に直接文句を言う。

93. 不満を持つ人は周りの何人ぐらいの人にそれを話しますか。

(A) 5人

(B) 7人

(C) 12人

(D) 14人

94. この保険について正しいものはどれですか。

(A) 1年間に11,000km以上走っている車の保険料が安くなる。

(B) 保険料を1回で全額払うと保険料が30%安くなる。

(C) 新車を買って初めて自動車保険に入る人は保険料が安くなる。

(D) 1年間に3,000km程度しか走らない車の保険料が安くなる。

95. 電話をかける際に必要な書類は何ですか。

(A) 今持っている健康保険の番号と運転免許証

(B) 今持っている自動車保険の書類と運転免許証

(C) 今持っている生命保険の書類と無事故証明の書類

(D) 今持っている車の車庫証明書と運転免許証

96. これは誰を対象にした保険の宣伝ですか。

(A) 新聞の広告を読んでいる人

(B) ラジオ番組を聞いている人

(C) テレビ番組を見ている人

(D) 駅前を通行中の人

97. 政府はこの資金をどこに支払いますか。

(A) 雇用を推進している民間企業

(B) 失業者が再就職する地域の公的機関

(C) 失業者の就職を斡旋する民間企業

(D) 就職の斡旋を受ける失業者

98. この資金の金額はどのように決められますか。

(A) 就職を斡旋された人の失業及び再就職期間
に応じて決められる。

(B) 再就職した人の給与額に応じて決められる。

(C) 就職を斡旋する民間会社の営業成績に応じ
て決められる。

(D) 就職した企業の営業成績に応じて決められ
る。

99. 政府はどうして資金援助をすることに決めたの
ですか。

(A) 国の税収入増加で予算に余裕が出来たから

(B) 政府と民間が手を取り合うことで雇用率が
高められるから

(C) 就職斡旋業務をする会社の経営を援助する
ことができるから

(D) 失業者の増加により、公共職業安定所が人
手不足だから

100. 政府の案に対する反対意見はどのようなもので
すか。

(A) 公共職業安定所の職業斡旋だけで充分だ。

(B) 英国の真似をしても事情が違うので、うま
くは行かない。

(C) 斡旋に対する費用は生活保護などの費用に
充てた方が得策だ。

(D) 成功した場合の報酬が高すぎることによる
財政面での心配がある。

ANSWER SHEET

JPT® 기출 청해 2000 진단고사

수험번호

응시일자 : 20   년   월   일

성명: 한글 / 한자 / 영자

좌석번호
A B C D E
1 2 3 4 5 6 7

聴解

NO.	ANSWER A B C D	NO.	ANSWER A B C D	NO.	ANSWER A B C D	NO.	ANSWER A B C D	NO.	ANSWER A B C D
1	ⓐ ⓑ ⓒ ⓓ	21	ⓐ ⓑ ⓒ ⓓ	41	ⓐ ⓑ ⓒ ⓓ				
2	ⓐ ⓑ ⓒ ⓓ	22	ⓐ ⓑ ⓒ ⓓ	42	ⓐ ⓑ ⓒ ⓓ				
3	ⓐ ⓑ ⓒ ⓓ	23	ⓐ ⓑ ⓒ ⓓ	43	ⓐ ⓑ ⓒ ⓓ				
4	ⓐ ⓑ ⓒ ⓓ	24	ⓐ ⓑ ⓒ ⓓ	44	ⓐ ⓑ ⓒ ⓓ				
5	ⓐ ⓑ ⓒ ⓓ	25	ⓐ ⓑ ⓒ ⓓ	45	ⓐ ⓑ ⓒ ⓓ				
6	ⓐ ⓑ ⓒ ⓓ	26	ⓐ ⓑ ⓒ ⓓ	46	ⓐ ⓑ ⓒ ⓓ				
7	ⓐ ⓑ ⓒ ⓓ	27	ⓐ ⓑ ⓒ ⓓ	47	ⓐ ⓑ ⓒ ⓓ				
8	ⓐ ⓑ ⓒ ⓓ	28	ⓐ ⓑ ⓒ ⓓ	48	ⓐ ⓑ ⓒ ⓓ				
9	ⓐ ⓑ ⓒ ⓓ	29	ⓐ ⓑ ⓒ ⓓ	49	ⓐ ⓑ ⓒ ⓓ				
10	ⓐ ⓑ ⓒ ⓓ	30	ⓐ ⓑ ⓒ ⓓ	50	ⓐ ⓑ ⓒ ⓓ				
11	ⓐ ⓑ ⓒ ⓓ	31	ⓐ ⓑ ⓒ ⓓ						
12	ⓐ ⓑ ⓒ ⓓ	32	ⓐ ⓑ ⓒ ⓓ						
13	ⓐ ⓑ ⓒ ⓓ	33	ⓐ ⓑ ⓒ ⓓ						
14	ⓐ ⓑ ⓒ ⓓ	34	ⓐ ⓑ ⓒ ⓓ						
15	ⓐ ⓑ ⓒ ⓓ	35	ⓐ ⓑ ⓒ ⓓ						
16	ⓐ ⓑ ⓒ ⓓ	36	ⓐ ⓑ ⓒ ⓓ						
17	ⓐ ⓑ ⓒ ⓓ	37	ⓐ ⓑ ⓒ ⓓ						
18	ⓐ ⓑ ⓒ ⓓ	38	ⓐ ⓑ ⓒ ⓓ						
19	ⓐ ⓑ ⓒ ⓓ	39	ⓐ ⓑ ⓒ ⓓ						
20	ⓐ ⓑ ⓒ ⓓ	40	ⓐ ⓑ ⓒ ⓓ						

ANSWER SHEET

JPT® 기출 청해 2000 최종평가 1

수험번호

응시일자 : 20   년   월   일

성명 — 한글 / 한자 / 영자

좌석번호
A B C D E
1 2 3 4 5 6 7

聽 解

NO.	A	B	C	D	NO.	A	B	C	D	NO.	A	B	C	D	NO.	A	B	C	D	NO.	A	B	C	D
1	ⓐ	ⓑ	ⓒ	ⓓ	21	ⓐ	ⓑ	ⓒ	ⓓ	41	ⓐ	ⓑ	ⓒ	ⓓ	61	ⓐ	ⓑ	ⓒ	ⓓ	81	ⓐ	ⓑ	ⓒ	ⓓ
2	ⓐ	ⓑ	ⓒ	ⓓ	22	ⓐ	ⓑ	ⓒ	ⓓ	42	ⓐ	ⓑ	ⓒ	ⓓ	62	ⓐ	ⓑ	ⓒ	ⓓ	82	ⓐ	ⓑ	ⓒ	ⓓ
3	ⓐ	ⓑ	ⓒ	ⓓ	23	ⓐ	ⓑ	ⓒ	ⓓ	43	ⓐ	ⓑ	ⓒ	ⓓ	63	ⓐ	ⓑ	ⓒ	ⓓ	83	ⓐ	ⓑ	ⓒ	ⓓ
4	ⓐ	ⓑ	ⓒ	ⓓ	24	ⓐ	ⓑ	ⓒ	ⓓ	44	ⓐ	ⓑ	ⓒ	ⓓ	64	ⓐ	ⓑ	ⓒ	ⓓ	84	ⓐ	ⓑ	ⓒ	ⓓ
5	ⓐ	ⓑ	ⓒ	ⓓ	25	ⓐ	ⓑ	ⓒ	ⓓ	45	ⓐ	ⓑ	ⓒ	ⓓ	65	ⓐ	ⓑ	ⓒ	ⓓ	85	ⓐ	ⓑ	ⓒ	ⓓ
6	ⓐ	ⓑ	ⓒ	ⓓ	26	ⓐ	ⓑ	ⓒ	ⓓ	46	ⓐ	ⓑ	ⓒ	ⓓ	66	ⓐ	ⓑ	ⓒ	ⓓ	86	ⓐ	ⓑ	ⓒ	ⓓ
7	ⓐ	ⓑ	ⓒ	ⓓ	27	ⓐ	ⓑ	ⓒ	ⓓ	47	ⓐ	ⓑ	ⓒ	ⓓ	67	ⓐ	ⓑ	ⓒ	ⓓ	87	ⓐ	ⓑ	ⓒ	ⓓ
8	ⓐ	ⓑ	ⓒ	ⓓ	28	ⓐ	ⓑ	ⓒ	ⓓ	48	ⓐ	ⓑ	ⓒ	ⓓ	68	ⓐ	ⓑ	ⓒ	ⓓ	88	ⓐ	ⓑ	ⓒ	ⓓ
9	ⓐ	ⓑ	ⓒ	ⓓ	29	ⓐ	ⓑ	ⓒ	ⓓ	49	ⓐ	ⓑ	ⓒ	ⓓ	69	ⓐ	ⓑ	ⓒ	ⓓ	89	ⓐ	ⓑ	ⓒ	ⓓ
10	ⓐ	ⓑ	ⓒ	ⓓ	30	ⓐ	ⓑ	ⓒ	ⓓ	50	ⓐ	ⓑ	ⓒ	ⓓ	70	ⓐ	ⓑ	ⓒ	ⓓ	90	ⓐ	ⓑ	ⓒ	ⓓ
11	ⓐ	ⓑ	ⓒ	ⓓ	31	ⓐ	ⓑ	ⓒ	ⓓ	51	ⓐ	ⓑ	ⓒ	ⓓ	71	ⓐ	ⓑ	ⓒ	ⓓ	91	ⓐ	ⓑ	ⓒ	ⓓ
12	ⓐ	ⓑ	ⓒ	ⓓ	32	ⓐ	ⓑ	ⓒ	ⓓ	52	ⓐ	ⓑ	ⓒ	ⓓ	72	ⓐ	ⓑ	ⓒ	ⓓ	92	ⓐ	ⓑ	ⓒ	ⓓ
13	ⓐ	ⓑ	ⓒ	ⓓ	33	ⓐ	ⓑ	ⓒ	ⓓ	53	ⓐ	ⓑ	ⓒ	ⓓ	73	ⓐ	ⓑ	ⓒ	ⓓ	93	ⓐ	ⓑ	ⓒ	ⓓ
14	ⓐ	ⓑ	ⓒ	ⓓ	34	ⓐ	ⓑ	ⓒ	ⓓ	54	ⓐ	ⓑ	ⓒ	ⓓ	74	ⓐ	ⓑ	ⓒ	ⓓ	94	ⓐ	ⓑ	ⓒ	ⓓ
15	ⓐ	ⓑ	ⓒ	ⓓ	35	ⓐ	ⓑ	ⓒ	ⓓ	55	ⓐ	ⓑ	ⓒ	ⓓ	75	ⓐ	ⓑ	ⓒ	ⓓ	95	ⓐ	ⓑ	ⓒ	ⓓ
16	ⓐ	ⓑ	ⓒ	ⓓ	36	ⓐ	ⓑ	ⓒ	ⓓ	56	ⓐ	ⓑ	ⓒ	ⓓ	76	ⓐ	ⓑ	ⓒ	ⓓ	96	ⓐ	ⓑ	ⓒ	ⓓ
17	ⓐ	ⓑ	ⓒ	ⓓ	37	ⓐ	ⓑ	ⓒ	ⓓ	57	ⓐ	ⓑ	ⓒ	ⓓ	77	ⓐ	ⓑ	ⓒ	ⓓ	97	ⓐ	ⓑ	ⓒ	ⓓ
18	ⓐ	ⓑ	ⓒ	ⓓ	38	ⓐ	ⓑ	ⓒ	ⓓ	58	ⓐ	ⓑ	ⓒ	ⓓ	78	ⓐ	ⓑ	ⓒ	ⓓ	98	ⓐ	ⓑ	ⓒ	ⓓ
19	ⓐ	ⓑ	ⓒ	ⓓ	39	ⓐ	ⓑ	ⓒ	ⓓ	59	ⓐ	ⓑ	ⓒ	ⓓ	79	ⓐ	ⓑ	ⓒ	ⓓ	99	ⓐ	ⓑ	ⓒ	ⓓ
20	ⓐ	ⓑ	ⓒ	ⓓ	40	ⓐ	ⓑ	ⓒ	ⓓ	60	ⓐ	ⓑ	ⓒ	ⓓ	80	ⓐ	ⓑ	ⓒ	ⓓ	100	ⓐ	ⓑ	ⓒ	ⓓ

ANSWER SHEET

JPT® 기출 청해 2000 최종평가 2

수험번호

응시일자 : 20 　 년 　 월 　 일

성명 | 한글 | 한자 | 영자

좌석번호
Ⓐ Ⓑ Ⓒ Ⓓ Ⓔ
① ② ③ ④ ⑤ ⑥ ⑦

聴　解

NO.	ANSWER A B C D	NO.	ANSWER A B C D	NO.	ANSWER A B C D	NO.	ANSWER A B C D	NO.	ANSWER A B C D
1	ⓐ ⓑ ⓒ ⓓ	21	ⓐ ⓑ ⓒ ⓓ	41	ⓐ ⓑ ⓒ ⓓ	61	ⓐ ⓑ ⓒ ⓓ	81	ⓐ ⓑ ⓒ ⓓ
2	ⓐ ⓑ ⓒ ⓓ	22	ⓐ ⓑ ⓒ ⓓ	42	ⓐ ⓑ ⓒ ⓓ	62	ⓐ ⓑ ⓒ ⓓ	82	ⓐ ⓑ ⓒ ⓓ
3	ⓐ ⓑ ⓒ ⓓ	23	ⓐ ⓑ ⓒ ⓓ	43	ⓐ ⓑ ⓒ ⓓ	63	ⓐ ⓑ ⓒ ⓓ	83	ⓐ ⓑ ⓒ ⓓ
4	ⓐ ⓑ ⓒ ⓓ	24	ⓐ ⓑ ⓒ ⓓ	44	ⓐ ⓑ ⓒ ⓓ	64	ⓐ ⓑ ⓒ ⓓ	84	ⓐ ⓑ ⓒ ⓓ
5	ⓐ ⓑ ⓒ ⓓ	25	ⓐ ⓑ ⓒ ⓓ	45	ⓐ ⓑ ⓒ ⓓ	65	ⓐ ⓑ ⓒ ⓓ	85	ⓐ ⓑ ⓒ ⓓ
6	ⓐ ⓑ ⓒ ⓓ	26	ⓐ ⓑ ⓒ ⓓ	46	ⓐ ⓑ ⓒ ⓓ	66	ⓐ ⓑ ⓒ ⓓ	86	ⓐ ⓑ ⓒ ⓓ
7	ⓐ ⓑ ⓒ ⓓ	27	ⓐ ⓑ ⓒ ⓓ	47	ⓐ ⓑ ⓒ ⓓ	67	ⓐ ⓑ ⓒ ⓓ	87	ⓐ ⓑ ⓒ ⓓ
8	ⓐ ⓑ ⓒ ⓓ	28	ⓐ ⓑ ⓒ ⓓ	48	ⓐ ⓑ ⓒ ⓓ	68	ⓐ ⓑ ⓒ ⓓ	88	ⓐ ⓑ ⓒ ⓓ
9	ⓐ ⓑ ⓒ ⓓ	29	ⓐ ⓑ ⓒ ⓓ	49	ⓐ ⓑ ⓒ ⓓ	69	ⓐ ⓑ ⓒ ⓓ	89	ⓐ ⓑ ⓒ ⓓ
10	ⓐ ⓑ ⓒ ⓓ	30	ⓐ ⓑ ⓒ ⓓ	50	ⓐ ⓑ ⓒ ⓓ	70	ⓐ ⓑ ⓒ ⓓ	90	ⓐ ⓑ ⓒ ⓓ
11	ⓐ ⓑ ⓒ ⓓ	31	ⓐ ⓑ ⓒ ⓓ	51	ⓐ ⓑ ⓒ ⓓ	71	ⓐ ⓑ ⓒ ⓓ	91	ⓐ ⓑ ⓒ ⓓ
12	ⓐ ⓑ ⓒ ⓓ	32	ⓐ ⓑ ⓒ ⓓ	52	ⓐ ⓑ ⓒ ⓓ	72	ⓐ ⓑ ⓒ ⓓ	92	ⓐ ⓑ ⓒ ⓓ
13	ⓐ ⓑ ⓒ ⓓ	33	ⓐ ⓑ ⓒ ⓓ	53	ⓐ ⓑ ⓒ ⓓ	73	ⓐ ⓑ ⓒ ⓓ	93	ⓐ ⓑ ⓒ ⓓ
14	ⓐ ⓑ ⓒ ⓓ	34	ⓐ ⓑ ⓒ ⓓ	54	ⓐ ⓑ ⓒ ⓓ	74	ⓐ ⓑ ⓒ ⓓ	94	ⓐ ⓑ ⓒ ⓓ
15	ⓐ ⓑ ⓒ ⓓ	35	ⓐ ⓑ ⓒ ⓓ	55	ⓐ ⓑ ⓒ ⓓ	75	ⓐ ⓑ ⓒ ⓓ	95	ⓐ ⓑ ⓒ ⓓ
16	ⓐ ⓑ ⓒ ⓓ	36	ⓐ ⓑ ⓒ ⓓ	56	ⓐ ⓑ ⓒ ⓓ	76	ⓐ ⓑ ⓒ ⓓ	96	ⓐ ⓑ ⓒ ⓓ
17	ⓐ ⓑ ⓒ ⓓ	37	ⓐ ⓑ ⓒ ⓓ	57	ⓐ ⓑ ⓒ ⓓ	77	ⓐ ⓑ ⓒ ⓓ	97	ⓐ ⓑ ⓒ ⓓ
18	ⓐ ⓑ ⓒ ⓓ	38	ⓐ ⓑ ⓒ ⓓ	58	ⓐ ⓑ ⓒ ⓓ	78	ⓐ ⓑ ⓒ ⓓ	98	ⓐ ⓑ ⓒ ⓓ
19	ⓐ ⓑ ⓒ ⓓ	39	ⓐ ⓑ ⓒ ⓓ	59	ⓐ ⓑ ⓒ ⓓ	79	ⓐ ⓑ ⓒ ⓓ	99	ⓐ ⓑ ⓒ ⓓ
20	ⓐ ⓑ ⓒ ⓓ	40	ⓐ ⓑ ⓒ ⓓ	60	ⓐ ⓑ ⓒ ⓓ	80	ⓐ ⓑ ⓒ ⓓ	100	ⓐ ⓑ ⓒ ⓓ

JPT 日本語能力試驗 出제기관 공식 전략서!

Japanese Proficiency Test

New JPT 기출 2000 청해

저자 서경원

정답 및 해설

New JPT 기출 2000 청해

저자 서경원

정답 및 해설

YBM 홀딩스

목차

진단고사

해설 및 정답

진단고사 정답

1 D	2 C	3 A	4 A	5 A	6 C	7 C	8 C	9 C	10 A
11 D	12 D	13 B	14 D	15 D	16 C	17 B	18 C	19 D	20 A
21 C	22 B	23 B	24 A	25 C					
26 B	27 D	28 A	29 B	30 A	31 D	32 C	33 A	34 C	35 B
36 D	37 D	38 B	39 A	40 A					
41 B	42 D	43 C	44 B	45 C	46 C	47 A	48 A	49 D	50 C

PART 1

1　전체적인 풍경 및 상황

(A) ここは駅です。
여기는 역입니다.

(B) ここは家の中です。
여기는 집 안입니다.

(C) ここには今、誰もいません。
여기에는 지금 아무도 없습니다.

(D) ここには木がたくさんあります。
여기에는 나무가 많이 있습니다.

해설 ★ 사진의 장소가 어디이며 무엇이 있는지에 주목할 것. 사진의 장소는 공원으로 사람들이 산책을 하고 있다. 사람들 주위에는 나무와 자전거, 그네 등이 보인다. 따라서 정답은 (D)가 된다.

駅(えき) 역　家(いえ) 집　中(なか) 안　今(いま) 지금
誰(だれ)も 아무도　木(き) 나무　たくさん 많이

2　인물의 동작·자세(다수의 인물)

(A) 橋の上に車があります。
다리 위에 자동차가 있습니다.

(B) 橋の上で写真を撮っている人がいます。
다리 위에서 사진을 찍고 있는 사람이 있습니다.

(C) 橋を渡っている人がいます。
다리를 건너고 있는 사람이 있습니다.

(D) 橋の上に座っている人がいます。
다리 위에 앉아 있는 사람이 있습니다.

해설 ★ 사람들이 다리를 건너고 있는 사진으로, 「橋(はし)を渡(わた)る」(다리를 건너다)라는 표현을 알아듣는 것이 포인트. 다리 위에 자동차는 보이지 않으므로 (A)는 오답이 되고, 사진을 찍고 있거나 앉아 있는 사람도 보이지 않으므로 (B)와 (D) 역시 오답이다.

上(うえ) 위　車(くるま) 차, 자동차
写真(しゃしん)を撮(と)る 사진을 찍다　座(すわ)る 앉다

3　인물의 상태

(A) 4人の人が横に並んで立っています。
4명의 사람이 옆으로 나란히 서 있습니다.

(B) 5人とも同じところを見ています。
5명 모두 같은 곳을 보고 있습니다.

(C) この人たちの後ろにはカーテンがあります。
이 사람들 뒤에는 커튼이 있습니다.

(D) 着物を着ている人は誰もいません。
기모노를 입고 있는 사람은 아무도 없습니다.

해설 ★ 네 사람이 병풍 앞에 나란히 서서 앞을 바라보고 있는 사진이므로, (C)는 우선 정답에서 제외. 서 있는 사람 중 가운데 두 사람은 결혼식 때 입는 「着物(きもの)」(기모노, 전통의상)를 입고 있으므로 (D)도 부적절하고, 앉아 있는 여자는 신부의 옷을 바로 잡아 주기 위해 시선을 아래로 두고 있으므로 (B) 또한 정답이 될 수 없다.

横(よこ) 옆　並(なら)ぶ 나란히 서다, 늘어서다　立(た)つ 서다
同(おな)じ 같음　後(うし)ろ 뒤　カーテン(curtain) 커튼
着(き)る 입다

4　인물의 동작·자세(2인)

(A) 身長を測っています。
신장을 재고 있습니다.

(B) 体重測定をしています。
체중 측정을 하고 있습니다.

(C) 血液の検査をしています。
혈액 검사를 하고 있습니다.

(D) 内科の診察をしています。
내과 진찰을 하고 있습니다.

해설 ★ 여자가 남자의 키를 재고 있는 사진으로, 「身長(しんちょう)을 測(はか)る」(신장을 재다)라는 표현을 알아듣는 것이 포인트. 나머지 선택지들은 인물의 동작에 대한 설명으로 적절치 않다.

体重(たいじゅう) 체중　測定(そくてい) 측정　血液(けつえき) 혈액
検査(けんさ) 검사　内科(ないか) 내과　診察(しんさつ) 진찰

5　인물의 동작·자세(다수의 인물)

(A) この人たちは建物の中でスポーツを楽しんでいます。
이 사람들은 건물 안에서 스포츠를 즐기고 있습니다.

(B) この人たちは外でテニスをしています。
이 사람들은 밖에서 테니스를 치고 있습니다.

(C) この人たちはプールで泳いでいます。
이 사람들은 수영장에서 수영하고 있습니다.

(D) この人たちはサッカーの試合をしています。
이 사람들은 축구 시합을 하고 있습니다.

해설 ★ 인물들이 있는 장소와 무엇을 하고 있는지에 주목할 것. 사진 속의 사람들은 건물 안에서 탁구를 치고 있으므로, 정답은 (A)가 된다.

建物(たてもの) 건물　スポーツ(sports) 스포츠　楽(たの)しむ 즐기다
外(そと) 밖　テニス(tennis) 테니스　プール(pool) 수영장
泳(およ)ぐ 헤엄치다, 수영하다　サッカー(soccer) 축구
試合(しあい) 시합

6　인물의 동작·자세(1인)

(A) この子は飲み物を倒したところです。
이 아이는 음료를 막 넘어뜨렸습니다.

(B) この子は飲み物に手が届いたところです。
이 아이는 음료에 막 손이 닿았습니다.

(C) この子は飲み物を取ろうとしているところです。
이 아이는 음료를 잡으려 하고 있습니다.

(D) この子は飲み物を全部飲み終わったところです。
이 아이는 음료를 방금 전부 다 마셨습니다.

해설 ★ 아이가 물병을 잡으려고 손을 쭉 뻗고 있는 사진으로,「동사의 진행형+ところだ」(~하고 있는 중이다)와「동사의 た형+ところだ」(막 ~했다)라는 표현을 알고 있어야 한다. 정답은 (C)로, 나머지 선택지는 동작에 대한 설명이 틀렸다.

飲(の)み物(もの) 음료　倒(たお)す 넘어뜨리다　手(て) 손
届(とど)く 닿다　取(と)る 잡다, 집다　全部(ぜんぶ) 전부
동사의 ます형+終(お)わる 다 ~하다

7　사물의 상태·특징·장소

(A) 2種類の道具が4本ずつあります。
두 종류의 도구가 네 개씩 있습니다.

(B) ほうきが上から吊してあります。
빗자루가 위에서 매달려 있습니다.

(C) 掃除道具が壁に立て掛けてあります。
청소 도구가 벽에 기대어 세워져 있습니다.

(D) これらは全部窓を磨くのに使います。
이것들은 전부 창문을 닦는 데 사용합니다.

해설 ★ 도구의 종류와 개수, 놓여 있는 상태에 주목한다. 대걸레와 빗자루가 두 개씩 벽에 기대어 세워져 있으므로 청소 도구가 벽에 기대어 있다고 한 (C)가 정답이 된다.

種類(しゅるい) 종류　道具(どうぐ) 도구
~本(ほん) ~개, ~자루 *길고 가는 것을 세는 말　~ずつ ~씩
ほうき 빗자루　吊(つる)す 매달다　掃除(そうじ) 청소　壁(かべ) 벽
立(た)て掛(か)ける 기대어 세워 놓다　窓(まど) 창문
磨(みが)く 닦다　使(つか)う 사용하다

8　인물의 동작·자세(2인)

(A) 2人は足を組んで腰掛けています。
두 사람은 다리를 꼬고 걸터앉아 있습니다.

(B) 2人は腰に手を当てて立っています。
두 사람은 허리에 손을 대고 서 있습니다.

(C) 2人はそれぞれ相手の肩に手を置いています。
두 사람은 각각 상대의 어깨에 손을 두고 있습니다.

(D) 2人はタオルで汗を拭いています。
두 사람은 타월로 땀을 닦고 있습니다.

해설 ★ 사진에서 두드러지게 보이는 두 인물의 동작에 주목한다. 두 사람은 각각 상대의 어깨에 손을 올려놓고 있으므로 정답은 (C)가 된다.

足(あし)を組(く)む 다리를 꼬다　腰掛(こしか)ける 걸터앉다
腰(こし) 허리　手(て)を当(あ)てる 손을 대다　それぞれ 각각
相手(あいて) 상대　肩(かた) 어깨　置(お)く 두다, 놓다
タオル(towel) 타월　汗(あせ)を拭(ふ)く 땀을 닦다

9　인물의 동작·자세(1인)

(A) 女性はケーキのろうそくを抜こうとしています。
여성은 케이크의 양초를 뽑으려 하고 있습니다.

(B) 女性はケーキを包装しようとしています。
여성은 케이크를 포장하려 하고 있습니다.

(C) 女性はろうそくの火を吹き消そうとしています。
여성은 양초의 불을 불어서 끄려 하고 있습니다.

(D) 女性はケーキの飾り付けをしようとしています。
여성은 케이크에 장식을 하려 하고 있습니다.

해설 ★ 사진에 다수의 인물이 나오더라도 가장 두드러진 행동을 하고 있는 인물에 주목해야 한다. 기모노를 입은 여성이 양초의 불을 불어 끄려 하고 있으므로 정답은 (C)가 된다.

女性(じょせい) 여성　ケーキ(cake) 케이크　ろうそく 양초
抜(ぬ)く 뽑다, 빼내다　包装(ほうそう) 포장　火(ひ) 불
吹(ふ)き消(け)す 불어서 끄다　飾(かざ)り付(つ)け 꾸밈, 장식

10　인물의 동작·자세(다수의 인물)

(A) この人たちは集合してこちらを向いています。
이 사람들은 집합해서 이쪽을 보고 있습니다.

(B) この人たちは会議室で議論しているところです。
이 사람들은 회의실에서 토론하고 있는 중입니다.

(C) みんながっかりした表情をしています。
모두가 실망한 표정을 하고 있습니다.

(D) 男女が交互に並んでいます。
남녀가 서로 번갈아 늘어서 있습니다.

해설 ★ 대부분 정장을 하고 있고, 손에 꽃다발을 들고 있는 사람도 여럿 눈에 띈다. 이로 보아 행사를 마치고 기념 촬영을 하기 위해 모여 있는 것으로 생각되며 표정은 비교적 밝다. 따라서 정답은 (A)가 된다.

集合(しゅうごう) 집합　向(む)く 향하다　会議室(かいぎしつ) 회의실
議論(ぎろん) 토론, 논의　がっかりする 실망하다
表情(ひょうじょう) 표정　男女(だんじょ) 남녀
交互(こうご) 서로 번갈아 함

PART 2

----

11 예/아니요형 질문

英語か中国語ができますか。
영어나 중국어를 할 수 있나요?

(A) はい。イギリス人か中国人です。
예. 영국인이나 중국인이에요.

(B) はい。日本語だけできます。
예. 일본어만 할 수 있어요.

(C) はい。英語も中国語も下手です。
예. 영어도 중국어도 잘 못해요.

(D) はい。中国語ができます。
예. 중국어를 할 수 있어요.

해설 ★ 불확실함을 나타내는 조사 「か」가 있으므로, 문제는 영어나 중국어 중에 뭔가를 할 수 있냐는 말이 된다. 따라서 가장 적절한 응답은 중국어를 할 수 있다고 한 (D)가 된다.

英語(えいご) 영어 中国語(ちゅうごくご) 중국어 できる 할 수 있다
イギリス (포르투갈어 Inglez) 영국 日本語(にほんご) 일본어
〜だけ 〜만, 〜뿐 下手(へた) 서투름, 잘 못함

12 일상생활 표현

今少し話す時間がありますか。
지금 좀 이야기할 시간이 있나요?

(A) みんなの前で20分間話しました。
모두 앞에서 20분간 이야기했어요.

(B) 1日に8時間です。
하루에 8시간이에요.

(C) 机の中にちょっとありますよ。
책상 안에 조금 있어요.

(D) ご免なさい。今はちょっと…。
죄송해요. 지금은 좀….

해설 ★ 지금 이야기할 시간이 있는지 묻고 있는 상황이다. (A)와 (B)는 이야기한 시간과 뭔가를 하는 시간에 대해서 말하고 있으므로 오답이 되고, (C)는 질문과는 관계가 없는 응답이다. 따라서 정답은 지금은 좀 곤란하다고 한 (D)가 된다.

今(いま) 지금 少(すこ)し 조금, 좀 話(はな)す 말하다, 이야기하다
時間(じかん) 시간 机(つくえ) 책상 ちょっと 조금, 좀

13 감동·의견을 나타내는 표현

疲れましたね。
피곤하네요.

(A) はい。よく寝ましたから。
예. 잘 잤으니까요.

(B) はい。一日中歩きましたから。
예. 하루 종일 걸었으니까요.

(C) はい。とても元気ですから。
예. 아주 건강하니까요.

(D) はい。大丈夫ですから。
예. 괜찮으니까요.

해설 ★ 「〜ね」라는 종조사는 '〜군요' 정도의 의미로, 상대방에게 뭔가 동의를 구하거나 확인을 할 때 사용한다. 따라서 선택지 중에서 적절한 응답은 하루 종일 걸어서 그렇다고 한 (B)가 된다.

疲(つか)れる 피곤하다 よく 잘, 자주 寝(ね)る 자다
一日中(いちにちじゅう) 하루 종일 歩(ある)く 걷다
とても 아주, 매우 元気(げんき) 건강함
大丈夫(だいじょうぶ) 괜찮음

14 일상생활 표현

では、また明日伺います。
그럼, 내일 또 찾아뵙겠습니다.

(A) お待たせいたしました。
오래 기다리셨습니다.

(B) 少々お待ちください。
잠시 기다려 주세요.

(C) では、待たせていただきます。
그럼, 기다리겠습니다.

(D) はい。お待ちしています。
예. 기다리고 있겠습니다.

해설 ★ 동사의 다양한 활용 형태의 의미를 알아야 풀 수 있는 문제이다. (A)는 누군가를 기다리게 했을 때 하는 말이고, (B)는 상대방에게 기다려 달라고 할때, (C)의 「〜(さ)せていただく」(〜하다)는 상대방의 허락을 받고 행동을 한다는 뉘앙스를 갖는다. 정답은 (D)로, 기다리고 있겠다'는 의미.

また 또 明日(あした) 내일 伺(うかが)う 찾아뵙다
待(ま)つ 기다리다 少々(しょうしょう) 잠시

15 부탁·의뢰·허용 표현

暖房を付けましょうか。
난방을 켤까요?

(A) 本当だ。字がよく見えませんね。
정말이네. 글씨가 잘 안 보이네요.

(B) じゃ、お茶をお願いします。
　　그럼, 차를 부탁해요.

(C) 今日はかなり暑いですからね。
　　오늘은 꽤 더우니까요.

(D) そうですね。冷えてきましたから。
　　그러네요. 추워졌으니까요.

해설 ★ 「暖房(だんぼう)」(난방)라는 단어를 알아듣는 것이 포인트. 문제에서 여자가 난방을 켤지 묻고 있으므로 난방과 관련된 응답이 와야 한다는 것을 알 수 있다. 따라서 정답은 (D)가 된다.

付(つ)ける 켜다　字(じ) 글씨　見(み)える 보이다　お茶(ちゃ) 차
かなり 꽤, 상당히　暑(あつ)い 덥다　冷(ひ)える 쌀쌀해지다, 추워지다

16　정보 확인 · 요청에 관한 표현

このテレビ、故障しているの。
이 텔레비전, 고장 난 거야?

(A) うん。直ってよかったね。
　　응. 고쳐져서 다행이네.

(B) うん。山本さんが予約しているんだ。
　　응. 야마모토 씨가 예약했어.

(C) うん。電気屋に修理を頼もう。
　　응. 전파상에 수리를 부탁하자.

(D) うん。見られるようになったよ。
　　응. 볼 수 있게 되었어.

해설 ★ 텔레비전이 고장 났는지 확인하고 있는 상황이다. (A)와 (D)는 텔레비전이 잘 나오는 상황에 해당하므로 오답이 되고, (B)는 예약과 관련된 표현이므로 정답과는 거리가 멀다.

テレビ 텔레비전　故障(こしょう) 고장　直(なお)る 고쳐지다, 수리되다
~てよかった ~해서 다행이다　予約(よやく) 예약
電気屋(でんきや) 전파상　修理(しゅうり) 수리
頼(たの)む 부탁하다　見(み)る 보다

17　일상생활 표현

この車は何て言うんですか。
이 자동차는 뭐라고 하나요?

(A) 車の中に電話も付いていますよ。
　　차 안에 전화도 달려 있어요.

(B) トヨタの車で、カローラって言うんですよ。
　　도요타 자동차로 '카로라'라고 해요.

(C) いや、特に説明することもありません。
　　아니, 특별히 설명할 필요도 없어요.

(D) エンジンの音は静かですね。
　　엔진 소리는 조용하군요.

해설 ★ 자동차 이름을 묻고 있는 상황이다. 정답은 (B)로, 자동차 회사와 자동차 이름으로 응답하고 있다. 나머지 선택지는 모두 정답과는 거리가 먼 응답들이다.

車(くるま) 차, 자동차　電話(でんわ) 전화　付(つ)く 붙다, 달리다
特(とく)に 특히, 특별히　説明(せつめい) 설명
エンジン(engine) 엔진　音(おと) 소리　静(しず)か 조용함

18　정보 확인 · 요청에 관한 표현

明後日は祝日ですか。
모레는 공휴일인가요?

(A) はい。明日は土曜日ですから。
　　예. 내일은 토요일이니까요.

(B) はい。小山さんの誕生日ですから。
　　예. 고야마 씨의 생일이니까요.

(C) はい。ですから、会社は休みです。
　　예. 그래서 회사는 쉬어요.

(D) はい。私は映画を見に行きました。
　　예. 저는 영화를 보러 갔어요.

해설 ★ 문제에 나오는 「祝日(しゅくじつ)」는 '축일, 경축일'이라는 의미로 공휴일을 말한다. 따라서 문제는 모레가 휴일인지 묻는 의미가 되므로 적절한 응답은 그래서 회사를 쉰다고 한 (C)가 된다.

明後日(あさって) 모레　誕生日(たんじょうび) 생일
会社(かいしゃ) 회사　休(やす)み 휴일　映画(えいが) 영화

19　일상생활 표현

この料理の味はどうですか。
이 요리의 맛은 어때요?

(A) たぶん、こういうふうに作るんですよ。
　　아마 이런 식으로 만들어요.

(B) とてもきれいな色ですね。
　　매우 아름다운 색깔이군요.

(C) 量が多くて全部は食べられません。
　　양이 많아서 전부는 먹을 수 없어요.

(D) おいしい。ちょうどいいですよ。
　　맛있어요. 딱 좋아요.

해설 ★ 문제에 나오는 「味(あじ)」(맛)라는 단어가 포인트. 요리의 맛이 어떤지 묻고 있으므로 맛과 관련된 응답을 찾아야 한다. (A)는 만드는 방법, (B)는 색깔, (C)는 양에 대해서 말하고 있으므로 응답으로는 부적절.

料理(りょうり) 요리　たぶん 아마　~ふうに ~식으로
作(つく)る 만들다　きれい 예쁨, 아름다움　色(いろ) 색깔
量(りょう) 양　多(おお)い 많다　全部(ぜんぶ) 전부　食(た)べる 먹다
おいしい 맛있다　ちょうど 딱 *예상 · 기대 등에 합치하는 모양

20 일상생활 표현

あら、いつも使っていた財布はどうしたの。
어머, 항상 사용하던 지갑은 어떻게 했어?

(A) 無くしてしまったんだ。
잃어버렸어.

(B) 見つけてしまったんだ。
발견해 버렸어.

(C) 使ってしまったんだ。
사용해 버렸어.

(D) 届けてしまったんだ。
신고해 버렸어.

해설 ★ 선택지에 나오는 동사의 의미를 알고 있어야 풀 수 있는 문제. 항상 사용하던 지갑을 어떻게 했는지 묻고 있으므로, 적절한 응답은 잃어버렸다고 한 (A)가 된다.

いつも 늘, 항상　使(つか)う 사용하다　財布(さいふ) 지갑
無(な)くす 잃어버리다, 분실하다　見(み)つける 발견하다, 찾다
届(とど)ける 신고하다

21 정보 전달에 관한 표현

あなたの手、凍っているみたいに冷たいわよ。
당신 손, 얼어 있는 것처럼 차가워.

(A) じゃ、冷やさなくちゃいけないね。
그럼, 식혀야겠군.

(B) インクを触ったせいで、汚れたんだよ。
잉크를 만진 탓에 더러워졌어.

(C) 手袋をしてくるのを忘れてしまったんだ。
장갑을 끼고 오는 걸 깜빡했어.

(D) お風呂に長く入りすぎたのかな。
목욕을 너무 오래 했나?

해설 ★ 「凍(こお)る」(얼다)라는 동사와 「冷(つめ)たい」(차갑다)라는 이 형용사를 알아듣는 것이 포인트. 남자의 손이 얼어 있는 것처럼 차갑다고 했으므로 그 이유로 대답한 선택지를 고르면 된다. 따라서 장갑을 끼고 오는 걸 잊어버렸다고 한 (C)가 정답이 된다.

手(て) 손　冷(ひ)やす 식히다　インク(ink) 잉크
触(さわ)る 만지다　〜せいで 〜탓에　汚(よご)れる 더러워지다
手袋(てぶくろ)をする 장갑을 끼다　忘(わす)れる 잊다
お風呂(ふろ)に入(はい)る 목욕을 하다　長(なが)い 길다

22 정보 전달에 관한 표현

彼の表情を見て、どきっとしたわ。
그 사람의 표정을 보고 가슴이 철렁했어.

(A) 何で安心だと思ったの。
왜 안심이라고 생각했어?

(B) 君が驚くなんて、どんな顔付きだったの。
네가 놀라다니 어떤 표정이었어?

(C) そんなにがっかりしなくてもいいよ。
그렇게 실망하지 않아도 돼.

(D) 一々喜んでばかりはいられないよ。
하나하나 기뻐하고만 있을 수는 없어.

해설 ★ 「どきっと」라는 표현은 갑작스런 일에 놀라서 가슴이 두근두근 하거나 철렁하는 모양을 나타내므로, 문제는 그 사람의 표정을 보고 놀랐다는 의미가 된다. 따라서 선택지 중에서 적절한 응답은 당신이 놀라다니 어떤 표정이었냐고 물은 (B)가 정답이 된다.

表情(ひょうじょう) 표정　安心(あんしん) 안심　驚(おどろ)く 놀라다
顔付(かおつ)き 표정, 안색　がっかりする 실망하다
一々(いちいち) 하나하나　喜(よろこ)ぶ 기뻐하다　〜ばかり 〜만

23 일상생활 표현

明日の決勝戦、どっちのチームが有利かしら。
내일 결승전, 어느 팀이 유리할까?

(A) 今、東京ファイターズが1対0でリードしているよ。
지금, 도쿄 화이터즈가 1대 0으로 리드하고 있어.

(B) 実力は同じぐらいだと僕は思うよ。
실력은 비슷한 정도라고 난 생각해.

(C) 他のチームは優勝を争っているのにね。
다른 팀은 우승을 다투고 있는데 말이야.

(D) 引き分けだったなんて、つまらないね。
무승부였다니 재미없어.

해설 ★ 내일 결승전에서 어느 팀이 유리할지 남자에게 묻고 있는 상황이다. (A)는 현재 경기가 벌어지고 있는 상황이므로 오답이고, (C)와 (D) 역시 문제의 질문과는 전혀 거리가 먼 응답들이다. 따라서 정답은 실력은 비슷한 정도라고 생각한다고 한 (B)가 된다.

決勝戦(けっしょうせん) 결승전　チーム(team) 팀　有利(ゆうり) 유리
リード(lead) 리드　実力(じつりょく) 실력　同(おな)じ 같음
優勝(ゆうしょう) 우승　争(あらそ)う 다투다, 경쟁하다
引(ひ)き分(わ)け 무승부　つまらない 재미없다

24 정보 확인·요청에 관한 표현

この薬は副作用はないんですか。
이 약은 부작용은 없나요?

(A) あまり長期間にわたって飲むのは避けてほしいですね。 너무 장기간에 걸쳐 복용하는 건 피했으면 해요.

(B) 効果が持続するのは4時間ぐらいです。
효과가 지속되는 건 4시간 정도예요.

(C) 即座に効き目が表れるというわけではないんです。
즉시 효과가 나타나는 건 아니에요.

(D) 残念ですが、一般の薬局には置いていないんです。
유감이지만, 일반 약국에는 비치되어 있지 않아요.

해설 ★ 「副作用(ふくさよう)」는 '부작용'이라는 의미로, 이 약이 부작용이 있는지 없는지 남자에게 묻고 있다. 선택지 (B), (C), (D)는 약의 효과나 일반 약국에서의 판매 유무에 대해서 말하고 있으므로 부작용과는 관련이 없는 응답이라는 것을 알 수 있다. 따라서 정답은 너무 장기간에 걸쳐 복용하는 건 피해 주었으면 좋겠다고 한 (A)가 된다.

薬(くすり) 약 あまり 너무 長期間(ちょうきかん) 장기간
～にわたって ～에 걸쳐서 飲(の)む (약을) 복용하다
避(さ)ける 피하다 ～てほしい ～해 주기 바란다, ～해 주었으면 한다
効果(こうか) 효과 持続(じぞく) 지속 即座(そくざ) 당장, 즉석
効(き)き目(め) 효과 表(あらわ)れる 나타나다
～わけではない ～인 것은 아니다 残念(ざんねん) 유감스러움
一般(いっぱん) 일반 薬局(やっきょく) 약국 置(お)く 두다, 놓다

---

25 정보 전달에 관한 표현

防衛庁の石油燃料納入で談合疑惑が浮上していますね。 방위청의 석유 연료 납입에 담합 의혹이 떠오르고 있네요.

(A) 立件されたわけですから、追及も厳しくなりますね。
입건된 거니까 추궁도 엄해지겠죠.
(B) 各社ともライバル会社の腹の内を読めなかったんですね。 각 회사들도 라이벌 회사의 속내를 읽을 수 없었군요.
(C) 落札単価も各社で事前に調整していたようですね。
낙찰 단가도 각 회사에서 사전에 조정한 것 같더군요.
(D) 入札価格が低くなるのは致し方ありませんね。
입찰 가격이 낮아지는 것은 어쩔 수 없군요.

해설 ★ 담합 의혹이 떠오르고 있다고 했으므로, 담합 의혹과 관련된 응답이 와야 한다는 것을 알 수 있다. 선택지 중에서 담합과 관련된 응답은 낙찰 단가도 각 회사에서 사전에 조정한 것 같다고 한 (C)뿐이다.

防衛庁(ぼうえいちょう) 방위청 石油(せきゆ) 석유
燃料(ねんりょう) 연료 納入(のうにゅう) 납입 談合(だんごう) 담합
疑惑(ぎわく) 의혹 浮上(ふじょう) 부상, 떠오름 立件(りっけん) 입건
追及(ついきゅう) 추궁 厳(きび)しい 엄하다
腹(はら)の内(うち) 심중, 속내 読(よ)む 읽다, 알아차리다
落札(らくさつ) 낙찰 単価(たんか) 단가 事前(じぜん)に 사전에
調整(ちょうせい) 조정 入札(にゅうさつ) 입찰 価格(かかく) 가격
低(ひく)い 낮다 致(いた)し方(かた)ない 어쩔 수 없다

---

26 대화 내용에 대한 이해

男 : 新しい家はどうですか。
새집은 어때요?

女 : ええ、とてもきれいです。
네, 아주 깨끗해요.

男 : 広いですか。
넓나요?

女 : いいえ、きれいですが、広くないです。
아니요, 깨끗하지만 넓지 않아요.

新しい家はどうですか。
새집은 어떻습니까?

(A) きれいで広い。
깨끗하고 넓다.
(B) 広くないが、きれいだ。
넓지는 않지만 깨끗하다.
(C) 広いが、汚い。
넓지만 더럽다.
(D) 汚くて狭い。
더럽고 좁다.

해설 ★ 새집이 어떤지 묻고 있으므로 새집에 관한 정보를 주의해서 들으면 된다. 여자의 마지막 대화로 보아, 새집은 깨끗하지만 넓지는 않다는 것을 알 수 있다. 따라서 정답은 (B)가 된다.

新(あたら)しい 새롭다 家(いえ) 집 とても 아주, 매우
きれい 깨끗함 広(ひろ)い 넓다 汚(きたな)い 더럽다
狭(せま)い 좁다

---

27 성별에 따른 의견・행동 구분

女 : すみません。その大きいノートの上にある封筒を取ってください。
죄송하지만, 그 큰 노트 위에 있는 봉투를 집어 주세요.

男 : この茶色い封筒ですね。はい、どうぞ。
이 갈색 봉투 말이군요. 예, 여기요.

女 : どうもありがとう。あっ、それから、そこの万年筆もお願いします。
고마워요. 아, 그리고 거기 만년필도 부탁해요.

男 : はい、どうぞ。
예, 여기요.

男の人は女の人に何を渡しましたか。
남자는 여자에게 무엇을 건네었습니까?

(A) 小さいノートと万年筆
작은 노트와 만년필

(B) 大きいノートと茶色い封筒
큰 노트와 갈색 봉투

(C) 白い封筒と小さいノート
흰 봉투와 작은 노트

(D) 茶色い封筒と万年筆
갈색 봉투와 만년필

해설 ★ 남자가 여자에게 무엇을 건네줬는지 묻고 있다. 두 사람의 대화 내용으로 보아. 남자는 여자에게 큰 노트 위에 있는 갈색 봉투와 만년필을 건네주었으므로 정답은 (D)가 된다.

大(おお)きい 크다　ノート(note) 노트　封筒(ふうとう) 봉투
取(と)る 잡다, 집다　茶色(ちゃいろ)い 갈색이다
万年筆(まんねんひつ) 만년필　渡(わた)す 건네다
小(ちい)さい 작다　白(しろ)い 희다

---

28 성별에 따른 의견·행동 구분

男：一昨日は暖かくて、いい天気でしたね。
그저께는 따뜻하고 좋은 날씨였죠.

女：ええ。私は公園に行きました。きれいな花がたくさん咲いていました。
네. 전 공원에 갔어요. 예쁜 꽃이 많이 피어 있었어요.

男：散歩ですか。それともスポーツをしましたか。
산책인가요? 아니면 운동을 했나요?

女：いいえ。池にいる鳥の写真を撮りに行きました。
아니요. 연못에 있는 새 사진을 찍으러 갔어요.

女の人は公園に何をしに行きましたか。
여자는 공원에 무엇을 하러 갔습니까?

(A) 写真を撮りに行った。
사진을 찍으러 갔다.

(B) 花を見に行った。
꽃을 보러 갔다.

(C) 散歩をしに行った。
산책을 하러 갔다.

(D) 絵を描きに行った。
그림을 그리러 갔다.

해설 ★ 여자가 공원에 무엇을 하러 갔는지 묻고 있다. 두 사람의 대화로 보아. 여자는 공원 연못에 새 사진을 찍으러 갔었다는 것을 알 수 있으므로. 정답은 (A)가 된다.

暖(あたた)かい 따뜻하다　天気(てんき) 날씨　公園(こうえん) 공원
花(はな) 꽃　咲(さ)く 피다　散歩(さんぽ) 산책
それとも 그렇지 않으면, 아니면　スポーツ(sports) 스포츠, 운동

池(いけ) 연못　鳥(とり) 새　写真(しゃしん)を撮(と)る 사진을 찍다
絵(え)を描(か)く 그림을 그리다

---

29 대화 내용에 대한 이해

男：もう風邪は治りましたか。
이제 감기는 나았나요?

女：ええ、熱は下がったんですが、まだ咳が出ます。
네, 열은 내렸지만, 아직 기침이 나요.

男：そうですか。今日も早く家に帰った方がいいですよ。
그래요? 오늘도 일찍 집에 돌아가는 게 좋아요.

女：はい。ありがとうございます。
예. 고마워요.

女の人の風邪はどうですか。
여자의 감기는 어떻습니까?

(A) まだ熱がある。
아직 열이 있다.

(B) 熱は下がったが、咳が出る。
열은 내렸지만 기침이 난다.

(C) まだ熱があって、咳も出る。
아직 열이 있고 기침도 난다.

(D) もう治った。
이제 다 나았다.

해설 ★ 여자의 감기 상태에 대해 묻고 있다. 여자는 열은 내렸지만 아직 기침이 나온다고 했으므로 정답은 (B)가 된다.

風邪(かぜ) 감기　治(なお)る 낫다　熱(ねつ) 열　下(さ)がる 내려가다
咳(せき) 기침　出(で)る 나오다　早(はや)い 이르다. 빠르다
帰(かえ)る 돌아가다

---

30 일상생활

女：いらっしゃいませ。プレゼントですか。
어서 오세요. 선물인가요?

男：はい。母の誕生日に花を贈りたいのですが。
예. 어머니 생신에 꽃을 선물하고 싶은데요.

女：お母様はどんなお花がお好きですか。
어머님은 어떤 꽃을 좋아하시나요?

男：特に好きな花はありませんが、黄色とか水色の花が好きです。
특별히 좋아하는 꽃은 없는데, 노란색이나 하늘색 꽃을 좋아해요.

男の人はどうして花を買いますか。
남자는 왜 꽃을 삽니까?

(A) お母さんの誕生日だから
어머니 생신이기 때문에

(B) 結婚記念日だから
결혼기념일이기 때문에

(C) 友達が結婚するから
친구가 결혼하기 때문에

(D) 奥さんの誕生日だから
부인 생일이기 때문에

해설 ★ 남자의 첫 번째 대화에서 정답을 찾을 수 있는 문제로「誕生日(たんじょうび)」(생일, 생신)라는 단어가 포인트. 남자는 어머니 생신에 꽃을 보내기 위해서 꽃을 고르고 있는 상황이므로 정답은 (A)가 된다.

プレゼント(present) 선물 贈(おく)る 선물하다
特(とく)に 특별히, 특히 黄色(きいろ) 노란색 ～とか ～라든가
水色(みずいろ) 하늘색 結婚記念日(けっこんきねんび) 결혼기념일
奥(おく)さん 부인

---

31 인물 관련

女 : 先週のテニスはとても楽しかったです。テニスは毎週していますか。
지난주 테니스는 아주 재미있었어요. 테니스는 매주 하고 있나요?

男 : ええ、ほとんど毎週しています。私は体を動かすことが好きなんです。
네, 거의 매주 하고 있어요. 전 몸을 움직이는 걸 좋아해요.

女 : スポーツは何でもしますか。
스포츠는 뭐든지 하나요?

男 : スキー、野球、テニス、う～ん、水泳以外は大体しますね。
스키, 야구, 테니스, 음-, 수영 이외에는 거의 하죠.

男の人がしないスポーツは何ですか。
남자가 하지 않는 스포츠는 무엇입니까?

(A) テニス
테니스

(B) スキー
스키

(C) 野球
야구

(D) 水泳
수영

해설 ★ 남자가 하지 않는 스포츠가 무엇인지 묻고 있다. 남자는 마지막 대화에서 스키, 야구, 테니스 등 수영 이외의 스포츠는 거의 하고 있다고 했으므로, 남자가 하지 않는 스포츠는 (D)의 수영이다.

テニス(tennis) 테니스 楽(たの)しい 즐겁다, 재미있다
ほとんど 거의, 대부분 体(からだ)を動(うご)かす 몸을 움직이다
スキー(ski) 스키 野球(やきゅう) 야구 水泳(すいえい) 수영
以外(いがい) 이외 大体(だいたい) 대개, 거의

32 숫자 청취 및 계산

女 : あの、今、何時でしょうか。時計を持たずに来てしまいました。
저, 지금 몇 시인가요? 시계를 안 갖고 와 버렸어요.

男 : 11時18分ですよ。後2分ぐらいで次の電車が来るはずです。
11시 18분이에요. 앞으로 2분 정도 있으면 다음 전철이 올 거예요.

女 : えっ、後5分待たなければいけませんよ。
네? 앞으로 5분 기다려야 해요.

男 : そうか。今日は日曜日でしたね。
그런가. 오늘은 일요일이었네요.

次の電車は何時に来る予定ですか。
다음 전철은 몇 시에 올 예정입니까?

(A) 11時18分
11시 18분

(B) 11時20分
11시 20분

(C) 11時23分
11시 23분

(D) 11時25分
11시 25분

해설 ★ 다음 전철이 몇 시에 올 예정인지 묻고 있으므로, 두 사람의 대화에 등장하는 시간을 주의해서 들어야 실수가 없다. 현재 시간은 11시 18분인데, 오늘은 일요일이라 5분 뒤에 전철이 온다고 했다. 따라서 전철은 11시 23분에 올 예정이므로 정답은 (C)가 된다.

時計(とけい) 시계 持(も)つ 가지다, 지니다 後(あと) 앞으로
次(つぎ) 다음 電車(でんしゃ) 전철 ～はず ～할 예정, ~할 것
待(ま)つ 기다리다 予定(よてい) 예정

---

33 비즈니스 및 업무

男 : 現在、労働省が定めている基準労働時間は週40時間ですよね。
현재 노동성이 정하고 있는 기준 노동 시간은 주 40시간이죠?

女 : ええ、この春、その点をめぐって会社側と組合が交渉するそうです。
네, 올봄에 그 점과 관련해서 회사측과 조합이 교섭을 한대요.

男 : 給料のアップを交渉しても、合意するのは難しいでしょうしね。
급여 인상을 교섭해도 합의하는 건 어려울 테고요.

女 : ゆとりある生活のために働く時間を減らすように要求するようです。
여유 있는 생활을 위해서 일하는 시간을 줄이도록 요구할 것 같아요.

今春、組合は会社側に何を要求しますか。
올봄, 노동조합은 회사측에게 무엇을 요구합니까?

(A) 労働時間の短縮
　　노동 시간의 단축
(B) 給料の値上げ
　　급여 인상
(C) 年間休暇の増加
　　연간 휴가의 증가
(D) 退職金制度の見直し
　　퇴직금 제도의 재검토

해설 ★ 남자의 두 번째 대화를 듣고 선택지 (B)의 「給料(きゅうりょう)の値上(ねあ)げ」(급여 인상)를 정답으로 고르는 일이 없도록 주의할 것. 노동성이 정한 기준 노동 시간이 주 40시간인데, 올봄에 이 문제와 관련해 회사측과 조합이 교섭을 할 예정이라고 했다. 그리고 여자의 마지막 대화에서 여유 있는 생활을 위해서 근로 시간을 줄이도록 요구할 것 같다고 나오므로, 조합은 회사측에 노동 시간의 단축을 요구할 것이라는 것을 알 수 있다. 따라서 정답은 (A)가 된다.

労働省(ろうどうしょう) 노동성　定(さだ)める 정하다, 결정하다
基準(きじゅん) 기준　〜をめぐって 〜과 관련해서, 〜을 둘러싸고
組合(くみあい) 조합　交渉(こうしょう) 교섭　アップ(up) 업, 인상
合意(ごうい) 합의　難(むずか)しい 어렵다　ゆとり 여유
生活(せいかつ) 생활　働(はたら)く 일하다　減(へ)らす 줄이다
要求(ようきゅう) 요구　短縮(たんしゅく) 단축　休暇(きゅうか) 휴가
増加(ぞうか) 증가　退職金(たいしょくきん) 퇴직금
制度(せいど) 제도　見直(みなお)し 재검토

34 비즈니스 및 업무

女 : 部長、長い間大変お世話になりました。
　　부장님, 오랫동안 대단히 신세를 졌습니다.
男 : 残念ですね。君のような社員が辞めてしまうなんて…。
　　유감이군요. 당신과 같은 사원이 그만둬 버리다니….
女 : 主人の転勤が急に決まったものですから。でも、幸い私の故郷なんです。
　　남편의 전근이 갑자기 결정되어서요. 하지만 다행히 제 고향이에요.
男 : これからはご両親の面倒も見られるわけですね。体に気を付けて。
　　앞으로는 부모님도 돌볼 수 있겠군요. 건강 조심하세요.

なぜ女の人は会社を退職しますか。
왜 여자는 회사를 퇴직합니까?

(A) 妊娠したため
　　임신했기 때문에
(B) 転職するため
　　전직하기 때문에
(C) 夫が転勤するため
　　남편이 전근을 가기 때문에
(D) 両親の経営する店を手伝うため
　　부모님이 경영하는 가게를 돕기 위해서

해설 ★ 여자가 회사를 퇴직하는 이유를 묻고 있으므로 대화 내용을 종합해 그 이유를 찾아야 한다. 대화의 핵심 단어는 「主人(しゅじん)」(남편)과 「転勤(てんきん)」(전근)이라는 단어인데, 여자는 남편의 전근이 결정되어 회사를 그만두게 되었다고 했다. 따라서 정답은 (C)가 되는데, 「主人(しゅじん)」(남편)이라는 단어를 놓치고 「転勤(てんきん)」을 「転職(てんしょく)」(전직)로 잘못 들으면 (B)를 오답으로 고르기 쉬우므로 주의해야 한다.

長(なが)い間(あいだ) 오랫동안　大変(たいへん) 대단히
お世話(せわ)になる 신세를 지다　残念(ざんねん) 유감스러움
社員(しゃいん) 사원　辞(や)める 그만두다　急(きゅう)に 갑자기
決(き)まる 결정되다　幸(さいわ)い 다행히　故郷(こきょう) 고향
面倒(めんどう)を見(み)る 돌보다
体(からだ)に気(き)を付(つ)ける 건강을 조심하다
退職(たいしょく) 퇴직　妊娠(にんしん) 임신　夫(おっと) 남편
両親(りょうしん) 부모　経営(けいえい) 경영　店(みせ) 가게
手伝(てつだ)う 돕다

35 비즈니스 및 업무

女 : 今日は眠そうね。その顔色からするとお酒の飲みすぎ。
　　오늘은 졸려 보이네. 그 안색으로 보면 과음?
男 : とんでもないですよ。残業続きの上に、昨日は遂に徹夜で…。
　　당치도 않아요. 계속된 잔업에다가 어제는 결국 밤샘으로….
女 : そう。大変だろうけど、会議の最中にあくびをするのはよくないわね。
　　그래? 힘들겠지만, 한창 회의 중일 때 하품을 하는 건 좋지 않아.
男 : すみません。以後、気を付けます。
　　죄송해요. 앞으로 주의할게요.

女の人は男の人に対して何がよくないと言っていますか。
여자는 남자에 대해 무엇이 좋지 않다고 말하고 있습니까?

(A) 12時まで残業していたこと
　　12시까지 잔업하고 있었던 것
(B) 会議の最中にあくびをしたこと
　　한창 회의 중일 때 하품을 한 것
(C) 連日お酒を飲んでいたこと
　　연일 술을 마셨던 것
(D) 徹夜をしたこと
　　밤샘을 한 것

해설 ★ 문제에 등장하는 「よくない」(좋지 않다)라는 표현이 대화 중에서 등장하므로 문제를 미리 읽어 두면 상당히 유리한 문제이다. 여자는 남자에게 두 번째 대화에서 한창 회의 중일 때 하품을 하는 건 좋지 않다고 했으므로 정답은 (B)가 된다.

眠(ねむ)い 졸리다 顔色(かおいろ) 안색 お酒(さけ) 술
飲(の)みすぎ 과음 とんでもない 당치도 않다 残業(ざんぎょう) 잔업
〜統(つづ)き 〜계속된 〜上(うえ)に 〜인 데다가, 〜뿐만 아니라
遂(つい)に 결국, 마침내 徹夜(てつや) 철야, 밤샘
〜最中(さいちゅう) 한창 〜중 あくびをする 하품을 하다
以後(いご) 이후, 앞으로 連日(れんじつ) 연일

36 일상생활

女：大分寒さが和らいで来たかと思えば、今日は真冬のような寒さですね。
상당히 추위가 누그러졌다고 생각했더니, 오늘은 한겨울과 같은 추위군요.

男：まだまだ薄着で外出するというわけにはいきませんね。
아직 얇은 옷으로 외출할 수는 없네요.

女：この時期は気温の変化が激しいですからね。用心しないと…。
이 시기는 기온 변화가 심하니까요. 조심하지 않으면….

男：でも、明後日から週末にかけて晴天に恵まれて気温も上がるそうですよ。
하지만 모레부터 주말에 걸쳐 날씨가 맑고 기온도 올라간대요.

週末の天気はどうなりそうですか。
주말 날씨는 어떻게 될 것 같습니까?

(A) 雨が降らず、空気が乾燥する。
비가 내리지 않고 공기가 건조하다.

(B) 雪が降って一段と寒さが増す。
눈이 내려 한층 더 추위가 심해진다.

(C) 雷を伴った夕立がある。
천둥을 동반한 소나기가 내린다.

(D) 晴れて暖かくなる。
맑고 따뜻해진다.

해설 ★ 문제에서는 주말 날씨를 묻고 있으므로, 오늘 날씨와 구분해서 들어야 한다. 오늘은 한겨울과 같은 추위지만, 모레부터 주말에 걸쳐 날씨가 맑고 기온도 올라간다고 했으므로 정답은 (D)가 된다.

大分(だいぶ) 꽤, 상당히 寒(さむ)さ 추위 和(やわ)らぐ 누그러지다
真冬(まふゆ) 한겨울 まだまだ 아직, 아직도 薄着(うすぎ) 얇은 옷
外出(がいしゅつ) 외출 〜わけにはいかない 〜할 수는 없다
時期(じき) 시기 気温(きおん) 기온 変化(へんか) 변화
激(はげ)しい 심하다 用心(ようじん) 조심, 주의
明後日(あさって) 모레 週末(しゅうまつ) 주말
〜から〜にかけて 〜부터 〜에 걸쳐서
晴天(せいてん)に恵(めぐ)まれる 날씨가 좋다 上(あ)がる 올라가다
雨(あめ) 비 降(ふ)る 내리다. 오다 空気(くうき) 공기

乾燥(かんそう) 건조 一段(いちだん)と 한층 더 増(ま)す 더하다
雷(かみなり) 천둥 伴(ともな)う 동반하다
夕立(ゆうだち) 여름에 내리는 소나기 暖(あたた)かい 따뜻하다

37 대화 내용에 대한 이해

女：あれ、今日から学会に出席することになっていませんでしたか。
어머, 오늘부터 학회에 참석하기로 되어 있지 않았나요?

男：それが一緒に行くはずの教授が急病で、取り止めたんです。
그게 함께 갈 예정이던 교수님의 급환으로 취소했어요.

女：でも、今回は全国の専門家が参加する重要な学会でしたよね。
하지만 이번에는 전국의 전문가가 참가하는 중요한 학회였죠?

男：発表された論文は来月、専門書に載るので、それを読むことにしたんですよ。
발표된 논문은 다음 달 전문서에 실리니까 그것을 읽기로 했어요.

どうして男の人は学会に出席しなかったのですか。
왜 남자는 학회에 참석하지 않았습니까?

(A) 自分の研究が忙しくなったため
자신의 연구가 바빠졌기 때문에

(B) 全国規模の学会ではなかったため
전국 규모의 학회가 아니었기 때문에

(C) 学会が開催中止になったため
학회가 개최 중지가 되었기 때문에

(D) 同行するはずの教授が急病になったため
동행할 예정인 교수가 급환에 걸렸기 때문에

해설 ★ 대화 내용을 종합해 보면 남자는 오늘부터 학회에 참석하기로 되어 있었는데, 이번 학회는 전국의 전문가가 참가하는 중요한 학회이다. 그런데 함께 가기로 한 교수의 급환 때문에 어쩔 수 없이 취소하게 되었지만 발표된 논문은 다음 달 전문서에 실리므로 그것을 읽기로 했다는 내용이다. 따라서 남자가 학회에 참석하지 않은 이유는 동행하기로 한 교수의 급환 때문이므로 정답은 (D)가 된다.

学会(がっかい) 학회 出席(しゅっせき) 출석, 참석 〜はず 〜할 예정
教授(きょうじゅ) 교수 急病(きゅうびょう) 급환
取(と)り止(や)める 중지하다. 그만두다 全国(ぜんこく) 전국
専門家(せんもんか) 전문가 参加(さんか) 참가
重要(じゅうよう) 중요 発表(はっぴょう) 발표 論文(ろんぶん) 논문
専門書(せんもんしょ) 전문서 載(の)る 실리다
研究(けんきゅう) 연구 忙(いそが)しい 바쁘다 規模(きぼ) 규모
開催(かいさい) 개최 中止(ちゅうし) 중지 同行(どうこう) 동행

38　대화 내용에 대한 이해

女：来月から銀行の自動支払機がコンビニに設置され
　　るんですって。
다음 달부터 은행의 자동지급기가 편의점에 설치된대.

男：銀行側としては開設費用を抑えた上に、店舗数拡大
　　を実現できるよね。은행측으로서는 개설 비용을 억제할 뿐만
아니라, 점포수 확대를 실현할 수 있겠군.

女：人件費の削減にも繋がるわね。でも、コンビニ側の
　　利点は何かしら。
인건비 삭감으로도 연결되겠네. 하지만 편의점측의 이점은 뭘까?

男：コンビニ側としては利用客の増加が見込めるとい
　　うことだよね。
편의점측으로써는 이용객의 증가를 예상할 수 있다는 거지.

銀行側の利点として2人が言っていないことは何ですか。
은행측의 이점으로써 두 사람이 말하고 있지 않은 것은 무엇입니까?

(A) 店舗数の拡大が見込めること
점포수의 확대를 예상할 수 있는 것

(B) 営業時間外の利用者が増えること
영업 시간 외의 이용자가 늘어나는 것

(C) 店舗の開設費用が抑えられること
점포의 개설 비용을 억제할 수 있는 것

(D) 人件費の削減が可能になること
인건비 삭감이 가능하게 된 것

해설 ★ 두 사람의 대화를 종합해서 들어야 풀 수 있는 문제로, 대화를
처음부터 끝까지 유의해서 들어야 한다. 은행의 자동지급기가 편의점에
설치되면, 은행은 개설 비용을 억제할 수 있고 점포수 확대도 가능할
뿐만 아니라, 인건비 삭감으로도 연결된다고 했다. 따라서 두 사람의 대
화에서 언급되지 않은 것은 ⑧가 된다.

銀行(ぎんこう) 은행　自動支払機(じどうしはらいき) 자동지급기, ATM
コンビニ 편의점　設置(せっち) 설치　開設(かいせつ) 개설
費用(ひよう) 비용　抑(おさ)える 억제하다　店舗(てんぽ) 점포
拡大(かくだい) 확대　実現(じつげん) 실현
人件費(じんけんひ) 인건비　削減(さくげん) 삭감
繋(つな)がる 연결되다, 이어지다　利点(りてん) 이점
利用客(りようきゃく) 이용객　増加(ぞうか) 증가
見込(みこ)む 예상하다　営業(えいぎょう) 영업　可能(かのう) 가능

39　비즈니스 및 업무

女：新聞の訃報欄に取引先の専務の名前がありました
　　が、ご存じですか。
신문 부고란에 거래처 전무님의 이름이 있었는데, 알고 계신가요?

男：うん、明日の社葬には参列しようかと思っているよ。
어, 내일 회사장에는 참석할 생각이야.

女：弔電を社長名でお出ししますか。
조전을 사장님 이름으로 보낼까요?

男：あ、頼むよ。それから、香典も3万円包んでおいて
　　くれるかな。
아, 부탁해. 그리고 부의금도 3만 엔 준비해 주겠나?

取引先の専務はどうしたのですか。
거래처의 전무는 어떻게 된 것입니까?

(A) 他界した。
타계했다.

(B) 子会社に転勤になった。
자회사로 전근 가게 되었다.

(C) 還暦を迎えた。
회갑을 맞이했다.

(D) 栄転した。
영전했다.

해설 ★ 정답을 찾을 수 있는 단서가 여기저기에 나오고 있다. 「訃報(ふ
ほう)」(부고), 「社葬(しゃそう)」(회사장), 「弔電(ちょうでん)」(조전), 「香
典(こうでん)」(부의금) 등의 표현으로 보아 거래처의 전무가 타계했다
는 것을 알 수 있다.

新聞(しんぶん) 신문　取引先(とりひきさき) 거래처
専務(せんむ) 전무　ご存(ぞん)じ 알고 계심
参列(さんれつ) 참렬, 참가　頼(たの)む 부탁하다
包(つつ)む 돈을 봉투에 넣어 주다　他界(たかい) 타계
還暦(かんれき) 환갑, 회갑　迎(むか)える 맞이하다
栄転(えいてん) 영전

40　성별에 따른 의견·행동 구분

男：先輩、店長から在庫数を確認したいからって、棚
　　卸しの表を預かったんですが。선배, 점장님이 재고수를 확
인하고 싶다고 해서 재고 조사표를 맡았는데요.

女：じゃ、それに記載されている商品を数えて記入して
　　くれる。그럼, 거기에 기재되어 있는 상품을 세어서 기입해 줄래?

男：はい。今、商品として店頭に出ている分だけでいい
　　んですか。
예. 지금 상품으로 가게 앞에 나와 있는 것만 하면 되나요?

女：ううん。破損していて返品せざるを得ない商品も
　　含めて全部お願いね。
아니. 파손돼서 반품해야 하는 상품도 포함해서 전부 부탁해.

男の人は何をしますか。
남자는 무엇을 합니까?

(A) 商品の在庫数の調査
상품의 재고수 조사

(B) 商品在庫の台帳の作成
상품 재고 대장 작성

(C) 商品の陳列棚の入れ替え
상품 진열장의 교체

(D) 破損している商品の返品
파손된 상품의 반품

해설 ★ 여자의 첫 번째 대화에서 정답을 찾을 수 있는 문제이다. 점장이 재고수를 확인하고 싶어서 남자에게 재고 조사표를 맡겼는데, 이에 여자가 재고 조사표에 기재되어 있는 상품을 세어서 기입해 달라고 했으므로 남자는 상품의 재고수를 조사하면 될 것이다. 따라서 정답은 (A)가 된다.

店長(てんちょう) 점장　在庫(ざいこ) 재고　確認(かくにん) 확인
棚卸(たなおろ)しの表(ひょう) 재고 조사표　預(あず)かる 맡다
記載(きさい) 기재　数(かぞ)える 세다　記入(きにゅう) 기입
店頭(てんとう) 가게 앞　破損(はそん) 파손　返品(へんぴん) 반품
동사의 ない형+ざるを得(え)ない ～하지 않을 수 없다
含(ふく)める 포함하다　全部(ぜんぶ) 전부　調査(ちょうさ) 조사
台帳(だいちょう) 대장　作成(さくせい) 작성
陳列棚(ちんれつだな) 진열장　入(い)れ替(か)え 교체

PART 4

41~44

⁴¹加藤さんは今45歳で、会社の社長です。会社は大きいビルの中にあります。加藤さんの会社は5階から10階までです。受付は5階、社員の食堂は7階、⁴²社長の部屋は10階にあります。加藤さんの部屋には大きい机があります。机の上に奥さんと2人の息子さんの写真が置いてあります。⁴³加藤さんはたばこを吸いませんから、テーブルの上にも机の上にも灰皿はありません。⁴⁴加藤さんは毎朝8時にこの部屋で仕事を始めます。昼ご飯は社員と一緒に食堂で食べます。

가토 씨는 현재 45세로, 회사의 사장입니다. 회사는 큰 빌딩 안에 있습니다. 가토 씨의 회사는 5층에서 10층까지입니다. 접수처는 5층, 사원 식당은 7층, 사장실은 10층에 있습니다. 가토 씨 방에는 큰 책상이 있습니다. 책상 위에 부인과 두 아들의 사진이 놓여 있습니다. 가토 씨는 담배를 피우지 않아서 테이블 위에도 책상 위에도 재떨이는 없습니다. 가토 씨는 매일 아침 8시에 이 방에서 일을 시작합니다. 점심 식사는 사원과 함께 식당에서 먹습니다.

大(おお)きい 크다　ビル 빌딩　受付(うけつけ) 접수처
社員(しゃいん) 사원　食堂(しょくどう) 식당　部屋(へや) 방

机(つくえ) 책상　奥(おく)さん 부인　息子(むすこ) 아들
写真(しゃしん) 사진　たばこを吸(す)う 담배를 피우다
灰皿(はいざら) 재떨이　始(はじ)める 시작하다
昼(ひる)ご飯(はん) 점심 식사　一緒(いっしょ)に 함께
食(た)べる 먹다

41

加藤さんは何歳ですか。
가토 씨는 몇 살입니까?

(A) 40歳
40세

(B) 45歳
45세

(C) 50歳
50세

(D) 55歳
55세

해설 ★ 숫자 청취 문제로 첫 번째 문장에서 정답을 찾을 수 있다. 가토 씨는 지금 45세라고 나오므로 정답은 (B)가 된다.

何歳(なんさい) 몇 살

42

加藤さんの部屋は何階にありますか。
가토 씨의 방은 몇 층에 있습니까?

(A) 5階
5층

(B) 7階
7층

(C) 9階
9층

(D) 10階
10층

해설 ★ 각 층별로 무엇이 있는지 잘 들어야 한다. 가토 씨의 회사는 큰 빌딩의 5층에서 10층까지 쓰는데, 5층에는 접수처, 7층에는 사원 식당, 10층에는 가토 씨의 방인 사장실이 있다. 따라서 정답은 (D)가 된다.

何階(なんがい) 몇 층

43

加藤さんの部屋には何がありませんか。
가토 씨의 방에는 무엇이 없습니까?

(A) 大きい机
큰 책상

(B) テーブル
테이블

(C) 灰皿(はいざら)
재떨이

(D) 家族(かぞく)の写真(しゃしん)
가족 사진

해설 ★ 가토 씨의 방에 없는 물건을 묻고 있다. 가토 씨 방에는 큰 책상과 테이블, 그리고 부인과 두 아들의 사진이 있지만 담배를 피우지 않으므로 재떨이는 없다고 나온다. 따라서 정답은 (C)가 된다.

家族(かぞく) 가족

44

加藤(かとう)さんは何時(なんじ)に仕事(しごと)を始(はじ)めますか。
가토 씨는 몇 시에 일을 시작합니까?

(A) 7時(じ)
7시

(B) 8時(じ)
8시

(C) 9時(じ)
9시

(D) 10時(じ)
10시

해설 ★ 41번 문제와 마찬가지로 숫자 청취 문제이다. 가토 씨는 매일 아침 8시에 일을 시작한다고 했으므로 정답은 (B)가 된다.

45~47

皆(みな)さん、こんにちは。今日(きょう)は楽(たの)しい料理(りょうり)教室(きょうしつ)をご紹介(しょうかい)します。45名前(なまえ)は「男(おとこ)の料理(りょうり)教室(きょうしつ)」。男(おとこ)の人(ひと)も自分(じぶん)で料理(りょうり)を作(つく)れるようになろうと今年(ことし)の4月(がつ)に始(はじ)まりました。ですから、メンバーは男(おとこ)の人(ひと)だけ。46毎月(まいつき)第(だい)2・第(だい)4水曜日(すいようび)の午前(ごぜん)10時(じ)から、緑町(みどりまち)図書館(としょかん)の隣(となり)の建物(たてもの)でやっています。先生(せんせい)の西村(にしむら)さんはとてもきれいで優(やさ)しい方(かた)だそうです。毎月(まいつき)2回目(かいめ)の教室(きょうしつ)ではビールも飲(の)めます。47メンバーの皆(みな)さんも「料理(りょうり)が好(す)きになった」、「病気(びょうき)の家内(かない)が食(た)べて美味(おい)しいと言(い)った」などと話(はな)しています。

여러분, 안녕하세요. 오늘은 즐거운 요리 교실을 소개해 드립니다. 이름은 '남자의 요리 교실'. 남자도 스스로 요리를 만들 수 있도록 하자는 취지로 올해 4월에 시작되었습니다. 그래서 멤버는 남자들뿐. 매달 둘째, 넷째 수요일 오전 10시부터, 미도리마치 도서관 옆 건물에서 하고 있습니다. 선생님이

신 니시무라 씨는 아주 아름답고 상냥한 분이라고 합니다. 매달 두 번째 교실에서는 맥주도 마실 수 있습니다. 멤버 여러분도 '요리를 좋아하게 되었다', '아픈 아내가 먹고 맛있다고 했다' 등 이야기하고 있습니다.

楽(たの)しい 즐겁다　料理(りょうり) 요리　教室(きょうしつ) 교실
紹介(しょうかい) 소개　名前(なまえ) 이름　自分(じぶん)で 스스로
作(つく)る 만들다　始(はじ)まる 시작되다
メンバー(member) 멤버, 회원　午前(ごぜん) 오전
図書館(としょかん) 도서관　隣(となり) 옆　建物(たてもの) 건물
きれい 아름다움, 예쁨　優(やさ)しい 상냥하다
ビール(네덜란드어 bier) 맥주　病気(びょうき) 병, 몸이 아픔
家内(かない) 아내　美味(おい)しい 맛있다

45

どんな料理教室(りょうりきょうしつ)について話(はな)していますか。
어떤 요리 교실에 대해서 이야기하고 있습니까?

(A) 子供(こども)が好(す)きな料理(りょうり)を作(つく)る教室(きょうしつ)
아이가 좋아하는 요리를 만드는 교실

(B) お酒(さけ)に合(あ)う料理(りょうり)を作(つく)る教室(きょうしつ)
술에 어울리는 요리를 만드는 교실

(C) 男(おとこ)の人(ひと)だけの料理教室(りょうりきょうしつ)
남자만의 요리 교실

(D) 女(おんな)の人(ひと)の好(す)きな料理(りょうり)を作(つく)る教室(きょうしつ)
여자가 좋아하는 요리를 만드는 교실

해설 ★ 앞부분 내용으로 정답을 찾을 수 있는 문제이다. 소개하고 있는 요리 교실은 이름이 '남자의 요리 교실'로, 남자도 스스로 요리를 만들 수 있도록 하자는 취지로 만들어진 남자들만의 요리 교실이다. 따라서 정답은 (C)가 된다.

お酒(さけ) 술　合(あ)う 어울리다

46

この料理教室(りょうりきょうしつ)はいつやっていますか。
이 요리 교실은 언제 하고 있습니까?

(A) 毎週水曜日(まいしゅうすいようび)、午後(ごご)2時(じ)から
매주 수요일 오후 2시부터

(B) 毎週水曜日(まいしゅうすいようび)、午後(ごご)4時(じ)から
매주 수요일 오후 4시부터

(C) 毎月(まいつき)2回(かい)、午前(ごぜん)10時(じ)から
매달 두 번, 오전 10시부터

(D) 毎月(まいつき)2回(かい)、午後(ごご)2時(じ)から
매달 두 번, 오후 2시부터

해설 ★ 요일과 시간을 정확하게 청취해야 실수가 없는 문제이다. 이 요리 교실은 매달 둘째, 넷째 수요일 오전 10시부터 하고 있으므로 정답은 (C)가 된다.

毎週(まいしゅう) 매주　午後(ごご) 오후

47

この料理教室のメンバーの人達はどんなことを言っていますか。 이 요리 교실의 멤버인 사람들은 어떤 말을 하고 있습니까?

(A) 家内に料理をほめられた。
아내에게 요리를 칭찬받았다.

(B) 家内の仕事の大変さがよくわかった。
아내의 일이 힘들다는 것을 잘 알 수 있었다.

(C) プロになれるように頑張りたい。
프로가 될 수 있도록 노력하고 싶다.

(D) 病気だったのに、元気になってきた。
아팠지만 건강해졌다.

해설 ★ 마지막 부분에 정답과 관련된 내용이 나온다. 요리 교실에 참가한 멤버들은 '요리를 좋아하게 되었다' 라든가 '아픈 아내가 먹고 맛있다고 말했다' 라고 했으므로 정답은 아내에게 요리를 칭찬받았다고 한 (A)가 된다.

ほめる 칭찬하다 プロ 프로 頑張(がんば)る 분발하다, 노력하다
元気(げんき) 건강함

48~50

　先日、東京の若い人達に人気のある渋谷に面白い喫茶店ができました。名前は「ワールドスポーツカフェ」です。49店には席が120席もあり、4850台のテレビで世界の野球やサッカー、バスケットボールなどのゲームを見ながら食事ができるのです。また、50世界中の有名なスポーツ選手を店に招待することもあります。目の前でそういう人達が話すのを聞けるのはスポーツが好きな人達にとって夢のようなことでしょう。また、店の中には有名な選手が使ったボールやバットなどが600点も飾られているそうです。

　요전에 도쿄의 젊은이들에게 인기가 있는 시부야에 재미있는 찻집이 생겼습니다. 이름은 '월드 스포츠 카페' 입니다. 가게에는 좌석이 120석이나 있고, 50대의 텔레비전으로 세계의 야구나 축구, 농구 등의 게임을 보면서 식사를 할 수 있습니다. 또한 전 세계의 유명한 스포츠 선수를 가게로 초대하는 경우도 있습니다. 눈앞에서 그런 사람들이 이야기하는 것을 들을 수 있는 것은 스포츠를 좋아하는 사람들에게 있어 꿈과 같은 일이겠죠. 또 가게 안에는 유명한 선수가 사용한 볼이나 배트 등이 600점이나 장식되어 있다고 합니다.

先日(せんじつ) 요전, 전번 若(わか)い 젊다
面白(おもしろ)い 재미있다 喫茶店(きっさてん) 찻집 店(みせ) 가게
席(せき) 자리, 좌석 世界(せかい) 세계 野球(やきゅう) 야구

サッカー(soccer) 축구 バスケットボール(basketball) 농구
食事(しょくじ) 식사 有名(ゆうめい) 유명 選手(せんしゅ) 선수
招待(しょうたい) 초대 ～にとって ～에게 있어서 夢(ゆめ) 꿈
使(つか)う 사용하다 ボール(ball) 볼 バット(bat) 배트
飾(かざ)る 장식하다

48

渋谷にどんな喫茶店ができましたか。
시부야에 어떤 찻집이 생겼습니까?

(A) スポーツを見ながら食事ができる喫茶店
스포츠를 보면서 식사를 할 수 있는 찻집

(B) 店が日本で一番広い喫茶店
가게가 일본에서 가장 넓은 찻집

(C) 音楽やスポーツで有名な人に会える喫茶店
음악이나 스포츠로 유명한 사람을 만날 수 있는 찻집

(D) ゲームをしながら食事ができる喫茶店
게임을 하면서 식사를 할 수 있는 찻집

해설 ★ 시부야에 생긴 찻집이 어떤 찻집인지 묻고 있다. 이번에 생긴 찻집은 텔레비전으로 야구나 축구, 농구 등 세계의 각종 스포츠를 보면서 식사를 할 수 있는 곳이라고 했다. 따라서 정답은 (A)가 된다.

一番(いちばん) 가장, 제일 広(ひろ)い 넓다 音楽(おんがく) 음악

49

この喫茶店に席はいくつありますか。
이 찻집에 좌석은 몇 개 있습니까?

(A) 20席
20석

(B) 50席
50석

(C) 70席
70석

(D) 120席
120석

해설 ★ 숫자 청취 문제로 좌석 숫자와 텔레비전 숫자를 혼동하지 않고 정확히 들어야 한다. 이번에 생긴 찻집에는 좌석이 120석이고, 텔레비전이 50대 있다고 했으므로 정답은 (D)가 된다.

50

スポーツが好きな人達にとって夢のようなこととは何だ
と言っていますか。 스포츠를 좋아하는 사람들에게 있어 꿈과 같은 일
이란 무엇이라고 말하고 있습니까?

(A) 世界中のスポーツの試合に招待してもらえること
전 세계의 스포츠 경기에 초대받을 수 있는 것

(B) テレビを使って有名な人と話ができること
텔레비전을 사용해 유명한 사람과 이야기를 할 수 있는 것

(C) 有名なスポーツ選手が自分の前で話すのを聞けるこ
と 유명한 스포츠 선수가 자신 앞에서 이야기하는 것을 들을 수 있는
것

(D) 有名な人の使ったスポーツの道具が見られること
유명한 사람이 사용한 스포츠 도구를 볼 수 있는 것

해설 ★ 내용 이해 문제로 스포츠를 좋아하는 사람들에게 있어 전 세계
의 유명한 스포츠 선수가 눈앞에서 이야기하는 것을 들을 수 있는 것
은 꿈과 같은 일일 것이라고 나오고 있다. 따라서 정답은 (C)가 된다.

試合(しあい) 시합. 경기　道具(どうぐ) 도구

확인평가

해 설 및 정 답

PART 1 정답

확인평가 1

1 A	2 C	3 C	4 C	5 B	6 B	7 D	8 C	9 C	10 C
11 B	12 B	13 B	14 C	15 A	16 B	17 D	18 D	19 C	20 B

확인평가 2

1 B	2 A	3 D	4 C	5 B	6 A	7 D	8 D	9 D	10 D
11 D	12 A	13 C	14 A	15 A	16 B	17 B	18 B	19 A	20 B

PART 2 정답

확인평가 1

1 A	2 C	3 C	4 D	5 A	6 B	7 C	8 B	9 D	10 C
11 D	12 D	13 C	14 A	15 B	16 D	17 B	18 A	19 C	20 B
21 C	22 C	23 B	24 B	25 A	26 D	27 B	28 A	29 A	30 A

확인평가 2

1 D	2 C	3 D	4 A	5 B	6 C	7 B	8 B	9 A	10 C
11 B	12 B	13 C	14 A	15 C	16 D	17 D	18 B	19 D	20 A
21 C	22 D	23 B	24 B	25 B	26 B	27 B	28 B	29 D	30 B

PART 3 정답

확인평가 1

1 B	2 A	3 C	4 A	5 A	6 C	7 D	8 D	9 B	10 B
11 C	12 A	13 C	14 A	15 B	16 B	17 D	18 A	19 A	20 D
21 D	22 C	23 C	24 D	25 C	26 B	27 C	28 C	29 C	30 B

확인평가 2

1 B	2 A	3 C	4 D	5 D	6 A	7 B	8 D	9 C	10 B
11 D	12 C	13 C	14 A	15 A	16 C	17 A	18 D	19 C	20 C
21 D	22 D	23 A	24 B	25 C	26 C	27 A	28 C	29 B	30 B

PART 4 정답

확인평가 1

1 A	2 C	3 B	4 B	5 C	6 D	7 A	8 C	9 B	10 D
11 C	12 B	13 D	14 C	15 D	16 C	17 A	18 B	19 B	20 A

확인평가 2

1 D	2 B	3 B	4 A	5 D	6 C	7 A	8 C	9 A	10 B
11 D	12 B	13 B	14 D	15 D	16 A	17 C	18 A	19 C	20 C

PART 1

1 사물의 상태·특징·장소

(A) ここで手を洗います。
이곳에서 손을 씻습니다.

(B) 大きいテレビがあります。
큰 텔레비전이 있습니다.

(C) 机が二つあります。
책상이 두 개 있습니다.

(D) ここで料理を作ります。
이곳에서 요리를 만듭니다.

해설 ★ 사진에 보이는 장소는 세면대이므로 정답은 (A)가 된다. 텔레비전이나 책상은 보이지 않으므로 (B)와 (C)는 오답이 되고, (D)는 요리를 만든다는 표현으로 보아, 장소가 부엌이 되어야 하므로 역시 오답이 된다.

手(て)を洗(あら)う 손을 씻다 大(おお)きい 크다 テレビ 텔레비전
机(つくえ) 책상 料理(りょうり)を作(つく)る 요리를 만들다

2 전체적인 풍경 및 상황

(A) 小さい池があります。
작은 연못이 있습니다.

(B) 広い道があります。
넓은 길이 있습니다.

(C) 山の中の川です。
산속에 있는 냇가입니다.

(D) 人は誰もいません。
사람은 아무도 없습니다.

해설 ★ 문제의 사진은 산속에 있는 냇가 풍경이다. 따라서 정답은 (C)가 되는데, (A)와 (B)는 「池(いけ)」(연못)와 「広(ひろ)い道(みち)」(넓은 길)라는 표현 때문에 오답이 되고, 사람이 몇 명 보이므로 (D) 역시 틀린 설명이다.

小(ちい)さい 작다 山(やま) 산 川(かわ) 강, 냇가 誰(だれ)も 아무도

3 사물의 상태·특징·장소

(A) 店の前で売っているのは靴下です。
가게 앞에서 팔고 있는 것은 양말입니다.

(B) 店の前で売っているのは鞄です。
가게 앞에서 팔고 있는 것은 가방입니다.

(C) 店の前に置いてあるのは靴です。
가게 앞에 놓여 있는 것은 구두입니다.

(D) 店の前に置いてあるのは本です。
가게 앞에 놓여 있는 것은 책입니다.

해설 ★ 사진 속에 등장하는 사물이 정확하게 무엇인지를 파악해야 하는 문제이다. 구두를 판매하는 신발가게 사진이므로 「靴(くつ)」(구두)라고 설명한 (C)가 정답이 된다. (A)의 「靴下(くつした)」(양말)와 혼동하지 않도록 주의한다.

店(みせ) 가게 前(まえ) 앞 売(う)る 팔다 鞄(かばん) 가방
置(お)く 두다, 놓다 本(ほん) 책

4 사물의 상태·특징·장소

(A) 勉強する時使います。
공부할 때 사용합니다.

(B) 音楽を聞く時使います。
음악을 들을 때 사용합니다.

(C) 食事をする時使います。
식사를 할 때 사용합니다.

(D) 絵を描く時使います。
그림을 그릴 때 사용합니다.

해설 ★ 사진에 보이는 사물은 나이프, 스푼, 포크, 젓가락이므로 식사를 할 때 사용하는 도구라는 것을 알 수 있다.

勉強(べんきょう) 공부 使(つか)う 사용하다 音楽(おんがく) 음악
聞(き)く 듣다 食事(しょくじ) 식사 絵(え) 그림 描(か)く 그리다

5 신체 일부의 동작

(A) 紙を細かく破っています。
종이를 잘게 찢고 있습니다.

(B) 紙をはさみで切っています。
종이를 가위로 자르고 있습니다.

(C) 紙に穴を開けています。
종이에 구멍을 내고 있습니다.

(D) 紙を半分に折っています。
종이를 반으로 접고 있습니다.

해설 ★ 인물의 손동작에 주목하면 정답이 쉽게 나오는 문제로, 사진 속의 인물은 가위로 종이를 자르고 있다.

紙(かみ) 종이 細(こま)かい 세세하다, 잘다 破(やぶ)る 찢다
はさみ 가위 切(き)る 자르다, 끊다 穴(あな) 구멍 開(あ)ける 열다
半分(はんぶん) 반, 절반 折(お)る 접다

6 인물의 동작·자세(다수의 인물)

(A) この人たちは昼寝中です。
이 사람들은 낮잠을 자는 중입니다.

(B) この人たちは食事中です。
이 사람들은 식사를 하는 중입니다.

(C) この人たちは勉強中です。
이 사람들은 공부를 하는 중입니다.

(D) この人たちは運動中です。
이 사람들은 운동을 하는 중입니다.

해설 ★ 다수의 인물이 등장하는 사진은 일단 공통점이나 차이점에 주목을 해야 한다. 사진 속의 인물들은 지금 식사를 하고 있는 중이므로 정답은 (B)가 된다. 나머지 선택지는 모두 동작 설명이 틀렸다.

昼寝(ひるね) 낮잠　運動(うんどう) 운동

---

7 전체적인 풍경 및 상황

(A) 本や文房具が売られています。
책이나 문구가 팔리고 있습니다.

(B) ビデオテープが売られています。
비디오테이프가 팔리고 있습니다.

(C) 洋服や帽子などが売られています。
옷이나 모자 등이 팔리고 있습니다.

(D) 子供のおもちゃが売られています。
어린이 장난감이 팔리고 있습니다.

해설 ★ 사진에 등장한 사물에 중점을 두면 정답이 쉽게 나오는 문제이다. 어린이용 장난감을 파는 노점 앞 풍경으로 정답은 (D)가 된다. 사진에서 책이나 문방구, 비디오테이프, 옷, 모자 등은 보이지 않으므로 나머지 선택지는 모두 오답이 된다.

文房具(ぶんぼうぐ) 문방구, 문구　洋服(ようふく) 옷
帽子(ぼうし) 모자　おもちゃ 장난감

---

8 인물의 동작·자세(2인)

(A) 一番こちらの人はボールを磨いています。
맨 앞쪽 사람은 공을 닦고 있습니다.

(B) 一番こちらの人はボールを拾っています。
맨 앞쪽 사람은 공을 줍고 있습니다.

(C) 一番こちらの人はボールを投げようとしています。
맨 앞쪽 사람은 공을 던지려 하고 있습니다.

(D) 一番こちらの人はボールを投げたばかりです。
맨 앞쪽 사람은 공을 막 던졌습니다.

해설 ★ 어느 쪽 인물에 대해 말하고 있는지를 잘 듣는 것이 중요한 문제이다. 「一番(いちばん)こちら」는 사진을 보는 사람에게 가장 가까운 쪽을 말한다. 따라서 맨 앞쪽 여자는 볼링공을 던지려 하고 있고, 뒤쪽 여자는 공을 던지고 나서 보고 있는 상황이므로 정답은 (C)가 된다.

一番(いちばん) 맨, 제일　磨(みが)く 닦다　拾(ひろ)う 줍다
投(な)げる 던지다　동사의 た형+ばかりだ 막 ~했다

---

9 전체적인 풍경 및 상황

(A) 人がどんどん部屋を出ていくところです。
사람이 속속 방을 나가는 중입니다.

(B) みんな前を向いてにこにこしています。
모두 앞을 향해 생긋생긋 웃고 있습니다.

(C) まだ空いている席があります。
아직 비어 있는 자리가 있습니다.

(D) もう席はいっぱいで座れません。
이미 자리는 가득 차서 앉을 수 없습니다.

해설 ★ 빈자리가 드문드문 보이므로 아직 비어 있는 자리가 있다고 한 (C)가 정답이 된다. 방을 나가는 사람의 모습은 보이지 않으므로 (A)는 오답. 웃고 있는 사람은 없고, 빈자리가 아직 있으므로 (B), (D) 역시 오답이 된다.

どんどん 속속, 잇달아　部屋(へや) 방　出(で)る 나가다
向(む)く 향하다　にこにこ 생긋생긋　空(あ)く 비다　席(せき) 자리
座(すわ)る 앉다

---

10 사물의 상태·특징·장소

(A) 後2、3分で11時です。
앞으로 2, 3분 있으면 11시입니다.

(B) 10時を5分ぐらい過ぎたところです。
10시를 막 5분 정도 지났습니다.

(C) 20分ぐらいすると11時になります。
20분 정도 지나면 11시가 됩니다.

(D) まだ10時にはなっていません。
아직 10시는 되지 않았습니다.

해설 ★ 시계가 몇 시를 가리키고 있는지에 주목할 것. 현재 시각은 10시 40분쯤이므로, 정답은 20분 정도 지나면 11시가 된다고 한 (C)가 된다.

後(あと) 앞으로　過(す)ぎる 지나다　まだ 아직

---

11 사물의 상태·특징·장소

(A) 古い自動車が止まっています。
낡은 자동차가 서 있습니다.

(B) 壊れた家電製品が捨てられています。
망가진 가전제품이 버려져 있습니다.

(C) 使えなくなったカメラが落ちています。
사용할 수 없게 된 카메라가 떨어져 있습니다.

(D) 故障したテレビが何台か積んであります。
고장 난 텔레비전이 몇 대쯤 쌓여 있습니다.

해설 ★ 망가진 텔레비전이 버려져 있는 사진으로 「壊(こわ)れる」(망가지다)와 「捨(す)てる」(버리다)라는 동사를 알아듣는 것이 포인트. 따라서 정답은 (B)가 된다.

古(ふる)い 낡다. 오래되다 自動車(じどうしゃ) 자동차
止(と)まる 멈추다. 서다 家電製品(かでんせいひん) 가전제품
使(つか)う 사용하다 落(お)ちる 떨어지다 故障(こしょう) 고장
積(つ)む 쌓다

12 인물의 동작 · 자세(1인)

(A) この人は服を畳んでいます。
이 사람은 옷을 개고 있습니다.

(B) この人はアイロンをかけています。
이 사람은 다림질을 하고 있습니다.

(C) この人は服を干しています。
이 사람은 옷을 널고 있습니다.

(D) この人はシャツを洗濯機に入れています。
이 사람은 셔츠를 세탁기에 넣고 있습니다.

해설 ★ 사진 속 인물의 동작에 주목을 해야 하는 문제로 「アイロンを
かける」(다림질을 하다)라는 표현이 포인트.

服(ふく) 옷 畳(たた)む 개다 干(ほ)す 널다. 말리다
シャツ(shirt) 셔츠 洗濯機(せんたくき) 세탁기 入(い)れる 넣다

13 사물의 상태 · 특징 · 장소

(A) ここにある物は形も大きさも同じです。
여기에 있는 물건은 모양도 크기도 동일합니다.

(B) この中に缶は2本しかありません。
이 중에 캔은 두 개밖에 없습니다.

(C) 缶や瓶などが全部横に倒してあります。
캔이나 병 등이 전부 옆으로 쓰러져 있습니다.

(D) 飲み物などが引き出しに入れてあります。
음료 등이 서랍에 넣어져 있습니다.

해설 ★ 사진 속의 사물은 캔, 페트병, 병으로 각각 두 개씩이다. (A)는
모양과 크기가 동일하다고 했으므로 오답이 되고, 옆으로 쓰러져 있는
캔이나 병은 없으므로 (C) 역시 부적절하다. 그리고 (D)는 음료 등이
서랍에 들어 있다고 했으므로 정답과는 거리가 먼 표현이 된다.

形(かたち) 모양 大(おお)きさ 크기 缶(かん) 캔 瓶(びん) 병
全部(ぜんぶ) 전부 横(よこ) 옆 倒(たお)す 넘어뜨리다. 쓰러뜨리다
飲(の)み物(もの) 음료 引(ひ)き出(だ)し 서랍 入(い)れる 넣다

14 사물의 상태 · 특징 · 장소

(A) 色々な種類の楽器が集められています。
여러 가지 종류의 악기가 모여 있습니다.

(B) 高価な美術品が1点ずつ展示されています。
고가의 미술품이 한 점씩 전시되어 있습니다.

(C) 商品は値引きされて販売されています。
상품은 할인되어 판매되고 있습니다.

(D) 品物は全て紙に包んであります。
물건은 전부 종이로 포장되어 있습니다.

해설 ★ 사진에 「正札(しょうふだ)から4割引(よんわりびき)」라는 글자
가 쓰여 있는데, 이는 '정가에서 40% 할인'이라는 의미로 사진의 상품
들이 할인 판매되고 있다는 것을 알 수 있다.

色々(いろいろ) 여러 가지 種類(しゅるい) 종류 楽器(がっき) 악기
集(あつ)める 모으다 高価(こうか) 고가 美術品(びじゅつひん) 미술품
〜ずつ 〜씩 展示(てんじ) 전시 商品(しょうひん) 상품
値引(ねび)き 할인 販売(はんばい) 판매 品物(しなもの) 물건
全(すべ)て 전부. 모두 紙(かみ) 종이 包(つつ)む 싸다. 포장하다

15 전체적인 풍경 및 상황

(A) ここは人で混雑しています。
여기는 사람들로 혼잡합니다.

(B) 人通りの少ない町外れの風景です。
사람의 왕래가 적은 변두리 풍경입니다.

(C) 人々はきちんと列を作っています。
사람들은 질서 정연하게 줄을 서 있습니다.

(D) 人々は競技場で試合が始まるのを待っています。
사람들은 경기장에서 시합이 시작되기를 기다리고 있습니다.

해설 ★ 사람들로 상당히 붐비고 있는 풍경. (B)는 사람의 왕래가 적은
변두리 풍경이라고 했으므로 오답이 되고, 사람들이 질서 있게 줄을 서
있는 상황도 아니고 경기장 모습도 아니므로 (C)와 (D) 역시 오답이다.

混雑(こんざつ) 혼잡 人通(ひとどお)り 사람의 왕래
少(すく)ない 적다 町外(まちはず)れ 시내의 외곽. 변두리
風景(ふうけい) 풍경 きちんと 규칙 바른 모양
列(れつ)を作(つく)る 줄을 서다 競技場(きょうぎじょう) 경기장
試合(しあい) 시합. 경기 始(はじ)まる 시작되다

16 사물의 상태 · 특징 · 장소

(A) 店の店員がジュースを配達中です。
가게 점원이 주스를 배달하고 있는 중입니다.

(B) 自動販売機はそれぞれ隣り合わせに置かれています。
자동판매기는 각각 나란히 놓여 있습니다.

(C) ジュースを買う人の列ができています。
주스를 사려는 사람의 줄이 생겨 있습니다.

(D) 乗車券の自動販売機が数台あります。
승차권 자동판매기가 몇 대 있습니다.

해설 ★ 음료 자동판매기가 옆으로 나란히 놓여 있는 사진. 사람의 모습
은 보이지 않으므로 (A). (C)는 오답. 또한 승차권 자동판매기도 아니
므로 (D) 역시 오답이 된다.

店員(てんいん) 점원 配達(はいたつ) 배달
自動販売機(じどうはんばいき) 자동판매기 それぞれ 각각
隣(とな)り合(あ)わせ 서로 이웃해 있음
列(れつ)ができる 줄이 생기다 乗車券(じょうしゃけん) 승차권

17 전체적인 풍경 및 상황

(A) 室内に少なくとも100個のケースが置いてあります。
실내에 적어도 100개의 상자가 놓여 있습니다.

(B) ケースの周りを大勢の人が取り囲んでいます。
상자 주위를 많은 사람들이 둘러싸고 있습니다.

(C) ケースは一列にきちんと並べてあります。
상자는 일렬로 가지런히 나란히 놓여 있습니다.

(D) 路上にケースが運び出されています。
길 가에 상자가 (밖으로) 나와 있습니다.

해설 ★ 길 위에 상자가 나와 있는 사진으로 「路上(ろじょう)」(노상, 길 가)라는 한자어와 「運(はこ)び出(だ)す」(반출하다, 밖으로 내놓다)라는 동사가 포인트. (A)는 「室内(しつない)」(실내)라는 단어에서 틀렸다는 것을 알 수 있고, 상자 주위를 둘러싸고 있는 사람의 모습도 없고, 상자가 일렬로 나란히 놓여 있는 것도 아니므로 (B)와 (C) 역시 오답이다.

少(すく)なくとも 적어도   ケース(case) 케이스, 상자
周(まわ)り 주위   大勢(おおぜい) 많은 사람
取(と)り囲(かこ)む 둘러싸다   一列(いちれつ) 일렬
並(なら)べる 나란히 놓다

18 전체적인 풍경 및 상황

(A) この付近は高層ビルの立ち並ぶオフィス街です。
이 부근은 고층 빌딩이 늘어선 오피스 거리입니다.

(B) 空は雲一つなく快晴です。
하늘은 구름 한 점 없이 맑습니다.

(C) 空には一面星が輝いています。
하늘에는 온통 별이 빛나고 있습니다.

(D) 高い煙突がそびえています。
높은 굴뚝이 우뚝 솟아 있습니다.

해설 ★ 사진 속의 풍경에서 가장 두드러지게 보이는 사물은 우뚝 솟아 있는 굴뚝이다. 오피스 거리는 아니고, 사진의 배경은 낮이므로 (A)와 (C)는 오답. 또한 하늘에는 구름이 많이 보이므로 (B) 역시 정답과는 거리가 멀다.

付近(ふきん) 부근   高層(こうそう)ビル 고층 빌딩
立(た)ち並(なら)ぶ 늘어서다   オフィス街(がい) 오피스 거리
空(そら) 하늘   雲(くも) 구름   快晴(かいせい) 쾌청
一面(いちめん) 전면, 온통   星(ほし) 별   輝(かがや)く 빛나다
高(たか)い 높다   煙突(えんとつ) 굴뚝   そびえる 우뚝 솟다

19 전체적인 풍경 및 상황

(A) この結婚式のスタイルは純和風です。
이 결혼식 스타일은 순일본식입니다.

(B) 厳粛な雰囲気の中で結婚の誓いが読み上げられてい
ます。 엄숙한 분위기 속에서 결혼 서약이 낭독되고 있습니다.

(C) 花嫁と花婿は人々の祝福を浴びています。
신부와 신랑은 사람들의 축복을 받고 있습니다.

(D) 花嫁は花婿に手を引かれて入場するところです。
신부는 신랑 손에 이끌려 입장하려던 참입니다.

해설 ★ 결혼식장 풍경으로 신랑 신부가 하객들의 축복을 받으며 걸어 나오고 있는 사진이다. 신랑 신부가 일본 전통옷을 입고 있는 것이 아니므로 (A)는 제외. 또한 결혼 서약을 읽고 있는 상황도 아니고, 신부 손을 잡고 입장하려는 상황도 아니므로 (B)와 (D) 역시 오답이 된다.

結婚式(けっこんしき) 결혼식   スタイル(style) 스타일
純和風(じゅんわふう) 순일본식   厳粛(げんしゅく) 엄숙
雰囲気(ふんいき) 분위기   誓(ちか)い 맹세, 서약
読(よ)み上(あ)げる 낭독하다   花嫁(はなよめ) 신부
花婿(はなむこ) 신랑   祝福(しゅくふく)を浴(あ)びる 축복을 받다
手(て)を引(ひ)く 손을 끌다   入場(にゅうじょう) 입장

20 전체적인 풍경 및 상황

(A) 建物の壁に沿って植え込みがあります。
건물 벽을 따라 정원수가 있습니다.

(B) 建物の壁面に彫刻が施されています。
건물 벽면에 조각이 새겨져 있습니다.

(C) 建物の窓という窓は円形です。
건물의 창문이란 창문은 모두 원형입니다.

(D) 建物の周辺に駐車スペースはありません。
건물 주변에 주차 공간은 없습니다.

해설 ★ 건물 벽면에는 조각이 새겨져 있고, 창문은 사각형이며 건물 주변에 주차 공간이 보인다. 따라서 정답은 (B)가 된다.

壁(かべ) 벽   ～に沿(そ)って ～을 따라   植(う)え込(こ)み 정원수
壁面(へきめん) 벽면   彫刻(ちょうこく) 조각
施(ほどこ)す (장식 등을) 가하다, 덧붙이다   窓(まど) 창문
円形(えんけい) 원형   周辺(しゅうへん) 주변   駐車(ちゅうしゃ) 주차
スペース(space) 스페이스, 공간

PART 1

1 동물 묘사

(A) 鳥が海の上を飛んでいます。
새가 바다 위를 날고 있습니다.

(B) 鳥が橋の上を飛んでいます。
새가 다리 위를 날고 있습니다.

(C) 鳥が橋の下で休んでいます。
새가 다리 밑에서 쉬고 있습니다.

(D) 鳥が木の上で休んでいます。
새가 나무 위에서 쉬고 있습니다.

해설 ★ 새가 날고 있는 사진이므로 일단 (C)와 (D)는 제외. 새가 날고 있는 장소는 바다 위가 아니라, 다리 위이므로 정답은 (B)가 된다.

鳥(とり) 새 海(うみ) 바다 上(うえ) 위 飛(と)ぶ 날다
橋(はし) 다리 下(した) 아래, 밑 休(やす)む 쉬다 木(き) 나무

2 사물의 상태 · 특징 · 장소

(A) これは家の中で履く物です。
이것은 집 안에서 신는 물건입니다.

(B) これは風呂に入る時に使う物です。
이것은 목욕할 때 사용하는 물건입니다.

(C) これは寒い時に着る物です。
이것은 추울 때 입는 물건입니다.

(D) これは歯を磨く物です。
이것은 이를 닦는 물건입니다.

해설 ★ 사진의 사물은 슬리퍼로 집 안에서 신는 것이라고 한 (A)가 정답이 된다.

家(いえ) 집 履(は)く 신다 風呂(ふろ)に入(はい)る 목욕을 하다
使(つか)う 사용하다 寒(さむ)い 춥다 着(き)る 입다
歯(は)を磨(みが)く 이를 닦다

3 인물의 동작 · 자세(다수의 인물)

(A) この人たちは階段を登っています。
이 사람들은 계단을 올라가고 있습니다.

(B) この人たちはエレベーターの中で話しています。
이 사람들은 엘리베이터 안에서 이야기하고 있습니다.

(C) ビルの中を掃除している人がいます。
빌딩 안을 청소하고 있는 사람이 있습니다.

(D) この人たちはどこかに向かって歩いています。
이 사람들은 어딘가를 향해서 걸어가고 있습니다.

해설 ★ 인물들의 동작이나 자세에 주목해야 한다. 양복 차림의 남자들이 어딘가를 향해서 걸어가고 있는 사진이므로 정답은 (D)가 된다. 나머지 선택지는 동작이나 장소 설명이 틀렸다.

階段(かいだん) 계단 登(のぼ)る 오르다
エレベーター(elevator) 엘리베이터 掃除(そうじ) 청소
向(む)かう 향하다 歩(ある)く 걷다

4 사물의 상태 · 특징 · 장소

(A) 人が靴を脱いでいます。
사람이 신발을 벗고 있습니다.

(B) 人が靴を履いています。
사람이 신발을 신고 있습니다.

(C) 靴が並べておいてあります。
신발이 나란히 놓여 있습니다.

(D) 靴が箱の中に入っています。
신발이 상자 안에 들어 있습니다.

해설 ★ 현관 앞에 신발이 가지런히 놓여 있는 사진이다. 사진에서 사람의 모습은 보이지 않으므로, 인물의 동작을 설명한 (A), (B)는 우선 제외. 신발은 상자 안에 들어 있지 않고 나란히 놓여 있는 상태이므로 정답은 (C)가 된다.

靴(くつ) 구두, 신발 脱(ぬ)ぐ 벗다 履(は)く 신다
並(なら)べる 나란히 놓다 箱(はこ) 상자

5 인물의 동작 · 자세(2인)

(A) 2人はこちらを見ています。
두 사람은 이쪽을 보고 있습니다.

(B) 2人は並んで座っています。
두 사람은 나란히 앉아 있습니다.

(C) 2人は部屋の中で勉強しています。
두 사람은 방 안에서 공부하고 있습니다.

(D) 2人は公園でスポーツをしています。
두 사람은 공원에서 운동을 하고 있습니다.

해설 ★ 두 사람이 공원의 연못 근처에 나란히 앉아 있는 사진. (A)는 이쪽을 보고 있다고 했으므로 오답이 되고, (C)는 장소와 동작 설명이 틀렸다. (D)는 장소는 맞지만, 운동을 하고 있다고 했으므로 역시 오답이 된다.

見(み)る 보다 並(なら)ぶ 늘어서다, 나란히 서다 座(すわ)る 앉다
部屋(へや) 방 勉強(べんきょう) 공부 公園(こうえん) 공원
スポーツ(sports) 스포츠, 운동

6 인물의 동작 · 자세(다수의 인물)

(A) 立って飲み物を飲んでいる人がいます。
서서 음료를 마시고 있는 사람이 있습니다.

(B) 電話をしている人が3人います。
전화를 하고 있는 사람이 세 명 있습니다.

(C) 売店で新聞を買っている人がいます。
매점에서 신문을 사고 있는 사람이 있습니다.

(D) 柱の前で電話帳を見ている人がいます。
기둥 앞에서 전화번호부를 보고 있는 사람이 있습니다.

해설 ★ 사진 속에 다수의 인물이 보이므로 각 인물의 동작이나 자세를 정확하게 파악해야 한다. 맨 왼쪽의 남자는 기둥에 기대어 서 있고, 가운데 남자는 공중전화를 하고 있다. 오른쪽의 여자는 음료를 마시고 있으므로 정답은 (A)가 된다.

立(た)つ 서다 飲(の)み物(もの) 음료 飲(の)む 마시다
電話(でんわ) 전화 売店(ばいてん) 매점 新聞(しんぶん) 신문
買(か)う 사다 柱(はしら) 기둥 電話帳(でんわちょう) 전화번호부

7 사물의 상태·특징·장소

(A) ここにあるのは全部文房具です。
여기에 있는 것은 전부 문구입니다.

(B) 大きさが同じノートが何冊かあります。
크기가 같은 노트가 몇 권쯤 있습니다.

(C) はさみがいくつかあります。
가위가 몇 개쯤 있습니다.

(D) ペンは一本しかありません。
펜은 한 자루밖에 없습니다.

해설 ★ 가계부, 가위, 펜, 전자계산기, 영수증, 예금증서 등이 놓여 있는 사진으로, 사물의 명칭이나 숫자에 주의하면서 들어야 한다. 정답은 펜은 한 자루밖에 없다고 한 (D)가 된다.

全部(ぜんぶ) 전부 文房具(ぶんぼうぐ) 문방구, 문구
大(おお)きさ 크기 同(おな)じ 같음 ～冊(さつ) ～권 *책을 세는 단위
はさみ 가위 ～本(ほん) ～자루 *가늘고 긴 것을 세는 단위
～しか ～밖에

8 인물의 동작·자세(2인)

(A) 2人はコップを持って乾杯をしています。
두 사람은 컵을 들고 건배를 하고 있습니다.

(B) 髪の長い人が持っているのは鍋です。
머리가 긴 사람이 들고 있는 것은 냄비입니다.

(C) 髪の長い人がお茶を運んでいます。
머리가 긴 사람이 차를 나르고 있습니다.

(D) 髪の短い人はお茶を入れてもらっています。
머리가 짧은 사람은 차를 받고 있습니다.

해설 ★ 인물의 동작에 주목해야 하는 문제로 오른쪽의 머리가 긴 사람이 왼쪽의 머리가 짧은 사람에게 차를 따르고 있는 상황이다. 따라서 정답은 (D)가 된다.

コップ(네덜란드어 kop) 컵 持(も)つ 들다 乾杯(かんぱい) 건배

髪(かみ) 머리카락 長(なが)い 길다 鍋(なべ) 냄비 お茶(ちゃ) 차
運(はこ)ぶ 나르다, 옮기다 短(みじか)い 짧다

9 인물의 동작·자세(1인)

(A) この人は床に落ちたお菓子を拾っているところです。
이 사람은 바닥에 떨어진 과자를 줍고 있는 중입니다.

(B) この人は買ったお菓子を袋に入れているところです。
이 사람은 산 과자를 봉투에 넣고 있는 중입니다.

(C) この人はお金を払っているところです。
이 사람은 돈을 지불하고 있는 중입니다.

(D) この人はお菓子を選んでいるところです。
이 사람은 과자를 고르고 있는 중입니다.

해설 ★ 여자가 과자를 고르고 있는 모습으로 「選(えら)ぶ」(고르다, 선택하다)라는 동사의 의미와 「동사의 진행형＋ところだ」(～하고 있는 중이다)라는 표현을 알고 있어야 한다.

床(ゆか) 마루, 바닥 落(お)ちる 떨어지다 お菓子(かし) 과자
拾(ひろ)う 줍다 買(か)う 사다 袋(ふくろ) 봉투 入(い)れる 넣다
お金(かね)を払(はら)う 돈을 지불하다

10 사물의 상태·특징·장소

(A) 病室内に医療器具が置いてあります。
병실 내에 의료 기구가 놓여 있습니다.

(B) 営業成績がスライドで壁に写し出されています。
영업 성적이 슬라이드로 벽에 투영되어 있습니다.

(C) 掛け時計が一定の間隔で壁に掛かっています。
벽시계가 일정한 간격으로 벽에 걸려 있습니다.

(D) 壁に貼ってある紙には2つに折られた跡が付いています。
벽에 붙어 있는 종이에는 반으로 접힌 자국이 나 있습니다.

해설 ★ 사진에 인물은 보이지 않고 사물이 등장하므로 사물의 상태나 특징에 주목해야 한다. 사진을 보면 벽에 종이가 붙어 있는데, 반으로 접혀진 자국이 있으므로 정답은 (D)가 된다. 나머지 선택지는 「医療器具(いりょうきぐ)」(의료 기구), 「スライド」(슬라이드), 「掛(か)け時計(どけい)」(벽시계) 등의 단어로 보아 오답이라는 것을 알 수 있다.

病室(びょうしつ) 병실 置(お)く 두다, 놓다 営業(えいぎょう) 영업
成績(せいせき) 성적 壁(かべ) 벽
写(うつ)し出(だ)す 투영하다, 비추다 一定(いってい) 일정
間隔(かんかく) 간격 掛(か)かる 걸리다 貼(は)る 붙이다
紙(かみ) 종이 折(お)る 접다 跡(あと)が付(つ)く 자국이 나다

11 도로나 교통 및 건물

(A) 今なら踏み切りを渡ることができます。
지금이라면 철도 건널목을 건널 수 있습니다.

(B) 電車がちょうど踏み切りを通り過ぎているところです。 전철이 마침 철도 건널목을 지나가고 있는 중입니다.

(C) 踏み切りのそばに地図が立ててあります。 철도 건널목 옆에 지도가 세워져 있습니다.

(D) 踏み切りの向こう側で待っている車はありません。 철도 건널목 건너편에서 기다리고 있는 자동차는 없습니다.

해설 ★ 차단기가 내려가 있는 철도 건널목 풍경으로, 정차해 있는 자동차나 지나가는 사람, 전철 등의 모습은 보이지 않는다.

踏(ふ)み切(き)り 철도 건널목 渡(わた)る 건너다
電車(でんしゃ) 전철 ちょうど 마침
通(とお)り過(す)ぎる 통과하다, 지나가다 そば 옆 地図(ちず) 지도
立(た)てる 세우다 向(む)こう側(がわ) 건너편, 맞은편

12 인물의 상태

(A) 階段と階段の間に人が大勢並んでいます。 계단과 계단 사이에 사람들이 많이 늘어서 있습니다.

(B) 階段は二つのエスカレーターの間にあります。 계단은 두 개의 에스컬레이터 사이에 있습니다.

(C) エスカレーターは上りと下りの両方あります。 에스컬레이터는 상행용과 하행용 양쪽이 있습니다.

(D) エレベーターが来るのを待っている人たちがいます。 엘리베이터가 오기를 기다리고 있는 사람들이 있습니다.

해설 ★ 계단과 계단 사이에 상행용 에스컬레이터가 설치된 사진으로 많은 사람들이 에스컬레이터를 타기 위해 늘어서 있다. 따라서 정답은 (A)가 된다.

間(あいだ) 사이 大勢(おおぜい) 많은 사람 上(のぼ)り 상행
下(くだ)り 하행 両方(りょうほう) 양쪽 待(ま)つ 기다리다

13 글자가 등장하는 사진

(A) 掲示板の横の時計は9時10分過ぎになっています。 게시판 옆의 시계는 9시 10분을 지나고 있습니다.

(B) 地図の横に時計がかけてあります。 지도 옆에 시계가 걸려 있습니다.

(C) 電車の発車する時間を表示しています。 전철이 발차하는 시간을 표시하고 있습니다.

(D) 今日一日の会議の予定が貼り出されています。 오늘 하루의 회의 예정이 게시되어 있습니다.

해설 ★ 사진은 열차의 발차 시각을 나타내고 있다는 것을 알 수 있다. 오른쪽에 있는 시계는 8시 48분쯤을 가리키고 있다. 따라서 (A), (D)는 틀린 설명이고, 사진에 지도는 보이지 않으므로 (B) 역시 오답이다.

掲示板(けいじばん) 게시판 横(よこ) 옆 時計(とけい) 시계
~過(す)ぎ ~이 지남 地図(ちず) 지도 発車(はっしゃ) 발차
時間(じかん) 시간 表示(ひょうじ) 표시 一日(いちにち) 하루

会議(かいぎ) 회의 予定(よてい) 예정
貼(は)り出(だ)す 게시하다. 내다 붙이다

14 인물의 동작·자세(다수의 인물)

(A) あぐらをかいてお弁当を食べている人がいます。 양반다리를 하고 도시락을 먹고 있는 사람이 있습니다.

(B) この人達は椅子に腰掛けて食事中です。 이 사람들은 의자에 앉아 식사를 하고 있는 중입니다.

(C) 壁に寄り掛かって立っている人がいます。 벽에 기대어 서 있는 사람이 있습니다.

(D) この人達はお寺の見学前に案内書に目を通しています。 이 사람들은 절 견학에 앞서 안내서를 훑어보고 있습니다.

해설 ★ 다수의 인물이 등장하는 사진으로 세 사람이 양반다리를 하고 도시락을 먹고 있다.

あぐらをかく 양반다리를 하다 お弁当(べんとう) 도시락
椅子(いす) 의자 腰掛(こしか)ける 걸터앉다 食事(しょくじ) 식사
壁(かべ) 벽 寄(よ)り掛(か)かる 기대다 お寺(てら) 절
見学(けんがく) 견학 案内書(あんないしょ) 안내서
目(め)を通(とお)す 훑어보다

15 인물의 동작·자세(1인)

(A) 女性は扇子を持って踊っています。 여성은 접는 부채를 들고 춤을 추고 있습니다.

(B) 女性の着物には蝶や花などの大胆な模様があります。 여성의 기모노에는 나비나 꽃 등의 대담한 무늬가 있습니다.

(C) 女性は床に膝をついています。 여성은 바닥에 무릎을 꿇고 있습니다.

(D) 和服の女性がマイクを持って舞台に立っています。 기모노를 입은 여성이 마이크를 잡고 무대에 서 있습니다.

해설 ★ 기모노를 입은 여성이 부채를 든 채 춤을 추고 있는 사진으로 「扇子(せんす)」(접는 부채)와 「踊(おど)る」(춤을 추다)라는 동사가 포인트.

着物(きもの) 기모노 蝶(ちょう) 나비 花(はな) 꽃
大胆(だいたん) 대담함 模様(もよう) 모양, 무늬 床(ゆか) 바닥. 마루
膝(ひざ)をつく 무릎을 꿇다 和服(わふく) 일본 전통옷. 기모노
舞台(ぶたい) 무대 立(た)つ 서다

16 전체적인 풍경 및 상황

(A) 店は既に営業を終了しています。 가게는 이미 영업을 종료했습니다.

(B) 店先に料理の見本が出されています。 가게 앞에 요리 견본이 나와 있습니다.

(C) 軽自動車の荷台に弁当が積んであります。
경차 적재함에 도시락이 쌓여 있습니다.

(D) 調理器具の店頭販売をしています。
조리 기구의 점두 판매를 하고 있습니다.

해설 ★ 가게 앞에 요리 견본이 나와 있는 사진으로 「店先(みせさき)」
(가게 앞)와 「見本(みほん)(견본)이라는 단어를 알아듣는 것이 포인트.

店(みせ) 가게 既(すで)に 이미, 벌써 営業(えいぎょう) 영업
料理(りょうり) 요리 軽自動車(けいじどうしゃ) 경차
荷台(にだい) 적재함 積(つ)む 쌓다 調理(ちょうり) 조리
器具(きぐ) 기구

17 사물의 상태·특징·장소

(A) テーブルには様々な形の食器があります。
테이블에는 여러 가지 모양의 식기가 있습니다.

(B) 小さい皿がたくさん重ねてあります。
작은 접시가 많이 포개져 있습니다.

(C) お茶が飲めるように茶碗が並べてあります。
차를 마실 수 있도록 찻잔이 나란히 놓여 있습니다.

(D) 大きい皿3枚に料理が盛り付けられています。
큰 접시 세 장에 요리가 먹음직스럽게 담겨 있습니다.

해설 ★ 테이블에 보이는 것은 둥근 접시이므로 여러 가지 모양의 식기
가 있다고 한 (A)와 찻잔이 나란히 놓여 있다고 한 (C)는 오답이 된다.
또 요리가 담겨 있는 접시는 두 장이므로 (D) 역시 오답.

様々(さまざま) 여러 가지 形(かたち) 모양, 형태
食器(しょっき) 식기 小(ちい)さい 작다 皿(さら) 접시
重(かさ)ねる 겹치다, 포개다 茶碗(ちゃわん) 찻잔, 밥공기
並(なら)べる 나란히 놓다 大(おお)きい 크다
盛(も)り付(つ)ける 먹음직스럽게 담다

18 전체적인 풍경 및 상황

(A) 歩いている人のすぐ脇を車が通過しています。
걷고 있는 사람 바로 옆을 자동차가 통과하고 있습니다.

(B) 道の片側は石垣になっています。
길 한쪽은 돌담으로 되어 있습니다.

(C) 並木の下の歩道を歩いている人がいます。
가로수 아래의 보도를 걷고 있는 사람이 있습니다.

(D) 崖が崩れて道を塞いでいます。
절벽이 무너져 길을 가로막고 있습니다.

해설 ★ 남자가 약간 경사진 언덕길을 올라가고 있는 풍경으로 사진 오
른쪽에 있는 돌담에 주목할 것. 자동차는 보이지 않고, 남자는 차도를
걷고 있으므로 (A)와 (C)는 오답. 또 절벽이 무너져서 길을 막고 있다
고 한 (D) 역시 오답.

脇(わき) 옆, 곁 通過(つうか) 통과 片側(かたがわ) 한쪽
石垣(いしがき) 돌담 並木(なみき) 가로수 歩道(ほどう) 보도, 인도
崖(がけ) 절벽, 벼랑 崩(くず)れる 무너지다 塞(ふさ)ぐ 가로막다

19 도로나 교통 및 건물

(A) 乗用車の後続車はオートバイです。
승용차의 후속 차량은 오토바이입니다.

(B) 市街地を走るこの道路は現在渋滞中です。
시가지를 달리는 이 도로는 현재 정체되고 있습니다.

(C) 白バイが乗用車を先導しています。
경찰 오토바이가 승용차를 선도하고 있습니다.

(D) 前方は急勾配の上り坂になっています。
전방은 경사가 급한 오르막길로 되어 있습니다.

해설 ★ 승용차 뒤로 오토바이가 여러 대 따라오고 있는 사진이다. 시가
지를 달리고 있는 것도 정체되어 있는 도로도 아니므로 (B)는 오답. 경
찰 오토바이도 보이지 않으므로 (C) 역시 오답이 된다. 또한 사진 속의
도로는 완만한 경사이므로 (D) 역시 사진과는 거리가 먼 설명이다.

乗用車(じょうようしゃ) 승용차 後続車(こうぞくしゃ) 후속 차량
オートバイ (일본어 auto+bicycle) 오토바이 市街地(しがいち) 시가지
走(はし)る 달리다 現在(げんざい) 현재 渋滞(じゅうたい) 정체
白(しろ)バイ 경찰 오토바이 先導(せんどう) 선도
前方(ぜんぽう) 전방 急勾配(きゅうこうばい) 경사가 급함
上(のぼ)り坂(ざか) 오르막길

20 전체적인 풍경 및 상황

(A) 塔の周辺は人影が疎らです。
탑 주변은 인적이 드문드문합니다.

(B) 両側を樹木に覆われた石段の先に塔が立っています。
양쪽이 수목으로 뒤덮인 돌계단 앞에 탑이 서 있습니다.

(C) 大勢の観光客が塔の手前で休憩しているところです。많은 관광객들이 탑 바로 앞에서 쉬고 있는 중입니다.

(D) お寺の境内に参拝客が腰を下ろしています。
절 경내에 참배객이 앉아 있습니다.

해설 ★ 수목으로 뒤덮인 돌계단 앞쪽에 탑이 세워져 있는 풍경. (A)는
탑 주변에 인적이 드물다고 했으므로 오답이 되고, 관광객들이 탑 바로
앞에서 쉬고 있는 상황도 아니므로 (C) 역시 오답이다. 그리고 절 경내
에 참배객이 앉아 있지도 아니므로 (D) 역시 오답이 된다.

塔(とう) 탑 周辺(しゅうへん) 주변 人影(ひとかげ) 사람의 모습, 인적
まばら 드문드문함 樹木(じゅもく) 수목 覆(おお)う 뒤덮다
石段(いしだん) 돌계단 観光客(かんこうきゃく) 관광객
手前(てまえ) 바로 앞 休憩(きゅうけい) 휴게, 휴식
境内(けいだい) (절, 신사 등의) 경내 参拝客(さんぱいきゃく) 참배객
腰(こし)を下(お)ろす 앉다

PART 2

1 인사 표현

田中です。どうぞ、よろしく。
다나카입니다. 잘 부탁합니다.

(A) 初めまして。鈴木です。
처음 뵙겠습니다. 스즈키입니다.

(B) どういたしまして。
천만에요.

(C) 失礼します。
실례하겠습니다.

(D) では、お願いします。
그럼, 부탁합니다.

해설 ★ 인사 표현에 대한 이해를 묻는 문제로 처음 만났을 때의 대화 내용이다. 정답은 인사말과 함께 자기 소개를 한 (A)가 정답이 된다. 참고로 (B)는 감사 인사에 대한 응답 표현이다.

よろしく 잘 부탁합니다 *「よろしくお願(ねが)いします」의 준말
初(はじ)めまして 처음 뵙겠습니다 失礼(しつれい) 실례

2 정보 전달에 관한 표현

この鞄は大きいですが、300グラムです。
이 가방은 크지만, 300g이에요.

(A) それは細いですね。
그거 가늘군요.

(B) それは安いですね。
그거 싸군요.

(C) それは軽いですね。
그거 가볍군요.

(D) それは短いですね。
그거 짧군요.

해설 ★ 문제에서 여자가 이 가방은 크지만 300그램이라고 했으므로, 가방이 가볍다는 것을 알 수 있다.

鞄(かばん) 가방 大(おお)きい 크다 細(ほそ)い 가늘다
安(やす)い 싸다 軽(かる)い 가볍다 短(みじか)い 짧다

3 감동·의견을 나타내는 표현

窓が閉まっていて暑いですね。
창문이 닫혀 있어서 덥네요.

(A) じゃ、止めましょうか。
그럼, 멈출까요?

(B) じゃ、閉めませんか。
그럼, 닫지 말까요?

(C) じゃ、開けましょう。
그럼, 열죠.

(D) じゃ、消さないで下さい。
그럼, 끄지 마세요.

해설 ★ 창문이 닫혀 있어서 덥다는 것에 대한 적절한 응답을 찾는 문제이다. 따라서 정답은 창문을 열자고 한 (C)가 된다.

窓(まど) 창문 閉(し)まる 닫히다 暑(あつ)い 덥다
止(と)める 멈추다 閉(し)める 닫다 開(あ)ける 열다 消(け)す 끄다

4 예/아니요형 질문

山下さんは毎日晩ご飯を作りますか。
야마시타 씨는 매일 저녁식사를 만드나요?

(A) いいえ。家で食べます。
아니요. 집에서 먹어요.

(B) いいえ。朝はコーヒーだけ飲みます。
아니요. 아침은 커피만 마셔요.

(C) はい。仕事の後で友達とレストランに行きます。
예. 일이 끝난 후에 친구와 레스토랑에 가요.

(D) はい。私は料理が好きですから。
예. 저는 요리를 좋아하거든요.

해설 ★ 매일 저녁식사를 만드는지 묻고 있으므로 대답은 '예'나 '아니요'로 해야 한다는 것을 알 수 있다. 따라서 선택지 중에서 적절한 응답은 (D)가 된다. (A)는 밖에서 밥을 먹는지에 대한 응답이고, (B)는 아침에 대한 내용이므로 정답과는 관련이 없다.

晩(ばん)ご飯(はん) 저녁식사 作(つく)る 만들다 食(た)べる 먹다
朝(あさ) 아침 飲(の)む 마시다 ～後(あと)で ～후에
友達(ともだち) 친구 レストラン (프랑스어 restaurant) 레스토랑
料理(りょうり) 요리 好(す)き 좋아함

5 의문사형 질문

山田さんはいつ歯を磨きますか。
야마다 씨는 언제 이를 닦나요?

(A) ご飯の後で磨きます。
식사 후에 닦아요.

(B) 1日3回です。
하루에 세 번이요.

(C) 会社のトイレで磨きます。
회사 화장실에서 닦아요.

(D) 歯はあまりきれいではありません。
이는 그다지 깨끗하지 않아요.

28

해설 ★ 언제 이를 닦는지 물었으므로 정답은 식사 후에 닦는다고 한 (A)가 된다. 참고로 (B)는 이를 닦는 횟수, (C)는 이를 닦는 장소, (D)는 이의 청결 유무를 물었을 때 나올 수 있는 응답이다.

歯(は)を磨(みが)く 이를 닦다　ご飯(はん) 밥, 식사
トイレ 화장실　*「トイレット」(toilet)의 준말　きれい 깨끗함

6　예/아니요형 질문

今朝(けさ)、ニュースを見(み)ましたか。
오늘 아침, 뉴스를 봤나요?

(A) いいえ。面白(おもしろ)いニュースではありません。
아니요. 재미있는 뉴스는 아니에요.

(B) いいえ。見(み)る時間(じかん)がありませんでした。
아니요. 볼 시간이 없었어요.

(C) はい。ラジオを付(つ)けましたから。
예. 라디오를 켰으니까요.

(D) はい。夜(よる)、食事中(しょくじちゅう)に見(み)ました。
예. 밤에 식사 중에 봤어요.

해설 ★ 때를 나타내는 「今朝(けさ)」(오늘 아침)라는 표현을 놓치면 오답을 고르기 쉬운 문제이다. 문제에서 여자가 오늘 아침에 뉴스를 봤는지 물었으므로 정답은 볼 시간이 없었다고 한 (B)가 된다. (C)는 문제와는 전혀 관련이 없는 응답이며, (D)는 「夜(よる)」(밤)라는 단어가 없다면 정답이 될 수 있다.

ニュース(news) 뉴스　面白(おもしろ)い 재미있다　時間(じかん) 시간
ラジオ(radio)を付(つ)ける 라디오를 켜다　食事(しょくじ) 식사

7　일상생활 표현

ご注文(ちゅうもん)はお決(き)まりですか。
주문은 결정되셨습니까?

(A) メニューは決(き)まっていません。
메뉴는 결정되지 않았어요.

(B) 注文(ちゅうもん)なさいました。
주문하셨어요.

(C) カレーとスープを一(ひと)つずつお願(ねが)いします。
카레와 수프를 하나씩 부탁해요.

(D) はい。別々(べつべつ)にお願(ねが)いします。
예. 따로따로 부탁해요.

해설 ★ 점원과 손님의 대화로 주문을 결정했는지 묻고 있는 상황이다. 따라서 적절한 응답은 구체적인 메뉴를 언급한 (C)가 된다.

注文(ちゅうもん) 주문　決(き)まる 결정되다　メニュー(menu) 메뉴
カレー(curry) 카레　スープ(soup) 수프　～ずつ ～씩
別々(べつべつ)に 따로따로

8　일상생활 표현

こちらの電話(でんわ)を使(つか)ってください。
이 전화를 사용하세요.

(A) 使(つか)わせてあげますよ。
사용하게 해 줄게요.

(B) ではちょっとお借(か)りします。
그럼, 잠시 빌릴게요.

(C) ファックスもついてちょうど3万円(まんえん)です。
팩스도 붙어 있어서 정확히 3만 엔이에요.

(D) あちらの電話(でんわ)は使(つか)えませんよ。
저쪽 전화는 사용할 수 없어요.

해설 ★ 이 전화를 사용하라는 말에 대한 응답을 찾는 문제이다. 선택지 중 적절한 응답은 잠시 쓰겠다고 한 (B)가 된다.

電話(でんわ) 전화　使(つか)う 사용하다　借(か)りる 빌리다
ファックス(FAX) 팩스　つく 달리다. 붙다　ちょうど 정확히

9　일상생활 표현

それ、重(おも)そうですね。持(も)ちましょうか。
그거 무거워 보이는군요. 들어 줄까요?

(A) そんなに重(おも)いんですか。
그렇게 무거운가요?

(B) はい。よく持(も)っていきます。
예. 자주 들고 가요.

(C) ここには持(も)ってこないでください。
여기에는 갖고 오지 마세요.

(D) では、この小(ちい)さい方(ほう)を持(も)ってくれますか。
그럼, 이 작은 쪽을 들어 주겠어요?

해설 ★ 문제 끝 부분의 「持(も)ちましょうか」(들어 줄까요?)의 의미를 알고 있다면 정답이 쉽게 나오는 문제이다. 정답은 짐을 들어 주겠다는 제의를 받아들인 (D)가 된다.

重(おも)い 무겁다　持(も)つ 들다　よく 자주　小(ちい)さい 작다

10　일상생활 표현

もしもし。木村(きむら)さんお願(ねが)いします。
여보세요. 기무라 씨 부탁합니다.

(A) 廊下(ろうか)を左(ひだり)に曲(ま)がった部屋(へや)です。
복도를 왼쪽으로 꺾은 방이에요.

(B) こちらは木村(きむら)ではございません。
이쪽은 기무라가 아닙니다.

(C) はい。少々(しょうしょう)お待(ま)ちください。
예. 잠시 기다려 주세요.

(D) 木村様ですね。こちらへどうぞ。
기무라 님이시군요. 이쪽으로 오세요.

해설 ★ 전화 관련 대화로 기무라 씨를 바꿔 달라고 부탁하고 있다. 따라서 적절한 응답은 잠시 기다리라고 한 (C)가 된다. (B)는 기무라인지 묻는 말에 대한 답변에 해당하므로 답이 될 수 없다.

もしもし 여보세요 廊下(ろうか) 복도 左(ひだり) 왼쪽
曲(ま)がる 돌다 部屋(へや) 방 少々(しょうしょう) 잠시

11 정보 전달에 관한 표현

私、スポーツは苦手なんです。
전 스포츠는 잘 못해요.

(A) じゃ、野球のこともよくわかるでしょう。
그럼, 야구도 잘 알겠군요.

(B) どんな運動をよくしますか。
어떤 운동을 자주 하나요?

(C) だから健康なんですね。
그래서 건강하군요.

(D) へえ。得意そうに見えますが。
그래요? 잘 할 것처럼 보입니다만.

해설 ★ 스포츠가 서툴다는 여자에 말에 대한 적절한 응답을 찾는 문제로 정답은 '잘 할 것처럼 보인다'고 한 (D)가 된다.

苦手(にがて) 서투름. 잘 못함 野球(やきゅう) 야구
わかる 알다. 이해하다 運動(うんどう) 운동
だから 그러니까. 그래서 健康(けんこう) 건강
得意(とくい) 잘함. 능숙함 見(み)える 보이다

12 감동·의견을 나타내는 표현

山田君、今日はずいぶんおしゃれね。
야마다 군, 오늘 상당히 멋지네.

(A) 今朝、ネクタイを選ぶ時間がなかったんだ。
오늘 아침은 넥타이를 고를 시간이 없었어.

(B) 本当に素敵なスカートだね。
정말로 멋진 스커트군.

(C) 着るものは何でもいいんだよ。
옷은 뭐든지 괜찮아.

(D) 今晩彼女とデートなんだよ。
오늘밤 여자 친구와 데이트야.

해설 ★ 「おしゃれ」는 '멋을 냄. 멋짐' 이라는 의미의 표현이므로 남자가 멋을 낸 이유에 대해서 말하고 있는 선택지를 찾으면 된다. 따라서 정답은 여자 친구와 데이트가 있다고 한 (D)가 된다.

ずいぶん 꽤. 상당히 ネクタイ(necktie) 넥타이 選(えら)ぶ 고르다
時間(じかん) 시간 素敵(すてき) 멋짐 スカート(skirt) 치마
着(き)る 입다 今晩(こんばん) 오늘 밤 彼女(かのじょ) 여자 친구

デート(date) 데이트

13 정보 전달에 관한 표현

週末は映画館に行くつもりです。
주말에는 영화관에 갈 생각이에요.

(A) どんな絵を見るんですか。
어떤 그림을 보나요?

(B) 木曜日なら空いていたでしょ。
목요일이라면 시간 비어 있었잖아요?

(C) 今面白い映画をやっているらしいですね。
지금 재미있는 영화를 하고 있는 것 같더군요.

(D) 予定がなくなって残念でしたね。
예정이 없어져서 유감이었네요.

해설 ★ 영화관에 갈 예정이라는 말에 대한 적절한 응답을 찾는 문제이다. (A)는 그림에 대한 내용이므로 오답이 되고, (B)와 (D)는 영화관에 가는 것과는 상관이 없는 응답이다.

週末(しゅうまつ) 주말 映画館(えいがかん) 영화관 絵(え) 그림
空(す)く 비다. 짬이 나다 予定(よてい) 예정
なくなる 없어지다 残念(ざんねん) 유감스러움

14 정보 확인·요청에 관한 표현

このラジオ、両方とも日本のですか。
이 라디오, 둘 다 일본 제품인가요?

(A) はい。二つとも日本で作られたものです。
예. 둘 다 일본에서 만들어진 제품이에요.

(B) はい。全部中国から輸入したものです。
예. 전부 중국에서 수입한 제품이에요.

(C) はい。日本の物は置いてありませんから。
예. 일본 제품은 놓여 있지 않으니까요.

(D) はい。四つ全部が日本の会社です。
예. 네 개 전부가 일본 회사예요.

해설 ★ 질문에 나오는 「日本(にほん)の」는 '일본 제품' 이라는 의미이므로 둘 다 일본에서 만들어진 제품이라고 한 (A)가 정답이 된다. (B)와 (C)는 만약 「いいえ」(아니요)라고 했다면 정답이 될 수 있고, (D)는 네 개 모두가 일본 회사라고 했으므로 질문의 「両方(りょうほう)とも」(둘 다)라는 말과는 어울리지 않는다.

ラジオ(radio) 라디오 명사+とも 전부. 모두 作(つく)る 만들다
全部(ぜんぶ) 전부 中国(ちゅうごく) 중국 輸入(ゆにゅう) 수입
置(お)く 두다 会社(かいしゃ) 회사

15 정보 확인·요청에 관한 표현

美術に関心がおありなんですね。
미술에 관심이 있으시군요.

(A) はい。趣味は映画鑑賞ですから。
예. 취미는 영화 감상이니까요.

(B) はい。展覧会にも足を運んでいます。
예. 전람회에도 가고 있어요.

(C) はい。常に持ち歩いています。
예. 항상 갖고 다녀요.

(D) はい。見る目があまりないんですね。
예. 안목이 별로 없네요.

해설 ★ 미술에 관심이 있는 것 같다고 확인하는 말에 대한 대답으로는 미술과 관련된 응답이 와야 한다. (A)는 취미가 영화 감상이라고 했으므로 오답이 되고, (C)와 (D)는 문제와는 전혀 맞지 않는 응답들이다.

美術(びじゅつ) 미술 関心(かんしん) 관심 趣味(しゅみ) 취미
映画(えいが) 영화 鑑賞(かんしょう) 감상
展覧会(てんらんかい) 전람회
足(あし)を運(はこ)ぶ 발길을 옮기다. 가다 常(つね)に 늘, 항상
持(も)ち歩(ある)く 갖고 다니다 見(み)る目(め) 안목, 보는 눈

16 감동·의견을 나타내는 표현

彼は英語がぺらぺらなんですね。
그 사람은 영어가 유창하네요.

(A) 学生の時から苦手だそうです。
학생 때부터 잘 못했다고 해요.

(B) でも、書くのは得意だそうですよ。
그래도 쓰는 건 잘한다고 해요.

(C) 下手だなんて、失礼な人ですね。
서툴다니 무례한 사람이네요.

(D) イギリスに10年間留学していたそうですよ。
영국에 10년간 유학했대요.

해설 ★ 외국어를 유창하게 말하는 모양을 나타내는 「ぺらぺら」(술술)를 알아듣는 것이 포인트. 그 사람이 영어를 잘한다고 했으므로 적절한 응답은 영어를 잘하게 된 이유를 설명한 (D)가 된다.

英語(えいご) 영어 学生(がくせい) 학생
得意(とくい) 잘함 イギリス(포르투갈어 Inglez) 영국
留学(りゅうがく) 유학

17 일상생활 표현

林さん、ずいぶん厚着ですね。
하야시 씨, 꽤 옷이 두껍네요.

(A) 僕はそういう性格じゃないですよ。
저는 그런 성격이 아니에요.

(B) 僕は寒がりなんですよ。
저는 추위를 잘 타거든요.

(C) 褒められるほどのことじゃありません。
칭찬받을 만큼의 일은 아니에요.

(D) 薄着の方が体にいいと聞いたもので。
얇은 옷 쪽이 몸에 좋다고 들었거든요.

해설 ★ 「厚着(あつぎ)」는 '옷을 두껍게 껴입음'이라는 의미이므로 하야시 씨가 두꺼운 옷을 입고 있다는 말이 된다. 따라서 두꺼운 옷을 입은 이유로 대답한 (B)가 정답이 된다.

ずいぶん 꽤, 상당히 性格(せいかく) 성격
寒(さむ)がり 추위를 몹시 탐. 또는 그런 사람 褒(ほ)める 칭찬하다
薄着(うすぎ) 옷을 얇게 입음 体(からだ) 몸

18 정보 전달에 관한 표현

この店、100メートル以上も人が並んでいるわ。
이 가게, 100m 이상이나 사람이 줄 서 있어.

(A) ずいぶん長い行列だね。
꽤 긴 행렬이군.

(B) スピードを競う競技だからね。
스피드를 겨루는 경기니까.

(C) 評判が落ちたままですからね。
평판이 떨어진 채이니까요.

(D) 待っている人たちはわずかだね。
기다리고 있는 사람들은 매우 적군.

해설 ★ 가게 앞에 100m 이상이나 사람이 줄 서 있다는 것에 대한 적절한 응답을 찾는 문제이다. (B)는 가게와는 전혀 상관이 없는 응답이고, (C)와 (D)는 가게가 한산한 상황에 대한 내용이므로 오답이 된다.

店(みせ) 가게 以上(いじょう) 이상 〜も 〜(이)나(강조)
並(なら)ぶ 줄 서다 長(なが)い 길다 行列(ぎょうれつ) 행렬
競(きそ)う 겨루다 競技(きょうぎ) 경기 評判(ひょうばん) 평판
落(お)ちる 떨어지다 동사의 た형+まま 〜한 채로임
待(ま)つ 기다리다 わずか 매우 적음

19 정보 전달에 관한 표현

免許を取って以来、運転するのは今日が初めてよ。
면허를 딴 이래로 운전하는 건 오늘이 처음이야.

(A) 何だ。君は運転のプロじゃないか。
뭐야. 자네는 운전의 프로잖아?

(B) 免許もないのに、捕まったらどうするの。
면허도 없는데 잡히면 어떻게 할 거야?

(C) ええっ。乗せてもらわなければよかった。
뭐라고? 타지 말 걸 그랬어.

(D) ベテランなら任せておいても安心だ。
베테랑이라면 맡겨 둬도 안심이야.

해설 ★ 문제에서 여자가 면허를 딴 후 운전하는 건 오늘이 처음이라고 했으므로, 적절한 응답은 놀라면서 괜히 탔다고 말한 (C)가 된다. (A), (D)는 운전을 잘하는 사람에게 할 수 있는 말이고, (B)는 무면허 운전에 해당하는 내용이므로 정답과는 거리가 멀다.

免許(めんきょ)を取(と)る 면허를 따다　～て以来(いらい) ～한 이래로
運転(うんてん)する 운전하다　捕(つか)まる 잡히다, 붙잡히다
乗(の)せる 태우다　ベテラン(veteran) 베테랑　任(まか)せる 맡기다
安心(あんしん) 안심

20　정보 전달에 관한 표현

隣の家、すごい騒音ね。
옆집, 소음이 대단하네.

(A) 本当に迷惑をかけたね。
정말로 폐를 끼쳤네.

(B) こんな時間に非常識だよ。
이런 시간에 몰상식해.

(C) やかましくないよね。
시끄럽지 않네.

(D) いつも留守にしているからね。
항상 부재중이니까.

해설 ★ 옆집이 시끄럽다는 것에 대한 반응을 묻는 문제이다. (A)는 폐를 끼친 것이 이쪽이라는 뜻이므로 오답이 되고, (C)는 시끄럽지 않다고 했으므로 정반대의 상황이다. 그리고 항상 부재중이면 조용하다는 의미이므로 (D) 역시 오답이 된다.

すごい 굉장하다, 대단하다　騒音(そうおん) 소음
迷惑(めいわく)をかける 폐를 끼치다
非常識(ひじょうしき) 비상식, 몰상식
やかましい 시끄럽다, 떠들썩하다　留守(るす) 부재중

21　일상생활 표현

パスポートの申請をしたいんですが。
여권을 신청하고 싶은데요.

(A) では、再発行の手続きをお願いします。
그럼, 재발행 수속을 부탁드려요.

(B) 期限が切れれば手続きは要りません。
기한이 다 되면 수속은 필요 없어요.

(C) では、ここに書いてある書類と写真を用意してください。 그럼, 여기에 쓰여 있는 서류와 사진을 준비해 주세요.

(D) 出国の際、係員に見せてください。
출국할 때 담당자에게 보여 주세요.

해설 ★ 문제에서 여자가 여권을 신청하고 싶다고 했으므로 신청 절차

에 대해서 설명한 선택지를 고르면 된다.

パスポート(passport) 여권　申請(しんせい) 신청
再発行(さいはっこう) 재발행　手続(てつづ)き 수속
期限(きげん)が切(き)れる 기한이 다 되다　要(い)る 필요하다
書類(しょるい) 서류　写真(しゃしん) 사진　用意(ようい) 준비
出国(しゅっこく) 출국　～の際(さい) ～할 때
係員(かかりいん) 담당자　見(み)せる 보이다

22　정보 전달에 관한 표현

部長の昇進が確定したそうです。
부장님의 승진이 확정되었다고 해요.

(A) 本人もさぞがっかりしているだろうな。
본인도 아마 실망하고 있겠군.

(B) 残されるご家族は不安だろうね。
남겨진 가족은 불안하겠군.

(C) お祝いの席を設けなくちゃね。
축하 자리를 마련해야겠군.

(D) 次の就職先、決まっているのかな。
다음에 취직할 곳은 정해져 있는 걸까?

해설 ★ 부장님의 승진이 확정되었다고 하는 정보에 대한 적절한 응답을 찾는 문제로, 정답은 축하 자리를 마련해야겠다고 한 (C)가 된다. 나머지 선택지는 승진과는 거리가 먼 응답들이다.

昇進(しょうしん) 승진　さぞ 아마, 필시　がっかり 실망하는 모양
残(のこ)す 남기다　家族(かぞく) 가족　不安(ふあん) 불안
お祝(いわ)い 축하　設(もう)ける 마련하다, 준비하다
就職先(しゅうしょくさき) 취직할 곳　決(き)まる 정해지다, 결정되다

23　정보 확인·요청에 관한 표현

コンピューターに入っているデータをまた印刷して保存するの。 컴퓨터에 들어 있는 데이터를 또 인쇄해서 보존해?

(A) うん。手間がかからないだろう。
응. 수고스럽지 않을 거야.

(B) うん。経済的とは言えないけどな。
응. 경제적이라고는 말할 수 없지만.

(C) うん。エネルギーの節約のためだよ。
응. 에너지 절약을 위해서야.

(D) うん。繰り返しを防ぐためだろう。
응. 반복을 막기 위해서겠지.

해설 ★ 컴퓨터에 들어 있는 데이터를 또 인쇄해서 보존해 둔다는 것은 경제적이라고는 말할 수 없을 것이다. 따라서 선택지 중에서 적절한 응답은 (B)가 된다.

コンピューター(computer) 컴퓨터　データ(data) 데이터
印刷(いんさつ) 인쇄　保存(ほぞん) 보존

手間(てま)がかかる 노력이 들다. 수고가 들다
経済的(けいざいてき) 경제적　エネルギー(독일어 Energie) 에너지
節約(せつやく) 절약　繰(く)り返(かえ)し 반복, 되풀이
防(ふせ)ぐ 막다. 방지하다

24 　비즈니스 표현

うちの会社、規模を縮小するんですか。
우리 회사, 규모를 축소하나요?

(A) うん。積極的に事業を広げるんだって。
　　응. 적극적으로 사업을 확대한대.

(B) うん。社員も減らす方向なんだって。
　　응. 사원도 줄일 방침이래.

(C) うん。仕事の終わる時間を早めるんだって。
　　응. 업무가 끝나는 시간을 앞당긴대.

(D) うん。大学卒の新入社員を増やすんだって。
　　응. 대졸 신입사원을 늘린대.

해설 ★「規模(きぼ)」(규모)와「縮小(しゅくしょう)」(축소)라는 단어가
포인트. 회사 규모를 축소하는지 물었으므로 적절한 응답은 사원도 줄
일 방침이라고 대답한 (B)가 된다.

積極的(せっきょくてき) 적극적　事業(じぎょう) 사업
広(ひろ)げる 넓히다　～って ～래(전문)　社員(しゃいん) 사원
減(へ)らす 줄이다　方向(ほうこう) 방향, 목표, 방침
終(お)わる 끝나다　時間(じかん) 시간　早(はや)める 앞당기다
大学卒(だいがくそつ) 대학 졸업자
新入社員(しんにゅうしゃいん) 신입사원　増(ふ)やす 늘리다

25 　비즈니스 표현

何をそわそわしているの。
뭘 그리 안절부절못하고 있어?

(A) 商談の進み具合が心配で。
　　상담이 어떻게 진행되고 있는지 걱정이 돼서.

(B) えっ、作り笑いなんかしていないよ。
　　뭐? 억지 웃음이 아니야.

(C) 昨日思いがけない人に会ったんだ。
　　어제 생각지도 못한 사람을 만났어.

(D) 取引先からの返事が来なかったんだ。
　　거래처에서 답변이 오지 않았어.

해설 ★「そわそわ」는 '안절부절못하는 모양'이라는 의미의 의태어으로
안절부절못하는 이유로 대답한 선택지를 찾아야 한다. 정답은 상담이
어떻게 진행되고 있는지 걱정이 되어서 그렇다고 한 (A)가 된다.

商談(しょうだん) 상담. 거래에 대한 이야기
進(すす)み具合(ぐあい) 나아가는 정도 [상태]
心配(しんぱい) 걱정, 염려　作(つく)り笑(わら)い 억지 웃음
思(おも)いがけない 생각지도 못하다. 뜻밖이다　会(あ)う 만나다
取引先(とりひきさき) 거래처　返事(へんじ) 답장. 답변

26 　일상생활 표현

最近、夜になると目が冴えてしまって。
요즘 밤이 되면 눈이 말똥말똥해져서.

(A) 朝からそんなに張り切っていたら、疲れちゃうよ。
　　아침부터 그렇게 의욕적이면 지쳐버려.

(B) ぐっすり眠れるのは健康な証拠だよ。
　　푹 잘 수 있다는 건 건강하다는 증거야.

(C) だから昼間そんなにてきぱきしているんだね。
　　그래서 낮에 그렇게 열심히 일하고 있구나.

(D) 昼夜が逆転してるんじゃないの。
　　밤낮이 바뀐 거 아냐?

해설 ★「目(め)が冴(さ)える」는 '눈이 말똥말똥하다. 잠이 안 오다'라
는 의미의 관용 표현이므로 이에 대한 적절한 응답을 찾는 문제이다.
따라서 정답은 '낮과 밤이 바뀌어서 그런 것 아니냐'고 되묻은 (D)가
된다.

夜(よる) 밤　張(は)り切(き)る 힘이 넘치다　疲(つか)れる 지치다
ぐっすり 푹　＊잠이 깊이 든 모양　眠(ねむ)る 자다
健康(けんこう) 건강　証拠(しょうこ) 증거　昼間(ひるま) 낮
てきぱき 일을 척척 해내는 모양　昼夜(ちゅうや) 주야. 밤낮
逆転(ぎゃくてん) 역전

27 　추측 및 전문(伝聞) 표현

あの警備員のおじさんは元警察官なんですって。
저 경비원 아저씨는 전직 경찰관이래요.

(A) 現役のお巡りさんだなんて、知らなかったよ。
　　현역 경찰이라니 몰랐어.

(B) じゃ、警備に関しては玄人なんだなあ。
　　그럼, 경비에 관해서는 전문가겠군.

(C) なぜ警察の仕事を引退するんだろう。
　　왜 경찰 일을 은퇴할까?

(D) 二つの仕事を両立するのは大変だろうね。
　　두 가지 일을 같이 하는 건 힘들 거야.

해설 ★ 경비원 아저씨가 전직 경찰관이었다는 정보에 대한 응답을 찾
는 문제이다. (A)의 현역 경찰이라는 말은 문제와는 관련이 없고, (C)
는 은퇴하는 이유를 묻고 있으므로 역시 오답이 된다. (D) 또한 문제와
는 거리가 먼 응답이다.

警備員(けいびいん) 경비원　元(もと) 전, 전직
警察官(けいさつかん) 경찰관　現役(げんえき) 현역
お巡(まわ)りさん 경찰　＊경찰을 친근하게 부르는 말
知(し)る 알다　～に関(かん)しては ～에 관해서는
玄人(くろうと) 전문가　なぜ 왜, 어째서　引退(いんたい) 은퇴
両立(りょうりつ) 양립　大変(たいへん) 힘듦

28 　일상생활 표현

どうぞお入りください。皆様お待ちかねですよ。
어서 들어오세요. 모두 애타게 기다리고 있어요.

(A) いやあ、お待たせしちゃって面目ない。
　　이거 기다리게 해서 면목이 없군.

(B) そうか。一足違いとは残念だったなあ。
　　그래? 한 발 차이라니 유감이군.

(C) この程度のものでお粗末様でした。
　　이 정도 대접밖에 못해 변변치 못했습니다.

(D) 先に始めるなんて恐れ多いよ。
　　먼저 시작하다니 송구스럽군.

해설 ★ 「待(ま)ちかねる」(애타게 기다리다)라는 동사를 알아듣는 것이 포인트. 모두 애타게 기다리고 있으니 어서 들어오라고 했으므로 선택지 중에서 적절한 응답은 (A)가 된다.

待(ま)たせる 기다리게 하다　面目(めんもく·めんぼく) 면목
一足違(ひとあしちが)い 한 발 차이, 얼마 안 되는 시간 차이
残念(ざんねん) 유감스러움　程度(ていど) 정도
お粗末様(そまつさま)でした 변변치 못했습니다
始(はじ)める 시작하다　恐(おそ)れ多(おお)い 송구스럽다

29 　비즈니스 표현

やっと販売に漕ぎ着けた商品がヒットしたんです。
겨우 판매를 하게 된 상품이 히트쳤어요.

(A) 今までの苦労が報われましたね。
　　지금까지의 고생이 보답받았군요.

(B) 船舶関係は不振が続いていますから。
　　선박에 관계된 일은 부진이 이어지고 있으니까요.

(C) 製品化するための元手がないとちょっと…。
　　제품화하기 위한 자본금이 없으면 좀….

(D) またいつか日の目を見る時も来ますよ。
　　또 언젠가 세상에 알려질 때도 올 겁니다.

해설 ★ 「漕(こ)ぎ着(つ)ける」는 '노력하여 어떤 목표에 이르다' 라는 의미의 동사이므로, 문제는 겨우 판매를 하게 된 상품이 인기가 많다는 의미가 된다. 따라서 적절한 응답은 지금까지의 고생이 보상받았다고 한 (A)가 된다. (B)는 이와는 정반대의 상황이고, (C)와 (D)는 아직 상품화가 되지 않은 상황이므로 역시 답이 될 수 없다.

やっと 겨우, 간신히　販売(はんばい) 판매　商品(しょうひん) 상품
苦労(くろう) 고생　報(むく)う 보답하다　船舶(せんぱく) 선박
関係(かんけい) 관계　不振(ふしん) 부진
続(つづ)く 이어지다, 계속되다　製品化(せいひんか) 제품화
元手(もとで) 밑천, 자본금
日(ひ)の目(め)を見(み)る 햇빛을 보다, 세상에 알려지다

30 　정보 전달에 관한 표현

事故を起こした原子力施設が運転を再開しましたね。
사고를 일으킨 원자력 시설이 운전을 재개했군요.

(A) でも、安全性の確立に不安が残りますね。
　　하지만 안전성 확립에 불안이 남는군요.

(B) 操業の再開は目処が立たないようですね。
　　조업 재개는 전망이 서지 않은 것 같군요.

(C) 閉鎖されたのは当然の成り行きですね。
　　폐쇄된 것은 당연한 결과죠.

(D) 施設の利用率はぐっと落ち込みますね。
　　시설 이용률은 한층 뚝 떨어지겠군요.

해설 ★ 사고를 일으킨 원자력 시설이 운전을 재개했다는 것에 대한 적절한 응답을 찾는 문제이다. 정답은 재개는 했지만 안전성 확립에 불안이 남는다고 한 (A)가 된다.

事故(じこ) 사고　起(お)こす 일으키다
原子力(げんしりょく) 원자력　施設(しせつ) 시설　運転(うんてん) 운전
再開(さいかい) 재개　安全性(あんぜんせい) 안전성
確立(かくりつ) 확립　不安(ふあん) 불안　残(のこ)る 남다
操業(そうぎょう) 조업　目処(めど)が立(た)つ 전망이 서다. 목표가 서다
閉鎖(へいさ) 폐쇄　当然(とうぜん) 당연　成(な)り行(ゆ)き 결과
利用率(りようりつ) 이용률　ぐっと 훨씬. 한층
落(お)ち込(こ)む 뚝 떨어지다

PART 2

---

1 인사 표현

失礼します。
실례합니다.

(A) どういたしまして。
천만에요.

(B) ごめんなさい。
죄송해요.

(C) いただきます。
잘 먹을게요.

(D) どうぞ、入ってください。
어서 들어오세요.

해설 ★ 「失礼(しつれい)します」는 '실례합니다' 라는 의미로 어딘가를 방문했을 때 사용하는 인사 표현이다. 따라서 적절한 응답은 어서 들어 오라고 한 (D)가 된다.

入(はい)る 들어오다

---

2 의문사형 질문

会社の休みは何曜日ですか。
회사의 휴일은 무슨 요일인가요?

(A) 12時から1時までです。
12시부터 1시까지예요.

(B) まだ冬休みではありません。
아직 겨울 휴가가 아니에요.

(C) 土曜日と日曜日です。
토요일과 일요일이에요.

(D) 風邪を引きましたから。
감기에 걸렸거든요.

해설 ★ 의문사에 대한 이해를 묻는 문제로 「何曜日(なんようび)」(무슨 요일)라고 묻고 있으므로 요일로 대답한 선택지를 고르면 된다.

休(やす)み 휴일　～から～まで ～부터 ～까지
冬休(ふゆやす)み 겨울 휴가　風邪(かぜ)を引(ひ)く 감기에 걸리다

---

3 예/아니요형 질문

木村さんは兄弟がいますか。
기무라 씨는 형제가 있나요?

(A) いいえ。姉はいません。
아니요. 누나는 없어요.

(B) いいえ。弟はいません。
아니요. 남동생은 없어요.

(C) いいえ。兄はいません。
아니요. 형은 없어요.

(D) いいえ。兄弟はいません。
아니요. 형제는 없어요.

해설 ★ 질문의 의도를 정확하게 파악해야 실수가 없는 문제이다. 문제에서 남자에게 형제가 있는지 물었으므로 형제는 없다고 한 (D)가 정답이 된다. 나머지 선택지는 각각 누나. 남동생. 형이 있는지 물었을 때 나올 수 있는 응답들이다.

兄弟(きょうだい) 형제　姉(あね) 누나　弟(おとうと) 남동생
兄(あに) 형

---

4 의문사형 질문

田中さんの会社はどの建物ですか。
다나카 씨 회사는 어느 건물인가요?

(A) あの白くて高いビルです。
저 하얗고 높은 빌딩이에요.

(B) ビルの前にレストランがあります。
빌딩 앞에 레스토랑이 있어요.

(C) 韓国のテレビ会社です。
한국의 텔레비전 회사에요.

(D) ビルの3階と4階です。
빌딩의 3층과 4층이에요.

해설 ★ 여자가 남자의 회사가 어느 건물인지를 묻고 있으므로 건물을 묘사하는 표현이 정답이라는 것을 알 수 있다.

会社(かいしゃ) 회사　建物(たてもの) 건물　白(しろ)い 하얗다
高(たか)い 높다　ビル 빌딩　～階(かい) ～층

---

5 예/아니요형 질문

今朝何か飲みましたか。
오늘 아침에 뭔가 마셨나요?

(A) いいえ。ジュースしか飲みませんでした。
아니요. 주스밖에 안 마셨어요.

(B) いいえ。何も飲まないできました。
아니요. 아무것도 안 마시고 왔어요.

(C) はい。でもパンだけです。
예. 하지만 빵뿐이에요.

(D) はい。何も飲みませんでした。
예. 아무것도 마시지 않았어요.

해설 ★ 오늘 아침에 뭔가를 마셨는지에 대한 응답을 찾는 문제. (A)는 주스밖에 안 마셨다고 했으므로 오답이 되고, (C)는 먹은 것에 대해 물

을 때 나올 수 있는 응답이므로 역시 오답이다. 그리고 (D)는 마시지 않았냐고 물었을 때 할 수 있는 응답이다

飲(の)む 마시다　ジュース(juice) 주스　パン(포르투갈어 pão) 빵

6　예/아니요형 질문

田中さん、仕事は少し暇になりましたか。
다나카 씨, 일은 조금 한가해졌나요?

(A) はい。朝から夜まで働いています。
　　예. 아침부터 밤까지 일하고 있어요.

(B) はい。今仕事が多くて大変です。
　　예. 지금 일이 많아서 힘들어요.

(C) いいえ。まだとても忙しいです。
　　아니요. 아직 너무 바빠요.

(D) いいえ。あまり仕事がありません。
　　아니요. 그다지 일이 없어요.

해설 ★ 일이 한가해졌는지 묻고 있는 상황이다. 따라서 부정을 하고 아직 너무 바쁘다고 대답한 (C)가 정답이 된다. (A)와 (B)는 「いいえ」(아니요)로, (D)는 「はい」(예)로 바꾸면 답이 될 수 있다.

少(すこ)し 조금　暇(ひま) 한가함　働(はたら)く 일하다
多(おお)い 많다　大変(たいへん) 힘듦　忙(いそが)しい 바쁘다

7　정보 전달에 관한 표현

先週、家の猫に死なれてしまいました。
지난주에 저희 집 고양이가 죽었어요.

(A) それは危なかったでしょうね。
　　정말 위험했겠네요.

(B) それは悲しかったでしょうね。
　　정말 슬펐겠네요.

(C) それは寂しかったでしょうね。
　　정말 외로웠겠네요.

(D) それは嬉しかったでしょうね。
　　정말 기뻤겠네요.

해설 ★ 고양이가 죽었다는 것에 대한 적절한 응답을 찾는 문제이다. 선택지에 나오는 い형용사의 의미를 알고 있다면 쉽게 정답을 찾을 수 있다.

猫(ねこ) 고양이　死(し)ぬ 죽다　それは 정말. 참으로
危(あぶ)ない 위험하다　悲(かな)しい 슬프다　寂(さび)しい 외롭다
嬉(うれ)しい 기쁘다

8　정보 전달에 관한 표현

外はもう暗いですね。
밖은 벌써 어둡네요.

(A) 電気が付いていませんから。
　　불이 켜져 있지 않으니까요.

(B) まだ午後4時半なんですけどね。
　　아직 오후 4시 반인데 말이죠.

(C) ええ。まだ明るいですね。
　　네. 아직 밝군요.

(D) ドアを閉めましょうか。
　　문을 닫을까요?

해설 ★ 문제의 「外(そと)」(밖)에 주목해야 한다. 불이 꺼져 있어서 밖이 어두운 게 아니므로 (A)는 답이 될 수 없고, (C)는 어두운 상황과는 정반대이므로 역시 오답이다. (D)는 어두운 것과는 관련이 없다.

もう 벌써, 이미　暗(くら)い 어둡다
電気(でんき)が付(つ)く 불[전등]이 켜지다　まだ 아직
午後(ごご) 오후　明(あか)るい 밝다　ドア(door) 문
閉(し)める 닫다

9　정보 전달에 관한 표현

あらっ、家の鍵がないわ。
어머, 집 열쇠가 없어.

(A) どこかで無くしたんじゃないの。
　　어딘가에서 잃어버린 거 아냐?

(B) どこで見つけたの。
　　어디서 찾았어?

(C) やっと家に入れるね。
　　겨우 집에 들어갈 수 있겠군.

(D) 見つかってよかったね。
　　찾게 돼서 잘 됐네.

해설 ★ 집 열쇠가 없다는 것에 대한 적절한 응답을 찾는 문제이다. 선택지의 내용으로 보아 정답은 어딘가에서 잃어버린 거 아니냐고 되묻은 (A)가 된다. 나머지 선택지는 현재 열쇠가 있는 상황이므로 정답이 될 수 없다.

鍵(かぎ) 열쇠　無(な)くす 잃어버리다　見(み)つける 발견하다. 찾다
入(はい)る 들어가다　見(み)つかる 발견되다. 찾게 되다

10　감동·의견을 나타내는 표현

この壁、何もなくて寂しいですね。
이 벽, 아무것도 없어서 허전하네요.

(A) では、椅子を置きましょう。
　　그럼, 의자를 두죠.

(B) では、何か明るい音楽を聞きませんか。
　　그럼, 뭔가 밝은 음악을 안 들을래요?

(C) では、絵でも掛けましょうか。
　　그럼, 그림이라도 걸까요?

(D) では、友達を招待してもいいですよ。
그럼, 친구를 초대해도 괜찮아요.

해설 ★ 「壁(かべ)」(벽)라는 단어가 포인트. 벽에 아무것도 없어서 허전하다고 했으므로 벽에 걸 만한 대상으로 대답한 선택지를 고르면 된다.

寂(さび)しい 허전하다 椅子(いす) 의자 置(お)く 두다
音楽(おんがく) 음악 絵(え) 그림 掛(か)ける 걸다
友達(ともだち) 친구 招待(しょうたい) 초대

11 비즈니스 표현

大田さん、明日は会社に一日いらっしゃいますか。
오타 씨, 내일은 회사에 하루 종일 계십니까?

(A) 朝8時に伺います。
아침 8시에 찾아뵙겠습니다.

(B) 午前中ならおりますが。
오전 중이라면 있습니다만.

(C) 夕方までいらっしゃいます。
저녁때까지 계십니다.

(D) 水曜日に参ります。
수요일에 갑니다.

해설 ★ 회사에 하루 종일 있는지에 대한 적절한 응답으로는 오전 중에는 있다고 한 (B)가 된다. 참고로 선택지 (C)는 「いらっしゃる」(계시다)라는 경어를 사용했기 때문에 오답이 된다.

会社(かいしゃ) 회사 伺(うかが)う 찾아뵙다 午前(ごぜん) 오전
夕方(ゆうがた) 저녁 参(まい)る '가다'의 겸양어

12 정보 확인·요청에 관한 표현

金曜日のパーティーに出られる。
금요일 파티에 참석할 수 있어?

(A) 場所なら会議室を取っておいたよ。
장소라면 회의실을 잡아 두었어.

(B) まだ金曜の予定がわからないんだ。
아직 금요일 예정을 몰라.

(C) 朝7時ちょっと前に出るよ。
아침 7시 조금 전에 나가.

(D) 急いでも今からじゃ間に合わないよ。
서둘러도 지금부터면 시간에 맞출 수 없어.

해설 ★ 파티 참석 여부에 대한 응답을 찾는 문제이다. (A)와 (C)는 각각 장소와 시간에 대해서 말하고 있으므로 오답이 되고, (D)는 선택지와는 관련이 없는 응답이다. 정답은 아직 금요일의 예정을 모른다고 한 (B)가 된다.

パーティー(party) 파티 場所(ばしょ) 장소
会議室(かいぎしつ) 회의실 取(と)る 잡다 予定(よてい) 예정
急(いそ)ぐ 서두르다 間(ま)に合(あ)う 시간에 늦지 않게 대다

13 정보 전달에 관한 표현

自転車のブレーキ、錆びていたわ。
자전거 브레이크, 녹슬어 있었어.

(A) だから、ブレーキがよく利くんだね。
그래서 브레이크가 잘 드는구나.

(B) そうやってスピードが出るんだね。
그렇게 해서 스피드가 나는구나.

(C) それで、ブレーキがかかりにくかったんだね。
그래서 브레이크가 잘 안 들었던 거구나.

(D) そうすれば、自転車が漕げるんだね。
그렇게 하면 자전거를 탈 수 있구나.

해설 ★ 「錆(さ)びる」(녹슬다)라는 단어를 알아듣는 것이 포인트. 브레이크가 녹슬어 있었다고 하는 것은 브레이크가 듣지 않는다는 것을 의미하므로 정답은 (C)가 된다.

ブレーキ(brake) 브레이크 利(き)く 잘 움직이다. 잘 듣다
スピード(speed)が出(で)る 스피드[속도]가 나다 それで 그래서
かかる 작동하다 동사의 ます형+にくい ~하기 어렵다
自転車(じてんしゃ)を漕(こ)ぐ 자전거를 타다. 자전거의 페달을 밟다

14 일상생활 표현

あのう、これ、注文した料理と違うんですが。
저, 이거 주문한 요리와 다른데요.

(A) 失礼いたしました。すぐお持ちします。
실례했습니다. 바로 가져오겠습니다.

(B) メニューにないものでもお出しできます。
메뉴에 없는 것도 만들어 드릴 수 있어요.

(C) この中から好きな飲み物を選んでください。
이 중에서 좋아하는 음료를 골라 주세요.

(D) どうぞ、こちらへお入り下さい。
어서 이쪽으로 들어오십시오.

해설 ★ 음식점에서 흔히 들어볼 수 있는 대회로, 주문한 것과 다른 음식이 나왔다는 것을 알 수 있다. 따라서 바로 가져오겠다고 한 (A)가 정답이 된다.

注文(ちゅうもん) 주문 料理(りょうり) 요리 違(ちが)う 다르다
失礼(しつれい) 실례 メニュー(menu) 메뉴 好(す)き 좋아함
飲(の)み物(もの) 음료 選(えら)ぶ 고르다 入(はい)る 들어오다

15 비즈니스 표현

山本貿易の高橋様がお見えになりました。
야마모토 무역의 다카하시 님께서 오셨습니다.

(A) では、よろしく伝えてください。
그럼, 안부 전해 주세요.

(B) では、5番（ばん）に繋（つな）いでください。
그럼, 5번으로 연결해 주세요.

(C) では、こちらへお通（とお）ししてください。
그럼, 이쪽으로 모셔 오세요.

(D) では、明後日（あさって）またお会（あ）いしましょう。
그럼, 모레 또 만나죠.

해설 ★ 「お見（み）えになる」는 '오시다' 라는 의미로 「来（く）る」（오다）의 존경 표현이다. 문제의 문장은 손님이 방문했다는 의미가 되므로 선택지 중에서 적절한 응답은 (C)가 된다. (B)는 전화가 걸려온 상황이므로 답이 될 수 없다.

貿易（ぼうえき） 무역　よろしく 잘　伝（つた）える 전하다
繋（つな）ぐ 연결하다　通（とお）す 안내하다. 모시다
明後日（あさって） 모레　会（あ）う 만나다

16　일상생활 표현

この前（まえ）、駅（えき）で大（おお）きい男（おとこ）の人（ひと）に足（あし）を踏（ふ）まれたのよ。
얼마 전 역에서 덩치 큰 남자한테 발을 밟혔어.

(A) その人（ひと）に怒（おこ）られたでしょう。
그 사람이 화를 냈겠군요.

(B) その男（おとこ）の人（ひと）、怪我（けが）をしなかった。
그 남자, 다치진 않았어?

(C) それは君（きみ）が悪（わる）かったよね。
그건 네가 잘못했네.

(D) それは痛（いた）かっただろう。
그거 아팠겠군.

해설 ★ 발을 밟혔다는 것에 대한 적절한 응답을 찾는 문제로 (D)가 정답이 된다. 나머지 선택지는 발을 밟힌 것이 아니라 밟은 상황에 해당하는 응답이다.

駅（えき） 역　足（あし） 발　踏（ふ）む 밟다　怪我（けが）をする 다치다
悪（わる）い 나쁘다. 잘못이다　痛（いた）い 아프다

17　일상생활 표현

あ～あ～。このスーツ、高（たか）いのにインクをこぼしちゃった。아~아~. 이 양복, 비싼 건데 잉크를 엎지르고 말았어.

(A) 現像（げんぞう）を頼（たの）めばいいんじゃない。
현상을 부탁하면 되잖아?

(B) じゃ、僕（ぼく）が代（か）わりに買（か）ってこようか。
그럼, 내가 대신에 사 올까?

(C) プリンターを直（なお）してもらおうか。
프린터를 고칠까?

(D) クリーニング屋（や）に出（だ）した方（ほう）がいいよ。
세탁소에 맡기는 게 좋아.

해설 ★ 「こぼす」（엎지르다）라는 동사를 알아듣는 것이 포인트. (A)는 사진과 관련된 표현이고, (B)는 문제와는 전혀 관련이 없는 응답이다. 그리고 (C)는 프린터를 고친다고 했으므로 역시 오답이 된다. 정답은 세탁소에 맡기는 게 좋다고 한 (D)가 된다.

スーツ(suit) 양복. 정장　高（たか）い 비싸다　インク(ink) 잉크
現像（げんぞう） 현상　頼（たの）む 부탁하다. 의뢰하다
～代（か）わりに ～대신에　プリンター(printer) 프린터
直（なお）す 고치다　クリーニング屋（や） 세탁소
出（だ）す 내다. 맡기다

18　일상생활 표현

今日（きょう）は遅刻（ちこく）ぎりぎりだったわね。
오늘은 하마터면 지각할 뻔했네.

(A) 友達（ともだち）と約束（やくそく）があるから残業（ざんぎょう）はちょっと…。
친구와 약속이 있어서 잔업은 좀….

(B) うん。間（ま）に合（あ）ってほっとしたよ。
응. 제시간에 와서 안심했어.

(C) 遅刻（ちこく）するなんてがっかりだよ。
지각하다니 실망이야.

(D) また遅（おく）れたって文句（もんく）言（い）われたよ。
또 늦었다고 야단맞았어.

해설 ★ 「ぎりぎり」는 시간 등이 빠듯한 모양을 나타낼 때 사용하는 의태어이므로, 문제는 하마터면 지각할 뻔했다는 의미가 된다. 따라서 적절한 응답은 (B)가 된다.

遅刻（ちこく） 지각　約束（やくそく） 약속　残業（ざんぎょう） 잔업
間（ま）に合（あ）う 시간에 늦지 않게 대다
ほっと 겨우 마음을 놓는 모양　がっかりする 실망하는 모양
遅（おく）れる 늦다　文句（もんく） 불평. 불만

19　관용 표현

うちの部長（ぶちょう）はいつもお宅（たく）の部長（ぶちょう）と意見（いけん）が衝突（しょうとつ）するわね。
우리 부장님은 항상 댁의 부장님과 의견이 충돌하네.

(A) 個人的（こじんてき）にも親（した）しく付（つ）き合（あ）っているらしいよ。
개인적으로도 친하게 지내고 있대.

(B) 意見（いけん）の合（あ）わないことが滅多（めった）にないからね。
의견이 맞지 않는 경우가 좀처럼 없으니까.

(C) もう結論（けつろん）が出（で）ているから、反対（はんたい）しないのは当然（とうぜん）だよ。
벌써 결론이 나왔으니까 반대하지 않는 건 당연해.

(D) 以前（いぜん）からあまり気（き）が合（あ）わないって有名（ゆうめい）だったらしいよ。이전부터 그다지 마음이 맞지 않는 걸로 유명했대.

해설 ★ 「気（き）が合（あ）わない」（마음이 맞지 않다）라는 관용 표현이 포인트. 여자의 부장과 남자의 부장은 항상 의견이 충돌한다고 했으므로 그 이유로 대답한 선택지를 고르면 된다. (A), (B)는 사이가 좋다는 말에 대한 응답이고, (C)는 전혀 관계없는 응답이므로 답이 될 수 없다.

お宅(たく) 댁　意見(いけん) 의견　衝突(しょうとつ) 충돌
個人的(こじんてき) 개인적　親(した)しい 친하다
付(つ)き合(あ)う 사귀다. 교제하다　減多(めった)に 좀처럼
結論(けつろん) 결론　反対(はんたい) 반대　当然(とうぜん) 당연
以前(いぜん) 이전　あまり 그다지　有名(ゆうめい) 유명

20　일상생활 표현

あいにく、1万円札しかないんですが。
공교롭게도 만 엔짜리 지폐밖에 없습니다만.

(A) 僕が立て替えておきますよ。
제가 대신 지불해 둘게요.

(B) 細かいお金があってよかったですね。
잔돈이 있어서 다행이었네요.

(C) 1万円じゃなくてもいいですよ。
만 엔이 아니어도 괜찮아요.

(D) では、5千円札2枚お返しします。
그럼, 5천 엔짜리 지폐 두 장 돌려드릴게요.

해설 ★ 여자가 만 엔짜리 지폐밖에 없다고 했으므로 가장 적절한 응답은 대신 지불해 두겠다고 한 (A)가 된다.

あいにく 공교롭게도　礼(さつ) 지폐　~しか ~밖에
立(た)て替(か)える 대신 지불하다　細(こま)かいお金(かね) 잔돈
返(かえ)す 돌려주다

21　비즈니스 표현

なぜ部長に呼ばれたの。
왜 부장님한테 불려갔어?

(A) たまには部長も誘った方がいいと思ったんだ。
가끔은 부장님도 초대하는 게 좋다고 생각했어.

(B) 「こら。斎藤」っていつも言われてるよ。
'이봐! 사이토!' 라고 항상 불려.

(C) 転勤する意志があるかどうか聞かれたんだ。
전근 갈 의사가 있는지 없는지 물었어.

(D) 部下からは「本田部長」って呼ばれてるよ。
부하들에게는 '혼다 부장님' 이라고 불리고 있어.

해설 ★ 부장이 부른 이유를 묻고 있으므로 그 이유로 적절한 선택지를 고르면 된다. 따라서 정답은 '부장이 전근 갈 의사가 있는지 물었다' 고 한 (C)가 된다.

なぜ 왜　呼(よ)ぶ 부르다　たまには 가끔은　誘(さそ)う 권유하다
転勤(てんきん) 전근　意志(いし) 의지, 의사
~かどうか ~인지 아닌지, ~일지 어떨지　部下(ぶか) 부하

22　일상생활 표현

そのスーツ、ずいぶんだぶだぶね。
그 양복, 아주 헐렁헐렁하네.

(A) 太っちゃってボタンも止められないくらいだよ。
살쪄 버려서 단추도 채울 수 없을 정도야.

(B) 思い切って買ってよかったよ。
큰맘먹고 사길 잘했어.

(C) そんなに派手じゃないと思ったんだけど。
그렇게 화려하지 않다고 생각했는데.

(D) 病気で大分痩せたからなあ。
아파서 꽤 살이 빠졌으니까.

해설 ★ 「だぶだぶ」(헐렁헐렁한 모양)라는 의태어를 알아듣는 것이 포인트. 양복이 헐렁한 이유를 설명한 선택지를 고르면 된다. 따라서 정답은 (D).

ずいぶん 대단히, 아주　太(ふと)る 살찌다　ボタン(button) 단추
止(と)める 채우다　思(おも)い切(き)って 큰맘먹고, 과감히
派手(はで) 화려함　病気(びょうき) 몸이 아픔
大分(だいぶ) 꽤, 상당히　痩(や)せる 살이 빠지다

23　예/아니요형 질문

以前どこかでお目にかかりませんでしたか。
이전에 어딘가에서 만나 뵙지 않았나요?

(A) いいえ。拝見したことはありません。
아니요. 본 적은 없습니다.

(B) いいえ。人違いだと思いますよ。
아니요. 사람을 잘못 보신 것 같은데요.

(C) いいえ。全然目に入りませんでしたよ。
아니요. 전혀 눈에 들어오지 않았어요.

(D) いいえ。昔からの知り合いですから。
아니요. 예전부터 아는 사이였으니까요.

해설 ★ 「お目(め)にかかる」(만나 뵙다)는 「会(あ)う」(만나다)의 겸양어로 문제는 전에 만난 적이 있는지를 묻고 있다. 따라서 적절한 응답은 사람을 잘못 본 것 같다고 한 (B)가 된다.

拝見(はいけん)する 삼가보다　＊見(み)る(보다)의 겸양어
人違(ひとちが)い 사람을 잘못 봄　全然(ぜんぜん) 전혀
目(め)に入(はい)る 눈에 들어오다. 보이다　昔(むかし) 옛날. 예전
知(し)り合(あ)い 아는 사이. 지인

24　비즈니스 표현

社長、来週の山口電気のパーティーは欠席なさいますか。사장님, 다음 주 야마구치 전기의 파티에는 불참하시나요?

(A) うん。是非お伺いすると言ってきたよ。
응. 꼭 찾아뵙는다고 말했어.

(B) うん。予定がいっぱいだから、お断りしてくれ。
응. 예정이 꽉 차 있으니까 거절해 줘.

(C) うん。早く返事をもらっておいてくれ。
응. 빨리 답변을 받아 둬.

(D) うん。場所と時間を決めておいてくれ。
응. 장소와 시간을 정해 둬.

해설 ★ 사장의 스케줄을 확인하고 있는 상황이다. 정답은 예정이 꽉 차 있으니까 거절해 두라고 한 (B)가 된다. 나머지 선택지는 질문과는 전혀 관련이 없는 응답들이다.

社長(しゃちょう) 사장　電気(でんき) 전기　欠席(けっせき) 결석, 불참
是非(ぜひ) 제발, 꼭　予定(よてい) 예정　断(ことわ)る 거절하다
返事(へんじ) 답장, 답변　場所(ばしょ) 장소　時間(じかん) 시간
決(き)める 정하다, 결정하다

---

25 감동 · 의견을 나타내는 표현

このコンピューターはかなりいいお値段ですね。
이 컴퓨터는 꽤 비싸네요.

(A) ええ。手頃な価格で好評なんですよ。
예. 적당한 가격이라 평이 좋아요.

(B) まあ、最新型ですから、値段も張りますね。
뭐 최신형이니까 가격도 비싸죠.

(C) この価格にしては売れ行きが今一つなんですが。
이 가격치고는 팔림새가 조금 부족합니다만.

(D) 近頃、値引き競争が激化していますからね。
최근에 가격 할인 경쟁이 격화되고 있으니까요.

해설 ★ 문제의 「いいお値段(ねだん)」은 '비싼 값'이라는 뜻으로 쓰인 것으로 가격이 비싼 이유를 설명한 (B)가 답이 된다. 나머지 선택지들은 문제 문장과는 거리가 먼 응답들이다.

かなり 꽤, 상당히　値段(ねだん) 가격　手頃(てごろ) 적당함
価格(かかく) 가격　好評(こうひょう) 호평
最新型(さいしんがた) 최신형　値段(ねだん)が張(は)る 값이 비싸다
〜にしては 〜치고는　売(う)れ行(ゆ)き 상품의 팔림새
今一(いまひと)つ 조금 부족함　近頃(ちかごろ) 최근
値引(ねび)き 가격 할인　競争(きょうそう) 경쟁　激化(げきか) 격화

---

26 정보 확인 · 요청에 관한 표현

この会社は海外留学の斡旋をしてくれるんですか。
이 회사는 해외 유학 알선을 해 주나요?

(A) ええ。語学力の測定に限ります。
네. 어학 능력 측정에 한합니다.

(B) はい。語学留学の資料も手に入りますよ。
예. 어학 연수 자료도 받을 수 있어요.

(C) ええ。学生の就職の世話をしてくれるんですね。
네. 학생의 취직자리를 소개해 주는군요.

(D) はい。国内の国立大学の合格率はトップです。
예. 국내 국립대학의 합격률은 톱이에요.

해설 ★ 「はい」(예)나 「ええ」(네) 다음에 이어지는 문장이 해외 유학과 관련이 있는 선택지를 고르면 된다. 따라서 정답은 어학 연수 자료도 입수가 된다고 한 (B)가 된다.

海外留学(かいがいりゅうがく) 해외 유학　斡旋(あっせん) 알선
語学力(ごがくりょく) 어학력, 외국어 능력　測定(そくてい) 측정
〜に限(かぎ)る 〜에 한하다　資料(しりょう) 자료
手(て)に入(はい)る 손에 들어오다, 입수되다　就職(しゅうしょく) 취직
世話(せわ) 소개함　国立(こくりつ) 국립　合格率(ごうかくりつ) 합격률
トップ(top) 톱

---

27 비즈니스 표현

契約の更新も済んでやっと肩の荷が降りました。
계약 갱신도 끝나 겨우 어깨가 가벼워졌어요.

(A) あまり気を落とさないでくださいね。
너무 낙담하지 마세요.

(B) ご苦労様。僕もほっとしましたよ。
고생했어요. 저도 안심했어요.

(C) 断られたのは悔しいけど、次回頑張りましょう。
거절당한 건 분하지만 다음 번에 열심히 하죠.

(D) 運搬作業は見るだけでも疲れますよ。
운반 작업은 보는 것만으로도 피곤해요.

해설 ★ 계약 갱신도 끝나 겨우 어깨가 가벼워졌다는 것에 대한 적절한 응답을 찾는 문제로 긍정적인 내용이 오는 것이 적절하다. (A), (C)는 계약 갱신이 이루어지지 않았다는 말에 대한 응답으로 적절하다.

契約(けいやく) 계약　更新(こうしん) 갱신　済(す)む 끝나다
やっと 겨우, 간신히
肩(かた)の荷(に)が降(お)りる 어깨가 가벼워지다, 홀가분해지다
気(き)を落(お)とす 낙담하다　悔(くや)しい 분하다
次回(じかい) 다음 번　頑張(がんば)る 분발하다, 열심히 하다
運搬(うんぱん) 운반　作業(さぎょう) 작업　疲(つか)れる 피곤하다

---

28 일상생활 표현

これ、僅かばかりですが、お詫びの気持ちです。
이거, 별거 아니지만 사과의 표시예요.

(A) 雀の涙ほどですね。
새발의 피군요.

(B) こんなにして頂いて、恐縮です。
이렇게 해 주시다니 죄송합니다.

(C) 祝ってくださる気持ちだけで十分です。
축하해 주시는 마음만으로도 충분해요.

(D) 一言もお礼を言わないとは、恩知らずですよ。
한 마디도 감사의 인사를 하지 않다니, 배은망덕하군요.

해설 ★ 「お詫(わ)び」(사과, 사죄)라는 단어가 포인트. 사과의 뜻과 함께 무언가를 전해 주는 것이므로, 적절한 응답은 이에 대한 미안함과 감사를 표시한 (B)가 된다.

僅(わず)か 사소함, 하찮음 雀(すずめ)の涙(なみだ) 새발의 피
恐縮(きょうしゅく) 죄송함, 황송함 祝(いわ)う 축하하다
十分(じゅうぶん) 충분함 一言(ひとこと) 한 마디
お礼(れい) 감사의 인사 恩知(おんし)らず 배은망덕함. 또는 그런 사람

---

29 추측 및 전문(伝聞) 표현

最近、大学進学は専門知識を学ぶためという志望動機が多いそうです。
요즘 대학 진학은 전문 지식을 배우기 위해서라는 지망 동기가 많대요.

(A) 一流企業指向は未だに衰えていないんですね。
일류 기업 지향은 아직까지 강세군요.

(B) 専門学校の方が大学より優位に立つ時代になったんですね。
전문학교 쪽이 대학보다 우위에 서는 시대가 되었네요.

(C) 純粋に学問を研究したい人が多いんですね。
순수하게 학문을 연구하고 싶은 사람이 많군요.

(D) 習得した知識を生かして働きたいという若者が増えているんですね。
습득한 지식을 살려서 일하고 싶다는 젊은이들이 늘고 있군요.

해설 ★ 문제에서 최근 대학 진학은 전문 지식을 배우기 위해서라고 하는 지망 동기가 많다고 했다. 이 말은 결국 습득한 지식을 살려서 일하고 싶다는 뜻이므로 적절한 응답은 (D)가 된다. 나머지 선택지는 각각 일류 기업 지향, 전문학교, 학문에 관해서 말하고 있으므로 문제와는 거리가 먼 응답들이다.

進学(しんがく) 진학 専門(せんもん) 전문 知識(ちしき) 지식
学(まな)ぶ 배우다 志望(しぼう) 지망 動機(どうき) 동기
多(おお)い 많다 一流(いちりゅう) 일류 企業(きぎょう) 기업
指向(しこう) 지향 未(いま)だに 아직까지
衰(おとろ)える 쇠퇴하다, 쇠약해지다
専門学校(せんもんがっこう) 전문학교
優位(ゆうい)に立(た)つ 우위에 서다 時代(じだい) 시대
純粋(じゅんすい) 순수 学問(がくもん) 학문 研究(けんきゅう) 연구
習得(しゅうとく) 습득 生(い)かす 살리다, 활용하다
働(はたら)く 일하다 若者(わかもの) 젊은이 増(ふ)える 늘다

---

30 경제 표현

今年は東京都の予算も法人からの税収が落ち込んでいますね。
올해는 도쿄도의 예산도 법인으로부터의 세수가 줄었네요.

(A) 潤った分は住民に還元されるんでしょうか。
이익을 얻은 부분은 주민에게 환원되는 걸까요?

(B) どの都道府県も財政難に苦しんでいますね。
어느 지방자치단체도 재정난으로 힘들어하고 있군요.

(C) 地域住民ともっと密接に関わるべきですよ。
지역 주민과 더욱 밀접하게 접해야만 해요.

(D) 政治家からして落胆していては仕方がありませんね。
정치가부터가 낙담하고 있어선 어쩔 수 없죠.

해설 ★ 법인으로부터의 세수입이 줄었다는 말은 결국 재정에 압박을 받고 있다는 말이 된다. 따라서 적절한 응답은 다른 지방자치단체도 마찬가지라고 한 (B)가 된다.

予算(よさん) 예산 法人(ほうじん) 법인
税収(ぜいしゅう) 세수, 세수입 落(お)ち込(こ)む 뚝 떨어지다
潤(うるお)う 넉넉해지다, 이익을 얻다 住民(じゅうみん) 주민
還元(かんげん) 환원 都道府県(とどうふけん) 도도부현 *일본의 지방자치단체의 총칭으로 1개도(都), 1개도(道), 2개부(府), 43개현(県)이 있음 財政難(ざいせいなん) 재정난 苦(くる)しむ 괴로워하다
地域(ちいき) 지역 密接(みっせつ) 밀접 関(かか)わる 관계되다
政治家(せいじか) 정치가 ～からして ～부터가 落胆(らくたん) 낙담
仕方(しかた)がない 어쩔 수가 없다

PART 3

1 숫자 청취 및 계산

男 : もしもし、鈴木さんですか。
여보세요, 스즈키 씨인가요?

女 : いいえ、こちらは鈴木ではありません。
아니요, 전 스즈키가 아닌데요?

男 : そちらは3442-2163ですか。
그쪽은 3442-2163번인가요?

女 : 2163ではありません。2613です。
2163번이 아니에요. 2613번이에요.

女の人の電話番号は何番ですか。
여자의 전화 번호는 몇 번입니까?

(A) 3442-2163

(B) 3442-2613

(C) 3442-2316

(D) 3442-2631

해설 ★ 숫자에 대한 청취력을 묻는 문제로, 여자의 전화 번호는 3442-2613번인데, 남자가 3442-2163번으로 착각하고 전화를 건 상황이다. 따라서 정답은 (B)가 된다.

もしもし 여보세요 電話番号(でんわばんごう) 전화번호
何番(なんばん) 몇 번

2 대중교통

女 : 遅かったですね。他の人は電車で行きましたよ。
늦었네요. 다른 사람은 전철로 갔어요.

男 : すみません。電車で行きますか。バスで行きますか。죄송해요. 전철로 갈까요? 버스로 갈까요?

女 : もう遅いですから、タクシーに乗りませんか。
이미 늦었으니까, 택시를 타지 않을래요?

男 : そうですね。そうしましょう。
그러네요. 그렇게 하죠.

2人は何に乗りますか。
두 사람은 무엇을 탑니까?

(A) タクシー
택시

(B) 電車
전철

(C) バス
버스

(D) 地下鉄
지하철

해설 ★ 두 사람이 탈 교통 수단을 묻고 있다. 늦게 온 남자에게 택시를 타고 가자고 여자가 권유를 했고, 이에 남자가 그렇게 하자고 했으므로 두 사람은 택시를 타고 갈 것이다. 따라서 정답은 (A)가 된다.

遅(おそ)い 늦다 他(ほか)の人(ひと) 다른 사람 電車(でんしゃ) 전철
バス(bus) 버스 タクシー(taxi) 택시 ~に乗(の)る ~를 타다
地下鉄(ちかてつ) 지하철

3 인물 관련

女 : 今年の冬はとても寒いですね。私は冬は好きではありません。
올해 겨울은 정말 춥네요. 전 겨울은 좋아하지 않아요.

男 : 私もです。冬は家で本を読んだり、音楽を聞いたりします。
저도 그래요. 겨울에는 집에서 책을 읽거나 음악을 듣거나 해요.

女 : じゃ、夏は何をしますか。
그럼 여름에는 뭘 하나요?

男 : 外でスポーツをしたり、旅行をしたりします。
밖에서 운동을 하거나 여행을 하거나 해요.

男の人は夏に何をしますか。
남자는 여름에 무엇을 합니까?

(A) 本を読んだり、旅行をしたりする。
책을 읽거나 여행을 하거나 한다.

(B) 本を読んだり、音楽を聞いたりする。
책을 읽거나 음악을 듣거나 한다.

(C) スポーツをしたり、旅行をしたりする。
운동을 하거나 여행을 하거나 한다.

(D) スポーツをしたり、音楽を聞いたりする。
운동을 하거나 음악을 듣거나 한다.

해설 ★ 계절별로 하는 일을 구분해서 들어야 실수가 없는 문제이다. 남자는 겨울에는 집에서 책을 읽거나 음악을 듣거나 하고, 여름에는 밖에서 운동을 하거나 여행을 하거나 한다고 했다. 문제에서는 남자가 여름에 하는 일을 물었으므로 정답은 (C)가 된다.

冬(ふゆ) 겨울 寒(さむ)い 춥다 好(す)き 좋아함
本(ほん)を読(よ)む 책을 읽다 音楽(おんがく)を聞(き)く 음악을 듣다
夏(なつ) 여름 外(そと) 밖 スポーツ(sports) 스포츠, 운동
旅行(りょこう) 여행

4 인물 관련

男 : 山田さんは何かスポーツをしていますか。
야마다 씨는 뭔가 운동을 하고 있나요?

女 : ええ、毎週1回プールで3kmぐらい泳いでいます。
鈴木さんは。
네, 매주 한 번 수영장에서 3km 정도 수영하고 있어요. 스즈키 씨는요?

男 : 私も前は泳いでいましたが、今は毎日公園を5km
ぐらい走っています。
저도 예전에는 수영을 했지만, 지금은 매일 공원을 5km 정도 달리고
있어요.

女 : そうですか。
그래요?

鈴木さんは今、何かスポーツをしていますか。
스즈키 씨는 지금 뭔가 운동을 하고 있습니까?

(A) 走っている。
달리고 있다.

(B) 泳いでいる。
수영하고 있다.

(C) テニスをしている。
테니스를 하고 있다.

(D) 何もしていない。
아무것도 하고 있지 않다.

해설 ★ 일단 스즈키 씨가 남자인지 여자인지 성별부터 구분을 해야 하
는데. 남자와 여자의 첫 번째 대화로 보아 여자가 야마다 씨고 남자가
스즈키 씨라는 것을 알 수 있다. 남자의 두 번째 대화에서 무슨 운동을
하고 있는지 나와 있다. 따라서 정답은 (A)가 된다.

毎週(まいしゅう) 매주　プール(pool) 수영장
泳(およ)ぐ 헤엄치다. 수영하다　毎日(まいにち) 매일
公園(こうえん) 공원　走(はし)る 달리다　テニス(tennis) 테니스

5 　대화 내용에 대한 이해

男 : 昨日は家内の誕生日だったので、外で食事したん
ですが、美味しかったですよ。
어제는 아내의 생일이라서 밖에서 식사를 했는데 맛있었어요.

女 : へえ、どこのお店に行ったんですか。
와, 어느 가게에 갔었나요?

男 : 家内がフランス料理が食べたいと言ったので、青
山のレストランに行きました。 아내가 프랑스 요리를 먹고
싶다고 해서 아오야마의 레스토랑에 갔었어요.

女 : 今度両親を連れて行きたいから、そのお店の場所
を教えてください。
다음에 부모님을 모시고 가고 싶으니까, 그 가게 장소를 가르쳐 주세요.

女の人はどうしてお店の場所を聞きましたか。
여자는 왜 가게 장소를 물었습니까?

(A) 両親と一緒に行きたいから
부모님과 함께 가고 싶기 때문에

(B) もうすぐご主人の誕生日だから
이제 곧 남편의 생일이기 때문에

(C) 今日フランス料理が食べたいから
오늘 프랑스 요리를 먹고 싶기 때문에

(D) 友達を連れて行きたいから
친구를 데리고 가고 싶기 때문에

해설 ★ 여자가 왜 가게의 장소를 물었는지 묻고 있으므로 대화를 통해
여자가 가게의 장소를 물은 이유를 찾아내야 한다. 남자가 아내의 생일
때 외식한 가게가 맛있다고 하자. 여자가 다음에 부모님을 모시고 가고
싶으니까 그 가게 장소를 가르쳐 달라고 했으므로, 정답은 (A)가 된다.

家内(かない) 아내　誕生日(たんじょうび) 생일　食事(しょくじ) 식사
美味(おい)しい 맛있다　店(みせ) 가게　フランス(France) 프랑스
料理(りょうり) 요리　両親(りょうしん) 부모　連(つ)れる 데리고 가다
場所(ばしょ) 장소　教(おし)える 가르치다　一緒(いっしょ)に 함께
主人(しゅじん) 남편

6 　인물 관련

女 : 中村さん、英語がとても上手になりましたね。毎
日勉強していますか。
나카무라 씨, 영어가 아주 능숙해졌네요. 매일 공부하고 있나요?

男 : 月曜日から金曜日までは英語のラジオを聞いてい
ます。월요일부터 금요일까지는 영어 라디오를 듣고 있어요.

女 : 土曜日や日曜日も勉強しますか。
토요일이나 일요일도 공부하나요?

男 : 土曜日は英語の新聞を読んだりしていますが、日
曜日はしませんね。
토요일은 영어 신문을 읽거나 하지만, 일요일은 안 해요.

男の人は1週間に何日勉強しますか。
남자는 일주일에 며칠 공부합니까?

(A) 4日
4일

(B) 5日
5일

(C) 6日
6일

(D) 毎日
매일

해설 ★ 남자가 일주일에 며칠 공부를 하는지 묻고 있다. 남자는 월요일
부터 금요일까지는 영어 라디오를 듣고 있고, 토요일은 영어 신문을 읽
거나 하지만 일요일은 공부를 하지 않는다고 했다. 결국, 남자는 일주일
에 6일 영어 공부를 한다는 말이므로 정답은 (C)가 된다.

英語(えいご) 영어　上手(じょうず)になる 능숙해지다
ラジオ(radio) 라디오　新聞(しんぶん) 신문

7 장소 · 사물 · 대상 파악

女 : 私の帽子を知りませんか。
제 모자를 못 보셨나요?

男 : どんな帽子ですか。赤い帽子は机の上にありましたよ。
어떤 모자인가요? 빨간 모자는 책상 위에 있었어요.

女 : 赤い帽子ではありません。黄色い帽子です。
빨간 모자 아니에요. 노란 모자예요.

男 : 黄色い帽子は椅子の上にありますよ。
노란 모자는 의자 위에 있어요.

女の人の帽子はどこにありますか。
여자의 모자는 어디에 있습니까?

(A) 机の上
책상 위

(B) 机の下
책상 아래

(C) 本棚の上
책장 위

(D) 椅子の上
의자 위

해설 ★ 여자의 모자가 놓여진 위치를 묻고 있다. 두 사람의 대화 중에 두 종류의 모자가 나오므로, 일단 여자의 모자가 무슨 색깔인지 잘 들어야 한다. 빨간 모자는 책상 위에 있고 노란 모자는 의자 위에 있는데. 여자가 자신의 모자는 노란 모자라고 했으므로. 정답은 (D)가 된다.

帽子(ぼうし) 모자 知(し)る 알다 赤(あか)い 빨갛다
机(つくえ) 책상 上(うえ) 위 黄色(きいろ)い 노랗다
椅子(いす) 의자 下(した) 아래 本棚(ほんだな) 책장

8 성별에 따른 의견 · 행동 구분

女 : この歌をパーティーで歌いますから、覚えてくださいね。
이 노래를 파티에서 부를 테니까 외워 두세요.

男 : 私はピアノは弾けますが、歌は上手ではないですよ。
전 피아노는 칠 수 있지만, 노래는 잘 못해요.

女 : そうですか。では、ピアノを弾いてください。
그래요? 그럼 피아노를 쳐 주세요.

男 : わかりました。家で毎日練習します。
알겠어요. 집에서 매일 연습할게요.

男の人はパーティーで何をしますか。
남자는 파티에서 무엇을 합니까?

(A) 歌を歌う。
노래를 부른다.

(B) 歌を歌って、ピアノを弾く。
노래를 부르고 피아노를 친다.

(C) ギターとピアノを弾く。
기타와 피아노를 친다.

(D) ピアノを弾く。
피아노를 친다.

해설 ★ 여자가 남자에게 파티에서 부를 노래를 외우라고 했지만, 남자가 노래는 잘 못하고 피아노는 칠 수 있다고 했다. 이에 여자가 피아노를 쳐 달라고 부탁했으므로 정답은 (D)가 된다.

歌(うた) 노래 パーティー(party) 파티 歌(うた)う 노래를 부르다
覚(おぼ)える 기억하다, 외우다
ピアノ(piano)を弾(ひ)く 피아노를 치다
練習(れんしゅう) 연습 ギター(guitar) 기타

9 대화 내용에 대한 이해

男 : 仕事の休みは日曜日だけですが、他にできない日はありますか。
일을 쉬는 날은 일요일뿐인데, 그 밖에 안 되는 날은 있나요?

女 : すみませんが、水曜日はちょっとできません。
죄송하지만 수요일은 조금 힘들어요.

男 : わかりました。時間は午前10時から午後2時までですが、大丈夫ですか。
알겠어요. 시간은 오전 10시부터 오후 2시까지인데 괜찮나요?

女 : はい。時間は大丈夫です。どうぞ、よろしくお願いします。예. 시간은 괜찮습니다. 아무쪼록 잘 부탁드려요.

女の人が仕事をしないのは、日曜日と何曜日ですか。
여자가 일을 하지 않는 것은 일요일과 무슨 요일입니까?

(A) 火曜日
화요일

(B) 水曜日
수요일

(C) 木曜日
목요일

(D) 金曜日
금요일

해설 ★ 요일에 주목하면서 들으면 쉽게 정답을 고를 수 있는 문제이다. 두 사람의 전반부 대화에서 정답을 찾을 수 있는데, 남자의 첫 번째 대화에서 휴일은 일요일이라고 했고, 여자는 수요일이 조금 힘들다고 했다. 따라서 여자는 수요일과 일요일에 일을 하지 않는다는 말이므로 정답은 (B)가 된다.

仕事(しごと) 일. 업무 休(やす)み 휴일 ～だけ ～만, ～뿐
他(ほか)に 그 밖에 ちょっと 좀, 조금 午前(ごぜん) 오전
午後(ごご) 오후 大丈夫(だいじょうぶ) 괜찮음
どうぞ 부디. 아무쪼록

10 성별에 따른 의견·행동 구분

男 : 今日はイギリス大使館に行ってから、病院に行っ
て家に帰ります。
오늘은 영국 대사관에 간 후에 병원에 갔다가 집에 돌아갈게요.

女 : 風邪ですか。私がイギリス大使館に行きましょう
か。 감기인가요? 제가 영국 대사관에 갈까요?

男 : 大丈夫です。でも、すみませんが、明日は少し遅く
来てもいいですか。
괜찮아요. 근데 죄송하지만, 내일은 조금 늦게 와도 될까요?

女 : ええ。いいですよ。お大事に。
네. 괜찮아요. 몸조리 잘 하세요.

男の人はいつ病院に行きますか。
남자는 언제 병원에 갑니까?

(A) イギリス大使館に行く前に
영국 대사관에 가기 전에

(B) イギリス大使館に行った後で
영국 대사관에 간 후에

(C) 明日、会社に来る前に
내일 회사에 오기 전에

(D) 明日、仕事の後で
내일 업무 후에

해설 ★ 행동의 순서를 유의하면서 들어야 실수가 없는 문제이다. 남자는 오늘 영국 대사관에 간 후에 병원에 갔다가 집에 돌아간다고 했다. 따라서 병원은 영국 대사관에 간 후에 가는 것이 되므로 정답은 (B)가 된다.

イギリス(포르투갈어 Inglez) 영국 大使館(たいしかん) 대사관
病院(びょういん) 병원 風邪(かぜ) 감기

11 대중교통

女 : すみません。この近くに駅はありますか。
저, 이 근처에 역은 있나요?

男 : ええ、地下鉄の駅がありますよ。ここから歩いて
5分ぐらいです。
네, 지하철역이 있어요. 여기서 걸어서 5분 정도예요.

女 : ああ、そうですか。バス停も近くにありますか。
아, 그래요? 버스 정류장도 근처에 있나요?

男 : え〜と、バス停はこの近くにはありません。
음-, 버스 정류장은 이 근처에는 없어요.

この近くに何がありますか。
이 근처에 무엇이 있습니까?

(A) バス停
버스 정류장

(B) タクシー乗り場
택시 승강장

(C) 地下鉄の駅
지하철역

(D) 交番
파출소

해설 ★ 근처에 무엇이 있는지 묻고 있으므로 선택지의 사물을 미리 읽어 두고 들으면 정답을 찾기가 쉬운 문제이다. 남자의 첫 번째 대화에서 걸어서 5분 거리에 지하철역이 있다고 했으므로 정답은 (C)가 된다.

近(ちか)く 근처 駅(えき) 역 歩(ある)く 걷다
バス(bus)停(てい) 버스 정류장
タクシー(taxi)乗(の)り場(ば) 택시 승강장 交番(こうばん) 파출소

12 문의

女 : 注文した品物はいつ頃届けてもらえますか。
주문한 물건은 언제쯤 받을 수 있나요?

男 : 工場の休みがあるので、2週間後ぐらいだと思い
ます。 공장의 휴일이 있어서 2주일 후쯤이 될 겁니다.

女 : もう少し早くなりませんか。今度の休日の前じゃ
ないと困るんですが。
좀 더 빨리 안되나요? 이번 휴일 전이 아니면 곤란한데요.

男 : う〜ん。できるかどうか会社に帰って確かめてか
らお電話します。 음…. 가능할지 어떨지 회사에 돌아가서 확인한
후에 전화 드리겠습니다.

女の人はいつまでに品物を届けてほしいと言っていま
すか。 여자는 언제까지 물건을 배달해 달라고 말하고 있습니까?

(A) 休日の前
휴일 전

(B) 休日の後
휴일 후

(C) 2週間後
2주일 후

(D) 3週間後
3주일 후

해설 ★ 문의 관련 문제는 의문사가 핵심적인 키워드 역할을 하므로 문제에 나오는 의문사를 통해 무엇을 들어야 할지 미리 판단해 두어야 한다. 여자가 언제까지 물건을 배달해 달라고 했는지 묻고 있으므로 날짜나 요일 관련 표현을 잘 들어야 한다는 것을 알 수 있다. 여자의 두 번째 대화에서 휴일 전이 아니면 곤란하다고 했으므로 정답은 (A)가 된다.

注文(ちゅうもん) 주문 品物(しなもの) 물건 届(とど)ける 보내다
工場(こうじょう) 공장 休日(きゅうじつ) 휴일 困(こま)る 곤란하다
確(たし)かめる 확인하다

13 성별에 따른 의견·행동 구분

男 : もう遅いですから、家まで送りますよ。
이미 늦었으니까 집까지 데려다 줄게요.

女 : そんな。ご迷惑ですし、1人で帰れますから、大丈夫ですよ。
그런. 폐가 되기도 하고, 혼자서 돌아갈 수 있으니까 괜찮아요.

男 : いいですよ。この前近くで事件もあったそうだし、危ないですから。
괜찮아요. 얼마 전에 근처에서 사건도 있었다고 하고 위험하니까요.

女 : すみません。じゃ、お願いします。
죄송해요. 그럼, 부탁드려요.

男の人は今からどうしますか。
남자는 이제부터 어떻게 합니까?

(A) 女の人を家まで迎えに行く。
여자를 집까지 마중하러 간다.

(B) 女の人を駅まで迎えに行く。
여자를 역까지 마중하러 간다.

(C) 女の人を家まで送る。
여자를 집까지 데려다 준다.

(D) 女の人を駅まで送る。
여자를 역까지 데려다 준다.

해설 ★ 남자가 집에 데려다 주겠다고 했는데, 처음에 여자가 거절했지만 결국은 남자의 제안을 받아들였으므로 정답은 (C)가 된다.

送(おく)る 데려다 주다. 배웅하다 迷惑(めいわく) 폐
事件(じけん) 사건 危(あぶ)ない 위험하다 迎(むか)える 마중하다

14 장소·사물·대상 파악

女 : あの、この近くにガソリンスタンドはありますか。
저, 이 근처에 주유소는 있나요?

男 : この道をまっすぐ行って、二つ目の信号を右に曲がると左側にありますよ。
이 길을 곧장 가서 두 번째 신호를 오른쪽으로 돌면 왼쪽에 있어요.

女 : その信号の角には何がありますか。
그 신호 모퉁이에는 뭐가 있나요?

男 : え～と、小学校があります。
음-, 초등학교가 있어요.

ガソリンスタンドはどこにありますか。
주유소는 어디에 있습니까?

(A) 二つ目の信号を右に曲がって左側
두 번째 신호를 오른쪽으로 돌아서 왼쪽

(B) 二つ目の信号を左に曲がって左側
두 번째 신호를 왼쪽으로 돌아서 왼쪽

(C) 二つ目の信号を右に曲がって右側
두 번째 신호를 오른쪽으로 돌아서 오른쪽

(D) 二つ目の信号を左に曲がって右側
두 번째 신호를 왼쪽으로 돌아서 오른쪽

해설 ★ 주유소의 위치를 묻고 있으므로 몇 번째 신호인지, 그리고 왼쪽으로 도는지 아니면 오른쪽으로 도는지 잘 들어야 한다. 남자의 첫 번째 대화에서 정답을 찾을 수 있는데, 주유소는 이 길을 곧장 가서 두 번째 신호를 오른쪽으로 돌면 왼쪽에 있다고 했으므로 정답은 (A)가 된다.

ガソリンスタンド(일본어 gasoline+stand) 주유소 まっすぐ 곧장
信号(しんごう) 신호 右(みぎ) 오른쪽 曲(ま)がる 돌다
左側(ひだりがわ) 왼쪽 角(かど) 모퉁이
小学校(しょうがっこう) 초등학교 左(ひだり) 왼쪽
右側(みぎがわ) 오른쪽

15 주문 및 부탁·의뢰 관련 대화

女 : 大木さん、明日、工場に書類を届けに行くそうですね。오오키 씨, 내일 공장에 서류를 갖다 주러 간다면서요.

男 : ええ、それから工場で荷物を受け取って、その後すぐ東海商事に届けに行きます。네, 그리고 나서 공장에서 짐을 받아서, 그 후에 바로 도카이상사에 갖다 주러 가요.

女 : あの、私、今日工場に手帳を忘れてしまったんですが。저, 제가 오늘 공장에 수첩을 두고 왔는데요.

男 : あ、じゃ、私がもらってきますよ。会社に戻るのは3時頃になると思います。아, 그럼 제가 받아 올게요. 회사에 돌아오는 건 3시쯤이 될 거예요.

男の人は工場から会社に何を持って帰りますか。
남자는 공장에서 회사에 무엇을 가지고 돌아옵니까?

(A) 荷物
짐

(B) 手帳
수첩

(C) 書類
서류

(D) 荷物と手紙
짐과 편지

해설 ★ 남자가 공장에서 회사에 무엇을 가지고 오는지 묻고 있으므로 대상을 잘 들어야 한다. 남자는 내일 공장에 서류를 갖다 주러 갈 예정인데, 여자가 오늘 공장에 수첩을 두고 왔다고 했다. 이에 남자가 내일 받아 오겠다고 했으므로 남자는 여자의 수첩을 가지고 오면 된다. 따라서 정답은 (B)가 된다.

工場(こうじょう) 공장 書類(しょるい) 서류 それから 그리고 나서
荷物(にもつ) 짐 受(う)け取(と)る 받다 商事(しょうじ) 상사
手帳(てちょう) 수첩 忘(わす)れる 깜박 잊고 두고 오다

16 성별에 따른 의견·행동 구분

女：川上さんは沖縄に行ったことがありますか。
가와카미 씨는 오키나와에 간 적이 있나요?

男：はい、1度だけ。お客様に会社の品物を見せに行きました。예, 딱 한 번이요. 고객에게 회사 물건을 보여 주러 갔어요.

女：そうですか。少しは泳ぎましたか。
그래요? 조금은 수영했나요?

男：とても暑かったので、泳ぎたかったですけどね。
너무 더워서 수영하고 싶었지만요.

川上さんは沖縄で何をしましたか。
가와카미 씨는 오키나와에서 무엇을 했습니까?

(A) 泳いだ。
수영했다.

(B) 仕事をした。
일을 했다.

(C) 買い物をした。
쇼핑을 했다.

(D) 友達に会った。
친구를 만났다.

해설 ★ 남자의 마지막 대화에서「泳(およ)ぐ」(수영하다, 헤엄치다)라는 동사가 나오지만 끝 부분이「~たかったですけどね」(~하고 싶었지만요)으로 끝난 것으로 봐서 결국 수영은 못 했다는 말이 된다는 것에 주의. 결국 가와카미 씨는 오키나와에서 일만 했다는 말이 되므로 정답은 (B)가 된다.

동사의 た형+ことがある ~한 적이 있다 お客様(きゃくさま) 고객, 손님
品物(しなもの) 물건 見(み)せる 보이다 暑(あつ)い 덥다
買(か)い物(もの) 쇼핑 友達(ともだち) 친구

17 일상생활

女：配達の時はもう少し丁寧にしていただかないと、困ります。배달할 때는 좀 더 주의 깊게 해 주지 않으면 곤란해요.

男：申し訳ありません。割れたお品物でお怪我などされませんでしたか。죄송합니다. 깨진 물건 때문에 다치신 곳은 없었습니까?

女：ええ。それはありません。でも、本当に気を付けてくださいね。네. 다친 곳은 없어요. 하지만, 정말로 주의해 주세요.

男：本当に申し訳ありませんでした。すぐ、新しい物をお送りいたします。정말 죄송했습니다. 바로 새 물건을 보내 드리겠습니다.

女の人はどうして怒っていますか。
여자는 왜 화를 내고 있습니까?

(A) 配達の時間が遅れたから
배달 시간이 늦었기 때문에

(B) 味が変だったから
맛이 이상했기 때문에

(C) 頼んだ物と違う品物だったから
부탁한 물건과 다른 물건이었기 때문에

(D) 品物が割れていたから
물건이 깨져 있었기 때문에

해설 ★ 문제에서 여자가 화를 내고 있는 이유를 묻고 있는데 남자의 대화에 나오는「割(わ)れた品物(しなもの)で」(깨진 물건 때문에)를 통해 여자가 주문한 물건이 깨져서 배달되었다는 것을 알 수 있으므로 정답은 (D)가 된다.

配達(はいたつ) 배달 少(すこ)し 조금
丁寧(ていねい) 주의 깊고 세심함 申(もう)し訳(わけ)ない 미안하다
怪我(けが) 상처, 부상 気(き)を付(つ)ける 조심하다, 주의하다
すぐ 바로, 곧 新(あたら)しい 새롭다 送(おく)る 보내다
怒(おこ)る 화내다 遅(おく)れる 늦다 味(あじ) 맛 変(へん) 이상함
頼(たの)む 부탁하다 違(ちが)う 다르다, 틀리다

18 비즈니스 및 업무

女：田中さんと会う時にこの本を渡してください。返すのを忘れていました。다나카 씨와 만날 때 이 책을 건네주세요. 돌려주는 걸 잊고 있었어요.

男：いいですよ。明日、田中さんの会社に行くつもりですから。좋아요. 내일 다나카 씨 회사에 갈 생각이거든요.

女：でも、今日の3時半からの会議に田中さんも来ますよね。하지만 오늘 3시 반부터 있는 회의에 다나카 씨도 오죠?

男：あっ、そうでしたね。忘れていました。じゃ、その時に渡しますね。앗, 그렇군요. 잊고 있었어요. 그럼 그때 건네줄게요.

男の人は何を忘れていましたか。
남자는 무엇을 잊고 있었습니까?

(A) 田中さんも会議に出ること
다나카 씨도 회의에 출석하는 것

(B) 田中さんの会議に行くこと
다나카 씨의 회의에 가는 것

(C) 田中さんに本を返すこと
다나카 씨에게 책을 돌려주는 것

(D) 田中さんに電話をすること
다나카 씨에게 전화를 하는 것

해설 ★ 여자와 남자의 대화에서 각각 잊고 있었던 것이 나오므로, 누가 무엇을 잊고 있었는지에 주목하면서 들어야 한다. 여자는 다나카 씨에게 책을 돌려주는 것을 잊고 있었고, 남자는 다나카 씨도 회의에 출석한다는 것을 잊고 있었기 때문에 정답은 (A)가 된다. 참고로 (C)는 여자가 잊고 있었던 것이다.

本(ほん) 책　渡(わた)す 건네주다　返(かえ)す 돌려주다. 반납하다
会議(かいぎ) 회의　出(で)る 출석하다　電話(でんわ) 전화

19 성별에 따른 의견 · 행동 구분

男：すみませんが、この書類を今日中にコピーしてく
ださい。 죄송하지만, 이 서류를 오늘 중으로 복사해 주세요.

女：今、コピーが壊れていて、修理に来てくれるように
頼んであるんですが。
지금 복사기가 고장 나서, 수리하러 오라고 부탁해 뒀는데요.

男：困りましたね。他の機械に換えてもらえないんです
か。 곤란하게 되었네요. 다른 기계로 바꿀 수는 없나요?

女：換えてもらえますが、間に合いませんから、外の店
でコピーをしてきます。 바꿀 수는 있지만, 시간에 맞추지 못
하니까 밖에 있는 가게에서 복사해 올게요.

女の人は書類をどうしますか。
여자는 서류를 어떻게 합니까?

(A) 外の店でコピーする。
밖에 있는 가게에서 복사한다.

(B) 手で書く。
손으로 쓴다.

(C) 他の部の機械を借りて、コピーする。
다른 부서의 기계를 빌려 복사한다.

(D) 機械が直るのを待って、コピーする。
기계가 고쳐지기를 기다려 복사한다.

해설 ★ 남자가 여자에게 서류 복사를 부탁했는데, 여자는 복사기가 고
장나 있어서 밖의 가게에서 복사해 오겠다고 했다. 따라서 정답은 (A)
가 된다.

書類(しょるい) 서류　コピー(copy) 복사, 복사기
壊(こわ)れる 고장 나다　修理(しゅうり) 수리　機械(きかい) 기계
換(か)える 바꾸다. 교환하다　間(ま)に合(あ)う 시간에 맞추다
外(そと) 밖　店(みせ) 가게　手(て) 손　書(か)く 쓰다
借(か)りる 빌리다　直(なお)る 고쳐지다　待(ま)つ 기다리다

20 대화 내용에 대한 이해

女：今朝、駅のホームで転んでしまいました。痛かった
わ。 오늘 아침 역 플랫폼에서 넘어지고 말았어요. 아팠어요.

男：でも、怪我をしなくてよかったですね。誰かに押さ
れたんですか。
하지만 다치지 않아서 다행이네요. 누가 밀었나요?

女：いいえ。前から走ってきた人にぶつかられたんで
す。 아니요. 앞에서 달려 온 사람에게 부딪쳤어요.

男：朝は皆急いでいるから、危ないですよね。
아침에는 모두들 서두르니까 위험하죠.

女の人はどうして転んでしまいましたか。
여자는 왜 넘어지고 말았습니까?

(A) 後ろから来た人にぶつかられた。
뒤에서 온 사람에게 부딪쳤다.

(B) 後ろから誰かに押された。
뒤에서 누군가가 밀었다.

(C) 横から誰かに引っ張られた。
옆에서 누군가가 잡아당겼다.

(D) 前から走って来た人にぶつかられた。
앞에서 달려온 사람에게 부딪쳤다.

해설 ★ 여자가 왜 넘어졌는지를 묻고 있으므로 여자 대화에 주목해야
한다. 여자는 오늘 아침 역 플랫폼에서 앞에서 달려온 사람에게 부딪쳐
넘어졌다고 나오므로 정답은 (D)가 된다.

駅(えき) 역　転(ころ)ぶ 넘어지다　痛(いた)い 아프다
怪我(けが)をする 다치다　押(お)す 밀다　走(はし)る 달리다
ぶつかる 부딪치다　急(いそ)ぐ 서두르다　危(あぶ)ない 위험하다
後(うし)ろ 뒤　横(よこ) 옆　引(ひ)っ張(ぱ)る 잡아당기다

21 숫자 청취 및 계산

女：来週のパーティー代、今日までに払うことになっ
ていたんですよね。
다음 주 파티 비용, 오늘까지 지불하기로 되어 있었죠?

男：はい。男性は5千円、女性は4千円です。お金は午
後集めに行きますから。
예. 남성은 5천 엔, 여성은 4천 엔이에요. 돈은 오후에 받으러 갈게요.

女：午後、会議があるので、木村君と私の分を今払っ
てもいいですか。
오후에 회의가 있어서, 기무라 군과 제 비용을 지금 내도 되나요?

男：いいですよ。木村君は男性だから、2人分で…。
괜찮아요. 기무라 군은 남성이니까 두 사람 분으로….

女の人は男の人にいくら払いますか。
여자는 남자에게 얼마 지불합니까?

(A) 4,000円
4천 엔

(B) 5,000円
5천 엔

(C) 8,000円
8천 엔

(D) 9,000円
9천 엔

해설 ★ 성별에 따른 금액을 정확하게 듣고 계산을 하는 문제이다. 파티

48

비용은 남성은 5천 엔, 여성은 4천 엔인데, 기무라 씨는 남성이라고 나오므로, 여자와 합친 합계 금액은 9천 엔이다. 따라서 정답은 (D)가 된다.

パーティー(party) 파티　～代(だい) ～값　～비　払(はら)う 지불하다
男性(だんせい) 남성　女性(じょせい) 여성　集(あつ)める 모으다
～分(ぶん) ～분

22 비즈니스 및 업무

男：午前中の会議はどうでしたか。
오전 중의 회의는 어땠나요?

女：議題は来年度の予算についてだったんですが、益々厳しくなりますね。
의제는 내년도 예산에 대해서였는데, 점점 힘들어지겠어요.

男：一番減らされるのは設備費とか交際費とかですか。
가장 삭감되는 건 설비비나 교제비 등인가요?

女：会議費と交際費で、それぞれ30％減です。
회의비와 교제비로, 각각 30% 삭감이에요.

来年度の予算で最も大幅に減らされるのは何ですか。
내년도 예산에서 가장 대폭적으로 삭감되는 것은 무엇입니까?

(A) 交通費と設備費
교통비와 설비비
(B) 交通費と会議費
교통비와 회의비
(C) 会議費と交際費
회의비와 교제비
(D) 設備費と交際費
설비비와 교제비

해설 ★ 여자의 마지막 대화에서 정답을 찾을 수 있는 문제이다. 회의는 내년도 예산에 대한 회의였는데, 회의비와 교제비가 각각 30%씩 가장 많이 삭감이 된다고 했다. 따라서 정답은 (C)가 되는데, 남자의 두 번째 대화에 등장하는 설비비나 교제비는 오답을 유도하기 위한 말이므로 주의해야 한다.

議題(ぎだい) 의제　予算(よさん) 예산　～について ～에 대해서
益々(ますます) 점점　厳(きび)しい 혹독하다
一番(いちばん) 가장, 제일　減(へ)らす 줄이다
設備費(せつびひ) 설비비　交際費(こうさいひ) 교제비
会議費(かいぎひ) 회의비　それぞれ 각각　減(げん) 감소
最(もっと)も 가장　大幅(おおはば)に 큰폭으로
交通費(こうつうひ) 교통비

23 일상생활

女：明日は10時頃に伺えば、お引っ越しの荷物の運び出しに間に合いますか。
내일은 10시쯤에 찾아뵈면 이삿짐 나가는 시간에 시간에 맞나요?

男：それは後輩に頼んだから、引っ越し先で、荷物を置く場所の指示をお願いするよ。
그건 후배한테 부탁했으니까, 이사 갈 곳에서 짐을 놓을 장소 지시를 부탁해.

女：いいですよ。お引っ越し先には何時頃伺えばいいですか。
알았어요. 이사 갈 곳에는 몇 시쯤 찾아뵈면 될까요?

男：10時半には家内が着いているから、12時頃に来てくれるかな。
10시 반에는 아내가 도착해 있을 테니까, 12시쯤에 와 줄래?

女の人は明日どうしますか。
여자는 내일 어떻게 합니까?

(A) 男性の現在の家に行き、荷物を運ぶ。
남성의 현재 집에 가서 짐을 옮긴다.
(B) 男性の現在の家に行き、掃除をする。
남성의 현재 집에 가서 청소를 한다.
(C) 引っ越し先の家で、荷物の配置を指示する。
이사 갈 집에서 짐 배치를 지시한다.
(D) 引っ越し先の家で、拭き掃除をしておく。
이사 갈 집에서 닦는 청소를 해 둔다.

해설 ★ 남자의 첫 번째 대화 끝 부분에 「お願(ねが)いするよ」(부탁해)라는 표현이 있는 것으로 보아 이 말 앞 부분에 정답이 있다는 것을 알 수 있다. 남자는 여자에게 이사 갈 곳에서 짐을 놓을 장소를 지시해 줄 것을 부탁했으므로 정답은 (C)가 된다.

伺(うかが)う 찾아뵙다　引(ひ)っ越(こ)し 이사　荷物(にもつ) 짐
運(はこ)び出(だ)し 운반해 냄　後輩(こうはい) 후배
引(ひ)っ越(こ)し先(さき) 이사 갈 곳　指示(しじ) 지시
家内(かない) 아내　着(つ)く 도착하다　現在(げんざい) 현재
掃除(そうじ) 청소　配置(はいち) 배치　拭(ふ)く 닦다

24 비즈니스 및 업무

女：佐藤さん、先週の出張のレポート、もう書きましたか。사토 씨, 지난주 출장 보고서, 벌써 다 썼나요?

男：今度の展示会の仕事に追われていて後回しになっているんですよ。
이번 전시회 일에 쫓겨서 뒤로 미뤄뒀어요.

女：さっき課長から、今日中に提出するように伝えてくれって言われたんですけど。
조금 전에 과장님이 오늘 중으로 제출하도록 전해 달라고 했는데요.

男：えっ、そんな。課長、今月末までにって言ってたのに。
예? 그런…. 과장님이 이달 말까지라고 했었는데.

課長から男の人への伝言はどんなことでしたか。
과장으로부터 남자에게 전하는 말은 어떤 것이었습니까?

(A) 展示会の仕事に早く取り掛かれということ
전시회 일에 빨리 착수하라는 것

(B) 展示会の計画書を出せということ
전시회 계획서를 제출하라는 것

(C) 出張の申請書を書けということ
출장 신청서를 쓰라는 것

(D) 今日中に出張の報告書を提出しろということ
오늘 중으로 출장 보고서를 제출하라는 것

해설 ★ 과장으로부터 남자에게 전한 말이 무엇인지 묻고 있다. 남자는 지난주 출장 보고서를 전시회 일에 쫓겨서 미뤄 뒀는데, 과장이 여자를 통해 오늘 중으로 제출하라고 했다. 따라서 정답은 (D)가 된다.

出張(しゅっちょう) 출장 展示会(てんじかい) 전시회
～に追(お)われる ～에 쫓기다 後回(あとまわ)し 뒤로 미룸
提出(ていしゅつ) 제출 伝(つた)える 전하다
伝言(でんごん) 전언, 전하는 말 取(と)り掛(か)かる 착수하다
計画書(けいかくしょ) 계획서 申請書(しんせいしょ) 신청서

25 뉴스 및 이슈

女 : 最近、高級宝石店ができたの知ってる。商品の最
低価格が80万円だって。 최근, 고급 보석점이 생긴 거 알고 있
어? 상품의 최저 가격이 80만 엔이래.

男 : 好景気でもないのに、本当。信じられないなあ。
호경기도 아닌데 정말? 믿을 수 없군.

女 : 不景気にもかかわらず、百貨店などのセールでは
高級品も売れてるからだって。 불경기임에도 불구하고 백
화점 등의 판매에서는 고급품도 팔리기 때문이래.

男 : まだまだ、需要があると見たんだね。
여전히 수요가 있다고 본 것이군.

高級宝石店ができた理由は何ですか。
고급 보석점이 생긴 이유는 무엇입니까?

(A) 最近、高級品しか売れないから
최근 고급품밖에 팔리지 않기 때문에

(B) 景気が順調に回復してきたから
경기가 순조롭게 회복되어 왔기 때문에

(C) 不景気でも売れると予想しているから
불경기라도 팔릴 것이라고 예상하고 있기 때문에

(D) 現金より宝石の方が価値が出てきたから
현금보다 보석 쪽이 가치가 생겼기 때문에

해설 ★ 이유를 묻는 문제이므로 「～から」, 「～ので」, 「～ため」와 같이 이유를 설명할 때 쓰는 말이 대화에 나올 것임을 예상하고 들으면 정답 찾기가 용이하다. 여자의 두 번째 대화에 「～から」가 쓰이고 있는데 불경기임에도 불구하고 백화점 등의 판매에서는 고급품도 팔리고 있기 때문이라고 했으므로 정답은 (C)가 된다.

高級(こうきゅう) 고급 宝石店(ほうせきてん) 보석점 できる 생기다

知(し)る 알다 商品(しょうひん) 상품
最低価格(さいていかかく) 최저 가격 ～だって ～이래
好景気(こうけいき) 호경기 信(しん)じる 믿다
不景気(ふけいき) 불경기 ～にもかかわらず ～임에도 불구하고
百貨店(ひゃっかてん) 백화점 セール(sale) 세일, 판매
売(う)れる 팔리다 まだまだ 아직도, 여전히 需要(じゅよう) 수요
順調(じゅんちょう)に 순조롭게 回復(かいふく) 회복
予想(よそう) 예상 現金(げんきん) 현금 価値(かち) 가치

26 뉴스 및 이슈

女 : あの国では大統領選から4日も経過したのに、まだ
何の発表もないですね。 저 나라에서는 대통령 선거로부터 4
일이나 지났는데도 아직 아무런 발표도 없네요.

男 : 各候補者はそれぞれ、自分たちが有利だと言ってい
るようですね。 각 후보자는 각각 자신들이 유리하다고 말하고 있는 것 같군요.

女 : 候補者のいずれも50%の支持を得られなかったら
どうするんですか。 후보자들 중에서 아무도 50%의 지지를 얻지 못하면 어떻게 되나요?

男 : 1位と2位の候補者で再度、投票をするんだそうで
すよ。 1위와 2위의 후보자들이 다시 한 번 투표를 한대요.

新しい大統領が一度で決定しない時はどうしますか。
새 대통령이 한 번에 결정되지 않을 때는 어떻게 합니까?

(A) 結果発表の1週間後に再投票を行う。
결과 발표 일주일 후에 재투표를 실시한다.

(B) 1位と2位の候補者で再投票を行う。
1위와 2위의 후보자들이 재투표를 실시한다.

(C) 1位の人を支持するかどうかの投票を行う。
1위인 사람을 지지하는지 어떤지 투표를 실시한다.

(D) 選挙を最初からやり直す。
선거를 처음부터 다시 한다.

해설 ★ 뉴스 및 이슈 관련 문제는 문제의 질문이 유사한 형태로 대화 중에 다시 등장하는 경우가 많으므로 문제를 미리 읽어 두는 것이 상당히 유리하다. 대화의 후반부에서 후보자가 50%의 지지를 못 얻었을 경우. 1위와 2위를 대상으로 다시 투표를 한다고 나오고 있다. 따라서 정답은 (B)가 된다.

国(くに) 나라, 국가 大統領選(だいとうりょうせん) 대통령 선거
経過(けいか) 경과 発表(はっぴょう) 발표
候補者(こうほしゃ) 후보자 それぞれ 각각 有利(ゆうり) 유리
いずれ 어느 것, 어느 쪽 支持(しじ) 지지 得(え)る 얻다
再度(さいど) 재차, 다시 投票(とうひょう) 투표
行(おこな)う 실시하다 最初(さいしょ) 처음
やり直(なお)す 다시 하다

27 성별에 따른 의견이나 행동 구분

女：やはり上期の予算案を修正した方が良さそうです
　　ね。 역시 상반기의 예산안을 수정하는 게 좋을 것 같네요.

男：そうですね。石油の価格が予想以上に値上がりし
　　ていますからね。
　　그러네요. 석유 가격이 예상 이상으로 오르고 있으니까요.

女：運送料など、経費部分を重点的に見直してみます。
　　운송료 등 경비 부분을 중점적으로 재고해 볼게요.

男：ご苦労様、去年も何度もやり直させられたんですよ
　　ね。 수고하세요. 작년에도 몇 번이나 다시 했어야 했죠.

女の人はこれから何をしますか。
여자는 이제부터 무엇을 합니까?

(A) 運送料の支払いをする。
　　운송료를 지불한다.
(B) 間違った計算をやり直す。
　　틀린 계산을 다시 한다.
(C) 予算の見直しをする。
　　예산을 재고한다.
(D) 石油価格に関して調査をする。
　　석유 가격에 관해서 조사한다.

해설 ★ 여자가 이제부터 무엇을 하면 되는지 묻고 있으므로, 여자 대화
에 주목해야 한다. 여자의 두 번째 대화에서 운송료 등 경비 부분을 중
점적으로 재고해 보겠다고 했으므로 정답은 (C)가 된다. 참고로 두 사
람의 대화에서 계산 자체가 틀렸다는 말은 없으므로 (B)를 정답으로
고르지 않도록 주의하자.

上期(かみき) 상반기　予算案(よさんあん) 예산안
修正(しゅうせい) 수정　石油(せきゆ) 석유　以上(いじょう) 이상
値上(ねあ)がり 가격이 오름　運送料(うんそうりょう) 운송료
経費(けいひ) 경비　部分(ぶぶん) 부분
重点的(じゅうてんてき) 중점적　見直(みなお)す 재고하다, 다시 보다
支払(しはら)い 지불　間違(まちが)う 틀리다　計算(けいさん) 계산
調査(ちょうさ) 조사

28 비즈니스 및 업무

女：岡田課長って典型的な中間管理職よね。
　　오카다 과장님은 전형적인 중간 관리직이야.

男：え、どういう意味。
　　응? 무슨 의미야?

女：上にはぺこぺこしてるくせに、下にはすごく強気っ
　　てことよ。 윗사람에게는 굽실굽실하면서 아랫사람에게는 굉장히
　　강경하다는 말이야.

男：まあ、両方に挟まれて彼も辛い立場ではあるよね。
　　뭐, 양쪽에 끼어 과장님도 괴로운 입장일 거야.

女の人は岡田さんをどんな人だと言っていますか。
여자는 오카다 씨를 어떤 사람이라고 말하고 있습니까?

(A) 中間管理職の手本のような人
　　중간 관리직의 모범과 같은 사람
(B) 態度に裏表のない人
　　태도에 표리가 없는 사람
(C) 強い者には弱く、弱い者には強い人
　　강한 사람에게는 약하고 약한 사람에게는 강한 사람
(D) 上司と部下の間で苦労の絶えない人
　　상사와 부하 사이에서 고생이 끊이지 않는 사람

해설 ★ 「ぺこぺこ」(굽실굽실거리는 모양)와 「強気(つよき)」(강경함)라
는 단어가 포인트. 두 사람은 오카다 과장에 대해서 이야기를 하고 있
는데, 여자의 두 번째 대화에서 오카다 과장에 대해 윗사람에게는 굽신
굽신거리면서 아랫사람에게는 굉장히 강경한 사람이라고 했으므로, 오
카다 과장은 강한 사람에게는 약하고 약한 사람에게는 강한 사람이라
는 것을 알 수 있다. 따라서 정답은 (C)가 된다.

典型的(てんけいてき) 전형적
中間管理職(ちゅうかんかんりしょく) 중간 관리직　意味(いみ) 의미
～くせに ～이면서, ～인 주제에　すごく 매우, 대단히
両方(りょうほう) 양쪽　挟(はさ)む 끼우다　辛(つら)い 괴롭다
立場(たちば) 입장　手本(てほん) 모범　態度(たいど) 태도
裏表(うらおもて) 표리, 겉과 속이 다름　上司(じょうし) 상사
部下(ぶか) 부하　苦労(くろう) 고생　絶(た)える 끊어지다

29 비즈니스 및 업무

女：部長、今日納品する予定の商品が台風で遅れると
　　の連絡がありました。 부장님, 오늘 납품할 예정인 상품이 태풍
　　으로 늦어진다는 연락이 있었습니다.

男：そうか。お客様にはすぐに電話を入れるように担
　　当者に指示してください。
　　그래요? 고객께는 바로 전화를 드리라고 담당자에게 지시하세요.

女：はい。かしこまりました。担当者に連絡を取ってみ
　　ます。 예. 알겠습니다. 담당자에게 연락을 취해 보겠습니다.

男：あっ、その前に業者に納期を確認して担当者に伝
　　えてください。
　　아, 그 전에 업자에게 납기를 확인해서 담당자에게 전하세요.

男の人は女の人にどうするよう指示しましたか。
남자는 여자에게 어떻게 하라고 지시했습니까?

(A) 担当者に連絡をして相談する。
　　담당자에게 연락을 해서 상담한다.
(B) お客様に電話をして謝る。
　　고객에게 전화를 해서 사과한다.
(C) 業者に納期を確認後、担当者に連絡する。
　　업자에게 납기를 확인 후 담당자에게 연락을 한다.

(D) 業者に納期を遅らせないように頼む。
업자에게 납기를 늦추지 말라고 부탁한다.

해설 ★ 대화를 끝까지 잘 들어야 실수가 없는 문제이다. 오늘 납품할 예정인 상품이 태풍으로 늦어진다는 연락이 왔는데. 남자는 업자에게 납기를 확인해 담당자에게 전해 주라고 여자에게 지시하고 있다. 따라서 정답은 (C)가 된다.

納品(のうひん) 납품　予定(よてい) 예정　商品(しょうひん) 상품
台風(たいふう) 태풍　遅(おく)れる 늦어지다　連絡(れんらく) 연락
担当者(たんとうしゃ) 담당자　指示(しじ) 지시
業者(ぎょうしゃ) 업자　納期(のうき) 납기　確認(かくにん) 확인
伝(つた)える 전하다. 전달하다　相談(そうだん) 상담
謝(あやま)る 사과하다　遅(おく)らせる 늦추다

30　성별에 따른 의견·행동 구분

男：先週、新聞に載せた正社員募集の広告に問い合わ
　　せが引っ切り無しだよ。
지난주, 신문에 실었던 정사원 모집 광고에 문의가 끊이질 않아.

女：あ、そう。応募はどれぐらい来てるの。
어머, 그래? 응모는 어느 정도 왔어?

男：応募締め切りまでまだまだあるっていうのに、も
　　う30人に届きそうな勢いだよ。
응모 마감까지 아직 남았는데도 벌써 30명에 도달할 것 같은 기세야.

女：へえ〜、採用条件はさほど良くないのに…。今はど
　　こも求人が少ないということですね。 와~, 채용 조건
은 그다지 좋지 않은데도…. 지금은 어디나 구인이 적다는 말이네.

現在、正社員募集広告への応募者はどれぐらいですか。
현재, 정사원 모집 광고의 응모자는 어느 정도입니까?

(A) 目標の30人には程遠い。
목표인 30명에는 거리가 멀다.

(B) 30人に達するのも時間の問題だ。
30명에 도달하는 것도 시간 문제이다.

(C) 辛うじて30人に達した。
간신히 30명에 도달했다.

(D) 30人を優に超えている。
30명을 족히 넘었다.

해설 ★ 남자의 첫 번째 대화에서 정답을 찾을 수 있다. 응모 마감까지 아직 시간이 있는데도 벌써 30명에 도달할 것 같은 기세라고 했으므로. 응모자가 30명에 도달하는 것도 시간 문제라는 것을 알 수 있다. 따라서 정답은 (B)가 된다.

載(の)せる 싣다. 게재하다　正社員(せいしゃいん) 정사원
募集(ぼしゅう) 모집　広告(こうこく) 광고　問(と)い合(あ)わせ 문의
引(ひ)っ切(き)り無(な)し 끊임없음　応募(おうぼ) 응모
締(し)め切(き)り 마감　届(とど)く 도달하다　勢(いきお)い 기세
採用(さいよう) 채용　条件(じょうけん) 조건　さほど 그다지

求人(きゅうじん) 구인　少(すく)ない 적다　目標(もくひょう) 목표
程遠(ほどとお)い 거리가 멀다　達(たっ)する 도달하다
優(ゆう)に 족히. 넉넉히　超(こ)える 넘다

PART 3

1　　인물 관련

女 : 学生の時、どんなアルバイトをしましたか。
　　학생 때 어떤 아르바이트를 했나요?

男 : 新聞配達やレストランでお皿を洗うアルバイトを
　　しました。
　　신문배달이나 레스토랑에서 설거지를 하는 아르바이트를 했어요.

女 : 新聞配達は朝早くからで、大変じゃなかったです
　　か。신문배달은 아침 일찍부터라서 힘들지 않았나요?

男 : いいえ、学校が終わってから、夕刊を配っていま
　　した。아니요, 수업이 끝난 후에 석간을 배달했었어요.

男の人はどんなアルバイトをしていましたか。
남자는 어떤 아르바이트를 하고 있었습니까?

(A) 朝、新聞を配るアルバイト
　　아침에 신문을 배달하는 아르바이트

(B) 夕方、新聞を配るアルバイト
　　저녁에 신문을 배달하는 아르바이트

(C) レストランで料理を作るアルバイト
　　레스토랑에서 요리를 만드는 아르바이트

(D) レストランで料理を運ぶアルバイト
　　레스토랑에서 요리를 나르는 아르바이트

해설 ★ 남자가 어떤 아르바이트를 하고 있었는지 묻고 있다. 「夕刊(ゆうかん)」(석간)이라는 단어가 포인트. 남자는 신문배달이나 레스토랑에서 설거지를 하는 아르바이트를 했는데, 수업이 끝난 후에 석간을 배달했었다고 했으므로, 정답은 (B)가 된다.

新聞配達(しんぶんはいたつ) 신문배달
お皿(さら)を洗(あら)う 설거지를 하다　終(お)わる 끝나다
配(くば)る 배부하다　料理(りょうり)を作(つく)る 요리를 만들다
運(はこ)ぶ 나르다, 운반하다

2　　대화 내용에 대한 이해

男 : 今日はどこで昼ご飯を食べますか。
　　오늘은 어디에서 점심을 먹을까요?

女 : そうですね。デパートの隣の新しいレストランは
　　どうですか。글쎄요. 백화점 옆에 새로 생긴 레스토랑은 어때요?

男 : あそこはイタリア料理ですよね。今日は日本料理
　　が食べたいなあ。
　　그곳은 이탈리아 요리죠? 오늘은 일본 요리가 먹고 싶어요.

女 : じゃ、駅の前の店に行きましょう。
　　그럼, 역 앞에 있는 가게에 가죠.

どこの店に行きますか。
어디에 있는 가게에 갑니까?

(A) 駅の前にある店
　　역 앞에 있는 가게

(B) 駅ビルの中の店
　　역 빌딩 안에 있는 가게

(C) デパートの隣の店
　　백화점 옆에 있는 가게

(D) デパートの前の店
　　백화점 앞에 있는 가게

해설 ★ 두 사람의 대화에서 장소가 두 군데 나오므로, 장소에 따른 요리를 잘 들어야 한다. 백화점 옆에 새로 생긴 레스토랑은 이탈리아 요리점이고, 역 앞에 있는 가게는 일본 요리점인데 남자가 일본 요리가 먹고 싶다고 했으므로 정답은 (A)가 된다.

昼(ひる)ご飯(はん) 점심식사　デパート 백화점　隣(となり) 옆
新(あたら)しい 새롭다　駅(えき) 역　前(まえ) 앞　店(みせ) 가게

3　　숫자 청취 및 계산

女 : 山田さんはアメリカにどのぐらい住んでいました
　　か。야마다 씨는 미국에서 어느 정도 살았나요?

男 : 初め2年ぐらいいて、その後3年間は日本に帰って
　　いて、その後また3年住んでいました。
　　처음에 2년 정도 있었고, 그 후에 3년 동안은 일본에 돌아와 있다가
　　그 후 또 3년 살았어요.

女 : じゃ、英語が上手でしょ。
　　그럼 영어를 잘 하겠군요?

男 : 上手ではありませんが、少しは話します。
　　능숙하지는 않지만 조금은 말해요.

山田さんはどのぐらいアメリカに住んでいましたか。
야마다 씨는 어느 정도 미국에 살았습니까?

(A) 2年
　　2년

(B) 3年
　　3년

(C) 5年
　　5년

(D) 6年
　　6년

해설 ★ 야마다 씨가 미국에 얼마 동안 살았는지 묻고 있으므로 숫자에 주의하면서 들어야 한다. 야마다 씨는 처음에 2년 정도 산 후에, 3년간 일본에 돌아와 있다가 그 후 또 3년 살았다고 했으므로 미국에서 산 기간은 합쳐서 5년이 된다. 따라서 정답은 (C).

住(す)む 살다　初(はじ)め 처음　英語(えいご) 영어
上手(じょうず) 능숙함　少(すこ)し 조금

4 성별에 따른 의견·행동 구분

男 : 中村さんは休みの日にはいつも何をしますか。
나카무라 씨는 휴일에는 항상 뭘 하나요?

女 : 普通、買い物をしたり、テニスをしたり、映画を見たりします。
보통 쇼핑을 하거나 테니스를 치거나 영화를 보거나 해요.

男 : そうですか。今度の日曜日に一緒に映画を見に行きませんか。
그래요? 이번 일요일에 함께 영화 보러 가지 않을래요?

女 : ご免なさい。今度の日曜日はテニスをします。
죄송해요. 이번 일요일은 테니스를 쳐요.

女の人は今度の日曜日に何をしますか。
여자는 이번 일요일에 무엇을 합니까?

(A) 買い物をする。
쇼핑을 한다.

(B) 映画を見る。
영화를 본다.

(C) ゴルフをする。
골프를 친다.

(D) テニスをする。
테니스를 친다.

해설 ★ 여자가 이번 일요일에 무엇을 하는지 묻고 있으므로 여자 대화에 주목해야 한다. 여자는 휴일에 쇼핑을 하거나 테니스를 치거나 영화를 보거나 하는데 이번 일요일에는 테니스를 친다고 했다. 따라서 정답은 (D)가 된다.

休(やす)みの日(ひ) 휴일　普通(ふつう) 보통　買(か)い物(もの) 쇼핑
テニス(tennis) 테니스　映画(えいが) 영화　ゴルフ(golf) 골프

5 숫자 청취 및 계산

女 : どうしましたか。ドアの前に立って、誰かを待っていますか。
왜 그러세요? 문 앞에 서서 누군가를 기다리고 있나요?

男 : 手紙を待っています。手紙は朝、来ますよね。
편지를 기다리고 있어요. 편지는 아침에 오죠?

女 : ええ、10時頃来て、それから午後3時頃にも来ますよ。
네, 10시쯤 오고 그리고 오후 3시쯤에도 와요.

男 : そうですか。じゃあ、今9時半だから、まだ来ませんね。
그래요? 그럼 지금 9시 반이니까 아직 안 오겠군요.

手紙はいつ来ますか。
편지는 언제 옵니까?

(A) 午前9時頃と午後3時頃
오전 9시쯤과 오후 3시쯤

(B) 午前10時頃と午後4時頃
오전 10시쯤과 오후 4시쯤

(C) 午前9時頃と午後5時頃
오전 9시쯤과 오후 5시쯤

(D) 午前10時頃と午後3時頃
오전 10시쯤과 오후 3시쯤

해설 ★ 편지가 오는 시간을 잘 들어야 한다. 여자의 두 번째 대화에서 정답을 찾을 수 있는데, 문 앞에서 편지를 기다리고 있는 남자에게 여자가 편지는 오전 10시쯤에 오고 그리고 오후 3시쯤에도 온다고 했으므로 정답은 (D)가 된다.

ドア(door) 문　立(た)つ 서다　待(ま)つ 기다리다
手紙(てがみ) 편지　午後(ごご) 오후　午前(ごぜん) 오전

6 숫자 청취 및 계산

男 : 友達はいつ日本に着きますか。
친구는 언제 일본에 도착하나요?

女 : え～と、日曜日にアメリカを出て、月曜日に日本に着きます。
음—, 일요일에 미국을 출발해 월요일에 일본에 도착해요.

男 : 飛行機は何時に着きますか。
비행기는 몇 시에 도착하나요?

女 : 午前9時50分です。
오전 9시 50분이에요.

友達はいつ日本に着きますか。
친구는 언제 일본에 도착합니까?

(A) 月曜日の午前9時50分
월요일 오전 9시 50분

(B) 月曜日の午後4時20分
월요일 오후 4시 20분

(C) 日曜日の午前7時50分
일요일 오전 7시 50분

(D) 日曜日の午後9時20分
일요일 오후 9시 20분

해설 ★ 여자의 친구가 일본에 도착하는 요일과 시간이 포인트. 여자의 친구는 일요일에 미국을 출발해 월요일 오전 9시 50분에 일본에 도착하므로 정답은 (A)가 된다.

着(つ)く 도착하다　出(で)る 출발하다　飛行機(ひこうき) 비행기

7 대화 내용에 대한 이해

男 : では、今日は薬をあげますから、激しい運動はしないようにしてください。
그럼, 오늘은 약을 드릴 테니까 심한 운동은 하지 않도록 하세요.

女：はい。先生、今日はお風呂に入ってもいいですか。
예. 선생님, 오늘은 목욕을 해도 되나요?

男：お風呂はかまいませんが、怪我のところは石鹸で洗
わないようにしてください。
목욕은 상관없지만, 상처 부위는 비누로 씻지 마세요.

女：はい。どうもありがとうございました。
예. 감사했어요.

医者はどんなことを言いましたか。
의사는 어떤 말을 했습니까?

(A) お風呂に入らないように
목욕을 하지 말도록

(B) 激しい運動はしないように
심한 운동은 하지 않도록

(C) 水をたくさん飲むように
물을 많이 마시도록

(D) 石鹸でよく洗うように
비누로 잘 씻도록

해설 ★ 두 사람의 대화 내용으로 보아 남자가 의사이므로 남자의 대화
에 주목해야 한다. 남자는 여자에게 '심한 운동을 하지 말 것'과 '목욕
은 해도 되지만 상처 부위를 비누로 씻지 말 것'을 지시했다. 따라서
정답은 (B)가 된다.

薬(くすり) 약 あげる 주다 激(はげ)しい 심하다, 격하다
お風呂(ふろ)に入(はい)る 목욕을 하다 かまわない 상관없다, 괜찮다
怪我(けが) 상처, 부상 石鹸(せっけん) 비누 洗(あら)う 씻다, 닦다

8 대화 내용에 대한 이해

女：ありがとうございます。こちらは贈り物ですか。
감사합니다. 이쪽은 선물인가요?

男：いいえ、違います。家で使いますから、簡単に包ん
でください。
아니요, 달라요. 집에서 사용할 거니까 간단히 싸 주세요.

女：はい。よろしければ、今お持ちの袋も一緒に大き
い袋にお入れしますが。 예. 괜찮으시면 지금 들고 계신 봉투도
함께 큰 봉투에 넣어 드리겠습니다만.

男：そうですか。じゃ、お願いします。
그래요? 그럼, 부탁해요.

男の人はどうしてもらいましたか。
남자는 어떻게 해 받았습니까?

(A) 荷物を駐車場まで運んでもらった。
짐을 주차장까지 옮겨 받았다.

(B) 贈り物を家に送ってもらった。
선물을 집에 배송받았다.

(C) 贈り物をきれいな紙に包んでもらった。
선물을 예쁜 종이에 포장해 받았다.

(D) 荷物を一つにしてもらった。
짐을 하나로 해 받았다.

해설 ★ 여자의 두 번째 대화에서 정답을 찾을 수 있는데, 여자는 남자
가 들고 있는 봉투와 함께 큰 봉투에 넣어 주겠다는 말에 남자가 그렇
게 해 달라고 했으므로 정답은 (D)가 된다.

贈(おく)り物(もの) 선물 違(ちが)う 다르다, 틀리다
使(つか)う 사용하다 簡単(かんたん) 간단 包(つつ)む 싸다, 포장하다
袋(ふくろ) 봉투 大(おお)きい 크다 荷物(にもつ) 짐
駐車場(ちゅうしゃじょう) 주차장 運(はこ)ぶ 나르다, 옮기다
送(おく)る 보내다 紙(かみ) 종이

9 대화 내용에 대한 이해

男：え～と、上。次は下。その次は右、いや左…。
음— 위. 다음은 아래. 그 다음은 오른쪽, 아니 왼쪽….

女：はい。結構です。右目は0.8で左目は0.6ですね。去
年より悪くなりましたね。 예. 됐습니다. 오른쪽 눈은 0.80이고,
왼쪽 눈은 0.6이네요. 작년보다 나빠졌네요.

男：はあ、やはり運転する時は眼鏡をかけた方がいいで
しょうか。 아, 역시 운전할 때는 안경을 쓰는 게 좋을까요?

女：そうですね。昼はかけなくてもいいですが、夜はか
けた方が安全ですね。
그러네요. 낮에는 쓰지 않아도 되지만, 밤에는 쓰는 게 안전하겠군요.

女の人は男の人にどのように言いましたか。
여자는 남자에게 어떻게 말했습니까?

(A) いつも眼鏡をかけた方が良い。
항상 안경을 쓰는 게 좋다.

(B) 眼鏡はかけなくても良い。
안경은 쓰지 않아도 된다.

(C) 夜の運転の時は眼鏡をかけた方が良い。
밤 운전 때는 안경을 쓰는 게 좋다.

(D) 運転する時はいつもかけた方が良い。
운전할 때는 항상 쓰는 게 좋다.

해설 ★ 두 사람의 대화 내용으로 보아 남자는 시력 검사를 받고 있다
는 것을 알 수 있다. 남자의 시력은 작년보다 나빠졌다고 했다. 그래서
남자는 운전할 때 안경을 쓰는 게 좋을지 여자에게 물었는데, 이에 여
자가 낮에는 쓰지 않아도 되지만 밤에는 쓰는 게 안전하겠다고 했으므
로 정답은 (C)가 된다.

上(うえ) 위 下(した) 아래 右(みぎ) 오른쪽 左(ひだり) 왼쪽
右目(みぎめ) 오른쪽 눈 左目(ひだりめ) 왼쪽 눈 悪(わる)い 나쁘다
やはり 역시 運転(うんてん) 운전 眼鏡(めがね)をかける 안경을 쓰다
昼(ひる) 낮 夜(よる) 밤 安全(あんぜん) 안전

10　대화 내용에 대한 이해

女：今回の事故の原因はどこにあると思われますか。
이번 사고의 원인은 어디에 있다고 생각되나요?

男：事故の原因は今調べているので、答えられません。
もう少し待ってください。 사고의 원인은 지금 조사 중이라
대답드릴 수 없습니다. 좀 더 기다려 주세요.

女：今回の事故で7人が怪我をし、今も2人の方が入院
されていますが…。
이번 사고로 7명이 다치고, 지금도 두 분이 입원해 계십니다만….

男：早く良くなってほしいと思っています。本当に申し
訳ありませんでした。
빨리 좋아지시길 바랍니다. 정말로 면목 없습니다.

事故で何名の人が怪我をしましたか。
사고로 몇 사람이 다쳤습니까?

(A) 2人
2명

(B) 7人
7명

(C) 9人
9명

(D) 11人
11명

해설 ★ 입원해 있는 사람으로 오답을 유도하고 있는데, 입원해 있는 사
람도 결국 다친 사람에 포함되므로 숫자를 정확하게 계산해야 한다. 여
자의 두 번째 대화에서 이번 사고로 다친 사람은 모두 7명이라고 했으
므로 정답은 (B)가 된다.

事故(じこ) 사고　原因(げんいん) 원인　調(しら)べる 조사하다
答(こた)える 대답하다　怪我(けが)をする 다치다, 부상을 입다
入院(にゅういん) 입원　～てほしい ～해 주기 바란다, ～해 주었으면
한다

11　인물 관련

男：いらっしゃいませ。今日はいかが致しますか。
어서 오세요. 오늘은 어떻게 해 드릴까요?

女：ガソリンを30リットル入れてください。それから、
洗車もお願いします。
기름을 30리터 넣어 주세요. 그리고 세차도 부탁해요.

男：はい。どこか調子の悪い箇所はございますか。
예. 어딘가 상태가 좋지 않은 곳이 있나요?

女：いいえ、特には。ああ、タイヤの状態を調べてくれ
ますか。 아니요, 특별히. 아, 타이어 상태를 봐 주시겠어요?

女の人が頼まなかったことは何ですか。
여자가 부탁하지 않은 것은 무엇입니까?

(A) 車を洗うこと
자동차를 세차하는 것

(B) ガソリンを入れること
가솔린을 넣는 것

(C) タイヤの状態を調べること
타이어 상태를 조사하는 것

(D) 灰皿のごみを捨てること
재떨이 쓰레기를 버리는 것

해설 ★ 여자가 부탁하지 않은 것이 무엇인지 묻고 있으므로 여자 대화
에 주목하면 되는데, 여자는 남자에게 기름을 넣는 것과 세차, 그리고
타이어 상태 점검을 부탁했다. 따라서 정답은 (D)가 된다.

ガソリン(gasoline) 가솔린, 휘발유　リットル(프랑스어 litre) 리터
洗車(せんしゃ) 세차　調子(ちょうし) 상태　特(とく)に 특별히
タイヤ(tire) 타이어　状態(じょうたい) 상태　灰皿(はいざら) 재떨이
ごみ 쓰레기　捨(す)てる 버리다

12　문의

女：いらっしゃいませ。こちらのビデオ、1週間のご利
用でよろしいですか。
어서 오세요. 이 비디오, 일주일 이용으로 괜찮으십니까?

男：はい。会員証を持っていないんですが、発行して
くれますか。 예. 회원증을 갖고 있지 않은데, 발행해 주나요?

女：印鑑と住所が確認できる物を何かお持ちでしょう
か。 인감과 주소를 확인할 수 있는 것을 뭔가 갖고 계신가요?

男：はい。免許証を持っています。
예. 면허증을 갖고 있어요.

会員証を発行するのに何が必要ですか。
회원증을 발행하기 위해서는 무엇이 필요합니까?

(A) 印鑑と発行手数料
인감과 발행 수수료

(B) 住所が確認できる物と写真
주소를 확인할 수 있는 것과 사진

(C) 住所が確認できる物と印鑑
주소를 확인할 수 있는 것과 인감

(D) 発行手数料と年間登録料
발행 수수료와 연간 등록료

해설 ★ 비디오 대여점에서 일어날 수 있는 대화로 남자가 회원증을 발
행받으려 하고 있다. 이에 여자가 회원증을 발행하기 위해서는 인감과
주소를 확인할 수 있는 것이 있어야 한다고 했으므로 정답은 (C)가 된
다.

利用(りよう) 이용　会員証(かいいんしょう) 회원증

発行(はっこう) 발행　印鑑(いんかん) 인감　住所(じゅうしょ) 주소
確認(かくにん) 확인　免許証(めんきょしょう) 면허증
手数料(てすうりょう) 수수료　写真(しゃしん) 사진
年間(ねんかん) 연간　登録料(とうろくりょう) 등록료

13　대화 내용에 대한 이해

男：楽(たの)しみにしていたコンサートはどうでしたか。
　　기대하고 있던 콘서트는 어땠나요?

女：ええ。それが聞(き)けなかったんです。
　　네. 그게 들을 수 없었어요.

男：えっ、行(い)かなかったんですか。残業(ざんぎょう)でもしたんで
　　すか。예? 안 갔어요? 잔업이라도 했나요?

女：いえ、行(い)くのは行(い)ったんですが、出演者側(しゅつえんしゃがわ)の事情(じじょう)
　　で延期(えんき)になったんです。
　　아뇨, 가기는 갔는데, 출연자 측의 사정으로 연기가 되었어요.

女(おんな)の人(ひと)について正(ただ)しいものはどれですか。
여자에 대해서 올바른 것은 어느 것입니까?

(A) 残業(ざんぎょう)でコンサートに行(い)けなかった。
　　잔업으로 콘서트에 갈 수 없었다.

(B) 残業(ざんぎょう)でコンサートに遅(おく)れた。
　　잔업으로 콘서트에 늦었다.

(C) コンサートが延期(えんき)になり、聞(き)けなかった。
　　콘서트가 연기되어 들을 수 없었다.

(D) コンサートのチケットを無(な)くした。
　　콘서트 티켓을 잃어버렸다.

해설 ★ 여자는 콘서트에 가기는 했는데 출연자 측의 사정으로 연기가
되어 콘서트를 들을 수 없었다고 했다. 따라서 정답은 (C)가 된다.

楽(たの)しみにする 기대하다　コンサート(concert) 콘서트
聞(き)く 듣다　残業(ざんぎょう) 잔업, 야근
出演者(しゅつえんしゃ) 출연자　事情(じじょう) 사정
延期(えんき) 연기　遅(おく)れる 늦다　チケット(ticket) 티켓
無(な)くす 잃어버리다

14　성별에 따른 의견・행동 구분

男：へえ、読書(どくしょ)が趣味(しゅみ)だと伺(うかが)っていたので、本(ほん)だらけ
　　の部屋(へや)を想像(そうぞう)していました。
　　와~, 독서가 취미라고 들어서 책투성이인 방을 상상하고 있었어요.

女：ああ、私(わたし)、読(よ)んだ本(ほん)はよほど気(き)に入(い)らない限(かぎ)り、捨(す)
　　ててしまうんですよ。
　　아, 전 읽은 책은 어지간히 마음에 들지 않는 한 버려요.

男：勿体(もったい)ない。誰(だれ)かに譲(ゆず)らないんですか。また読(よ)んだり
　　することもあるでしょう。아깝네요. 누군가에게 주지 않나요?
　　또 읽거나 하는 경우도 있잖아요?

女：その時(とき)はまた買(か)います。でも、経験(けいけん)からいうと読(よ)み
　　返(かえ)すことはほとんどないですよ。
　　그때는 또 사요. 하지만 경험으로 보면 다시 읽는 경우는 거의 없어요.

女(おんな)の人(ひと)は一度(いちど)読(よ)んだ本(ほん)をどうしますか。
여자는 한 번 읽은 책을 어떻게 합니까?

(A) 気(き)に入(い)った本(ほん)のみ残(のこ)しておく。
　　마음에 든 책만 남겨 둔다.

(B) 欲(ほ)しい人(ひと)に譲(ゆず)る。
　　원하는 사람에게 준다.

(C) もう一度(いちど)読(よ)み返(かえ)す。
　　다시 한 번 읽는다.

(D) 全(すべ)て保存(ほぞん)しておく。
　　전부 보존해 둔다.

해설 ★ 「捨(す)てる」(버리다)와 「読(よ)み返(かえ)す」(다시 읽다)라는
동사가 포인트. 여자의 취미는 독서인데, 한 번 읽은 책은 어지간히 마
음에 들지 않는 한 버린다고 했다. 이 말은 결국 마음에 든 책만 남겨
둔다는 말이 되므로 정답은 (A)가 된다.

読書(どくしょ) 독서　趣味(しゅみ) 취미
伺(うかが)う '듣다'의 겸양어　本(ほん) 책　～だらけ ～투성이
部屋(へや) 방　想像(そうぞう) 상상　よほど 어지간히, 상당히
気(き)に入(い)る 마음에 들다　～ない限(かぎ)り ～하지 않는 한
勿体(もったい)ない 아깝다　譲(ゆず)る 주다, 양도하다
経験(けいけん) 경험　残(のこ)す 남기다　全(すべ)て 전부, 모두
保存(ほぞん) 보존

15　성별에 따른 의견・행동 구분

男：最近(さいきん)、電車(でんしゃ)の中(なか)でマナーの悪(わる)い人(ひと)が多(おお)いと思(おも)わない
　　かい。요즘 전철 안에서 매너가 나쁜 사람이 많다고 생각하지 않아?

女：そうね。満員電車(まんいんでんしゃ)の中(なか)で新聞(しんぶん)を大(おお)きく広(ひろ)げて読(よ)む人(ひと)
　　なんか本当(ほんとう)に迷惑(めいわく)だね。
　　맞아. 만원 전철 안에서 신문을 크게 펼치고 읽는 사람은 정말 불쾌해.

男：車内(しゃない)での電話(でんわ)も困(こま)るけど、何(なに)よりも車内(しゃない)に座(すわ)り込(こ)む
　　人(ひと)なんか許(ゆる)せないよ。전철 안에서의 전화도 곤란하지만, 무엇보
　　다도 전철 안에서 주저앉아 있는 사람은 용납할 수가 없어.

女：うん。それから聞(き)いている音楽(おんがく)のボリュームが大(おお)き
　　すぎるのも嫌(いや)ね。
　　응. 그리고 듣고 있는 음악 볼륨이 너무 큰 것도 싫어.

男(おとこ)の人(ひと)が一番迷惑(いちばんめいわく)だと思(おも)っていることは何(なん)ですか。
남자가 가장 폐라고 생각하는 것은 무엇입니까?

(A) 車内(しゃない)に座(すわ)り込(こ)むこと
　　전철 안에서 주저앉는 것

(B) 満員電車で新聞を大きく広げて読むこと
만원 전철에서 신문을 크게 펼치고 읽는 것

(C) 車内で大声で電話をすること
전철 안에서 큰 목소리로 전화를 하는 것

(D) 音量を上げて音楽を聞くこと
음량을 높여서 음악을 듣는 것

해설 ★ 문제의 「一番(いちばん)」(가장)이라는 표현에 주목해야 한다. 남자가 가장 폐라고 생각하는 것은 두 번째 대화에서 찾을 수 있는데, 「何(なに)よりも」(무엇보다도)라는 표현으로 보아 뒤에 이어지는 내용이 정답이 된다는 것을 알 수 있다. 남자는 전철 안에서 주저앉아 있는 사람을 가장 용납할 수 없다고 했으므로 정답은 (A)가 된다.

マナー(manner) 매너 多(おお)い 많다 満員(まんいん) 만원
新聞(しんぶん) 신문 広(ひろ)げる 펼치다 迷惑(めいわく) 폐, 불쾌함
困(こま)る 곤란하다 座(すわ)り込(こ)む 주저앉다
許(ゆる)す 용서하다, 용납하다 音楽(おんがく) 음악
ボリューム(volume) 볼륨 嫌(いや) 싫음 大声(おおごえ) 큰 목소리
音量(おんりょう) 음량 上(あ)げる 올리다, 높이다

16 성별에 따른 의견·행동 구분

女 : 電車が来ましたよ。あっ、でも各駅停車ですね。どうしましょうか。
전철이 왔어요. 앗, 근데 각 역 정차네요. 어떻게 할까요?

男 : 10分後の急行にしよう。到着の時間はあまり変わらないし。
10분 후의 급행을 타자. 도착 시간은 별로 차이가 안 나니까.

女 : 隣のホームにここからの始発電車が停車中ですよ。
옆 플랫폼에 이 역에서 출발하는 전철이 정차 중이에요.

男 : じゃ、座れるし、特に急いでいるわけでもないから、そちらにしよう。
그럼, 앉을 수 있고 특별히 바쁜 것도 아니니까 그 전철을 타지.

2人はどの電車に乗りますか。
두 사람은 어느 전철을 탑니까?

(A) 今来た各駅停車の電車
지금 온 각 역 정차 전철

(B) 次に来る急行電車
다음에 오는 급행 전철

(C) 当駅始発の電車
이 역이 출발인 전철

(D) 各駅停車に乗り、途中から急行に乗る。
각 역 전철을 타고 도중에 급행을 탄다.

해설 ★ 마지막 문장에 정답이 나오므로 끝까지 잘 들어야 한다. 여자가 옆 플랫폼에 이 역에서 출발하는 전철이 정차 중이라고 하자, 남자가 앉을 수 있고 특별히 바쁜 것도 아니니까 그 전철을 타자고 했으므로 두 사람은 이 역이 출발인 전철을 탈 것이다. 따라서 정답은 (C)가 된다.

各駅停車(かくえきていしゃ) 각 역 정차 ＊역마다 정차하는 것
急行(きゅうこう) 급행 到着(とうちゃく) 도착
変(か)わる 바뀌다, 변하다 隣(となり) 옆 始発(しはつ) 시발, 첫 출발
特(とく)に 특별히 急(いそ)ぐ 서두르다
~わけでもない ~인 것도 아니다 次(つぎ) 다음
途中(とちゅう) 도중

17 성별에 따른 의견·행동 구분

女 : あの話題作の映画、劇場公開から3週間も経つのに、まだ見に行く時間がないのよ。
그 화제작인 영화, 극장 개봉한지 3주일이나 지났는데 아직 보러 갈 시간이 없어.

男 : 見られなくても、最近は2年もせずにテレビで放映されるよ。
볼 수 없어도 최근에는 2년도 지나지 않아 텔레비전에서 방영돼.

女 : 当日買うより安くなるから、公開前に券を2枚買っちゃったのよ。
당일날 사는 것보다 할인이 돼서 개봉 전에 표를 2장 사 버렸어.

男 : そのお金でビデオを買えば、家で何度も見られて良かったのに。
그 돈으로 비디오를 사면 집에서 몇 번이나 볼 수 있어서 좋았을 텐데.

女の人は話題作をどうやって見るつもりですか。
여자는 화제작을 어떻게 볼 생각입니까?

(A) 映画館で見る。
영화관에서 본다.

(B) ビデオを購入して見る。
비디오를 구입해서 본다.

(C) テレビ放映で見る。
텔레비전 방영으로 본다.

(D) ビデオを借りて見る。
비디오를 빌려서 본다.

해설 ★ 여자는 영화를 아직 보러 갈 시간이 없다고 하자, 남자는 2년도 지나지 않아 텔레비전에서 방영된다고 말해 주고 있다. 하지만 여자는 당일날 사는 것보다 싸서 개봉 전에 미리 표를 2장 사 버렸다고 말하고 있다. 따라서 여자는 화제작을 영화관에서 볼 생각이라는 것을 알 수 있으므로 정답은 (A)가 된다.

話題作(わだいさく) 화제작 映画(えいが) 영화
劇場(げきじょう) 극장 公開(こうかい) 공개
経(た)つ 지나다, 경과하다 放映(ほうえい) 방영
当日(とうじつ) 당일 安(やす)い 싸다 券(けん) 권, 표
購入(こうにゅう) 구입 借(か)りる 빌리다

18 일상생활

男 : 今、小動物を飼うのが若者の間で大人気らしいね。
요즘 작은 동물을 기르는 게 젊은이들 사이에서 큰 인기라고 하더군.

女 : うん。高額でも人気のある動物だと、半年先まで入荷待ちなのよ。
응. 고가라도 인기가 있는 동물은 6개월 후까지 입하를 기다려야 해.

男 : 犬や猫と違って、鳴き声も気にならないし、散歩させる必要がないしね。
개나 고양이와는 달리 울음소리도 신경이 안 쓰이고 산책시킬 필요도 없으니까.

女 : そうね。集合住宅でも気軽に飼えるのが魅力なんでしょうね。
맞아. 공동주택이라도 마음 편히 기를 수 있는 게 매력이겠지.

小動物が人気の理由は何ですか。
작은 동물이 인기가 있는 이유는 무엇입니까?

(A) 値段が手頃で、すぐ手に入るから
가격이 적당하고 바로 손에 넣을 수 있기 때문에

(B) 普通のペットでは満足しない若者が増えたから
보통의 애완동물로는 만족하지 않는 젊은이가 늘었기 때문에

(C) 人にすぐに馴れるから
사람을 금방 따르기 때문에

(D) マンションなどでも飼育しやすいから
맨션 등에서도 사육하기 편하기 때문에

해설 ★ 대화 내용의 핵심은 작은 동물을 기르는 것이 젊은이들 사이에서 큰 인기인데 그 이유는 개와 고양이와는 달리 우는 소리도 신경이 안 쓰이고 산책시킬 필요도 없는 데다가 공동 주택이라도 마음 편히 기를 수 있기 때문이다. 따라서 정답은 (D)가 된다.

小動物(しょうどうぶつ) 작은 동물 飼(か)う 기르다. 사육하다
大人気(だいにんき) 대인기 高額(こうがく) 고액, 고가
入荷(にゅうか) 입하 犬(いぬ) 개 猫(ねこ) 고양이
違(ちが)う 다르다 鳴(な)き声(ごえ) 울음소리
気(き)になる 신경이 쓰이다 散歩(さんぽ) 산책 必要(ひつよう) 필요
集合住宅(しゅうごうじゅうたく) 집합주택 *건물 한 동에 복수의 주거
가 있는 형식의 주택으로 맨션 등의 공동주택을 일컫는 경우가 많음
気軽(きがる) 마음 편함 魅力(みりょく) 매력 値段(ねだん) 가격
手頃(てごろ) 적당함 手(て)に入(はい)る 손에 들어오다
満足(まんぞく) 만족 増(ふ)える 늘다
馴(な)れる (동물이) 길들다. 사람을 따르다
マンション(mansion) 맨션 飼育(しいく) 사육
동사의 ます형+やすい ~하기 쉽다. ~하기 편하다

19 일상생활

女 : え～と、私は助手席に座って、子供は膝に抱けばいいわね。
음ー, 난 조수석에 앉고 아이는 무릎에 안으면 되지?

男 : 駄目だよ。後部座席の専用の椅子に座らせないと。
안 돼. 뒷좌석 전용 의자에 앉혀야지.

女 : 危ない時は前に飛び出さないように手で押さえるから大丈夫よ。
위험할 때는 앞으로 튀어 나가지 않도록 손으로 누를 테니까 괜찮아.

男 : 衝突事故の場合、時速40キロでも10キロの子供の体重が30倍になるんだよ。
충돌 사고의 경우 시속 40킬로그램이라도 10킬로그램인 아이 체중이 30배가 돼.

男の人は子供をどこに座らせるように言っていますか。
남자는 아이를 어디에 앉히라고 말하고 있습니까?

(A) 助手席の母親の膝の上
조수석 어머니 무릎 위

(B) 助手席に備え付けた子供専用の椅子
조수석에 설치한 아이 전용 의자

(C) 後部に備え付けた子供専用の椅子
뒷부분에 설치한 아이 전용 의자

(D) 運転手の後部座席
운전수 뒷좌석

해설 ★ 질문으로 보아 아이를 앉히는 위치를 잘 들어야 한다는 것을 알 수 있다. 여자가 조수석에 앉아 아이를 무릎에 안으려고 하고 있는데, 남자가 제지하고 있는 상황이다. 남자는 충돌 사고가 날 경우 위험하니까 아이를 뒷좌석 전용 의자에 앉히라고 말하고 있다. 따라서 정답은 (C)가 된다.

助手席(じょしゅせき) 조수석 膝(ひざ) 무릎 抱(だ)く 안다
駄目(だめ) 안 됨 後部(こうぶ) 후부, 뒤쪽 座席(ざせき) 좌석
専用(せんよう) 전용 椅子(いす) 의자 危(あぶ)ない 위험하다
飛(と)び出(だ)す 튀어나오다 押(お)さえる 누르다
衝突(しょうとつ) 충돌 事故(じこ) 사고 時速(じそく) 시속
体重(たいじゅう) 체중 備(そな)え付(つ)ける 설치하다

20 대화 내용에 대한 이해

女 : ペットボトルが回収されたまま、山積みになっていますが。
페트병이 회수된 채로 산적해 있습니다만.

男 : 工場の処理能力よりも回収された量の方が多くて、追い付かないんです。
공장의 처리 능력보다도 회수된 양이 많아서 따라가질 못해요.

女 : 当初の予想を上回る量が資源ごみとして回収されたわけですね。
당초 예상을 웃도는 양이 자원 쓰레기로 회수된 것이군요.

男 : はい。嬉しい限りなんですが、来期までこのままにせざるを得ないんです。
예. 기쁠 따름이지만, 다음 분기까지 이대로 놔두어야만 해요.

どうしてペットボトルは山積みになっていますか。
페트병이 산더미처럼 쌓인 이유는 무엇입니까?

(A) 再利用計画が棚上げになったから
재이용 계획이 보류되었기 때문에

(B) 再利用できないものが含まれているから
재이용할 수 없는 것이 포함되어 있기 때문에

(C) 工場の処理能力以上の量が回収されたから
공장의 처리 능력 이상의 양이 회수되었기 때문에

(D) 今期の再利用対策予算を上回ったから
이번 분기 재이용 대책 예산을 상회했기 때문에

해설 ★ 페트병이 산더미처럼 쌓여 있는 이유를 묻고 있다. 남자의 첫 번째 대화에서 정답을 찾을 수 있는데, 공장의 처리 능력보다도 회수된 양이 많아서 따라가지 못한다고 했으므로 정답은 (C)가 된다.

ペットボトル(PET bottle) 페트병 回収(かいしゅう) 회수
山積(やまづみ) 산적, 산더미처럼 쌓임 工場(こうじょう) 공장
処理(しょり) 처리 能力(のうりょく) 능력
追(お)い付(つ)く 따라잡다 当初(とうしょ) 당초 予想(よそう) 예상
上回(うわまわ)る 웃돌다. 상회하다 嬉(うれ)しい 기쁘다
〜限(かぎ)りだ 〜일 따름이다
동사의 ない형+ざるを得(え)ない 〜하지 않을 수 없다. 〜해야만 한다
再利用(さいりよう) 재이용 計画(けいかく) 계획
棚上(たなあ)げ 보류, 제쳐 놓음 含(ふく)む 포함하다
対策(たいさく) 대책 予算(よさん) 예산

---

21 뉴스 및 이슈

男 : またトンネル内の壁が剥がれ落ちる事故が起こったね。또 터널 내부의 벽이 벗겨져 떨어지는 사고가 일어났군.

女 : そうね。夜中の事故で大事には至らないけど、日中だったら怖いわ。그러게. 한밤중의 사고라 큰 일은 일어나지 않았지만, 한낮이었다면 무서워.

男 : 新幹線がトンネル内を通過中に落盤していたら、大惨事になっただろうね。신칸센이 터널 내부를 통과 중에 떨어졌다면 대참사가 됐을 거야.

女 : 再び事故が起きないように、運行を中止してでも、点検してほしいわ。다시 사고가 일어나지 않도록 운행을 중지해서라도 점검해 줬으면 좋겠어.

事故の被害はどうでしたか。
사고 피해는 어땠습니까?

(A) 走行中の新幹線に剥がれた壁が当たり、大惨事となった。주행 중인 신칸센에 벗겨진 벽이 맞아서 대참사가 일어났다.

(B) 事故のため、新幹線が1日走行できなかった。사고 때문에 신칸센이 하루 동안 주행을 할 수 없었다.

(C) 日中の事故だったが、被害は少なかった。대낮의 사고였지만 피해는 적었다.

(D) 夜中の事故のため、被害は少なかった。한밤중의 사고였기 때문에 피해는 적었다.

해설 ★ 사고에 대한 정보를 정확하게 듣고 정답을 찾아야 한다. 터널 내의 벽이 벗겨져 떨어지는 사고가 일어났지만 한밤중의 사고라 큰 일은 일어나지 않았다고 했다. 따라서 정답은 (D)가 된다.

トンネル(tunnel) 터널 壁(かべ) 벽
剥(は)がれ落(お)ちる 벗겨져 떨어지다 起(お)こる 일어나다. 발생하다
夜中(よなか) 한밤중 大事(だいじ) 큰일 至(いた)る 이르다
日中(にっちゅう) 한낮 怖(こわ)い 무섭다 通過(つうか) 통과
落盤(らくばん) 낙반, 천장이나 벽의 암석 등이 무너져 내림
大惨事(だいさんじ) 대참사 再(ふた)び 재차, 다시
運行(うんこう) 운행 中止(ちゅうし) 중지 点検(てんけん) 점검
走行(そうこう) 주행 当(あ)たる 맞다. 부딪치다 被害(ひがい) 피해

---

22 비즈니스 및 업무

男 : 例の工場建設予定地だが、決定する前にもう一度見ておきたいんだが。그 공장 건설 예정지 말인데 결정되기 전에 다시 한 번 봐 두고 싶은데.

女 : わかりました。予定地をご覧になる時間をスケジュールに入れておきます。알겠습니다. 예정지를 보실 시간을 스케줄에 넣어 두겠습니다.

男 : 工事を始めるに当たっては、地域住民への説明も必要になるなあ。공사를 시작할 때는 지역 주민에 대한 설명도 필요하겠군.

女 : 予定地が決定しましたら、直ぐに説明会の準備に取り掛かります。예정지가 결정되면 바로 설명회 준비에 착수하겠습니다.

工場の建設計画の進行状況はどうですか。
공장 건설 계획의 진행 상황은 어떻습니까?

(A) 工場の建設工事を開始したところ
공장 건설 공사를 막 개시한 참

(B) 工場建設予定地が決定したところ
공장 건설 예정지가 막 결정된 참

(C) 住民に工場建設の説明会を行うところ
주민들에게 공장 건설 설명회를 하려던 참

(D) 工場建設予定地を検討しているところ
공장 건설 예정지를 검토하고 있는 참

해설 ★ 남녀의 각 대화에서 정답을 유추할 수 있는 표현들이 나오고 있다. 남자의 첫 번째 대화의 「決定(けってい)する前(まえ)に」(결정되기 전에)나 여자의 두 번째 대화의 「予定地(よていち)が決定(けってい)しましたら」(예정지가 결정되면)라는 대화로 보아 아직 공장 건설 예정지는 결정되지 않았고 검토하고 있는 단계라는 것을 알 수 있다. 따라서 정답은 (D)가 된다.

例(れい)の 그, 예의 *대화를 나누는 서로 간에 이미 알고 있는 사항을 말할 때 쓰임 建設(けんせつ) 건설 ご覧(らん)になる 보시다
スケジュール(schedule) 스케줄 始(はじ)める 시작하다
〜に当(あ)たっては 〜에 즈음해서는 地域(ちいき) 지역
住民(じゅうみん) 주민 説明(せつめい) 설명 直(す)ぐに 바로

取(と)り掛(か)かる 착수하다 進行(しんこう) 진행
状況(じょうきょう) 상황 開始(かいし) 개시
行(おこな)う 행하다. 실시하다 検討(けんとう) 검토

23 뉴스 및 이슈

女 : 昨年は水不足の影響で、米の収穫高が前年より20
%も減りましたね。
작년에는 물부족 영향으로 쌀 수확량이 전년보다 20%나 줄었네요.

男 : ええ。でも、今年は去年の収穫高の40%増になり
そうです。
네. 하지만 올해는 작년 수확량보다 40%가 증가할 것 같아요.

女 : 幸い、今年は天候に恵まれましたからね。
다행히 올해는 날씨가 좋았으니까요.

男 : それもありますが、稲の品質改良が進んで病気に
強い稲ができたんです。그것도 있지만, 벼의 품질 개량이 진
행되어 병충해에 강한 벼가 만들어졌어요.

今年の米の収穫高に影響したものは何ですか。
올해 쌀 수확량에 영향을 준 것은 무엇입니까?

(A) 天候と稲の品質改良
날씨와 벼의 품질 개량
(B) 天候と田畑の拡張
날씨와 논밭의 확장
(C) 作業の機械化
작업의 기계화
(D) 水不足と田畑の縮小
물 부족과 논밭의 축소

해설 ★ 문제에서 쌀 수확고에 영향을 준 것이 무엇인지 묻고 있다. 올
해는 작년 수확고보다 40%가 증가할 것 같은데. 그 이유는 날씨가 좋
았고 벼의 품질 개량이 진행되어 병충해에 강한 벼가 만들어졌기 때문
이다. 따라서 정답은 (A)가 된다.

水不足(みずぶそく) 물부족 影響(えいきょう) 영향 米(こめ) 쌀
収穫高(しゅうかくだか) 수확고, 수확량 前年(ぜんねん) 전년
減(へ)る 줄다 幸(さいわ)い 다행히
天候(てんこう)に恵(めぐ)まれる 날씨가 좋다 稲(いね) 벼
品質(ひんしつ) 품질 改良(かいりょう) 개량 進(すす)む 진행되다
病気(びょうき) 병 強(つよ)い 강하다 田畑(たはた) 논밭
拡張(かくちょう) 확장 作業(さぎょう) 작업
機械化(きかいか) 기계화 縮小(しゅくしょう) 축소

24 뉴스 및 이슈

女 : 最近は景気も上向きだと言われていますが、どうな
んでしょうか。
요즘은 경기도 회복되고 있다고들 하는데 어떨까요?

男 : 表向きはね。でも、銀行の貸し渋りがまだ是正さ
れていないからなあ。표면상으로는 그렇지. 하지만 은행의 대출
기피가 아직 시정되지 않았으니까.

女 : 資金繰りがうまくいかずに、倒産に追い込まれる
ケースも多いですね。
자금 융통이 잘 되지 않아 도산에 몰리는 경우도 많겠군요.

男 : うん。お金の循環がなされて初めて経済が活性化
するのにね。
응. 돈이 순환되어야 비로소 경제가 활성화되는데 말이야.

男の人の意見はどうですか。
남자 의견은 어떻습니까?

(A) 徐々にだが、景気は上向きつつある。
느리지만 경기는 계속 회복되는 중이다.
(B) 貸し渋りがなくなれば景気は上向く。
대출 기피가 없어지면 경기는 회복된다.
(C) 景気は益々悪くなる一方だ。
경기는 계속 나빠지기만 할 뿐이다.
(D) 銀行の倒産が景気に悪影響を及ぼす。
은행의 도산이 경기에 악영향을 준다.

해설 ★ 현재 경기 상황에 대해서 두 사람이 이야기를 하고 있는 상황
으로, 「貸(か)し渋(しぶ)り」(대출 기피)라는 표현을 알아듣는 것이 포
인트. 경기가 회복되고 있다고들 하지만 아직까지 은행의 대출 기피가
시정되지 않았기 때문에. 남자는 표면상으로만 그렇다고 생각하고 있
다. 그리고 남자의 마지막 대화에 나오는 돈이 순환되어야 비로소 경제
가 활성화된다는 말에서 남자는 대출 기피가 없어지면 경기는 회복된
다고 생각하고 있다는 것을 알 수 있다. 따라서 정답은 (B)가 된다.

景気(けいき) 경기 上向(うわむ)き 오름세 表向(おもてむ)き 표면상
銀行(ぎんこう) 은행 是正(ぜせい) 시정
資金繰(しきんぐ)り 자금 융통 うまくいく 순조롭게 진행되다
倒産(とうさん) 도산 追(お)い込(こ)む 몰아넣다
ケース(case) 케이스, 경우 循環(じゅんかん) 순환 なす 이루다
～て初(はじ)めて ～하고 비로소 経済(けいざい) 경제
活性化(かっせいか) 활성화 徐々(じょじょ)に 서서히
동사의 ます형+つつある ～하는 중이다 益々(ますます) 점점
동사의 기본형+一方(いっぽう)だ ～일 뿐이다
悪影響(あくえいきょう) 악영향 及(およ)ぼす 미치다. 끼치다

25 대화 내용에 대한 이해

男 : 受付に飾ってある植物、いつもきれいですね。どう
しているんですか。접수처에 장식되어 있는 식물, 항상 예쁘네
요. 어떻게 하고 있는 거죠?

女 : 定期的に業者が来て、季節に応じた植物と交換し
てくれるんですよ。
정기적으로 업자가 와서 계절에 어울리는 식물로 교환해 주고 있어요.

男 : 予め希望の植物を指定することは可能なんですか。
미리 희망하는 식물을 지정하는 건 가능한가요?

女 : 可能ですが、次にどんなのが来るか楽しみなので、
　　業者に任せています。
　가능하지만, 다음에 어떤 식물이 올지 기대돼서 업자에게 맡기고 있어요.

受付の植物は定期的にどんな植物と交換しますか。
접수처의 식물은 정기적으로 어떤 식물과 교환합니까?

(A) 会社側が指定した一種類の植物
　회사측이 지정한 한 종류의 식물

(B) 契約時に決めた2種類の植物のいずれか
　계약 시에 정한 두 종류의 식물 중 하나

(C) 業者が選択した植物
　업자가 선택한 식물

(D) 会社側で指定した数種類の植物のいずれか
　회사측에서 지정한 여러 종류의 식물 중 하나

해설 ★ 여자의 마지막 대화에서 정답을 찾을 수 있다. 접수처에 장식되어 있는 식물은 정기적으로 업자가 와서 계절에 어울리는 식물로 교환해 주고 있다. 미리 희망하는 식물을 지정하는 건 가능하지만 다음에 어떤 식물이 올지 기대되니까 업자에게 맡기고 있다고 했으므로 업자가 선택한 식물이라고 한 (C)가 정답이 된다.

受付(うけつけ) 접수처　飾(かざ)る 장식하다　植物(しょくぶつ) 식물
定期的(ていきてき) 정기적　業者(ぎょうしゃ) 업자
季節(きせつ) 계절　応(おう)じる 어울리다. 적합하다
交換(こうかん) 교환　予(あらかじ)め 미리, 사전에　希望(きぼう) 희망
指定(してい) 시정　可能(かのう) 가능　楽(たの)しみ 기대. 즐거움
種類(しゅるい) 종류　契約(けいやく) 계약　選択(せんたく) 선택

26 일상생활

男 : 岡本さん、仕事と育児の両立は大変だろう。
　오카모토 씨, 일과 육아의 양립은 힘들지?

女 : そうなのよ。一番の問題は夜まで子供を預けられ
　　る公立の保育施設がないことね。 맞아. 가장 큰 문제는 밤
　까지 아이를 맡길 수 있는 공립 보육 시설이 없는 거야.

男 : 衛生面とか不安だけど、無認可の託児所は預かる
　　時間帯も長いんだってね。
　위생면 등이 불안하지만, 무인가 탁아소는 맡아 주는 시간대도 길다며?

女 : ええ。良心的なところもあるはずだから、今調べ
　　てるところなんだけど。
　응. 양심적인 곳도 있을 테니까, 지금 알아보고 있는 중이야.

女の人は何について調べていますか。
여자는 무엇에 대해서 알아보고 있습니까?

(A) 育児休暇について
　육아 휴가에 대해서

(B) 保育施設の衛生面について
　보육 시설의 위생적인 면에 대해서

(C) 夜まで保育を行う託児所について
　밤까지 보육을 하는 탁아소에 대해서

(D) 公立の保育施設について
　공립 보육 시설에 대해서

해설 ★ 여자가 가장 문제점으로 생각하고 있는 것이 무언인지를 파악해야 하는데, 밤까지 아이를 맡길 수 있는 공립 보육 시설이 없다는 것이 가장 큰 문제라고 생각하고 있다. 그래서 위생 등이 불안하지만 맡아 주는 시간대가 긴 무인가 탁아소를 알아보고 있는 중이라고 했다. 따라서 정답은 밤까지 보육을 하는 탁아소에 대해서 알아보고 있다고 한 (C)가 된다.

育児(いくじ) 육아　両立(りょうりつ) 양립　預(あず)ける 맡기다
公立(こうりつ) 공립　保育(ほいく) 보육　施設(しせつ) 시설
衛生(えいせい) 위생　不安(ふあん) 불안　無認可(むにんか) 무인가
託児所(たくじしょ) 탁아소　時間帯(じかんたい) 시간대
長(なが)い 길다　良心的(りょうしんてき) 양심적
調(しら)べる 조사하다　休暇(きゅうか) 휴가

27 뉴스 및 이슈

男 : 最近、自動車業界は結婚ブームで動きが激しいね。
　요즘 자동차 업계는 통합 붐으로 움직임이 격심하군.

女 : ああ、欧米企業による買収や合併の話ですか。
　아, 유럽과 미국 기업에 의한 매수나 합병 이야기 말인가요?

男 : 欧米の会社はアジア市場に進出したくても、その
　　販売拠点がないからね。 유럽과 미국 회사는 아시아 시장에
　진출하고 싶어도 그 판매 거점이 없으니까.

女 : それで、既にアジアに販売網を持っている日本企
　　業が狙い目だったんですね。
　그래서 이미 아시아에 판매망을 갖고 있는 일본 기업이 표적이었군요.

欧米企業による買収や合併の目的は何ですか。
구미 기업에 의한 매수나 합병의 목적은 무엇입니까?

(A) アジア市場への販売拠点の確保
　아시아 시장으로의 판매 거점 확보

(B) アジアで新たな生産工場を造ること
　아시아에서 새로운 생산 공장을 만드는 것

(C) 新たな製造技術の開発
　새로운 제조 기술의 개발

(D) 新型車の大量生産
　신형차의 대량 생산

해설 ★ 남자의 첫 번째 대화에 나오는「結婚(けっこん)ブーム」라는 표현은 말 그대로 '결혼 붐'이 아니라 뒷부분의 내용으로 보아 매수나 합병 붐이라는 것을 알 수 있어야 한다. 유럽과 미국 기업이 아시아의 기업과 매수나 합병을 진행하는 이유는 아시아 시장에 진출하고 싶어도 판매 거점이 없기 때문이다. 따라서 정답은 아시아 시장으로의 판매 거점 확보라고 한 (A)가 된다.

自動車(じどうしゃ) 자동차　業界(ぎょうかい) 업계
動(うご)き 움직임　激(はげ)しい 격심하다
欧米(おうべい) 구미, 유럽과 미국　企業(きぎょう) 기업
買収(ばいしゅう) 매수　合併(がっぺい) 합병　市場(しじょう) 시장
進出(しんしゅつ) 진출　販売(はんばい) 판매　拠点(きょてん) 거점
既(すで)に 이미　販売網(はんばいもう) 판매망
狙(ねら)い目(め) 표적　確保(かくほ) 확보　新(あら)た 새로움
造(つく)る 만들다　製造(せいぞう) 제조　技術(ぎじゅつ) 기술
開発(かいはつ) 개발　新型車(しんがたしゃ) 신형차
大量(たいりょう) 대량　生産(せいさん) 생산

28 인물 관련

女：岡野(おか の)さんが陶芸(とうげい)を始(はじ)めたきっかけは何(なん)ですか。
오카노 씨가 도예를 시작한 계기는 뭔가요?

男：以前(いぜん)から興味(きょうみ)はあったんだが、陶芸教室(とうげいきょうしつ)に通(かよ)って
いた家内(か ない)に誘(さそ)われてね。 이전부터 흥미는 있었는데, 도예 교실
에 다니던 아내한테 권유받았거든.

女：じゃ、今(いま)はお2人(ふたり)で通(かよ)われているんですか。
그럼, 지금은 두 분이 다니고 계신가요?

男：いや、家内(か ない)は新(あたら)しい物好(ものず)きで、今度(こん ど)は彫金(ちょうきん)とやら
に凝(こ)っているよ。
아니, 아내는 새로운 것을 좋아해서 이번에는 금속공예인지에 빠져 있어.

男性夫婦(だんせいふう ふ)について正(ただ)しいものはどれですか。
남성 부부에 대해서 올바른 것은 어느 것입니까?

(A) 夫婦(ふう ふ)で陶芸教室(とうげいきょうしつ)に通(かよ)っている。
부부가 같이 도예 교실에 다니고 있다.

(B) 奥(おく)さんのみ、陶芸教室(とうげいきょうしつ)に通(かよ)っている。
부인만 도예 교실에 다니고 있다.

(C) 男性(だんせい)のみ陶芸教室(とうげいきょうしつ)に通(かよ)っている。
남성만 도예 교실에 다니고 있다.

(D) 奥(おく)さんは陶芸(とうげい)と彫金(ちょうきん)を習(なら)っている。
부인은 도예와 금속공예를 배우고 있다.

해설 ★ 남자와 부인에 관한 정보를 구분해서 들어야 하는 문제이다. 남자는 부인의 권유로 도예 교실에 다니고 있는데, 부인은 새로운 것을 좋아해서 지금은 금속공예에 빠져 있다고 나오고 있다. 따라서 정답은 남성만 도예 교실에 다니고 있다고 한 (C)가 된다.

陶芸(とうげい) 도예　きっかけ 계기　以前(いぜん) 이전
興味(きょうみ) 흥미　通(かよ)う 다니다　家内(かない) 아내
誘(さそ)う 권유하다　新(あたら)しい物好(ものず)き 새로운 것을 좋아
함　彫金(ちょうきん) 조금, 금속공예　凝(こ)る 빠지다. 몰두하다
夫婦(ふうふ) 부부　～のみ ~만. ~뿐　習(なら)う 배우다

29 대화 내용에 대한 이해

女：こちらの会社(かいしゃ)は設立(せつりつ)からまだ12年(ねん)ですが、成長(せいちょう)
著(いちじる)しく、期待大(き たいだい)ですよ。
이 회사는 설립한지 아직 12년이지만, 성장 속도가 현저해서 크게 기대돼
요

男：しかし、上場(じょうじょう)して間(ま)もないからなあ。
하지만 상장한지 얼마 되지 않아서요.

女：ですが、株価(かぶ か)には割安感(わりやすかん)がありますし、購入(こうにゅう)には
いい時期(じ き)かと…。 그렇지만 주가에는 약간 싼 느낌이 있고, 구입
에는 좋은 시기가 아닐지….

男：まあ、もう少(すこ)し様子(ようす)を見(み)ましょう。
뭐, 좀 더 상황을 지켜보죠.

女性(じょせい)が薦(すす)める会社(かいしゃ)はどんな会社(かいしゃ)ですか。
여성이 추천하는 회사는 어떤 회사입니까?

(A) 歴史(れき し)があり、経営(けいえい)が安定(あんてい)している会社(かいしゃ)
역사가 있고 경영이 안정되어 있는 회사

(B) 上場(じょうじょう)して間(ま)もないが、成長(せいちょう)著(いちじる)しい会社(かいしゃ)
상장한지 얼마 되지 않았지만 성장 속도가 현저한 회사

(C) 上場(じょうじょう)してから12年(ねん)を経(へ)た会社(かいしゃ)
상장한지 12년이 지난 회사

(D) 新規事業(しんきじぎょう)を手掛(てが)け、期待(きたい)が持(も)てる会社(かいしゃ)
신규 사업에 손을 대서 기대할 수 있는 회사

해설 ★ 여성이 추천하는 회사가 어떤 회사인지 묻고 있다. 여자의 첫 번째 대화에서 설립한지 얼마 되지 않았지만 성장 속도가 현저해서 기대가 크다는 것을 알 수 있고, 남자의 첫 번째 대화에서 상장한지 얼마 되지 않았다는 것을 알 수 있다. 따라서 정답은 상장한지 얼마 되지 않았지만. 성장 속도가 현저한 회사라고 한 (B)가 정답이 된다.

設立(せつりつ) 설립　成長(せいちょう) 성장
著(いちじる)しい 현저하다　期待大(きたいだい) 기대가 큼
上場(じょうじょう) 상장　株価(かぶか) 주가
割安感(わりやすかん) 품질이나 분량 등에 비해 가격이 싼 느낌
購入(こうにゅう) 구입　時期(じき) 시기
様子(ようす)を見(み)る 상황을 지켜보다　薦(すす)める 추천하다
歴史(れきし) 역사　経営(けいえい) 경영　安定(あんてい) 안정
経(へ)る 지나다　間(ま)もない 얼마 안 되다　新規(しんき) 신규
事業(じぎょう) 사업　手掛(てが)ける 손을 대다

30 뉴스 및 이슈

女：最近(さいきん)、自分(じぶん)の個人情報(こじんじょうほう)がどこかに流(なが)れているので
はないかと時々不安(ときどき ふ あん)になりますね。 요즘 자신의 개인 정보
가 어딘가로 누설되고 있는 건 아닌지 가끔 불안해져요.

男：インターネットの普及(ふ きゅう)によって、危険性(き けんせい)も増(ふ)えま
したからね。 인터넷 보급으로 인해 위험성도 커졌으니까요.

女：我が社もネット販売を行っている以上、個人情報
　　の漏洩には注意しないと。우리 회사도 인터넷 판매를 하고
　　있는 이상 개인 정보 누설에는 주의를 해야 해요.

男：安全性を確保するために、万全な対策が必要です
　　ね。안전성을 확보하기 위해서 만전의 대책이 필요하겠군요.

2人は何について話していますか。
두 사람은 무엇에 대해서 이야기하고 있습니까?

(A) 個人情報が漏洩した場合の責任
　　개인 정보가 누설되었을 경우의 책임

(B) 個人情報の慎重な取り扱い
　　개인 정보의 신중한 취급

(C) 個人情報の活用方法
　　개인 정보의 활용 방법

(D) 個人情報が不法に売買された場合の対処法
　　개인 정보가 불법으로 매매되었을 경우의 대처법

해설 ★ 두 사람의 대화에서 화제가 되고 있는 것이 무엇인지를 묻는
문제로, 두 사람은 개인 정보의 신중한 취급에 대해서 각자 의견을 말
하고 있다. 대화 중에 개인 정보가 누설되었을 경우의 책임, 개인 정보
의 활용 방법, 개인 정보가 불법으로 매매되었을 경우의 대처법 등은
나오지 않으므로 정답은 (B)가 된다.

個人情報(こじんじょうほう) 개인 정보　流(なが)れる 누설되다
時々(ときどき) 가끔, 때때로　不安(ふあん) 불안
インターネット(internet) 인터넷　普及(ふきゅう) 보급
～によって ～로 인해　危険性(きけんせい) 위험성
増(ふ)える 늘다, 증가하다　我(わ)が社(しゃ) 우리 회사
販売(はんばい) 판매　漏洩(ろうえい) 누설　注意(ちゅうい) 주의
安全性(あんぜんせい) 안전성　確保(かくほ) 확보
万全(ばんぜん) 만전　対策(たいさく) 대책　責任(せきにん) 책임
慎重(しんちょう) 신중　取(と)り扱(あつか)い 취급
活用(かつよう) 활용　方法(ほうほう) 방법　不法(ふほう) 불법
売買(ばいばい) 매매　対処法(たいしょほう) 대처법

PART 4
- - - - - - - - - - -

(1~4)

　　鈴木さんは毎年5月、服を冬の物から夏の物に替えます。**1**5月の初め、長い休みがありますから、鈴木さんは冬のシャツやセーターをたくさん洗います。そして、10月に夏の物から冬の物に替えます。**2**10月10日は毎年休みで、あまり雨が降りませんから、夏のスカートやシャツを洗います。しかし、**3**去年は10月に長い旅行をしましたから、9月に夏の服から冬の服に替えました。洗濯の後で、服を調べました。服の中で半分ぐらい全然着ていませんでした。**4**去年の夏着た服は今年も着ますが、着なかった服は誰かに売ります。

　　스즈키 씨는 매년 5월에 옷을 겨울용 옷에서 여름용 옷으로 바꿉니다. 5월 초, 긴 휴일이 있기 때문에 스즈키 씨는 겨울 셔츠나 스웨터를 많이 세탁합니다. 그리고 10월에 여름용 옷에서 겨울용 옷으로 바꿉니다. 10월 10일은 매년 휴일로 별로 비가 오지 않아서, 여름 치마나 셔츠를 세탁합니다. 그러나 작년은 10월에 긴 여행을 갔기 때문에 9월에 여름옷에서 겨울옷으로 바꿨습니다. 세탁 후에 옷을 조사했습니다. 옷 중에 반 정도가 전혀 입지 않았습니다. 작년 여름에 입은 옷은 올해도 입습니다만, 입지 않은 옷은 누군가에게 팝니다.

毎年(まいとし) 매년　服(ふく) 옷　冬(ふゆ) 겨울　夏(なつ) 여름
替(か)える 바꾸다. 교체하다　初(はじ)め 초　長(なが)い 길다
休(やす)み 휴일　シャツ(shirt) 셔츠　セーター(sweater) 스웨터
洗(あら)う 빨다. 세탁하다　雨(あめ)が降(ふ)る 비가 내리다
スカート(skirt) 스커트, 치마　旅行(りょこう) 여행
洗濯(せんたく) 세탁　調(しら)べる 조사하다　半分(はんぶん) 절반
全然(ぜんぜん) 전혀　着(き)る 입다　売(う)る 팔다

1

鈴木さんは5月のいつ頃服を替えますか。
스즈키 씨는 5월의 언제쯤 옷을 바꿉니까?

(A) 5月の初め
　　5월 초
(B) 5月10日
　　5월 10일
(C) 5月15日頃
　　5월 15일경
(D) 5月の終わり
　　5월 말

해설 ★ 스즈키 씨는 매년 5월에 옷을 겨울용 옷에서 여름용 옷으로 바꾸는데, 5월 초의 긴 휴일을 이용해 겨울 셔츠나 스웨터를 많이 세탁한다고 나오므로 정답은 (A)가 된다.

終(お)わり 끝. 말

2

鈴木さんは10月10日に何を洗いますか。
스즈키 씨는 10월 10일에 무엇을 세탁합니까?

(A) コート
　　코트
(B) セーター
　　스웨터
(C) 夏のスカート
　　여름 치마
(D) 冬のシャツ
　　겨울 셔츠

해설 ★ 문제에 구체적인 날짜가 나와 있으므로 이 날짜가 나올 때 유심히 잘 들어야 한다. 스즈키 씨는 10월 10일에 여름 치마나 셔츠를 세탁한다고 했으므로 정답은 (C)가 된다.

コート(coat) 코트

3

鈴木さんは去年どうして9月に服を替えましたか。
스즈키 씨는 작년에 왜 9월에 옷을 바꿨습니까?

(A) 10月10日は休みではなかったから
　　10월 10일은 휴일이 아니었기 때문에
(B) 10月に旅行をしたから
　　10월에 여행을 갔기 때문에
(C) いつも9月に服を替えるから
　　항상 9월에 옷을 바꾸기 때문에
(D) 10月にたくさん雨が降ったから
　　10월에 많은 비가 내렸기 때문에

해설 ★ 스즈키 씨가 작년 9월에 여름용 옷에서 겨울용 옷으로 바꾼 이유를 묻고 있다. 작년에는 10월에 긴 여행을 갔기 때문에 9월에 바꿨다고 했으므로 정답은 (B)가 된다.

4

鈴木さんは着なかった服をどうしますか。
스즈키 씨는 입지 않은 옷을 어떻게 합니까?

(A) 友達に返す。
　　친구에게 돌려준다.
(B) 誰かに売る。
　　누군가에게 판다.
(C) 来年、着る。
　　내년에 입는다.
(D) 服から他の物を作る。
　　옷으로 다른 물건을 만든다.

해설 ★ 마지막 문장에서 정답을 찾을 수 있다. 스즈키 씨는 입지 않은 옷은 누군가에게 판다고 했으므로 정답은 (B)가 된다.

返(かえ)す 돌려주다 作(つく)る 만들다

(5~7)

　では、今日は火曜日ですので、⁵ニュースの最後に野菜についてお知らせします。10月の初め頃東京のスーパーで買い物をすると、同じ野菜でも値段の違う物を売っていることがあります。例えば見てください。この茄子はこちらが220円、こちらは300円です。これは夏植えた物と秋植えた物が一緒に売られているためです。⁶夏植えられた物は形も悪いし、値段も少し高いのですが、日本の北の方の涼しい所でゆっくり育ったため、味はとてもいいです。⁷秋の方は東京の周りで取れた物で、形もいいし値段も安いのですが、味は夏植えた野菜ほどではありません。

　그럼, 오늘은 화요일이니까 뉴스 마지막에 채소에 대해서 알려 드리겠습니다. 10월 초쯤 도쿄의 슈퍼에서 장을 보면 같은 채소인데도 가격이 다른 것을 팔고 있는 경우가 있습니다. 예를 들면, 보세요. 이 가지는 이쪽이 220엔, 이쪽은 300엔입니다. 이것은 여름에 심은 것과 가을에 심은 것이 함께 팔리고 있기 때문입니다. 여름에 심은 채소는 모양도 나쁘고 값도 조금 비싸지만, 일본 북쪽의 시원한 곳에서 천천히 자랐기 때문에 맛은 아주 좋습니다. 가을 채소는 도쿄 주변에서 수확된 채소로, 모양도 좋고 값도 싸지만, 맛은 여름에 심은 채소만큼은 아닙니다

最後(さいご) 최후, 마지막 野菜(やさい) 채소, 야채
〜について 〜에 대해서 知(し)らせる 알리다
買(か)い物(もの)をする 장을 보다. 쇼핑을 하다 値段(ねだん) 가격
違(ちが)う 다르다. 틀리다 売(う)る 팔다 例(たと)えば 예를 들면
茄子(なす) 가지 夏(なつ) 여름 植(う)える 심다 秋(あき) 가을
一緒(いっしょ)に 함께, 같이 形(かたち) 모양, 형태
悪(わる)い 나쁘다 高(たか)い 비싸다 北(きた) 북쪽
涼(すず)しい 시원하다. 선선하다 ゆっくり 천천히
育(そだ)つ 자라다 味(あじ) 맛 周(まわ)り 주변
取(と)れる 수확되다. 생산되다 安(やす)い 싸다
〜ほどではない 〜만큼은 아니다

5

この文はいつ話されていますか。
이 문장은 언제 말해지는 겁니까?

(A) スーパーが閉まる前に
　　슈퍼가 닫히기 전에

(B) ラジオ番組の中で
　　라디오 프로그램 중에

(C) テレビのニュースの終わりに
　　텔레비전 뉴스 끝 부분에

(D) 八百屋で買い物中に
　　채소가게에서 장보는 중에

해설 ★ 첫 번째 문장에서 정답을 찾을 수 있다. 뉴스 마지막에 채소에 대해서 알려 준다고 했으므로, 이 설명문은 텔레비전 뉴스 끝 부분에 말해지고 있다는 것을 알 수 있다. 따라서 정답은 (C)가 된다.

閉(し)まる 닫히다 ラジオ(radio) 라디오 番組(ばんぐみ) 프로그램
八百屋(やおや) 채소가게

6

夏植えた野菜について正しいものはどれですか。
여름에 심은 채소에 대해서 올바른 것은 어느 것입니까?

(A) 日本の南で育てられた物だ。
　　일본의 남쪽에서 재배된 것이다.

(B) 形はとても美しい。
　　모양은 아주 예쁘다.

(C) 値段は高いが、美味しくない。
　　가격은 비싸지만, 맛있지 않다.

(D) 気温の低い所で育てられた物だ。
　　기온이 낮은 곳에서 재배된 것이다.

해설 ★ 여름에 심은 채소는 모양도 나쁘고 가격도 조금 비싸지만, 일본의 북쪽의 시원한 곳에서 천천히 자랐기 때문에 맛은 아주 좋다고 했으므로, 정답은 기온이 낮은 곳에서 재배된 것이라고 한 (D)가 된다.

南(みなみ) 남쪽 気温(きおん) 기온 低(ひく)い 낮다

7

秋植えた野菜について正しいものはどれですか。
가을에 심은 채소에 대해서 올바른 것은 어느 것입니까?

(A) 味は夏植えた野菜ほど美味しくはない。
　　맛은 여름에 심은 채소만큼 맛있지는 않다.

(B) 夏植えた野菜より少し値段は高い。
　　여름에 심은 채소보다 조금 가격은 비싸다.

(C) 東京の中だけで取れたものだ。
　　도쿄 안에서만 수확된 것이다.

(D) 形はあまり良くない。
　　모양은 그다지 좋지 않다.

해설 ★ 여름에 심은 채소와 구분해서 들어야 하는 문제이다. 가을에 심은 채소는 도쿄 주변에서 수확된 채소로, 모양도 좋고 가격도 싸지만 맛은 여름에 심은 채소만큼은 아니라고 했으므로 정답은 (A)가 된다.

〜より 〜보다

(8~10)

　フランスのパリの地下鉄。朝、ホームに次から次へと入ってくる電車。少しでも早い電車に乗ろうとする会社員や学生が電車のドアに集まる。だが、**8**ベルが鳴ると緑色の上着を着た「閉め屋」達がドアの前に立ち、無理に乗ろうとする人を止める。**9**パリの地下鉄はA、B、C、Dの4本の線があるが、A線は1日に95万人が利用し、朝と晩はかなり混んでいる。シャトレ・レアール駅は7本の電車や地下鉄の線が集まる世界一の地下鉄駅。ここの「閉め屋」ペルネさんは「**10**事故で電車の数が減ると、お客さん達は少し苛々するけど、普段は僕達がドアの前に立つと大人しく次の電車を待ってくれるよ」と話している。

　프랑스 파리의 지하철. 아침에 플랫폼으로 계속해서 들어오는 전철. 조금이라도 빠른 전철을 타려는 회사원이나 학생이 전철 문에 모여든다. 하지만 벨이 울리면 녹색 상의를 입은 '시메야(문이 닫힌 후에 승차하지 못하도록 막는 사람)'들이 문 앞에 서서, 무리하게 타려는 사람들을 막는다. 파리의 지하철은 A, B, C, D의 4개 선이 있는데, A선은 하루에 95만 명이 이용해서 아침과 밤에는 상당히 혼잡하다. 샤틀레·레알역은 7개 선의 전철과 지하철 선이 모이는 세계 제일의 지하철역. 이곳의 '시메야'인 페르네 씨는 '사고로 전철 수가 줄면 승객들은 조금 초조해하지만, 평소에는 우리가 문 앞에 서면 얌전하게 다음 전철을 기다려요'라고 말한다.

地下鉄(ちかてつ) 지하철　次(つぎ)から次(つぎ)へと 계속해서
電車(でんしゃ) 전철　早(はや)い 이르다, 빠르다　乗(の)る 타다
会社員(かいしゃいん) 회사원　学生(がくせい) 학생
集(あつ)まる 모이다　ベル(bell) 벨　鳴(な)る 울리다
緑色(みどりいろ) 녹색　上着(うわぎ) 상의　着(き)る 입다
立(た)つ 서다　無理(むり)に 무리하게　止(と)める 막다, 저지하다
利用(りよう) 이용　かなり 꽤, 상당히　混(こ)む 붐비다, 혼잡하다
世界一(せかいいち) 세계 제일　事故(じこ) 사고　数(かず) 수
減(へ)る 줄다　普段(ふだん) 평소
大人(おとな)しい 얌전하다, 고분고분하다　待(ま)つ 기다리다

8

「閉め屋」の仕事は何ですか。
'시메야'의 일은 무엇입니까?

(A) 地下鉄を時間通りに運転すること
　　지하철을 시간대로 운전하는 것
(B) 地下鉄のドアを早く閉めること
　　지하철 문을 빨리 닫는 것
(C) 無理に地下鉄に乗ろうとする人を止めること
　　무리하게 지하철을 타려는 사람을 막는 것
(D) 地下鉄に乗る人達を順番に並ばせること
　　지하철을 타는 사람들을 차례대로 줄을 세우는 것

해설 ★ '시메야'라는 것이 어떤 일을 하는 사람인지 묻고 있다. '시메야'는 문 앞에 서서 무리하게 타려는 사람들을 막는 역할을 하는 사람을 가리키는 말이므로 정답은 (C)가 된다.

명사+通(どお)り ~대로　運転(うんてん) 운전
順番(じゅんばん)に 순서대로, 차례대로　並(なら)ぶ 줄 서다

9

パリの地下鉄は何本の線がありますか。
파리의 지하철은 몇 개의 선이 있습니까?

(A) 3本
　　세 개
(B) 4本
　　네 개
(C) 7本
　　일곱 개
(D) 11本
　　열한 개

해설 ★ 중반부에서 정답을 찾을 수 있다. 파리의 지하철은 A, B, C, D의 4개 선이 있다고 했으므로 정답은 (B)가 된다.

10

ペルネさんはどんなことを話していますか。
페르네 씨는 어떤 말을 하고 있습니까?

(A) お客さん達はいつも苛々している。
　　승객들은 항상 초조해한다.
(B) 事故が起きたことは1度もない。
　　사고가 일어난 적은 한 번도 없다.
(C) お客さんの数が少ないので、仕事がやりやすい。
　　승객 수가 적어서 일하기 편하다.
(D) お客さん達が彼の仕事を邪魔することはあまりない。
　　승객들이 그의 일을 방해하는 일은 별로 없다.

해설 ★ 마지막 부분에서 정답을 찾을 수 있다. 사고로 전철 수가 줄면 초조해한다고 했으므로 (A)와 (B)는 오답이 되고, 승객 수가 적어서 일하기 편하다는 말은 나오지 않으므로 (C) 역시 오답이다. 정답은 승객들이 그의 일을 방해하는 일은 별로 없다고 한 (D)가 된다.

起(お)きる 일어나다, 발생하다　少(すく)ない 적다
邪魔(じゃま)する 방해하다

(11~13)

東京の時計会社が時の記念日に、男女千人を対象にアンケートを実施した。¹¹時を超えて残るものは何かとの質問に対しては「思い出」と答えた人が23.5％で最も多く、次いで「文化や伝統」、次が「自然」の順。中には「家の借金」などのユニークな答えもあった。¹²「残したいもの」では「自然」が30.7％でトップ。2位が「思い出」、3位が「心や気持ち」、「個人的な持ち物」は9位、「お金や財産」は13位で意外に少なかった。一方、¹³「時の流れと共に無くなっていくもの」は「若さ」が14.3％で、最も多かった。

도쿄의 시계 회사가 시간 기념일에 남녀 천명을 대상으로 앙케트를 실시했다. 시간을 초월해 남는 것은 무엇인가라는 질문에 대해서는 '추억' 이라고 답한 사람이 23.5％로 가장 많고, 이어서 '문화나 전통', 다음이 '자연' 순. 그중에는 '집 대출금' 등의 독특한 대답도 있었다. '남기고 싶은 것' 으로는 '자연' 이 30.7％로 1위. 2위가 '추억', 3위가 '마음이나 기분', '개인적인 소지품' 은 9위, '돈이나 재산' 은 13위로 의외로 적었다. 한편 '시간의 흐름과 함께 사라져 가는 것' 은 '젊음' 이 14.3％로 가장 많았다.

時計(とけい) 시계　記念日(きねんび) 기념일　男女(だんじょ) 남녀
対象(たいしょう) 대상　アンケート(프랑스어 enquête) 앙케트
実施(じっし) 실시　超(こ)える 초월하다　残(のこ)る 남다
質問(しつもん) 질문　～に対(たい)して ～에 대해서
思(おも)い出(で) 추억　答(こた)える 대답하다　最(もっと)も 가장
多(おお)い 많다　次(つ)いで 이어서　文化(ぶんか) 문화
伝統(でんとう) 전통　自然(しぜん) 자연　借金(しゃっきん) 빚
ユニーク(unique) 독특함　個人的(こじんてき) 개인적
持(も)ち物(もの) 소지품　財産(ざいさん) 재산
意外(いがい)に 의외로　少(すく)ない 적다　一方(いっぽう) 한편
～と共(とも)に ～와 함께　無(な)くなる 없어지다, 사라지다
若(わか)さ 젊음

11

「時を超えて残るもの」で2番目に多かった答えはどれですか。'시간을 초월해 남는 것' 중에서 두 번째로 많았던 대답은 어느 것입니까?

(A) 思い出
추억

(B) 自然
자연

(C) 文化や伝統
문화와 전통

(D) 家の借金
집 대출금

解설 ★ 문제의 「2番目(にばんめ)」(두 번째)라는 표현에 주목해야 한다. '시간을 초월해 남는 것' 중에서 가장 많은 것은 '추억' 이었고, 두 번째는 '문화나 전통', 세 번째가 '자연' 이라고 했으므로 정답은 (C)가 된다.

12

時が経っても残したいものの中で、予想外に少なかったのはどれですか。시간이 지나도 남기고 싶은 것 중에서 예상외로 적었던 것은 어느 것입니까?

(A) 家族への愛情
가족에 대한 애정

(B) 財産
재산

(C) 社会的な地位
사회적인 지위

(D) 心
마음

解설 ★ 문제의 「予想外(よそうがい)」(예상외)가 설명문에서는 「意外(いがいに)」(의외로)라는 표현으로 나온다. (A)와 (C)는 설명문 내용에는 나오지 않는 대답이므로 오답이 되고, (D)는 남기고 싶은 것 3위에 해당한다. 따라서 정답은 (B)가 된다.

経(た)つ (시간이) 지나다, 흐르다　家族(かぞく) 가족
愛情(あいじょう) 애정　社会的(しゃかいてき) 사회적
地位(ちい) 지위

13

どんな質問に対して「若さ」という回答が最も多かったですか。어떤 질문에 대해서 '젊음' 이라는 대답이 가장 많았습니까?

(A) 時が過ぎても心に残るもの
시간이 지나도 마음에 남는 것

(B) 時が流れても残したいもの
시간이 흘러도 남기고 싶은 것

(C) 時が経つに連れ、失うのが怖くなるもの
시간이 흐름에 따라 잃는 것이 두려워지는 것

(D) 時間と共に無くなっていくもの
시간과 함께 사라져 가는 것

解설 ★ 문제의 「若(わか)さ」(젊음)라는 단어가 등장하는 문장을 잘 들으면 된다. 정답은 설명문의 후반부에서 찾을 수 있는데 시간의 흐름과 함께 사라져 가는 것으로 가장 많았던 대답이 '젊음' 이라고 했으므로 정답은 (D)가 된다.

過(す)ぎる 지나다　流(なが)れる 흐르다　～に連(つ)れ ～함에 따라서
失(うしな)う 잃다　怖(こわ)い 두렵다, 무섭다

(14~17)

皆さんは切手が何種類出ているかご存じですか。郵便切手は普通切手とその他に特殊切手、ふるさと切手があります。14特殊切手は大きく分けて、特別な行事などの記念切手と切手趣味週間に売り出される切手の2つがあり、数量と期間を決めて販売されています。また、15ふるさと切手は1989年から地方の発展のために発行されています。16これまでに発売された切手の種類は1871年の4月の発行以後、普通切手が400種類、特殊切手が1,812種類、ふるさと切手が253種類の合計2,508種類に上っています。なお、17金額は1円から1,000円までの43種類あるそうです。

여러분은 우표가 몇 종류 나와 있는지 알고 계시나요? 우편 우표는 보통 우표와 그 외에 특수 우표, 고향 우표가 있습니다. 특수 우표는 크게 나누어 특별한 행사 등의 기념 우표와 우표 취미 주간에 발매되는 우표의 두 종류가 있어서 수량과 기간을 정해 판매되고 있습니다. 또, 고향 우표는 1989년부터 지방의 발전을 위해서 발행되고 있습니다. 지금까지 발매된 우표의 종류는 1871년 4월 발행 이후로 보통 우표가 400종류, 특수 우표가 1,812종류, 고향 우표가 253종류로 합계 2,508종류에 이르고 있습니다. 그리고 금액은 1엔부터 1,000엔까지의 43종류가 있다고 합니다.

切手(きって) 우표　種類(しゅるい) 종류　ご存(ぞん)じ 알고 계심
郵便(ゆうびん) 우편　普通(ふつう) 보통　特殊(とくしゅ) 특수
ふるさと 고향　分(わ)ける 나누다　特別(とくべつ) 특별
行事(ぎょうじ) 행사　記念(きねん) 기념　趣味(しゅみ) 취미
売(う)り出(だ)す 팔기 시작하다. 발매하다　数量(すうりょう) 수량
期間(きかん) 기간　決(き)める 정하다　販売(はんばい) 판매
地方(ちほう) 지방　発展(はってん) 발전　発行(はっこう) 발행
発売(はつばい) 발매　合計(ごうけい) 합계　上(のぼ)る 이르다
金額(きんがく) 금액

14

特殊切手について正しいものはどれですか。
특수 우표에 대해서 올바른 것은 어느 것입니까?

(A) 普通切手の中の一つである。 보통 우표 중의 하나이다.

(B) 特定の行事の時だけ発行される。 특정 행사 때만 발행된다.

(C) 販売の数量や期間が限定されている。
판매 수량이나 기간이 한정되어 있다.

(D) 切手趣味週間にのみ発売される。
우표 취미 주간에만 발매된다.

해설 ★ 특수 우표라고 나오는 부분의 설명을 잘 들어야 한다. 특수 우표는 크게 나누어 특별한 행사 등의 기념 우표와 우표 취미 주간에 판매되는 우표의 두 종류가 있고, 수량과 기간을 정해서 판매되고 있다고 했으므로 정답은 판매 수량이나 기간이 한정되어 있다고 한 (C)가 정답이 된다.

限定(げんてい) 한정　~のみ ~만. ~뿐

15

ふるさと切手が最初に発行されたのは何年ですか。
고향 우표가 처음으로 발행된 것은 몇 년입니까?

(A) 1871年 1871년

(B) 1874年 1874년

(C) 1945年 1945년

(D) 1989年 1989년

해설 ★ 숫자 청취 문제로. 고향 우표는 1989년부터 지방의 발전을 위해서 발행되고 있다고 했으므로 정답은 (D)가 된다. 참고로 (A)는 처음 우표가 발행된 연도이고, (B)와 (C)는 내용에 등장하지 않는 연도이다.

最初(さいしょ) 최초. 처음

16

次の切手のうち、最も種類が豊富なのはどれですか。
다음 우표 중 가장 종류가 풍부한 것은 어느 것입니까?

(A) 普通切手 보통 우표

(B) ふるさと切手 고향 우표

(C) 特殊切手 특수 우표

(D) 記念切手 기념 우표

해설 ★ 우표에 따른 종류를 정확하게 청취해야 한다. 보통 우표가 400종류, 특수 우표가 1,812종류, 고향 우표가 253종류라고 했으므로 종류가 가장 많은 것은 특수 우표가 된다. 따라서 정답은 (C).

17

切手の金額は何種類ありますか。
우표의 금액은 몇 종류 있습니까?

(A) 43種類 43종류

(B) 253種類 253종류

(C) 400種類 400종류

(D) 1,000種類 1,000종류

해설 ★ 마지막 문장에서 정답을 찾을 수 있다. 우표 금액은 1엔부터 1,000엔까지의 43종류가 있다고 했으므로 정답은 (A)가 된다.

(18~20)

日本の大手家電メーカーが東南アジアでの日本向け冷蔵庫の生産を相次いで拡大している。18現地通貨の下落に昨年秋からの円高が加わり、東南アジアの価格競争力が向上しているためだ。**19**東芝はタイで新たに50から80ℓの小型冷蔵庫の生産ラインを設置し、年間30万台の生産を開始した。生産機種は日本では製造していないもので、そのうち10から20%を日本に輸出してホテルの客室などの新規需要を開拓する。また、**20**シャープも4月からインドネシアで生産する100ℓ以下の小型冷蔵庫を年間4万台日本に輸出する。インドネシア国内の需要が低迷しているため、輸出比率を現在の3%から50%に引き上げる予定だ。

일본의 대형 가전 제조사가 동남아시아에서의 일본용 냉장고 생산을 잇따라 확대하고 있다. 현지 통화의 하락에 작년 가을부터 엔고가 더해져 동남아시아의 가격 경쟁력이 향상되고 있기 때문이다. 도시바는 태국에 새로 50~80ℓ의 소형 냉장고 생산라인을 설치하고 연간 30만 대 생산을 개시했다. 생산 기종은 일본에서는 제조하고 있지 않은 것으로, 그중에서 10~20%를 일본에 수출해서 호텔 객실 등의 신규 수요를 개척한다. 또, 샤프도 4월부터 인도네시아에서 생산할 100ℓ 이하의 소형 냉장고를 연간 4만 대 일본으로 수출한다. 인도네시아 국내 수요가 침체되어 있기 때문에 수출 비율을 현재의 3%에서 50%로 끌어올릴 예정이다.

大手(おおて) 대형, 규모가 큼　家電(かでん) 가전
メーカー(maker) 제조회사　東南(とうなん)アジア(Asia) 동남아시아
~向(む)け ~용　冷蔵庫(れいぞうこ) 냉장고　生産(せいさん) 생산
相次(あいつ)ぐ 잇따르다　拡大(かくだい) 확대　現地(げんち) 현지
通貨(つうか) 통화　下落(げらく) 하락　円高(えんだか) 엔고
加(くわ)わる 더해지다　価格(かかく) 가격
競争力(きょうそうりょく) 경쟁력　向上(こうじょう) 향상
新(あら)た 새로움　小型(こがた) 소형　設置(せっち) 설치
開始(かいし) 개시　機種(きしゅ) 기종　製造(せいぞう) 제조
輸出(ゆしゅつ) 수출　客室(きゃくしつ) 객실　新規(しんき) 신규
需要(じゅよう) 수요　開拓(かいたく) 개척　国内(こくない) 국내
低迷(ていめい) 침체　比率(ひりつ) 비율　現在(げんざい) 현재
引(ひ)き上(あ)げる 끌어올리다　予定(よてい) 예정

18

大手家電メーカーが日本向けの冷蔵庫生産を拡大しているのはなぜですか。 대형 가전 제조사가 일본용 냉장고 생산을 확대하고 있는 이유는 무엇입니까?

(A) 中堅のメーカーが相次いで現地法人を設立したため
중견 제조사가 잇따라 현지 법인을 설립했기 때문에

(B) 通貨の下落や円高により、対外的な価格が下がったため 통화 하락이나 엔고로 인해 대외적인 가격이 내려갔기 때문에

(C) 現地で製造したものの品質が確実に向上しているため 현지에서 제조한 냉장고의 품질이 확실히 향상되고 있기 때문에

(D) 日本での商品の需要が急激に伸びたため
일본에서의 상품 수요가 급격히 늘었기 때문에

해설 ★ 대형 가전 제조사가 일본용 냉장고 생산을 확대하고 있는 이유는 현지 통화의 하락과 작년 가을부터 엔고가 더해져 동남아시아의 가격 경쟁력이 향상되고 있기 때문이다. 따라서 정답은 (B)가 된다.

中堅(ちゅうけん) 중견　法人(ほうじん) 법인　設立(せつりつ) 설립
対外的(たいがいてき) 대외적　品質(ひんしつ) 품질
確実(かくじつ)に 확실히　急激(きゅうげき)に 급격히
伸(の)びる 신장하다. 늘다

19

東芝の小型冷蔵庫について正しいものはどれですか。 도시바의 소형 냉장고에 대해서 올바른 것은 어느 것입니까?

(A) 80ℓ以下の容量のものは以前から生産していた。
80ℓ 이하 용량의 것은 이전부터 생산하고 있었다.

(B) 日本に輸出する機種は日本国内では生産されていない。 일본에 수출할 기종은 일본 국내에서는 생산되고 있지 않다.

(C) 需要が増えている独身者市場をターゲットに販売を拡大する。 수요가 늘고 있는 독신자 시장을 타깃으로 판매를 확대한다.

(D) 現在ある設備をフルに稼働して生産量を増やす。
현재 있는 설비를 풀로 가동시켜 생산량을 늘린다.

해설 ★ 도시바는 태국에 소형 냉장고 생산라인을 설치하고 연간 30만 대 생산을 시작했는데, 생산 기종은 일본에서는 제조하고 있지 않은 것으로, 그중에서 일부를 일본에 수출해서 호텔 객실 등의 신규 수요를 개척하려고 한다고 했다. 따라서 정답은 (B)가 된다.

容量(ようりょう) 용량　以前(いぜん) 이전
独身者(どくしんしゃ) 독신자　ターゲット(target) 타깃. 표적
稼働(かどう) 가동　増(ふ)やす 늘리다

20

シャープの小型冷蔵庫の「年間4万台」という数字は何を指していますか。 샤프의 소형 냉장고의 '연간 4만 대'라는 숫자는 무엇을 가리키고 있습니까?

(A) 日本へ輸出する予定の100ℓ以下のものの台数
일본에 수출할 예정인 100ℓ 이하 냉장고의 대수

(B) 現在輸出台数の半分に当たる数
현재 수출 대수의 절반에 해당하는 수

(C) 現在インドネシアの工場で生産している台数
현재 인도네시아 공장에서 생산하고 있는 대수

(D) 全生産台数の30%を占める数
전 생산 대수의 30%를 차지하는 수

해설 ★ '4만 대'라는 숫자가 나오는 문장을 잘 들어야 한다. 샤프는 4월부터 인도네시아에서 생산할 100ℓ 이하의 소형 냉장고를 연간 4만 대 일본으로 수출한다고 했으므로 정답은 (A)가 된다.

半分(はんぶん) 절반　当(あ)たる 해당하다　占(し)める 차지하다

PART 4

(1~4)

小山さんは30歳で、**1**ドイツの銀行に勤めています。子供の時、お父さんがアメリカの銀行で仕事をしていましたから、**2**3歳から15歳までアメリカのボストンという所に住んでいました。15歳の時、家族と一緒に日本に帰って、日本の高校に行きました。小山さんが18歳の時、お父さんの仕事で、家族はドイツに行きましたが、**3**小山さんはイギリスの大学に行きました。小山さんは今、英語も日本語もとても上手ですが、大学ではドイツ語を少ししか勉強しませんでしたから、**4**今、仕事をしながら1週間に2回、ドイツ語を習っています。

고야마 씨는 서른 살로 독일 은행에 근무하고 있습니다. 어릴 때 아버지가 미국 은행에서 일을 했기 때문에 3살부터 15살까지 미국의 보스턴이라는 곳에 살았습니다. 15살 때 가족과 함께 일본에 돌아와 일본 고등학교에 진학했습니다. 고야마 씨가 18살 때 아버지 일 때문에 가족은 독일로 갔습니다만, 고야마 씨는 영국의 대학에 갔습니다. 고야마 씨는 지금 영어도 일본어도 아주 능숙합니다만, 대학에서는 독일어를 조금밖에 공부하지 않았기 때문에 지금 일을 하면서 일주일에 두 번 독일어를 배우고 있습니다.

ドイツ(네덜란드어 Duits) 독일　銀行(ぎんこう) 은행
勤(つと)める 근무하다　仕事(しごと) 일, 업무
住(す)む 살다, 거주하다　家族(かぞく) 가족　一緒(いっしょ)に 함께
英語(えいご) 영어　上手(じょうず) 능숙함　〜しか 〜밖에
勉強(べんきょう) 공부　習(なら)う 배우다

1

小山さんはどこに勤めていますか。
고야마 씨는 어디에 근무하고 있습니까?

(A) イギリスの会社 영국 회사
(B) 日本の会社 일본 회사
(C) アメリカの銀行 미국 은행
(D) ドイツの銀行 독일 은행

해설 ★ 첫 번째 문장에서 정답을 찾을 수 있다. 고야마 씨는 독일 은행에 근무하고 있다고 했으므로 정답은 (D)가 된다.

2

小山さんは何歳から何歳までアメリカに住んでいましたか。고야마 씨는 몇 살부터 몇 살까지 미국에 살았습니까?

(A) 1歳から3歳
1살부터 3살
(B) 3歳から15歳
3살부터 15살
(C) 15歳から18歳
15살부터 18살
(D) 18歳から22歳
18살부터 22살

해설 ★ 숫자 청취 능력을 묻는 문제로, 미국의 보스턴에서 3살부터 15살까지 살았다고 했으므로 정답은 (B)가 된다.

3

小山さんはどこの大学に行きましたか。
고야마 씨는 어디에 있는 대학에 갔습니까?

(A) ボストン
보스턴
(B) イギリス
영국
(C) 日本
일본
(D) ドイツ
독일

해설 ★ 지명이 많이 나오므로 구분하면서 들어야 한다. 보스턴은 3살부터 15살까지 살았던 곳. 영국은 고야마 씨가 간 대학교가 있는 곳. 독일은 고야마 씨가 18살 때 아버지 일 때문에 가족들이 간 곳이다. 따라서 정답은 (B)가 된다.

4

小山さんは今どのくらいドイツ語を習っていますか。
고야마 씨는 지금 어느 정도 독일어를 배우고 있습니까?

(A) 1週間に2回
일주일에 두 번
(B) 1週間に3回
일주일에 세 번
(C) 2週間に1回
이주일에 한 번
(D) 1ヶ月に1回
한 달에 한 번

해설 ★ 마지막 문장에서 정답을 찾을 수 있다. 고야마 씨는 일을 하면서 일주일에 두 번 독일어를 배우고 있다고 했으므로 정답은 (A)가 된다.

(5~7)

　　5皆さん、今日は男の人のための料理教室によくいらっしゃいました。今日は簡単な料理を二つご紹介します。え～、その前にまず冷蔵庫の使い方についてちょっとお話しします。冷蔵庫の中には食べ物をたくさん入れてはいけません。6冷蔵庫の中の大きさを100%とすると、入れてもいい量はその70%までです。たくさん入れると冷蔵庫の中の冷たい空気がよく回らないので、全部がうまく冷えないことになります。また、7熱いスープなどは冷めてから入れることや、ドアを開ける時間を短くすることも大切なんです。

여러분, 오늘 남자를 위한 요리 교실에 잘 오셨습니다. 오늘은 간단한 요리를 두 가지 소개해 드리겠습니다. 음～, 그 전에 우선 냉장고 사용법에 대해서 잠시 말씀드리겠습니다. 냉장고 안에는 음식을 많이 넣어서는 안 됩니다. 냉장고 안의 크기를 100%라고 한다면 넣어도 좋은 양은 그 70%까지입니다. 많이 넣으면 냉장고 안의 찬 공기가 잘 순환되지 않기 때문에 전체가 잘 차가워지지 않게 됩니다. 또한 뜨거운 수프 등은 식은 후에 넣는 것이나 문을 여는 시간을 짧게 하는 것도 중요합니다.

料理(りょうり) 요리　教室(きょうしつ) 교실　いらっしゃる 오시다
簡単(かんたん) 간단　紹介(しょうかい) 소개　まず 우선
冷蔵庫(れいぞうこ) 냉장고　使(つか)い方(かた) 사용법
食(た)べ物(もの) 음식　入(い)れる 넣다
～てはいけない ～해서는 안 된다　大(おお)きさ 크기　量(りょう) 양
たくさん 많이　冷(つめ)たい 차갑다　空気(くうき) 공기
回(まわ)る 돌다　全部(ぜんぶ) 전부　うまく 잘
冷(ひ)える 차가워지다　熱(あつ)い 뜨겁다　冷(さ)める 식다
開(あ)ける 열다　短(みじか)い 짧다　大切(たいせつ) 중요함

5

今話(いまはな)している人(ひと)はどんな人(ひと)ですか。
지금 이야기하고 있는 사람은 어떤 사람입니까?

(A) 料理を習いたがっている男の人
　　요리를 배우고 싶어 하는 남자
(B) 電気屋の店員 전파상 점원
(C) 学校の生徒 학교 학생
(D) 料理教室の先生 요리 교실의 선생님

해설 ★ 첫 번째 문장으로 보아, 지금 이야기하고 있는 사람은 요리 교실의 선생님이라는 것을 알 수 있으므로 정답은 (D)가 된다.

電気屋(でんきや) 전파상　店員(てんいん) 점원　生徒(せいと) 학생

6

冷蔵庫(れいぞうこ)の中(なか)に食(た)べ物(もの)をどのくらいまで入(い)れてもいいですか。냉장고 안에 음식을 어느 정도까지 넣어도 됩니까?

(A) 30% 30%
(B) 40% 40%
(C) 70% 70%
(D) 100% 100%

해설 ★ 냉장고에 넣어도 되는 양을 잘 들어야 한다. 냉장고 안의 크기를 100%이라고 한다면, 넣어도 좋은 양은 그 70%까지라고 했으므로 정답은 (C)가 된다.

7

冷蔵庫(れいぞうこ)の使(つか)い方(かた)でどんなことが大切(たいせつ)だと言(い)っていますか。
냉장고 사용법에서 어떤 것이 중요하다고 말하고 있습니까?

(A) 熱い物を熱いまま入れないこと
　　뜨거운 음식을 뜨거운 채로 넣지 않는 것
(B) 食べ物を袋に入れてからしまうこと
　　음식을 봉지에 넣은 후에 정리하는 것
(C) 温度をいつも低くしておくこと
　　온도를 항상 낮게 해 두는 것
(D) 食べ物を入れる場所をきれいにしておくこと
　　음식을 넣을 장소를 깨끗이 해 두는 것

해설 ★ 마지막 문장에서 정답을 찾을 수 있다. 뜨거운 음식은 식은 후에 넣는 것이나 문을 여는 시간을 짧게 하는 것도 중요하다고 했으므로 정답은 (A)가 된다.

～まま ～채 그대로　袋(ふくろ) 봉지　しまう 치우다. 정리하다
温度(おんど) 온도　低(ひく)い 낮다　場所(ばしょ) 장소

(8~10)

　　ビデオを見(み)ようとした時(とき)に8テレビに映(うつ)る絵(え)が白(しろ)く変(か)わってしまったり、暗(くら)くて何(なに)が映(うつ)っているのかわからなくなったことはありませんか。これはビデオを撮(と)ってから5、6年(ねん)すると、テープに汚(よご)れが付(つ)いてしまうためなんです。こうなると大切(たいせつ)な家族(かぞく)の思(おも)い出(で)や大好(だいす)きな映画(えいが)がもう見(み)られなくなってしまいます。そこで、9この会社(かいしゃ)にテープを送(おく)るときれいに掃除(そうじ)して返(かえ)してくれるのです。10値段(ねだん)は60分(ぷん)テープが1本(ぽん)が1,250円(えん)、120分(ぷん)テープが2,500円(えん)です。

비디오를 보려고 했을 때 텔레비전에 비치는 영상이 하얗게 변해 버리거나 어두워서 무엇이 화면에 나타나고 있는지 모르게 된 적은 없습니까? 이

것은 비디오를 찍은 후에 5, 6년이 지나면 테이프에 때가 묻어 버리기 때문입니다. 이렇게 되면 소중한 가족의 추억이나 아주 좋아하는 영화를 더 볼 수 없게 되고 맙니다. 그래서 이 회사에 테이프를 보내면 깨끗이 청소해서 돌려줍니다. 가격은 60분 테이프 하나가 1,250엔, 120분 테이프가 2,500엔입니다.

ビデオ(video) 비디오　映(うつ)る 비치다. 화면에 나타나다
絵(え) 영상. 그림　変(か)わる 바뀌다. 변하다　暗(くら)い 어둡다
撮(と)る 찍다. 촬영하다　汚(よご)れ 때. 얼룩　付(つ)く 붙다. 묻다
家族(かぞく) 가족　思(おも)い出(で) 추억
大好(だいす)き 아주 좋아함　映画(えいが) 영화　送(おく)る 보내다
掃除(そうじ) 청소　返(かえ)す 돌려주다　値段(ねだん) 가격

8

ビデオテープに汚(よご)れが付(つ)くとどんなことが起(お)きますか。
비디오 테이프에 때가 묻으면 어떤 일이 일어납니까?

(A) ビデオが壊(こわ)れる。
비디오가 고장 난다.

(B) テレビが壊(こわ)れる。
텔레비전이 고장 난다.

(C) 絵(え)が白(しろ)くなったり暗(くら)くなったりする。
영상이 하얗게 변하거나 어두워지거나 한다.

(D) 映(うつ)したものが消(き)えてしまう。
화면에 나타난 영상이 사라지고 만다.

해설 ★ 문제의 「汚(よご)れが付(つ)く」(때가 묻다)가 설명문의 내용에도 나오리라는 것을 알 수 있다. 비디오 테이프에 때가 묻으면 영상이 하얗게 변하거나 어두워지거나 한다고 했으므로 정답은 (C)가 된다.

壊(こわ)れる 고장 나다　消(き)える 사라지다

9

この会社はどんなことをしてくれますか。
이 회사는 어떤 일을 해 줍니까?

(A) ビデオテープを掃除(そうじ)してくれる。
비디오 테이프를 청소해 준다.

(B) 結婚式(けっこんしき)などでビデオを撮(と)ってくれる。
결혼식 등에서 비디오를 찍어 준다.

(C) 見(み)たい番組(ばんぐみ)を録(と)っておいてくれる。
보고 싶은 프로그램을 녹화해 준다.

(D) 新(あたら)しいビデオテープに古(ふる)いものをコピーしてくれる。
새 비디오 테이프에 오래된 것을 복사해 준다.

해설 ★ 세부 내용 파악 문제로, 설명문에 나오는 회사는 비디오 테이프를 청소해 주는 회사라는 것을 알 수 있다. 따라서 정답은 (A)가 된다.

番組(ばんぐみ) 프로그램　録(と)る 녹화하다　古(ふる)い 오래되다

10

1時間(じかん)のビデオテープはいくらかかりますか。
1시간짜리 비디오 테이프는 얼마 듭니까?

(A) 1,000円(えん) 1,000엔

(B) 1,250円(えん) 1,250엔

(C) 2,000円(えん) 2,000엔

(D) 2,500円(えん) 2,500엔

해설 ★ 가격에 대한 내용은 마지막 문장에 나오고 있다. 60분 테이프 하나가 1,250엔, 120분 테이프가 2,500엔이라고 했는데, 60분 테이프라는 말은 결국 1시간짜리 테이프라는 말이므로 정답은 (B)가 된다.

かかる (비용이) 들다

(11~14)

今日(きょう)午前(ごぜん)9時頃(じごろ)、11東京発(とうきょうはつ)博多行(はかたゆ)きの新幹線(しんかんせん)のぞみ7号(ごう)が、走行中(そうこうちゅう)東京駅(とうきょうえき)と新横浜駅(しんよこはまえき)の間(あいだ)で運転台(うんてんだい)の信号(しんごう)が表示(ひょうじ)されなくなり、列車(れっしゃ)は30分間停止(ぶんかんていし)した後(あと)、新横浜駅(しんよこはまえき)まで移動(いどう)。その後(ご)、運転(うんてん)を取(と)り止(や)めました。13JRによるとこの列車(れっしゃ)は発車前(はっしゃまえ)にも一度信号(いちどしんごう)が表示(ひょうじ)されなくなりましたが、回復(かいふく)したため、121分遅(ぶんおく)れの午前(ごぜん)8時53分(じ ふん)に東京駅(とうきょうえき)を出発(しゅっぱつ)しました。ところが、13走行中(そうこうちゅう)に再(ふたた)び同(おな)じ故障(こしょう)が起(お)きたということです。14約(やく)900人(にん)の乗客(じょうきゃく)に怪我(けが)はなく、のぞみ7号(ごう)が運転(うんてん)を取(と)り止(や)めた新横浜駅(しんよこはまえき)で次(つぎ)に来(き)た新幹線(しんかんせん)に乗(の)り換(か)えました。

오늘 오전 9시경 도쿄발 하카타행 신칸센 노조미 7호가 주행 중 도쿄역과 신요코하마역 사이에서 운전대 신호가 표시되지 않게 되어서, 열차는 30분간 정지한 후, 신요코하마역까지 이동. 그 후, 운전을 중지했습니다. JR에 따르면 이 열차는 발차 전에도 한 번 신호가 표시되지 않았습니다만, 회복되었기 때문에 1분 늦은 오전 8시 53분에 도쿄역을 출발했습니다. 하지만 주행 중에 다시 같은 고장이 일어난 것입니다. 약 900명의 승객에게 부상은 없었고, 노조미 7호가 운전을 중지한 신요코하마역에서 다음에 온 신칸센으로 갈아탔습니다.

午前(ごぜん) 오전　～発(はつ) ～발　～行(ゆ)き ～행
新幹線(しんかんせん) 신칸센　走行(そうこう) 주행　間(あいだ) 사이
運転台(うんてんだい) 운전대　信号(しんごう) 신호
表示(ひょうじ) 표시　列車(れっしゃ) 열차　停止(ていし) 정지
移動(いどう) 이동　取(と)り止(や)める 중지하다
～によると ～에 따르면　発車(はっしゃ) 발차　回復(かいふく) 회복
遅(おく)れ 늦음　出発(しゅっぱつ) 출발　再(ふたた)び 재차. 다시
故障(こしょう) 고장　起(お)きる 일어나다. 발생하다
乗客(じょうきゃく) 승객　怪我(けが) 부상
次(つぎ)に 다음에. 뒤이어　乗(の)り換(か)える 환승하다. 갈아타다

11

のぞみ7号はなぜ止まってしまいましたか。
노조미 7호는 왜 멈추고 말았습니까?

(A) 運転手が思わぬ怪我をしたため
운전사가 예상치 못한 부상을 당했기 때문에

(B) 線路の信号が働かなくなったため
선로의 신호가 작동하지 않게 되었기 때문에

(C) 前の列車が30分遅れたため
앞 열차가 30분 늦어졌기 때문에

(D) 運転台に異常が発生したため
운전대에 이상이 발생했기 때문에

해설 ★ 노조미 7호가 멈춘 이유를 묻고 있는데, 노조미 7호는 운전대
신호가 표시되지 않아 운전을 중지하게 되었다. 부상당한 사람은 없다
고 했으므로 (A)는 오답이 되고, (B)는 「信号(しんごう)」(신호)로 오답
을 유도하는 보기이다. 그리고 앞 열차가 늦었다는 이야기는 없으므로
(C) 역시 오답이 된다. 정답은 운전대에 이상이 발생했기 때문이라고
한 (D)가 된다.

思(おも)わぬ 뜻밖에, 예상치 못한　働(はたら)く 작동하다
遅(おく)れる 늦어지다　異常(いじょう) 이상　発生(はっせい) 발생

12

のぞみ7号は何時に東京駅を出発する予定でしたか。
노조미 7호는 몇 시에 도쿄역을 출발할 예정이었습니까?

(A) 8時15分 8시 15분

(B) 8時52分 8시 52분

(C) 8時53分 8시 53분

(D) 8時54分 8시 54분

해설 ★ 노조미 7호는 운전대 신호 이상으로 1분 늦은 8시 53분에 도
쿄역을 출발했다고 했으므로, 원래는 8시 52분 출발 예정이었음을 알
수 있다. 따라서 정답은 (B)가 된다.

予定(よてい) 예정

13

のぞみ7号は今日だけで何回、故障を起こしましたか。
노조미 7호는 오늘에만 몇 번 고장을 일으켰습니까?

(A) 1回のみ
한 번뿐

(B) 2回
두 번

(C) 3回
세 번

(D) 4回
네 번

해설 ★ 노조미 7호는 도쿄역을 출발하기 전에 한 번 고장을 일으켰고,
출발한 후에 도쿄역과 신요코하마역 사이에서 또 한 번 고장을 일으켰
으므로 두 번 일으킨 것이 된다. 따라서 정답은 (B)가 된다.

起(お)こす 일으키다

14

のぞみ7号の乗客は事故の後、どうなりましたか。
노조미 7호의 승객은 사고 후 어떻게 되었습니까?

(A) 怪我をした人が病院に運ばれた。
다친 사람이 병원에 옮겨졌다.

(B) 900人の乗客が東京駅で他の列車に乗った。
900명의 승객이 도쿄역에서 다른 열차를 탔다.

(C) 新横浜駅でのぞみ7号に再び乗り込んだ。
신요코하마역에서 노조미 7호에 다시 올라탔다.

(D) 停車した駅で次の新幹線に乗り換えた。
정차한 역에서 다음 신칸센으로 갈아탔다.

해설 ★ 「乗(の)り換(か)える」(환승하다, 갈아타다)라는 동사가 포인트.
노조미 7호의 사고 후 900명의 승객에게 부상은 없었고, 노조미 7호
가 운전을 중지한 신요코하마역에서 다음에 온 신칸센으로 갈아탔다고
나오므로 정답은 (D)가 된다.

病院(びょういん) 병원　運(はこ)ぶ 옮기다, 운반하다
乗(の)り込(こ)む 올라타다

(15~17)

　　　毎日の生活の中で誰かの助けが急に必要になった時、
あなたは誰に頼むだろうか。友達や家族に頼めない場合
もある。ある村はふれあい切符という面白い制度を始め
た。**15**メンバーはまず1年の初めに切符を20枚もらえ
る。宿題を手伝ってほしいとか車で病院に送ってほし
いとか他のメンバーに何かお願いすると30分の仕事に
つき1枚、この切符を渡す。**16**この方法だと、知らない
人にでも気軽に頼むことができる上に、メンバーの中で
切符が行ったり来たりし、知り合いも増える。ある高校
生は早起きのおばあさんに朝、電話で起こしてもらって
いるそうだ。**17**こういうグループは日本だけで500もあ
り、日本より遅れてスタートした欧米の国でもかなりの
勢いで広がっている。

　매일의 생활 속에서 누군가의 도움이 갑자기 필요할 때, 당신은 누구에게
부탁할 것인가? 친구나 가족에게 부탁할 수 없는 경우도 있다. 한 마을은
'후레아이 표'라는 재미있는 제도를 시작했다. 멤버는 우선 연초에 표를 20
장 받을 수 있다. 숙제를 도와줬으면 한다거나, 차로 병원에 데리고 가 주었

으면 한다거나, 다른 멤버에게 뭔가 부탁하면 30분의 일에 1장, 이 표를 건 넨다. 이 방법이라면 모르는 사람에게도 선뜻 부탁할 수 있을 뿐만 아니라 멤버 중에 표가 왔다 갔다 해서 아는 사람도 늘어난다. 한 고등학생은 일찍 일어나는 할머니에게 아침에 전화로 깨워 달라고 하고 있다고 한다. 이러한 그룹은 일본에만 500개나 있고 일본보다 늦게 시작한 유럽과 미국에서도 상당한 기세로 확대되고 있다.

生活(せいかつ) 생활 助(たす)け 도움 急(きゅう)に 갑자기
必要(ひつよう) 필요 頼(たの)む 부탁하다 場合(ばあい) 경우
村(むら) 마을 ふ(触)れあ(合)い 마음이 서로 통함 切符(きっぷ) 표
面白(おもしろ)い 재미있다 制度(せいど) 제도
始(はじ)める 시작하다 宿題(しゅくだい) 숙제 手伝(てつだ)う 돕다
病院(びょういん) 병원 送(おく)る 보내다 ~につき ~당
渡(わた)す 건네다 方法(ほうほう) 방법 知(し)る 알다
気軽(きがる)に 선뜻. 마음 편히 ~上(うえ)に ~뿐만 아니라
知(し)り合(あ)い 아는 사람, 지인 増(ふ)える 늘다
早起(はやお)き 일찍 일어남 起(お)こす 깨우다 遅(おく)れる 늦다
欧米(おうべい) 구미, 유럽과 미국 かなり 꽤, 상당히
勢(いきお)い 기세 広(ひろ)がる 퍼지다, 확대되다

15

ふれあい切符の制度について正しいものはどれですか。
후레아이 표 제도에 대해서 올바른 것은 어느 것입니까?

(A) メンバーになれば、好きなだけ仕事を依頼できる制度 멤버가 되면 마음껏 일을 의뢰할 수 있는 제도

(B) 助けの要る時、公共機関とすぐ連絡が取れる制度
도움이 필요할 때 공공기관과 바로 연락을 취할 수 있는 제도

(C) 寂しい時や困った時、担当者にいつでも相談できる制度 외로울 때나 곤란할 때 담당자에게 언제든지 상담할 수 있는 제도

(D) 切符をメンバー間で行き来させ、お互いに助け合う制度 표를 멤버 간에 오가게 해 서로 돕는 제도

해설 ★ 설명문에 어떤 화제가 되는 제도나 내용이 등장하면 반드시 그 내용에 대해서 묻는 문제가 등장한다. 후레아이 표 제도는 멤버에게 20 장의 표가 주어지는데, 그 20장의 표로 마을 사람들에게 뭔가를 부탁 할 수 있으므로 (A)와 (B)는 오답. 그리고 이 제도는 담당자가 따로 있 는 제도가 아니므로 (C) 역시 오답이 된다.

依頼(いらい) 의뢰 公共機関(こうきょうきかん) 공공기관
連絡(れんらく)を取(と)る 연락을 취하다
寂(さび)しい 외롭다. 쓸쓸하다 担当者(たんとうしゃ) 담당자
相談(そうだん) 상담 行(い)き来(き) 오고 감
助(たす)け合(あ)う 서로 돕다

16

この制度のいい点はどんなところですか。
이 제도의 좋은 점은 어떤 점입니까?

(A) 知らない人にでも気軽に用事を頼める点
모르는 사람에게도 선뜻 용무를 부탁할 수 있는 점

(B) 知らない人から自分の情報を守れる点
모르는 사람으로부터 자신의 정보를 지킬 수 있는 점

(C) メンバーが互いに行き来しなくて済む点
멤버가 서로 왕래하지 않고 해결되는 점

(D) メンバーに直接会う必要がない点
멤버를 직접 만날 필요가 없는 점

해설 ★ 후레아이 표 제도의 장점은 모르는 사람에게도 선뜻 부탁할 수 있다는 것과 표가 왔다 갔다 하는 사이에 아는 사람이 늘어난다는 것 이다. 따라서 정답은 (A)가 된다.

用事(ようじ) 볼일. 용무 情報(じょうほう) 정보 守(まも)る 지키다
済(す)む 해결되다 直接(ちょくせつ) 직접

17

この制度は現在どんな状態ですか。
이 제도는 현재 어떤 상태입니까?

(A) 残念ながら日本以外ではほとんど知られていない。
유감스럽게도 일본 이외에서는 거의 알려져 있지 않다.

(B) 日本では利用者が増え、外国にも紹介されそうな勢いだ。 일본에서는 이용자가 늘어 외국에도 소개될 것 같은 기세이다.

(C) 国内で広がっていて、外国でも採用するところが増えている。 국내에서 확대되고 있고 외국에서도 채용하는 곳이 늘고 있다.

(D) 外国でも急に人気が出て、日本にも紹介されたばかりだ。 외국에서도 갑자기 인기가 생겨 일본에도 막 소개되었다.

해설 ★ 마지막 문장에 정답이 나온다. 이런 제도는 일본에만 500개나 있고 일본보다 늦게 시작한 유럽과 미국에서도 상당한 기세로 확대되 고 있다고 나오므로 정답은 (C)가 된다.

残念(ざんねん) 유감스러움 以外(いがい) 이외 ほとんど 거의
利用者(りようしゃ) 이용자 紹介(しょうかい) 소개
採用(さいよう) 채용 人気(にんき) 인기
동사의 た형+ばかりだ 막 ~했다

(18~20)

日本電子協会が発表した[18]本年度上半期のパソコン国内出荷実績は出荷台数が前年同期比34％増の439万1千台、金額は前年同期比25％増の9,073億円となり、台数、金額とも半期としては過去最高を記録した。[19]若い女性を中心にインターネットや電子メールの利用者が増加するなど、個人向けが大きく伸びたことに加え、企業の買い替え需要が生じたのが主な原因だ。また、[20]デスクトップ型の機種のうち、モニターとセット販売

されているものは10万円前後の低価格機種が人気を集め、56％増の143万1千台という高成長ぶりだった。ノート型も前年同期比33％増の211万4千台で、半期で初の2,000万台突破を記録した。

일본 전자 협회가 발표한 금년도 상반기의 PC 국내 출하 실적은 출하 대수가 전년도 같은 시기에 비해 34% 증가한 439만 천 대, 금액은 전년도 같은 시기에 비해 25% 증가한 9,073억 엔이 되어 대수, 금액 모두 반기로서는 과거 최고를 기록했다. 젊은 여성을 중심으로 인터넷이나 이메일의 이용자가 증가하는 등, 개인용이 크게 늘어난 것에 더해, 기업의 교체 수요가 생긴 것이 주된 원인이다. 또 데스크탑형 기종 중, 모니터와 세트로 판매되는 것은 10만 엔 전후의 저가 기종이 인기를 모아, 56% 증가한 143만 천 대라는 고성장세다. 노트북형도 전년도 같은 시기에 비해 33% 증가한 211만 4천 대로, 반기만에 처음으로 2,000만 대 돌파를 기록했다.

電子(でんし) 전자　協会(きょうかい) 협회
本年度(ほんねんど) 금년도　上半期(かみはんき) 상반기
パソコン PC ＊「パーソナルコンピューター」(personal computer) 의
준말　国内(こくない) 국내　出荷(しゅっか) 출하　実績(じっせき) 실적
台数(だいすう) 대수　前年(ぜんねん) 전년　同期(どうき) 같은 시기
金額(きんがく) 금액　過去(かこ) 과거　最高(さいこう) 최고
記録(きろく) 기록　若(わか)い 젊다　女性(じょせい) 여성
～を中心(ちゅうしん)に ～을 중심으로
電子(でんし)メール(mail) 전자메일. 이메일　利用者(りようしゃ) 이용자
増加(ぞうか) 증가　個人(こじん) 개인　～向(む)け ～용
伸(の)びる 늘어나다　～に加(くわ)え ～에 더해　企業(きぎょう) 기업
買(か)い替(か)え 새로 사서 바꿈　需要(じゅよう) 수요
生(しょう)じる 발생하다　主(おも)な 주된　原因(げんいん) 원인
機種(きしゅ) 기종　販売(はんばい) 판매　前後(ぜんご) 전후
低価格(ていかかく) 저가　人気(にんき)を集(あつ)める 인기를 모으다
高成長(こうせいちょう) 고성장　～ぶり ～상태. ～모습
突破(とっぱ) 돌파

18

上半期のパソコンの出荷台数について正しいものはどれですか。 상반기의 컴퓨터 출하 대수에 대해서 올바른 것은 어느 것입니까?

(A) 前年の同期に比べ、34％も増加した。
　　전년의 같은 시기에 비해 34%나 증가했다.

(B) 前年の同期に比べ、450万台以上増えた。
　　전년의 같은 시기에 비해 450만 대 이상 늘었다.

(C) 前年を上回ったが、台数のみ過去最高の記録だった。
　　전년을 상회했지만, 대수만 과거 최고 기록이었다.

(D) 前年に比べ、9％の伸びに止まった。
　　전년에 비해 9% 신장에 그쳤다.

해설 ★ 숫자가 여러 개 나오므로 무엇에 대한 숫자인지 구분해서 들어야 한다. 상반기의 컴퓨터 출하 대수는 전년도 같은 시기에 비해 34% 증가한 439만 천 대라고 했다. 따라서 정답은 (A)가 된다.

増(ふ)える 늘다　上回(うわまわ)る 상회하다. 웃돌다　～のみ ～만
伸(の)び 증가. 신장　止(とど)まる 그치다

19

パソコンが売れた理由でないものはどれですか。 컴퓨터가 팔린 이유가 아닌 것은 어느 것입니까?

(A) 若い女性が積極的に購入したこと
　　젊은 여성이 적극적으로 구입한 것

(B) 電子メールの利用者が増加したこと
　　이메일 이용자가 증가한 것

(C) モニターとパソコン本体の別売りが増えたこと
　　모니터와 컴퓨터 본체의 별매가 늘어난 것

(D) 企業がパソコンを買い替えたこと
　　기업이 PC를 교체한 것

해설 ★ 컴퓨터 수요가 늘어난 이유로는 젊은 여성을 중심으로 한 인터넷이나 이메일 이용자 증가. 기업의 교체 수요 증가 등이 있다. 정답은 (C)로, 이와 같은 내용은 설명문에 나오지 않는다.

積極的(せっきょくてき) 적극적　本体(ほんたい) 본체
別売(べつう)り 별매

20

デスクトップ型の機種について正しいものはどれですか。 데스크탑형 기종에 대해서 올바른 것은 어느 것입니까?

(A) 前年の台数に140万台以上も差を付けた。
　　전년 대수에 140만대 이상이나 차이를 냈다.

(B) ノート型の売上台数を遥かに凌いだ。
　　노트북형 매출 대수를 훨씬 능가했다.

(C) 価格設定が低めのものに人気が集まった。
　　가격 설정이 낮은 것에 인기가 모였다.

(D) 初の200万台突破に後一歩及ばなかった。
　　첫 200만 대 돌파에 조금 못 미쳤다.

해설 ★ 데스크탑형 기종은 모니터와 세트로 판매되는 것은 10만 엔 전후의 저가 기종이 인기를 모아서 56% 증가한 143만 천 대라는 고성장세라고 했다. (A)는 전년 대수와의 차이가 아니라. 금년도 상반기의 판매 대수가 143만 대이므로 오답. 매출 대수는 노트북형이 더 많으므로 (B) 역시 오답이 된다. 그리고 143만 대를 200만 대에 조금 못 미치는 숫자로 보기는 힘들기 때문에 (D) 역시 틀린 설명이 된다. 따라서 정답은 (C)가 된다.

差(さ)を付(つ)ける 차이를 내다　遥(はる)かに 훨씬
凌(しの)ぐ 능가하다　設定(せってい) 설정　低(ひく)め 낮은 듯함
後一歩(あといっぽ) 앞으로 한 걸음　及(およ)ぶ 미치다

최종평가

해설 및 정답

최종평가 1 정답

1 C	2 C	3 A	4 C	5 D	6 A	7 B	8 A	9 A	10 A
11 C	12 B	13 D	14 A	15 D	16 C	17 A	18 B	19 B	20 B
21 A	22 D	23 C	24 A	25 C	26 A	27 D	28 D	29 C	30 B
31 A	32 B	33 D	34 A	35 C	36 D	37 B	38 C	39 A	40 A
41 B	42 B	43 D	44 C	45 C	46 A	47 C	48 A	49 D	50 B
51 B	52 D	53 A	54 B	55 D	56 A	57 D	58 B	59 C	60 D
61 A	62 B	63 A	64 D	65 B	66 B	67 A	68 C	69 A	70 A
71 B	72 A	73 A	74 A	75 A	76 C	77 B	78 C	79 B	80 A
81 B	82 A	83 D	84 D	85 A	86 C	87 C	88 B	89 A	90 D
91 A	92 C	93 C	94 D	95 B	96 A	97 D	98 B	99 C	100 D

최종평가 2 정답

1 B	2 A	3 C	4 D	5 A	6 D	7 C	8 A	9 B	10 C
11 B	12 A	13 A	14 A	15 D	16 D	17 B	18 C	19 A	20 B
21 B	22 A	23 B	24 D	25 B	26 C	27 A	28 C	29 B	30 C
31 B	32 C	33 A	34 B	35 D	36 D	37 D	38 A	39 A	40 C
41 B	42 A	43 D	44 B	45 D	46 A	47 B	48 C	49 C	50 A
51 C	52 D	53 C	54 C	55 A	56 B	57 A	58 D	59 B	60 D
61 C	62 D	63 A	64 A	65 A	66 C	67 D	68 C	69 A	70 A
71 D	72 A	73 D	74 C	75 B	76 D	77 D	78 B	79 A	80 B
81 B	82 C	83 D	84 A	85 B	86 D	87 A	88 A	89 C	90 D
91 D	92 A	93 C	94 D	95 B	96 C	97 C	98 A	99 B	100 D

PART 1
----

1 인물의 동작이나 자세(다수의 인물)

(A) みんな飲み物を持っています。
모두 음료를 들고 있습니다.
(B) 1人だけ上着を着ています。
한 사람만 상의를 입고 있습니다.
(C) 4人の人が立っています。
4명의 사람이 서 있습니다.
(D) 7人の人が椅子に座っています。
7명의 사람이 의자에 앉아 있습니다.

해설 ★ 음료를 들고 있는 사람은 보이지 않으므로 (A)는 오답. 한 사람만 빼고 상의를 입고 있으므로 (B) 역시 오답이 된다. 또한 의자에 앉아 있는 사람은 세 사람이므로 (D) 역시 틀린 설명이다. 따라서 정답은 (C).

飲(の)み物(もの) 음료　持(も)つ 들다. 가지다　上着(うわぎ) 상의, 겉옷
着(き)る 입다　立(た)つ 서다　椅子(いす) 의자　座(すわ)る 앉다

2 신체 일부의 동작

(A) 靴を履いています。
구두를 신고 있습니다.
(B) 靴を洗っています。
구두를 씻고 있습니다.
(C) 靴を磨いています。
구두를 닦고 있습니다.
(D) 靴を並べています。
구두를 나란히 놓고 있습니다.

해설 ★ 구둣솔로 구두를 닦고 있는 사진으로 「磨(みが)く」(닦다)라는 동사가 포인트.

靴(くつ) 구두　履(は)く 신다　洗(あら)う 씻다. 빨다
並(なら)べる 나란히 놓다

3 사물의 상태 · 특징 · 장소

(A) ドアが少しだけ開いています。
문이 조금만 열려 있습니다.
(B) ドアが閉まっています。
문이 닫혀 있습니다.
(C) 窓が全部開いています。
창문이 전부 열려 있습니다.
(D) 窓のカーテンが閉まっています。
창문의 커튼이 쳐져 있습니다.

해설 ★ 사진에 보이는 사물은 문이므로 일단 (C)와 (D)는 정답에서 제외되고, 문은 조금 열려 있는 상태이므로 정답은 (A)가 된다. 참고로 자동사일 경우, 상태를 나타낼 때는 「~ている」의 형태로 표현한다는 것도 기억해 두자.

ドア(door) 문　少(すこ)し 조금　開(あ)く 열리다　閉(し)まる 닫히다
窓(まど) 창문　全部(ぜんぶ) 전부　カーテン(curtain) 커튼

4 사물의 상태 · 특징 · 장소

(A) スーツが外に干してあります。
양복이 밖에 널려 있습니다.
(B) スーツが畳んで置いてあります。
양복이 개어져 놓여 있습니다.
(C) スーツが壁に掛けてあります。
양복이 벽에 걸려 있습니다.
(D) 帽子が床に落ちています。
모자가 바닥에 떨어져 있습니다.

해설 ★ 양복과 모자가 벽에 걸려 있는 사진으로, 상태 표현인 「掛(か)けてあります」(걸려 있습니다)라는 표현을 알아듣는 것이 포인트. (A). (B). (D)는 모두 사물의 상태에 대한 묘사가 틀렸다.

スーツ(suit) 양복. 정장　外(そと) 밖　干(ほ)す 말리다. 널다
畳(たた)む 접다. 개다　置(お)く 놓다. 두다　壁(かべ) 벽
帽子(ぼうし) 모자　床(ゆか) 바닥, 마루　落(お)ちる 떨어지다

5 도로나 교통 및 건물

(A) 電車がホームに入ってきています。
전철이 플랫폼에 들어와 있습니다.
(B) 電車に乗るためにホームに並んでいる人たちがいます。
전철을 타기 위해 플랫폼에 줄 서 있는 사람들이 있습니다.
(C) 駅のホームに売店があります。
역 플랫폼에 매점이 있습니다.
(D) 駅のホームには誰もいません。
역 플랫폼에는 아무도 없습니다.

해설 ★ 역의 플랫폼 풍경이다. 전철, 사람, 매점은 보이지 않으므로 (A). (B). (C)는 모두 오답이 된다.

電車(でんしゃ) 전철
ホーム 플랫폼 ＊「プラットホーム」(platform)의 준말
入(はい)る 들어오다　乗(の)る 타다　並(なら)ぶ 줄 서다. 나란히 서다
売店(ばいてん) 매점　誰(だれ)も 아무도

6 인물의 상태

(A) みんなで踊りを踊っています。
모두 함께 춤을 추고 있습니다.

(B) みんな何も持たずに踊っています。
모두 아무것도 들지 않고 춤추고 있습니다.

(C) この人たちは集まって話し合っています。
이 사람들은 모여서 서로 이야기하고 있습니다.

(D) この人たちは道路でダンスをしています。
이 사람들은 도로에서 춤을 추고 있습니다.

해설 ★ 아이들이 운동장에서 춤을 추고 있는 상황으로, 「踊(おど)りを踊(おど)る」(춤을 추다)라는 표현이 포인트. 모두 손에 뭔가 들고 있으므로 (B)는 오답이 되고, 이야기를 나누는 상황도 아니므로 (C) 역시 틀린 설명이다. (D)는 「道路(どうろ)で」(도로에서)라는 장소 설명이 틀렸다.

みんな 모두 集(あつ)まる 모이다
話(はな)し合(あ)う 서로 이야기하다 ダンス(dance) 댄스, 춤

7 인물의 동작이나 자세(다수의 인물)

(A) 店員がビールを運んでいるところです。
점원이 맥주를 운반하고 있는 중입니다.

(B) ビールを持って乾杯しているところです。
맥주를 들고 건배하고 있는 중입니다.

(C) こぼれたビールを拭いているところです。
넘쳐 흐른 맥주를 닦고 있는 중입니다.

(D) みんなビールを飲み終わったところです。
모두 맥주를 방금 다 마셨습니다.

해설 ★ 인물들의 동작에 주목할 것. 「동사의 진행형+ところだ」는 '～하고 있는 중이다'라는 표현으로, 모두 건배를 하고 있으므로 「乾杯(かんぱい)」(건배)라는 단어가 들어간 (B)가 정답이 된다.

店員(てんいん) 점원 ビール(네덜란드어 bier) 맥주
運(はこ)ぶ 옮기다, 운반하다 こぼれる 넘쳐 흐르다
拭(ふ)く 닦다 飲(の)み終(お)わる 다 마시다

8 전체적인 풍경 및 상황

(A) 駐車場の長い旗が揺れています。
주차장의 긴 깃발이 흔들리고 있습니다.

(B) 救急車が一列に並んでいます。
구급차가 일렬로 늘어서 있습니다.

(C) 世界の国の旗がいっぱい飾られています。
세계 여러 나라의 국기가 가득 진열되어 있습니다.

(D) 自動車の窓から四角い旗を振っています。
자동차 창문에서 네모난 깃발을 흔들고 있습니다.

해설 ★ 사진을 보는 순간, 「駐車場(ちゅうしゃじょう)」(주차장), 「旗(はた)」(깃발), 「揺(ゆ)れる」(흔들리다) 등의 단어가 떠올라야 한다. 주차장에 긴 깃발이 흔들리고 있는 사진이므로 정답은 (A)가 된다. 구급차나 국기는 보이지 않고, 깃발을 흔드는 사람 역시 없으므로 나머지 선택지는 정답이 될 수 없다.

長(なが)い 길다 救急車(きゅうきゅうしゃ) 구급차
一列(いちれつ) 일렬 世界(せかい) 세계 国(くに) 나라
飾(かざ)る 진열하다. 장식하다 自動車(じどうしゃ) 자동차
四角(しかく)い 네모지다 振(ふ)る 흔들다

9 전체적인 풍경 및 상황

(A) 売店の前に自転車が何台も置いてあります。
매점 앞에 자전거가 몇 대나 놓여 있습니다.

(B) 売店の前を自転車が走っています。
매점 앞을 자전거가 달리고 있습니다.

(C) 男の人が自動車を運転しています。
남자가 자동차를 운전하고 있습니다.

(D) 売店で新聞を買っている人がいます。
매점에서 신문을 사고 있는 사람이 있습니다.

해설 ★ 인물과 사물이 동시에 나오는 사진으로, 세부적으로 비교하면서 들어야 한다. 매점 앞에 자전거가 여러 대 놓여 있는 사진인데 자전거로 달리고 있는 사람, 자동차를 운전하고 있는 사람, 신문을 사고 있는 사람은 보이지 않으므로 (B), (C), (D)는 인물과 관련된 설명이 틀렸다는 것을 알 수 있다.

自転車(じてんしゃ) 자전거 ～台(だい) ～대 走(はし)る 달리다
自動車(じどうしゃ) 자동차 運転(うんてん) 운전
新聞(しんぶん) 신문 買(か)う 사다

10 인물의 동작이나 자세(2인)

(A) 女の人は客の髪の毛を洗っています。
여자는 손님의 머리를 감고 있습니다.

(B) 女の人は鏡の前で客に化粧をしています。
여자는 거울 앞에서 손님에게 화장을 해 주고 있습니다.

(C) 女の人は鏡を見ながら客の髪に何か巻いています。
여자는 거울을 보면서 손님의 머리에 뭔가 말고 있습니다.

(D) 女の人は客の濡れた髪の毛をタオルで拭いています。
여자는 손님의 젖은 머리를 타월로 닦고 있습니다.

해설 ★ 미용실에서 손님 머리를 감겨 주고 있는 사진으로, 「髪(かみ)の毛(け)を洗(あら)う」(머리를 감다)라는 표현을 알고 있어야 한다. 정답은 (A).

客(きゃく) 손님 鏡(かがみ) 거울 化粧(けしょう) 화장
巻(ま)く 말다. 감다 濡(ぬ)れる 젖다 タオル(towel) 타월
拭(ふ)く 닦다

11 사물의 상태·특징·장소

(A) 絵の上の方にクーラーがあります。
그림 위쪽에 에어컨이 있습니다.

(B) 壁の絵には赤ちゃんが描かれています。
벽의 그림에는 아기가 그려져 있습니다.

(C) 扇風機の下に絵が掛かっています。
선풍기 아래에 그림이 걸려 있습니다.

(D) 洗濯機の横に花が飾られています。
세탁기 옆에 꽃이 장식되어 있습니다.

해설 ★ 복수의 사물이 나올 때는 사물의 특징이나 위치 관계를 잘 파악해야 한다. 선풍기 옆에 꽃이 장식되어 있고 그 아래에 그림이 걸려 있는데 그림에는 여자가 그려져 있다. 따라서 정답은 (C)가 된다.

絵(え) 그림 クーラー(cooler) 에어컨 壁(かべ) 벽
赤(あか)ちゃん 아기 描(か)く 그리다 扇風機(せんぷうき) 선풍기
掛(か)かる 걸리다 洗濯機(せんたくき) 세탁기 横(よこ) 옆
花(はな) 꽃 飾(かざ)る 장식하다. 진열하다

12 전체적인 풍경 및 상황

(A) 車道にビニールの袋がいくつも落ちています。
차도에 비닐봉지가 몇 개나 떨어져 있습니다.

(B) 通りに大きな袋がいくつか出してあります。
길에 큰 봉지가 몇 갠가 내놓아져 있습니다.

(C) 廊下のごみ箱はごみでいっぱいです。
복도의 쓰레기통은 쓰레기로 가득합니다.

(D) 廊下にはいっぱいごみが捨ててあります。
복도에는 쓰레기가 잔뜩 버려져 있습니다.

해설 ★ 길에 큰 쓰레기 봉투가 내놓아져 있는 사진으로, 장소만 잘 들어도 쉽게 정답을 가려낼 수 있다. 차도에 떨어진 비닐봉투는 보이지 않고, 사진의 장소는 복도도 아니므로 (A), (C), (D)는 모두 사진과는 거리가 먼 설명들이다.

車道(しゃどう) 차도 ビニール(vinyl) 비닐 袋(ふくろ) 봉지, 봉투
落(お)ちる 떨어지다 通(とお)り 거리 出(だ)す 내놓다
廊下(ろうか) 복도 ごみ箱(ばこ) 쓰레기통 いっぱい 가득
捨(す)てる 버리다

13 인물의 동작이나 자세(1인)

(A) 本のページとページの間に何か挟もうとしています。
책 페이지와 페이지 사이에 뭔가 끼우려 하고 있습니다.

(B) 本にペンで印を付けています。
책에 펜으로 표시를 하고 있습니다.

(C) 本の表紙にカバーを掛けています。
책표지에 커버를 씌우고 있습니다.

(D) 本のページをめくろうとしています。
책 페이지를 넘기려 하고 있습니다.

해설 ★ 인물의 동작에 주목해야 하는데, 사진 속의 인물은 책 페이지를 넘기려 하고 있다. 따라서 정답은 「ページ(page)をめくる」(페이지를 넘기다)라는 표현을 사용한 (D)가 된다.

本(ほん) 책 間(あいだ) 사이 挟(はさ)む 끼우다
印(しるし)を付(つ)ける 표시를 하다 表紙(ひょうし) 표지
カバー(cover)を掛(か)ける 커버를 씌우다

14 사물의 상태·특징·장소

(A) 大小様々な楽器が店頭に出ています。
크고 작은 여러 가지 악기가 가게 앞에 나와 있습니다.

(B) 演奏会のステージに楽器が準備してあります。
연주회 무대에 악기가 준비되어 있습니다.

(C) 店員が店先で実際に演奏しながら販売しています。
점원이 가게 앞에서 실제로 연주하면서 판매하고 있습니다.

(D) 天井に家庭用の照明が各種下げられています。
천장에 가정용 조명이 여러 종류 매달려 있습니다.

해설 ★ 악기 판매점 사진으로 크고 작은 여러 가지 기타가 가게 앞에 보인다. 사진의 장소는 연주회 무대로 볼 수 없으므로 (B)는 오답. 사람의 모습이나 가정용 조명 역시 보이지 않으므로 (C), (D) 역시 틀린 설명이다. 따라서 정답은 (A).

大小(だいしょう) 대소. 크고 작음 様々(さまざま) 여러 가지
楽器(がっき) 악기 店頭(てんとう) 가게 앞
演奏会(えんそうかい) 연주회 ステージ(stage) 무대
準備(じゅんび) 준비 店員(てんいん) 점원 店先(みせさき) 가게 앞
実際(じっさい)に 실제로 演奏(えんそう) 연주 販売(はんばい) 판매
天井(てんじょう) 천장 家庭用(かていよう) 가정용
照明(しょうめい) 조명 各種(かくしゅ) 여러 종류 下(さ)げる 매달다

15 전체적인 풍경 및 상황

(A) ボートが岸に打ち上げられています。
보트가 물가에 올려져 있습니다.

(B) 波が非常に荒く、ボートが傾いています。
파도가 대단히 거칠어 보트가 기울어 있습니다.

(C) 沖に出たボートが陸に向かって進んでいるところです。앞바다에 나온 보트가 육지를 향해 나아가고 있는 중입니다.

(D) 2艘のボートが並んで浮かんでいます。
두 척의 보트가 나란히 떠 있습니다.

해설 ★ 두 척의 보트가 나란히 떠 있는 사진으로, 정답은 (D)가 된다. 파도는 잔잔하고 보트는 기울어 있거나 움직이는 상태가 아니므로 나머지 선택지는 답이 될 수 없다.

ボート(boat) 보트 岸(きし) 물가 打(う)ち上(あ)げる 밀어 올리다
波(なみ) 파도 非常(ひじょう)に 대단히, 아주 荒(あら)い 거칠다
傾(かたむ)く 기울다 沖(おき) 앞바다 陸(りく) 육지
向(む)かう 향하다 進(すす)む 나아가다
～艘(そう) ～척 *배를 세는 단위 浮(う)かぶ 뜨다

16 전체적인 풍경 및 상황

(A) 門の左右に見事な塔がそびえています。
문 좌우에 멋진 탑이 높이 솟아 있습니다.

(B) 門は閉じてあり、通り抜けは不可能です。
문은 닫혀 있어서 통과는 불가능합니다.

(C) 門はすっかり開け放され、出入りが可能です。
문은 완전히 열려 있어서 출입이 가능합니다.

(D) 門は周囲の建物を見下ろすほどの高さです。
문은 주위의 건물을 내려다볼 만큼의 높이입니다.

해설 ★ 문은 완전히 개방되어 있고, 그 좌우에는 큰 나무가 한 그루씩 보인다. 탑은 보이지 않으므로 (A)는 오답. (B)는 문이 닫혀 있다고 했으므로 틀린 설명이다. 그리고 문의 높이는 주위 건물보다 낮으므로 (D) 역시 사진과는 맞지 않는 설명이다. 따라서 정답은 (C).

門(もん) 문　左右(さゆう) 좌우　見事(みごと) 멋짐, 훌륭함
塔(とう) 탑　そびえる 높이 솟다　閉(と)じる 닫히다
通(とお)り抜(ぬ)け 빠져나감, 통과　不可能(ふかのう) 불가능
すっかり 완전히　開(あ)け放(はな)す 활짝 열다, 개방하다
出入(でい)り 출입　可能(かのう) 가능　周囲(しゅうい) 주위
見下(みお)ろす 내려다보다　高(たか)さ 높이

17 인물의 상태

(A) 資料を広げて打ち合わせをしています。
자료를 펼치고 의논을 하고 있습니다.

(B) 男性が記者に取り囲まれてインタビューを受けています。
남성이 기자에게 둘러싸여 인터뷰를 받고 있습니다.

(C) 講堂の中で講演会が行われています。
강당 안에서 강연회가 열리고 있습니다.

(D) 広々とした会場で新商品の発表会が行われています。
널찍한 회장에서 신상품 발표회가 열리고 있습니다.

해설 ★ 책상 위에 자료를 펼치고 뭔가 의논을 하고 있는 인물들에 주목해야 한다. 인터뷰를 받고 있는 상황은 아니므로 (B)는 오답. (C)와 (D)는 각각 「講堂(こうどう)」(강당)와 「会場(かいじょう)」(회장)라는 장소만 들어도 틀렸다는 것을 알 수 있다. 따라서 정답은 (A)가 된다.

資料(しりょう) 자료　広(ひろ)げる 펼치다
打(う)ち合(あ)わせ 협의, 의논　男性(だんせい) 남성
記者(きしゃ) 기자　取(と)り囲(かこ)む 둘러싸다
インタビュー(interview) 인터뷰　講演会(こうえんかい) 강연회
行(おこな)う 행하다, 실시하다　広々(ひろびろ) 널찍한 모양
新商品(しんしょうひん) 신상품　発表会(はっぴょうかい) 발표회

18 사물의 상태·특징·장소

(A) これはまだ歩けない幼児を乗せるものです。
이것은 아직 걷지 못하는 유아를 태우는 것입니다.

(B) これは足が不自由な人が乗るものです。
이것은 다리가 불편한 사람이 타는 것입니다.

(C) これは病人を寝かせたまま運ぶものです。
이것은 병자를 눕힌 채로 옮기는 것입니다.

(D) これは18歳以上で免許がある人だけが乗れるものです。
이것은 18세 이상으로 면허가 있는 사람만이 탈 수 있는 것입니다.

해설 ★ 사물의 용도를 묻고 있는데, 사진에 보이는 사물은 휠체어로 다리가 불편한 사람이 타는 것이라고 한 (B)가 정답이 된다. (A)는 유모차, (C)는 들것, (D)는 자동차에 대한 설명이다.

歩(ある)く 걷다　幼児(ようじ) 유아　乗(の)せる 태우다
足(あし) 다리, 발　不自由(ふじゆう) 부자유, 불편함
病人(びょうにん) 아픈 사람, 병자　寝(ね)かせる 눕히다
동사의 た형+まま ~한 채로　運(はこ)ぶ 옮기다, 운반하다
以上(いじょう) 이상　免許(めんきょ) 면허

19 사물의 상태·특징·장소

(A) チラシは地域別に束ねられ、積んであります。
전단지는 지역별로 묶여져 쌓여 있습니다.

(B) 各地の旅のパンフレットがスタンドに収められています。
각지의 여행 팸플릿이 스탠드에 넣어져 있습니다.

(C) 海外旅行のパンフレットがカウンターに放置されています。
해외 여행의 팸플릿이 카운터에 방치되어 있습니다.

(D) 旅行センターに各国の特産品が展示されています。
여행 센터에 각국의 특산품이 전시되어 있습니다.

해설 ★ 각지의 여행 팸플릿이 스탠드에 꽂혀 있는 사진으로, 「収(おさ)める」(넣다, 담다)라는 동사를 알아듣는 것이 포인트. 전단지는 여행 목적별로 구분되어 있으므로 (A)는 오답이 되고, 사진의 팸플릿은 방치되어 있다고 볼 수 없으므로 (C)는 부적절한 설명이다. 또한 특산품은 보이지 않으므로 (D) 역시 오답이 된다.

チラシ 전단지　地域(ちいき) 지역　束(たば)ねる 다발로 묶다
積(つ)む 쌓다　各地(かくち) 각지　旅(たび) 여행
パンフレット(pamphlet) 팸플릿　スタンド(stand) 스탠드
海外旅行(かいがいりょこう) 해외여행　カウンター(counter) 카운터
放置(ほうち) 방치　各国(かっこく) 각국
特産品(とくさんひん) 특산품　展示(てんじ) 전시

20 인물의 동작이나 자세(1인)

(A) 梯子に乗って屋根の補修工事をしている最中です。
사다리에 올라 지붕 보수 공사를 하고 있는 중입니다.

(B) 足場を組み、フェンスの塗装をしています。
발판을 만들고 펜스 도장을 하고 있습니다.

(C) 建設現場で計器を使って土地の測量を行っています。
건설 현장에서 계기를 사용해 토지 측량을 하고 있습니다.

(D) 屋上から吊したゴンドラに乗って壁の清掃作業を行っています。
옥상에서 매단 곤돌라를 타고 벽 청소 작업을 하고 있습니다.

해설 ★ 발판에 올라 펜스를 칠하고 있는 남자의 사진으로, 사다리는 보이지 않으므로 (A)는 오답. (C)는 장소 설명은 맞지만, 토지를 측량하는 모습이 아니므로 역시 부적절하다. 그리고 곤돌라를 타고 벽 청소 작업을 하고 있다고 한 (D) 역시 사진과는 맞지 않는 설명이다. 따라서 정답은 (B).

梯子(はしご) 사다리　乗(の)る (위에) 오르다　屋根(やね) 지붕
補修工事(ほしゅうこうじ) 보수공사　~最中(さいちゅう) 한창 ~중
足場(あしば) 발판　組(く)む 짜다. 만들다　フェンス(fence) 펜스, 담장
塗装(とそう) 도장. 도색　建設(けんせつ) 건설　現場(げんば) 현장
計器(けいき) 계기　土地(とち) 토지　測量(そくりょう) 측량
屋上(おくじょう) 옥상　吊(つる)す 매달다
ゴンドラ(이탈리아어 gondola) 곤돌라　壁(かべ) 벽
清掃(せいそう) 청소　作業(さぎょう) 작업

PART 2

21 　의문사형 질문

今日は何時に起きましたか。
오늘은 몇 시에 일어났나요?

(A) 朝7時に起きました。
아침 7시에 일어났어요.

(B) 9時に会社に来ました。
9시에 회사에 왔어요.

(C) いつも8時頃起きます。
항상 8시쯤 일어나요.

(D) 夜の11時まで起きていました。
밤 11시까지 깨어 있었어요.

해설 ★ 「何時(なんじ)」(몇 시)라는 의문사가 포인트. 오늘은 몇 시에 일어났는지 묻고 있으므로 일어난 시간으로 대답한 선택지를 고르면 된다. 따라서 정답은 (A).

起(お)きる 일어나다　朝(あさ) 아침　会社(かいしゃ) 회사
夜(よる) 밤

22 　의문사형 질문

明日何をしますか。
내일은 뭘 하나요?

(A) 公園に行きました。
공원에 갔었어요.

(B) はい、します。
예, 해요.

(C) いい天気です。
좋은 날씨예요.

(D) テニスをします。
테니스를 쳐요.

해설 ★ 「明日(あした)」(내일)라는 단어가 포인트로, 시제에 주의하면서 들어야 한다. 내일 무엇을 하는지 물었으므로 테니스를 친다고 한 (D)가 정답이 된다. 참고로 선택지 (A)는 시제 때문에 오답이 된다.

公園(こうえん) 공원　天気(てんき) 날씨　テニス(tennis) 테니스

23 　부탁 · 의뢰 · 허용 표현

もっとゆっくり話してくださいませんか。
좀 더 천천히 이야기해 주시지 않을래요?

(A) いいえ、こちらこそ。
아니요, 저야말로.

(B) これはどうですか。
이건 어때요?

(C) はい、わかりました。
예, 알겠어요.

(D) はい、お願いします。
예, 부탁해요.

해설 ★ 「~てくださいませんか」(~해 주시지 않겠습니까?)는 상대방에게 뭔가를 부탁할 때 사용하는 표현이다. 이에 대한 적절한 응답은 알겠다고 한 (C)가 된다.

もっと 좀 더　ゆっくり 천천히　話(はな)す 이야기하다
こちらこそ 저야말로　お願(ねが)いする 부탁하다

24 　일상생활 표현

この辺に郵便局がありますか。
이 근처에 우체국이 있나요?

(A) ええ、あのビルの後ろにありますよ。
네, 저 빌딩 뒤에 있어요.

(B) ええ、本屋は郵便局の隣です。
네, 서점은 우체국 옆이에요.

(C) ええ、電車で30分ぐらいです。
네, 전철로 30분 정도예요.

(D) ええ、郵便局の中にあります。
네, 우체국 안에 있어요.

해설 ★ 우체국 위치를 묻고 있다. (B)는 서점 위치, (C)는 소요 시간에 대해서 말하고 있으므로 오답. (D)도 우체국 안에 있다고 했으므로, 우체국 위치를 묻는 문제의 응답으로는 부적절하다.

辺(へん) 근처　郵便局(ゆうびんきょく) 우체국　ビル 빌딩
後(うし)ろ 뒤　本屋(ほんや) 서점　隣(となり) 옆

25　의문사형 질문

いつ勉強をしますか。
언제 공부를 하나요?

(A) 毎日1時間ぐらいです。
　　매일 1시간 정도요.

(B) 勉強する前にお風呂に入ります。
　　공부하기 전에 목욕을 해요.

(C) 晩ご飯の後で勉強します。
　　저녁 식사 후에 공부해요.

(D) 音楽を聞きながら勉強します。
　　음악을 들으면서 공부해요.

해설 ★ 언제 공부를 하는지 물었으므로 시간과 관련된 응답을 찾으면 된다. (A), (B), (D)는 각각 공부하는 양, 공부하기 전에 하는 일, 공부하는 방식에 대해서 말하고 있으므로 오답이 된다.

勉強(べんきょう) 공부　毎日(まいにち) 매일
お風呂(ふろ)に入(はい)る 목욕을 하다　晩(ばん)ご飯(はん) 저녁 식사
音楽(おんがく)を聞(き)く 음악을 듣다

26　예/아니요형 질문

ニュースはもう聞きましたか。
뉴스는 벌써 들었나요?

(A) いいえ、何かあったんですか。
　　아니요, 뭔가 있었나요?

(B) よくテレビを見ます。
　　자주 텔레비전을 봐요.

(C) 新聞はまだ読んでいません。
　　신문은 아직 읽지 않았어요.

(D) 私はラジオを持っています。
　　저는 라디오를 갖고 있어요.

해설 ★ 뉴스를 들었는지 묻고 있는데, (B)는 텔레비전을 보는 빈도에 대해 말하고 있고 (C)는 신문을 읽지 않았다고 했으므로 오답이 되고, (D)는 라디오를 들은 게 아니라 갖고 있다고 했으므로 부적절한 응답이 된다.

ニュース(news) 뉴스　もう 이미, 벌써　聞(き)く 듣다　よく 잘, 자주
見(み)る 보다　新聞(しんぶん) 신문　読(よ)む 읽다
ラジオ(radio) 라디오　持(も)つ 가지다, 들다

27　예/아니요형 질문

この椅子を使いますか。
이 의자를 사용할 건가요?

(A) はい、座りました。
　　예, 앉았어요.

(B) 誰も使っていません。
　　아무도 사용하지 않았어요.

(C) いいえ、私のではありません。
　　아니요, 제 게 아니에요.

(D) はい、後で使います。
　　예, 나중에 사용할 겁니다.

해설 ★ 이 의자를 사용할 것인지 묻고 있다. 정답은 나중에 사용할 거라고 한 (D)가 된다. (A)는 과거형으로 대답했으므로 오답이 되고, (C)는 의자의 소유주인지를 묻는 질문에 대한 답이므로 역시 부적절하다. (B)는 지금 의자를 아무도 사용하지 않고 있다는 의미이므로, 앞으로 사용할 것인지 물은 질문에는 어울리지 않는다.

椅子(いす) 의자　使(つか)う 사용하다　座(すわ)る 앉다
後(あと)で 나중에

28　일상생활 표현

田中さんが来たら、すぐ出発しましょう。
다나카 씨가 오면 바로 출발하죠.

(A) 田中さん、ずいぶん早く来ましたね。
　　다나카 씨, 꽤 일찍 왔네요.

(B) 田中さんは先に行っているんですね。
　　다나카 씨는 먼저 가 있군요.

(C) 田中さんが待っていますからね。
　　다나카 씨가 기다리고 있으니까요.

(D) 急がなくてはいけませんからね。
　　서두르지 않으면 안 되니까요.

해설 ★ 문제의 「田中(たなか)さんが来(き)たら」(다나카 씨가 오면)라는 부분이 포인트가 된다. 다나카 씨가 아직 안 온 것이므로 (A)와 (B)는 답이 될 수 없고, (C)는 전혀 어울리지 않는 내용이므로 역시 오답이 된다.

すぐ 바로　出発(しゅっぱつ) 출발　ずいぶん 꽤, 상당히
早(はや)い 이르다　先(さき)に 먼저　急(いそ)ぐ 서두르다

29　추측 및 전문(伝聞) 표현

近所に美術館が出来るそうですよ。
근처에 미술관이 생긴대요.

(A) そこでゴルフも出来るんですね。
　　그곳에서 골프도 칠 수 있겠군요.

(B) そこで料理が習えるんですね。
그곳에서 요리를 배울 수 있겠군요.

(C) それじゃ、仕事の後で見に行けますね。
그럼, 일이 끝난 후에 보러 갈 수 있겠군요.

(D) それじゃ、招待しなくてはいけませんね。
그럼, 초대해야겠군요.

해설 ★ 「美術館(びじゅつかん)」(미술관)과 「동사의 기본형+そうだ」(~라고 한다)라는 표현이 포인트. 미술관이 생겨서 가능한 일을 찾으면 되므로, 정답은 일이 끝난 후에 보러 갈 수 있겠다고 한 (C)가 된다. 나머지 선택지는 미술관과는 어울리지 않는 응답이다.

近所(きんじょ) 근처　出来(でき)る 생기다　ゴルフ(golf) 골프
料理(りょうり) 요리　習(なら)う 배우다　招待(しょうたい) 초대

30　일상생활 표현

少し休んだ方がいいんじゃない。
잠시 쉬는 게 좋지 않을까?

(A) うん、昨日は休みをもらったんだ。
응, 어제는 휴가를 받았어.

(B) もう3時間も続けているからね。
벌써 3시간이나 계속하고 있으니까.

(C) 休み時間、もう終わりなの。
쉬는 시간, 벌써 끝이야?

(D) うん、今日はゆっくり休めたね。
응, 오늘은 느긋하게 쉴 수 있었네.

해설 ★ 잠시 쉬는 게 좋지 않겠냐는 말에 대한 적절한 응답은 벌써 3시간이나 계속하고 있으니까 쉬자고 한 (B)가 된다. (A)는 어제 쉬었다는 것에 대해서 말하고 있으므로 부적절한 응답이 되고, (C)와 (D)는 이미 쉰 상태를 말하므로 역시 정답이 될 수 없다.

少(すこ)し 조금　休(やす)む 쉬다　続(つづ)ける 계속하다
終(お)わり 끝　ゆっくり 느긋하게

31　일상생활 표현

私の財布、どこを探しても見つからないの。
내 지갑, 아무리 찾아봐도 안 보여.

(A) どこかに落としたんじゃないの。
어딘가에 잃어버린 거 아냐?

(B) 見たことがない財布だね。どこで買ったの。
본 적이 없는 지갑이네. 어디서 샀어?

(C) 財布の中にいくら入っていたか分からないの。
지갑 안에 얼마 들어 있었는지 몰라?

(D) あっ、どこを探したら出てきたの。
앗, 어디를 찾아서 나온 거야?

해설 ★ 「見(み)つかる」는 '발견되다' 라는 의미의 동사로, 문제의 문장은 여자가 지갑을 아무리 찾아도 보이지 않는다는 의미가 된다. 선택지 중에서 적절한 응답은 어딘가에 잃어버린 거 아니냐고 되묻은 (A)가 된다.

財布(さいふ) 지갑　探(さが)す 찾다　落(お)とす 잃어버리다

32　일상생활 표현

その番組、ビデオに録っておきましょうか。
그 프로그램, 비디오로 녹화해 둘까요?

(A) じゃ、ラジオはここ、テープはここだよ。
그럼, 라디오는 여기, 테이프는 여기야.

(B) そうだね。もう一度見たいしね。
그러게. 다시 한 번 보고 싶기도 하고.

(C) うん。昨日予約して取っておいたんだね。
응. 어제 예약해서 잡아 두었군.

(D) 写真なら撮ってもいいのかな。
사진이라면 찍어도 되지 않을까?

해설 ★ 「録(と)る」(녹화하다)라는 동사가 포인트. 프로그램을 비디오로 녹화할지 남자에게 묻고 있는 상황이다. 적절한 응답은 다시 한 번 보고 싶다고 하며 녹화해 둔다는 말에 수긍한 (B)가 된다.

番組(ばんぐみ) 프로그램　ビデオ(video) 비디오
テープ(tape) 테이프　予約(よやく) 예약
写真(しゃしん) 사진　撮(と)る 찍다

33　정보 확인·요청에 관한 표현

あら、地震じゃない。
어머, 지진 아냐?

(A) 川の水が増えているからね。
강물이 불어나고 있으니까.

(B) 今、空が光ったよ。
방금 하늘이 번쩍했어.

(C) 風が大分弱くなったね。
바람이 상당히 약해졌네.

(D) 本当だ。電気が揺れているね。
정말이네. 전등이 흔들리고 있어.

해설 ★ 문제에 나오는 「地震(じしん)」(지진)이라는 단어가 포인트. 선택지 중에서 지진과 관련된 응답을 고르면 되는데 (A)는 비. (B)는 번개. (C)는 바람과 관련된 응답이므로 부적절.

川(かわ)の水(みず) 강물　増(ふ)える 늘다. 불어나다　空(そら) 하늘
光(ひか)る 빛나다　風(かぜ) 바람　大分(だいぶ) 꽤. 상당히
弱(よわ)い 약하다　電気(でんき) 전기. 전등　揺(ゆ)れる 흔들리다

34 일상생활 표현

こちらの品物はお包みしますか。
이 물건은 포장해 드릴까요?

(A) はい。プレゼントなのでお願いします。
예. 선물이니까 부탁해요.

(B) はい。今日はお金を持っていないので。
예. 오늘은 돈을 갖고 있지 않아서.

(C) はい。包まなくてよかったです。
예. 포장하지 않아서 잘됐네요.

(D) はい。家で使いますから。
예. 집에서 사용할 거니까.

해설 ★ 「包(つつ)む」는 '싸다. 포장하다' 라는 의미의 동사이므로, 문제의 질문은 이 물건을 포장할지 묻는 문장이 된다. 따라서 적절한 응답은 선물이니까 포장해 달라고 한 (A)가 된다. 참고로 선택지 (D)는 「いいえ」(아니요)라고 대답하면 정답이 될 수 있다.

品物(しなもの) 물건　プレゼント(present) 선물　お金(かね) 돈

35 일상생활 표현

佐藤さんはヨーロッパを旅行したことがありますか。
사토 씨는 유럽을 여행한 적이 있나요?

(A) いいえ、もう一度行きたいと思っていますが。
아니요, 다시 한 번 가고 싶다고 생각하고 있습니다만.

(B) はい、一度会ったことがあります。
예, 한 번 만난 적이 있습니다.

(C) ええ、去年車を借りていろいろな国を回りました。
네, 작년에 차를 빌려 여러 나라를 돌았어요.

(D) ええ、一昨年初めて乗りました。
네, 재작년에 처음으로 탔어요.

해설 ★ 「〜たことがある」는 '〜한 적이 있다' 라는 의미로 과거의 경험을 나타낼 때 사용하는 표현이다. (A)는 앞에 「いいえ」(아니요)라는 대답과 뒤에 연결되는 '한 번 더 가고 싶다' 는 말이 어울리지 않으므로 정답이 될 수 없다. (B)와 (D) 역시 동사 「会(あ)う」(만나다)와 「乗(の)る」(타다)로 보아 부적절.

ヨーロッパ(포르투갈어 Europa) 유럽　旅行(りょこう) 여행
車(くるま) 차. 자동차　借(か)りる 빌리다　国(くに) 나라
回(まわ)る 돌다　一昨年(おととし) 재작년
初(はじ)めて 처음으로

36 정보 전달에 관한 표현

一昨日は結婚記念日だったんです。
그저께는 결혼기념일이었어요.

(A) 天気もよさそうだし、楽しみですね。
날씨도 좋을 것 같고 기대되네요.

(B) パーティーは何人ぐらい招待するんですか。
파티는 몇 명 정도 초대하나요?

(C) 式が終わったばかりで大変ですね。
식이 막 끝나서 힘들겠군요.

(D) へえ、結婚して何年になるんですか。
와, 결혼한 지 몇 년째 되나요?

해설 ★ 여자가 그저께 결혼기념일이었다고 했으므로 이에 대한 적절한 응답을 찾으면 된다. (A)와 (B)는 결혼기념일과는 관계없는 내용이므로 오답이라는 것을 알 수 있고, (C)는 결혼식과 관련된 응답이므로 정답이 될 수 없다.

一昨日(おととい) 그저께　結婚記念日(けっこんきねんび) 결혼기념일
天気(てんき) 날씨　楽(たの)しみ 기대. 즐거움
パーティー(party) 파티　招待(しょうたい) 초대　式(しき) 식
終(お)わる 끝나다　동사의 た형+ばかりだ 막 〜했다
大変(たいへん) 힘듦

37 비즈니스 표현

昨日も残業したんですか。
어제도 야근했나요?

(A) はい。午後から出張で、そのまま帰りましたから。
예. 오후부터 출장이라 그대로 돌아갔으니까요.

(B) はい。でも、最終電車には間に合いました。
예. 하지만 막차에는 시간이 맞았어요.

(C) はい。早く帰れと上司に命令されましたから。
예. 일찍 돌아가라고 상사에게 명령받았으니까요.

(D) はい。体調が悪くて午後から半日休みを取りました。
예. 몸 상태가 나빠서 오후부터 한나절 휴가를 받았어요.

해설 ★ 어제도 야근을 했는지 묻는 질문이다. (A)와 (C)는 야근을 하지 않았다는 의미이므로 앞에 「はい」(예)라는 대답과 어울리지 않으므로 정답이 될 수 없다. (D) 역시 오후부터 한나절 휴가를 받았다고 했으므로 역시 야근과는 거리가 먼 응답이다.

残業(ざんぎょう) 잔업. 야근　出張(しゅっちょう) 출장
帰(かえ)る 돌아가다　最終電車(さいしゅうでんしゃ) 마지막 전철. 막차
間(ま)に合(あ)う 시간에 맞추다　上司(じょうし) 상사
命令(めいれい) 명령　体調(たいちょう)が悪(わる)い 몸 상태가 나쁘다
半日(はんにち) 한나절　休(やす)みを取(と)る 휴가를 받다. 쉬다

38 일상생활 표현

あら、こんなに食べ残して勿体ないわ。
어머, 이렇게 남기다니 아까워.

(A) 大した量じゃなかったからなあ。
대단한 양이 아니었으니까.

(B) 満員だから、入るのは無理だよ。
만원이니까 들어가는 건 무리야.

(C) そんなにたくさん食べ切れないよ。
그렇게 많이 다 먹을 순 없어.

(D) 食欲なら誰にも負けないよ。
식욕이라면 누구에게도 지지 않아.

해설 ★ 「食(た)べ残(のこ)す」는 '먹다 남기다' 라는 의미의 동사이므로, 문제 문장은 많이 남겨서 아깝다는 의미가 된다. 따라서 정답은 먹다 남긴 이유에 대해서 설명한 선택지를 고르면 되므로 정답은 (C)가 된다.

勿体(もったい)ない 아깝다 大(たい)した 대단한 量(りょう) 양
満員(まんいん) 만원 入(はい)る 들어가다 無理(むり) 무리
동사의 ます형+切(き)れる 다 ~할 수 있다 食欲(しょくよく) 식욕
負(ま)ける 지다. 패배하다

39 일상생활 표현

この仕事は何人かで分担しましょう。
이 일은 몇 사람이서 분담하죠.

(A) 1人で片付けるのは不可能だからね。
혼자서 처리하는 건 불가능하니까.

(B) そうだね。彼に全部任せてみよう。
그러게. 그 사람에게 전부 맡겨 보자.

(C) 君1人で責任が持てるって言うのかい。
너 혼자서 책임을 질 수 있다고 말하는 거야?

(D) 1人でする方が合理的だからね。
혼자서 하는 편이 합리적이니까.

해설 ★ 「分担(ぶんたん)」(분담)이라는 한자어가 포인트. 즉, 몇 사람이서 분담하자고 여자가 제안하고 있는데, 이에 대한 적절한 응답은 혼자서 처리하는 건 불가능하니까 그렇게 하자고 한 (A)이다.

片付(かたづ)ける 처리하다 不可能(ふかのう) 불가능
全部(ぜんぶ) 전부 任(まか)せる 맡기다
責任(せきにん)を持(も)つ 책임을 지다 合理的(ごうりてき) 합리적

40 일상생활 표현

子供がいきなり高熱を出してしまって…。
아이가 갑자기 고열이 나 버려서….

(A) 急いで小児科に連れて行かなくちゃ。
서둘러 소아과에 데리고 가야지.

(B) 近くの産婦人科なら安心だよ。
근처에 있는 산부인과라면 안심이야.

(C) 耳鼻科は駅の前の病院がいいよ。
이비인후과는 역 앞 병원이 좋아.

(D) そのぐらいの怪我なら外科じゃなくてもいいよ。
그 정도의 부상이라면 외과가 아니어도 괜찮아.

해설 ★ 「子供(こども)」(아이)와 「高熱(こうねつ)を出(だ)す」(고열이 나다)라는 표현으로 보아 소아과와 관계되는 내용임을 알 수 있다. (B)와 (C)는 병원의 종류가 틀렸고, (D)는 외과적인 부상에 해당하는 것이므로 고열과는 거리가 멀다.

いきなり 갑자기 急(いそ)ぐ 서두르다 小児科(しょうにか) 소아과
連(つ)れる 데리고 가다 産婦人科(さんふじんか) 산부인과
安心(あんしん) 안심 耳鼻科(じびか) 이비인후과
病院(びょういん) 병원 怪我(けが) 부상. 상처 外科(げか) 외과

41 감동·의견을 나타내는 표현

うわ、お宅の周りは広々していますね。
우와, 댁 주위는 널찍하네요.

(A) ええ。都会では見慣れた風景でしょうが。
네. 도시에서는 낯익은 풍경이겠지만요.

(B) ええ。ゆったりした気分になれるでしょう。
네. 느긋한 기분을 느낄 수 있죠?

(C) ええ。外の賑わいが嘘のようでしょう。
네. 밖의 번잡함이 거짓말 같죠?

(D) ええ。がやがやと落ち着きがありませんね。
네. 시끌시끌해서 차분한 느낌이 없네요.

해설 ★ 여자가 남자의 집 주위가 널찍하다며 감탄하고 있는 상황이다. 집 주위가 널찍한 것은 도시에서 낯익은 풍경이라고 보기는 어려우므로 (A)는 오답. (C)와 (D)는 조용한 것이나 소음과 관련된 응답이므로 역시 정답과는 거리가 멀다.

お宅(たく) 댁 周(まわ)り 주위 広々(ひろびろ) 널찍한 모양
都会(とかい) 도회. 도시 見慣(みな)れる 낯익다 風景(ふうけい) 풍경
ゆったり 느긋하게 外(そと) 밖 賑(にぎ)わい 번잡함
嘘(うそ) 거짓말 がやがや 시끌시끌. 왁자지껄
落(お)ち着(つ)き 차분함

42 일상생활 표현

このホテルの温泉はいつでも利用できますか。
이 호텔의 온천은 언제든지 이용할 수 있나요?

(A) いいえ。ホテルにお泊まりの方のみです。
아니요. 호텔에 숙박하시는 분에 한해서입니다.

(B) いいえ。入浴時間は朝6時から夜12時までです。
아니요. 입욕 시간은 아침 6시부터 밤 12시까지입니다.

(C) はい。娯楽室でお使いになれます。
예. 오락실에서 사용하실 수 있습니다.

(D) はい。お金を入れれば自動的に動きます。
예. 돈을 넣으면 자동으로 움직입니다.

해설 ★ 온천의 사용 시간에 대해서 묻고 있다. 정답은 입욕 시간을 구체적으로 설명한 (B)가 된다. 참고로, (A)는 온천을 이용할 수 있는 사람에 대한 답변이다.

ホテル(hotel) 호텔　温泉(おんせん) 온천
泊(と)まる 묵다, 숙박하다　入浴(にゅうよく) 입욕
娯楽室(ごらくしつ) 오락실　自動的(じどうてき)に 자동적으로
動(うご)く 움직이다

---

43 비즈니스 표현

田村君、さっき君、会議中にいびきをかいていたわよ。
다무라 군, 조금 전 자네 회의 중에 코를 골았어.

(A) この前、課長にぶつぶつ言われたので。
　　얼마 전에 과장님한테 투덜투덜 불평을 들어서.

(B) 居眠りをごまかすのは得意なんです。
　　조는 걸 속이는 건 잘해요.

(C) いたずら書きなんて、していませんよ。
　　낙서 같은 거, 안 했어요.

(D) すいません。すっかり寝込んでしまって。
　　죄송해요. 완전히 푹 잠들어 버려서.

해설 ★「いびきをかく」(코를 골다)라는 표현을 알아듣는 것이 포인트. 남자가 조금 전 회의 중에 코를 골았다고 했으므로, 선택지 중에서 가장 적절한 응답은 완전히 푹 잠들어 버렸다고 한 (D)가 된다.

会議(かいぎ) 회의　ぶつぶつ 투덜투덜 *불평이나 잔소리를 하는 모양
居眠(いねむ)り 앉아서 졺　ごまかす 속이다　得意(とくい) 잘함
いたずら書(が)き 낙서　すっかり 완전히　寝込(ねこ)む 푹 잠들다

---

44 비즈니스 표현

今年、うちの会社は新人を採るのかしら。
올해 우리 회사는 신입사원을 뽑을까?

(A) 首にすることはないと思うけどね。
　　해고하는 일은 없을 거라고 생각하는데.

(B) 今、退職するとかなり有利らしいよ。
　　지금 퇴직하면 상당히 유리하다고 해.

(C) 採用の予定は当分ないらしいよ。
　　채용 예정은 당분간 없다고 해.

(D) いや。就職の紹介はしていないはずだけど。
　　아니. 취직 소개는 하지 않았을 텐데.

해설 ★ 문제의「新人(しんじん)」(신인, 신참)과「採(と)る」(뽑다, 채용하다)라는 동사가 포인트. 회사에서 신입사원을 뽑을지 남자에게 묻고 있는 상황이므로, 채용과 관련된 응답이 와야 한다는 것을 알 수 있다. 따라서 정답은 채용 예정은 당분간 없다고 한 (C)가 된다.

首(くび)にする 해고하다　退職(たいしょく) 퇴직　かなり 꽤, 상당히
有利(ゆうり) 유리　採用(さいよう) 채용　予定(よてい) 예정
当分(とうぶん) 당분간　就職(しゅうしょく) 취직
紹介(しょうかい) 소개

---

45 비즈니스 표현

この店舗、幸先のいいスタートを切りましたね。
이 점포, 징조가 좋은 출발을 했네요.

(A) 売れ行きがどうも頭打ちなんです。
　　팔림새가 아무래도 한계점이에요.

(B) 全く心細い限りです。
　　정말이지 마음이 불안할 따름이에요.

(C) 順調に軌道に乗ってくれそうですよ。
　　순조롭게 궤도에 올라 줄 것 같아요.

(D) これでは先行きが危ぶまれますよ。
　　이래선 장래가 걱정돼요.

해설 「幸先(さいさき)がいい」는 '징조가 좋다'라는 의미의 관용 표현이므로, 이 점포가 징조가 좋은 출발을 했다는 말이 된다. 따라서 적절한 응답은 순조롭게 궤도에 올라 줄 것 같다고 동의한 (C)가 된다.

売(う)れ行(ゆ)き 팔림새　頭打(あたまう)ち 한계점, 최고점
全(まった)く 정말, 전혀　心細(こころぼそ)い 마음이 불안하다
〜限(かぎ)りだ 〜일 뿐이다, 〜일 따름이다
順調(じゅんちょう)に 순조롭게　軌道(きどう)に乗(の)る 궤도에 오르다
先行(さきゆ)き 장래, 전망　危(あや)ぶむ 걱정하다, 불안해하다

---

46 관용 표현

田中さんったら、奥さんの言いなりね。
다나카 씨는 부인이 말하는 대로 하네.

(A) 奥さんは社長のお嬢さんで、頭が上がらないんだ。
　　부인이 사장님 따님이라 큰소리를 칠 수가 없지.

(B) ああいう尽くすタイプの女性って憧れるなあ。
　　그런 헌신적인 타입의 여성을 동경해.

(C) 彼は奥さんの服装にまで口を出すらしいよ。
　　그 사람은 부인의 복장에까지 말참견을 한다고 해.

(D) お互いの立場を尊重し合っているんだね。
　　서로의 입장을 서로 존중하고 있군.

해설 ★「頭(あたま)が上(あ)がらない」(고개를 들지 못하다. 큰소리를 칠 수 없다)라는 관용 표현을 알아듣는 것이 포인트.「言(い)いなり」는 '말하는 대로임, 하라는 대로임'이라는 의미이므로 문제의 문장은 다나카 씨는 부인이 말하는 대로 한다는 말이 된다. 따라서 그 이유에 대해서 설명한 (A)가 정답이 된다.

奥(おく)さん 부인　お嬢(じょう)さん 따님
尽(つ)くす 헌신하다　憧(あこが)れる 동경하다　服装(ふくそう) 복장
口(くち)を出(だ)す 말참견을 하다　お互(たが)い 서로
立場(たちば) 입장　尊重(そんちょう) 존중
동사의 ます형+合(あ)う 서로 〜하다

47 정보 전달에 관한 표현

この辺は農業を営む人が大勢いるんです。
이 근처는 농업을 하는 사람들이 많이 있어요.

(A) 新鮮な肉類ならいつでも手に入るんですね。
신선한 육류라면 언제든지 구할 수 있군요.

(B) 典型的な漁村の風景ですからね。
전형적인 어촌 풍경이니까요.

(C) へえ、どんな作物を育てているんですか。
와, 어떤 작물을 재배하고 있나요?

(D) じゃ、農産物の収穫は期待できませんね。
그럼, 농산물 수확은 기대할 수 없겠군요.

해설 ★ 문제에 나오는 「農業(のうぎょう)」(농업)라는 단어가 포인트로, 농업과 관련된 선택지를 고르면 된다. 선택지 (A)와 (B)는 「肉類(にくるい)」(육류)와 「漁村(ぎょそん)」(어촌)이라는 단어에서 오답이라는 것을 알 수 있고, (D)는 농산물 수확을 기대할 수 없겠다고 했으므로 역시 부적절한 응답이다. 정답은 어떤 작물을 재배하고 있는지 되물은 (C)가 된다.

営(いとな)む 경영하다　大勢(おおぜい) 많은 사람
新鮮(しんせん) 신선　手(て)に入(はい)る 손에 들어오다, 구하다
典型的(てんけいてき) 전형적　風景(ふうけい) 풍경
作物(さくもつ) 작물, 농작물　育(そだ)てる 키우다, 재배하다
農産物(のうさんぶつ) 농산물　収穫(しゅうかく) 수확
期待(きたい) 기대

48 관용 표현

この薬の開発はまだ試行錯誤の段階です。
이 약 개발은 아직 시행착오 단계예요.

(A) では、完成の目処は立っていないということですね。
그럼, 완성 전망은 아직 서지 않았다는 말이군요.

(B) おめでとう。完成まで後一歩ですね。
축하해요. 완성까지 조금만 더 하면 되는군요.

(C) では、まもなく生産ルートに乗りますね。
그럼, 곧 생산 경로에 들어가겠군요.

(D) そんなに早々と諦めることはないですよ。
그렇게 빨리 포기할 필요는 없어요.

해설 ★ 약 개발이 시행착오 단계라는 말은 아직 완성과는 거리가 멀다는 말이다. 따라서 (B)와 (C)는 오답. 그리고 문제 문장은 시행착오 단계라고 했지 포기했다는 말은 아니므로 (D) 역시 정답으로 보기는 힘들다. 정답은 (A)로, 「目処(めど)が立(た)つ」(전망이 서다. 예상이 서다)라는 표현이 포인트.

薬(くすり) 약　開発(かいはつ) 개발　試行錯誤(しこうさくご) 시행착오
段階(だんかい) 단계　完成(かんせい) 완성
後一歩(あといっぽ) 앞으로 한 걸음　まもなく 곧
生産(せいさん) 생산　ルート(route) 루트, 경로
早々(はやばや) 빨리, 일찍　諦(あきら)める 포기하다, 체념하다

동사의 기본형＋ことはない ～할 필요는 없다

49 일상생활 표현

最近、欠陥のある住宅が社会問題になっていますね。
요즘, 결함이 있는 주택이 사회문제가 되고 있네요.

(A) 環境に優しいし、経費も節約できますからね。
친환경적이고 경비도 절약할 수 있으니까요.

(B) 買ってもローンを払い続けられない人もいますから。
구입하더라도 대출금을 계속 낼 수 없는 사람도 있으니까요.

(C) あれは積雪の対策に有効だそうです。
저건 적설 대책에 효과가 있다네요.

(D) 床が傾くとか、壁に隙間が開くとかね。
마루가 기운다던지 벽에 틈이 생긴다던지 말이지.

해설 ★ 결함이 있는 주택이 사회문제가 되고 있다고 했으므로, 그 구체적인 예에 대해서 설명한 선택지가 정답이 될 것이다. 정답은 마루가 기운다던지 벽에 틈이 생긴다고 한 (D)가 정답이 된다.

欠陥(けっかん) 결함　住宅(じゅうたく) 주택
社会問題(しゃかいもんだい) 사회문제
環境(かんきょう)に優(やさ)しい 친환경적이다　経費(けいひ) 경비
節約(せつやく) 절약　ローン(loan) 융자, 대출　払(はら)う 지불하다
積雪(せきせつ) 적설　対策(たいさく) 대책
有効(ゆうこう) 유효함, 효과가 있음　傾(かたむ)く 기울다
壁(かべ) 벽　隙間(すきま) 틈　開(あ)く 열리다

50 감동·의견을 나타내는 표현

日本は2回連続でロケットの打ち上げに失敗しましたね。
일본은 두 번 연속으로 로켓 발사에 실패했군요.

(A) 基礎研究の分野では日本は敵なしですね。
기초 연구 분야에서는 일본은 적수가 없네요.

(B) 技術力の低下を深刻に受け止めるべきですよ。
기술력 저하를 심각하게 받아들여야만 해요.

(C) これで長年の苦労も報われるというものですね。
이것으로 오랜 기간의 고생도 보상받는다는 거군요.

(D) 三度目の正直を期待する向きも多かったのに残念です。
세 번째는 확실하다는 말을 기대하는 경향도 많았는데 유감이네요.

해설 ★ 일본이 두 번 연속으로 로켓 발사에 실패했다는 것에 대한 적절한 응답을 찾는 문제이다. 기초 연구 분야에서 일본이 가장 뛰어난 것과 로켓 발사 실패와는 관련이 없으므로 (A)는 오답. (C)는 로켓 발사가 성공했다는 말에 대한 응답으로 적절하다. 두 번 연속 실패했다고 했는데 (D)는 세 번째는 확실하다는 말을 기대했다는 것에서 오답이라는 것을 알 수 있다. 따라서 정답은 (B)가 된다.

連続(れんぞく) 연속　ロケット(rocket) 로켓
打(う)ち上(あ)げ 발사, 쏘아 올림　失敗(しっぱい) 실패

基礎(きそ) 기초　研究(けんきゅう) 연구　分野(ぶんや) 분야
敵(てき)なし 적이 없음, 가장 뛰어남　技術力(ぎじゅつりょく) 기술력
低下(ていか) 저하　深刻(しんこく) 심각함
受(う)け止(と)める 받아들이다　長年(ながねん) 오랜 기간
苦労(くろう) 고생　報(むく)う 보상하다
三度目(さんどめ)の正直(しょうじき) 세 번째는 확실하다는 말
多(おお)い 많다　残念(ざんねん) 유감임

PART 3

51　숫자 청취 및 계산

女：すみません。この大(おお)きいノートはいくらですか。
　　저, 이 큰 노트는 얼마인가요?

男：それは200円(えん)です。小(ちい)さいノートは150円(えん)です。
　　그건 200엔이에요. 작은 노트는 150엔이에요.

女：では、この白(しろ)いノートはいくらですか。
　　그럼, 이 흰 노트는 얼마인가요?

男：それは250円(えん)です。
　　그건 250엔이에요.

小(ちい)さいノートはいくらですか。
작은 노트는 얼마입니까?

(A) 100円(えん)
　　100엔

(B) 150円(えん)
　　150엔

(C) 200円(えん)
　　200엔

(D) 250円(えん)
　　250엔

해설 ★ 숫자가 여러 개 제시되므로 구분해서 들어야 한다. 문제에서는 작은 노트 가격을 묻고 있는데 남자의 첫 번째 대화에서 작은 노트는 150엔이라고 했으므로 정답은 (B)가 된다. 참고로 (C)는 큰 노트 가격이고, (D)는 흰 노트 가격이다.

大(おお)きい 크다　ノート(note) 노트　小(ちい)さい 작다
白(しろ)い 희다

52　일상생활

女：おはようございます。今日(きょう)もいい天気(てんき)ですね。
　　안녕하세요. 오늘도 날씨가 좋네요.

男：おはようございます。本当(ほんとう)に気持(きも)ちがいいですね。
　　안녕하세요. 정말로 기분이 좋군요.

女：でも、昨夜(ゆうべ)の雨(あめ)、大丈夫(だいじょうぶ)でしたか。傘(かさ)を持(も)たない
　　で、会社(かいしゃ)を出(で)ましたが。
　　하지만 어젯밤의 비, 괜찮았나요? 우산도 없이 회사를 나가셨는데.

男：ええ。駅(えき)に着(つ)いた時(とき)、雨(あめ)が降(ふ)っていましたから、タ
　　クシーで帰(かえ)りました。
　　네. 역에 도착했을 때 비가 내리고 있어서 택시로 돌아갔어요.

昨日(きのう)の天気(てんき)はどうでしたか。
어제 날씨는 어땠습니까?

(A) 一日中雨(いちにちじゅうあめ)だった。
　　하루 종일 비가 내렸다.

(B) 一日中晴(いちにちじゅうは)れだった。
　　하루 종일 맑았다.

(C) 夜(よる)、いい天気(てんき)だった。
　　밤에 좋은 날씨였다.

(D) 夜(よる)、雨(あめ)が降(ふ)った。
　　밤에 비가 내렸다.

해설 ★ 어제 날씨를 묻고 있으므로 날씨와 관련된 표현에 주의를 하면서 들어야 한다. 후반부에서 정답을 찾을 수 있는데 여자와 남자의 후반부 대화로 보아 어젯밤에 비가 왔다는 것을 알 수 있다. 따라서 정답은 (D)가 된다.

天気(てんき) 날씨　大丈夫(だいじょうぶ) 괜찮음　傘(かさ) 우산
会社(かいしゃ) 회사　出(で)る 나오다　駅(えき) 역
着(つ)く 도착하다　雨(あめ)が降(ふ)る 비가 내리다
タクシー(taxi) 택시　一日中(いちにちじゅう) 하루 종일
晴(は)れ 맑음　夜(よる) 밤

53　일상생활

女：あの、あそこにある鞄(かばん)を見(み)せてください。
　　저, 저기 있는 가방을 보여 주세요.

男：あちらの赤(あか)くて大(おお)きい鞄(かばん)ですね。どうぞ。
　　저쪽의 빨갛고 큰 가방이죠? 여기 있습니다.

女：どうも。別(べつ)の色(いろ)のもありますか。
　　고마워요. 다른 색깔의 가방도 있나요?

男：これと同(おな)じのは黄色(きいろ)と黒(くろ)と茶色(ちゃいろ)があります。
　　이것과 같은 가방은 노란색, 검정, 갈색이 있어요.

鞄(かばん)の中(なか)で、ない色(いろ)はどれですか。
가방 중에서 없는 색깔은 어느 것입니까?

(A) 青(あお)
　　파랑

(B) 赤(あか)
　　빨강

(C) 茶
ちゃ
갈색

(D) 黒
くろ
검정

해설 ★ 가방 중에서 없는 색깔을 묻고 있으므로, 색깔을 주의 깊게 들어야 한다. 대화 전반부에 빨간색이 나오고 후반부 남자의 두 번째 대화에서 노란색, 검정색, 갈색이 나오므로 없는 색깔은 (A)의 파란색이 된다.

鞄(かばん) 가방　見(み)せる 보여 주다　赤(あか)い 빨갛다
別(べつ) 다름　色(いろ) 색깔　同(おな)じ 같음　黄色(きいろ) 노란색
黒(くろ) 검정　茶色(ちゃいろ) 갈색

---

54 성별에 따른 의견·행동 구분

女：昨日、友達が来ました。
きのう　ともだち　き
어제 친구가 왔었어요.

男：何をしましたか。
なに
뭘 했나요?

女：友達とケーキを作って食べたり、話したりしました。
ともだち　　　　つく　た　　　　はな
친구와 케이크를 만들어 먹거나 이야기하거나 했어요.

男：そうですか。
그래요?

女の人は昨日何をしましたか。
おんな　ひと　きのう なに
여자는 어제 무엇을 했습니까?

(A) 友達が来る前にケーキを作った。
ともだち　く　まえ　　　　つく
친구가 오기 전에 케이크를 만들었다.

(B) 友達と一緒にケーキを作った。
ともだち　いっしょ　　　　つく
친구와 함께 케이크를 만들었다.

(C) 1人でケーキを作った。
ひとり　　　　　つく
혼자서 케이크를 만들었다.

(D) 友達が持ってきたケーキを一緒に食べた。
ともだち　も　　　　　　　いっしょ　た
친구가 가져 온 케이크를 함께 먹었다.

해설 ★ 여자가 어제 무엇을 했는지 묻고 있는데, 여자는 어제 친구가 놀러 와서 친구와 함께 케이크를 만들어 먹거나 이야기하거나 했다고 했으므로 정답은 (B)가 된다.

友達(ともだち) 친구　ケーキ(cake) 케이크　作(つく)る 만들다
食(た)べる 먹다　話(はな)す 이야기하다　一緒(いっしょ)に 함께

---

55 성별에 따른 의견·행동 구분

男：休みの日には何をしますか。
やす　ひ　　　なに
휴일에는 뭘 하나요?

女：朝、音楽を聞きながら30分ぐらい公園を走ります。
あさ　おんがく　き　　　　　ぶん　　　こうえん　はし
아침에 음악을 들으면서 30분 정도 공원을 달려요.

男：いいですね。私はいつも昼まで寝ています。
わたし　　　　ひる　　ね
좋군요. 전 항상 낮까지 자요.

女：私も雨の日はお茶を飲みながら本を読みます。
わたし　あめ　ひ　　　ちゃ　の　　　　ほん　よ
저도 비가 오는 날은 차를 마시면서 책을 읽어요.

雨の日、女の人は何をしますか。
あめ　ひ　おんな　ひと　なに
비가 오는 날 여자는 무엇을 합니까?

(A) 昼まで寝る。
ひる　ね
낮까지 잔다.

(B) 音楽を聞きながら、本を読む。
おんがく　き　　　　　ほん　よ
음악을 들으면서 책을 읽는다.

(C) 音楽を聞きながら、公園を走る。
おんがく　き　　　　　こうえん　はし
음악을 들으면서 공원을 달린다.

(D) お茶を飲みながら、本を読む。
ちゃ　の　　　　ほん　よ
차를 마시면서 책을 읽는다.

해설 ★ 여자가 휴일 아침에 하는 일과 비가 오는 날에 하는 일을 구분해서 들어야 한다. 여자는 휴일에는 아침에 음악을 들으면서 30분 정도 공원을 달리지만, 비가 오는 날은 차를 마시면서 책을 읽는다고 했다. 따라서 정답은 (D). 참고로 (A)는 휴일에 남자가 하는 행동이고 (B)는 휴일 아침에 여자가 하는 행동이다.

休(やす)み 휴일, 휴가　音楽(おんがく)を聞(き)く 음악을 듣다
公園(こうえん) 공원　走(はし)る 달리다　昼(ひる) 낮　寝(ね)る 자다
お茶(ちゃ)を飲(の)む 차를 마시다　本(ほん)を読(よ)む 책을 읽다

---

56 성별에 따른 의견·행동 구분

女：昨日、山に登りました。木が赤や黄色になっていて、とても綺麗でした。
きのう　やま　のぼ　　　き　あか　きいろ
きれい
어제 등산했어요. 나무가 빨강이나 노랑으로 물들어 아주 예뻤어요.

男：そうですか。いいですね。私も行きたいです。誰と登りましたか。
わたし　い　　　　　だれ
のぼ
그래요? 좋았겠군요. 저도 가고 싶어요. 누구와 등산했나요?

女：家族と登りました。来月友達とまた行きますから、一緒に行きませんか。
かぞく　のぼ　　　　らいげつともだち　　　い
いっしょ　い
가족과 등산했어요. 다음 달 친구와 또 갈 건데, 함께 가지 않을래요?

男：いいですか。どうもありがとうございます。
괜찮나요? 정말 고마워요.

男の人は来月誰と山に登りますか。
おとこ　ひと　らいげつだれ　やま　のぼ
남자는 다음 달 누구와 등산합니까?

(A) 女の人と女の人の友達
おんな　ひと　おんな　ひと　ともだち
여자와 여자의 친구

(B) 女の人と女の人の家族
おんな　ひと　おんな　ひと　かぞく
여자와 여자의 가족

(C) 女の人と男の人の家族
おんな　ひと　おとこ　ひと　かぞく
여자와 남자의 가족

(D) 女の人と男の人の友達
おんな　ひと　おとこ　ひと　ともだち
여자와 남자의 친구

해설 ★ 남자가 다음 달 누구와 등산할지 묻고 있다. 여자는 다음 달 친구와 등산할 예정인데, 남자에게 함께 가자고 권유하고 있다. 이에 남자가 같이 가도 되냐고 했으므로, 결국 남자는 여자와 여자의 친구와 함께 등산한다는 것을 알 수 있다. 따라서 정답은 (A)가 된다.

山(やま)に登(のぼ)る 등산하다 木(き) 나무 綺麗(きれい) 예쁨
家族(かぞく) 가족

---

57 숫자 청취 및 계산

男 : 先週、私がお貸しした本はどうですか。
지난주, 제가 빌려 드렸던 책은 어때요?

女 : はい。とても面白いですね。あの本と同じ人が書いた本を持っていますか。
예. 아주 재미있네요. 그 책과 같은 사람이 쓴 책을 갖고 있나요?

男 : ええ。家に3冊ありますよ。全部面白いですよ。
네. 집에 3권 있어요. 전부 재미있어요.

女 : じゃ、今読んでいる本が終わった後、また貸してくださいね。
그럼, 지금 읽고 있는 책을 다 읽은 후에 또 빌려 주세요.

男の人は同じ人が書いた本を全部で何冊持っていますか。 남자는 같은 사람이 쓴 책을 전부 몇 권 가지고 있습니까?

(A) 1冊
1권

(B) 2冊
2권

(C) 3冊
3권

(D) 4冊
4권

해설 ★ 숫자를 정확하게 청취해야 하는 문제이다. 남자는 여자에게 책을 1권 빌려 줬는데 그 책과 같은 사람이 쓴 책이 집에 3권 더 있다고 했으므로, 결국 남자는 4권 가지고 있다는 말이 된다. 따라서 정답은 (D)가 된다.

貸(か)す 빌려 주다 面白(おもしろ)い 재미있다 ~冊(さつ) ~권
全部(ぜんぶ) 전부

---

58 인물 관련

女 : やっぱり犬にしましょうよ。犬の方が猫よりかわいいわ。
역시 개로 하자. 개가 고양이보다 귀여워.

男 : 僕は猫の方が犬より好きだけどなあ。でも、いいよ。じゃ、大きい犬にしよう。
난 고양이가 개보다 더 좋은데. 하지만, 좋아. 그럼, 큰 개로 하자.

女 : でも、大きい犬は怖いわ。私は白くて小さいのがいいわ。
하지만, 큰 개는 무서워. 난 희고 작은 개가 좋아.

男 : わかったよ。君の好きなのにしていいよ。
알았어. 네가 좋은 걸로 해도 좋아.

女の人はどんな動物が好きですか。
여자는 어떤 동물을 좋아합니까?

(A) 白くて小さい猫
희고 작은 고양이

(B) 白くて小さい犬
희고 작은 개

(C) 茶色で小さい猫
갈색이고 작은 고양이

(D) 茶色で大きい犬
갈색이고 큰 개

해설 ★ 동물의 종류와 색깔에 유의하면서 들어야 한다. 여자는 일단 고양이보다 개가 좋다고 했으므로, 고양이라고 한 (A)와 (C)는 오답. 그리고 개는 희고 작은 개가 좋다고 했으므로 정답은 (B)가 된다.

やっぱり 역시 犬(いぬ) 개 猫(ねこ) 고양이 かわいい 귀엽다
好(す)き 좋아함 大(おお)きい 크다 怖(こわ)い 무섭다
白(しろ)い 희다 小(ちい)さい 작다

---

59 대화 내용에 대한 이해

女 : 明日の卒業式は1時からよ。間に合う。
내일 졸업식은 1시부터야. 시간에 맞출 수 있어?

男 : 午前中会社で仕事をして、それから電車で学校に行くよ。
오전 중에 회사에서 일을 하고, 그 후에 전철로 학교에 갈게.

女 : じゃ、私は車で行くつもりだから、駅に迎えに行くわ。
그럼, 나는 차로 갈 생각이니까 역에 마중하러 갈게.

男 : ありがとう。じゃ、12時45分に改札口を出た所で待っているよ。
고마워. 그럼, 12시 45분에 개찰구를 나온 곳에서 기다리고 있을게.

2人はどのようにして学校に行きますか。
두 사람은 어떻게 해서 학교에 갑니까?

(A) 男の人の車に女の人を乗せて行く。
남자의 차에 여자를 태우고 간다.

(B) 男の人が家に帰ってから2人で車で行く。
남자가 집에 돌아간 후에 둘이서 차로 간다.

(C) 女の人が駅に男の人を車で迎えに行く。
여자가 역에 남자를 차로 마중하러 간다.

(D) 2人は別々に学校に行く。
두 사람은 따로 학교에 간다.

해설 ★ 여자의 두 번째 대화에서 정답을 찾을 수 있다. 남자는 오전 중에 회사에서 일을 하고, 그 후에 전철로 학교에 가려고 생각하고 있었다. 이에 여자가 차로 역까지 마중하러 가겠다고 했으므로, 결국 두 사람은 여자가 역에 남자를 차로 마중하러 가서 함께 학교에 가는 것이 되므로 정답은 (C)가 된다.

卒業式(そつぎょうしき) 졸업식 間(ま)に合(あ)う 시간에 맞추다
車(くるま) 차, 자동차 迎(むか)え 마중 改札口(かいさつぐち) 개찰구
待(ま)つ 기다리다 乗(の)せる 태우다 別々(べつべつ)に 따로

---

60 장소·사물·대상 파악

男 : わあ、素敵ですね。古くからあると聞きましたが、
何年前にできたんですか。
와, 멋지군요. 옛날부터 있었다고 들었는데, 몇 년 전에 지어졌나요?

女 : はい。この旅館は今から100年前に建てられました。
예. 이 여관은 지금으로부터 100년 전에 지어졌습니다.

男 : そうですか。こちらには有名な方々もたくさん泊ま
られているそうですね。
그래요? 이 여관에는 유명한 분들도 많이 묵으신다면서요?

女 : この辺は静かですから、皆さんいつもの忙しさを忘
れるとおっしゃいます。
이 근처는 조용해서, 여러분들이 평소의 번잡함을 잊는다고 말씀하십니다.

この旅館はどんな旅館ですか。
이 여관은 어떤 여관입니까?

(A) 古いので、人気のない旅館
오래되어서 인기가 없는 여관

(B) 男の人が何度も泊まっている旅館
남자가 몇 번이나 묵은 여관

(C) 新しくて静かな旅館
새롭고 조용한 여관

(D) 100年前に建てられた旅館
100년 전에 지어진 여관

해설 ★ 두 사람의 대화에서 여관과 관련된 정보를 종합하면서 들어야 한다. 남자와 여자의 첫 번째 대화로 보아 일단 (C)는 오답. 남자의 두 번째 대화에서 유명한 사람도 많이 묵었다고 했으므로 (A) 역시 오답이다. (B)는 남자의 첫 번째 대화로 보아, 몇 번이나 묵은 적이 있다고 보기는 어려우므로 역시 정답과는 거리가 멀다.

素敵(すてき) 멋짐 古(ふる)く 옛날 できる 생기다. 만들어지다
旅館(りょかん) 여관 建(た)てる 짓다 有名(ゆうめい) 유명
泊(と)まる 묵다. 숙박하다 静(しず)か 조용함
忙(いそが)しさ 바쁨. 번잡함 忘(わす)れる 잊다
おっしゃる 말씀하시다 人気(にんき) 인기 新(あたら)しい 새롭다

---

61 대화 내용에 대한 이해

男 : 悪いけど、今日、千円貸してくれる。
미안한데, 오늘 천 엔 빌려 줄래?

女 : どうしたの。お財布忘れたの。
어떻게 된 거야? 지갑 두고 왔어?

男 : うん。今日寝坊してね。電車の定期券は持ってきた
んだけど。응. 오늘 늦잠을 자서. 전철 정기권은 가져 왔는데.

女 : いいわよ。お昼代、千円で足りる。
좋아. 점심값, 천 엔이면 돼?

男の人は何を借りましたか。
남자는 무엇을 빌렸습니까?

(A) お昼代
점심값

(B) 電話代
전화 요금

(C) 電車のお金と電話代
전철 요금과 전화 요금

(D) お昼代と電車のお金
점심값과 전철 요금

해설 ★ 문제의 대화는 남자가 지갑을 두고 와서 여자에게 점심값 천 엔을 빌리려고 하는 상황이다. 전철의 정기권은 갖고 왔다고 했으므로, (C)와 (D)는 우선 오답이며. 여자의 마지막 대화에 나오는 「お昼代(ひるだい)」(점심값)에서 정답을 찾을 수 있다.

悪(わる)い 미안하다. 나쁘다 貸(か)す 빌려 주다 財布(さいふ) 지갑
忘(わす)れる 깜박 잊고 두고 오다 寝坊(ねぼう) 늦잠
定期券(ていきけん) 정기권 足(た)りる 충분하다
電話代(でんわだい) 전화 요금

---

62 대화 내용에 대한 이해

女 : この小包、明日までに必ず横浜に届けなければな
らないんですよね。
이 소포, 내일까지 반드시 요코하마에 보내야 하는 거죠?

男 : この時間だと郵便局はもう閉まっているしね。
이 시간이라면 우체국은 벌써 닫혀 있을 테고.

女 : 横浜に住んでいる伊藤さんはもう帰ってしまいまし
た。요코하마에 살고 있는 이토 씨는 벌써 돌아가 버렸어요.

男 : 少し料金は高いけど、バイクで届けてくれる会社
があるから、そうしよう。조금 요금은 비싸지만, 오토바이로 배달해 주는 회사가 있으니까, 그렇게 하자.

どうやって小包を横浜まで届けますか。
어떻게 해서 소포를 요코하마까지 보냅니까?

(A) 郵便で届けてもらう。
우편으로 보내도록 한다.

(B) バイクで届（とど）けてもらう。
오토바이로 보내도록 한다.

(C) 伊藤（いとう）さんに届（とど）けてもらう。
이토 씨한테 갖다 달라고 한다.

(D) 女（おんな）の人（ひと）が小包（こづつみ）を届（とど）けに行（い）く。
여자가 소포를 갖다 주러 간다.

해설 ★ 여자가 남자에게 소포를 요코하마까지 보내는 방법에 대해서 묻고 있다. 우체국은 벌써 문을 닫았고, 요코하마에 사는 이토 씨도 돌아가 버렸다. 그래서 남자는 조금 요금은 비싸지만, 오토바이로 배달해 주는 회사를 이용해 소포를 보내려고 하고 있으므로 정답은 (B)가 된다.

小包（こづつみ）소포　必（かなら）ず 반드시
届（とど）ける 보내다. 전하다　郵便局（ゆうびんきょく）우체국
閉（し）まる 닫히다　住（す）む 살다　料金（りょうきん）요금
高（たか）い 비싸다　バイク(bike) 오토바이

---

63 대화 내용에 대한 이해

女：今日（きょう）はてんぷらの作（つく）り方（かた）をご紹介（しょうかい）します。先生（せんせい）、よろしくお願（ねが）いします。
오늘은 튀김 만드는 법을 소개해 드립니다. 선생님, 잘 부탁드려요.

男：はい。では、まず野菜（やさい）を切（き）ります。野菜（やさい）は同（おな）じ厚（あつ）さに切（き）ってください。
예. 그럼, 우선 채소를 씁니다. 채소는 같은 두께로 썰어 주세요.

女：先生（せんせい）、私（わたし）もてんぷらは好（す）きなんですが、自分（じぶん）でてんぷらを作（つく）るのは難（むずか）しいですね。
선생님, 저도 튀김은 좋아하는데, 혼자서 튀김을 만들기는 어렵죠?

男：簡単（かんたん）ですよ。てんぷらを美味（おい）しく作（つく）るには油（あぶら）の温度（おん）（ど）が大切（たいせつ）なんですよ。
간단해요. 튀김을 맛있게 만들기 위해서는 기름의 온도가 중요해요.

てんぷらを美味（おい）しく作（つく）るために何（なに）が大切（たいせつ）ですか。
튀김을 맛있게 만들기 위해서 무엇이 중요합니까?

(A) 油（あぶら）の温度（おんど）に注意（ちゅうい）すること
기름의 온도에 주의하는 것

(B) 火（ひ）を強（つよ）めにすること
불을 강하게 하는 것

(C) 時間（じかん）を正確（せいかく）に計（はか）ること
시간을 정확하게 재는 것

(D) 野菜（やさい）を薄（うす）く切（き）ること
채소를 얇게 써는 것

해설 ★ 문제에서 튀김을 맛있게 만들기 위해서 무엇이 중요한지 묻고 있는데, 문제에 나오는 「大切（たいせつ）」(중요함)라는 표현이 대화 중에 그대로, 혹은 같은 의미의 다른 표현으로 다시 등장할 것임을 예상할 수 있다. 남자의 마지막 대화에서 튀김을 맛있게 만들기 위해서는 기름의 온도가 중요하다고 했으므로 정답은 (A)가 된다. 나머지 선택지는 대화 중에는 나오지 않은 내용들이다.

てんぷら 튀김　作（つく）り方（かた）만드는 법　紹介（しょうかい）소개
まず 우선　野菜（やさい）채소, 야채　切（き）る 자르다. 썰다
厚（あつ）さ 두께　難（むずか）しい 어렵다　簡単（かんたん）간단
美味（おい）しい 맛있다　油（あぶら）기름　温度（おんど）온도
注意（ちゅうい）する 주의하다　火（ひ）불　強（つよ）めにする 강하게 하다
正確（せいかく）정확　計（はか）る 재다. 측정하다　薄（うす）い 얇다

---

64 숫자 청취 및 계산

女：あのう、東京駅（とうきょうえき）に行（い）くにはこのホームでいいんですか。저、도쿄역에 가기 위해서는 이 플랫폼에서 타면 되나요?

男：いいえ。3番（ばん）ホームの特急電車（とっきゅうでんしゃ）に乗（の）ってください。15分（ふん）おきに出（で）ています。
아니요. 3번 플랫폼의 특급 전철을 타세요. 15분 간격으로 출발하고 있어요.

女：あの緑（みどり）の電車（でんしゃ）ですね。あの電車（でんしゃ）は何分（なんぷん）に出発（しゅっぱつ）しますか。저 녹색 전철 말씀이군요. 저 전철은 몇 분에 출발하나요?

男：前（まえ）の電車（でんしゃ）が5時（じ）20分（ふん）に出（で）ましたから…。
앞의 전철이 5시 20분에 출발했으니까요….

今度（こんど）の特急電車（とっきゅうでんしゃ）は何時（なんじ）何分（なんぷん）に出（で）ますか。
이번 특급 전철은 몇 시 몇 분에 출발합니까?

(A) 5時（じ）15分（ふん）
5시 15분

(B) 5時（じ）20分（ふん）
5시 20분

(C) 5時（じ）30分（ふん）
5시 30분

(D) 5時（じ）35分（ふん）
5시 35분

해설 ★ 대화에 등장하는 숫자들을 유의하면서 들어야 하고, 「〜おきに」(〜간격으로)라는 표현을 알고 있어야 한다. 도쿄역에 가기 위해서는 특급 전철을 타야 하는데, 이 특급 전철은 15분 간격으로 출발하고 있다. 앞의 특급 전철이 5시 20분에 출발했다고 했으므로, 지금 전철은 15분 후인 5시 35분에 출발한다는 것을 알 수 있다.

ホーム 플랫폼　＊「プラットホーム」(platform)의 준말
特急電車（とっきゅうでんしゃ）특급 전철　乗（の）る 타다
緑（みどり）녹색　出発（しゅっぱつ）출발

---

65 일상생활

男：昨日（きのう）、誕生日（たんじょうび）でしたよね。おめでとう。はい、これ。
어제, 생일이었죠? 축하해요. 자, 이거요.

女：わあ、こういうネックレス、欲（ほ）しかったんです。ありがとう。
와, 이런 목걸이 갖고 싶었어요. 고마워요.

男 : みんなから何_{なに}をもらいましたか。
모두에게 뭘 받았나요?

女 : 妹_{いもうと}からはセーターをもらいました。兄_{あに}は鞄_{かばん}をくれ
ました。 여동생에게는 스웨터를 받았어요. 오빠는 가방을 줬어요.

女_{おんな}の人_{ひと}は妹_{いもうと}から何_{なに}をもらいましたか。
여자는 여동생한테 무엇을 받았습니까?

(A) 鞄_{かばん}
가방

(B) セーター
스웨터

(C) ネックレス
목걸이

(D) イヤリング
귀걸이

해설 ★ 각 인물별로 받은 선물을 구분해서 들어야 한다. 일단 선택지
(D)의 귀걸이는 대화 중에 등장하지 않으므로 오답. 여자는 남자에게
목걸이를 받았고, 여동생에게 스웨터를, 오빠에게는 가방을 받았다. 여
동생에게 받은 선물을 묻고 있으므로 정답은 (B)가 된다.

誕生日(たんじょうび) 생일　ネックレス(necklace) 목걸이
欲(ほ)しい 갖고 싶다　妹(いもうと) 여동생
セーター(sweater) 스웨터　兄(あに) 오빠, 형　鞄(かばん) 가방
イヤリング(earring) 귀걸이

66　일상생활

女 : 今夜_{こんや}、寒_{さむ}くなるそうだから、コートを着_きて行_いった方_{ほう}
がいいわよ。
오늘밤 추워진다고 하니까, 코트를 입고 가는 게 좋아.

男 : そう。テレビの天気予報_{てんきよほう}で、そう言_いっていたのかい。
그래? 텔레비전 일기예보에서 그렇게 말했어?

女 : ううん。テレビじゃなくて、今朝_{けさ}の新聞_{しんぶん}で読_よんだの
よ。 아니. 텔레비전이 아니라 오늘 아침 신문에서 읽었어.

女 : そうか。昼間_{ひるま}はこんなに暖_{あたた}かいのにね。
그렇군. 한낮은 이렇게 따뜻한데 말이야.

女_{おんな}の人_{ひと}はどうやって今夜_{こんや}の天気_{てんき}を知_しりましたか。
여자는 어떻게 오늘밤 날씨를 알았습니까?

(A) テレビの天気予報_{てんきよほう}を見_みた。
텔레비전의 일기예보를 봤다.

(B) 新聞_{しんぶん}を読_よんだ。
신문을 읽었다.

(C) ラジオを聞_きいた。
라디오를 들었다.

(D) 電話_{でんわ}をして聞_きいた。
전화를 해서 물었다.

해설 ★ 여자가 날씨를 어떻게 알았는지 묻고 있는데, 여자의 두 번째
대화에서 정답을 찾을 수 있다. 여자는 신문을 통해 오늘밤 날씨를 안
것이므로 정답은 (B)가 된다.

寒(さむ)い 춥다　コート(coat) 코트　着(き)る 입다
天気予報(てんきよほう) 일기예보　新聞(しんぶん) 신문
読(よ)む 읽다　昼間(ひるま) 한낮　暖(あたた)かい 따뜻하다
ラジオ(radio)を聞(き)く 라디오를 듣다

67　대화 내용에 대한 이해

女 : 来月_{らいげつ}、田中_{たなか}さんの結婚式_{けっこんしき}ね。みんなで何_{なに}か_か買ってあ
げましょうよ。
다음 달, 다나카 씨의 결혼식이네. 다같이 뭔가 사 주자.

男 : いいね。何_{なに}がいいかな。時計_{とけい}やコーヒーカップかな
んかがいいかな。
좋아. 뭐가 좋을까? 시계나 커피잔 같은 게 좋을까?

女 : でも、田中_{たなか}さんは家_{いえ}から駅_{えき}まで遠_{とお}いので、自転車_{じてんしゃ}が
欲_ほしいって言_いってたわ。하지만, 다나카 씨는 집에서 역까지
멀어서 자전거가 갖고 싶다고 했었어.

男 : みんなでお金_{かね}を出_だせば、1人_{ひとり}3千円_{ぜんえん}ぐらいで買_かえる
だろうから、それにしよう。 모두 함께 돈을 내면 한 사람에 3천
엔 정도로 살 수 있을 테니까, 그걸로 하자.

みんなは田中_{たなか}さんに何_{なに}を贈_{おく}りますか。
모두는 다나카 씨에게 무엇을 선물합니까?

(A) 自転車_{じてんしゃ}
자전거

(B) 花瓶_{かびん}
꽃병

(C) 時計_{とけい}
시계

(D) コーヒーカップ
커피잔

해설 ★ 후반부 대화에서 정답을 찾을 수 있다. 다음 달 다나카 씨의 결
혼식이 있는데, 두 사람은 어떤 선물이 좋을지 이야기를 하고 있다. 의
논한 결과 다나카 씨가 전부터 갖고 싶다고 했던 자전거를 사 주기로
결정했으므로 정답은 (A)가 된다.

結婚式(けっこんしき) 결혼식　時計(とけい) 시계
コーヒー(coffee) 커피　カップ(cup) 컵　遠(とお)い 멀다
自転車(じてんしゃ) 자전거　お金(かね)を出(だ)す 돈을 내다
花瓶(かびん) 꽃병

68　대화 내용에 대한 이해

男 : 今度_{こんど}、「かち歩_{ある}き」という競技_{きょうぎ}に参加_{さんか}しようと思_{おも}って
いるんだ。 이번에 '가치아루키'라는 경기에 참가할 생각이야.

女：確か長距離を飲まず食わずで歩き通す競技ですよね。
분명히 장거리를 마시지도 먹지 않고 계속 걷는 경기 말이죠?

男：そう。途中で休憩してもかまわないんだけど、走ることも禁止されているんだ。
맞아. 도중에 휴식을 취해도 상관없지만, 달리는 것도 금지되어 있어.

女：自分のペースで歩き通すことが大切なんですね。頑張ってください。
자신의 페이스로 계속 걷는 것이 중요하겠군요. 열심히 하세요.

「かち歩き」という競技で許されていることは何ですか。
'가치아루키' 라고 하는 경기에서 허용되는 것은 무엇입니까?

(A) 何か食べること
뭔가 먹는 것

(B) 水分を取ること
수분을 취하는 것

(C) 休憩を取ること
휴식을 취하는 것

(D) 走ること
달리는 것

해설 ★ 대화 내용에 대한 정확한 이해를 묻는 문제로, 문제에 등장하는 '가치아루키' 라는 경기는 마시는 것과 먹는 것, 달리는 것은 금지되어 있지만, 도중에 휴식을 취하는 것은 상관이 없다고 했다. 따라서 정답은 (C).

競技(きょうぎ) 경기　参加(さんか) 참가
長距離(ちょうきょり) 장거리　歩(ある)く 걷다
동사의 ます형+通(とお)す 계속해서 ~하다　途中(とちゅう) 도중
休憩(きゅうけい) 휴게, 휴식　かまわない 상관없다
走(はし)る 달리다　禁止(きんし) 금지　ペース(pace) 페이스
許(ゆる)す 허용하다　水分(すいぶん) 수분

---

69 대화 내용에 대한 이해

男：前の方なら結構、席が空いてるね。あそこはどう。
앞쪽이라면 꽤 자리가 비어 있군. 저쪽은 어때?

女：駄目よ、前過ぎて。目が疲れちゃうわ。真ん中より少し後ろがいいわ。
안 돼, 너무 앞이라. 눈이 피로해져. 한가운데보다 조금 뒤쪽이 좋아.

男：じゃ、あそこ。ほら、中央通路の左側に席が2つ空いているよ。
그럼, 저기. 봐, 중앙 통로 왼쪽에 자리가 두 개 비어 있어.

女：でも、前の席に大きい人がいて、見にくいわ。前には誰もいない方がいいわ。
하지만 앞자리에 키큰 사람이 있어서 보기 힘들어. 앞에는 아무도 없는 게 좋아.

女性はどんな席に座りたいと言っていますか。
여성은 어떤 자리에 앉고 싶다고 말하고 있습니까?

(A) 後ろ寄りで、前が空席になっている席
뒤쪽에 가깝고 앞이 빈자리인 자리

(B) できるだけ前の方の席
가능한 한 앞쪽 자리

(C) 中央の後ろ側の席
중앙의 뒤쪽 자리

(D) 通路に面した中央の席
통로에 접한 중앙 자리

해설 ★ 선택지를 미리 봐 두고 하나씩 대조하면서 들으면 정답을 쉽게 찾을 수 있다. 여자는 한가운데보다 조금 뒤쪽이 좋다고 했고 앞에는 아무도 앉아 있지 않은 자리가 좋다고 했으므로, 여자가 원하는 자리는 뒤쪽에 가까운 자리로 앞이 비어 있는 자리라는 것을 알 수 있다. 따라서 정답은 (A)가 된다.

席(せき) 자리　空(あ)く 비다　駄目(だめ) 안 됨
目(め)が疲(つか)れる 눈이 피로하다　真(ま)ん中(なか) 한가운데
後(うし)ろ 뒤　中央通路(ちゅうおうつうろ) 중앙 통로
左側(ひだりがわ) 왼쪽　동사의 ます형+にくい ~하기 힘들다
~寄(よ)り ~에 가까움　空席(くうせき) 공석, 빈자리
できるだけ 가능한 한　面(めん)する 면하다, 접하다

---

70 성별에 따른 의견·행동 구분

女：テレビの通信販売でいい物見つけたんですよ。
텔레비전 통신 판매에서 좋은 물건을 발견했어요.

男：本当にいい物なのかい。よく考えて決めた方がいいよ。
정말로 좋은 물건이야? 잘 생각하고 결정하는 게 좋아.

女：そうですね。テレビを見ていると買いたくなるんです。
그러네요. 텔레비전을 보고 있으면 사고 싶어져요.

男：テレビはよく見せるのがうまいから、その気持ちもわかるけど。
텔레비전은 좋게 보이게 하는 걸 잘하니까, 그 마음도 알겠지만.

男の人はどうして心配していますか。
남자는 왜 걱정하고 있습니까?

(A) いいところばかりの商品だと思わせるのが上手だから
좋은 점만 있는 상품이라고 생각하게 하는 게 능숙하기 때문에

(B) 通信販売ではつい買いすぎるから
통신 판매로는 자기도 모르게 너무 많이 사기 때문에

(C) 注文した物と違う物が配達されることがよくあるから
주문한 물건과 다른 물건이 배달되는 경우가 자주 있기 때문에

(D) 通信販売の物は悪い物に決まっているから
통신 판매 물건은 틀림없이 좋지 않은 물건이기 때문에

해설 ★ 남자의 두 번째 대화에서 정답을 찾을 수 있다. 남자는 텔레비전은 좋은 점만 있는 상품이라고 생각하게 하는 게 능숙하므로, 텔레비전 통신 판매로 물건을 살 때는 잘 생각하고 결정하는 게 좋다고 말했다. 따라서 정답은 (A)가 된다.

通信販売(つうしんはんばい) 통신 판매　見(み)つける 발견하다
決(き)める 결정하다　見(み)せる ~하게 보이게 하다
うまい 능숙하다　商品(しょうひん) 상품　つい 그만, 나도 모르게
注文(ちゅうもん) 주문　違(ちが)う 다르다　配達(はいたつ) 배달
~に決(き)まっている ~로 정해져 있다, 틀림없이 ~이다

71 성별에 따른 의견 · 행동 구분

女 : 来年大学を卒業する学生の採用は見送ることが決まったそうですよ。
내년에 대학을 졸업하는 학생의 채용은 보류하기로 결정되었대요.

男 : やはり不景気のせいですか。それとも経験者に限って募集するんですか。
역시 불경기 탓인가요? 그렇지 않으면 경력자에 한해서 모집하나요?

女 : それは必要に応じて募集するようですが、今年は優秀な人がいなかったそうです。
그건 필요에 따라 모집하는 것 같지만, 올해는 우수한 사람이 없대요.

男 : そうですか。会社側も採用に関しては厳しくなってきたんですね。
그래요? 회사측도 채용에 관해서는 엄격해졌군요.

なぜ会社は来年大学を卒業する人の採用を見送りましたか。왜 회사는 내년에 대학을 졸업하는 사람의 채용을 보류했습니까?

(A) 不景気のため
불경기 때문에

(B) 優れた人がいなかったため
우수한 사람이 없었기 때문에

(C) 経験者の採用に重点を置いたため
경력자 채용에 중점을 두었기 때문에

(D) 社員の数が十分に足りているため
사원 수가 충분하기 때문에

해설 ★ 남자의 첫 번째 대화만 듣고 (A)를 정답으로 고르는 일이 없도록 주의하자. 내년에 대학을 졸업하는 사람의 채용을 보류하게 된 이유는 올해는 우수한 사람이 없었기 때문이라고 했다. 따라서 정답은 (B)가 된다.

卒業(そつぎょう) 졸업　採用(さいよう) 채용
見送(みおく)る 보류하다　決(き)まる 결정되다　やはり 역시
不景気(ふけいき) 불경기　~せい ~탓　それとも 그렇지 않으면
経験者(けいけんしゃ) 경험자　~に限(かぎ)って ~에 한해서
募集(ぼしゅう) 모집　必要(ひつよう) 필요
~に応(おう)じて ~에 따라서　優秀(ゆうしゅう) 우수
~に関(かん)しては ~에 관해서는　厳(きび)しい 엄격하다
優(すぐ)れる 뛰어나다, 우수하다　重点(じゅうてん) 중점
十分(じゅうぶん)に 충분히　足(た)りる 충분하다

72 성별에 따른 의견 · 행동 구분

女 : 昨夜、読書をしている時に窓を少し開けたら、虫の声が聞こえてきました。 어젯밤 독서를 하고 있을 때 창문을 조금 열었더니 벌레 소리가 들려왔어요.

男 : そう言えば、美術館に行った時も木々が色付いてきていましたよ。 그러고 보니 미술관에 갔을 때도 나무들이 물들어 있었어요.

女 : 芸術や読書、何をするにもいい季節ですね。 예술이나 독서, 무엇을 하기에도 좋은 계절이네요.

男 : ええ、日頃運動不足ですから、何かしようと思っていますよ。 네, 평소 운동 부족이라 뭔가 하려고 생각하고 있어요.

男性はどんな秋にしようと思っていますか。 남자는 어떤 가을로 하려고 생각하고 있습니까?

(A) スポーツの秋
운동의 가을

(B) 芸術の秋
예술의 가을

(C) 読書の秋
독서의 가을

(D) 食欲の秋
식욕의 가을

해설 ★ 남자의 마지막 대화에 정답이 나온다. 남자는 평소 운동 부족이라 뭔가 하려고 생각하고 있다고 했으므로, 남자는 운동의 가을로 하려고 한다는 것을 알 수 있다.

読書(どくしょ) 독서　窓(まど) 창문　開(あ)ける 열다
虫(むし) 벌레　声(こえ) 목소리, 소리　聞(き)こえる 들리다
そう言(い)えば 그러고 보니　美術館(びじゅつかん) 미술관
色付(いろづ)く 물들다　芸術(げいじゅつ) 예술　季節(きせつ) 계절
日頃(ひごろ) 평소　運動不足(うんどうぶそく) 운동 부족
秋(あき) 가을　食欲(しょくよく) 식욕

73 대화 내용에 대한 이해

男 : この濃い紺色の背広に合うシャツを探しているんですが。 이 진한 감색 정장에 맞는 셔츠를 찾고 있는데요.

女 : 今年はえり幅の広いシャツが流行っていますので、これなんかどうですか。 올해는 옷깃 폭이 넓은 셔츠가 유행하고 있으니까 이런 건 어떠신가요?

男 : デザインはいいですが、なんか昔っぽいですね。 디자인은 좋지만 왠지 옛날 거같네요.

女 : いいえ、鮮やかな色は今年の流行ですから、そんなことありませんよ。 아니요, 선명한 색깔은 올해 유행이라서 그렇지 않아요.

どんなシャツが今年の流行ですか。
어떤 셔츠가 올해 유행입니까?

(A) 鮮やかな色で、えりの幅が広いシャツ
선명한 색깔로 옷깃 폭이 넓은 셔츠

(B) 濃い紺色で、えりの先が丸いシャツ
진한 감색으로 옷깃 끝이 둥근 셔츠

(C) 薄い色で、えりの幅が狭いシャツ
옅은 색깔로 옷깃 폭이 좁은 셔츠

(D) えりの部分が白くて、幅が広いシャツ
옷깃 부분이 희고 폭이 넓은 셔츠

해설 ★ 여자의 대화를 종합하면 올해 유행하는 셔츠가 어떤 것인지 알수 있다. 여자의 첫 번째 대화에서 옷깃 폭이 넓은 셔츠가 유행하고 있다고 했으므로 일단 (B)와 (C)는 정답에서 제외된다. 그리고 마지막 대화에서 선명한 색깔이 유행이라고 했으므로 정답은 (A)가 된다.

紺色(こんいろ) 감색 背広(せびろ) 정장, 양복
合(あ)う 맞다, 어울리다 シャツ(shirt) 셔츠 探(さが)す 찾다
えり 옷깃 幅(はば) 폭 広(ひろ)い 넓다 流行(はや)る 유행하다
デザイン(design) 디자인 昔(むかし) 옛날
~っぽい ~의 경향이 강하다 鮮(あざ)やか 선명함
流行(りゅうこう) 유행 濃(こ)い 진하다 先(さき) 끝 부분
薄(うす)い 연하다 狭(せま)い 좁다

---

74 비즈니스 및 업무

男 : 昨年から今年の春にかけて、資金の使い道に不明な
点がありますね。
작년부터 올봄에 걸쳐서 자금 사용처에 불분명한 점이 있군요.

女 : そうですか。ちょっと調査してみます。他には何か
ありますか。
그래요? 잠시 조사해 보겠습니다. 그 외에는 뭔가 있나요?

男 : これは会議費となっていますが、金額からして交際
費ですね。
이건 회의비로 되어 있는데, 금액으로 봐서 교제비군요.

女 : わかりました。こちらはすぐに訂正します。
알겠습니다. 이건 바로 정정하겠습니다.

2人は何をしていますか。
두 사람은 무엇을 하고 있습니까?

(A) 会社の会計処理が正しいかどうか調べている。
회사의 회계 처리가 올바른지 어떤지 조사하고 있다.

(B) 会社の交際費がいくらか調べている。
회사의 교제비가 얼마인지 조사하고 있다.

(C) 会社の資金の使い道を相談している。
회사의 자금 사용처를 상담하고 있다.

(D) 会社に戻る税金の金額を計算している。
회사에 환급될 세금 금액을 계산하고 있다.

해설 ★ 남자의 대회에 등장하는 「使(つか)い道(みち)」(사용처), 「会議費(かいぎひ)」(회의비), 「交際費(こうさいひ)」(교제비) 등으로 보아, 회사의 회계 처리에 대해 조사하고 있다는 것을 알 수 있다. 따라서 정답은 (A)가 된다.

~から~にかけて ~부터 ~에 걸쳐서 資金(しきん) 자금
不明(ふめい) 불명, 분명하지 않음 調査(ちょうさ) 조사
金額(きんがく) 금액 すぐに 바로 訂正(ていせい) 정정

---

75 대화 내용에 대한 이해

男 : この自動販売機で飲み物を買うと、自動的に20円募
金されるんだって。
이 자동판매기에서 음료를 사면 자동으로 20엔이 모금된대.

女 : 知ってるわ。販売機の会社と販売機を置いているお
店が半分ずつ負担するのよね。
알아. 판매기 회사와 판매기를 설치한 가게가 절반씩 부담하는 거지?

男 : 募金は目が不自由な人を助ける犬を育てるために使
われるんだってね。
모금은 눈이 불편한 사람들을 돕는 개를 키우는데 사용된다고 하더군.

女 : 私達も気軽に募金に参加できていいわね。
우리도 부담 없이 모금에 참가할 수 있어서 좋아.

この自動販売機の特徴は何ですか。
이 자동판매기의 특징은 무엇입니까?

(A) 代金の一部が募金される。
대금의 일부가 모금된다.

(B) 電話と一体になっている。
전화와 일체가 되어 있다.

(C) 20回に1回の割合で無料になる。
20회에 한 번 비율로 무료가 된다.

(D) 身分証明書を入れないと購入できない。
신분증을 넣지 않으면 구입할 수 없다.

해설 ★ 두 사람의 대화 내용만 정확하게 파악하면 크게 어렵지 않은 문제로. 두 사람이 이야기하고 있는 자동판매기는 음료를 사면 자동으로 20엔이 모금이 되는데. 그 모금된 돈은 눈이 불편한 사람들을 돕는 개를 키우는데 사용된다고 했다. 따라서 정답은 대금의 일부가 모금된다고 한 (A)가 된다.

自動販売機(じどうはんばいき) 자동판매기 飲(の)み物(もの) 음료
自動的(じどうてき)に 자동으로 募金(ぼきん) 모금 知(し)る 알다
置(お)く 두다, 설치하다 半分(はんぶん) 절반 ~ずつ ~씩
負担(ふたん) 부담 目(め) 눈 不自由(ふじゆう) 불편함
助(たす)ける 돕다 犬(いぬ) 개 育(そだ)てる 키우다
使(つか)う 사용하다 気軽(きがる)に 부담 없이, 마음 편히
参加(さんか) 참가 代金(だいきん) 대금 一部(いちぶ) 일부
一体(いったい) 일체 割合(わりあい) 비율 無料(むりょう) 무료
身分証明書(みぶんしょうめいしょ) 신분증명서, 신분증
購入(こうにゅう) 구입

76 대화 내용에 대한 이해

女 : 署長、トラックの横転事故の実況検分で新たな事実
が判明しました。 서장님, 트럭의 전도 사고의 상황 검증에서 새
로운 사실이 판명되었습니다.

男 : 運転手の前方不注意と操作ミスの他に何か原因があ
るのか。 운전자의 전방 부주의와 조작 실수 외에 뭔가 원인이 있나?

女 : 事故当時、トラックは最大積載量を1.9トンも上回る
量を積んでいました。 사고 당시 트럭은 최대 적재량을 1.9톤이나
웃도는 양을 적재하고 있었습니다.

男 : 事故を起こした運送会社で、常に積載量が過剰な状
態だったのか調べてくれ。 사고를 일으킨 운송회사에서 항상 적
재량이 과잉된 상태였는지 조사해 주게.

事故原因として、新たに判明したことは何ですか。
사고 원인으로 새롭게 판명된 것은 무엇입니까?

(A) 前方不注意 전방 부주의

(B) 操作ミス 조작 실수

(C) 重量オーバー 중량 초과

(D) 整備ミス 정비 실수

해설 ★ 문제의 「新(あら)たに」(새롭게)라는 단어가 포인트. 사고 원인
으로 지금까지 밝혀진 것은 남자의 첫 번째 대화에 나오는 전방 부주
의와 조작 실수이므로 (A)와 (B)는 정답에서 제외. 그리고 (D)는 대화
내용 중에 등장하지 않았으므로 역시 오답이 된다. 여자의 두 번째 대
화에 나오는 사고 당시 트럭이 최대 적재량을 1.9톤이나 웃도는 양을
적재했다는 말은 결국 중량을 초과했다는 말이므로 정답은 (C)가 된다.

署長(しょちょう) 서장 横転(おうてん) 옆으로 넘어짐 事故(じこ) 사고
実況検分(じっきょうけんぶん) 수사기관이 범죄, 사고 등의 상황을 확인
하는 것 事実(じじつ) 사실 判明(はんめい) 판명
運転手(うんてんしゅ) 운전수 前方(ぜんぼう) 전방
不注意(ふちゅうい) 부주의 操作(そうさ) 조작 ミス(miss) 실수, 잘못
原因(げんいん) 원인 当時(とうじ) 당시 最大(さいだい) 최대
積載量(せきさいりょう) 적재량 上回(うわまわ)る 웃돌다. 상회하다
積(つ)む 쌓다. 적재하다 起(お)こす 일으키다
運送会社(うんそうがいしゃ) 운송회사 常(つね)に 늘, 항상
過剰(かじょう) 과잉 状態(じょうたい) 상태 調(しら)べる 조사하다
重量(じゅうりょう) 중량 オーバー(over) 초과 整備(せいび) 정비

77 대화 내용에 대한 이해

女 : 高木部長も安井部長も自分の意見を曲げようとは
しなかったわね。 다카기 부장님도 야스이 부장님도 자기 의견을 굽히려고는 하지 않았지.

男 : 僕は高木部長の言う、商品開発に力を入れるべき
だという考えに賛成だなあ。 난 다카기 부장님이 말한 상품 개
발에 힘을 쏟아야 한다는 생각에 찬성이야.

女 : でも、安井部長の言うように、販売高を伸ばさない
ことには何もできないわよ。 하지만, 야스이 부장님이 말한 것
처럼 판매고를 늘리지 않고서는 아무것도 할 수 없어.

男 : しかし、長期的に見れば、商品開発の手を抜くわけ
にはいかないよ。 하지만, 장기적으로 보면 상품 개발을 소홀히 할 수는 없어.

2人の部長は何を巡って議論をしていたのですか。
두 사람의 부장은 무엇을 둘러싸고 논쟁을 했습니까?

(A) 新商品の開発にかかる資金額
신상품 개발에 드는 자금액

(B) 今後の経営方針
앞으로의 경영 방침

(C) 商品の販売方法
상품의 판매 방법

(D) 売上目標額
매출 목표액

해설 ★ 대화 내용을 종합적으로 판단해 정답을 골라야 하는 문제이다.
각 부장의 이야기를 보면. 우선 다카기 부장은 상품 개발에 힘을 쏟아
야 한다고 했고, 야스이 부장은 판매고를 늘리지 않고서는 아무것도 할
수 없다고 주장했다. 결국 두 사람은 앞으로의 경영 방침을 상품 개발
에 두느냐 판매고 신장에 두느냐로 논쟁을 한 것이므로 정답은 (B)가
된다.

意見(いけん) 의견 曲(ま)げる 굽히다 商品(しょうひん) 상품
開発(かいはつ) 개발 力(ちから)を入(い)れる 힘을 쏟다
賛成(さんせい) 찬성 販売高(はんばいだか) 판매고
伸(の)ばす 늘리다. 신장시키다 長期的(ちょうきてき) 장기적
手(て)を抜(ぬ)く 일을 건성으로 하다. 일을 대충대충 하다
資金額(しきんがく) 자금액 経営(けいえい) 경영
方針(ほうしん) 방침 方法(ほうほう) 방법 売上(うりあげ) 매상. 매출
目標額(もくひょうがく) 목표액

78 대화 내용에 대한 이해

女 : ボールペンの芯の直径が世界で初めて0.3ミリを切
ったらしいですね。 볼펜심의 직경이 세계 최초로 0.3밀리보다 작아졌대요.

男 : メーカーは販売競争に勝ち抜くために、あの手この
手を考えるんだろうね。 제조사는 판매 경쟁에서 이기기 위해서 이 방법 저 방법을 생각하겠지.

女 : 販売促進調査で、細い字が書きたいという中高生の
ニーズが多かったそうです。 판매 촉진 조사에서 가는 글씨를 쓰고 싶다는 중고생의 요구가 많았다네
요.

男 : そうか。細い芯なら、複雑な漢字も小さめに書ける
しなあ。 그래? 가는 심이라면 복잡한 한자도 작게 쓸 수 있으니까.

メーカーはどうして細い芯を作りましたか。
제조사는 왜 가는 심을 만들었습니까?

(A) ボールペンの売上を挽回したいから
볼펜 매상을 만회하고 싶기 때문에

(B) 漢字文化の人々のニーズが高いから
한자 문화권 사람들의 요구가 높기 때문에

(C) 若い人の需要が大きそうだから
젊은이의 수요가 클 것 같기 때문에

(D) 誰でも細い字が書きたいから
누구든지 가는 글씨를 쓰고 싶어 하기 때문에

해설 ★ 제조사에서 가는 심을 만든 이유는 여자의 두 번째 대화에서 정답을 찾을 수 있다. 판매 촉진 조사에서 가는 글씨를 쓰고 싶다는 중고생의 요구가 많았다고 했으므로, 정답은 젊은층의 수요가 클 것 같기 때문이라고 한 (C)가 된다.

ボールペン(ballpoint pen) 볼펜　芯(しん) 심　直径(ちょっけい) 직경
世界(せかい) 세계　メーカー(maker) 제조사　競争(きょうそう) 경쟁
勝(か)ち抜(ぬ)く 이겨내다　促進(そくしん) 촉진　調査(ちょうさ) 조사
細(ほそ)い 가늘다　中高生(ちゅうこうせい) 중고생
ニーズ(needs) 요구　多(おお)い 많다　複雑(ふくざつ) 복잡
漢字(かんじ) 한자　挽回(ばんかい) 만회　需要(じゅよう) 수요
大(おお)きい 크다

79　대화 내용에 대한 이해

女：区の広報に生ごみを堆肥にする容器を安く買えると書いてあったんですが。
구의 홍보에 음식물 쓰레기를 퇴비로 하는 용기를 싸게 살 수 있다고 쓰여 있었는데요.

男：ええ。その他にも雨水を集める器具などの販売も行っていますよ。
네, 그밖에도 빗물을 모으는 기구 등의 판매도 실시하고 있어요.

女：太陽熱でお風呂を沸かす装置を屋根に取り付ける工事代などに補助金は出ますか。
태양열로 목욕물을 끓이는 장치를 지붕에 설치하는 공사비 등에 보조금은 나오나요?

男：それは資源ごみ回収活動が軌道に乗ってから検討する予定です。
그건 자원 쓰레기 회수 활동이 궤도에 오른 후에 검토할 예정이에요.

役所が現在行っていない取り組みは何ですか。
관공서에서 현재 실시하고 있지 않은 대처는 무엇입니까?

(A) 生ごみを堆肥に変える容器の販売
음식물 쓰레기를 퇴비로 바꾸는 용기 판매

(B) 太陽熱利用装置の取り付け工事代の補助
태양열 이용 장치의 설치 공사비 보조

(C) 雨水を集める器具の販売
빗물을 모으는 기구 판매

(D) 資源ごみの回収
자원 쓰레기 회수

해설 ★ 이런 유형의 문제는 미리 선택지를 봐 두고 하나씩 확인하면서 풀면 오답을 줄일 수 있다. 현재 구청에서 실시하고 있는 대처는 음식물 쓰레기를 퇴비로 바꾸는 용기 판매, 빗물을 모으는 기구의 판매, 자원 쓰레기 회수 등을 하고 있다. 태양열 이용 장치의 설치 공사비의 보조는 자원 쓰레기 회수 활동이 궤도에 오른 후에 검토할 예정이라고 했으므로, 현재 실시하고 있지 않다는 말이 된다. 따라서 정답은 (B)가 된다.

広報(こうほう) 홍보　生(なま)ごみ 음식물 쓰레기　堆肥(たいひ) 퇴비
容器(ようき) 용기　安(やす)い 싸다　雨水(あまみず) 빗물
集(あつ)める 모으다　器具(きぐ) 기구　太陽熱(たいようねつ) 태양열
お風呂(ふろ)を沸(わ)かす 목욕물을 끓이다　装置(そうち) 장치
屋根(やね) 지붕　取(と)り付(つ)ける 설치하다
工事代(こうじだい) 공사비　補助金(ほじょきん) 보조금
資源(しげん)ごみ 자원 쓰레기　回収(かいしゅう) 회수
活動(かつどう) 활동　軌道(きどう)に乗(の)る 궤도에 오르다
検討(けんとう) 검토　予定(よてい) 예정

80　대화 내용에 대한 이해

女：これ、私の臓器提供の意思表示カードなんですが、鈴木さんも携帯していますか。
이건 제 장기 제공 의사 표시 카드인데, 스즈키 씨도 휴대하고 있나요?

男：ええ。家族の反対もあって「臓器提供はしない」に印を付けていますが。
네, 가족 반대도 있어서 '장기 제공은 하지 않는다'에 표시를 했습니다만.

女：私は脳死での提供には抵抗があって、心停止の場合のみに印を付けています。
저는 뇌사 상태에서의 제공에는 거부감이 있어서 심정지인 경우에만 표시를 했어요.

男：自分で予め特定できるんですよね。提供できる臓器もそれによって変わるそうです。
스스로 미리 특정할 수 있군요. 제공할 수 있는 장기도 그것에 따라 바뀐대요.

臓器提供について正しくないものはどれですか。
장기 제공에 대해서 올바르지 않은 것은 어느 것입니까?

(A) カードを携帯しているのは提供希望者のみだ。
카드를 휴대하고 있는 것은 제공 희망자뿐이다.

(B) 臓器提供の希望の有無をカードで表示できる。
장기 제공의 희망 유무를 카드로 표시할 수 있다.

(C) 臓器提供する際の死亡状態を特定できる。
장기를 제공할 때의 사망 상태를 특정할 수 있다.

(D) 死亡状態で提供できる臓器が異なる。
사망 상태에 따라 제공할 수 있는 장기가 다르다.

해설 ★ 대화 내용을 종합해서 선택지를 하나씩 확인해야 한다. 장기 제공의 희망 유무를 카드로 표시할 수 있으므로, (B)는 맞는 내용. 장기를 제공할 때의 사망 상태를 특정할 수 있고, 사망 상태에 따라 제공할 수 있는 장기가 다르므로 (C)와 (D)도 맞는 내용이다. 남자의 첫 번째 대화에서 장기 제공을 하지 않더라도 카드는 휴대할 수 있다는 것을 알 수 있으므로 정답은 (A)가 된다.

臓器(ぞうき) 장기　提供(ていきょう) 제공　意思(いし) 의사
表示(ひょうじ) 표시　携帯(けいたい) 휴대　家族(かぞく) 가족
反対(はんたい) 반대　印(しるし)を付(つ)ける 표시를 하다
脳死(のうし) 뇌사　抵抗(ていこう) 저항, 저항감
心停止(しんていし) 심정지　〜のみ 〜만, 〜뿐
予(あらかじ)め 미리, 사전에　特定(とくてい) 특정
〜によって 〜에 의해, 〜에 따라　変(か)わる 바뀌다, 변하다
希望者(きぼうしゃ) 희망자　有無(うむ) 유무　死亡(しぼう) 사망
状態(じょうたい) 상태　異(こと)なる 다르다

PART 4

81~83

　山田さんは81先週靴を買いにデパートに行きました。来週から新しい仕事をするからです。先月までは郵便局で座って仕事をしていましたが、83今度はレストランで毎日7時間立って仕事をします。山田さんは7,000円ぐらいで、足が疲れない靴が欲しかったです。デパートで初めに赤い靴を履きました。赤い靴は5,900円でしたが、細いから足が痛かったです。次に、茶色の靴を履きました。82それは7,900円でしたが、足は痛くありませんでした。83山田さんは茶色の靴を買って、その靴を履いて帰りました。

　야마다 씨는 지난주 구두를 사러 백화점에 갔습니다. 다음 주부터 새로운 일을 하기 때문입니다. 지난달까지는 우체국에서 앉아서 일을 했습니다만, 이번에는 레스토랑에서 매일 7시간 서서 일을 합니다. 야마다 씨는 7천 엔 정도로, 발이 피로하지 않는 구두를 갖고 싶었습니다. 백화점에서 처음에 빨간 구두를 신었습니다. 빨간 구두는 5,900엔이었지만, 좁아서 발이 아팠습니다. 다음으로 갈색 구두를 신었습니다. 갈색 구두는 7,900엔이었지만, 발은 아프지 않았습니다. 야마다 씨는 갈색 구두를 사서 그 구두를 신고 돌아왔습니다.

靴(くつ) 구두　新(あたら)しい 새롭다　仕事(しごと) 일, 업무
郵便局(ゆうびんきょく) 우체국　座(すわ)る 앉다　立(た)つ 서다
疲(つか)れる 지치다, 피로해지다　欲(ほ)しい 갖고 싶다

赤(あか)い 빨갛다　履(は)く 신다　細(ほそ)い 가늘다, 좁다
足(あし)が痛(いた)い 발이 아프다　次(つぎ)に 다음으로
茶色(ちゃいろ) 갈색　帰(かえ)る 돌아오다

81

山田さんはいつ靴を買いに行きましたか。
야마다 씨는 언제 구두를 사러 갔습니까?

(A) 今週
이번 주

(B) 先週
지난주

(C) 一昨日
그저께

(D) 昨日
어제

해설 ★ 첫 번째 문장에서 정답을 찾을 수 있다. 야마다 씨는 지난주에 구두를 사러 백화점에 갔으므로 정답은 (B)가 된다.

一昨日(おととい) 그저께　昨日(きのう) 어제

82

山田さんはどんな靴を買いましたか。
야마다 씨는 어떤 구두를 샀습니까?

(A) 7,900円で痛くない靴
7,900엔으로 아프지 않은 구두

(B) 5,900円で細い靴
5,900엔으로 좁은 구두

(C) 7,000円で痛くない靴
7,000엔으로 아프지 않은 구두

(D) 9,000円で細い靴
9,000엔으로 좁은 구두

해설 ★ 구입한 구두의 가격과 특징을 잘 들어야 한다. 야마다 씨는 두 가지 구두를 신어 봤는데, 5,900엔짜리 구두는 좁고 발이 아팠기 때문에 7,900엔짜리 발이 아프지 않은 구두를 샀다고 했다. 따라서 정답은 (A)가 된다.

83

山田さんは何色の靴を履いて、どこで働きますか。
야마다 씨는 무슨 색깔의 구두를 신고 어디에서 일합니까?

(A) 赤い靴を履いて、レストランで働く。
빨간 구두를 신고 레스토랑에서 일한다.

(B) 茶色の靴を履いて、郵便局で働く。
갈색 구두를 신고 우체국에서 일한다.

(C) 赤い靴を履いて、デパートで働く。
빨간 구두를 신고 백화점에서 일한다.

(D) 茶色の靴を履いて、レストランで働く。
갈색 구두를 신고 레스토랑에서 일한다.

해설 ★ 야마다 씨는 다음 주부터 레스토랑에서 일을 한다고 했으므로 일단 (B)와 (C)는 장소 때문에 오답. 그리고 구입한 구두는 갈색 구두이므로, 결국 야마다 씨는 갈색 구두를 신고 레스토랑에서 일을 한다는 말이 된다.

働(はたら)く 일하다

84~86

　84もしもし、こちら東京ホテルでございます。ご予約でございますか。12月10日ですね。何人様でいらっしゃいますか。お2人ですね。ああ、86結婚記念日ですか。おめでとうございます。85このホテルは20階以上のお部屋のほとんどが3万円でございますが、海が見えるお部屋は5万円で、素晴らしい景色でございます。どのお部屋になさいますか。それでは5万円の海の見えるお部屋をご用意いたします。12月10日は何時頃お着きになりますか。5時頃ですね。それでは12月10日5時頃お待ちしております。

　여보세요? 여기는 도쿄호텔입니다. 예약 말씀이십니까? 12월 10일이군요. 몇 분이십니까? 두 분이군요. 아, 결혼기념일이십니까? 축하드립니다. 이 호텔은 20층 이상의 방의 대부분이 3만 엔입니다만, 바다가 보이는 방은 5만 엔으로 경치가 멋집니다. 어느 방으로 하시겠습니까? 그럼, 5만 엔의 바다가 보이는 방을 준비하겠습니다. 12월 10일은 몇 시경에 도착하십니까? 5시경이군요. 그럼, 12월 10일 5시경에 기다리고 있겠습니다.

もしもし 여보세요　予約(よやく) 예약
結婚記念日(けっこんきねんび) 결혼기념일　以上(いじょう) 이상
部屋(へや) 방　ほとんど 거의, 대부분　海(うみ) 바다
見(み)える 보이다　素晴(すば)らしい 멋지다, 훌륭하다
景色(けしき) 경치　用意(ようい) 준비　着(つ)く 도착하다
待(ま)つ 기다리다

84

この人は何をしているところですか。
이 사람은 무엇을 하고 있는 중입니까?

(A) ホテルから友達に電話をしているところ
호텔에서 친구에게 전화를 하고 있는 중

(B) ホテルに行って予約をしているところ
호텔에 가서 예약을 하고 있는 중

(C) ホテルのレストランで食事の注文をしているところ
호텔 레스토랑에서 식사 주문을 하고 있는 중

(D) ホテルに泊まりたい人の予約を受けているところ
호텔에 숙박하고 싶은 사람의 예약을 받고 있는 중

해설 ★ 첫 부분에서 정답을 찾을 수 있다. 이 사람은 호텔에 숙박하고 싶은 사람의 예약을 받고 있는 중이므로 정답은 (D)가 된다.

食事(しょくじ) 식사　注文(ちゅうもん) 주문
泊(と)まる 묵다, 숙박하다　受(う)ける 받다, 접수하다

85

どの部屋が5万円ですか。
어느 방이 5만 엔입니까?

(A) 33階で海が見える部屋
33층으로 바다가 보이는 방

(B) 24階で海が見えない部屋
24층으로 바다가 보이지 않는 방

(C) 9階で海が見えない部屋
9층으로 바다가 보이지 않는 방

(D) 18階で海が見える部屋
18층으로 바다가 보이는 방

해설 ★ 층수와 방의 특징을 잘 들어야 한다. 이 호텔은 20층 이상의 방은 대부분이 3만 엔인데, 그 중에서도 바다가 보이는 방은 5만 엔이라고 했다.

86

この部屋に誰が泊まりますか。
이 방에 누가 묵습니까?

(A) 結婚する予定の2人
결혼할 예정인 두 사람

(B) 娘の結婚式に出席する両親
딸의 결혼식에 참석하는 부모

(C) 結婚記念日を迎える夫と妻
결혼기념일을 맞이하는 남편과 아내

(D) 結婚前に友達と旅行をする女の人
결혼 전에 친구와 여행을 하는 여자

해설 ★ 전반부의 「結婚記念日(けっこんきねんび)ですか。おめでとうございます。(결혼기념일이십니까? 축하드립니다)에서 정답을 찾을 수 있다. 정답은 결혼기념일을 맞이하는 남편과 아내라고 한 (C)가 된다.

出席(しゅっせき) 출석, 참석　両親(りょうしん) 부모
迎(むか)える 맞이하다　旅行(りょこう) 여행

87~90

去年、私は会社の課長からコンピューターの試験を受けた方がいいと言われた。**87**400点のうち350点以上取れれば、給料を上げると社長がおっしゃったそうだ。会社員は普通300点は取れるらしい。**88**私はコンピューターが苦手で、去年は200点だった。それで、今年は仕事が終わってからコンピューターの学校に通った。**89**給料が上がればいいと思ったからだ。一生懸命勉強したので、今年受けた試験は350点だった。**90**とても嬉しかったので、来年も受けてもっと高い点を取りたいと思った。

작년 나는 회사 과장님으로부터 컴퓨터 시험을 보는 게 좋다는 말을 들었다. 400점 중 350점 이상 받으면 월급을 인상한다고 사장님이 말씀하셨다고 한다. 회사원은 보통 300점은 받을 수 있는 것 같다. 나는 컴퓨터가 서툴러 작년에는 200점이었다. 그래서 올해는 일이 끝난 후에 컴퓨터 학원에 다녔다. 월급이 오르면 좋겠다고 생각했기 때문이다. 열심히 공부했기 때문에 올해 본 시험은 350점이었다. 너무 기뻐서 내년에도 봐서 좀 더 높은 점수를 받고 싶다고 생각했다.

試験(しけん)を受(う)ける 시험을 보다 取(と)る 받다
給料(きゅうりょう) 급여. 월급 上(あ)げる 올리다
おっしゃる 말씀하시다 普通(ふつう) 보통 苦手(にがて) 서투름
それで 그래서 通(かよ)う 다니다
一生懸命(いっしょうけんめい) 열심히
嬉(うれ)しい 기쁘다 高(たか)い 높다

87

この人は試験で何点以上取った方がいいと言われましたか。
이 사람은 시험에서 몇 점 이상 받는 게 좋다는 말을 들었습니까?

(A) 200点 200점
(B) 250点 250점
(C) 350点 350점
(D) 400点 400점

해설 ★ 400점 중 350점 이상 받으면 월급을 인상해 준다고 사장이 말했으므로 이 사람은 350점 이상 받는 게 좋다는 말을 들었다는 것을 알 수 있다.

88

正しいものはどれですか。
올바른 것은 어느 것입니까?

(A) この人は1年前コンピューターが得意だった。
이 사람은 1년 전 컴퓨터가 능숙했다.

(B) この人は1年前コンピューターが得意ではなかった。
이 사람은 1년 전 컴퓨터가 능숙하지 않았다.

(C) この人は1年前コンピューターの試験で350点取った。
이 사람은 1년 전 컴퓨터 시험에서 350점을 받았다.

(D) この人は1年前コンピューターの試験で400点取った。
이 사람은 1년 전 컴퓨터 시험에서 400점을 받았다.

해설 ★ '나는 컴퓨터는 서툴러 작년에는 200점이었다' 라는 문장에서 정답을 찾을 수 있다. 정답은 「苦手(にがて)」(서투름)를 달리 표현한 (B)가 된다.

得意(とくい) 잘함. 능숙함

89

この人はどうしてコンピューターの試験を受けたのですか。 이 사람은 왜 컴퓨터 시험을 봤습니까?

(A) いい給料をもらいたいから
좋은 월급을 받고 싶어서
(B) 学校を出てからいい会社に入りたいから
학교를 졸업한 후에 좋은 회사에 들어가고 싶어서
(C) コンピューターが好きだから
컴퓨터를 좋아해서
(D) コンピューターの先生になりたいから
컴퓨터 선생님이 되고 싶어서

해설 ★ 이 사람이 컴퓨터 시험을 보려고 한 이유는 월급이 오르면 좋겠다고 생각했기 때문이다. 따라서 정답은 (A)가 된다.

学校(がっこう)を出(で)る 학교를 졸업하다

90

この人は今年の試験の点を見てどう思いましたか。
이 사람은 올해 시험 점수를 보고 어떻게 생각했습니까?

(A) 試験の点が良くなかったので、悲しい。
시험 점수가 좋지 않아서 슬프다.
(B) 今年は点が悪かったので、来年は頑張りたい。
올해는 점수가 안 좋아서 내년에는 열심히 하고 싶다.
(C) よい点だったので、もう勉強しなくていいから嬉しい。
좋은 점수여서 이제 공부하지 않아도 되니까 기쁘다.
(D) よい点で嬉しかったので、もっと頑張って来年も受けたい。
좋은 점수로 기뻐서 좀 더 분발해서 내년에도 시험을 보고 싶다.

해설 ★ 마지막 문장에서 정답을 찾을 수 있다. 이 사람은 350점이라는 점수를 받고 너무 기뻤기 때문에 내년에도 봐서 좀 더 높은 점수를 받고 싶다고 생각했다고 했으므로 정답은 (D)가 된다.

悲(かな)しい 슬프다   悪(わる)い 안 좋다, 나쁘다

91~94

91我が社の新しい工場が先日完成しましたが、その完成記念パーティーについてお知らせします。パーティーは再来月6月14日日曜日、ホテルサンクスで行います。92招待するお客様の数は全部で約300人、我が社の社員は約100人ですので、合計400人ほどになります。このパーティーに先立って、新工場の見学会も併せて行います。93見学会に参加する方は本社に午後1時に集合となります。また、パーティーにのみ出席する方は直接ホテルに来ていただくことになります。パーティーの開始時間は午後6時です。既に招待状を送る準備はできていますが、94今から皆さんにお渡しする表にお客様の名前漏れ、また名前や住所の間違いがないかどうか確認をお願いします。

우리 회사의 새 공장이 일전에 완성되었습니다만, 그 완성 기념 파티에 대해서 알려드립니다. 파티는 다다음 달 6월 14일 일요일, 호텔 상크스에서 열립니다. 초대하는 손님 수는 전부 약 300명, 우리 회사의 사원은 약 100명이니까, 합계 400명 정도가 됩니다. 이 파티에 앞서 새 공장 견학회도 함께 실시합니다. 견학회에 참가할 분은 본사에 오후 1시 집합입니다. 또, 파티에만 참석할 분은 직접 호텔에 와 주시기 바랍니다. 파티 개시 시간은 오후 6시입니다. 이미 초대장을 보낼 준비는 다 되었습니다만, 지금부터 여러분에게 건네드릴 표에 손님의 이름이 빠져 있는지, 또 이름이나 주소에 틀린 곳이 없는지 확인 부탁드립니다.

新(あたら)しい 새롭다   工場(こうじょう) 공장
先日(せんじつ) 요전날, 일전   完成(かんせい) 완성   記念(きねん) 기념
知(し)らせる 알려 주다   再来月(さらいげつ) 다다음 달
行(おこな)う 행하다, 실시하다   招待(しょうたい) 초대
数(かず) 수, 숫자   全部(ぜんぶ) 전부   合計(ごうけい) 합계
~に先立(さきだ)って ~에 앞서서   見学会(けんがくかい) 견학회
併(あわ)せて 겸해서, 덧붙여   参加(さんか) 참가
本社(ほんしゃ) 본사   集合(しゅうごう) 집합   ~のみ ~만, ~뿐
出席(しゅっせき) 출석, 참석   直接(ちょくせつ) 직접
開始(かいし) 개시   既(すで)に 이미, 벌써   送(おく)る 보내다
準備(じゅんび) 준비   渡(わた)す 건네주다   表(ひょう) 표
名前(なまえ) 이름   ~漏(も)れ ~이 빠짐   住所(じゅうしょ) 주소
間違(まちが)い 틀림   確認(かくにん) 확인

91

この会社はなぜパーティーをしますか。
이 회사는 왜 파티를 합니까?

(A) 先日、新しい工場ができたため
요전에 새 공장이 완성되었기 때문에

(B) 来月、新しい事務所が完成するため
다음 달, 새 사무소가 완성되기 때문에

(C) 再来月、社長が交代するため
다다음 달, 사장이 교체되기 때문에

(D) 先月、ホテル事業を始めたため
지난달, 호텔 사업을 시작했기 때문에

해설 ★ 이 회사가 파티를 하는 이유에 대해서 묻고 있다. 이 회사는 새로운 공장이 완성되어 그 기념 파티를 연다고 했으므로 정답은 (A)가 된다.

できる 생기다   事務所(じむしょ) 사무소   交代(こうたい) 교대, 교체
事業(じぎょう) 사업

92

招待する人の数は全部で約何人ですか。
초대하는 사람의 수는 전부 약 몇 명입니까?

(A) 110人
110명

(B) 190人
190명

(C) 300人
300명

(D) 400人
400명

해설 ★ 숫자 청취 능력을 묻는 문제로, 문제의 「招待(しょうたい)する」(초대하는)라는 표현을 놓치면 (D)를 정답으로 고르기 쉬우므로 주의해야 하는 문제이다. 초대하는 손님의 숫자가 300명이라고 했으므로 정답은 (C)가 된다. 참고로 (D)의 숫자는 파티에 참가하는 인원을 합계한 숫자이다.

93

見学会に参加する人は何時にどこに集まりますか。
견학회에 참가하는 사람은 몇 시에 어디에 모입니까?

(A) 午後6時に本社に集まる。
오후 6시에 본사에 모인다.

(B) 午後6時にホテルに集まる。
오후 6시에 호텔에 모인다.

(C) 午後1時に本社に集まる。
오후 1시에 본사에 모인다.

(D) 午後1時にホテルに集まる。
오후 1시에 호텔에 모인다.

해설 ★ 시간과 장소를 정확하게 청취해야 한다. 견학회에 참가하는 사람은 본사에 오후 1시 집합한다고 했으므로 정답은 (C)가 된다.

集(あつ)まる 모이다

94

皆がこの後しなければならないことは何ですか。
모두가 이 후에 해야 할 일은 무엇입니까?

(A) 招待する客の表を作る。
초대할 손님의 표를 만든다.

(B) 自分に関係のある客に招待状を送る。
자신과 관계가 있는 손님에게 초대장을 보낸다.

(C) ホテルの場所や予定について客に電話でもう一度説明する。
호텔의 장소나 예정에 대해서 손님에게 전화로 다시 한 번 설명한다.

(D) 表を見て客の名前の間違いや漏れがないかなどをチェックする。
표를 보고 손님의 이름이 틀린 곳이나 빠진 곳이 없는지 등을 체크한다.

해설 ★ 마지막 문장 끝 부분에서 「確認(かくにん)をお願(ねが)いします」(확인 부탁드립니다)라는 말로 보아 확인하는 내용이 이 후에 모두가 하는 일이 될 것이다. 표에 손님의 이름이 빠져 있는지, 또 이름이나 주소에 틀린 곳이 없는지 확인 부탁한다고 했으므로 정답은 (D)가 된다.

作(つく)る 만들다　関係(かんけい) 관계　場所(ばしょ) 장소
予定(よてい) 예정　説明(せつめい) 설명　チェック(check) 체크

95~97

95東北地方の山を中心に写真集などを出してきたグループが、来年の出版を目指してある本の企画をしている。東北自然破壊ガイドという本だ。96本には東北の山が破壊された様子や地図、簡単なガイドも入れ、それぞれの地域で起きている問題をわかりやすく解説する予定だ。このグループは10年前にもガイドブックを出版し、これが非常に売れた。しかし、97その結果マナーを守らない登山者が増え、山を荒らす原因になったのではという思いが今度の企画に繋がった。グループの代表者は今山で起きていることを伝え、自然を守っていくのも自分たちの義務だと話している。

도호쿠 지방의 산을 중심으로 사진집 등을 내 왔던 그룹이 내년 출판을 목표로 어떤 책을 기획하고 있다. '도호쿠 자연 파괴 가이드' 라는 책이다. 책에는 도호쿠의 산이 파괴된 모습이나 지도, 간단한 안내도 넣어 각각의 지역에서 일어나고 있는 문제를 알기 쉽게 해설할 예정이다. 이 그룹은 10년 전에도 가이드북을 출판해, 이것이 아주 많이 팔렸다. 그러나, 그 결과 매너를 지키지 않는 등산객이 늘어 산을 엉망으로 만드는 원인이 된 것은 아닌가 하는 생각이 이번 기획으로 이어졌다. 그룹의 대표자는 지금 산에서 일어나고 있는 일을 알려 자연을 지켜 가는 것도 우리의 의무라고 말하고 있다.

東北地方(とうほくちほう) 도호쿠 지방 ＊일본 혼슈의 동북부에 위치하는 6개 현(青森(あおもり)、秋田(あきた)、岩手(いわて)、山形(やまがた)、宮城(みやぎ)、福島(ふくしま)) 中心(ちゅうしん) 중심
写真集(しゃしんしゅう) 사진집　グループ(group) 그룹
出版(しゅっぱん) 출판　目指(めざ)す 목표로 하다　企画(きかく) 기획
自然(しぜん) 자연　破壊(はかい) 파괴　様子(ようす) 모습
地図(ちず) 지도　簡単(かんたん) 간단　それぞれ 각각
地域(ちいき) 지역　起(お)きる 일어나다　問題(もんだい) 문제
解説(かいせつ) 해설　予定(よてい) 예정
非常(ひじょう)に 매우. 대단히　売(う)れる 팔리다
マナー(manner) 매너　守(まも)る 지키다
登山者(とざんしゃ) 등산자. 등산객　増(ふ)える 늘다
荒(あ)らす 엉망으로 만들다　原因(げんいん) 원인
繋(つな)がる 이어지다. 연결되다　代表者(だいひょうしゃ) 대표자
伝(つた)える 전하다. 전달하다　義務(ぎむ) 의무

95

このグループはこれまで、主にどんなことをしてきましたか。
이 그룹은 지금까지 주로 어떤 일을 해 왔습니까?

(A) 環境保護運動
환경 보호 운동

(B) 山の写真集などの出版
산 사진집 등의 출판

(C) 自然破壊の実態調査
자연 파괴의 실태 조사

(D) 地域の新名所の情報誌の発行
지역의 신명소 정보지 발행

해설 ★ 첫 번째 문장에서 정답을 찾을 수 있다. 이 그룹은 도호쿠 지방의 산을 중심으로 사진집 등을 출판해 왔다고 했으므로 정답은 (B)가 된다.

環境(かんきょう) 환경　保護(ほご) 보호　運動(うんどう) 운동
実態(じったい) 실태　調査(ちょうさ) 조사　名所(めいしょ) 명소
情報誌(じょうほうし) 정보지　発行(はっこう) 발행

96

今企画している本には何を書く予定ですか。
지금 기획하고 있는 책에는 무엇을 쓸 예정입니까?

(A) 今東北の山で起こっていることについて
지금 도호쿠의 산에서 일어나고 있는 일에 대해서

(B) このグループの登山の実績について
이 그룹의 등산 실적에 대해서

(C) 東北の山を訪れた登山者の年齢層について
도호쿠의 산을 방문한 등산객의 연령층에 대해서

(D) 全国の山の自然保護運動について
전국 산의 자연 보호 운동에 대해서

해설 ★ 이 그룹이 기획하고 있는 책에는 도호쿠의 산이 파괴된 모습이나 지도, 간단한 안내도 넣어 각각의 지역에서 일어나고 있는 문제를 알기 쉽게 해설할 예정이라고 했다. 따라서 정답은 (A)가 된다.

実績(じっせき) 실적   訪(おとず)れる 방문하다
年齢層(ねんれいそう) 연령층

97

このグループが今度の企画を決めた大きな原因は何ですか。
이 그룹이 이번 기획을 결정한 큰 원인은 무엇입니까?

(A) 急速に登山人口が増えたこと
급속하게 등산 인구가 늘어난 것

(B) 企業グループによる山の開発が進んだこと
기업 그룹에 의한 산 개발이 진행된 것

(C) 自分たちの登山活動で山を荒らしてしまったこと
자신들의 등산 활동으로 산을 엉망으로 만들어 버린 것

(D) 自分たちも自然破壊に責任があると考えたこと
자신들도 자연 파괴에 책임이 있다고 생각한 것

해설 ★ 이 그룹이 이번 기획을 결정한 이유는 10년 전에 출판한 가이드북으로 인해 매너를 지키지 않는 등산객이 늘어난 것은 아닌가 하고 생각했기 때문이다. 따라서 정답은 자신들도 자연 파괴에 책임이 있다고 생각한 것이라고 한 (D)가 된다.

急速(きゅうそく)に 급속하게   人口(じんこう) 인구
開発(かいはつ) 개발   責任(せきにん) 책임

98~100

　民間の調査会社が全国の医療機関で入院や外来の医療費について調査を行ったところ、昨年1年間にほぼ7割の機関で未収金があることが分かった。**98**320の施設のうち未収金があったのは240の施設で、件数にして1万9千4百件、1件当たりの平均未収額は約9万9千円だった。**99**医療費の徴収ができないのは夜間や休日など事務の担当者がいない時間帯に多い。旅行者が受診

してそのままいなくなったり、交通事故の被害者が保険会社が払うと言って支払いを拒否することも多い。**100**徴収は電話や手紙で催促する以外に42%の病院が直接患者の家を訪問して請求すると答えている。

민간 조사회사가 전국의 의료 기관에서 입원이나 외래 의료비에 대해서 조사를 실시했더니 작년 1년 동안 거의 70%의 기관에서 미수금이 있다는 것을 알 수 있었다. 320개의 시설 중에 미수금이 있었던 것은 240개 시설로, 건수로 보면 만 9천 4백 건, 한 건당 평균 미수액은 9만 9천 엔이었다. 의료비 징수를 할 수 없는 것은 야간이나 휴일 등 사무 담당자가 없는 시간대에 많다. 여행자가 진료를 받고 그대로 사라지거나 교통사고 피해자가 보험회사가 지불한다고 하며 지불을 거부하는 경우도 많다. 징수는 전화나 편지로 재촉하는 것 이외에 42%의 병원이 직접 환자 집을 방문해서 청구한다고 대답했다.

民間(みんかん) 민간   全国(ぜんこく) 전국   医療(いりょう) 의료
機関(きかん) 기관   入院(にゅういん) 입원   外来(がいらい) 외래
医療費(いりょうひ) 의료비   동사의 た형+ところ ~했더니
ほぼ 거의   未収金(みしゅうきん) 미수금   施設(しせつ) 시설
~当(あ)たり ~당   平均(へいきん) 평균   徴収(ちょうしゅう) 징수
夜間(やかん) 야간   休日(きゅうじつ) 휴일   事務(じむ) 사무
担当者(たんとうしゃ) 담당자   時間帯(じかんたい) 시간대
多(おお)い 많다   旅行者(りょこうしゃ) 여행자
受診(じゅしん) 진료를 받음   交通事故(こうつうじこ) 교통사고
被害者(ひがいしゃ) 피해자   保険会社(ほけんがいしゃ) 보험회사
払(はら)う 지불하다   支払(しはら)い 지불   拒否(きょひ) 거부
手紙(てがみ) 편지   催促(さいそく) 재촉   以外(いがい) 이외
病院(びょういん) 병원   直接(ちょくせつ) 직접   患者(かんじゃ) 환자
訪問(ほうもん) 방문   請求(せいきゅう) 청구   答(こた)える 대답하다

98

未収金のある病院の数で次のうち、正しいものはどれですか。
미수금이 있는 병원 수로 다음 중 올바른 것은 어느 것입니까?

(A) 320施設中120施設
320개 시설 중 120개 시설

(B) 320施設中240施設
320개 시설 중 240개 시설

(C) 440施設中120施設
440개 시설 중 120개 시설

(D) 560施設中240施設
560개 시설 중 240개 시설

해설 ★ 숫자 청취 문제로, 미수금이 있는 병원은 320개 시설 중 240개 시설이라고 했으므로 정답은 (B)가 된다.

数(かず) 수, 숫자

99

医療費の徴収ができないのはどんな時ですか。
의료비 징수를 할 수 없는 것은 어떤 때입니까?

(A) 平日の窓口混雑時
평일의 창구 혼잡 시

(B) 交通事故の患者が退院する時
교통사고 환자가 퇴원할 때

(C) 事務担当者の不在時
사무 담당자 부재 시

(D) 請求額が10万円超の時
청구액이 10만 엔을 넘을 때

해설 ★ 중반부에 정답이 나오는데 의료비 징수를 할 수 없는 것은 야간이나 휴일 등 사무 담당자가 없는 시간대에 많다고 했다.

平日(へいじつ) 평일   窓口(まどぐち) 창구   混雑(こんざつ) 혼잡
退院(たいいん) 퇴원   不在(ふざい) 부재
請求額(せいきゅうがく) 청구액

100

未収金の徴収について何と言っていますか。
미수금 징수에 대해서 뭐라고 말하고 있습니까?

(A) そのまま泣き寝入りになるケースが40％弱ある。
그대로 단념하게 되는 경우가 40%에 조금 못 미친다.

(B) 手紙や電話などの間接的な請求に止まる病院がほとんどだ。
편지나 전화 등의 간접적인 청구에 그치는 병원이 대부분이다.

(C) 交通事故の場合は保険会社と直接交渉する病院が増加している。
교통사고의 경우에는 보험회사와 직접 교섭하는 병원이 증가하고 있다.

(D) 40％強の病院が未払いの患者の自宅を訪問し徴収している。
40%가 조금 넘는 병원이 미납 환자의 자택을 방문해 징수하고 있다.

해설 ★ 후반부에서 정답을 찾을 수 있다. 징수는 전화나 편지로 재촉하는 것 이외에 42%의 병원이 직접 환자 집을 방문해서 청구한다고 대답했으므로 정답은 (D)가 된다. 나머지 선택지는 설명문 내용과 맞지 않거나 설명문에 나오지 않은 내용들이다.

泣(な)き寝入(ねい)り 할 수 없이 단념함. 억울하지만 참고 넘어감
~弱(じゃく) (숫자 뒤에 붙어서) ~ 조금 못 미침
間接的(かんせつてき) 간접적   止(と)まる 그치다
交渉(こうしょう) 교섭   増加(ぞうか) 증가
~強(きょう) (숫자 뒤에 붙어서) ~ 조금 넘음
未払(みはら)い 미납   自宅(じたく) 자택

PART 1

1 인물의 동작·자세(다수의 인물)

(A) この人たちは教室をきれいにしています。
이 사람들은 교실을 깨끗이 하고 있습니다.

(B) この人たちは階段を掃除しています。
이 사람들은 계단을 청소하고 있습니다.

(C) 階段の下に本屋があります。
계단 아래에 서점이 있습니다.

(D) 階段に荷物が置いてあります。
계단에 짐이 놓여 있습니다.

해설 ★ 역 계단을 청소하고 있는 사람들의 모습으로 「階段(かいだん)」(계단)과 「掃除(そうじ)」(청소)라는 단어가 포인트. (A)는 장소 설명이 틀렸고, 계단 아래에 서점은 없으며, 계단에 짐이 놓여 있지도 않으므로 (C)와 (D) 역시 오답이 된다.

教室(きょうしつ) 교실   下(した) 아래   本屋(ほんや) 서점
荷物(にもつ) 짐   置(お)く 두다, 놓다

2 사물의 상태·특징·장소

(A) コーヒーカップが二つあります。
커피잔이 두 개 있습니다.

(B) 本やコップがあります。
책과 컵이 있습니다.

(C) 本が2冊あります。
책이 두 권 있습니다.

(D) 雑誌と新聞があります。
잡지와 신문이 있습니다.

해설 ★ 사진에 있는 사물의 명칭과 수량을 정확히 파악해야 한다. 커피잔과 물 컵은 하나씩 있으므로 (A)는 오답. 책은 한 권밖에 없으므로 (C) 역시 오답이다. 그리고 잡지와 신문은 보이지 않으므로, (D)도 정답이 될 수 없다.

コーヒー(coffee) 커피   カップ(cup) 컵   本(ほん) 책
コップ(네덜란드어 kop) 컵, 잔   ~冊(さつ) ~권
雑誌(ざっし) 잡지   新聞(しんぶん) 신문

3 인물의 상태

(A) 立っている人はいません。
서 있는 사람은 없습니다.

(B) ここに椅子はありません。
여기에 의자는 없습니다.

(C) 座っている人はいません。
앉아 있는 사람은 없습니다.

(D) みんな何も持っていません。
모두 아무것도 들고 있지 않습니다.

해설 ★ 모두 서서 손에 컵을 들고 마이크 앞에 선 사람을 주목하고 있다. 정답은 앉아 있는 사람은 없다고 한 (C)가 된다.

立(た)つ 서다   椅子(いす) 의자   座(すわ)る 앉다
持(も)つ 가지다, 들다

4 도로나 교통 및 건물

(A) バスのドアが開いています。
버스 문이 열려 있습니다.

(B) タクシーが広い道に止まっています。
택시가 넓은 길에 서 있습니다.

(C) 車からたくさんの人が降りています。
자동차에서 많은 사람이 내리고 있습니다.

(D) 車の後ろが開いています。
자동차 뒤가 열려 있습니다.

해설 ★ 트럭 뒤의 문이 열려 있는 사진으로 「開(あ)く」(열리다)라는 동사가 포인트. (A)와 (B)는 버스와 택시라고 했으므로 오답이고, 사람이 내리고 있는 모습은 보이지 않으므로 (C) 역시 오답이 된다.

バス(bus) 버스   ドア(door) 문   タクシー(taxi) 택시
広(ひろ)い 넓다   道(みち) 길   止(と)まる 멈추다, 서다
車(くるま) 차, 자동차   降(お)りる 내리다   後(うし)ろ 뒤

5 전체적인 풍경 및 상황

(A) この人は果物屋の店員です。
이 사람은 과일 가게 점원입니다.

(B) この店には野菜しかありません。
이 가게에는 채소밖에 없습니다.

(C) 果物は全部お皿の上にあります。
과일은 전부 접시 위에 있습니다.

(D) この人は魚を売っています。
이 사람은 생선을 팔고 있습니다.

해설 ★ 과일 가게 점원이 웃고 있는 사진. (B)는 채소밖에 없다고 했으므로 오답이고, 과일은 상자에 담아서 팔고 있으므로 (C) 역시 오답이 된다. 그리고 (D)는 팔고 있는 사물 설명이 틀렸다.

果物屋(くだものや) 과일 가게   店員(てんいん) 점원
野菜(やさい) 채소, 야채   全部(ぜんぶ) 전부   お皿(さら) 접시
魚(さかな) 생선   売(う)る 팔다

6 전체적인 풍경 및 상황

(A) 田舎の道をお巡りさんが歩いています。
시골길을 경찰관이 걷고 있습니다.

(B) 通りを歩いている人はみんなコートを着ています。
길을 걷고 있는 사람은 모두 코트를 입고 있습니다.

(C) 雨の中を大勢の人が歩いています。
빗속을 많은 사람이 걷고 있습니다.

(D) 人々がビルの前に集まっています。
사람들이 빌딩 앞에 모여 있습니다.

해설 ★ 전체적인 풍경 및 상황을 묻는 문제는 사진과 관련이 없는 단어나 표현 하나만으로 오답을 가려낼 수 있다. 「お巡(まわ)りさん」(경찰관), 「コート」(코트), 「雨(あめ)の中(なか)」(빗속)라는 표현으로 보아 (A), (B), (C)는 모두 오답이라는 것을 알 수 있다. 정답은 사람들이 빌딩 앞에 모여 있다고 한 (D)가 된다.

田舎(いなか) 시골 歩(ある)く 걷다 通(とお)り 길, 거리
着(き)る 입다 大勢(おおぜい) 많은 사람 ビル 빌딩
集(あつ)まる 모이다

7 도로나 교통 및 건물

(A) ホームで大勢の人が待っています。
플랫폼에서 많은 사람이 기다리고 있습니다.

(B) 廊下に数人の人が立っています。
복도에 몇 사람이 서 있습니다.

(C) 木の向こうの建物の屋根は左右が高くなっています。
나무 건너편 건물의 지붕은 좌우가 높게 되어 있습니다.

(D) 大勢の人が横断歩道を渡っているところです。
많은 사람이 횡단보도를 건너고 있는 중입니다.

해설 ★ (A)와 (B)는 장소 때문에 오답이 되고, 사진의 인물들은 횡단보도에서 신호가 바뀌기를 기다리고 있는 중이므로 (D) 역시 오답이 된다. 따라서 정답은 (C)가 된다.

ホーム 플랫폼 ＊「プラットホーム」(platform)의 준말
待(ま)つ 기다리다 廊下(ろうか) 복도 数人(すうにん) 몇 사람
向(む)こう 건너편 建物(たてもの) 건물 屋根(やね) 지붕
左右(さゆう) 좌우 高(たか)い 높다
横断歩道(おうだんほどう) 횡단보도 渡(わた)る 건너다

8 인물의 동작·자세 (1인)

(A) 女の人が鏡を見ながらお化粧しています。
여자가 거울을 보면서 화장을 하고 있습니다.

(B) 女の人が鏡を見てイヤリングを付けています。
여자가 거울을 보고 귀걸이를 착용하고 있습니다.

(C) 男の人がひげを剃っています。
남자가 면도를 하고 있습니다.

(D) 女の人が髪を切っています。
여자가 머리를 자르고 있습니다.

해설 ★ 여자가 거울을 보면서 화장을 하고 있는 사진으로, 「鏡(かがみ)」(거울)와 「化粧(けしょう)」(화장)라는 단어가 포인트.

イヤリング(earring) 귀걸이 付(つ)ける 착용하다. 달다
ひげを剃(そ)る 면도를 하다 髪(かみ)を切(き)る 머리를 자르다

9 도로나 교통 및 건물

(A) 駅員が男の人にお釣りを渡しています。
역무원이 남자에게 거스름돈을 건네주고 있습니다.

(B) ここで電車の切符を買うことができます。
여기에서 전철표를 살 수 있습니다.

(C) 男の人は駅員に切符の買い方を尋ねています。
남자는 역무원에게 표 사는 법을 묻고 있습니다.

(D) 女の人が新幹線の改札口に立っています。
여자가 신칸센 개찰구에 서 있습니다.

해설 ★ 전철역의 매표소 풍경으로, 여기에서 전철표를 살 수 있다고 한 (B)가 정답이 된다. 역무원의 모습은 보이지 않으므로 (A)와 (C)는 오답. 또한 개찰구의 모습도 아니므로 (D)도 정답이 될 수 없다.

駅員(えきいん) 역무원 お釣(つ)り 거스름돈 渡(わた)す 건네주다
切符(きっぷ) 표 買(か)う 사다 尋(たず)ねる 묻다
新幹線(しんかんせん) 신칸센 改札口(かいさつぐち) 개찰구

10 전체적인 풍경 및 상황

(A) 小さなビルの向こうに山が見えます。
작은 빌딩 건너편에 산이 보입니다.

(B) 建物のこちら側はキャベツ畑です。
건물의 이쪽 면은 양배추밭입니다.

(C) 木々の向こうに大きなビルが建っています。
나무들 건너편에 큰 빌딩이 서 있습니다.

(D) ビルの前に広い運動場があります。
빌딩 앞에 넓은 운동장이 있습니다.

해설 ★ 나무들 건너편으로 큰 빌딩이 보이는 사진이므로 정답은 (C)가 된다. 나머지 선택지는 「山(やま)」(산), 「キャベツ畑(ばたけ)」(양배추밭), 「運動場(うんどうじょう)」(운동장) 등의 단어로 보아 오답이라는 것을 알 수 있다.

小(ちい)さな 작은 見(み)える 보이다 木々(きぎ) 나무들
建(た)つ 서다 広(ひろ)い 넓다

11 사물의 상태 · 특징 · 장소

(A) 自転車が一列に並べてあります。
자전거가 일렬로 나란히 놓여 있습니다.

(B) 自転車が数台倒れています。
자전거가 몇 대 넘어져 있습니다.

(C) 道には自転車が何台も走っています。
길에는 자전거가 몇 대나 달리고 있습니다.

(D) トラックでたくさんの自転車を運んでいるところです。
트럭으로 많은 자전거를 운반하고 있는 중입니다.

해설 ★ 자전거가 몇 대 넘어져 있는 사진으로, 「倒(たお)れる」(넘어지다, 쓰러지다)라는 동사가 포인트. 나머지 선택지는 자전거에 대한 설명이 모두 틀렸다.

自転車(じてんしゃ) 자전거 一列(いちれつ) 일렬
並(なら)べる 나란히 놓다 走(はし)る 달리다
トラック(truck) 트럭 運(はこ)ぶ 옮기다, 운반하다

12 인물의 동작 · 자세(1인)

(A) 女の人が本棚の前で食事をしています。
여자가 책장 앞에서 식사를 하고 있습니다.

(B) 女の人が図書室で本を片付けています。
여자가 도서실에서 책을 정리하고 있습니다.

(C) 女の人が本棚の前で料理の本を読んでいます。
여자가 책장 앞에서 요리 책을 읽고 있습니다.

(D) 女の人がソファーに座ってお茶を飲んでいます。
여자가 소파에 앉아서 차를 마시고 있습니다.

해설 ★ 여자가 책장 앞에서 뭔가를 먹고 있는 사진이다. (B)와 (C)는 여자의 동작 설명이 틀렸고, 여자가 앉아 있는 곳도 소파가 아니고 동작 설명 또한 틀렸으므로 (D) 역시 오답이다.

本棚(ほんだな) 책장 食事(しょくじ) 식사
図書室(としょしつ) 도서실 片付(かたづ)ける 정리하다
料理(りょうり) 요리 本(ほん) 책 読(よ)む 읽다
ソファー(sofa) 소파 お茶(ちゃ)を飲(の)む 차를 마시다

13 인물의 동작 · 자세(1인)

(A) エンジンの部分をじっと覗き込んでいます。
엔진 부분을 가만히 들여다보고 있습니다.

(B) モーターに手をそっと触れています。
모터를 손으로 살짝 만지고 있습니다.

(C) 車に両手を付いて体を支えています。
자동차에 양손을 대고 몸을 지탱하고 있습니다.

(D) ハンドルをしっかりと握り締めています。
핸들을 꽉 잡고 있습니다.

해설 ★ 남자가 자동차 엔진 부분을 들여다보고 있는 사진으로, 「覗(のぞ)き込(こ)む」(들여다보다)라는 동사를 알고 있어야 한다. 정답은 (A)가 되는데, 나머지 선택지는 모두 인물의 동작 설명이 틀렸다.

エンジン(engine) 엔진 部分(ぶぶん) 부분 じっと 가만히, 꼼짝 않고
モーター(motor) 모터 そっと 살짝, 살며시
触(ふ)れる 손을 대다, 만지다 両手(りょうて)を付(つ)く 양손을 대다
体(からだ) 몸 支(ささ)える 지탱하다 ハンドル(handle) 핸들
しっかりと 꼭, 꽉 握(にぎ)り締(し)める 꽉 쥐다, 움켜쥐다

14 인물의 동작 · 자세(다수의 인물)

(A) 力を合わせて綱を引き寄せています。
힘을 합쳐 밧줄을 끌어당기고 있습니다.

(B) 綱を握り締めて振り回しています。
밧줄을 꽉 쥐고 휘두르고 있습니다.

(C) 必死でロープにぶら下がっています。
필사적으로 로프에 매달려 있습니다.

(D) 綱を腰に巻いて引きずっています。
밧줄을 허리에 감고 질질 끌고 있습니다.

해설 ★ 줄다리기를 하는 사진으로, (A)의 「引(ひ)き寄(よ)せる」(끌어당기다)라는 동사가 포인트. 나머지 선택지는 「振(ふ)り回(まわ)す」(휘두르다), 「ぶら下(さ)がる」(매달리다), 「引(ひ)きずる」(질질 끌다) 등의 동사로 보아, 동작에 대한 설명이 틀렸다는 것을 알 수 있다.

力(ちから)を合(あ)わせる 힘을 합치다 綱(つな) 밧줄
必死(ひっし)で 필사적으로 ロープ(rope) 로프 腰(こし) 허리
巻(ま)く 감다

15 인물의 상태

(A) 半袖のシャツを着た男性が魚をつかんでいます。
반소매 셔츠를 입은 남성이 물고기를 쥐고 있습니다.

(B) 大きな岩に腰掛け、釣りを楽しんでいます。
큰 바위에 걸터앉아, 낚시를 즐기고 있습니다.

(C) 魚を釣るために、針に餌を付けているところです。
물고기를 낚기 위해서 바늘에 미끼를 달고 있는 중입니다.

(D) サングラスをかけた男性が魚を釣り上げた瞬間です。 선글라스를 쓴 남성이 물고기를 낚아 올린 순간입니다.

해설 ★ 낚시로 물고기를 잡은 순간을 찍은 사진이다. (A)는 물고기를 쥐고 있다고 했으므로 오답이고, (B)는 「腰掛(こしか)ける」(걸터앉다)라는 동사 때문에 틀렸다. (C)는 바늘에 미끼를 달고 있는 중이라고 했으므로 역시 동작에 대한 설명이 잘못되었다.

半袖(はんそで) 반소매 シャツ(shirt) 셔츠 着(き)る 입다
男性(だんせい) 남성 魚(さかな) 물고기 つかむ 움켜쥐다, 붙잡다
岩(いわ) 바위 釣(つ)り 낚시 楽(たの)しむ 즐기다
釣(つ)る 낚다 針(はり) 바늘 餌(えさ) 미끼, 먹이
付(つ)ける 붙이다, 달다
サングラス(sunglasses)をかける 선글라스를 쓰다

釣(つ)り上(つあ)げる 낚아 올리다　瞬間(しゅんかん) 순간

16　도로나 교통 및 건물

(A) 巨大(きょだい)な煙突(えんとつ)が三本(さんぼんせつ)接(た)して立(た)っています。
거대한 굴뚝 3개가 인접해서 서 있습니다.

(B) 建設中(けんせつちゅう)のビルが高(たか)い塀(へい)で上(うえ)まで隠(かく)されています。
건설 중인 빌딩이 높은 울타리로 위까지 숨겨져 있습니다.

(C) 垂直(すいちょく)に近(ちか)い崖(がけ)が迫(せま)っています。
수직에 가까운 벼랑이 가까이에 있습니다.

(D) 目(め)の前(まえ)に近代的(きんだいてき)な高層建築(こうそうけんちく)がそびえています。
눈앞에 근대적인 고층 건축이 높이 솟아 있습니다.

해설 ★ 높은 고층 빌딩을 찍은 사진. 굴뚝은 보이지 않으므로 (A)는 오답이고, (B)는 건설 중이라고 했으므로 역시 틀린 설명이다. (C)는 「崖(がけ)」(벼랑, 낭떠러지)라는 단어 때문에 오답이 된다.

巨大(きょだい) 거대　煙突(えんとつ) 굴뚝　接(せっ)する 접하다
建設(けんせつ) 건설　高(たか)い 높다　塀(へい) 담, 울타리
隠(かく)す 숨기다　垂直(すいちょく) 수직
迫(せま)る 가까워지다, 다가오다　近代的(きんだいてき) 근대적
高層建築(こうそうけんちく) 고층 건축　そびえる 높이 솟다

17　인물의 상태

(A) 子供連(こどもづ)れの人(ひと)が砂浜(すなはま)で海水浴(かいすいよく)をしています。
아이를 동반한 사람이 모래 해변에서 해수욕을 하고 있습니다.

(B) 子供(こども)を抱(だ)いた女(おんな)の人(ひと)が連(つ)れの人(ひと)と一緒(いっしょ)に歩(ある)いて行(い)きます。
아이를 안은 여자가 같이 온 사람과 함께 걸어갑니다.

(C) 子供達(こどもたち)は車内(しゃない)で窓(まど)に寄(よ)り掛(か)かって居眠(いねむ)りしています。
아이들은 차 안에서 창문에 기대어 졸고 있습니다.

(D) 女性(じょせい)が子供(こども)の手(て)を引(ひ)いて市場(いちば)を歩(ある)いています。
여성이 아이 손을 끌고 시장을 걷고 있습니다.

해설 ★ 아이를 안은 여자가 같이 온 사람과 함께 걸어가고 있는 사진으로, (B)의 「抱(だ)く」(안다)라는 동사가 포인트. 나머지 선택지는 장소를 나타내는 명사만 들어도 오답이라는 것을 알 수 있는데, 구체적으로 (A)는 「砂浜(すなはま)」(모래 해변, 모래사장), (C)는 「車内(しゃない)」(차내, 차 안), (D)는 「市場(いちば)」(시장)라는 단어 때문에 오답이 된다.

子供連(こどもづ)れ 아이를 동반함　海水浴(かいすいよく) 해수욕
一緒(いっしょ)に 함께　窓(まど) 창문　寄(よ)り掛(か)かる 기대다
居眠(いねむ)りする 졸다　手(て)を引(ひ)く 손을 끌다

18　전체적인 풍경 및 상황

(A) 塀(へい)の至(いた)る所(ところ)に植木鉢(うえきばち)が吊(つる)されています。
울타리 도처에 화분이 매달려 있습니다.

(B) 壁(かべ)には一面(いちめん)にポスターが貼(は)られています。
벽에는 한 면에 포스터가 붙어 있습니다.

(C) 壁(かべ)は一部(いちぶ)、植物(しょくぶつ)に覆(おお)われています。
벽은 일부가 식물로 뒤덮여 있습니다.

(D) 塀(へい)の前(まえ)には様々(さまざま)な草花(くさばな)が植(う)えられています。
울타리 앞에는 여러 가지 화초가 심어져 있습니다.

해설 ★ 벽의 일부가 식물로 뒤덮여 있는 사진으로, 화분과 포스터는 보이지 않으므로 (A)와 (B)는 오답. 그리고 울타리 앞에 화초가 심어져 있는지는 사진 상으로 알 수 없으므로, (D) 역시 오답이 된다.

至(いた)る所(ところ) 도처　植木鉢(うえきばち) 화분
吊(つる)す 매달다　壁(かべ) 벽　ポスター(poster) 포스터
貼(は)る 붙이다　植物(しょくぶつ) 식물　覆(おお)う 뒤덮다
草花(くさばな) 화초　植(う)える 심다

19　사물의 상태 · 특징 · 장소

(A) 展示会場(てんじかいじょう)にはレース用(よう)の車(くるま)が展示(てんじ)してあります。
전시회장에는 레이스용 자동차가 전시되어 있습니다.

(B) 優勝者(ゆうしょうしゃ)が表彰台(ひょうしょうだい)で胸(むね)を張(は)って立(た)っています。
우승자가 표창대에서 가슴을 펴고 서 있습니다.

(C) ショールームに展示(てんじ)してあるのは寄贈(きぞう)された彫刻(ちょうこく)です。
쇼룸에 전시되어 있는 것은 기증받은 조각입니다.

(D) レース用(よう)の車(くるま)をドライバーが点検(てんけん)しています。
레이스용 자동차를 드라이버가 점검하고 있습니다.

해설 ★ 전시회장에 레이스용 자동차가 전시되어 있는 사진. (C)는 사물에 대한 설명이 틀렸고, 표창대에 서 있는 사람이나 차를 점검하고 있는 사람의 모습은 보이지 않으므로 (B)와 (D)도 오답.

展示会場(てんじかいじょう) 전시회장　レース(race)用(よう) 레이스용
優勝者(ゆうしょうしゃ) 우승자　表彰台(ひょうしょうだい) 표창대
胸(むね)を張(は)る 가슴을 펴다　ショールーム(showroom) 쇼룸
寄贈(きぞう) 기증　彫刻(ちょうこく) 조각
ドライバー(driver) 드라이버, 운전자　点検(てんけん) 점검

20　전체적인 풍경 및 상황

(A) 子供達(こどもたち)はびしょ濡(ぬ)れになって波(なみ)と戯(たわむ)れています。
아이들은 흠뻑 젖어 파도와 놀고 있습니다.

(B) 砂(すな)だらけになって寝(ね)そべっている子供(こども)がいます。
모래투성이가 되어 엎드려 누워 있는 아이가 있습니다.

(C) 砂浜(すなはま)は潮干狩(しおひが)りを楽(たの)しむ人々(ひとびと)で埋(う)め尽(つ)くされています。
모래사장은 조개 캐는 것을 즐기는 사람들로 가득 메워져 있습니다.

(D) 人気(ひとけ)の無(な)い入江(いりえ)にレジャーボートが漂(ただよ)っています。
인기척이 없는 후미에 레저보트가 떠 있습니다.

해설 ★ 해변의 모래사장 풍경으로 엎드려 누워 있는 아이에 주목할 것. 아이들이 파도와 놀고 있는 모습이나 조개를 캐고 있는 사람의 모습은 보이지 않으므로 (A)와 (C)는 오답. 또한 (D)는 장소와 사물 설명이 모두 틀렸다.

びしょ濡(ぬ)れ 흠뻑 젖음   波(なみ) 파도
戯(たわむ)れる 장난치다. 놀다   砂(すな) 모래   ～だらけ ～투성이
寝(ね)そべる 엎드려 눕다   潮干狩(しおひが)り 썰물 때 조개 등을
캐는 일   楽(たの)しむ 즐기다   埋(う)め尽(つ)くす 가득 메우다
人気(ひとけ) 인기척   入江(いりえ) 후미. 호수나 바다가 뭍으로 파고
휘어 들어간 곳   レジャー(leisure) 레저   ボート(boat) 보트
漂(ただよ)う 떠다니다

PART 2

----

21   부탁 · 의뢰 · 허용 표현

すみません、その本(ほん)を見(み)せてください。
저, 그 책을 보여 주세요.

(A) いくらですか。
    얼마인가요?

(B) どれですか。
    어느 것인가요?

(C) 誰(だれ)ですか。
    누구인가요?

(D) 何本(なんぼん)ですか。
    몇 자루인가요?

해설 ★ 책을 보여 달라는 말이므로. 어느 책인지를 확인하고 있는 (B)가 정답이다. (A)는 가격을 물을 때. (C)는 누구인지 확인할 때. (D)는 물건의 개수를 확인할 때 할 수 있는 말이다.

見(み)せる 보이다   何本(なんぼん) 몇 자루. 몇 개

22   일상생활 표현

お腹(なか)が空(す)きませんか。
배고프지 않나요?

(A) ええ、そろそろ昼休(ひるやす)みにしましょう。
    네, 슬슬 점심을 먹죠.

(B) ええ、でもさっきは混(こ)んでいました。
    네, 하지만 조금 전에는 붐볐어요.

(C) ええ、歯(は)が痛(いた)いんです。
    네, 이가 아파요.

(D) ええ、まだ着(つ)いていません。
    네, 아직 도착하지 않았어요.

해설 ★ 「お腹(なか)が空(す)く」는 '배가 고프다'라는 의미의 표현이므로. 남자에게 배가 고프지 않은지 묻고 있는 상황이다. 따라서 선택지 중에서 적절한 응답은 배가 고프다며 점심을 먹자고 한 (A)가 된다.

そろそろ 슬슬   昼休(ひるやす)み 점심 시간   さっき 조금 전
混(こ)む 붐비다. 혼잡하다   歯(は) 이   痛(いた)い 아프다
着(つ)く 도착하다

23   일상생활 표현

あの、ちょっとうるさいんですが。
저, 좀 시끄러운데요.

(A) あっ、こちらですか。
    앗, 이쪽인가요?

(B) あっ、申(もう)し訳(わけ)ありません。
    앗, 죄송합니다.

(C) はい、今(いま)参(まい)ります。
    예, 지금 갈게요.

(D) はい、おいでになりました。
    예, 오셨어요.

해설 ★ 「うるさい」는 '시끄럽다'라는 의미이므로. 문제는 좀 시끄러우니까 조용히 해 달라고 말하고 있는 상황이다. (A)는 방향에 대해서 묻고 있으므로 오답. (C)와 (D)는 시끄러운 것과는 거리가 먼 응답이다.

こちら 이쪽   今(いま) 지금   参(まい)る '가다'의 겸양어
おいでになる 오시다

24   정보 전달에 관한 표현

3つの机(つくえ)に5人(にん)ずつ座(すわ)るんです。
3개의 책상에 5명씩 앉아요.

(A) じゃ、椅子(いす)は3個必要(こひつよう)ですね。
    그럼, 의자는 3개 필요하군요.

(B) じゃ、椅子(いす)は5個必要(こひつよう)ですね。
    그럼, 의자는 5개 필요하군요.

(C) じゃ、椅子(いす)は10個必要(こひつよう)ですね。
    그럼, 의자는 10개 필요하군요.

(D) じゃ、椅子(いす)は15個必要(こひつよう)ですね。
    그럼, 의자는 15개 필요하군요.

해설 ★ 책상이 3개 있고 책상 하나에 5명씩 앉으므로. 총 15명이 된다. 따라서 의자는 15개가 필요할 것이므로 정답은 (D)가 된다.

机(つくえ) 책상   ～ずつ ～씩   椅子(いす) 의자   ～個(こ) ～개
必要(ひつよう) 필요

25 정보 확인·요청에 관한 표현

あの工場で誰が働くか決まりましたか。
저 공장에서 누가 일할지 정해졌나요?

(A) はい、社長が決まりましたよ。
예, 사장님이 정해졌어요.

(B) はい、もう何人かが選ばれましたよ。
예, 벌써 몇 사람인가 뽑혔어요.

(C) 山田さんは行くことにしました。
야마다 씨는 가기로 했어요.

(D) はい、3人です。
예, 3명이에요.

해설 ★ 질문의 의도를 정확히 파악해야 실수가 없다. 공장에서 누가 일할지 정해졌는지 묻고 있는데, (A)는 「決(き)まる」(정해지다, 결정되다)라는 동사를 사용해 오답을 유도하고 있다. (C)는 질문과는 전혀 관계없는 응답이며, (D)는 몇 명이 뽑혔는지에 대한 응답에 해당하므로 역시 오답.

工場(こうじょう) 공장 働(はたら)く 일하다 社長(しゃちょう) 사장
選(えら)ぶ 뽑다, 선발하다

26 일상생활 표현

昨日、会社の帰りに財布を拾ったんです。
어제 회사에서 돌아가는 길에 지갑을 주웠어요.

(A) じゃ、交番に届いているかもしれませんね。
그럼, 파출소에 도착해 있을지도 모르겠군요.

(B) それなら、カードも無くしてしまったんですか。
그렇다면 카드도 잃어버렸나요?

(C) どこに落ちていましたか。
어디에 떨어져 있었나요?

(D) どこで落としましたか。
어디서 잃어버렸나요?

해설 ★ 문제에서 지갑을 주웠다고 했으므로, 지갑을 주운 것에 대한 적절한 응답을 찾아야 한다. (A), (B), (D)는 모두 지갑을 잃어버렸을 때 나올 수 있는 응답이므로 오답. 정답은 어디에 떨어져 있었냐고 물은 (C)가 된다.

帰(かえ)り 돌아감, 귀가 財布(さいふ) 지갑 拾(ひろ)う 줍다
交番(こうばん) 파출소 届(とど)く 도착하다
~かもしれない ~일지도 모른다 カード(card) 카드
無(な)くす 잃다, 분실하다 落(お)ちる 떨어지다
落(お)とす 잃어버리다, 분실하다

27 의문사형 질문

友達の結婚のお祝いにどんな贈り物をしますか。
친구 결혼 축하 선물로 어떤 선물을 하나요?

(A) 大きい人形にしようと思っています。
큰 인형으로 할 생각이에요.

(B) 来週パーティーで会うつもりです。
다음 주 파티에서 만날 생각이에요.

(C) 友達はヨーロッパを旅行するそうです。
친구는 유럽을 여행한대요.

(D) 友達にプレゼントをもらいました。
친구에게 선물을 받았어요.

해설 ★ 「お祝(いわ)い」는 '축하, 축하 선물'이라는 의미. 즉, 문제는 친구의 결혼 축하 선물로 어떤 선물을 하는지 물었으므로, 구체적인 물건으로 대답한 선택지를 고르면 된다.

結婚(けっこん) 결혼 贈(おく)り物(もの) 선물 大(おお)きい 크다
人形(にんぎょう) 인형 パーティー(party) 파티 会(あ)う 만나다
ヨーロッパ(포르투갈어 Europa) 유럽 旅行(りょこう) 여행
プレゼント(present) 선물 もらう 받다

28 의문사형 질문

今日届いた荷物はどれですか。
오늘 도착한 짐은 어느 것인가요?

(A) いつになったら届くのかわかりません。
언제 도착할지 몰라요.

(B) 重いのに運ばせてしまって、すみません。
무거운데 옮기게 해서 미안해요.

(C) この棚に置いてあるのじゃないですか。
이 선반에 놓여 있는 거 아닌가요?

(D) 今日送ったのなら、明日には着くはずですね。
오늘 보낸 거면 내일은 도착하겠군요.

해설 ★ 「どれ」(어느 것)라는 의문사가 포인트. 오늘 도착한 짐이 어느 것인지 묻고 있으므로, 이 선반에 놓여 있는 거 아니냐고 되물은 (C)가 정답이 된다. (A)는 「届(とど)く」(도착하다)라는 동사로 오답을 유도하는 선택지이고, (B)는 물건을 옮길 때, (D)는 물건을 보냈을 때 나올 수 있는 응답들이다.

荷物(にもつ) 짐 重(おも)い 무겁다 運(はこ)ぶ 옮기다, 운반하다
棚(たな) 선반 置(お)く 두다, 놓다 送(おく)る 보내다
着(つ)く 도착하다

29 비즈니스 표현

事故で電車が遅れていますので、先に始めていてください。사고로 전철이 늦어지고 있으니까, 먼저 시작하고 있으세요.

(A) では、病院に行ってから伺います。
그럼, 병원에 간 후에 찾아뵐게요.

(B) では、会議には後から参加してください。
그럼, 회의에는 나중에 참가해 주세요.

(C) では、会議をしながらお待ちください。
그럼, 회의를 하면서 기다려 주세요.

(D) では、怪我の状態をお知らせください。
그럼, 부상 상태를 알려 주세요.

해설 ★ 문제에서 여자가 먼저 시작하고 있으라고 했으므로, 적절한 응답은 회의는 나중에 참가해 달라고 한 (B)가 된다.

事故(じこ) 사고　遅(おく)れる 늦어지다　先(さき)に 먼저
始(はじ)める 시작하다　病院(びょういん) 병원　伺(うかが)う 찾아뵙다
会議(かいぎ) 회의　参加(さんか) 참가　待(ま)つ 기다리다
怪我(けが) 부상　状態(じょうたい) 상태　知(し)らせる 알리다

30　비즈니스 표현

会社説明会の予定がなかなか決まりませんね。
회사 설명회 예정이 좀처럼 결정되지 않네요.

(A) ええ、予定通り済みました。
네, 예정대로 끝났어요.

(B) ええ、安心して済ませることができました。
네, 안심하고 끝낼 수 있었어요.

(C) ええ、社長から返事が来なくて困っています。
네, 사장님한테 답변이 오지 않아 곤란해요.

(D) ええ、それで、お礼に行かなければなりません。
네, 그래서 감사 인사를 하러 가야 해요.

해설 ★ 회사 설명회 예정이 좀처럼 결정되지 않는 이유로 적절한 것은 사장님으로부터 답변이 오지 않아 곤란하다고 한 (C)가 된다.

説明会(せつめいかい) 설명회　予定(よてい) 예정
명사+通(どお)り ～대로　済(す)む 끝나다　安心(あんしん) 안심
済(す)ませる 끝내다, 해결하다　返事(へんじ) 답변, 답장
困(こま)る 곤란하다　お礼(れい) 감사인사, 답례

31　비즈니스 표현

この問題には慎重に当たらないとね。
이 문제에는 신중하게 대응해야 해.

(A) 深刻に考えることはないからね。
심각하게 생각할 필요는 없으니까.

(B) 重要な問題だけにね。
중요한 문제인 만큼 그렇게 해야지.

(C) うん、軽く見ても問題ないね。
응, 가볍게 봐도 문제없군.

(D) 問題というほどのものではないからね。
문제라고 할 정도는 아니니까.

해설 ★ 「当(あ)たる」의 의미를 파악하는 것이 포인트로, 문제에서는 '대응하다'라는 의미로 쓰인 것. 즉, 이 문제에는 신중하게 대응해야 한다고 뜻이므로 적절한 응답은 중요한 문제인 만큼 그렇게 해야 한다고

한 (B)가 정답이 된다. 참고로 (B)의「～だけに」는 '～인 만큼'이라는 의미의 표현이다.

問題(もんだい) 문제　慎重(しんちょう) 신중　深刻(しんこく) 심각
考(かんが)える 생각하다　동사의 기본형+ことはない ～할 필요는 없다
重要(じゅうよう) 중요　軽(かる)い 가볍다

32　일상생활 표현

注意さえすれば、ミスは避けられたのに。
주의만 했다면 실수는 피할 수 있었을 텐데.

(A) 注意深くやったのが幸いしたね。
주의 깊게 한 것이 운 좋게 되었군.

(B) 確かに避けようがなかったね。
확실히 피할 수가 없었겠군.

(C) 実際不注意と言うよりほかないなあ。
정말로 부주의라고밖에 말할 수 없어.

(D) 幸い失敗せずに済んだんだね。
다행히 실패하지 않고 끝났군.

해설 ★「～のに」는 '～텐데'라는 의미로, 후회나 유감을 나타낼 때 사용한다. 따라서 문제는 주의가 부족해 실수를 했다는 의미가 되므로, 적절한 응답은 정말로 부주의라고밖에 말할 수 없다고 한 (C)가 된다.

注意(ちゅうい) 주의　ミス(miss) 실수　避(さ)ける 피하다
注意深(ちゅういぶか)い 주의 깊다
幸(さいわ)いする 운이 좋게 작용하다. 다행스러운 결과가 되다
確(たし)かに 확실히, 분명히　동사의 ます형+ようがない ～할 수 없다.
～할 방법이 없다　実際(じっさい) 정말로　不注意(ふちゅうい) 부주의
～よりほかない ～할 수밖에 없다　幸(さいわ)い 다행히
失敗(しっぱい) 실패　済(す)む 끝나다

33　일상생활 표현

今度の職場は気に入りましたか。
이번 직장은 마음에 들었나요?

(A) ええ、経験豊富な上司がいて、いい刺激を受けています。
네, 경험이 풍부한 상사가 있어서 좋은 자극을 받고 있어요.

(B) ええ、やはりここも不景気に悩まされています。
네, 역시 여기도 불경기로 고생하고 있어요.

(C) それに、管理人がうるさい人で面倒です。
게다가 관리인이 까다로운 사람이라 귀찮아요.

(D) おかげ様で、快適に暮らしております。
덕분에 쾌적하게 살고 있어요.

해설 ★ 문제의「職場(しょくば)」(직장)라는 단어를 놓치면 오답을 고르기 쉬우므로 주의해야 한다. 문제에서 여자가 이번 직장이 마음에 들었는지 묻고 있으므로 직장과 관련된 응답을 찾아야 한다. (B)는 '네'라고 대답했는데, 그 뒤에 이어지는 문장은 부정적인 내용이므로 답이 될 수 없다. (C)와 (D)는 직장이 아니라, 집과 관련된 응답이므로 정답

이 될 수 없다.

気(き)に入(い)る 마음에 들다　経験(けいけん) 경험
豊富(ほうふ) 풍부　上司(じょうし) 상사
刺激(しげき)を受(う)ける 자극을 받다　やはり 역시
不景気(ふけいき) 불경기　悩(なや)ます 괴롭히다
管理人(かんりにん) 관리인　うるさい 까다롭다
面倒(めんどう) 귀찮음. 성가심　おかげ様(さま)で 덕분에
快適(かいてき) 쾌적　暮(く)らす 살다. 생활하다

34　비즈니스 표현

部長(ぶちょう)の許可(きょか)が下(お)りないことには実行(じっこう)できないんですが。
부장님의 허가가 나오지 않고서는 실행할 수 없습니다만.

(A) それなら課長(かちょう)に測定(そくてい)を依頼(いらい)してみます。
그렇다면 과장님에게 측정을 의뢰해 볼게요.

(B) それなら改(あらた)めて部長(ぶちょう)に申請(しんせい)してみます。
그렇다면 다시 부장님에게 신청해 볼게요.

(C) 部長(ぶちょう)が認(みと)めて許可(きょか)が下(お)りたんですね。
부장님이 인정해서 허가가 나왔군요.

(D) 早速(さっそく)実行(じっこう)に移(うつ)してかまわないんですね。
즉시 실행에 옮겨도 상관없겠군요.

해설 ★ 「～ないことには」(~하지 않고서는)라는 문법 표현이 포인트. 부장의 허가가 나오지 않고서는 실행할 수 없다고 했으므로, 선택지 중에서 가장 적절한 응답은 다시 부장에게 신청해 보겠다고 한 (B)가 된다. (A)는 전혀 관계없는 응답이고, (C)와 (D)는 허가가 이미 내린 상태에서 할 수 있는 응답이므로 역시 답이 될 수 없다.

許可(きょか) 허가　下(お)りる 내리다　実行(じっこう) 실행
測定(そくてい) 측정　依頼(いらい) 의뢰　改(あらた)めて 재차. 다시
申請(しんせい) 신청　認(みと)める 인정하다
早速(さっそく) 당장. 즉시　移(うつ)す 옮기다

35　일상생활 표현

事故(じこ)でもない限(かぎ)り、予定(よてい)に変更(へんこう)はありませんよ。
사고가 아닌 한, 예정에 변경은 없어요.

(A) ここへ来(き)て、突然(とつぜん)の変更(へんこう)とはね。
여기에 와서 갑자기 변경이라니.

(B) 事故(じこ)ということなら、変更(へんこう)せざるを得(え)なかったね。
사고라면 변경하지 않을 수 없었겠군.

(C) 大幅(おおはば)に変更(へんこう)されるんですね。
대폭적으로 변경되는군요.

(D) このスケジュールでほぼ確定(かくてい)だね。
이 스케줄로 거의 확정이군.

해설 ★ 문제의 정확한 의미를 파악해야 실수가 없다. 사고가 아니면 변경은 없다고 했으므로, 결국 지금 예정이 거의 확정적이라는 말이다. 따라서 적절한 응답은 (D)가 된다. 나머지 선택지는 예정에 변경이 생겼

다는 말에 대한 응답이다.

事故(じこ) 사고　～ない限(かぎ)り ~가 아닌 한　予定(よてい) 예정
変更(へんこう) 변경　突然(とつぜん) 돌연. 갑자기
동사의 ない형+ざるを得(え)ない ~하지 않을 수 없다
大幅(おおはば) 대폭　スケジュール(schedule) 스케줄
ほぼ 거의　確定(かくてい) 확정

36　추측 및 전문(伝聞) 표현

最近(さいきん)若(わか)い女性(じょせい)の間(あいだ)では、結婚(けっこん)イコール退職(たいしょく)とは限(かぎ)らないそうですよ。
요즘 젊은 여성들 사이에서는 결혼이 곧 퇴직은 아니라고 해요.

(A) 結婚(けっこん)までの交際期間(こうさいきかん)が長(なが)いのも問題(もんだい)ですね。
결혼까지의 교제 기간이 긴 것도 문제군요.

(B) せっかく就職(しゅうしょく)しても長続(ながつづ)きしないのは残念(ざんねん)ですね。
모처럼 취직해도 오래 계속하지 못하는 것은 유감이군요.

(C) この傾向(けいこう)は高齢者(こうれいしゃ)だけのものですね。
이런 경향은 고령자만의 것이군요.

(D) 女性(じょせい)の収入(しゅうにゅう)が高(たか)くなったのも原因(げんいん)の一(ひと)つですね。
여성의 수입이 높아진 것도 원인의 하나겠군요.

해설 ★ 「～とは限(かぎ)らない」는 '~라고는 볼 수 없다'라는 의미의 표현이므로, 문제는 젊은 여성들 사이에서는 결혼이 곧 퇴직은 아니라는 말이 된다. 따라서 그 이유에 대해서 설명한 선택지를 고르면 되므로. 정답은 (D)가 된다.

若(わか)い 젊다　結婚(けっこん) 결혼　イコール(equal) 같음
退職(たいしょく) 퇴직　交際(こうさい) 교제　長(なが)い 길다
せっかく 모처럼　就職(しゅうしょく) 취직
長続(ながつづ)き 오래 계속됨　残念(ざんねん) 유감스러움
傾向(けいこう) 경향　高齢者(こうれいしゃ) 고령자
収入(しゅうにゅう) 수입　高(たか)い 높다　原因(げんいん) 원인

37　비즈니스 표현

先程(さきほど)失業中(しつぎょうちゅう)の男性(だんせい)が面接(めんせつ)に来(き)たようですね。
조금 전에 실업 중인 남성이 면접에 온 것 같더군요.

(A) ええ、今(いま)も団体交渉(だんたいこうしょう)は続(つづ)いています。
네, 지금도 단체 교섭은 계속되고 있어요.

(B) ええ、現在勤務中(げんざいきんむちゅう)の会社(かいしゃ)には秘密(ひみつ)だそうです。
네, 현재 근무 중인 회사에는 비밀이래요.

(C) ええ、ああいう宣伝(せんでん)は断(ことわ)ることにしているんですよ。
네, 그런 선전은 거절하기로 하고 있어요.

(D) ええ、気(き)の毒(どく)と思(おも)いつつも断(ことわ)ってしまいました。
네, 안됐다고 생각하면서도 거절해 버렸어요.

해설 ★ 「失業中(しつぎょうちゅう)」(실업 중)와 「面接(めんせつ)」(면접)라는 단어가 포인트. (A)와 (C)는 면접과는 직접적인 관련이 없는 응답이고, 문제에서 실업 중인 남성이라고 했는데 (B)의 현재 근무 중

인 회사에 비밀이라는 것은 말이 되지 않는다. 따라서 정답은 (D)가 된다.

先程(さきほど) 조금 전　男性(だんせい) 남성
団体交渉(だんたいこうしょう) 단체 교섭　続(つづ)く 계속되다
現在(げんざい) 현재　勤務(きんむ) 근무　秘密(ひみつ) 비밀
宣伝(せんでん) 선전　断(ことわ)る 거절하다
気(き)の毒(どく) 불쌍함, 가엾음
동사의 ます형+つつも ～이지만, ～이면서도

38　관용 표현

気を揉んだわりに、わけなく解決したわ。
마음을 졸인 것에 비해 손쉽게 해결되었네.

(A) ちょっと意外な結果だったね。
조금 의외의 결과였어.

(B) のんきに構えていたけど、けっこう大変だったね。
느긋하게 준비하고 있었는데, 꽤 힘들었어.

(C) 気軽に考えていたけど、解決には時間がかかりそうだね。
마음 편히 생각하고 있었는데, 해결에는 시간이 걸릴 것 같네.

(D) 心配していた通り、面倒なことになったね。
걱정하고 있던 대로 귀찮게 되었네.

해설 ★ 「気(き)を揉(も)む」(마음을 졸이다, 애태우다)와 「わけない」(손쉽다, 간단하다)의 의미를 알고 있어야 정답을 찾을 수 있다. 마음을 졸인 것에 비해서 손쉽게 해결되었다고 했으므로, 적절한 응답은 조금 의외의 결과였다고 한 (A)가 된다. 나머지 선택지는 손쉽게 해결된 것과는 정반대의 의미에 해당하므로 오답.

～わりに ～에 비해서　解決(かいけつ) 해결　意外(いがい) 의외
結果(けっか) 결과　のんき 느긋함, 태평함
構(かま)える 준비하다, 태세를 갖추다　けっこう 꽤, 상당히
気軽(きがる) 마음 편함　心配(しんぱい) 걱정
面倒(めんどう) 귀찮음, 성가심

39　감동·의견을 나타내는 표현

この工場は完成までに相当の期間を要しましたね。
이 공장은 완성까지 상당한 기간을 요했군요.

(A) 大規模な工場なので、やむを得なかったのでしょう。
대규모 공장이라서 어쩔 수 없었겠죠.

(B) 短期間でやっつけてしまったわけですね。
단기간에 해치워 버린 셈이군요.

(C) 計画倒れに終わってしまいましたよ。
계획으로만 그치고 말았어요.

(D) 結局中止とは、実に残念です。
결국 중지라니 실로 유감이에요.

해설 ★ 공장이 완성되기까지 시간이 걸렸던 이유로 대답한 선택지를 고르면 된다. 적절한 응답은 대규모 공장이라 어쩔 수 없었을 것이라고 한 (A).

工場(こうじょう) 공장　完成(かんせい) 완성　相当(そうとう) 상당
期間(きかん) 기간　要(よう)する 요하다　大規模(だいぼ) 대규모
やむを得(え)ない 어쩔 수 없다　短期間(たんきかん) 단기간
やっつける 해치우다　計画倒(けいかくだお)れ 계획으로만 그침
結局(けっきょく) 결국　中止(ちゅうし) 중지　実(じつ)に 실로

40　비즈니스 표현

向こうの担当者がさっぱり捕まらないの。
상대측 담당자와 전혀 연락이 안돼.

(A) すぐに連絡が付いて助かったね。
바로 연락이 닿아서 다행이었군.

(B) まだ担当者が決まっていないのか。
아직 담당자가 정해지지 않은 거야?

(C) いつもすれ違ってばかりだね。
항상 서로 엇갈리기만 하네.

(D) 誰が担当するのか、ようやくはっきりしたね。
누가 담당하는지 겨우 확실해졌군.

해설 ★ 문제의 「捕(つか)まる」는 '붙잡히다. 체포되다' 라는 의미로 쓰인 것이 아니라, '(목표로 하던 것을) 찾아내다'의 의미로 사용되고 있다. 즉, 담당자와 전혀 연락이 닿지 않는다는 뜻이므로 적절한 응답은 (C)가 된다. (A)는 이와는 정반대의 의미이므로 오답. 또한 담당자는 이미 정해져 있는 상태이므로 (B)와 (D) 역시 답이 될 수 없다.

向(む)こう 상대측　担当者(たんとうしゃ) 담당자　さっぱり 전혀
連絡(れんらく)が付(つ)く 연락이 닿다　助(たす)かる 도움이 되다
決(き)まる 정해지다, 결정되다　すれ違(ちが)う 엇갈리다
ようやく 겨우, 간신히　はっきり 확실히

41　비즈니스 표현

予算がどうなるかは交渉次第です。
예산이 어떻게 될지는 교섭에 달려 있어요.

(A) もう金額は決定しているんですね。
이미 금액은 결정되어 있군요.

(B) こちらの希望を伝えた上で、結論を待ちましょう。
이쪽 희망을 전달한 후에 결론을 기다리죠.

(C) 予算はもはや変えられないわけですね。
예산은 이제 바꿀 수 없는 거군요.

(D) 交渉したものの、どうにもならなかったんですね。
교섭은 했지만, 어쩔 수 없었군요.

해설 ★ 「명사+次第(しだい)だ」는 '～에 달려 있다. ～에 의해 좌우된다' 라는 의미로, 문제에서 예산이 어떻게 될지는 교섭에 달려 있다고 했다. 선택지 (A), (C), (D)는 모두 교섭이 끝난 상태에 해당하는 응답

들이므로 정답으로 보기 어렵다. 정답은 이쪽 희망을 전달한 후에 결론을 기다리자고 한 (B)가 된다.

予算(よさん) 예산　交渉(こうしょう) 교섭　金額(きんがく) 금액
決定(けってい) 결정　希望(きぼう) 희망
伝(つた)える 전하다, 전달하다
동사의 た형＋上(うえ)で ~한 후에, ~한 다음에
結論(けつろん) 결론　もはや 이미, 이제　変(か)える 바꾸다
~ものの ~이지만　どうにもならない 어쩔 수 없다

42　추측 및 전문(伝聞) 표현

大学生(だいがくせい)の職場(しょくば)実習(じっしゅう)が増(ふ)えているそうですよ。
대학생의 직장 실습이 늘고 있대요.

(A) でも、希望者(きぼうしゃ)が集(あつ)まりすぎて企業(きぎょう)が応(おう)じきれないそうです。
하지만 희망자가 너무 많이 모여서 기업이 다 응할 수 없대요.

(B) やはり不景気(ふけいき)の影響(えいきょう)がここにも現(あらわ)れていますね。
역시 불경기의 영향이 여기에도 나타나고 있군요.

(C) ようやく女性(じょせい)の地位(ちい)が向上(こうじょう)しましたね。
겨우 여성의 지위가 향상되었군요.

(D) これで大学生(だいがくせい)の就職(しゅうしょく)問題(もんだい)に光(ひかり)が差(さ)し込(こ)みましたね。
이로써 대학생의 취직 문제에 희망이 비쳤군요.

해설 ★ 대학생의 직장 실습이 늘고 있는 것으로 일어날 수 있는 일에 대해 생각을 하면서 들어야 한다. 직장 실습이 늘고 있는 것과 불경기와는 직접적인 관련이 있다고 보기 힘드므로 (B)는 오답. 또한 여성의 지위 향상과는 관련이 없으므로 (C) 역시 오답이 된다. 그리고 직장 실습이 늘어난다고 해서 취직 문제가 해결된다고 보기도 어려우므로, (D)도 정답이 될 수 없다.

大学生(だいがくせい) 대학생　職場(しょくば) 직장
実習(じっしゅう) 실습　増(ふ)える 늘다　希望者(きぼうしゃ) 희망자
集(あつ)まる 모이다　企業(きぎょう) 기업　応(おう)じる 응하다
동사의 ます형＋きれない 다 ~할 수 없다　やはり 역시
不景気(ふけいき) 불경기　影響(えいきょう) 영향
現(あらわ)れる 나타나다　女性(じょせい) 여성　地位(ちい) 지위
向上(こうじょう) 향상　就職(しゅうしょく) 취직
光(ひかり)が差(さ)し込(こ)む 희망이 비치다

43　추측 및 전문(伝聞) 표현

粗大(そだい)ゴミを不法(ふほう)投棄(とうき)する人(ひと)が増(ふ)えているそうですね。
대형 쓰레기를 불법 투기하는 사람이 늘고 있대요.

(A) 無闇(むやみ)に改造(かいぞう)するなんて、以(もっ)ての外(ほか)ですね。
무턱대고 개조하다니 터무니없군요.

(B) それなら住民(じゅうみん)で負担(ふたん)すべきだね。
그렇다면 주민들이 부담해야 하겠군.

(C) コスト削減(さくげん)に貢献(こうけん)しているね。
경비 절감에 공헌하고 있군.

(D) そんな不届(ふとど)き者(もの)は許(ゆる)せないね。
그런 괘씸한 사람은 용서할 수 없어.

해설 ★ 「粗大(そだい)ゴミ」는 세탁기나 냉장고 등의 대형 쓰레기를 말한다. 즉, 문제는 대형 쓰레기를 불법 투기하는 사람이 늘고 있다는 말이므로 적절한 응답은 (D).

不法(ふほう) 불법　投棄(とうき) 투기　無闇(むやみ)に 무턱대고, 함부로
改造(かいぞう) 개조　以(もっ)ての外(ほか) 터무니없음, 당치도 않음
住民(じゅうみん) 주민　負担(ふたん) 부담　コスト(cost) 비용
削減(さくげん) 삭감　貢献(こうけん) 공헌
不届(ふとど)き者(もの) 괘씸한 사람　許(ゆる)す 용서하다

44　비즈니스 표현

彼(かれ)の販売(はんばい)経験(けいけん)の役立(やくだ)たないことといったらありませんよ。
그 사람의 판매 경험은 정말 도움이 안 돼요.

(A) じゃ、今後(こんご)も持続(じぞく)させましょうか。
그럼, 앞으로도 지속시킬까요?

(B) じゃ、全(まった)く違(ちが)う畑(はたけ)の仕事(しごと)をさせましょうか。
그럼, 전혀 다른 분야의 일을 시킬까요?

(C) ええ、彼(かれ)も案外(あんがい)やる気(き)でね。
네, 그 사람도 의외로 의욕적이라서.

(D) ええ、彼(かれ)の経験(けいけん)は貴重(きちょう)です。
네, 그 사람의 경험은 귀중해요.

해설 ★ 「~といったらない」(~하기 짝이 없다, 정말 ~하다)라는 표현의 의미를 알고 있어야 정답을 찾을 수 있다. 문제는 결국 그 사람의 판매 경험은 정말 도움이 되지 않는다는 의미이므로, 적절한 응답은 전혀 다른 분야의 일을 시키자고 제의한 (B)가 된다. 참고로 이때 「畑(はたけ)」는 '밭'이 아니라 '(전문) 분야'라는 의미로 사용되었다.

販売(はんばい) 판매　経験(けいけん) 경험
役立(やくだ)つ 도움이 되다　今後(こんご) 앞으로
持続(じぞく) 지속　全(まった)く 정말, 전혀　違(ちが)う 다르다
案外(あんがい) 의외로　やる気(き) 할 마음, 의욕
貴重(きちょう) 귀중

45　일상생활 표현

こんなに値上(ねあ)げが続(つづ)いても、喫煙者(きつえんしゃ)は反対運動(はんたいうんどう)を起(お)こさないのですか。
이렇게 가격 인상이 계속돼도 흡연자들은 반대 운동을 일으키지 않나요?

(A) 恐(おそ)らくこの運動(うんどう)はますます拡大(かくだい)するでしょう。
아마 이 운동은 점점 확대되겠죠.

(B) 多分(たぶん)消費(しょうひ)行動(こうどう)の研究(けんきゅう)が必要(ひつよう)だと思(おも)います。
아마 소비 행동의 연구가 필요하다고 생각해요.

(C) このままでは未成年(みせいねん)への影響(えいきょう)も無視(むし)できないでしょう。
이대로는 미성년자에 대한 영향도 무시할 수 없겠죠.

(D) むしろこれを機に禁煙を試みる人もいるようです。
오히려 이를 계기로 금연을 시도하는 사람도 있는 것 같아요.

해설 ★ 담배 가격이 계속 인상되고 있는데, 흡연자들은 반대 운동을 하지 않는지 남자에게 묻고 있는 상황이다. (A)는 이미 반대 운동이 벌어지고 있는 상황에서의 대화이므로 적절치 않고, (B)와 (C)는 문제의 질문과는 관계없는 응답이다. 적절한 응답은 가격 인상을 계기로 금연을 시도하는 사람도 있는 것 같다고 한 (D)가 된다.

値上(ねあ)げ 가격 인상　喫煙者(きつえんしゃ) 흡연자
反対運動(はんたいうんどう) 반대 운동　起(お)こす 일으키다
恐(おそ)らく 아마, 필시　ますます 점점　拡大(かくだい) 확대
多分(たぶん) 아마, 필시　消費(しょうひ) 소비　行動(こうどう) 행동
研究(けんきゅう) 연구　未成年(みせいねん) 미성년
影響(えいきょう) 영향　無視(むし) 무시　むしろ 오히려
〜を機(き)に 〜을 계기로　禁煙(きんえん) 금연
試(こころ)みる 시도해 보다

46　비즈니스 표현

苦労したなりに成果も上がりましたね。
고생한 만큼 성과도 올라갔네요.

(A) 困難な局面を乗り切って、よくやったもんです。
곤란한 국면을 극복하고 잘 해냈어요.

(B) 呆気ないほど楽に達成できました。
싱거울 만큼 편하게 달성할 수 있었어요.

(C) 頑張ったのは無駄骨でしたね。
열심히 한 것은 헛수고였네요.

(D) せめて苦労に見合った結果なら、よかったのに。
하다못해 고생에 걸맞는 결과라면 좋았을 텐데.

해설 ★ 문제에 나오는 「苦労(くろう)」(고생)라는 단어에 유의하면서 들어야 한다. (B)는 편하게 달성할 수 있었다고 했으므로 오답. (C)와 (D)는 좋지 않은 결과에 대한 응답에 해당하므로 역시 적절치 않다.

〜なり 〜나름　成果(せいか) 성과　上(あ)がる 오르다
困難(こんなん) 곤란　局面(きょくめん) 국면
乗(の)り切(き)る 극복하다　呆気(あっけ)ない 싱겁다, 허망하다
達成(たっせい) 달성　頑張(がんば)る 분발하다, 열심히 하다
無駄骨(むだぼね) 헛수고　せめて 하다못해
見合(みあ)う 걸맞다, 어울리다　結果(けっか) 결과

47　관용 표현

昨日の彼は大分面食らった様子でしたね。
어제 그 사람은 상당히 당황한 모습이었어요.

(A) ええ、落ち着いて対処していましたね。
네, 차분히 대처하고 있었어요.

(B) あの件では本当に参ったという様子でしたね。
그 건으로는 정말 질린 모습이었어요.

(C) ええ、悠々としていましたね。
네, 느긋해 하고 있었어요.

(D) 驚くに足りないことだったんですね。
놀랄 정도의 일은 아니었어요.

해설 ★ 「面食(めんく)らう」(당황하다)와 「参(まい)る」(질리다)라는 단어가 포인트. 선택지 (A), (C), (D)는 모두 당황한 모습과는 상반되는 내용들이므로 정답으로 보기 힘들다. 정답은 그 건으로는 정말 질린 모습이었다고 한 (B)가 된다.

大分(だいぶ) 꽤, 상당히　様子(ようす) 모습
落(お)ち着(つ)く 차분하다　対処(たいしょ) 대처
悠々(ゆうゆう) 느긋함　驚(おどろ)く 놀라다
〜に足(た)りない 〜할 정도는 못 된다

48　비즈니스 표현

本社の企画開発部には多採な顔触れが揃っていると聞きました。
본사의 기획개발부에는 다채로운 멤버가 모여 있다고 들었어요.

(A) ええ、最新のものは欧州から取り寄せたようです。
네, 최신 것은 유럽에서 가져온 것 같아요.

(B) でも、閲覧するには部長の承諾が必要のようです。
하지만, 열람하기 위해서는 부장님의 승낙이 필요한 것 같아요.

(C) ええ、何といってもアイデアが勝負の世界ですから。
네, 뭐니 뭐니 해도 아이디어가 승부인 세계니까요.

(D) でも、面会人を把握するのは容易ではありません。
하지만, 면회 온 사람을 파악하는 건 쉽지 않아요.

해설 ★ 문제에 나오는 「多彩(たさい)な顔触(かおぶ)れ」(다채로운 멤버)를 기억해 두고 선택지를 들어야 한다. 기획개발부에는 다채로운 멤버가 모여 있다고 했으므로, 뭐니 뭐니 해도 아이디어가 승부인 세계여서 그렇다며 그 이유를 설명한 (C)가 정답이 된다.

本社(ほんしゃ) 본사　企画開発部(きかくかいはつぶ) 기획개발부
揃(そろ)う 갖추어지다　最新(さいしん) 최신
欧州(おうしゅう) 유럽　取(と)り寄(よ)せる 주문해서 가져오게 하다
閲覧(えつらん) 열람　承諾(しょうだく) 승낙
アイデア(idea) 아이디어　勝負(しょうぶ) 승부　世界(せかい) 세계
面会人(めんかいにん) 면회 온 사람　把握(はあく) 파악
容易(ようい) 용이함, 쉬움

49　비즈니스 표현

支店網の縮小が懸案となっていますが。
지점망 축소가 현안이 되고 있습니다만.

(A) 整理・縮小は区切りが付いたところなんですね。
정리·축소는 이제 막 매듭이 지어졌군요.

(B) 事業展開のため、支店数を更に増やす方向なんです。
사업 전개를 위해 지점 수를 더욱 늘릴 방향이에요.

(C) 合理化を目指すに当たって、最優先の課題なんです。
합리화를 목표로 할 때 최우선 과제예요.

(D) 地方にも積極的に出店する意向で検討中なんですね。
지방에도 적극적으로 출점할 의향으로 검토 중이군요.

해설 ★ 「縮小(しゅくしょう)」(축소)와 「懸案(けんあん)」(현안)이라는 단어가 포인트. 현안이 되고 있다는 말로 보아 매듭이 지어졌다고는 보기 힘들기 때문에 (A)는 오답이 되고, (B)와 (D)는 축소와는 상반되는 내용이므로 역시 정답으로 보기는 힘들다. 정답은 합리화를 목표로 할 때 최우선 과제라고 한 (C)가 된다.

支店網(してんもう) 지점망　整理(せいり) 정리
区切(くぎ)りが付(つ)く 매듭이 지어지다　事業(じぎょう) 사업
展開(てんかい) 전개　更(さら)に 더욱더　増(ふ)やす 늘리다
方向(ほうこう) 방향　合理化(ごうりか) 합리화
目指(めざ)す 목표로 하다　〜に当(あ)たって 〜에 즈음하여
最優先(さいゆうせん) 최우선　課題(かだい) 과제　地方(ちほう) 지방
積極的(せっきょくてき) 적극적　出店(しゅってん) 출점
意向(いこう) 의향　検討(けんとう) 검토

50 관용 표현

楽観視したのが裏目に出ましたね。
낙관시했던 것이 좋지 않은 결과가 됐군요.

(A) ええ、侮ってかかったものですから。
네, 얕보고 덤벼들었으니까.

(B) 構えてことに当たったのが、かえってあだになりましたね。
대비를 하고 대처했던 것이 도리어 화가 되었네요.

(C) あまり悲観的になるものではありませんね。
너무 비관적이 되어서는 안 되겠군요.

(D) 気楽に臨んだのが攻を奏しました。
마음 편히 임했던 것이 주효했어요.

해설 ★ 「裏目(うらめ)に出(で)る」는 '좋은 결과를 기대하고 한 일이 반대의 결과가 되다'라는 뜻의 관용 표현이다. 따라서 문제는 낙관시했던 것이 안 좋은 결과를 낳았다는 말이므로 선택지 중에서 적절한 응답은 얕보고 덤벼들어서 그렇다고 한 (A)가 된다. (B)는 대비를 하고 대처했다고 했으므로, 낙관시했다는 말과는 어울리지 않는다. (C)는 관계없는 응답이고, (D)는 문제와 정반대의 의미에 해당하므로 역시 오답이다.

楽観視(らっかんし) 낙관시　侮(あなど)る 얕보다. 깔보다
かかる 덤벼들다　構(かま)える 대비하다　ことに当(あ)たる 대처하다
かえって 도리어　あだになる 화가 되다. 해가 되다
悲観的(ひかんてき) 비관적　気楽(きらく) 마음 편함
臨(のぞ)む 임하다　攻(こう)を奏(そう)する 주효하다

PART 3

----

51 대화 내용에 대한 이해

男：来週、田中さんと晩ご飯を食べに行きますが、一緒に行きませんか。
다음 주에 다나카 씨와 저녁을 먹으러 가는데 함께 가지 않을래요?

女：ええ、いいですね。来週の何曜日ですか。
네, 좋아요. 다음 주 무슨 요일인가요?

男：水曜日か金曜日はどうですか。
수요일이나 금요일은 어때요?

女：金曜日は会議がありますから、水曜日がいいです。
금요일은 회의가 있으니까, 수요일이 좋아요.

2人はいつ田中さんと会いますか。
두 사람은 언제 다나카 씨와 만납니까?

(A) 今週の水曜日
이번 주 수요일

(B) 今週の木曜日
이번 주 목요일

(C) 来週の水曜日
다음 주 수요일

(D) 来週の金曜日
다음 주 금요일

해설 ★ 주와 요일을 잘 들어야 하는 문제. 다나카 씨와 저녁을 먹으러 가는 건 다음 주라고 했으므로 일단 (A)와 (B)는 오답. 남자가 수요일이나 금요일이 어떤지 여자에게 묻자. 여자는 수요일이 좋다고 했으므로 정답은 (C)가 된다.

晩(ばん)ご飯(はん) 저녁 식사　一緒(いっしょ)に 함께
会議(かいぎ) 회의

52 일상생활

女：その帽子を見せてください。
그 모자를 보여 주세요.

男：はい、どうぞ。いかがですか。
예, 여기 있습니다. 어떠십니까?

女：私の服と同じ色で、いいですね。でも、もう少し小さいのはありませんか。
제 옷과 같은 색이라 좋네요. 하지만 좀 더 작은 건 없나요?

男：すみません。茶色はありますが。
죄송합니다. 갈색은 있습니다만.

女の人はどんな帽子が欲しいですか。
여자는 어떤 모자를 원합니까?

(A) 茶色で、もう少し小さい帽子
갈색으로 좀 더 작은 모자

(B) 茶色で、もう少し大きい帽子
갈색으로 좀 더 큰 모자

(C) 服と同じ色で、もう少し大きい帽子
옷과 같은 색으로 좀 더 큰 모자

(D) 服と同じ色で、もう少し小さい帽子
옷과 같은 색으로 좀 더 작은 모자

해설 ★ 손님과 점원의 대화로, 여자가 모자를 고르고 있다. 여자가 본 모자는 옷과 같은 색인데 여자는 크기가 좀 더 작은 걸 원하고 있으므로 정답은 (D)가 된다.

帽子(ぼうし) 모자　服(ふく) 옷　同(おな)じ 같음　色(いろ) 색, 색깔
少(すこ)し 조금　小(ちい)さい 작다　茶色(ちゃいろ) 갈색
欲(ほ)しい 갖고 싶다. 원하다　大(おお)きい 크다

53 인물 관련

男 : 一昨日から弟が東京に来ています。
그저께부터 남동생이 도쿄에 와 있어요.

女 : では、明後日私の家に来ませんか。
그럼, 모레 저희 집에 오지 않을래요?

男 : ありがとうございます。でも、弟は明日帰ります。
고마워요. 하지만 남동생은 내일 돌아가요.

女 : そうですか。
그래요?

男の人の弟さんは全部で何日間東京にいますか。
남자의 남동생은 전부 며칠간 도쿄에 있습니까?

(A) 2日間
이틀간

(B) 3日間
사흘간

(C) 4日間
나흘간

(D) 5日間
닷새간

해설 ★ 날짜를 잘 계산하면서 들어야 실수가 없다. 남자의 남동생은 그저께 도쿄에 왔는데 내일 돌아간다고 했으므로 도쿄에 있는 시간은 모두 나흘간이다.

一昨日(おととい) 그저께　弟(おとうと) 남동생
明後日(あさって) 모레　帰(かえ)る 돌아가다

54 숫자 청취 및 계산

女 : 初めまして。田中です。どうぞよろしくお願いします。
처음 뵙겠습니다. 다나카입니다. 잘 부탁드립니다.

男 : 岡田です。どうぞよろしく。田中さんはいつ会社に入りましたか。
오카다입니다. 잘 부탁드립니다. 다나카 씨는 언제 회사에 들어왔나요?

女 : 5年前です。1週間前に京都からこちらに来ました。
5년 전이요. 일주일 전에 교토에서 여기로 왔어요.

男 : ああ、京都ですか。私の両親も10年前まで京都に住んでいましたよ。
아-, 교토요? 저희 부모님도 10년 전까지 교토에 살고 계셨어요.

女の人はいつ会社に入りましたか。
여자는 언제 회사에 들어왔습니까?

(A) 1週間前
1주일 전

(B) 2週間前
2주일 전

(C) 5年前
5년 전

(D) 10年前
10년 전

해설 ★ 여자가 언제 회사에 들어왔는지 묻고 있으므로 일단 여자 대화에 주목해야 하고, 대화에 등장하는 숫자들이 어떤 숫자인지 구분해서 들어야 한다. 여자는 5년 전에 회사에 들어왔고, 일주일 전에 교토에서 여기로 왔다고 했으므로 정답은 (C)가 된다.

入(はい)る 들어오다　両親(りょうしん) 부모　住(す)む 살다. 거주하다

55 성별에 따른 의견·행동 구분

女 : 鈴木さん、遅いですね。もう3時40分ですよ。
스즈키 씨, 늦네요. 벌써 3시 40분이에요.

男 : 今朝、電話で話した時は3時に会いましょうと言っていましたが。
오늘 아침, 전화로 이야기했을 때는 3시에 만나자고 했습니다만.

女 : 何かあったのでしょうか。もう少し待ちますか。
무슨 일이 있었던 걸까요? 좀 더 기다릴까요?

男 : そうですね。
그러게요.

2人はこれからどうしますか。
두 사람은 이제부터 어떻게 합니까?

(A) 鈴木さんを待つ。
스즈키 씨를 기다린다.

(B) 鈴木さんに電話をする。
스즈키 씨에게 전화를 한다.

(C) 鈴木さんの家に行く。
스즈키 씨 집에 간다.

(D) 家に帰る。
집에 돌아간다.

해설 ★ 대화 후반부에서 정답을 찾을 수 있다. 스즈키라는 사람은 남자에게 3시에 만나자고 했지만, 3시 40분이 되었는데도 아직 오지 않고 있다. 이에 여자가 걱정하면서 좀 더 기다릴지 남자에게 묻자, 남자가 동의를 했다. 결국 두 사람은 이제부터 스즈키 씨를 기다릴 것이므로 정답은 (A)가 된다.

遅(おそ)い 늦다　電話(でんわ) 전화　会(あ)う 만나다
待(ま)つ 기다리다

56　성별에 따른 의견 · 행동 구분

男 : すみませんが、お茶を4つ出してくださいませんか。
죄송하지만, 차를 4잔 준비해 주시겠어요?

女 : はい。冷たいお茶でいいですか。
예. 차가운 차면 되나요?

男 : 今日は少し涼しいですから、温かいのがいいですね。
오늘은 조금 선선하니까 따뜻한 게 좋겠어요.

女 : わかりました。
알겠어요.

女の人は何をいくつ出しますか。
여자는 무엇을 몇 개 준비합니까?

(A) 冷たいお茶を3つ
차가운 차를 3잔

(B) 温かいお茶を4つ
따뜻한 차를 4잔

(C) 温かいコーヒーを3つ
따뜻한 커피를 3잔

(D) 冷たいコーヒーを4つ
차가운 커피를 4잔

해설 ★ 남자의 첫 번째 대화에서 차를 4잔 준비해 달라고 했으므로 일단 커피라고 한 (C)와 (D)는 정답에서 제외된다. 그리고 오늘은 조금 선선하니까 따뜻한 게 좋겠다고 했으므로, 여자는 따뜻한 차를 4잔 준비하면 된다. 따라서 정답은 (B)가 된다.

お茶(ちゃ) 차　冷(つめ)たい 차갑다　涼(すず)しい 시원하다
温(あたた)かい 따뜻하다　コーヒー(coffee) 커피

57　일상생활

女 : このカレンダーはどうですか。大きくて絵もきれいですよ。
이 달력은 어때요? 크고 그림도 예뻐요.

男 : 机の上に置きますから、もっと小さいのがいいです。
책상 위에 둘 거니까, 좀 더 작은 게 좋아요.

女 : じゃ、これは。絵はありませんが、小さいですよ。
그럼, 이건? 그림은 없지만, 작아요.

男 : いいですね。じゃ、それをください。
좋네요. 그럼, 그걸 주세요.

男の人が買ったカレンダーはどれですか。
남자가 산 달력은 어느 것입니까?

(A) 小さくて、絵がないカレンダー
작고 그림이 없는 달력

(B) 大きくて、絵がないカレンダー
크고 그림이 없는 달력

(C) 小さくて、絵がきれいなカレンダー
작고 그림이 예쁜 달력

(D) 大きくて、絵がきれいなカレンダー
크고 그림이 예쁜 달력

해설 ★ 달력의 크기와 그림의 유무를 잘 들어야 하는 문제. 여자의 대화에서 달력에 관한 정보가 두 번 언급되고 있다. 남자는 처음에 여자가 추천한 크고 그림도 예쁜 달력은 책상 위에 둘 거라서 좋지 않다고 했고, 다음에 추천한 달력은 그림은 없지만 작아서 좋다고 했으므로 정답은 (A)가 된다.

カレンダー(calendar) 달력　絵(え) 그림　机(つくえ) 책상
置(お)く 두다, 놓다

58　대중교통

男 : 明後日、東京から広島まで行きますが、どのくらいかかりますか。
모레 도쿄에서 히로시마까지 가는데 어느 정도 걸리나요?

女 : 東京から広島まで新幹線で4時間です。
도쿄에서 히로시마까지 신칸센으로 4시간이에요.

男 : 飛行機では2時間ぐらいですか。
비행기로는 2시간 정도인가요?

女 : いいえ、1時間半ぐらいです。
아니요, 1시간 반 정도예요.

東京から広島まで新幹線でどのくらいですか。
도쿄에서 히로시마까지 신칸센으로 어느 정도입니까?

(A) 1時間 1시간

(B) 1時間30分 1시간 30분

(C) 2時間 2시간
(D) 4時間 4시간

해설 ★ 대화 중에 두 가지 교통수단이 등장하므로 걸리는 시간을 구분해서 들어야 한다. 도쿄에서 히로시마까지 신칸센으로는 4시간, 비행기로는 1시간 반 정도 걸린다고 했으므로 정답은 (D)가 된다.

かかる (시간이) 걸리다, 소요되다　新幹線(しんかんせん) 신칸센
飛行機(ひこうき) 비행기

59　대화 내용에 대한 이해

女：昨日のデートは楽しかった。
어제 데이트는 즐거웠어?

男：えっ、どうして知っているの。木村さんから聞いたの。어? 어떻게 알고 있어? 기무라 씨한테 들었어?

女：山田さんと駅まで一緒に帰った時、きれいな人と歩いているのを見たの。
야마다 씨와 역까지 함께 돌아갈 때 예쁜 여자와 걷고 있는 걸 봤어.

男：ああ、そうだったんだ。
아, 그랬군.

女の人はどうして男の人のデートのことを知りましたか。여자는 어떻게 남자의 데이트를 알았습니까?

(A) 山田さんから聞いたから
야마다 씨한테 들었기 때문에
(B) 駅で男の人を見たから
역에서 남자를 봤기 때문에
(C) 木村さんから聞いたから
기무라 씨한테 들었기 때문에
(D) 男の人の手帳を見たから
남자의 수첩을 봤기 때문에

해설 ★ 여자의 두 번째 대화에서 정답을 찾을 수 있다. 남자는 어제 데이트를 했는데 여자는 야마다 씨와 역까지 함께 돌아갈 때 남자가 여자와 걷고 있는 걸 봤다. 결국 여자는 역에서 남자를 봤기 때문에 남자가 어제 데이트를 했다는 것을 알게 되었으므로 정답은 (B)가 된다.

デート(date) 데이트　楽(たの)しい 즐겁다　知(し)る 알다
駅(えき) 역　歩(ある)く 걷다　手帳(てちょう) 수첩

60　성별에 따른 의견·행동 구분

男：今、お帰りですか。友達と映画を見に行きますが、一緒に行きませんか。
지금 돌아가시나요? 친구와 영화를 보러 가는데 함께 가지 않을래요?

女：ああ、ご免なさい。今日はちょっと…。
아, 죄송해요. 오늘은 좀….

男：病院ですか。風邪、まだ良くならないんですか。
병원인가요? 감기 아직 낫지 않았나요?

女：いいえ。姉と一緒に買い物に行く約束をしているんです。
아니요. 언니와 같이 쇼핑하러 갈 약속을 했어요.

女の人はこれからどうしますか。
여자는 이제부터 어떻게 합니까?

(A) 男の人と映画を見に行く。
남자와 영화를 보러 간다.
(B) 病院に行く。
병원에 간다.
(C) 1人で買い物をする。
혼자서 쇼핑을 한다.
(D) お姉さんと会う。
언니를 만난다.

해설 ★ 여자의 마지막 대화에 직접적으로 정답이 나온다. 여자는 영화 보러 가자는 남자의 권유를 거절했는데, 그 이유는 언니와 쇼핑하러 갈 약속을 했기 때문이다. 따라서 정답은 (D)가 된다.

映画(えいが) 영화　病院(びょういん) 병원　風邪(かぜ) 감기
姉(あね) 언니, 누나　約束(やくそく) 약속
買(か)い物(もの)をする 쇼핑을 하다

61　일상생활

男：こちらの眼鏡ですか。ああ、ずいぶん曲がっていますね。
이 안경인가요? 아, 상당히 휘었네요.

女：ええ、今朝踏んでしまって。直りますか。
네, 오늘 아침에 밟아 버려서. 수리돼요?

男：ちょっとやってみましょう。少しそちらの席に座って、お待ちください。
한 번 해 보죠. 잠시 그 자리에 앉아서 기다려 주세요.

女：はい。お願いします。
예. 부탁드려요.

女の人はどうして眼鏡屋に来たのですか。
여자는 왜 안경점에 왔습니까?

(A) 頼んでおいた眼鏡をもらうため
부탁해 둔 안경을 받기 위해서
(B) 新しい眼鏡を買うため
새 안경을 사기 위해서
(C) 壊れた眼鏡を直してもらうため
고장 난 안경을 수리받기 위해서
(D) 緩くなった眼鏡を締めてもらうため
느슨해진 안경을 죄기 위해서

해설 ★ 여자가 안경점에 온 이유를 묻고 있으므로 여자의 대화에 주목해야 한다. 여자는 오늘 아침에 안경을 밟아 안경이 휘고 말았는데, 그 고장 난 안경을 수리받기 위해서 안경점에 왔으므로 정답은 (C)가 된다.

眼鏡(めがね) 안경　ずいぶん 몹시, 아주　曲(ま)がる 휘다
踏(ふ)む 밟다　直(なお)る 수리되다　席(せき) 자리
座(すわ)る 앉다　頼(たの)む 부탁하다　新(あたら)しい 새롭다
壊(こわ)れる 고장 나다, 부서지다　直(なお)す 고치다, 수리하다
緩(ゆる)い 느슨하다　締(し)める 죄다

---

62 대화 내용에 대한 이해

男：はい、何(なん)でしょうか。まだ来(き)ていない料理(りょうり)がありますか。 예, 무슨 일이시죠? 아직 나오지 않은 요리가 있나요?

女：いいえ、この肉(にく)を見(み)てください。中(なか)がまだちょっと…。 아니요, 이 고기를 보세요. 안이 아직 좀….

男：あ、本当(ほんとう)ですね。申(もう)し訳(わけ)ありません。すぐ焼(や)き直(なお)します。 아, 정말이네요. 죄송합니다. 바로 다시 굽겠습니다.

女：いいえ、もう時間(じかん)がありませんし、結構(けっこう)です。 아니요, 이제 시간이 없으니까 괜찮아요.

男(おとこ)の人(ひと)はどんなことを謝(あやま)っていますか。
남자는 어떤 것을 사과하고 있습니까?

(A) 料理(りょうり)を出(だ)すのが遅(おそ)かったこと
　　요리를 내는 게 늦은 것
(B) 料理(りょうり)を間違(まちが)えたこと
　　요리를 잘못 낸 것
(C) 料理(りょうり)の中(なか)に髪(かみ)の毛(け)が入(はい)っていたこと
　　요리 안에 머리카락이 들어 있었던 것
(D) 料理(りょうり)が中(なか)まで焼(や)けていなかったこと
　　요리가 안까지 구워지지 않던 것

해설 ★ 여자의 첫 번째 대화인 「中(なか)がまだちょっと…」(안이 아직 좀…)와 그 다음의 남자 대화인 「すぐ焼(や)き直(なお)します」(바로 다시 굽겠습니다)에서 정답을 찾을 수 있다. 남자는 고기가 안까지 익지 않은 것에 대해서 사과하고 있으므로 정답은 (D)가 된다.

料理(りょうり) 요리　肉(にく) 고기　もう 이제, 이미
結構(けっこう) 괜찮음　料理(りょうり)を出(だ)す 요리를 내다
間違(まちが)える 틀리다, 잘못하다　髪(かみ)の毛(け) 머리카락
焼(や)ける 구워지다

---

63 성별에 따른 의견·행동 구분

女：すみません。美術館(びじゅつかん)へはどう行(い)けばいいですか。 실례합니다. 미술관에는 어떻게 가면 되나요?

男：ああ、私(わたし)もこの辺(へん)はあまり詳(くわ)しくないんですよ。 아-, 저도 이 근처는 지리를 잘 몰라요. 죄송해요.

女：いえ、では、別(べつ)の方(かた)に聞(き)いてみます。ありがとうございました。 아뇨, 그럼, 다른 분에게 물어볼게요. 감사합니다.

男：あっ、ここをまっすぐ行(い)った所(ところ)に交番(こうばん)がありましたよ。 아, 여기를 곧장 가면 파출소가 있었어요.

男(おとこ)の人(ひと)はどうしましたか。
남자는 어떻게 했습니까?

(A) 女(おんな)の人(ひと)に交番(こうばん)の場所(ばしょ)を教(おし)えた。
　　여자에게 파출소 위치를 가르쳐 주었다.
(B) 女(おんな)の人(ひと)を美術館(びじゅつかん)まで連(つ)れて行(い)った。
　　여자를 미술관까지 데리고 갔다.
(C) 女(おんな)の人(ひと)を交番(こうばん)まで連(つ)れて行(い)った。
　　여자를 파출소까지 데리고 갔다.
(D) 女(おんな)の人(ひと)に美術館(びじゅつかん)への行(い)き方(かた)を教(おし)えた。
　　여자에게 미술관에 가는 길을 가르쳐 주었다.

해설 ★ 여자가 미술관에 가는 길을 남자에게 묻고 있는 상황이다. 여자가 길을 묻자 남자는 이 근처는 잘 모른다고 대답하고 대신에 근처에 있는 파출소 위치를 여자에게 알려 주었다.

美術館(びじゅつかん) 미술관　この辺(へん) 이 근처
詳(くわ)しい 잘 알고 있다　まっすぐ 곧장　交番(こうばん) 파출소
場所(ばしょ) 장소　連(つ)れる 데리고 가다
行(い)き方(かた) 가는 길　教(おし)える 일러 주다

---

64 인물 관련

女：社長(しゃちょう)、お酒(さけ)とたばこ、お止(や)めになったんですか。 사장님, 술과 담배 끊으셨나요?

男：医者(いしゃ)から少(すこ)し減(へ)らすようにと注意(ちゅうい)されてね。酒(さけ)は止(や)めたんだよ。 의사가 조금 줄이라고 주의를 줘서. 술은 끊었어.

女：そうですか。良(い)いことですね。たばこの方(ほう)はいかがですか。 그래요? 잘됐네요. 담배는 어떠세요?

男：いや、たばこは前(まえ)ほどは吸(す)わなくなったんだが、なかなか止(や)められないね。 아니, 담배는 예전만큼은 피우지 않게 되었지만, 좀처럼 끊을 수가 없군.

男(おとこ)の人(ひと)は酒(さけ)とたばこを止(や)めましたか。
남자는 술과 담배를 끊었습니까?

(A) 酒(さけ)だけ止(や)めた。
　　술만 끊었다.
(B) たばこだけ止(や)めた。
　　담배만 끊었다.
(C) 酒(さけ)もたばこも止(や)めた。
　　술과 담배 모두 끊었다.
(D) 酒(さけ)もたばこも止(や)めていない。
　　술과 담배 모두 끊지 않았다.

해설 ★ 남자의 첫 번째 대화에서 술을 끊었다는 것을 알 수 있고, 두 번째 대화에서 담배는 아직 끊지 않았다는 것을 알 수 있다. 따라서 정답은 술만 끊었다고 한 (A)가 된다.

お酒(さけ) 술　たばこ 담배　止(や)める 끊다. 그만두다
医者(いしゃ) 의사　減(へ)らす 줄이다　注意(ちゅうい) 주의
吸(す)う (담배를) 피우다　なかなか 좀처럼

---

65 대중교통

男 : 昨日、降りる駅の2つ先の駅まで行ってしまいましたよ。 어제, 내릴 역을 두 정거장이나 지나쳤어요.

女 : また、お酒を飲みすぎて、寝てしまったんでしょ。 또 과음해서 자 버렸죠?

男 : 違いますよ。本を読んでいて、気が付かなかったんですよ。 아니에요. 책을 읽고 있다가 미처 몰랐어요.

女 : そうだったんですか。 그랬어요?

昨夜、男の人はどうして2つ先の駅まで行ってしまったのですか。 어젯밤, 남자는 왜 두 정거장이나 지나쳤습니까?

(A) 本を読んでいたから
　　책을 읽고 있었기 때문에

(B) 電車の中で寝ていたから
　　전철 안에서 자고 있었기 때문에

(C) 電車が込んでいたから
　　전철이 붐비고 있었기 때문에

(D) 友達と話をしていたから
　　친구와 이야기를 하고 있었기 때문에

해설 ★ 남자가 내릴 역을 두 정거장이나 지나친 이유를 묻고 있으므로, 남자의 대화에 주목해야 한다. 남자는 책을 읽고 있다가 내릴 역을 지나쳐서 두 정거장 앞 역까지 가 버렸으므로 정답은 (A)가 된다.

降(お)りる 내리다　先(さき) 앞　飲(の)みすぎる 과음하다
寝(ね)る 자다　違(ちが)う 다르다. 틀리다
本(ほん)を読(よ)む 책을 읽다　気(き)が付(つ)く 깨닫다. 알아차리다
込(こ)む 붐비다. 혼잡하다　話(はなし) 이야기

---

66 인물 관련

男 : 息子さん、今日本に帰っていらっしゃるそうですね。 아드님, 지금 일본에 돌아와 계신다면서요.

女 : ええ、でも2週間の短い春休みですよ。またすぐに戻って卒業試験の勉強です。 네, 하지만 2주간의 짧은 봄방학이에요. 또 바로 돌아가서 졸업 시험 공부를 해야 해요.

男 : ご卒業後はあちらで仕事をされるんですか。 졸업 후에는 그쪽에서 일을 하시나요?

女 : 外国人が仕事を見つけるのは大変らしいので、たぶん日本で探すと思います。 외국인이 일자리를 찾는 건 힘든 모양으로, 아마 일본에서 찾을 거예요.

女の人の息子さんは今何をしていますか。 여자의 아들은 지금 무엇을 하고 있습니까?

(A) 日本で仕事をしている。
　　일본에서 일을 하고 있다.

(B) 外国で仕事をしている。
　　외국에서 일을 하고 있다.

(C) 日本に2週間だけ帰国している。
　　일본에 2주간만 귀국해 있다.

(D) 外国で仕事を探している。
　　외국에서 일자리를 찾고 있다.

해설 ★ 여자의 아들이 지금 무엇을 하고 있는지 묻고 있는데, 남자와 여자의 첫 번째 대화에서 정답을 찾을 수 있다. 남자는 여자의 아들이 현재 일본에 돌아와 있느냐고 물었고, 여자는 그렇다면서 2주 동안 봄방학이라고 답했으므로 정답은 (C)가 된다.

息子(むすこ) 아들　卒業(そつぎょう) 졸업　試験(しけん) 시험
外国人(がいこくじん) 외국인　見(み)つける 찾다. 발견하다
探(さが)す 찾다　帰国(きこく) 귀국

---

67 대화 내용에 대한 이해

女 : 今日もまた帰りは夜中を過ぎるの。 오늘도 또 돌아오는 건 한밤중이 지나서야?

男 : 僕の課の人たちはみんな11時ぐらいまで残っているよ。 우리 과 사람들은 모두 11시 정도까지 남아 있어.

女 : みんな、働くのが好きね。 모두 일하는 걸 좋아하네.

男 : 明日はなるべく早く帰るよ。 내일은 되도록 일찍 돌아올게.

男の人はたいてい何時頃家に帰りますか。 남자는 대개 몇 시쯤 집에 돌아옵니까?

(A) 午前0時前
　　오전 0시 전

(B) 午後11時前
　　오후 11시 전

(C) 午後11時過ぎ
　　오후 11시 지나서

(D) 午前0時より後
　　오전 0시 이후

해설 ★ 남자가 몇 시쯤 집에 돌아오는지 묻고 있다. 여자의 첫 번째 대화에 「夜中(よなか)を過(す)ぎる」(한밤중을 지나다)라는 표현이 나오므로, 남자는 대개 오전 0시 넘어서 돌아온다는 것을 알 수 있다. 따라서 정답은 (D)가 된다.

残(のこ)る 남다　働(はたら)く 일하다　好(す)き 좋아함
なるべく 되도록　たいてい 대개

68 일상생활

男 : 昨日は一日中雨に降られて大変だったよ。
　　어제는 하루 종일 비를 맞아서 고생했어.

女 : 午前中は降らないはずだったのに。
　　오전 중에는 내리지 않는다고 했는데.

男 : この頃の天気予報は駄目だね。
　　요즘 일기예보는 엉망이야.

女 : 本当にそうね。あまり信じない方がいいわよ。
　　정말로 그래. 별로 믿지 않는 게 좋아.

昨日の天気予報はどうでしたか。
어제 일기예보는 어땠습니까?

(A) 午前中も午後も雨が降る。
　　오전 중에도 오후에도 비가 내린다.

(B) 午前中は雨が降るが、午後は止む。
　　오전 중에는 비가 내리지만, 오후에는 그친다.

(C) 午前中は晴れか曇りで、午後は雨が降る。
　　오전 중에는 맑거나 흐리고 오후에는 비가 내린다.

(D) 朝からの雨が夜には止む。
　　아침부터 내리던 비가 밤에는 그친다.

해설 ★ 남자의 첫 번째 대화에서 일단 어제 비가 왔다는 것을 알 수 있고, 여자의 첫 번째 대화에서는 오전 중에는 비가 오지 않는다는 예보였다는 것을 알 수 있다. 결국 어제 일기예보는 오전 중에는 비가 오지 않지만, 오후에는 비가 내린다는 예보였다는 것을 알 수 있으므로, 정답은 (C)가 된다.

一日中(いちにちじゅう) 하루 종일　雨(あめ)に降(ふ)られる 비를 맞다
天気予報(てんきよほう) 일기예보　駄目(だめ) 제구실을 못함. 엉망임
信(しん)じる 믿다　止(や)む 그치다. 멈추다　晴(は)れ 맑음
曇(くも)り 흐림

69 대화 내용에 대한 이해

男 : 何でも100円という店が人気があるよ。
　　뭐든지 100엔이라는 가게가 인기가 있어.

女 : でも、安いから売れるというわけでもないでしょ。
　　하지만 싸서 팔리는 것도 아니겠죠?

男 : そうだね。よそでよく売れている商品を調べて、参考にしているらしいよ。
　　맞아. 다른 곳에서 잘 팔리는 상품을 조사해서 참고하고 있대.

女 : 本当に欲しいものが安く買えるなら、いいですよね。
　　정말로 갖고 싶은 물건을 싸게 살 수 있다면 좋죠.

2人は100円の商品がどうして人気があると言っていますか。두 사람은 100엔인 상품이 왜 인기가 있다고 말하고 있습니까?

(A) 市場調査を参考にしているから
　　시장조사를 참고로 하고 있기 때문에

(B) 高級品を値下げして売っているから
　　고급 상품을 가격을 내려서 팔고 있기 때문에

(C) 全商品を100円に統一しているから
　　모든 상품을 100엔으로 통일했기 때문에

(D) 価格が常に一定だから
　　가격이 항상 일정하기 때문에

해설 ★ 100엔 상품이 인기가 있는 이유는 남자의 두 번째 대화에 나온다. 남자의 대화에서 잘 팔리는 상품을 조사해서 참고하고 있다고 했으므로, 결국 시장조사를 참고하고 있기 때문이라는 것을 알 수 있다.

店(みせ) 가게　人気(にんき) 인기　安(やす)い 싸다
売(う)れる 팔리다　～わけでもない ～인 것도 아니다　よそ 다른 곳
欲(ほ)しい 갖고 싶다. 원하다　市場調査(しじょうちょうさ) 시장조사
参考(さんこう) 참고　高級品(こうきゅうひん) 고급 상품
値下(ねさ)げ 가격 인하　統一(とういつ) 통일　常(つね)に 늘. 항상
一定(いってい) 일정

70 뉴스 및 이슈

女 : 最近、決まった仕事に就いていない若い人が増えているそうですね。
　　요즘 일정한 일에 종사하지 않는 젊은이가 늘고 있대요.

男 : 新聞によるとその内の75%はそうせざるを得ないという理由の人なんだって。
　　신문에 의하면 그중에 75%는 그럴 수밖에 없는 이유가 있는 사람이래.

女 : そうですか。ただ楽をしたいだけかと思っていました。그래요? 단지 편하게 지내고 싶어서 인가 하고 생각했어요.

男 : それでなくても、子供の数は少ないし、将来が心配だね。그렇지 않아도 아이 수는 적고 장래가 걱정이군.

どんな若い人が多いですか。
어떤 젊은이가 많습니까?

(A) 正式の社員になりたいにも関わらず、なれない人
　　정식 사원이 되고 싶음에도 불구하고 될 수 없는 사람

(B) 決まった仕事に捕らわれず、自由に仕事をしたい人
　　일정한 일에 구애받지 않고 자유롭게 일을 하고 싶은 사람

(C) 好きな時間に起きて、好きなことだけしたい人
좋아하는 시간에 일어나, 좋아하는 것만 하고 싶은 사람

(D) 勉強は好きだが、働くのは好きではない人
공부는 좋아하지만, 일하는 것은 좋아하지 않는 사람

해설 ★ 여자의 첫 번째 대화에서 일정한 일에 종사하지 않는 젊은이가 늘고 있다고 했고, 이어진 남자의 대화에서 그중에 75%가 그럴 수 밖에 없는 이유가 있다고 했다. 이것을 달리 표현하면 정식 사원이 되고 싶어도 될 수 없는 사람이 많다는 뜻이 되므로 정답은 (A)가 된다.

決(き)まる 정해지다　～に就(つ)く ～에 종사하다　若(わか)い 젊다
増(ふ)える 늘다　新聞(しんぶん) 신문　～によると ～에 의하면
동사의 ない형+ざるを得(え)ない ～하지 않을 수 없다
理由(りゆう) 이유　少(すく)ない 적다　将来(しょうらい) 장래
心配(しんぱい) 걱정. 염려　正式(せいしき) 정식　社員(しゃいん) 사원
～にも関(かか)わらず ～임에도 불구하고　自由(じゆう)に 자유롭게
働(はたら)く 일하다

71 대화 내용에 대한 이해

男 : 今熱中しているものがありますか。
지금 열중하고 있는 게 있나요?

女 : パン作りに熱中しています。子供から手が離れたので、何かしたかったんです。
빵 만들기에 열중하고 있어요. 아이를 돌보는 수고가 덜어져서 뭔가 하고 싶었어요.

男 : 手間も暇もかかるでしょ。
수고스럽고 시간도 걸리죠?

女 : そうなんです。でも、楽しいですよ。
맞아요. 하지만 즐거워요.

女の人はどうしてパン作りを始めましたか。
여자는 왜 빵 만들기를 시작했습니까?

(A) 子供の世話だけでは楽しみがないから
아이를 돌보는 것만으로는 즐거움이 없기 때문에

(B) 子供が独立し、手作りパンの店を始めるから
아이가 독립해서 수제 빵 가게를 시작하기 때문에

(C) 子供と一緒に楽しみながらできるから
아이와 함께 즐기면서 할 수 있기 때문에

(D) 子供が成長し、面倒を見る必要がなくなったから
아이가 성장해서 돌볼 필요가 없어졌기 때문에

해설 ★ 여자의 첫 번째 대화에서 정답을 찾을 수 있다. 여자가 빵 만들기에 열중하고 있는 이유는 육아에서 자유로워져서 뭔가를 하고 싶었기 때문이다. 여자의 대화에 나오는 「手(て)が離(はな)れる」(아이가 성장하여 돌보는 수고가 없어지다)라는 표현을 달리 표현한 선택지를 고르면 되므로, 정답은 「面倒(めんどう)を見(み)る」(돌보다)라는 표현을 사용한 (D)가 된다.

熱中(ねっちゅう) 열중　パン作(づく)り 빵 만들기
手間(てま) 수고, 노력　暇(ひま) 시간　楽(たの)しい 즐겁다
世話(せわ) 돌봄　独立(どくりつ) 독립　手作(てづく)り 수제

始(はじ)める 시작하다　成長(せいちょう) 성장

72 장소・사물・대상 파악

女 : 明日の新幹線は6時半に東京を出発よね。切符は持ってる。
내일 신칸센은 6시 반에 도쿄를 출발하는 거지? 표는 가지고 있어?

男 : 切符は一緒に行く山田さんが持っているんだ。
표는 함께 갈 야마다 씨가 갖고 있어.

女 : そう。歯ブラシやタオルはホテルにあるし、後は何が必要かしら。
그래? 칫솔이나 타월은 호텔에 있고 그 외에 뭐가 필요할까?

男 : そうだなあ。ああ、あっちの地図を持って行かなきゃな。
글쎄. 아－, 그쪽 지도를 가져가야지.

男の人は何を持って行きますか。
남자는 무엇을 가지고 갑니까?

(A) 地図
지도

(B) 歯ブラシ
칫솔

(C) 切符
표

(D) タオル
타월

해설 ★ 이런 유형의 문제는 미리 선택지를 봐 두고, 들을 때 소거법으로 하나씩 제거하면 쉽게 정답을 찾을 수 있다. 표는 야마다 씨가 갖고 있으므로 (C)는 일단 정답에서 제외되고, 칫솔이나 타월도 호텔에 있다고 했으므로 (B)와 (D)도 답이 될 수 없다. 남자의 마지막 대화에서 그쪽 지도를 가져간다고 했으므로 정답은 (A)의 「地図(ちず)」(지도)가 된다.

新幹線(しんかんせん) 신칸센　出発(しゅっぱつ) 출발
切符(きっぷ) 표　歯(は)ブラシ(brush) 칫솔　タオル(towel) 타월

73 대화 내용에 대한 이해

男 : いい返事がもらえて、本当に良かったですね。
좋은 답변을 받을 수 있어서 정말로 잘됐네요.

女 : ありがとうございます。大学に合格した時より嬉しいです。
고마워요. 대학에 합격했을 때보다 기뻐요.

男 : あなたが何回もお客様の会社に行って品物の説明をしたからですよ。
당신이 몇 번이나 고객 회사에 가서 상품 설명을 했기 때문이에요.

女：1人でやれと言われた時には心配でしたが、良い
経験になりました。
혼자서 하라는 말을 들었을 때는 걱정이었지만, 좋은 경험이 되었어요.

2人は何を喜んでいますか。
두 사람은 무엇을 기뻐하고 있습니까?

(A) 女の人が大学に合格したこと
여자가 대학에 합격한 것

(B) 男の人が1人で仕事ができたこと
남자가 혼자서 일을 할 수 있었던 것

(C) 2人で上手に品物の説明ができたこと
둘이서 능숙하게 상품 설명을 할 수 있었던 것

(D) 女の人の仕事がうまく行ったこと
여자의 일이 잘된 것

해설 ★ 두 사람의 대화를 종합해 보면 두 사람은 여자의 일이 잘된 것
을 기뻐하고 있다는 것을 알 수 있다. (A)는 선택지의 내용이 대화 중
에 비슷하게 나오지만, 일이 잘된 것이 대학에 합격했을 때보다 기쁘다
고 했으므로 오답. 이 일은 여자 혼자서 한 것이고, 상품 설명을 잘한
것도 여자이므로 (B)와 (C)도 정답이 될 수 없다.

返事（へんじ）답변, 답장　合格（ごうかく）합격　嬉（うれ）しい 기쁘다
品物（しなもの）물품, 상품　説明（せつめい）설명　経験（けいけん）경험
上手（じょうず）능숙함　うまく行（い）く 잘되어 가다

74 대화 내용에 대한 이해

男：まだ決まらないのか。早く決めろよ。
아직 결정 못 했어? 빨리 결정해.

女：ちょっと待ってよ。どっちにしようか決めかねてい
るの。잠깐 기다려. 어느 쪽으로 할지 결정하기 힘들어.

男：どっちの服も似合うよ。
양쪽 옷 모두 어울려.

女：そうじゃなくて、こっちは予算内だけど、気に入っ
ているのはあっちなのよ。
그게 아니라 이쪽은 예산 내이지만, 마음에 드는 건 저쪽이야.

女の人はどうしていますか。
여자는 어떻게 하고 있습니까?

(A) どちらの服も似合うと言われ、決めかねている。
어느 쪽 옷도 어울린다는 말을 들어 결정하기 힘들어하고 있다.

(B) どちらも予算内で買えるので、どちらにするか迷っ
ている。어느 쪽도 예산 내에서 살 수 있기 때문에 어느 쪽으로 할지
망설이고 있다.

(C) 好きな方は予算オーバーなので、買う決心がつかな
い。좋아하는 쪽은 예산을 초과하기 때문에 살 결심이 서지 않는다.

(D) 気に入った服を見つけたので、高くても買おうと思っ
ている。
마음에 든 옷을 발견했기 때문에 비싸도 사려고 생각하고 있다.

해설 ★ 여자는 옷을 사려는 중으로 양쪽 옷 중에서 한쪽은 가격은 적
당하지만 별로 마음에 들지 않고, 마음에 드는 쪽은 가격이 예산을 초
과하기 때문에 망설이고 있는 상황이다. 따라서 정답은 (C)가 된다.

決（き）める 정하다, 결정하다　동사의 ます형＋かねる ～하기 힘들다
服（ふく）옷　似合（にあ）う 어울리다　予算（よさん）예산
気（き）に入（い）る 마음에 들다　迷（まよ）う 망설이다
オーバー（over）초과　決心（けっしん）がつかない 결심이 서지 않다
見（み）つける 찾다, 발견하다　高（たか）い 비싸다

75 대화 내용에 대한 이해

女：息子もそうなんですが、アレルギー性皮膚炎の人が
増えていますね。
아들도 그렇지만, 알레르기성 피부염인 사람이 늘고 있네요.

男：そうですね。アレルギーと言っても、原因は実に様々
なんですよね。
그러네요. 알레르기라고 해도 원인은 실로 다양하네요.

女：息子は乳製品によるものですが、その他にも埃やダ
ニもあるそうです。
아들은 유제품으로 인한 것인데, 그 외에도 먼지나 진드기도 있대요.

男：現代の若者の間ではストレスが原因というのも少
なくないそうですよ。
현대 젊은이들 사이에서는 스트레스가 원인인 경우도 적지 않다네요.

2人が会話の中で言っているのはどれですか。
두 사람이 대화 중에서 말하고 있는 것은 어느 것입니까?

(A) アレルギーの主な原因は食生活の偏りにある。
알레르기의 주된 원인은 식생활의 편향에 있다.

(B) ストレスによるアレルギーもある。
스트레스로 인한 알레르기도 있다.

(C) 動物を飼うと皮膚炎になりやすい。
동물을 기르면 피부염에 걸리기 쉽다.

(D) 若者の半数がアレルギー体質である。
젊은이의 절반이 알레르기 체질이다.

해설 ★ 두 사람은 알레르기의 원인에 대해서 이야기하고 있다. 원인으
로는 여러 가지가 있다고 했는데, 대화 중에 나온 것은 '유제품', '먼지
와 진드기', '스트레스'이다. 정답은 (B)로, 나머지 선택지는 대화에 등
장하지 않은 내용들이다.

アレルギー 알레르기　皮膚炎（ひふえん）피부염　増（ふ）える 늘다
原因（げんいん）원인　実（じつ）に 실로, 참으로
乳製品（にゅうせいひん）유제품　～による ～로 인한, ~에 의한
埃（ほこり）먼지　ダニ 진드기　現代（げんだい）현대
若者（わかもの）젊은이　間（あいだ）사이
ストレス（stress）스트레스　偏（かたよ）り 치우침, 편향

76 뉴스 및 이슈

女 : 高齢者が万引きをする場合、圧倒的に食料品の万
引きが多いそうです。
고령자가 절도를 할 경우, 압도적으로 식료품 절도가 많대요.

男 : 生活保護を必要とするような人たちが生活に困って
行うんでしょうか。
생활보호를 필요로 하는 사람들이 생활이 곤란해 저지르는 걸까요?

女 : いえ、そうとは限らず、生活に困らない人の中にも
常習犯がいるそうです。
아뇨, 꼭 그렇다고는 볼 수 없고 생활이 어렵지 않은 사람 중에서도 상습
범이 있대요.

男 : 青少年のように好奇心からでもなく、具体的な理由
もないんでしょうね。
청소년처럼 호기심 때문도 아니고, 구체적인 이유도 없군요.

高齢者が万引きをする理由は何ですか。
고령자가 절도를 하는 이유는 무엇입니까?

(A) 生活苦から
생활고 때문에

(B) 好奇心から
호기심 때문에

(C) 出来心から
우발적인 충동 때문에

(D) はっきりとわからない。
확실히 알 수 없다.

해설 ★ 고령자가 절도를 하는 이유를 묻고 있다. 고령자의 절도는 생활
보호를 필요로 하는 사람뿐만 아니라, 생활이 어렵지 않은 사람들 중에
서도 상습범이 있다고 했다. 그리고 남자의 마지막 대화에서 「具体的
(ぐたいてき)な理由(りゆう)もないんでしょうね」(구체적인 이유도 없
군요)라는 말이 나오므로 정답은 확실히 알 수 없다고 한 (D)가 된다.

高齢者(こうれいしゃ) 고령자
万引(まんび)き 물건을 사는 척하고 훔침, 절도
圧倒的(あっとうてき) 압도적 食料品(しょくりょうひん) 식료품
多(おお)い 많다 生活保護(せいかつほご) 생활보호
困(こま)る 궁하다, 곤란하다 行(おこな)う 행하다, 실시하다
~とは限(かぎ)らない 반드시 ~라고는 할 수 없다
常習犯(じょうしゅうはん) 상습범 青少年(せいしょうねん) 청소년
生活苦(せいかつく) 생활고 好奇心(こうきしん) 호기심
出来心(できごころ) 우발적인 나쁜 생각

77 비즈니스 및 업무

女 : 既存のキャラクター商品だけでは、今後売り上げが
伸び悩むと思うんですが。
기존의 캐릭터 상품만으로는 앞으로 매상이 부진할 거라고 하는데요.

男 : 今のデザインを幼児向けと成人向けにして、幅を持
たせてみてはどうですか。
지금의 디자인을 유아용과 성인용으로 해서 차이를 둬 보는 건 어떨까요?

女 : では、私は新商品の開発を担当しますので、平行し
てその案を進めてください。
그럼, 저는 신상품 개발을 담당할 테니까, 병행해서 그 안을 진행해 주세요.

男 : わかりました。すぐに取り掛かります。
알겠어요, 바로 착수할게요.

売り上げをより伸ばすため、どんな戦略を行いますか。
매상을 보다 늘리기 위해서 어떤 전략을 실시합니까?

(A) 幼児向けに絞った既存商品の販売
유아용으로 한정한 기존 상품의 판매

(B) 男性用に絞った新商品の開発
남성용으로 한정한 신상품 개발

(C) 地域限定用デザインの製作と商品開発
지역 한정용 디자인 제작과 상품 개발

(D) デザインの多様化と新商品の開発
디자인의 다양화와 신상품 개발

해설 ★ 매상을 늘리기 위해 남녀가 말한 내용을 달리 표현한 선택지를
고르면 된다. 남자의 첫 번째 대화에서 지금의 디자인을 유아용과 성인
용으로 해서 융통성을 둬 보자고 했는데, 이것은 다른 말로 바꾸면 디
자인을 다양화하자는 말이 된다. 그리고 여자는 신상품 개발을 담당하
겠다고 했으므로, 두 사람은 매상을 늘리기 위해 디자인을 다양화시키
고 신상품 개발에 주력할 것임을 알 수 있다. 따라서 정답은 (D)가 된
다.

既存(きそん) 기존 キャラクター(character) 캐릭터
売(う)り上(あ)げ 매상 伸(の)び悩(なや)む 주춤하다, 부진하다
デザイン(design) 디자인 幼児(ようじ) 유아 ~向(む)け ~용
成人(せいじん) 성인 幅(はば) 차이, 폭 新商品(しんしょうひん) 신상품
開発(かいはつ) 개발 担当(たんとう) 담당
平行(へいこう) 병행, 동시에 행해짐 案(あん) 안
進(すす)める 진행시키다 すぐに 바로 取(と)り掛(か)かる 착수하다
絞(しぼ)る 한정하다 販売(はんばい) 판매 地域(ちいき) 지역
限定(げんてい) 한정 製作(せいさく) 제작 多様化(たようか) 다양화

78 비즈니스 및 업무

男 : とうとう君が担当している事業から撤退して、課も
解体することになったよ。
결국 자네가 담당하고 있는 사업에서 철수하고 과도 해체하게 되었어.

女 : えっ、じゃ私は責任を取らされるんですか。
네? 그럼, 저는 책임을 지게 되는 건가요?

男 : そんなことはないが、異動先はITの資格が鍵なんだ
よ。 그런 일은 없지만, 이동하는 곳은 IT 자격이 열쇠가 될 거야.

女：それならいくつか持っています。何とかよろしくお
　　願いします。
그거라면 몇 개 가지고 있어요. 모쪼록 잘 부탁드려요.

女の人は今後どうしますか。
여자는 앞으로 어떻게 합니까?

(A) 責任を取って辞職せざるを得ない。
책임을 지고 사직할 수밖에 없다.

(B) 別の部署に回してもらう。
다른 부서로 이동한다.

(C) 必要な資格を取得しなければならない。
필요한 자격을 취득해야 한다.

(D) 解体工事に立ち会う。
해체 공사에 입회한다.

해설 ★ 여자의 부서 이동에 관한 대화문이다. 책임을 지게 되는 여자
의 질문에 남자가 그런 일은 없다고 했으므로 일단 (A)는 제외. 그리고
옮길 부서는 IT 자격이 열쇠가 될 거라고 했는데, 여자는 이미 몇 개
가지고 있다고 했으므로 (C)도 오답이다. (D)는 「解体(かいたい)」(해
체)라는 단어로 오답을 유도하고 있지만, 대화에는 전혀 등장하지 않는
내용이다. 따라서 정답은 다른 부서로 이동한다고 한 (B)가 된다.

事業(じぎょう) 사업　撤退(てったい) 철퇴. 철수
異動先(いどうさき) 이동하는 곳　鍵(かぎ) 열쇠　辞職(じしょく) 사직
部署(ぶしょ) 부서　回(まわ)す (필요한 장소로) 보내다
取得(しゅとく) 취득　工事(こうじ) 공사　立(た)ち会(あ)う 입회하다

---

79 비즈니스 및 업무

男：最近は会社の規模に関わらず、人材派遣を利用する
　　所が増えていますね。최근에는 회사 규모에 관계없이 인재 파견
을 이용하는 곳이 늘고 있네요.

女：そうですね。人件費の大幅な削減ができますし、即
　　戦力になりますからね。그러네요. 인건비의 대폭적인 삭감이 가
능하고, 바로 투입할 수 있으니까요.

男：今では若者に限らず、リストラされた中高年も人材
　　登録をしているそうですよ。
지금은 젊은이들뿐만 아니라, 구조 조정 당한 중노년층도 인재 등록을 하
고 있대요.

女：派遣分野も広がっていて、特殊技能があれば、労働
　　条件もいいそうですね。
파견 분야도 확대되고 있고, 특수 기능이 있으면 노동 조건도 좋대요.

人材派遣について内容と合っているものはどれですか。
인재 파견에 대해서 내용과 맞는 것은 어느 것입니까?

(A) 幅広い年齢層の人達が人材登録している。
폭넓은 연령층의 사람들이 인재 등록을 하고 있다.

(B) 派遣会社は新卒者の育成を始めた。

파견 회사는 졸업예정자 육성을 시작했다.

(C) 登録しても就労できないケースが多い。
등록해도 일을 할 수 없는 경우가 많다.

(D) 中小企業ほど人材派遣を利用している。
중소기업일수록 인재 파견을 이용하고 있다.

해설 ★ 인재 파견에 대해서 두 사람이 이야기하고 있다. 남자의 첫 번
째 대화에서 회사 규모에 관계없이 인재 파견을 이용하는 곳이 늘고
있다고 했으므로 (D)는 오답. 선택지 (B)와 (C)는 대화 내용에 없는 내
용이므로 역시 오답이 된다. 정답은 남자의 두 번째 대화에 나오는데
젊은이들뿐만 아니라. 구조 조정 당한 중노년층도 인재 등록을 하고 있
다고 했으므로 폭넓은 연령층의 사람들이 인재 등록을 하고 있다는 것
을 알 수 있다. 따라서 정답은 (A)가 된다.

規模(きぼ) 규모　～に関(かか)わらず ～에 관계없이
人材(じんざい) 인재　派遣(はけん) 파견　利用(りよう) 이용
人件費(じんけんひ) 인건비　大幅(おおはば) 대폭　削減(さくげん) 삭감
即戦力(そくせんりょく) 훈련을 받지 않고 바로 싸울 수 있는 전력
～に限(かぎ)らず ～뿐만 아니라　リストラ 구조 조정. 정리 해고
＊「リストラクチュアリング」(restructuring)의 준말
中高年(ちゅうこうねん) 중노년　登録(とうろく) 등록
分野(ぶんや) 분야　広(ひろ)がる 확대되다　特殊(とくしゅ) 특수
技能(ぎのう) 기능　労働(ろうどう) 노동　条件(じょうけん) 조건
幅広(はばひろ)い 폭넓다　年齢層(ねんれいそう) 연령층
新卒者(しんそつしゃ) 그해 졸업자 또는 졸업예정자
育成(いくせい) 육성　就労(しゅうろう) 취로, 일을 함
中小企業(ちゅうしょうきぎょう) 중소기업

---

80 비즈니스 및 업무

女：どうやら株価は底値を脱したようです。
아무래도 주가는 바닥 시세에서 벗어난 것 같네요.

男：先月まで株安に歯止めがかからなかったからね。
지난달까지 주가 약세에 제동이 걸리지 않았으니까.

女：とはいえ、まだ予断を許さない状況です。
그렇지만 아직 예측할 수 없는 상황이에요.

男：とにかく状況を見極めて何らかの対策を講じる必要
　　があるね。
어쨌든 상황을 지켜보고 뭔가 대책을 강구할 필요가 있겠군.

現在、株価はどうなっていますか。
현재, 주가는 어떻게 되고 있습니까?

(A) 大きな不安材料があり、依然下降中である。
큰 불안 재료가 있어서 여전히 하강 중이다.

(B) 最悪の状況ではないが、不安材料はある。
최악의 상황은 아니지만, 불안 재료는 있다.

(C) 徐々に上昇中で、不安材料はない。
서서히 상승 중으로 불안 재료는 없다.

(D) 楽観的な状況で、全く心配の必要がない。
낙관적인 상황으로 전혀 걱정할 필요가 없다.

128

해설 ★ 여자의 두 번째 대화에 나오는 「予断(よだん)を許(ゆる)さない」(예측할 수 없다)라는 표현을 알아듣는 것이 포인트. 두 사람의 대화 내용으로 보아 주가는 바닥 시세에서 벗어났다고는 하지만, 아직 예측할 수 없는 상황이라고 했다. 따라서 정답은 최악의 상황은 아니지만 불안 재료는 있다고 한 (B)가 정답이 된다.

株価(かぶか) 주가　底値(そこね) 바닥 시세　脱(だっ)する 벗어나다
株安(かぶやす) 주가 약세　歯止(はど)めがかかる 제동이 걸리다
とはいえ 그렇다고 하더라도, 그렇지만　状況(じょうきょう) 상황
とにかく 어쨌든　見極(みきわ)める 끝까지 지켜보다
何(なん)らか 무언가　対策(たいさく) 대책　講(こう)じる 강구하다
不安(ふあん) 불안　材料(ざいりょう) 재료　依然(いぜん) 여전히
下降(かこう) 하강　最悪(さいあく) 최악　上昇(じょうしょう) 상승
楽観的(らっかんてき) 낙관적　全(まった)く 전혀

PART 4

81~84

　　　81昨日(きのう)は友達(ともだち)の田中(たなか)さんの誕生日(たんじょうび)でした。私(わたし)は鈴木(すずき)さんと金田(かねだ)さんと一緒(いっしょ)にデパートへ行(い)きました。田中(たなか)さんは料理(りょうり)がとても好(す)きですから、**82**料理(りょうり)の本(ほん)を2冊(さつ)と赤(あか)い花(はな)を3本(ぼんか)買(か)いました。プレゼントを買(か)った後(あと)で、地下鉄(ちか)の出口(てつ)(でぐち)で田中(たなか)さんと会(あ)いました。そして、**83**4人(にん)で歩(ある)いてレストランへ行(い)きました。**84**料理(りょうり)を食(た)べる前(まえ)に、田中(なか)さんにプレゼントを渡(わた)しました。料理(りょうり)はとても美味(おい)しかったです。私(わたし)もとても楽(たの)しかったです。

　어제는 친구인 다나카 씨의 생일이었습니다. 저는 스즈키 씨와 가네다 씨와 함께 백화점에 갔습니다. 다나카 씨는 요리를 아주 좋아해서 요리책 2권과 빨간 꽃을 3송이 샀습니다. 선물을 산 후, 지하철 출구에서 다나카 씨와 만났습니다. 그리고 넷이서 걸어서 레스토랑에 갔습니다. 요리를 먹기 전에 다나카 씨에게 선물을 건넸습니다. 요리는 아주 맛있었습니다. 저도 아주 즐거웠습니다.

友達(ともだち) 친구　誕生日(たんじょうび) 생일
一緒(いっしょ)に 함께　料理(りょうり) 요리　本(ほん) 책
赤(あか)い 빨갛다　花(はな) 꽃　買(か)う 사다
プレゼント(present) 선물　地下鉄(ちかてつ) 지하철
出口(でぐち) 출구　歩(ある)く 걷다　渡(わた)す 건네다, 건네주다
美味(おい)しい 맛있다　楽(たの)しい 즐겁다

81

昨日(きのう)は誰(だれ)の誕生日(たんじょうび)でしたか。
어제는 누구의 생일이었습니까?

(A) この人(ひと)
　　이 사람

(B) 田中(たなか)さん
　　다나카 씨

(C) 鈴木(すずき)さん
　　스즈키 씨

(D) 金田(かねだ)さん
　　가네다 씨

해설 ★ 문제의 「誕生日(たんじょうび)」(생일)라는 단어가 나오는 문장이 정답이 됨을 알 수 있다. 정답은 첫 번째 문장에서 찾을 수 있는데, 어제는 친구인 다나카 씨의 생일이라고 했으므로 정답은 (B)가 된다.

誰(だれ) 누구

82

3人(にん)は何(なに)を買(か)いましたか。
세 사람은 무엇을 샀습니까?

(A) 辞書(じしょ)と花(はな)
　　사전과 꽃

(B) 辞書(じしょ)とセーター
　　사전과 스웨터

(C) 料理(りょうり)の本(ほん)と花(はな)
　　요리책과 꽃

(D) 料理(りょうり)の本(ほん)とペン
　　요리책과 펜

해설 ★ 이 사람과 친구들이 산 선물을 묻고 있는데, 이런 유형의 문제는 선택지를 보면서 꼼꼼히 들어야 실수가 없다.

辞書(じしょ) 사전　セーター(sweater) 스웨터　ペン(pen) 펜

83

田中(たなか)さんと会(あ)ってから、何(なに)でレストランに行(い)きましたか。
다나카 씨와 만난 후에 무엇으로 레스토랑에 갔습니까?

(A) 地下鉄(ちかてつ)で 지하철로

(B) バスで 버스로

(C) タクシーで 택시로

(D) 歩(ある)いて 걸어서

해설 ★ 레스토랑까지 어떻게 갔는지 묻고 있다. 걸어서 갔다고 했으므로 정답은 (D)가 된다.

バス(bus) 버스　タクシー(taxi) 택시

84

いつ誕生日のプレゼントを渡しましたか。
언제 생일 선물을 건네주었습니까?

(A) 料理を食べる前に
요리를 먹기 전에

(B) 料理を食べながら
요리를 먹으면서

(C) 料理を食べた後で
요리를 먹은 후에

(D) レストランを出た後で
레스토랑을 나온 후에

해설 ★ 후반부에서 요리를 먹기 전에 다나카 씨에게 선물을 건넸다고 했으므로 정답은 (A)가 된다.

出(で)る 나오다

85~87

　もしもし、佐藤さんですか。私、高橋です。お願いがあるんですが、私の机の上に大山工業と書いてある青いファイルがありませんか。じゃ、86 コピーの横の本棚には。あ、やっぱり本棚にありましたか。そのファイルの5ページから13ページまでをコピーして、今すぐに社長室に届けてくれますか。社長が会議に出られる前にちょっと見ていただきたいんです。それから、今大山工業の方がいらっしゃったんだけど、85 1人減って全部で5人なんです。こちらは社長と私達の3人なので、87 お店に電話して昼ご飯のお弁当を全部で8個に変えてください。よろしく。

여보세요? 사토 씨인가요? 저 다카하시예요. 부탁이 있는데, 제 책상 위에 오야마공업이라고 쓰여 있는 파란 화일 없나요? 그럼, 복사기 옆에 있는 책장에는요? 아, 역시 책장에 있었나요? 그 파일의 5페이지부터 13페이지까지를 복사해서, 지금 바로 사장실로 갖다 줄래요? 사장님이 회의에 참석하시기 전에 좀 봐 주셨으면 해요. 그리고 지금 오야마공업 분들이 오셨는데, 1명이 줄어서 전부 5명이에요. 이쪽은 사장님과 우리 3명이니까, 가게에 전화해서 점심 도시락을 전부 8개로 변경해 주세요. 부탁해요.

お願(ねが)い 부탁　机(つくえ) 책상　書(か)く 쓰다
青(あお)い 파랗다　ファイル(file) 파일　コピー(copy) 복사, 복사기
横(よこ) 옆　本棚(ほんだな) 책장　やっぱり 역시
届(とど)ける 보내다, 전하다　会議(かいぎ) 회의
いらっしゃる 오시다　減(へ)る 줄다　店(みせ) 가게
電話(でんわ) 전화　昼(ひる)ご飯(はん) 점심 식사

弁当(べんとう) 도시락　～個(こ) ～개
変(か)える 바꾸다, 변경하다

85

大山工業の人は全部で何人会議に出ますか。
오야마공업의 사람은 전부 몇 명 회의에 참석합니까?

(A) 3人
3명

(B) 5人
5명

(C) 6人
6명

(D) 8人
8명

해설 ★ 숫자 청취 문제로, 오야마공업의 사람은 예정보다 1명이 줄어서 5명이 왔다고 했다.

86

青いファイルはどこにありましたか。
파란 파일은 어디에 있었습니까?

(A) 高橋さんの机の上
다카하시 씨의 책상 위

(B) 大山さんの机の上
오야마 씨의 책상 위

(C) 山田さんの横の本棚
야마다 씨 옆에 있는 책장

(D) コピーの横の本棚
복사기 옆에 있는 책장

해설 ★ 문제에 「どこ」(어디)라는 의문사가 나오므로 위치를 나타내는 표현을 잘 들어야 한다는 것을 알 수 있다. 파란 파일은 복사기 옆에 있는 책장에 있다고 했으므로 정답은 (D)가 된다.

87

佐藤さんはお店に何のために電話をしますか。
사토 씨는 가게에 무엇 때문에 전화를 합니까?

(A) お弁当の数を減らすため
도시락 수를 줄이기 위해서

(B) お弁当の数を増やすため
도시락 수를 늘리기 위해서

(C) お弁当を持ってきてもらう時間を早くするため
도시락을 배달받는 시간을 앞당기기 위해서

(D) お弁当を持ってきてもらう時間を遅くするため
도시락을 배달받는 시간을 늦추기 위해서

해설 ★ 사토 씨가 가게에 전화를 하는 이유는 오야마공업의 인원이 1명 줄었기 때문에 점심 도시락 수를 변경하기 위해서이다. 따라서 정답은 (A)가 된다.

数(かず) 수, 숫자　減(へ)らす 줄이다　増(ふ)やす 늘리다
무(はや)い 이르다, 빠르다　遅(おそ)い 늦다

88~90

　夏、日本の電車は冷房が入っていて時々降りたいぐらい寒いと感じることもある。今年の夏、あるグループが電車の中の温度について調べた。また、乗っていてどう感じるかも調べたら、**88**女の人の半分が冷房が強すぎると答えた。男の人も3人に1人が寒いと答えた。**89**男の人も女の人もちょうどいい温度と言われている26度は少し寒いと感じていて、電車の中が空いてくると寒いと感じる人が多くなった。また、**90**ほとんどの女の人は冷房が強すぎるのは男の人がスーツを着ているからだと答えた。この結果について、ある医者は冷房で体を冷やすと、色々な病気の原因になると心配している。

　여름에 일본 전철은 냉방이 되어 있어 가끔 내리고 싶을 정도로 춥다고 느끼는 경우도 있다. 올해 여름, 한 그룹이 전철 안의 온도에 대해서 조사했다. 또한 타고 있을 때 어떻게 느끼는가에 대해서도 조사했더니, 여자의 절반이 냉방이 너무 강하다고 대답했다. 남자도 3명 중 1명이 춥다고 대답했다. 딱 좋은 온도라고 하는 26도는 남자도 여자도 조금 춥다고 느끼고 있고, 전철 안이 비게 되면 춥다고 느끼는 사람이 많아졌다. 또, 대부분의 여자들은 냉방이 너무 강한 것은 남자들이 양복을 입고 있기 때문이라고 대답했다. 이 결과에 대해 한 의사는 냉방으로 몸을 차게 하면, 여러 가지 병의 원인이 된다고 걱정하고 있다.

夏(なつ) 여름　冷房(れいぼう) 냉방　時々(ときどき) 가끔, 때때로
降(お)りる 내리다　寒(さむ)い 춥다　感(かん)じる 느끼다
グループ(group) 그룹　温度(おんど) 온도　～について ～에 대해서
調(しら)べる 조사하다　乗(の)る 타다　半分(はんぶん) 절반
強(つよ)い 강하다　형용사 어간+すぎる 너무 ～하다
答(こた)える 대답하다　ちょうど 딱, 알맞게　少(すこ)し 조금
空(す)く 비다　多(おお)い 많다　ほとんど 거의, 대부분
スーツ(suit) 정장, 양복　結果(けっか) 결과　医者(いしゃ) 의사
体(からだ)を冷(ひ)やす 몸을 차게 하다　病気(びょうき) 병
原因(げんいん) 원인　心配(しんぱい) 걱정, 염려

88

電車の中が寒いと感じる人はどのくらいいましたか。
전철 안이 춥다고 느끼는 사람은 어느 정도 있었습니까?

(A) 女の人の半分
　　여자의 절반
(B) 女の人の3分の1
　　여자의 1/3
(C) 男の人の半分
　　남자의 절반
(D) 男の人の3分の2
　　남자의 2/3

해설 ★ 전철 안이 춥다고 느끼는 사람은 여자의 경우에는 절반이 춥다고 대답했고, 남자는 3명 중 1명이 춥다고 대답했다.

89

電車の中が26度の時、皆はどう感じていますか。
전철 안이 26도일 때 모두는 어떻게 느끼고 있습니까?

(A) 少し暑いと感じている。
　　조금 덥다고 느끼고 있다.
(B) 暑すぎると感じている。
　　너무 덥다고 느끼고 있다.
(C) 少し寒いと感じている。
　　조금 춥다고 느끼고 있다.
(D) 涼しくてちょうどいいと感じている。
　　시원해서 딱 좋다고 느끼고 있다.

해설 ★ 중반부에서 정답을 찾을 수 있다. 딱 좋은 온도라고 하는 26도는 남녀 모두가 조금 춥다고 느끼고 있었고, 전철 안이 비면 춥다고 느끼는 사람이 많아졌다고 했으므로 정답은 (C)가 된다.

暑(あつ)い 덥다　涼(すず)しい 시원하다

90

女の人は電車の冷房について、どう言っていますか。
여자는 전철의 냉방에 대해서 어떻게 말하고 있습니까?

(A) クーラーは使わないで、窓を開けるようにしてほしい。
　　에어컨은 사용하지 말고 창문을 열도록 했으면 좋겠다.
(B) 病気の人が困るから、クーラーのない電車も走らせてほしい。
　　아픈 사람들이 곤란하니까, 에어컨이 없는 전철도 운행했으면 좋겠다.
(C) 暑い時、体を冷やすのは気持ちがいい。
　　더울 때 몸을 차게 하는 것은 기분이 좋다.
(D) 男の人が夏もスーツを着るから、電車の中の温度を下げられてしまうのだ。
　　남자가 여름에도 양복을 입기 때문에 전철 안의 온도를 낮추게 되는 것이다.

해설 ★ 후반부에 정답이 나오는데. 대부분의 여자들은 냉방이 너무 강한 것은 남자들이 양복을 입고 있기 때문이라고 대답했다고 했으므로 정답은 (D)가 된다.

クーラー(cooler) 냉방장치. 에어컨　窓(まど) 창문　開(あ)ける 열다
下(さ)げる 낮추다

91~93

商品を買ったりサービスを受けた時、もし不愉快な思いをしたらあなたはどうするだろうか。 ⁹¹一般的にどんな物やサービスでも6割の人は満足し、4割の人は不満を持つそうだが、直接文句を言う人は不満を持った人の4%しかいない。 ⁹²残りの96%の人々は文句を言わない代わりに、次からはその商品やサービスは利用しないのだそうだ。また、満足した人は周囲の5人の人々に伝えるが、⁹³不満がある人はその2倍以上の12人に不満や非難の言葉を伝える。悪いイメージを持つ人はいいイメージを持つ人よりずっと多くなってしまうのだ。

상품을 사거나 서비스를 받았을 때, 만약 불쾌한 기분이 들면 당신은 어떻게 할 것인가? 일반적으로 어떤 물건이나 서비스라도 60%의 사람은 만족하고, 40%의 사람은 불만을 갖는다고 하지만, 직접 불평을 하는 사람은 불만을 가진 사람들 중 4%밖에 없다. 나머지 96%의 사람들은 불평을 하지 않는 대신에 다음부터는 그 상품이나 서비스는 이용하지 않는다고 한다. 또, 만족한 사람은 주위의 5명에게 전하지만, 불만이 있는 사람은 그 2배 이상인 12명에게 불만이나 비난의 말을 전한다. 나쁜 이미지를 가진 사람은 좋은 이미지를 가진 사람보다 훨씬 많아지고 마는 것이다.

商品(しょうひん) 상품　サービス(service) 서비스　受(う)ける 받다
もし 만약　不愉快(ふゆかい) 불쾌함　思(おも)いをする 기분이 들다
一般的(いっぱんてき) 일반적　満足(まんぞく) 만족
不満(ふまん) 불만　直接(ちょくせつ) 직접
文句(もんく)を言(い)う 불평을 하다　残(のこ)り 나머지
~代(か)わりに ~대신에　次(つぎ) 다음　利用(りよう) 이용
周囲(しゅうい) 주위　伝(つた)える 전하다. 알리다
非難(ひなん) 비난　言葉(ことば) 말　悪(わる)い 나쁘다
イメージ(image) 이미지　ずっと 훨씬

91

ある物を買った場合、何%の人がそれに満足しますか。
어떤 물건을 산 경우, 몇 %의 사람이 그것에 만족합니까?

(A) 4% 4%

(B) 6% 6%

(C) 40% 40%

(D) 60% 60%

해설 ★ 숫자 청취 문제로 전반부에 정답이 나온다. 어떤 물건이나 서비스라도 60%의 사람은 만족하고, 40%의 사람은 불만을 갖게 된다고 했으므로 정답은 (D)가 된다.

92

不満を持った人のうち、96%はどういう行動を取りますか。 불만을 가진 사람들 중에서 96%는 어떤 행동을 취합니까?

(A) その商品の購入やサービスの利用は1度きりで終わらせる。
그 상품의 구입이나 서비스 이용은 한 번으로 끝낸다.

(B) 公共機関に苦情を訴える。
공공기관에 불만을 호소한다.

(C) 品物と交換にお金を返してほしいと頼む。
상품과 교환으로 돈을 돌려주었으면 좋겠다고 부탁한다.

(D) 店や会社に直接文句を言う。
가게나 회사에 직접 불만을 말한다.

해설 ★ 어떤 상품이나 서비스에 대해 직접 불평을 말하는 사람은 4%이고, 나머지 96%의 사람들은 불평을 하지 않는 대신에 다음부터는 그 상품이나 서비스는 이용하지 않는다고 나온다. 이 내용을 달리 표현한 선택지를 고르면 되므로, 정답은 상품의 구입이나 서비스 이용은 한 번으로 끝낸다고 한 (A)가 된다.

行動(こうどう)を取(と)る 행동을 취하다　購入(こうにゅう) 구입
~きり ~만. ~뿐　公共機関(こうきょうきかん) 공공기관
苦情(くじょう) 불평. 불만　訴(うった)える 호소하다
品物(しなもの) 물품. 상품　交換(こうかん) 교환
返(かえ)す 돌려주다　頼(たの)む 부탁하다

93

不満を持つ人は周りの何人ぐらいの人にそれを話しますか。
불만을 가진 사람은 주위의 몇 명 정도의 사람에게 그것을 이야기합니까?

(A) 5人
5명

(B) 7人
7명

(C) 12人
12명

(D) 14人
14명

해설 ★ 후반부에 정답이 나오는데, 만족한 사람은 주위의 5명에게 전하지만. 불만이 있는 사람은 그 2배 이상인 12명에게 불만이나 비난의 말을 전한다고 했으므로 정답은 (C)가 된다.

94~96

　皆様のお車は1年間にどのぐらいの距離を走っていますか。もし年間11,000キロ以下なら、我が社の自動車保険が大変お得です。近所へのお買い物にしか車を使わない方など、走る距離が少ない方ほどお得になるわけです。例えば、94 1年に3,000キロしか走らない方で、5年間無事故・無違反の方は他社の保険に比べ、保険料が30%もお安くなります。95 現在ご加入の自動車保険の書類と運転免許証をお手元にご用意の上お電話頂ければ、その場で保険料の金額をご案内致します。電話番号は0120-231350。96 この番組をご覧のあなた、今すぐお電話ください。

여러분의 자동차는 1년간 어느 정도의 거리를 달리고 있습니까? 만약 연간 11,000km 이하라면 저희 회사의 자동차보험이 아주 이득이 됩니다. 근처의 쇼핑밖에 자동차를 사용하지 않는 분 등, 주행 거리가 적은 분일수록 이득이 되는 셈입니다. 예를 들면 1년에 3,000km밖에 주행하지 않는 분으로 5년간 무사고·무위반인 분은 타사 보험에 비해 보험료가 30%나 싸집니다. 현재 가입하신 자동차보험의 서류와 운전면허증을 옆에 준비하신 후에 전화주시면, 그 자리에서 보험료 금액을 안내해 드리겠습니다. 전화번호는 0120-231350번. 이 프로그램을 보시는 당신, 지금 바로 전화 주십시오.

皆様(みなさま) 여러분　車(くるま) 차, 자동차
距離(きょり) 거리　走(はし)る 달리다　以下(いか) 이하
自動車保険(じどうしゃほけん) 자동차보험　お得(とく) 이득
近所(きんじょ) 근처, 부근　買(か)い物(もの) 쇼핑
使(つか)う 사용하다　少(すく)ない 적다　例(たと)えば 예를 들면
無事故(むじこ) 무사고　無違反(むいはん) 무위반　他社(たしゃ) 타사
～に比(くら)べ ～에 비해서　現在(げんざい) 현재
加入(かにゅう) 가입　書類(しょるい) 서류　手元(てもと) 곁, 바로 옆
用意(ようい) 준비　～の上(うえ) ～한 후　金額(きんがく) 금액
案内(あんない) 안내　電話番号(でんわばんごう) 전화번호
番組(ばんぐみ) 프로그램　ご覧(らん) 보심

94

この保険について正しいものはどれですか。
이 보험에 대해서 올바른 것은 어느 것입니까?

(A) 1年間に11,000km以上走っている車の保険料が安くなる。1년간 11,000km 이상 주행하는 자동차의 보험료가 싸진다.

(B) 保険料を1回で全額払うと保険料が30%安くなる。보험료를 한 번에 전액 지불하면 보험료가 30% 싸진다.

(C) 新車を買って初めて自動車保険に入る人は保険料が安くなる。새차를 사고 처음으로 자동차보험에 가입하는 사람은 보험료가 싸진다.

(D) 1年間に3,000km程度しか走らない車の保険料が安くなる。1년간 3,000km 정도밖에 주행하지 않는 자동차의 보험료가 싸진다.

해설 ★ 설명하고 있는 보험이 어떤 보험인지 찾는 문제이다. 1년에 3,000km밖에 주행하지 않는 사람으로 5년간 무사고·무위반인 사람은 타사 보험에 비해 보험료가 30%나 싸진다고 나오므로 정답은 (D)가 된다. 나머지 선택지는 설명문의 내용과 맞지 않거나 나오지 않은 내용들이다.

全額(ぜんがく) 전액　払(はら)う 지불하다　新車(しんしゃ) 새차
初(はじ)めて 처음으로　程度(ていど) 정도

95

電話をかける際に必要な書類は何ですか。
전화를 걸 때 필요한 서류는 무엇입니까?

(A) 今持っている健康保険の番号と運転免許証
지금 갖고 있는 건강보험 번호와 운전면허증

(B) 今持っている自動車保険の書類と運転免許証
지금 갖고 있는 자동차보험 서류와 운전면허증

(C) 今持っている生命保険の書類と無事故証明の書類
지금 갖고 있는 생명보험 서류와 무사고 증명 서류

(D) 今持っている車の車庫証明書と運転免許証
지금 갖고 있는 자동차 차고증명서와 운전면허증

해설 ★ 현재 가입 중인 자동차보험의 서류와 운전면허증을 준비한 후에 전화를 주면, 그 자리에서 보험료 금액을 안내해 주겠다고 했으므로 전화를 걸 때 필요한 서류는 (B)가 된다.

健康保険(けんこうほけん) 건강보험　生命保険(せいめいほけん) 생명보험
証明(しょうめい) 증명　車庫(しゃこ) 차고

96

これは誰を対象にした保険の宣伝ですか。
이것은 누구를 대상으로 한 보험 선전입니까?

(A) 新聞の広告を読んでいる人
신문 광고를 읽고 있는 사람

(B) ラジオ番組を聞いている人
라디오 프로그램을 듣고 있는 사람

(C) テレビ番組を見ている人
텔레비전 프로그램을 보고 있는 사람

(D) 駅前を通行中の人
역 앞을 통행 중인 사람

해설 ★ 마지막 문장에서 「この番組(ばんぐみ)をご覧(らん)のあなた、今(いま)すぐお電話(でんわ)ください」(이 프로그램을 보시는 당신. 지금 바로 전화 주십시오)라고 했으므로, 이 보험 선전은 텔레비전 프로그램을 보고 있는 사람을 대상으로 한 것임을 알 수 있다.

新聞（しんぶん）신문　広告（こうこく）광고　ラジオ（radio）라디오
通行（つうこう）통행

97~100

政府は雇用対策強化に向け、**97**公共職業安定所の
就職斡旋業務を民間会社に委託する際、委託料や成功
報酬など、資金面で後押しすることにした。**98**求職者
が再就職できた場合は、失業していた期間や再就職
後の就労期間によって成功報酬を上積みし、仲介企業
に支払うことにした。1人当たり最大80万円になる場合
もあるという。**99**失業期間の長期化や若年層の失業増
加が問題視される中、公的機関だけでなく民間の力も
結集した総合的な雇用対策を取ることが重要になって
きたため、英国の例に倣ったものだ。しかし、**100**成功
報酬が高額すぎてかえって財政難になり、非効率的に
なるのでは、との声もある。

　정부는 고용 대책 강화를 위해 공공직업안정소의 취업 알선 업무를 민간
회사에 위탁할 때, 위탁료나 성공 보수 등 자금 면에서 후원하기로 했다. 구
직자가 재취업한 경우에는 실업 중이었던 기간이나 재취업 후의 취업 기간
에 따라 성공 보수를 더 얹어서 중개기업에 지불하기로 했다. 한 사람당 최
대 80만 엔이 되는 경우도 있다고 한다. 실업 기간의 장기화나 젊은층의 실
업 증가가 문제시되는 가운데, 공적 기관뿐만 아니라, 민간의 힘도 결집된
종합적인 고용 대책을 취하는 것이 중요해졌기 때문에 영국의 예를 따른 것
이다. 그러나 성공 보수가 너무 고액이어서 오히려 재정난에 빠져, 비효율적
으로 되는 것은 아닐까라는 목소리도 있다.

政府（せいふ）정부　雇用（こよう）고용　対策（たいさく）대책
強化（きょうか）강화　〜に向（む）け　〜을 위해서
公共職業安定所（こうきょうしょくぎょうあんていじょ）공공직업안정소
＊직업소개, 직업지도, 고용보험 등의 업무를 무료로 하는 행정기관
就職（しゅうしょく）취직, 취업　斡旋（あっせん）알선
業務（ぎょうむ）업무　民間会社（みんかんがいしゃ）민간회사
委託（いたく）위탁　成功報酬（せいこうほうしゅう）성공 보수
資金（しきん）자금　後押（あとお）し 후원
求職者（きゅうしょくしゃ）구직자
再就職（さいしゅうしょく）재취직, 재취업　失業（しつぎょう）실업
期間（きかん）기간　就労（しゅうろう）취로, 취업
上積（うわづ）み（수당 등을）더 얹음　仲介（ちゅうかい）중개
支払（しはら）う 지불하다　〜当（あ）たり　〜당　最大（さいだい）최대
長期化（ちょうきか）장기화　若年層（じゃくねんそう）젊은 연령층
増加（ぞうか）증가　公的機関（こうてききかん）공적 기관
力（ちから）힘　結集（けっしゅう）결집　総合的（そうごうてき）종합적
重要（じゅうよう）중요　英国（えいこく）영국

〜に倣（なら）う　〜을 따르다　高額（こうがく）고액
かえって 오히려, 도리어　財政難（ざいせいなん）재정난
非効率的（ひこうりつてき）비효율적

97

政府はこの資金をどこに支払いますか。
정부는 이 자금을 어디에 지불합니까?

(A) 雇用を推進している民間企業
　　고용을 추진하고 있는 민간기업
(B) 失業者が再就職する地域の公的機関
　　실업자가 재취업할 지역의 공적 기관
(C) 失業者の就職を斡旋する民間企業
　　실업자의 취업을 알선하는 민간기업
(D) 就職の斡旋を受ける失業者
　　취업 알선을 받은 실업자

해설 ★ 정부가 어떤 곳에 자금을 지원하는지 묻고 있다. 정부는 고용
대책 강화를 위해 공공직업안정소의 취업 알선 업무를 민간회사에 위
탁할 때, 위탁료나 성공 보수 등 자금면에서 후원하기로 했다고 나오므
로, 정부는 실업자의 취업을 알선하는 민간기업에게 자금을 지원한다는
것을 알 수 있다. 따라서 정답은 (C)가 된다.

推進（すいしん）추진　地域（ちいき）지역　受（う）ける 받다

98

この資金の金額はどのように決められますか。
이 자금의 금액은 어떻게 결정됩니까?

(A) 就職を斡旋された人の失業及び再就職期間に応じ
　　て決められる。
　　취업을 알선받은 사람의 실업 및 재취업 기간에 따라서 결정된다.
(B) 再就職した人の給与額に応じて決められる。
　　재취업한 사람의 급여액에 따라서 결정된다.
(C) 就職を斡旋する民間会社の営業成績に応じて決め
　　られる。
　　취업을 알선하는 민간회사의 영업 성적에 따라서 결정된다.
(D) 就職した企業の営業成績に応じて決められる。
　　취업한 기업의 영업 성적에 따라서 결정된다.

해설 ★ 정부는 구직자가 재취업한 경우 실업 중이었던 기간이나 재취
업 후의 취업 기간에 따라 성공 보수를 더 얹어 중개기업에 지불하기
로 했다고 했으므로 정답은 (A)가 된다.

〜及（およ）び 〜및　〜に応（おう）じて 〜에 따라서
給与額（きゅうよがく）급여액　成績（せいせき）성적

99

政府はどうして資金援助をすることに決めたのですか。
정부는 왜 자금 원조를 하기로 결정한 것입니까?

(A) 国の税収入増加で予算に余裕が出来たから
국가의 세수입 증가로 예산에 여유가 생겼기 때문에

(B) 政府と民間が手を取り合うことで雇用率が高められるから
정부와 민간이 서로 손을 잡는 것으로 고용률을 높일 수 있기 때문에

(C) 就職斡旋業務をする会社の経営を援助することができるから
취업 알선 업무를 하는 회사의 경영을 원조할 수 있기 때문에

(D) 失業者の増加により、公共職業安定所が人手不足だから
실업자 증가로 인해 공공직업안정소가 인력 부족이기 때문에

해설 ★ 정부가 자금 원조를 하는 이유는 실업 기간의 장기화나 젊은 층의 실업 증가가 문제시되는 가운데. 공적 기관뿐만 아니라 민간의 힘도 결집된 종합적인 고용 대책을 취하는 것이 중요해졌기 때문이라고 했다. 이 말을 달리 표현하면 정부와 민간이 서로 손을 잡는 것으로 고용률을 높일 수 있다는 말이므로, 정답은 (B)가 된다.

援助(えんじょ) 원조　税収入(ぜいしゅうにゅう) 세수입
増加(ぞうか) 증가　予算(よさん) 예산　余裕(よゆう) 여유
手(て)を取(と)り合(あ)う 서로 손을 잡다　高(たか)める 높이다
経営(けいえい) 경영　人手不足(ひとでぶそく) 인력 부족

100

政府の案に対する反対意見はどのようなものですか。
정부의 안에 대한 반대 의견은 어떤 것입니까?

(A) 公共職業安定所の職業斡旋だけで充分だ。
공공직업안정소의 직업 알선만으로 충분하다.

(B) 英国の真似をしても事情が違うので、うまくは行かない。
영국의 흉내를 내도 사정이 다르기 때문에 잘되지 않는다.

(C) 斡旋に対する費用は生活保護などの費用に充てた方が得策だ。
알선에 대한 비용은 생활 보호 등의 비용으로 충당하는 게 상책이다.

(D) 成功した場合の報酬が高すぎることによる財政面での心配がある。
성공했을 경우의 보수가 너무 높은 것에 따른 재정면에서의 우려가 있다.

해설 ★ 정부안에 대한 반대 의견은 마지막 문장에 나온다. 성공 보수가 너무 고액이어서 도리어 재정난에 빠져 비효율적으로 되는 것은 아닐까라는 목소리도 있다고 했으므로 정답은 (D)가 된다.

充分(じゅうぶん) 충분함　真似(まね) 흉내　事情(じじょう) 사정
うまく行(い)く 순조롭게 진행되다. 잘되어 가다　生活(せいかつ) 생활
保護(ほご) 보호　充(あ)てる 충당하다　得策(とくさく) 상책
心配(しんぱい) 우려, 염려

초·중·고급 맞춤 학습
JPT 기출 유형으로 헛다리 짚지 말자!
진단고사와 레벨 분석으로 내 수준을 정확히 알자!
초·중·고급별 레벨에 맞는 문제 풀이로 최고의 점수를 내자!

순도 100% JPT 기출 청해
최다 기출문제 풀이의 파워!
출제 예상 유제 문제로 다시 한 번 점검!

MP3 파일 무료 제공
교재 수록분 전량 MP3 파일 무료 다운로드

JPT 강의 일인자 서경원 선생님의 철저한 기출 유형 분석으로 고득점 노하우를 공개한다!

유형학습

유형별 풀이 해법과 점층적 문제 풀이로 고난도 문제까지 섭렵
JPT 기출 유형 분석과 유형별 연습문제 풀이
JPT 빈출어휘와 오답노트까지 확실히 정리